増補版
――
日本列島
布文化の
起源と特質

FABRIC IN THE JOMON PERIOD
ORIGIN AND CHARACTERISTICS OF FABRIC IN JAPAN

尾関 清子●著

縄文の布

雄山閣

■ 縄文の布【増補版】■ 目次

序　章　縄文の布の研究にあたって ··· 1
　　第1節　縄文の布の研究をたどる ··· 1
　　第2節　糸の撚り方向 ·· 8

第Ⅰ章　縄文時代の編布 ··· 15
　　第1節　編布資料の概要 ··· 15
　　　　1　遺跡の分布状況 ··· 15
　　　　2　編布の種類とその分類 ··· 16
　　　　3　形状・密度からの分類 ··· 16
　　第2節　編布圧痕と土器の成形法 ··· 22
　　　　1　輪積法成形土器にみられる編布圧痕 ··· 22
　　　　2　型取法成形土器にみられる編布圧痕 ··· 22
　　第3節　道具と製作技法 ··· 26
　　　　1　縦編法 ··· 26
　　　　2　横編法 ··· 31
　　第4節　出土編布の製作法 ··· 38
　　　　1　密度からの判断 ··· 38
　　　　2　特殊な形状からの判断 ··· 39
　　　　3　地域別に製作法をみる ··· 43
　　第5節　編布の地域別特質と利用法 ··· 47
　　　　1　地域別特質 ··· 47
　　　　2　編布の利用法 ··· 51
　　第6節　編布の撚りと絡みの方向 ··· 55
　　　　1　糸の撚りについて ··· 55
　　　　2　繊維を績む ··· 65
　　　　3　経糸の絡み方向と撚りの関係 ··· 66
　　第7節　ユニークな編布 ··· 71
　　　　1　一枚の布に編布と織物の併設 ··· 71
　　　　2　筒状に編まれた福泉遺跡および泉山遺跡の編布痕 ················· 78

3　経糸が左右の絡みで編成された編布 …………………………………… 80
　　4　経糸が屈折している編布痕 …………………………………………… 82
　　5　作業ミスの認められる編布痕 ………………………………………… 83
　　6　幅上遺跡の編布痕 ……………………………………………………… 84
　　7　繊細な編布痕 …………………………………………………………… 85
　　8　刺繍らしい圧痕のある編布 …………………………………………… 87
　　9　二枚の布を接ぎ合わせた跡がある編布圧痕 ………………………… 91

第Ⅱ章　編布と紛らわしい編物 …………………………………………… 95

第1節　絡み巻き―縄文時代草創期・早期の土器底部圧痕― ………… 95
　　1　縄文草創期・早期の検討 ……………………………………………… 97
　　2　絡み巻きは編布のルーツ？ …………………………………………… 109
　　付論　縄文晩期の絡み巻きとその他 …………………………………… 110

第2節　巻き編み ……………………………………………………………… 114
　　1　下柊迫遺跡の圧痕 ……………………………………………………… 114
　　2　文献にみられる巻き編み ……………………………………………… 117
　　付論1　織物・編布と見紛う圧痕について …………………………… 120
　　付論2　編布の経糸計測について ……………………………………… 124

第Ⅲ章　弥生時代以降の編布 ……………………………………………… 125
　　1　弥生時代の編布（圧痕） ……………………………………………… 125
　　2　平安時代の編布（圧痕） ……………………………………………… 127
　　3　室町時代後期の編布 …………………………………………………… 129

第Ⅳ章　縄文時代の織物 …………………………………………………… 133

第1節　織物資料の概要 …………………………………………………… 133

第2節　織物・織物圧痕についての若干の考察 ………………………… 139
　　1　愛媛県出土の織物 ……………………………………………………… 139
　　2　石郷遺跡の布 …………………………………………………………… 141

第3節　織物密度の分類と現代の織物（地機・高機）との比較 ……… 144

第4節　製作技法 …………………………………………………………… 146
　　1　縦編法 …………………………………………………………………… 146

	2	木枠法	147
	3	原始機（その1）	150
	4	原始機（その2）	151
	5	斜経平織	155
	6	刺し織	157
	7	まとめ	158

第Ⅴ章　植物性繊維の採集と精製法 ……………………………………………… 161
  1 植物繊維精製法の事例 …………………………………………………………… 161
  2 まとめ …………………………………………………………………………… 169

第Ⅵ章　近隣地域の編布 ……………………………………………………………… 171
  1 中国新石器時代の編布 …………………………………………………………… 171
  2 旧千島占守島及川遺跡の編布 …………………………………………………… 176

第Ⅶ章　越後アンギンと時宗の阿弥衣 …………………………………………… 187
 第1節 越後アンギン ………………………………………………………………… 187
  1 越後アンギンの伝承ルートについて …………………………………………… 189
  2 文献にみられる越後アンギンの記録と呼称 …………………………………… 192
  3 越後アンギンの製作法 …………………………………………………………… 197
  4 前当ての傾斜面について ………………………………………………………… 205
  5 越後アンギンの編み止まり等仕上げの作業 …………………………………… 209
  6 素材とその精製および密度等 …………………………………………………… 213
 第2節 時宗の阿弥衣 ………………………………………………………………… 216
  1 伝存する阿弥衣 …………………………………………………………………… 216
  2 珍しい製作法 ……………………………………………………………………… 221
  3 褊・衽の傾斜面について ………………………………………………………… 224
  4 編み終わりの始末と布の接合法 ………………………………………………… 227
  5 素材と編布密度ほか ……………………………………………………………… 229
  6 まとめ―越後アンギンと時宗の阿弥衣― ……………………………………… 232

第Ⅷ章　研究の途上で……………………………………………………………235

   1　発生期における「編文化」……………………………………………………235
   2　編布の製作について……………………………………………………………241
   3　縄文時代の編具について………………………………………………………242
   4　編布およびすだれ状圧痕等の絡み（経糸・経材）方向……………………242
   5　編布・土器の収縮と密度計測…………………………………………………249
   6　植物性繊維について……………………………………………………………250
   7　防寒のための毛皮………………………………………………………………253
   8　馬　衣…………………………………………………………………………255
   9　漆濾し布（編布）の絞り方向…………………………………………………265
   10　中国扎洪魯克墓地出土の小児服………………………………………………275
   11　出土した縦編法の製作具について……………………………………………279
   12　中部地区の編布について想うこと……………………………………………281

本文引用・参考文献一覧……………………………………………………………283

付表・付図

   付表1　縄文時代の出土編布及び圧痕編布の構成等一覧…………………………288
   付表2　密度の分類　1群（Ⅰ類～Ⅷ類）…………………………………………341
   付表3　密度の分類　2群（①～③）………………………………………………361
   付表4　密度の分類　3群（④・⑤）………………………………………………364
   付表5　密度の分類　4群（⑥・⑦）………………………………………………367
   付　図　縄文時代の編布資料出土遺跡分布図……………………………………370

資料等所蔵者・写真提供者（撮影者）一覧…………………………………………372

あとがきにかえて………………………………………………………………………374

索引（事項・遺跡名・人名）…………………………………………………………376

例　言

1. 筆者の専攻は家政学（生活文化史）であり、考古学について専門外である。したがって、例えば出土資料の時期比定をはじめ時代区分や暦年代等、本書で言及している考古学的記述については、すべて考古学の先行研究・調査成果に負っていることはいうまでもない。
2. 本書の主題である「編布」については、「あみぬの」「あみぎぬ」「あんぎん」等の呼称（読み方）があるが、本文中で特に断らない場合は、「編布」の表記は「あんぎん」と読む。民俗事例である「越後アンギン」の場合のみ「アンギン」と表記する。
3. 出土資料の比定時期の表記については本来「縄文時代早期」「縄文時代晩期」等のようにすべきであるが、本書の記述が主に縄文時代を対象としているので、煩をさけるために「縄文早期」「縄文晩期」、場合によっては簡略に「早期」「晩期」と表記する。但し、弥生時代以降（縄文時代以外）の資料と混交して記述している箇所では、混乱をさけるため時期区分に「縄文」「縄文時代」を冠することがある。
4. 序章第2節で述べているように、繊維・糸・縄の「撚り」に関しては、基本的にＳ撚り・Ｚ撚りの呼称を採用した。ただし、部分的に右撚り・左撚りと表記している場合があり、この右・左は日本伝統の見方に則っている。つまり日本の考古学界で通有の撚り方向表記Ｒ（ｒ）・Ｌ（ｌ）とは左・右が逆になっている。
5. 本文の記述部分で写真・図版を参照できるよう写真・図版を重複掲載している場合がある。また、同じ写真・図版でも視点の違いから、キャプションが異なる場合がある。
6. 縦編法と横編法では製作時における経糸・緯糸の呼称を逆にしているが、密度を測る時は縦編法と同様に横編法も製作時の緯糸を経糸、また経糸を緯糸とする。
7. 本書のデータ集計数値は2011年12月末日時点で筆者が知り得たものである。
8. 増補したデータ集計数値は2017年3月末日時点で筆者が知り得たものである。

序章　縄文の布の研究にあたって

第1節　縄文の布の研究をたどる

　縄文時代の編布について、今まで考古学的観点からはあまり取り上げられていないので、ここではまずその研究史的なことについての概要を述べることにする。

　1937年、小林久雄氏が宮崎県尾平野洞窟（縄文晩期）から出土した土器片の中に「只一片であるが、縦に数条の並列した糸状の細き圧痕と、それと略々直角に約二cmの間隔を置いて二条の稍々太き著明な凹線とを交叉させた捻型文がある」と拓本で示され、また「此の種捻型文の出土例は甚だ稀で僅に延岡市有馬七蔵氏蒐集の日向国東臼杵郡南方村今舞野土器に一例があるのみである」（小林久 1937）と後の編布圧痕を特殊な圧痕土器として注目された。

　1960年に角山幸洋氏は、ペルーの北部海岸ワカ・プリエッタ遺跡で発見された編布と同様の繊維製品を「捻編」と表現した。「捻編とは経糸の周りに緯糸2本が互いに捻られ、経糸を固定している組織をいい、竹簾、藁工品などに類似の組織がある。一般にこのような組織は経緯糸とも紡績糸で編んだものにみられないので、適当な名称が付けられておらず、『編物』と呼称しているものもあるが、単一糸による編物 knitting と紛らわしいのでここでは『捻編』と仮称しておきたい」と捻編の呼称について理由を述べ、さらに図1を示して「ワカ・プリエッタでどのような編装置があったか不明であるが、出土の捻編は緯糸が1枚の布帛に連続しているのではなく、一端の耳から他端の耳に終わり、それぞれ結節されたものであるから、短い緯糸で編むことができたので経糸を上下2本の横木に固定した装置を使用したかもしれない」と仮説ではあるが、具体的に横編法の製作技法を述べられている。

　さらに「織物は時には捻編組織と同一布帛に経方向に合成して組織されたものがある。このことは綜絖なしの経糸操作で、開口がすべて一つ一つ手によって行われたことを示すものであり、且つ捻編から織物への転換過程に現れた組織とみるべきであろう」と編布（捻編）と織物が同じ道具いわゆる横編法で製作されたことを指摘されている（角山 1960）。

　その後1961年、大脇直泰氏は、九州地方の晩期の縄文土器に網目、籠目、蓆目、布目などを押圧した圧痕土器があることに注目し、それらを「押圧文土器（網目押圧文土器・蓆目押圧文土器・筏目押圧文土器・布目押圧文土器）」と仮称した。大脇氏の第一の関心は圧痕土器の原体の復元、分布範囲、帰属時期に置かれていたが、蓆目押圧文についても次のように述べられてい

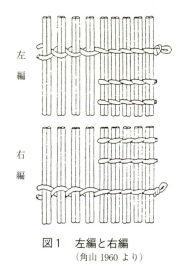

図1　左編と右編
（角山 1960 より）

る。「この種の文様の原体は捻編されたものである。捻編とは経糸の周りに緯糸2本が互いに捻られて、経糸を固着させた組織を呼称したものである。簾・蓆などは同様な組織である」と、編布の組織と製作技法は角山氏に同調された。また「緯糸と緯糸の間の長さは…平均して7㎜前後であった。また1㎝の間に経糸は…平均して8本数えることが出来る」。なお「右方に捻られた右編と左方に捻られた左編とある…」など編み密度や絡み（経糸の絡みであるが図1のように横編にした場合は緯糸の絡みをいう）に至るまで詳細に調査されている。さらに「捻編物がいかなるものであるか、圧痕のみでは、詳しくは推察はできないが恐らく編物の一種として、当時日常生活に広く使用されていたものではあるまいか。かかる意味においても織物出現の一つの過程として考慮してみる必要がある」とさらなる研究の必要性を示唆されている（大脇 1961）。

　角山氏は組織から捻編と仮称されたが、大脇氏はそれを継承せず、押圧面の形態が蓆状であることから"蓆目"と改名された。

　また、1961・62年に鏡山猛氏は、九州地方から出土した布目、蓆目、籠目、網目の押圧文土器の資料をさらに広範囲に求め、それらを"組織痕土器"と総称した。これらのうち、とくに布目と蓆目に焦点をあて、はじめてわが国の布の生成過程の観点から検討を加えられた。

　同氏が調査された蓆目の圧痕は九州地方に限られているが、その数は31遺跡92例におよんでいる。その分布が九州地方東部の福岡・大分両県を除く5県で発見されたことについて「蓆目圧痕技法の発生がどこかという問題の解決は容易ではない。一つの可能な流動方向としては、南島方面からの伝播ルートが考えられる。しかしこの問題は南島およびその周辺の調査資料がない現在、一つの仮説に止まっている」（鏡山 1961－62）と蓆目の伝播ルートを南島方面と推定しながら慎重な態度が窺われる。

　鏡山氏は「経、緯の方向はいずれによって決定されるかは疑問であるが…間隔の疎な方向を経糸とし、密な方向を緯糸としておこう」と述べられ、佐賀県女山遺跡や長崎県山の寺梶木遺跡では「経糸間隔（ミリ）、緯糸1センチ当り（本）」と示されているが、佐賀県笹ノ尾遺跡や長崎県小浜遺跡では全く逆の「緯糸間隔（ミリ）、経糸10ミリ内（本）」など所どころで経糸・緯糸の見解に多少の混乱が見受けられる。

　なお「蓆という名は大形の繊維を連想するが、実際には、織物の布に近い感じのするものである」と述べられ、大脇氏命名の「蓆目」にいくばくかの懸念を示されている。

　1963年本山幸一氏は「アンギンの作り方」として、1．名称、2．種類、3．原料、4．工具、5．工程－袖なしの場合、などなど多岐にわたり記されている。

　工具に関しては、コモ槌の材質から形状、またケタの刻み部分、アミ脚については、ケタを

固定させるための差し込み穴にいたるまで事細かに図解されている。

　工程では、袖なしに使用する経糸・緯糸の作り方や、"袖なしの編みあげ品"として既製のものの製図を示され、そのサイズに基づき適量の経糸をコモ槌に巻くことから、ケタに掛けた後のコモ槌の運び方、さらに編み終わりの始末など、写真30点、図11面というように克明に解説されている。

　最後に、松沢伝二郎氏（93才）、丸山トイ氏（81才）の２氏によってアンギン袖なしを作る過程が詳細にわかったと結んでおられる。

　越後アンギンの製作法を最初に記録されたのは本山幸一氏である（本山 1963）⁽¹⁾。

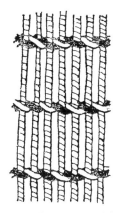

図２「すだれ状編物」
（石附 1964 より）

　1964年、上原甲子郎氏は新潟県山北町上山遺跡（縄文後期末）出土（足形付土製品）の編物状圧痕について「新潟県の民具で、僅かに技術の伝統が残されている編布『アンギン』と同様な組織である点は重要である」と説明されている（上原 1964）。

　1964年石附喜三男氏は、北海道斜里町朱円西区栗沢台地上に所在する斜里朱円周堤墓遺跡（縄文後期末）から出土したわが国最初の繊維製品を河野広道氏が「アツシ様織物」として報告されている（河野 1955）ことに対し、模式図（図２）を示し「横糸は２本からなっていて、１本の縦糸を上下から交互に絡んでいる。すなわち、前の縦糸の上に現れていた横糸は、つぎの縦糸の下にまわり、前の縦糸の下になっていた横糸がつぎの縦糸において、今度は上に出てくる、といった具合につぎつぎと縦糸を絡んでいくのである。これは明らかに平織ではなく、すだれないし簀子状の編物であって織物と認めることはできない」と河野氏の「アツシ様織物」即ち平織説を横編法の編物と訂正された。

　また、経糸・緯糸の選定については「ここで用いる縦糸あるいは横糸とは、本資料が組成された際の実際の縦糸、横糸とは合致しないかも知れないが、便宜上、模式図（図２）に示したところに従って用いておく」と慎重に述べられている。

　さらに鏡山氏の"蓆目"という呼称に触れられ「とくに唐津市枝去木女山例、鹿児島県曽於郡志布志町田ノ浦字山久保例は、栗沢出土例とまったく同様の組成をなしている。両者とも栗沢出土例よりは、各繊維間の間隔が大きく、やや粗い感じを呈するが、栗沢例同様に非常に織物的であって、いわば"あみぎぬ（編布）"とでも称すべきものであることは、注目に値する」と蓆目という呼称を批判されている（石附 1964）。

　1966年、伊東信雄氏は宮城県山王囲遺跡（縄文晩期中葉）や北海道斜里朱円周堤墓遺跡から出土した繊維製品および新潟県上山遺跡（縄文後期末）の編物状圧痕を「鏡山氏が九州の縄文晩期の土器について蓆目圧痕としたものの原体と同じである。そしてこのような圧痕をもつ土器は注意して見ると、東日本にも存在している」、「東日本では縄文晩期はもちろんのこと、後期のはじめから絡み編みの編布が存在していたことになる。縄文後期には九州においてもまだ弥生文化が発生していないからこれを弥生文化の影響と見ることは出来ない。縄文文化の中か

ら自生して来たものとみなければならない。編布の編み方は絡み編みであって、簀の子や俵の編み方と全く同じである。簀の子が、その材料に堅い自然物を用いているのに対し、編布はやわらかい撚糸を用いているだけである。したがって簀の子をつくることが出来るならば、その原理を応用して編布をつくることも出来たはずである。簀の子が縄文早期まで遡り得ることは、新潟県小瀬が沢洞窟出土の土器にみられる圧痕によって明らかである。おそらく絡み編による編布は縄文後期以前早くから日本において発生していたものと考えられる」と鏡山氏の南島伝播論に対して、ことさらに編布の自生説を強調されている。

なお出土した編布の製作技法について「縦糸をまいたコモッチを、必要とする縦糸の数だけケタに下げ終わると、今度は横糸をケタにそわせながら、左手で手前のコモッチを向う側へわたし、同時に右手で向う側のコモッチをこちらへわたす……この作業をくりかえして行くと山王出土のような絡み編みの布が編まれるのである」と越後アンギンの道具によって出土した編布が製作できると述べられた。角山氏の横編法に対しこちらは縦編法である。

また「絡み編みで布をつくるのはアンギンの作り方で推察されるように、縦糸を操作して横糸を編込んで行くのであるが、平織を織る場合には横糸の方を織機に張った縦糸にくぐらせて行くのである。絡み編みと平織とはちがった方法によってつくられるのであって、アンギンの編方がいくら改良されても平織は生まれて来ない」と編布と織物の製作具は異なるものと示唆されている。

さらに「山王においてはじめて布が発見された時、私はこれを編物というべきか、原始的な織物というべきかについて迷ったのであったが、その後アンギンの製法を知るにおよんで、平織とは製作法のちがうことを知って、これは編物として織物とは区別するのを適当と考え、これを編布と呼ぶことにした」と述べられている（伊東1966）（本論にルビはなく「編布」をどのように音読するのかわからない）。

念のために付言すれば、伊東氏が引用された新潟県小瀬が沢洞窟出土の簀の子状圧痕といわれた土器片は、再検討の結果「櫛目文土器撚糸圧痕文」と確認された（小熊・前山1993）。

1970年、小笠原好彦氏は角山氏の横編法と伊東氏の縦編法について「角山氏と伊東氏の考え方では、経糸と緯糸の呼び方が反対になる。二つの考え方は、現存する製作技法によっているのでいずれも製作可能なものではあるが、絡み編む工程の能率の点では二本の経糸によって緯糸を絡む伊東氏の復原の方がすぐれている。また我国に現存している民俗資料である新潟県のアンギンをはじめ、俵・蓆・簀などの編み方がどこまで遡りうるかは明らかではないが、角山氏の場合ではそれらとの関連性を見失う恐れがある。したがって縄文式時代の編布が北海道から九州地方まで同一製作技法によったか否かは明らかではないが、ここでは現存している我国の民俗資料との関係を重視し、伊東氏の復原にしたがい、二本の経糸で緯糸を絡み編んだと考えておきたい」と縦編法を、支持された。

また「編布製作技術と織布製作技術の間には、道具および操作の工程上結びつく要素は極めて少ない」など編布と織布同一製作具説については難色を示されている。

編布の呼称に関しては「伊東信雄氏が編んだ布ということから編布と呼んだものである。ここでは、織機を使用して製作した織布に対するものとして、編布という言葉を使用することにする」と述べられた（小笠原好 1970）。本文にルビはないが、その後小笠原氏は1982年「山王から出土した編んだ布、つまりアミヌノ」といわれている（小笠原好 1982）。このような小笠原氏の記述から想定すれば、伊東氏は"編布"を"あみぬの"と読まれたようである。

1975年、角山氏は横編法について「もじる編糸がヨコ方向に編み進められるもので、外国ではすべてこの方法によっている。たとえば、アメリカ北西部トリンギット族のチルカット、ニュージーランドのマオリ族の外衣などにみられる」といい、縦編法の編具（越後アンギンの製作用具）を指して「わが国の蓆編具のような形式の道具は外国にはない」、また「『アンギン』のごとき完成した構造をもつ道具が、縄文時代に使用されたかは疑問である」と縦編法を否定されている（角山 1975）。

1976年、渡辺誠氏は小笠原氏（1970）が編布の製作技法について、伊東・角山両氏を批判されたことを「極めて適切な批判である」と小笠原氏に同調された。編布の呼称についても「編布（あみぎぬ・アンギン）」と記述されている（渡辺 1976）。

1985年、同氏は秋田県中山遺跡（縄文晩期前半）出土の繊細な編布を紹介し、なお「従来まったく知られていなかった細密な編布圧痕について報告する」と述べ、石川県下6遺跡25例、岐阜・熊本・鹿児島県の各1遺跡3例、ついで弥生時代中期に属する福島県龍門寺遺跡の3例、さらに中国の河北省磁山遺跡の編布圧痕も加える等研究の視野を広げ、時期・密度などを報告された。

また製作用具について「編布を編む技術は錘具を用いたもじり編みであり、必ず錘具と目盛板を必要とする。もっともあまり細密なものは、目盛板の目盛を欠く可能性はある」と編布の製作について縦編法を強く主張されている（渡辺 1985）。

角山氏はワカ・プリエッタ遺跡の繊維製品（捻編）の編端から、横編法の製作具を想定された。また同遺跡の出土品中織物と捻編が同一布帛に合成して組織されているものもあるという。つまり捻編具で織物の製作も可能ということである。なお越後アンギンの道具（縦編法）のような形式のものは外国にはないとも述べられ、暗に縦編法を否定された。

大脇・鏡山・石附三氏の編布製作法は、いずれも横編法である。それは角山氏の影響によるものと推測した。

伊東氏は越後アンギンの道具を基本に考え、さらに、わが国の民俗例も加味して角山説と異なる縦編法を採用されたのである。後の小笠原氏・渡辺氏も伊東説を支持された。

また伊東氏・小笠原氏は織物と編布は、別々の製作具によるものと指摘されている。

後述するが、筆者の試作実験によれば、縦編法でなければ製作不可能なもの、中には横編法で試作してはじめて圧痕と同じ編みミスを作ることができたなど、再々の実験から縄文時代をはじめ出土した編布は、縦編・横編の両技法が使われていたと判断することができた。

なお、縄文時代の組織痕の中にも、ワカ・プリエッタ遺跡の繊維製品同様、1枚の布に編布

表1 考古学界における編布の呼称

研究者名	発表年	呼称 表記	呼称 読み方	文献
角山 幸洋	1960（昭和35）	捻編		「ワカ・プリエッタの繊維製品について」『古代学研究』24
大脇 直泰	1961（昭和36）	席目		「押圧文土器について」『古代学』9-3
鏡山 猛	1961～62（昭和36～37）	席目		「原生期の織布—九州の組織痕土器を中心に— 上・中・下」『史淵』第84・86・89輯
本山 幸一	1963（昭和38）	アンギン		「アンギンの作り方」『越後のアンギン—編布から織布へ』津南町文化報告書5 ＊民俗事例
上原 甲子郎	1964（昭和39）	編布	アンギン	「足形土製品」『日本原始美術』2
石附 喜三男	1964（昭和39）	編布	あみぎぬ	「北海道における機織技術採用の時期」『北海道青年人類科学研究会会誌』No.5
伊東 信雄	1966（昭和41）	編布	（アミヌノ）	「縄文時代の布」『文化』30-1
小笠原 好彦	1970（昭和45）	編布	あみぎぬ	「縄文・弥生式時代の布」『考古学研究』17-3
渡辺 誠	1976（昭和51）	編布	アンギン	「スダレ状圧痕の研究」『物質文化』26
小笠原 好彦	1982（昭和57）	編(んだ)布	アミヌノ	「縄文・弥生時代の布」『帝塚山考古学』2
渡辺 誠	1985（昭和60）	編布	アンギン	「編布の研究」『日本史の黎明』六興出版

と織物が上下、あるいは並列して製作されたものがある。これらも実験の結果、縦編・横編双方の道具にて製作可能と判明した。

　前述したように、編布の呼称について、角山氏は繊維製品の組織、いわゆる緯糸の絡み方から「捻編」と仮称された。大脇氏は組織の形態から捻編を「席目」に改名。次の鏡山氏は席目を継承したものの、席目圧痕の中には緻密なものも含まれており、はたして席目といってよいのかためらいながらも変更改名はされなかった。

　その後新潟県津南町教育委員会編「津南町文化報告書5」のタイトル『越後のアンギン—編布から織布へ』によってはじめて「編布」、「編み布」という合成語が発表された。越後アンギンに関する記録や古文書（本書第Ⅶ章第1節「越後アンギン」で詳述する）などには使われていない新しい呼称である。上原氏は足形付土製品に付けられた組織痕を紹介するにあたり編布（アンギン）と称した。石附氏は鏡山氏の席目を批判し、編布（あみぎぬ）にすべきものと提案した。

　伊東氏は織物に対する編物＝編布、つまり組織別の固有名詞的発想から織布（おりぬの）、編布（あみぬの）と改めて命名された。それを継承したのは小笠原氏のみ、渡辺氏は編布（あみぎぬ・アンギン）とか、その後は編布（アンギン）と呼ばれた。こうして編布（アンギン）はようやく定着した呼称として考古学界では現在に至っている。

　『中里村史』（現・新潟県十日町市）には"アンギン"という言葉の背後にある方言の音韻変化について述べられている。共通語の語形における"ミ"が"ン"に転じている語例としてカマガンサマ（釜神様）、オンキ（お神酒）、カンナリサマ（雷様）。また"ヌ"が"ン"に変わった例は、キン（絹）、イン（犬）がある。このようにアンギンは編み衣（アミギヌ）の転じたものに違いないという音韻上の根拠が示されている。

「捻編」からはじまった縄文の布の呼称は、小さな紆余曲折を経てやっと「編布（あみぬの）」に落ち着いたかにみえたが、それも束の間、新潟県地方の方言そのままの呼び名編布（あんぎん）になったようである（表1）。考古学という学問の世界でありながら、はたして方言の"あんぎん"でよいのかという疑問は残る。しかし編布（あんぎん）が考古学界の一般的な呼称になっている以上、筆者はこのまま継承することにした。

　不可解なのは、越後アンギンの発生地で命名された「編布（あんぎん）」の呼称は、その後も現地の著作等には現れず、ひたすら「アンギン」であり、編布はただ一度の文献のタイトル（『越後のアンギン―編布から織布へ』）のみに終わってしまったことである。

　編布、それは奇しき運命をたどった日本最古の布である。

註
（1）縄文時代の「編布」について述べている本節で、はるか後代の越後アンギンについて言及するのは不適当のそしりを免れないが、"編布"という呼称のルーツおよび製作法を探るべく、あえて取り上げた。なお、越後アンギンについては本書第Ⅶ章第1節で詳述する。

第2節　糸の撚り方向

　編布資料の分析に当たっては、繊維や糸の撚り方向も重要な要素の一つとなる。ところが、撚りの方向については認識の違いや用語の不統一など若干の混乱があるように見受けられる。そこでここでは編布研究に先立って、糸の撚りについて整理し、筆者の考えを明らかにしておきたい。

　図3、4はそれぞれ前著で糸の撚りについて述べた箇所に掲載した図である（尾関清 1996：図30・50）。図3は日本古来の撚りの表現法、図4は日本の考古学界で広く用いられている表現法である。これを発表したところ、繊維関係者から「同じ糸でありながら両者を比較すると右撚り、左撚りの呼称が正反対であるのはなぜか」あるいは「図50は右撚りと左撚りが逆の図になっている」などの指摘を受けた。その疑問は古来の表現法でいう右撚りが考古学界では「L」即ち左撚りとして理解されていることに起因するもので、考古学界内部でも多少の混乱が生じているのが現状である。例えば福井県鳥浜貝塚から出土した縄（図5）は、「蔓状の原体3本のこよりを左よりによっている」と記述されている（鳥浜貝塚研究グループ 1979）[1]。しかし同書を写真とともに引用した『縄文土器大成3―後期』（野口 1981）には「R｛｜｜｜｝」と表記され、いわゆる右撚りの縄に書き替えられている。北海道忍路土場遺跡から出土した縄は、「S

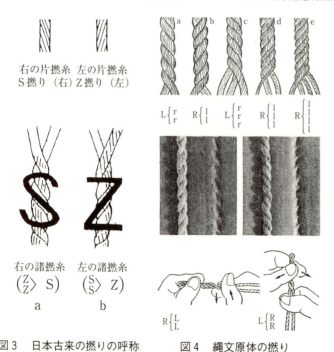

図3　日本古来の撚りの呼称
（尾関清 1996 より）

図4　縄文原体の撚り
（野口 1981 より）

図5　鳥浜貝塚出土の縄
（鳥浜貝塚研究グループ 1979 より）

撚りの繊維を 2 本合わせて、Z 撚りの縄にしている」（中田 1989）と述べられているが、写真と照合した結果はその逆であるなど、用語が不統一である。そこで筆者なりに「撚り」に関する用語について検討整理を試みた。

　図 3 は、日本古来の撚り方向の呼び方を表したものである。これに対して英語では図 3 - b の撚りを Right hand twist（理由 - 右回しにねじれば前に進むねじと同じ方向の撚りすなわち右肩があがっている撚り）といい、その逆の図 3 - a を Left hand twist という。このように左右の表現

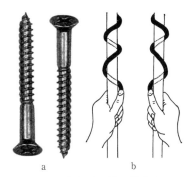

図 6　右ネジと蔓の巻き方
（b：『牧野富太郎植物記 3』1973 より）

が、地域によって呼び方が変わるために、図 3 - a を「S」字に似ていることから S 撚り、また図 3 - b を「Z」字に似ていることから Z 撚りとする表現法がある。こうすれば、日本古来の右撚り＝英語表現の左撚り＝ S 撚り、日本古来の左撚り＝英語表現の右撚り＝ Z 撚りとなり、混乱は解消されるはずである。S 撚り、Z 撚りは JIS（1952）繊維用語であり、ISO（国際標準化機構）にも記載されている国際共通の呼称である。

　図 4 は、山内清男博士が創案された縄文土器に用いられた縄文原体の撚り方向を表したものである。同博士の論文『日本先史土器の縄紋』(1979)には「縄紋土器全般に見られる縄には色々な変化がある。平面的な記載では煩雑に耐えず、要点をつかみにくいものが多いので、自己流ではあるが若干の名称と符号化を案出した」と前置きをされ「1．段　基本の条は繊維の束そのままの状態であって、これが 2 本或は 3 本撚合され、始めて縄になる。基本の条は撚合される前に右撚（ r ）又は左撚（ l ）される。或は全く前もって撚を加えられないで無理に縄に作られることも有り得る（0）。この段階の条を 0 段とする。1 段。0 段の条を 2 本撚合せると始めて縄となる。これを 1 段の縄と称する。……」「2．撚　各段の縄には右撚と左撚がある。一般的には 1 段右撚のものを 2 本合せて左撚にする。即ち 2 段左撚となる。……」と述べられている。同論文の「3．条数」は省略して、4 の項目では「4．撚の方向の符号化　撚の方向は右撚と左撚がある。これには考えなければならない問題がある。日本で右撚とされているものが外国では左撚と言われ統一が困難である。縄の撚の方向は植物の蔓の巻き方に比較することが出来る。蔓の巻き方は色々形容があるが、結局成長する方向に追跡して clockwise に進むものが右巻、その反対即ち counter clockwise に進むものが左巻である。動物学でも貝の巻き方に左右を区別して居るが、巻貝でも生長の方向に clockwise に進むものが右に当り、植物の場合と一致して居る。工作物のネジは clockwise に廻して進行するものが右ネジであって、進行方向に clockwise のものが右、その反対が左である。この一般則を撚にあてはめると西洋流の右撚、左撚がこれと合致して居り、日本流のは反対である。色々考察の後、進行方向に追跡して clockwise のものの撚を R、この反対を L と定めた（近年 S、Z の符号が一部で用いられて居る）」と記述されている（傍点は筆者による）。つまり山内博士は、日本と外国で撚り方向の呼称が正反対であること、そして S 撚り、Z 撚りの呼称も存在していることを承知の上で、縄

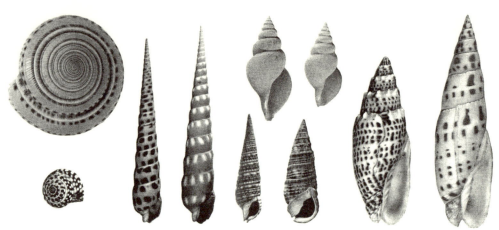

写真1　巻き貝（吉良1959より）

紋（縄文）の原体作りに必要な糸の撚り方向を西洋流の右撚＝R（r）、左撚＝L（l）に定められた結果、古来日本で使われてきた右撚りがL、左撚りがRとなったのである。

それにしてもなぜ山内博士は、糸の撚り方向を決めるのに「clockwise」といった用語を使われたり、「植物の蔓」、「巻き貝」さらに「ネジ」を引き合いに出されたのであろうか。

まずネジについては、前述したように右へねじ締める（時計回り）のが右ネジで理解できる。巻き貝（写真1）も成長する方向に見ていけば明らかに時計回りが多く右巻きでネジの原理と同じである。これらの考え方は山内博士の「成長する方向に追跡して clockwise に進むものが右巻き」という認識と整合する。すなわち植物に適用すれば、「アサガオの蔓は右巻き」ということである。そこで筆者は手元にある『学生百科新事典』(1962)、『ブリタニカ国際大百科事典』(1995)、『原色牧野植物大図鑑』(1982)に目を通したが、いずれも「アサガオの蔓は左巻き」である(2)。なお図鑑や事典類の中には「アサガオの蔓は右巻き」も存在していた(3)。

遺伝学者の木原均氏は1950年「植物の左右性」という論文を発表されている。それによると「文献を読むと右巻左巻が全く混乱して用いられているので本書を読んで左右が反対だと不審に思う人もあろう、何故このように用語が区々であるかを一度詮議しておくことも無駄ではあるまい」と記述されている。

山内論文で奇異に感じた時計回りの用語や、植物の蔓の巻き具合等も木原論文には示されている。例をあげると「左巻、右巻の定義について基本となるのは時計の針の廻轉方向を右廻りとしその反対を左廻りとすることである」「左巻きはホップの蔓のようにその生長点が進む方向に左廻りをして伸びていく回轉に対して使用する。その反対即ち右に巻くものは朝顔がその好例である」（図7）、また「渦巻

図7　ホップ（左）とアサガオ（右）の蔓
（木原1950より）

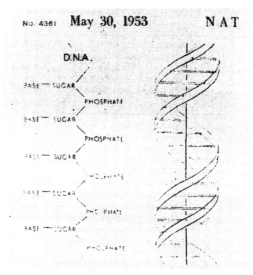

表2 植物の左右性についての正当派、非正当派の番付表（木原 1976 より）

図8 Nature誌（1953年5月）に掲載された遺伝子構造モデル（木原 1976 より）

きの中心部を引張つて中高とするとちようどカタツムリの殻やネジの先端のようになる」、「ネジなら右へネジると中へ入る。この方向を以つて右巻きと唱えるが、もしその反対にネジを抜き出す時の回転方向を標準にすると左巻きとなる」等記されている。さらに山内博士が「1．段」の中で0段の条を決められているが、木原論文では「基準の一葉を定めて0番とし……」となっている。山内論文と木原論文には類似点が多い。では木原氏の「朝顔の蔓右巻き説」の根拠はどこにあるのであろう。1976年同氏の『生物講義』によると牧野説を正統派と位置付け「今の日本では教科書が正統派なので9割以上が正統派である」と述べられ、植物学者10数名を選んで相撲の番付表らしきものを作られている（表2）。また「遺伝子の構造を明らかにしたワトソンとクリックの最初の論文は、1953年に"ネーチュア"誌に出た。彼等はその中の遺伝子は右巻き－ライトハンデットであることをはっきり書いている……生物学者が、このらせんはアサガオと同じだから左巻きだなんていうと混乱が起きる」（図8）。さらに、スウェーデンの博物学者リンネについて、植物記載学の鼻祖といい、その著書「『植物哲学』（1783）によると左巻きの植物としてスイカヅラとホップなどが記載されている……右巻きの植物例もこれまた代表的なインゲンマメとヒルガオなどがあげられている」さらに「リンネは植物の記載学を確立した人……それに従うのが当然であろう。またリンネに従えば動物学の左右性の定義にも合致するし、物理学や化学、工学などすべてのサイエンスの用語ともきっちりあうわけだ」と述べられている。

木原氏は植物学界の慣習、要するに日本では牧野説、西洋ではド・カンドル（父、子）説を正統派として認めながらもそれに与せず、非正統派たるリンネの説に固執されることは理解し難いが、結論的には植物記載学の鼻祖として木原氏が崇められたリンネの『植物哲学』に影響されたのではなかろうか。

こうして木原説「朝顔の蔓右巻き」の根拠らしいものはほぼ理解できるであろう。このように木原説の神髄に触れてみると、山内博士が撚り（縄文原体）の表現法を西洋流に決められたのは、動物学・物理学・工学・化学のすべての分野での慣用に通ずるものという木原氏の定義に賛同されたのではなかろうか、と筆者は推測する。今一度その左巻き説と右巻き説を簡単にまとめてみよう。
　1. 左巻き説
　左巻きの茎というのは、棒を左手で握ってみたとき、斜め上を向いている親指の方向に伸びていく茎のことである。右巻きの茎というのは、棒を右手で握ってみたとき、斜め上を向いている親指の方向に伸びていく茎のことである（図6－b）。
　例として左巻きはアサガオ、ヤマフジ（註（2）－①）。
　2. 右巻き説
　蔓が右巻きか左巻きかは、蔓の生長する方向に沿って進んだとき右回り（時計回り）に前進する巻き方を右巻き、その反対を左巻きとする。
　例として右巻きはアサガオ、ヤマフジ（原理はネジと同じ。註（3）－④）
　要するに植物の蔓の左右性は、それを見る人の視点（根元から見るか、先端から見るか）の違いであることがわかる。

　山内博士は論文の中で「近年S、Zの符号が…」と繊維用語を示唆されているので、繊維関係の中でもとくに近代の撚り技術に集約して述べてみよう。
　『京都近代染織技術発達史』（京都市染織試験場 1990）によれば、1873年、ウィーンで開催された博覧会を視察した佐野常臣氏らの手で、イタリア式撚糸機が輸入された。これはわが国初の洋式撚糸法の導入である。75年には内務省勧業寮にイタリア式撚糸機の模型が輸入され、洋式撚糸法の日本での普及を図るため、東京市に撚糸試験場が設置された。さらに翌76年には撚糸試験場にフランス式撚糸機を導入、各地より伝習生を募り、イタリアに留学していた勧業寮試験場の田中文助氏がその操作方法の指導にあたった。
　その後、東京高等工業学校にもフランス式撚糸機が設置され、機械科学生に学ばせた。引き続き地方工業学校においても洋式撚糸機の操作法の指導が行われ、これらの伝習生や学生が各地に技術を持ち帰り地方に洋式撚糸法を広めた。
　さらに外国への留学は続き洋式撚糸機の普及と研究は着々と進み、フランス式に加え国産製模造機や、尼子某氏の特許撚糸機等も開発された。またそれを用いて操業する撚糸工場が急増するなど、撚糸業界の懸命な努力による成長のプロセスが理解できる。明治維新後、西洋文化の流入は服装の和洋両装同様撚糸技術にも大きな変革をもたらした。
　撚りの方向についても、明治時代すでに諸外国との交流などから撚糸業界の先駆者たちには、わが国の右撚りが西洋では左撚りということもわかっていたはず。しかし撚糸技術の向上、すなわち正確で迅速、かつ効率的であることのみを目的に洋式撚糸機は導入された。撚りの左右

の違いは外国とのビジネス面においては不都合も起こり得たに違いない。

　当時のわが国は各地で糸を紡ぎ、機を織るなど機織りが生活に密着し、また家内労働として縄をなう時代であった。とくに、縄に関しても日本伝統の糸の撚り方向と同じ表現が使われており、日常の縄は右撚り（図3-a）、神事など非日常用は左撚り（図3-b）と使い分けられていた。例えば、神社の注連縄は左撚り（注連縄の特殊なものは右撚り）であるとともに、かつて土葬が行われていた頃の棺縄（棺をしばる縄）が左撚りであった。筆者も幼い頃葬式といえば左縄とおぼろげながら記憶している。

写真2　双葉山の横綱

　現代と異なり戦前までは、何事によらず右、左が区別されていた。そうした時代の社会情勢に鑑み、混乱回避のため撚糸業界では撚りの呼称を従来通りとし、洋式に変更しなかったのではなかろうか。1927年発行の『実用工芸叢書撚糸法』（飯田 1927）には、図版で右撚り、左撚りが紹介され「然れども、欧米にはわが国と全く反対に右撚、左撚と稱ふるところあり」と明記されている。

　以上のように織物業界の一部、すなわち撚り技術のみではあるが、国が関与して組織的に研究・指導・普及に務め、官民一体となってその発展に貢献した。

　1952年日本と西洋の撚りの表現が異なるので混乱を避けるため、織物業界とその研究者を代表して、繊維学会が西洋ではすでに使われているS撚り、Z撚りの呼称をJISに登録している。ちなみに、ワイヤーロープの業界もS・Zを採用している。

　木原説は植物の右左性をリンネに統一すると全ての科学で右巻き、左巻きが一致するといっているが、生活の基盤である衣・食・住の衣に関する糸、すなわちわれわれのもっとも身近にある糸の撚りは、同氏の視界にはなかったようである。現在でも注連縄やお正月の松飾り、また地方によっては地鎮祭用の縄も左撚りが使われている。さらに相撲力士の横綱（写真2）も左撚りといわれるように、繊維関係の旧来の撚り方向の呼称と一致している。また、繊維関係の中でも伝統織物の世界では、現在でも日本古来の呼称を使用していると聞く。

　山内学説がはじめて世に発表されて以来80年近く経ち、考古学を学んだ人達には山内説が浸透して今日に至っている。一方、S撚り、Z撚りはISOにも記載され欧米各国をはじめ多くの国で共通の用語とされており、織物関係者によれば、日頃、伝統的な右撚り、左撚りを使っている人たちでも、国の内外を問わず商談ともなればS・Zを使うということだ。欧米の考古学研究者が糸の撚りについてどのように呼称しているのか筆者は不案内であるが、もし考古学

の世界でもS・Zを使用すれば、少なくとも上述してきたような混乱はさけられるのではないだろうか。もっとも縷説してきた情況に鑑みれば、事はそう単純ではないのかも知れないが。

今回筆者は『縄文の布』執筆にあたり、資料のほとんどが遺跡からの出土遺物、いわゆる考古資料を使ったが、撚りの用語はS撚り（図3－a）、Z撚り（図3－b）を使うことにした。しかし文章の流れの中で右撚り、左撚りと表記した場合は日本伝統の見方に則っていることをあらかじめお断りしておきたい。

以上が前著『縄文の衣』の「撚り」方向の矛盾についての疑問に答えることにもなろう。

註
（1）同報告書では、本書に掲げた図5の縄も含めて縄類の撚り方向の表記は、後述するように日本伝統の見方（図3）、すなわちZ撚り＝「左より」・S撚り＝「右より」で統一されている。
（2）①『牧野富太郎植物記3』あかね書房、1973
　　②『学生百科新事典』文英堂、1962
　　③『日本の野生植物―草本Ⅲ』平凡社、1981
　　④『原色牧野植物大図鑑』北隆館、1982
　　⑤『野草図鑑』保育社、1984
　　⑥『原色世界植物大図鑑』北隆館、1986
　　⑦『原色園芸植物大図鑑』北隆館、1991
　　⑧『植物観察事典』地人書館、1993
　　⑨『ブリタニカ国際大百科事典』ティービーエス・ブリタニカ、1995
　　⑩『日本の野草』学習研究社、2002
　　⑪『植物の図鑑』小学館、2002
　　⑫『しょくぶつ』フレーベル館、2002
　　⑬『園芸植物』山と渓谷社、2002
　　⑭『草花ものしり事典』平凡社、2003
　　⑮『アサガオ』学習研究社、2004
　　⑯『新牧野日本植物図鑑』北隆館、2008
（3）①『日本の野生植物―木本Ⅰ』平凡社、1989
　　②『園芸植物大事典』小学館、1994
　　③『植物の世界』（『週間朝日百科』）朝日新聞社、1997
　　④『これでナットク！植物の謎』（日本植物生理学会編）講談社、2007
　　※（2）-③、（3）-①は同じシリーズの図鑑であるが、前者ではマルバアサガオの蔓を「左巻き」とし、後者ではアサガオと同じ蔓の巻き方といわれているヤマフジを「右巻き」としている。同じシリーズの中でも執筆者によって蔓の巻き方向の認識に違いがあるようである。

第Ⅰ章　縄文時代の編布

第1節　編布資料の概要

　編布は縄文時代以降現代までわが国のどこかで編み継がれてきた。中でももっとも出土例が多くかつ編目にバラエティーが見られるのは縄文時代の編布である。そこで筆者は、その編布（圧痕を含む）の形状・構造等全容を把握したいと思い、遺跡所在地の関係各機関に、調査および撮影許可を申請した。その結果撮影を許可されたものや、報告書を参考にしたものなど合計165遺跡、832点を調査の対象とすることができた。

　このように集めた資料の中には、平織に匹敵するような繊細な密度のものや、現代的感覚の縞模様など多彩な編布が含まれている。巻末付表1（288～318頁）は資料ごとに経糸間隔や、1cm当たりの緯糸数、つまり密度や経糸の絡み方向など編布の構成に関わる事項を、北海道から九州まで道県別に表したものである。筆者はこの表に基づき、道県並びに市町村単位の遺跡について、その分布状況と編布の種類を考察した。また編布の経糸間隔から発生する形状や、密度の分類、さらには製作技法から道具の解明またその利用法等、幅広く検討することにした。

1　遺跡の分布状況

　編布（圧痕を含む）は付表1・付図（342・343頁）のように、現在のところ北海道から九州に至って22道県、75市町村から出土している。北海道は3遺跡、東北地方は青森県の5遺跡、宮城・秋田・山形・福島の各県はいずれも1遺跡、また関東地方は栃木県が2遺跡、埼玉・千葉両県はそれぞれ1遺跡である。中部地方は石川県の11遺跡を筆頭に、新潟県が4遺跡・岐阜県が3遺跡、山梨・長野・富山・福井の各県は共に1遺跡である。また近畿・中国両地方は現在出土例が皆無であり、四国地方は愛媛県の1遺跡のみである。なお九州地方では鹿児島県が圧倒的に多く66遺跡、次が熊本県の29遺跡、長崎県の17遺跡、佐賀県は8遺跡、宮崎県の6遺跡である。しかし九州地方においても福岡・大分の両県は現在出土例は認められない。このように九州地方でも出土例皆無の県がある中で、最南端に位置する鹿児島県は66遺跡。これは北海道から四国地方までを集計した39遺跡をはるかに超えた遺跡数であり、きわめて珍しい現象である。

2　編布の種類とその分類

出土総数832点の編布は次の4種類から成っている。
　①　編布（実物の基礎編布）　　　　23点
　②　基礎編布圧痕　　　　　　　　 804点
　③　応用編布圧痕　　　　　　　　　 1点
　④　基礎編布と織物併設の圧痕　　　 4点

①　編布は北海道の2遺跡2点。青森県の3遺跡5点。宮城（4点）、秋田（1点）、山形（2点）、福島（3点）、埼玉（1点）、新潟（2点）の各県1遺跡で13点。なお石川（2点）、福井（1点）両県とも1遺跡で3点、都合13遺跡23点である。このように実物例としては北海道から中部地方に出土例が限定されている。

②　基礎編布圧痕は150遺跡804点。北海道から九州までの広範囲から出土している。

③　応用編布圧痕は、石川県1遺跡（1点）のみである。

④　基礎編布と織物併設の圧痕は福島・千葉・富山・岐阜の4県から出土しており、4遺跡4点が確認されている。

以上が縄文時代における編布の現状である（応用編布1点および基礎編布と織物併設の圧痕2点のうち1点は編布（実物）、他の1点は圧痕の出土している遺跡である）。

ちなみに後世に出現する時宗（鎌倉～江戸時代）の阿弥衣や、越後アンギン（江戸～明治時代）はすべて応用編布である。これに対して縄文時代は基礎編布が主流を占めており、応用編布は1遺跡1点ときわめて低い数値である。したがって筆者は、基礎編布の基礎を省略して編布と呼ぶことにした。

3　形状・密度からの分類

a．形状からの分類

経糸間隔の相違は編布の形状にバリエーションをもたらすものである。まず経糸間隔に大きな変化がないもの、また経糸間隔が広い部分と狭い部分の繰り返し等、つまり縞ものや、経糸間隔が不規則なもの、それらを4群に分類して検討を試みた。

1群は写真3のように経糸間隔が比較的均等なものである。縄文時代以降現代に至る編布に利用された形式。縄文時代からは832点中584点（70.2％）と、利用率が4群の中で格段と高いグループである。これを他の編布と区別するため、オーソドックスな編布とした。

2群は縞模様の編布。英語のストライプ（stripe）にあたり、現在は和装・洋装どちらにも親しく用いられている。いわば現代的感覚の縞模様が、縄文時代すでに発生していたのである。①は写真4のように経糸間隔の広い部分と狭い部分で構成されたもっともポピュラーな縞であ

第1節 編布資料の概要　17

写真3　1群の編布
（鹿児島県筒ヶ迫遺跡）

写真4　2群①の編布
（鹿児島県小迫遺跡）

写真5　2群②の編布
（鹿児島県西原迫遺跡）

写真6　2群③の編布（左：鹿児島県新番所後Ⅱ遺跡、右：同県永野遺跡）

写真7　3群④の編布
（鹿児島県上中段遺跡）

写真8　3群⑤の編布
（鹿児島県小倉前遺跡）

表3　編布資料の分類

a．形状による分類

群	形　　状		
1群	経糸間隔が比較的均等な編布		
2群	縞模様の編布	①	ポピュラーな縞
		②	経糸が2本密着した縞
		③	経糸間隔が部分的に狭い縞
3群	経糸間隔のわかりにくい編布	④	経糸間隔が不規則なもの
		⑤	経糸間隔がわかりにくいもの
4群	経糸または緯糸の不明な編布	⑥	経糸が不明なもの
		⑦	緯糸が不明なもの

b．経糸間隔による分類

類	経糸間隔
Ⅰ類	2.5mm未満
Ⅱ類	2.5～5mm未満
Ⅲ類	5～10mm未満
Ⅳ類	10～15mm未満
Ⅴ類	15～20mm未満
Ⅵ類	20～25mm未満
Ⅶ類	25～30mm未満
Ⅷ類	30mm以上

c．緯糸密度による分類

グループ	1cm当たり
Aグループ	5本未満
Bグループ	5～10本未満
Cグループ	10本以上

る。②は、経糸を2本密着させ、間隔をおき、それを繰り返した経糸2本密着の縞（写真5）。③は、経糸間隔が部分的に狭く作られたものである（写真6）。なお熊本県上南部遺跡A地区の編布には、5mm間に経糸4本並列し、6～7mm間隔でその繰り返し、つまり棒縞状のものである。しかし他に類がないのでこの部類に入れた。2群は計88点、総数の10.6%である。

3群の④は、経糸間隔が写真7のように不規則である。現在デザイン的に同じようなものを「やたら縞」と称しているので、④についても縞の部類にすべきか迷った。しかし、編布を弓式あるいは輪っぱ式横編法で製作した場合、自然に経糸間隔の広い部分や、狭い部分が生ずる。そこで意図的な配慮から作られたものではなかろうと考え3群とした。⑤は、写真8のように中央やや右寄りに経糸間隔3mmがあり、そこから右へ15mmおいて経糸が認められる。しかし左側はそれ以上の空間がある。要するにどのような形状に展開するのか、確たる経糸間隔が把握できないグループである。3群は75点、総数の9.0%。

4群に関しては、⑥が経糸、⑦が緯糸のまったく認められないグループである。4群は85点、総数の10.2%である（表3－a）。

b．密度からの分類1―経糸間隔

縄文時代の編布は経糸間隔の狭いもの、いわゆる繊細なものは1cm間に経糸が15本～16本数えられるが、中には40mm以上の間隔のものなどその差はきわめて大きい。したがって経糸間隔をⅠ～Ⅷ類というように8段階に分類した。

Ⅰ類、このグループはもっとも繊細な編布である。これらは経糸間隔をスケールにて測定するのは不可能であるため、緯糸密度の計測並みに織物方式（本／cm）を採用した。なお1cm当たり5本が経糸間隔2.4mmに相当する。すなわちこのグループは経糸が1cm当たり5～16本のものをまとめたので、経糸間隔2.5mm未満とした。Ⅱ類からは計測した数字である。ただしⅡ類のみは2.5～5mm未満としたが、それ以降は5mm単位で加算した。したがってⅢ類は5～10mm未満というように、最終Ⅷ類を30mm以上とした（表3－b）。

c．密度からの分類2―緯糸密度

　緯糸は最少数が1㎝当たり2.5本、最大数が15本であるため、5本単位にて加算することにし、Aグループを5本未満、Bグループは5〜10本未満、そしてCグループを10本以上とした（表3－c）。

　以上3種類の属性で分類指標を設定し、総数832点の編布をまず1〜4群に、経糸間隔はⅠ〜Ⅷ類、緯糸も類ごとにA・B・Cグループと該当する分野に区分した（巻末付表2〜5：323〜341頁）。なお表4〜7は、付表2〜5を各々集計したものである。

　1群（表4）の中でもっとも利用率の高い経糸間隔は、Ⅲ類（5〜10㎜未満）の251点、1群全体の43.0%で。次はⅣ類（10〜15㎜未満）の148点、全体の25.3%。そしてⅡ類（2.5〜5㎜未満）の105点、全体の18.0%である。経糸間隔はこれら3種類をピークに、広いものも狭いものもともに利用度は逓減している。

　また緯糸密度に関しては、Bグループ（緯糸1㎝当たり5〜10本未満）が圧倒的に多く481点、1群全体の82.4%を占めている。次はAグループの61点、全体の10.4%、そしてCグループ42点の7.2%である。

　具体的に示すならば、1群で利用度の高いのはⅢ類のBと、Ⅳ類のBグループである。筆者の実験からはともに製作しやすいタイプであり、後世の阿弥衣や越後アンギンも、この範囲の密度が採用されている。

　2群は形状から、①ポピュラーな縞、②経糸2本密着の縞、③経糸間隔が部分的に狭い縞の3種類とした。これを1群同様に密度の分類ごとに集計したものが表5－①〜③である。この表に基づき経糸間隔[1]を見た場合、ポピュラーな縞①はⅠ類がなくⅡ類が1点、Ⅲ類が4点で、利用率の高いのはⅣ類とⅤ類である。またⅥ類からもっとも間隔の広いⅧ類（30㎜以上）まで少量ながらも続いている。次に経糸2本密着の縞②は出土例も少なく変化に乏しいが、強いて述べればⅠ・Ⅱ類は皆無、Ⅲ〜Ⅷ類までは多少変化しながら利用されている。これら2種類の経糸間隔を1群と比較すれば、縞模様の方が総じて間隔が広い。これは1群の比較的均一な経糸間隔とは異なり、縞模様は経糸間隔に変化（広い・狭い）をつけて構成されている。つまり間隔に大小の差が生じてこそデザイン的に好ましいのが縞模様である。その点ポピュラーな縞①と経糸2本密着の縞②はその原理に叶ったものと考えられる。なお後述するが、経糸間隔の広いことと、緯糸密度の高いことは九州地方の特徴でもある。経糸間隔が部分的に狭い縞③に関しては写真6で紹介したように、間隔の狭い部分以外は1群の経糸間隔であり、Ⅲ類の利用度が高く、次がⅣ類というように、1群の密度に類似性が認められる。なお付表3－1〜3（336・337頁）で示すように、①・②は九州地方に限られているが、③は東北から九州と広範囲に分布している。

　また緯糸密度も①・②はA（1㎝当たり5本未満）グループがなく、B（1㎝当たり5〜10本未満）・C（1㎝当たり10本以上）グループのみで、いずれも緯糸密度が高い。しかし③におい

表4　1群：オーソドックスな編布集計表

経糸間隔＼緯糸密度	A	B	C	経糸間隔集計	1群全体の比率%
Ⅰ	10	11	4	25	4.3
Ⅱ	36	54	15	105	18.0
Ⅲ	3	236	12	251	43.0
Ⅳ	4	136	8	148	25.3
Ⅴ	6	31	2	39	6.7
Ⅵ		9	1	10	1.7
Ⅶ	2	1		3	0.5
Ⅷ		3		3	0.5
経糸間隔集計	61	481	42	584*	99.9
1群全体の比率%	10.4	82.4	7.2	※全体数832点の70.2%	

表5　2群：縞模様の編布集計表

① ポピュラーな縞

経糸間隔＼緯糸密度	A	B	C	経糸密度集計
Ⅰ				
Ⅱ		1		1
Ⅲ		4		4
Ⅳ		14	2	16
Ⅴ		12	3	15
Ⅵ		4		4
Ⅶ		3		3
Ⅷ		5		5
緯糸密度集計		43	5	48

② 経糸2本密着の縞

経糸間隔＼緯糸密度	A	B	C	経糸密度集計
Ⅰ				
Ⅱ				
Ⅲ		3		3
Ⅳ		2		2
Ⅴ		1		1
Ⅵ		1	2	3
Ⅶ		1		1
Ⅷ		3		3
緯糸密度集計		11	2	13

③ 経糸間隔が部分的に狭い縞

経糸間隔＼緯糸密度	A	B	C	経糸密度集計
Ⅰ				
Ⅱ	4	2		6
Ⅲ	1	9		10
Ⅳ		6		6
Ⅴ		4		4
Ⅵ		1		1
Ⅶ				
Ⅷ				
緯糸密度集計	5	22		27

表6　3群：経糸間隔のわかりにくい編布集計表

④ 経糸間隔が不規則なもの

緯糸密度	A	B	C	④グループ合計
緯糸密度小計	1	22	2	25

⑤ 経糸間隔がわかりにくいもの

緯糸密度	A	B	C	⑤グループ合計
緯糸密度小計	3	42	5	50

表7　4群：経糸または緯糸が不明な編布集計表

⑥ 経糸が不明なもの

緯糸密度	A	B	C	⑥グループ合計
緯糸密度小計	5	59	5	69

⑦ 緯糸が不明なもの

経糸間隔	⑦グループ小計
Ⅰ	
Ⅱ	3
Ⅲ	9
Ⅳ	2
Ⅴ	1
Ⅵ	1
Ⅶ	
Ⅷ	
⑦グループ合計	16

ては①・②とは少々異なりＡ・Ｂグループに集まりＣグループが皆無である。これもやはり経糸間隔同様地域的なものではなかろうか。

　３群については、経糸間隔の不規則なもの④と、経糸間隔のわかりにくいもの⑤はともに経糸間隔がわかりにくいなど類別することが不可能である。したがって緯糸密度のみを検討した。その結果、３群もＢグループが首位（75点中64点）を占めている（表６−④・⑤）。付表４−１・２（338・339頁）で示すように、こちらも出土例は九州地方に限られる。

　４群⑥経糸が不明なものは緯糸の密度のみであるが、１〜３群に準じてＢグループがもっとも多い（表７−⑥）。緯糸不明なもの⑦は経糸間隔を対象にした。16点中９点がⅢ類で、次はⅡ類の３点である（表７−⑦）。

註
（１）縞模様の場合は経糸間隔の広い部分を対象とした。

第2節　編布圧痕と土器の成形法

　編布圧痕には、写真9のように輪積法によって作られた土器底面に見られるものと、写真10のように型取法で作られた土器の側面ないし内面に施されたものがある。これら2種類の圧痕は次のようにして作られている。

1　輪積法成形土器にみられる編布圧痕

　縄文土器は、粘土を環状あるいは紐状にしたものを重ねてこれを両手で上手にのばして巧みに土器の形を作ってゆく。その際、土器は一定の場所におかれたまま人がそのまわりを廻って、形を整え、文様を施してゆく。したがって土器の粘土がまだやわらかい時に、その底面が置かれた場所へ密着することを防ぐために、大きな石等の台と土器の間に大きな木の葉を敷いたり、網代や編布を敷くわけである。また土器の底面よりも多少大きい敷物が敷いてあれば、完成に近い生乾きの土器に文様をつける段階ぐらいになると、その敷物をつけたまま、土器の方を回転させて文様をつけることも可能であったと思われる。

　すなわち、土器と製作台の密着を防ぎ両者を離れやすくするために隔離材として使われ、また回転台のような役目を果たしたものの圧痕が土器の底面に印されることになり、それに編布が使われれば編布圧痕が残されるわけである（江坂 1975）。

2　型取法成形土器にみられる編布圧痕

　九州地方には写真10のように丸底で口縁部以外の側面に編布・網などの圧痕を有する土器が出土している。

　大脇直泰氏は網目状・蓆目（編布）状・笊目状の圧痕土器を押圧文土器と仮称されていた。そして（狭義の）縄文土器と網目押圧文土器の器面について、前者を「原体を器面に対して回転させて施文する縄文土器」と述べ、後者については「押圧文の施文原体と思われるものは各種考えられるが、押圧文自体いずれも、器面に対して施文原体を押圧した結果生じたものである」と述べられた。また笊目文に関しては「笊自体で型抜きして形成した」とされ、「笊・籠の類が直接土器の型として用いられて居たことは疑えない事実」と、籠目・笊目押圧文土器が型取法による成形であること、網目押圧文は土器の表面に施文されたとする2種類の方法を指摘されている（大脇 1961）。

　鏡山猛氏は蓆目（編布）・網目・布目・籠目の4種類の圧痕土器を「組織痕土器」と称された。またその成形法については、「型の内面全体に蓆を敷いて、内側に粘土をつけるという順

写真9　輪積法成形土器底面の編布圧痕（左：土器片、右：モデリング陽像。石川県御経塚遺跡出土）

序が考えられる。蓆は土器器壁を型から離す役目をはたすことになる」と組織痕土器が型取法により成形されていることを論述されている。そして籠目痕については、長崎県山の寺梶木遺跡出土資料を例にあげ、「普遍的なざるようの単純な丸底のあみかごを骨として、その内面に土を塗った

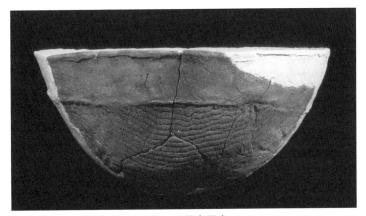

写真10　型取法成形土器側面の編布圧痕（鹿児島県榎木原遺跡出土）

としたら、このような圧痕がみられることが知られる」と述べ、さらに佐賀県女山遺跡の組織痕について論評されながら、「今一つ成形に関して注意されることは、土器の外面に巻き上げ手法による粘土紐の重ね目のかすかなあとが認められることである。……この土器が型ぬりによって成形されたとしても、型の内壁に一時に全面ぬりつけるのではなく、粘土紐を巻き上げたことになる」（鏡山1972）と型取法による土器の成形について3種類の技法を述べられた。

　松下文春氏は、「器形は、いずれも上に開いた形のもので、型と蓆目を使って製作したものであることが考えられる。最初に側面を作り、後で底部を製作した合理的粘土の接合の痕がみられ、蓆目はほとんどが底部に見られるが、……内面に見られるものもある」（松下 1974）と述べられている。

　鹿児島県水の谷遺跡の出土品を整理された長野眞一氏と下山覚氏は、「組織圧痕を有する資料片は小破片で出土しており、破片の接合作業では、破片の形状が極めてアト・ランダムであ

る為困難であった。これらの破片の形状・接合線の確認が難しい状況は、組織圧痕を有する部位では、巻き上げ法によって製作されたものではなく、粘土板を押圧して伸ばして製作した可能性が大きい」(鹿屋市教育委員会 1986)と記されている。

では、具体的にどのような技法がとられたのかについて長野氏は、「地面を鍋底状に丸く掘りその内面に編布等を当て、適当な厚さに粘土を張りつける。粘土の乾燥を待ち地面(型)から外す」と教示された。

また渡辺誠氏は組織痕土器が大型であることから「輪積み法による限界を越えて大型の鉢あるいは浅鉢を作りたい欲求が、型取り法の発達を促したのではあるまいか」(渡辺 1991)と述べられている。

熊本県教育委員会は熊本県大原天子遺跡の組織痕について、「出土した土器の中でもっとも特徴のある土器は63(図9)である。復元した口径59.3cm、器高17.1cmの丸底の浅鉢形土器で、口縁部にリボン状の突起をもち、底部から胴部下半にかけて組織痕と成形時の粘土の巻き上げ痕がある。これはこの土器の成形方法を推定する上で有力な材料を提供してくれる。まず巻き上げ痕を観察すると、底部から時計回りに粘土ひもを巻き上げていることがわかる。また、組織痕[1]は何の組織であるかは不明であるが、土器の下半部のみに跡が残り、巻き上げ痕も下半部の方に顕著にみられる。これらのことや、底部が丸底であることから、成形の際に土器の形のもとになる「型」の存在が考えられる。「型」は繊維を編み上げた篭状のものか、篭ないし別の材料で作られた「型」の中に編布を敷いたものの2通りが考えられ、この内側に粘土ひもを押しつけながら成形したものと推定される」(熊本県教育委員会 1993)と述べている。

上記は一般的な輪積法による土器作りの応用として、図9の圧痕から想定されたものである。

なお東和幸氏は、「組織痕土器は、現在の中華鍋を連想させるような、底部は丸底でほとんどそのまま外開きする器形であるため、輪積みによる成形であれば途中で粘土の重みに耐えられなくなり、壊れてしまうことが想定される[2]。力学的にみても上からの力に対しては、円筒形の器形が最も安定した形であり、外開きするにつれて内側から押す力が大きくなり壊れやすくなることが解る[3]。組織痕土器である浅鉢形の器形は、九州地方において縄文時代後期まではみられなかったものであり、晩期になって初めてつくられる器形である。土器作りに手慣れた縄文人であっても、丸底から外開きの器形に対しては輪積法で対処できなくて、型取り法によらなければならなかったことが考えられる。また、ほぼ平底で焙烙形の接地面の広い組織痕土器もみられ、このように接地面の広い土器を製作する場合、土器製作台から土器を取りはずし易くするために、広い敷物が必要だったと考えられる」(東 1998)と述べられて、具体的な例として、「型の内側に隔離材となる編布等を張り、その上に丸めた粘土を適当な厚さに塗り付け器形を整える。粘土が乾燥した時点で型から外す」と教示された。

そのほか組織痕の付着理由に関して清水周作氏は、「土器を作るときに、粘土が生かわきの状態で、器形を整え、崩れるのを防ぐために、まだやわらかい土器のまわりに、編んだものや網をまきつけて固定して、乾燥させたので、布や網の組織痕が土器の器面にスタンプのように

図9　熊本県大原天子遺跡出土組織痕土器（熊本県教育委員会 1993 より）

刻まれたものである」（鹿児島県大隅町教育委員会 1997）と記されている。

　以上、編布圧痕の土器への付着理由について述べた。
　①輪積法による土器成形は列島全域で用いられた技法であり、②型取法に関しては縄文時代後期から弥生時代早期の九州地方に限定された土器成形法である。その型取法には、a．籠・笊等に直接粘土を貼り付ける方法、b．籠・笊ないし別の素材で作られた型に編布等を敷き粘土を貼り付ける方法、c．型取法に輪積法を併用した方法、の3種類が報告されている。
　中でもユニークな事例は、地面に掘った穴を型として利用する方法である。縄文時代に、はたして何が型として使われたのか。また列島全域に輪積法が普及していく中で、九州地方にのみ素朴ながら型という道具を使用した型取法がどのようにして開発されたのか、実証は困難であろうが興味深い現象である。
　なお、今一つ異色の編布資料として「編布の地域別特質と利用法」（第Ⅰ章第5節）で取り上げる足形付土製品や砂鉄塊に押圧された編布痕があるが、それらについては後述する。

註
（1）大原天子遺跡出土土器の組織痕について「何の組織か不明」と述べられているが、図9の矢印部分に編布らしい痕跡が見受けられるので、この組織痕を編布痕とした。
（2）四元誠氏に試作していただいたところ、組織痕土器の器形では輪積法による成形は困難であるとのことであった。
（3）田中芳人氏のご教示による。

第3節　道具と製作技法

　縄文時代の編布作成の技法に関しては、伊東説（縦編法）と角山説（横編法）が認められる。
　写真11は鎌倉～江戸時代まで着装されたという時宗（開祖一遍上人）僧侶の阿弥衣や、江戸～明治期まで新潟県十日町市周辺で利用されたという作業衣の製作具、いわゆる越後アンギンの道具である。糸をかけるケタ（横木）とそれを支えるアミ脚を合わせた本体と、それに経糸を巻くコモ槌を合わせて一式とする。この製作法を縦編法とした。
　そして他の一例はアマゾン上流インディオの編具に類したもので、写真12のように一本の蔓を丸めるように両端を一つにしてしっかり結ぶ。結び目を上にした枠は変形の楕円状になっている。その中央よりやや上った所で左右の枠に紐をかけ、その紐と枠の下側へ上下に経糸を張る。このように枠と紐によって糸を強いテンションで保たせる。道具としてはこれだけの簡単なものである（角山1960）。この製作技法を横編法とした。
　縦編法・横編法それぞれに使用されたと考えられる道具と技法の関係は以下の通りである。

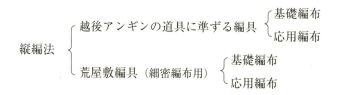

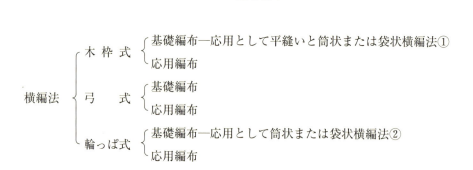

　ここではそれぞれの道具を使用して、基礎編布（図10-a）と応用編布（図10-b）の製作技法を述べることにした。

1　縦編法

（1）越後アンギンの道具に準ずる編具

① 基礎編布
　まず編もうとする物の幅をきめる。これによって経糸の本数がきまる。長さは必要とする布

第3節　道具と製作技法　27

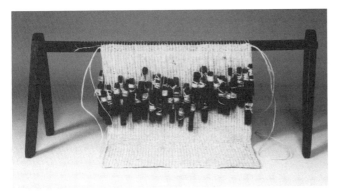

写真11　越後アンギンの道具

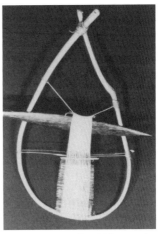

写真12　アマゾン流域インディオの編・織具

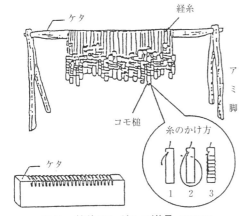

図11　越後アンギンの道具（縦編法）

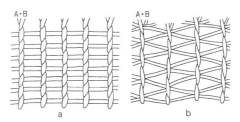

図10　基礎編布（a）と応用編布（b）拡大図

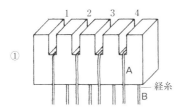

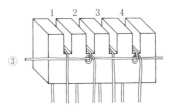

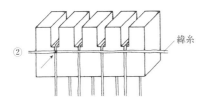

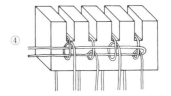

図13　応用編布の糸のかけ方

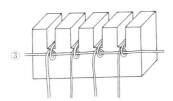

図12　基礎編布の糸のかけ方

丈の約3倍。ただし、コースターのように小さいものは多少長くする。それを二つに折って中心をきめ、糸の両端を図11に示したようにコモ槌に巻く。次は図12-①・②を参考にして経糸と緯糸をケタにセットし、③のように左から右へ絡み編みをする。この繰り返しで基礎編布となる。

筆者は前著（尾関清 1996）71頁「越後アンギンの製作」において「手前のコモ槌を左手に持ち、向こう側のコモ槌を右手に持って、ケタの上で交差させる」と述べた。しかし、上記に従って仕上げた編布は、両手をフルに使い能率的にみえるが、編目が不揃いになったり、左端と右端の長さ（丈）に差が生じ易いということが実験によって明らかにされた。そこで、左手の親指の先で図12-②の矢印部分（経糸と緯糸の交差部）を押さえる。つまり、経糸と緯糸を固定させ、コモ槌は常に右手のみで移動する。この方法により編目の整った編布の製作が可能になるという結論を得た（右ききの場合）。

② 応用編布

縄文時代の応用編布について、当初筆者は少々戸惑ったが、その解明らしきものを記述しながら製作技法を述べたい。

前述したように、編布には組織的に異なる基礎編布と応用編布がある。筆者が調査した遺跡出土の編布資料はほとんどが基礎編布である。しかし石川県御経塚遺跡（縄文時代後期後葉～晩期）から1988年に応用編布（圧痕）が1点（写真13）出土しているので、基礎編布から応用編布への移行について検討してみた。

かつて筆者がはじめて学んだ編布は、5本の緯糸で製作する越後アンギン（応用編布）であった[1]。それ以来、応用編布は5本の緯糸で編成するものという先入観があった。しかし遺跡から出土した多数の編布は組織の異なる基礎編布であり、それは1本の緯糸のみで製作できた。筆者は縄文時代に1本の緯糸で製作可能な基礎編布が主流の中で、いきなり5本の緯糸を必要とする飛躍的な応用編布が、御経塚遺跡ではどのようにして開発されたかという疑問を抱

 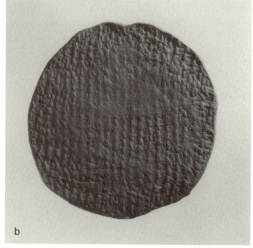

写真13　応用編布が認められる土器（a）とそのモデリング陽像（b）（石川県御経塚遺跡）

いた。そこで、応用編布も基礎編布同様1本の緯糸で編成できないものかと考えた。その結果は以外と簡単に製作できた。

最初は応用編布も基礎編布同様図12-①・②のようにケタに経糸・緯糸をセットする（経糸は偶数本）。図12-③で示すように基礎編布は、毎回1本の緯糸を2本の経糸で絡ませるが、応用編布は図13-③・④のように最初の経糸を飛ばし次（2・4）で絡ませる。

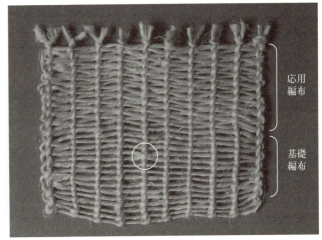

写真14　基礎編布の編みミス（○印）から応用編布へ

この繰り返しで1段目を終わり、2段目は前段で飛ばした緯糸と2段目の緯糸を同時に経糸（1・3）で絡ませる。つまり、2本の緯糸を2本の経糸で奇数・偶数交互に絡ませ編み進む。この繰り返しでよい。

なお、1本の緯糸で基礎編布から連続して応用編布に変化することもできた。縄文時代に応用編布が製作されたプロセスは定かではないが、基礎編布も応用編布も1本の緯糸で編成可能なことを実証することができた。しかし、形状の違いについては如何様にクリアーされたのか想定できないまま時が経った。

考え抜いた末、筆者自身の体験からこれが編みミスから生まれた"怪我の功名"ではないかと推理した。この編布を製作した縄文女性は、経糸間隔が5〜10mm位の基礎編布を製作中に経糸2本で緯糸1本を毎回絡ませるところ、1箇所だけ緯糸を絡み忘れ飛ばしてしまい、次の段で前段に絡み忘れた緯糸を絡み込んだのではなかろうか。即ち、1箇所にのみ2本の経糸で2本の緯糸を絡ませたことになる。そうすれば写真14の○印のような基礎編布には見られない変化がおきる。いわゆる小さな幾何学模様が基礎編布の中に現われた。それを作者は目ざとくとらえ面白いと感じた。次にわざと2本の経糸で2本の緯糸を絡ませる応用編布を完成していく（これは縦編法の結果であるが、横編法でも考えられる）。

筆者は過日学生のミスによって平織や、平織変化組織の「緯畝織」を発見した経験を何度も味わっている。縄文人もこれら学生と同じようなミスを犯し、偶然の所産で新しい技術を開発したのではなかろうか。このように解釈すれば、基礎編布が主流の縄文時代に突然変異的に応用編布が発生しても不思議ではない、という結論に達した。

（2）荒屋敷編具

① 基礎編布

縦編法は、越後アンギンの道具から展開したものである。越後アンギンの作業衣や時宗の阿

弥衣は、経糸間隔が10mm前後とほぼ限定されているので、何の懸念もなくケタを使用することができる。しかし、縄文時代の編布は、経糸間隔が粗いものは40mm、繊細なものになると経糸密度が1cm当たり10～16本とバラエティーに富んでいる。したがって一般的な木材でケタの刻みを作る場合、4～5mm間隔までは可能であるが、3mm間隔の刻みを入れようとすると木材が欠けてしまい、経糸を固定するのに必須の刻みを入れることができない。

筆者は過日、3種類の細密編布用のケタを作った。最初は爪楊枝にヒントを得、直径1mm位の竹串を削り、薄い横板で竹串をサンドイッチ状にはさみケタを作った。それで試作したが竹の先に経糸が引っかかり、長く編み続けることは不可能であった。

写真15は長野県木祖村の「お六櫛」製造業者に依頼して作ったものである。3種類のうち最も編み易いと感じたが、細密な刻みは、櫛の素材である黄楊とか柘といった特定の木材で、しかも柾目の通ったものが必要であり、簡単に製作することができないのが欠点。なお、写真16－bは福島県三島町荒屋敷遺跡（縄文晩期最終末～弥生初頭）出土の用途不明品（写真16－a）をモデルにして作ったものである。これは秋田県中山遺跡（縄文晩期前半）出土の編布（経糸1cm当たり7～8本）試作用のもので、直径1.5cmの木の棒に1cm当たり7～8本の刻みが入るよう、糊付けした糸を巻きつけた。試作には成功したが、幅13cm、丈8cm（中山遺跡の編布のサイズ）を編むのに30時間を要した。これは、木の棒と刻みに応じた糸または紐があれば簡単に製作できるのが利点である。この道具を「荒屋敷編具」と呼ぶことにした。しかし、1cmに10本の刻みが限度で、それ以上細密なものは、実験の結果不可能であった。

ちなみに、細密な編布の製作にはケタの目盛りを欠く可能性があるという意見があるが、筆者がおこなった実験によれば、細密な編布こそケタに目盛りの刻みが必須であるとの結果を得ている。

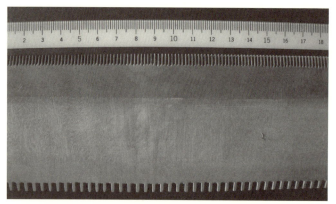

写真15　「お六櫛」製造業者製作の細密編布用ケタ

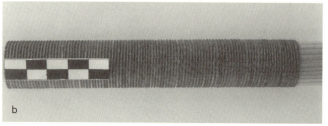

写真16　福島県荒屋敷遺跡出土の用途不明品（a）とそれをモデルに製作した細密編布用ケタ（荒屋敷編具）（b）

② 応用編布

(1) に準ずれば編成可能。この道具は縦編法の道具、つまりケタの刻みを細密にしたものであり、基礎・応用両編布とも縦編法の技法と同じである。

2 横編法

(1) 木枠式

写真17は長野県大鹿村で使われた蓆製作用の道具である。この製作具を即編布の編具として用いることはできない。しかし角山氏が紹介したインディオの織・編具と形状は異なるが、上下に張った糸を強いテンションで保持するという原理に変わりはない。したがって小型化すれば可能であることから採用し木枠式とした。

① 基礎編布

木枠式編具で基礎編布を製作する場合は、写真18のように上下に張った経糸を、図14に従って2本の緯糸で絡ませながら横方向に編み進む。この際2本の緯糸の先に針（写真19）をつければ、繊細な編布も編成可能である。経糸が1cm当たり7～8本という中山遺跡の編布を杵で作ったケタとか、荒屋敷編具では製作にするのに一苦労（コモ槌がひどく絡み合う）したが、木

写真17　長野県大鹿村の蓆編具

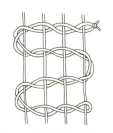

図14　横編法の糸のかけ方

図15　愛媛県天嶮鼻遺跡の復原細密編布
（実大）

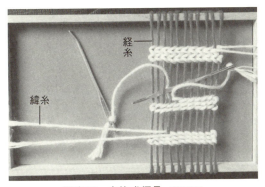

写真18　木枠式編具 （横編法）

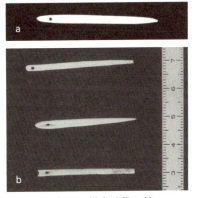

写真19　縄文時代の針
a．長野県栃原岩陰遺跡出土：早期前半
b．青森県長七谷地貝塚出土：早期

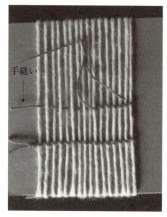
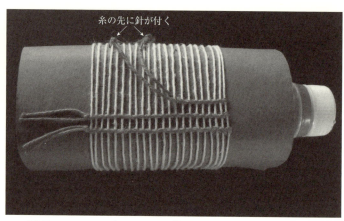

写真20　木枠式平縫い横編法　　写真21　ペットボトルによる横編法（筒状または袋状横編法①）

枠式では意外と簡単に製作することができた。さらに、1㎝当たり経糸が16本という愛媛県天
嶬鼻遺跡（縄文後期）の極繊細な編布も、手間はかかったが図15のように仕上げることができ
た。

　また、平縫いとして上下に張った経糸1本を1本の緯糸で右から左へ平縫いで針を進め、終
わった所で折り返し、次は緯糸の上に出ている経糸を絡みながら前へ進む。このように1本の
緯糸により2度の操作で基礎編布を製作することもできる（写真20）。

　なお木枠式横編法の応用として写真21の筒状または袋状横編法①が考えられる。試作はペッ
ト・ボトルを一種の道具として、そのボディーに緯糸をぐるぐる巻きにする。あとは木枠式同
様の操作をすればよく、袋物の作製には至極便利な技法である。平面的な布を袋状にする場合
は、編み上がった布を2枚重ねて口にする1辺をのぞく3辺を綴じるか、1枚の布を二つ折り
にして2辺を綴じねばならないが、筒状にすれば底辺のみを綴じることで袋としての機能に支
障はない。

② 応用編布

　木枠に張った経糸2本を緯糸2本で絡みながら1段目を編み終える。2段目は前段はじめの
経糸2本の内の1本と、次の経糸1本、つまり経糸2本を前段同様に編み進む。この繰り返し
で応用編布となる。

（2）弓　式

　写真22は飯田美苗氏の製作によるもので、これは青森県内の山間部で山仕事の際、すねを保
護するために巻く「はばき」製作用の道具である。岩手県でははばきの他に蓑の製作にも使わ
れていた（名久井 1994）。

　また鹿児島県薩摩郡さつま町でも、長さ140㎝の割った竹を弓状に曲げ、シュロ縄を張り、
カヤミノ作製具にされていた（鹿児島県歴史資料センター黎明館 1989）。

　福井県鳥浜貝塚（縄文前期）の調査報告に「長さ30㎝前後の弓状木製品が9点出土している。

この両端はコブ状に加工されて、糸かけを助ける様になっている。……木製品の機能として考えられるものは、発火具としての弓、仕掛けの弓、回転穿孔の為の弓、などが考えられよう」（鳥浜貝塚研究グループ編 1979）と記されている。その他の遺跡からも小型弓は多く出土しているので、縄文時代も早い時期から弓式横編法が存在したと推測することができる。

写真22　弓式編具（横編法）

① 基礎編布

横編法には弓状の道具による素朴な製作方法もある（飯田 1995）。弓を編具と考えればよい。そして弦に当る部分に必要な素材をわたす。これが経糸である。緯糸は弦に並行して左から右へと絡み編みを繰り返す。

この道具は折り返し編みができないとされているので[2]、その確認のため最初はクリーニング用ハンガーを弓式編具として実験した。まずハンガーを椅子の背もたれに掛け引っ張って

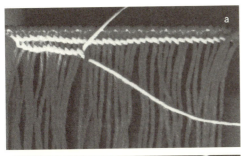
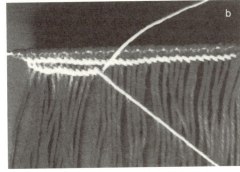
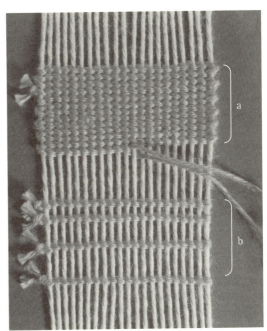

写真23　弓式編具で編布を製作する　　写真24　横編法の試作

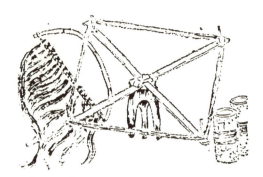

図16　『越能山都登』にみる苧着弓（左端）

写真25　苧晒し用具の弓
（十日町市博物館 1987より）

編むようにした。ハンガーの底辺を弓の弦に見なし経糸をかけた。次は両手の指先で写真23－a・bのように緯糸を経糸に絡ませながら左から右へ編み進み、右端まで編み切ったところでハンガー全体を裏返せば、毎回左から右へ編み続けることもできる。

　この実験でわかったことは、写真24のa部分のように編目を詰める場合は折り返してもよいが、b部分のように間隔をあけて製作する場合は、左から右へ一方的に編んだほうが、編端の収まりがよいのである（これは木枠式にも通ずる）。

　なお、弓式編具の特徴は、弦に掛けた経糸にテンションを保持する装置のないまま全体がフリーの状態である。したがって木枠式では針を使用したが、弓式では指先のみの操作である。

　ちなみに、弓は編具として使用するばかりでなく、カラムシなどの繊維を晒すときに使われてきた。第Ⅶ章で述べる『越能山都登』には「扨また緯は買〔ひ〕とりつるからむしをそのまゝに藁縄によりつけ、その縄を竹弓にはりてさらす事は経のごとくして、糸によることも又経に同じけれど……」として苧着弓の図（図16）を掲げている。また、『図録　妻有の女衆と縮織り』（十日町市博物館 1987）にも「緯糸の場合は、糸に紡いでからの雪晒しは行わないので、苧績み以前、つまり青苧の状態で晒す。束ねた苧を5～6本ずつに分け、それを縄に間隔をとってはさみ、雪上に置く、この時、扱い易くするため、山竹や柴木などに弓のように張る」として写真（写真25）を掲載している。

　② 応用編布

　木枠式横編法に準じて緯糸の操作をすればよい。

（3）輪っぱ式

　縄文早期の遺跡（宮崎県田上遺跡ほか）から網状の圧痕が出土している。また九州地方の晩期の遺跡からは、編布の圧痕とともに網の圧痕も多数の出土例がある。網は写真26のように足

第 3 節　道具と製作技法　35

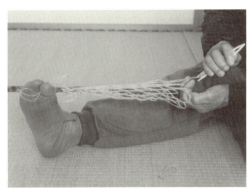

写真26　足の指を使って網を編む

写真27　輪っぱ式横編法

写真28　輪っぱ式横編法で製作した細密編布

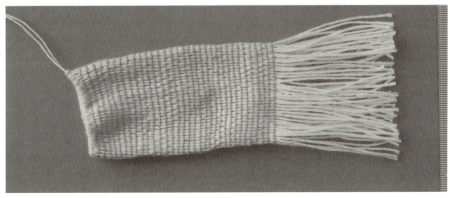

写真29　筒状横編法②（輪っぱ式）で製作した袋
　　　（筒状または袋状横編法②）

の親指や杭などを使用しなければ製作できない。要するに弓式横編法の弓本体を省略したものである。このように連想すれば、網同様の技法で編布の製作も可能であると考えた。

① 基礎編布

写真27のように木の棒とか杭に糸や紐を掛け、後は弓式と同じ要領で製作することができる。この方法で筆者は写真28のように1cm当たり経糸10本、緯糸8.5本の細密な基礎編布を製作することができた。

ただしこれは平面的な布であるが、輪っぱに掛けた経糸の両端を合わせて緯糸をぐるぐる巻くように編成すれば筒状になる。後は余った経糸の始末次第で袋を作ることも可能である（筒状または袋状横編法②：写真29）。ペット・ボトル使用の場合との相違点は、経糸の方向である。輪っぱ式は横方向であるのに対して、ペット・ボトルは縦方向の経糸になる。

② 応用編布

木枠式および弓式に準ずれば良い。

以上縦編、横編双方による編布の製作技法を述べたが、いずれも簡単な操作で製作することができた。しかし、これらは現時点での製作技法に過ぎない。もっとも多く編布が製作されたのは縄文時代であっても、道具の出土例は皆無である。したがって縄文時代の道具と製作法に関しては、推測の域を脱することはできない。

なお、平安時代の編布や越後アンギン、そして時宗の阿弥衣、またアイヌ民族のゴザ等に珍しい製作技法が見られるが、それ等は後述することにした。

付言　縦編・横編両編布の密度計測について

写真11・図11は縦編法の道具である。縦編法では、ケタの刻み合わせて垂直に垂らされている糸が経糸で、この経糸に絡まれている横方向の糸が緯糸である（図12）。密度に関しては、経糸間隔10mmとか、緯糸は1cm当たり10本などと計測するのである。

写真18は木枠式横編法の道具である。こちらは木枠に張られた糸を経糸とし、その経糸を横方向に絡ませながら編み進む糸が緯糸である。いうなれば横編法の経糸・緯糸は織機による呼称と同じである。したがって横編法では、縦編法の経糸が横方向に製作されていくことになる。しかし、出来上がった編布そのものは縦編・横編いずれもまったく同じ形状である。そこで、横編法による編布の密度計測に当たっては、縦編法に則り、緯糸を経糸、また経糸を緯糸として計測するのである。

弓式（写真22）・輪っぱ式（写真27）も同様である（つまりどのような方式でも絡む糸が経糸、絡まれる糸が緯糸ということになる）。

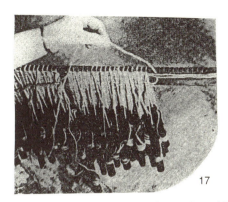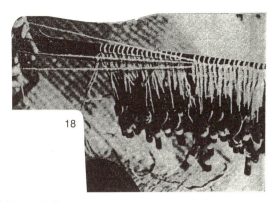

写真30 越後アンギンの製作法の一部分 (津南町教育委員会 1963より)

註
(1)「アンギンのつくり方」『越後のアンギン―編布から織布へ』(津南町教育委員会 1963) の巻頭に、繊維からアンギンの袖なしが仕上がるまでを、写真とともに個条書き (1～24) で示されている。それによると「17. 右端に3本集まったヨコ糸のうち、いちばん下の糸を上部の2本の糸の裏側を通して左側へあみかえしていく。18. ミツアミといって、写真のように、いつも一方に3本のヨコ糸がくるあみかたである……」と述べられている。これは即ち緯糸5本を使用した技法である。これが滝沢秀一氏を経て筆者が学んだ編布製作のプロセスである (写真30参照)。
(2) 弓状編具を紹介した飯田氏は「弓状編具では左から右へ編むことはできるが、右端から折り返して左方向へ編むことは不可能。はばきも左から右へ一方的な編み方で製作されている」と説明された。

第4節　出土編布の製作法

4群に分類した編布は、縦編・横編いずれの技法で編成されたものか、密度および形状から検討することにした。

1　密度からの判断

表8は、試作実験を通じて縦編法・横編法のいずれが可能であるかを推定し、それを前掲表4の類・グループ単位で機械的に区分したものである。

1群のⅠ類は経糸が1cm当たり5～16本という、出土した編布中きわめて繊細な密度の高いグループである。またⅡ類も経糸間隔2.5～5mm未満で、Ⅰ類に次いで経糸密度の高いグループ。これらの製作を縦編法で考えた場合、前述したように一般的な木材ではケタの刻みを作ることができない。しかし特殊なケタ作りをすれば製作可能であるが、著しく手間のかかる作業であり、編みやすいのは横編法である。

なお、緯糸密度の低いもの（Aグループ）も縦編法では製作不可能な場合がある。縦編法は経糸をケタの上で絡ませるため、経糸に微妙な圧力が加わると同時に、コモ槌の重みで緯糸密度が多少高くなる。したがって緯糸密度を低く保つためには、緯糸を太くする以外に方法はない。写真31-a部分は経糸・緯糸ともに太さ0.8mmで試作（縦編法）したが、緯糸密度は1cm当たり6本である。写真31-bは緯糸の太さを2mmに変更したものである。ところが緯糸密度は1cm当たり4本と緯糸を2.5倍の太さに交換したにもかかわらず、2本減少したに過ぎない。これを横編法で試作（糸の太さ0.8mm）したところ、難なく緯糸密度を低くすることができた。横編法は道具が簡便な分、規制されることが少なく、経糸間隔・緯糸密度も比較的自由に選ぶことができる。

Ⅰ・Ⅱ類およびAグループは例外もあるが、概して横編法で製作された可能性が高い（木枠式・弓式・輪っぱ式いずれでも可能）。

またⅢ類からⅧ類までのB・Cグループは、縦編・横編いずれの技法にても製作可能である。具体的に示せば、表8の濃いアミ部分の439点である。その他の145点は上述した横編法製作の範疇であり、これは筆者が試作実験の結果設定したものである。

なお縦編法可能な類別についても、縦編・横編双方の技法で実験を繰り返した。それに

表8　1群製作技法推定表

経糸間隔＼緯糸密度	A	B	C	製作技法集計
Ⅰ	10	11	4	横編法が無難　145
Ⅱ	36	54	15	
Ⅲ	3	236	12	横編法・縦編法いずれも可能　439
Ⅳ	4	136	8	
Ⅴ	6	31	2	
Ⅵ		9	1	
Ⅶ	2	1		
Ⅷ		3		

基づけば、縦編法の場合は第一に編みやすいこと、その上、経糸・緯糸が整然としていて仕上がりがよい。一方横編法は道具が簡便、たとえば紐1本を拠り所にしても製作は可能であるが、実験の際感じたことは、経糸間隔を揃えるとか、緯糸に対して経糸が直交するように整った形状に仕上げるには少々手間取りもしたのである。そこで本節では、表8の濃いアミ部分を縦編法で製作されたものとしてとりあえずは論を進めることにした。

写真31　縦編法による緯糸密度の変化についての試作
　　　a部分の緯糸の太さ0.8mm　b部分の緯糸の太さ2mm

　2群は縞模様の編布である（88点）。ポピュラーな縞①（写真32）の場合、経糸間隔の広い部分と狭い部分から構成されている。狭い部分が2〜2.5mm、2.5〜3mm、また3〜4mmであり、縦編法は不可能と見なければならない。

　なお2群②は経糸間隔が比較的広く、その経糸が2本密着している。縦編法の場合、ケタの刻みごとに2本の経糸をセットすれば製作可能である。しかし実験の結果、狭い刻み目を利用するので、2本の経糸が絡まりやすい。こちらも横編法が無難といえよう。

　同じく経糸間隔が部分的に狭い縞2群③や、3群の経糸間隔のわかりにくい編布④・⑤も縦編法のケタ（刻み方法）を想起すれば、製作不可能といわざるを得ない（75点）。

　なお4群に関しては、経糸ないし緯糸が不明のため考察対象からは省くことにした。

2　特殊な形状からの判断

　編布の密度を基準にして製作法を検討したが、編布の形状によっては横編法でなければ製作できないものもある。それは表9に示すように経糸関係では弧状、それに屈折したもの、緯糸については傾斜ないし編みミスのあるものである。写真33は経糸が弧を描いているような熊本県灰塚遺跡（晩期）のモデリング陽像である。これに類したものは7点。写真34の鹿児島県西原迫遺跡（弥生早期）のように途中から屈折しているものは2点、これらはそれぞれ経糸が単純に変化したものである。

　まず縦編法で検討を試みた。ケタに掛けた経糸でケタに沿ってセットした緯糸を絡ませる。この繰り返しであるため、常に緯糸に対して直交状態を保つ経糸を弧状または屈折させることなど、縦編法ではその余地も術もまったくない。しかし横編法は木枠式・弓式等道具が簡便ゆえ経糸を自由に変化させることができる。とくに屈折させる手法は実験の結果、木枠式横編法と推定した。

　写真35は経糸に対して緯糸が右上がりに傾斜した鹿児島県大園遺跡（晩期）出土品のモデリ

第Ⅰ章 縄文時代の編布

写真33 経糸がやや弧状の編布
(熊本県灰塚遺跡出土)

写真34 経糸が途中から屈折している編布
(鹿児島県西原迫遺跡出土)

写真32 ポピュラーな縞の編布
(佐賀県菜畑遺跡出土)
経糸間隔の狭い部分 5mm
経糸間隔の広い部分 35〜45mm

写真36 緯糸が左上がりに傾斜している編布
(熊本県上高橋遺跡出土)

写真35 緯糸が右上がりに傾斜している編布
(鹿児島県大園遺跡出土)

写真37 編みミス(○部分)のある編布 (緯糸がクロスしている)
(熊本県上南部遺跡A地区出土)

表9　編布の特殊な形状から横編法で製作された可能性の高いもの

●：圧痕　◎：縦編可能　□：横編可能

No	資料番号	県　名	遺跡名	編布の特徴					分　類		密度から推測した製作技法
				経　糸		緯　糸			密度	編布の種類	
				弧状	屈折	傾斜右上がり	傾斜左上がり	編みミス			
1	410102	佐　賀	かんねお			○			ⅣB	●	◎
2	410704	佐　賀	十蓮Ⅱ			○			⑤B	●	□
3	420801	長　崎	朝日山					○	ⅢB	●	◎
4	420807	長　崎	朝日山			○			ⅣB	●	◎
5	420812	長　崎	朝日山					○	ⅢB	●	◎
6	420818	長　崎	朝日山		○				ⅢB	●	◎
7	430207	熊　本	上高橋				○		ⅡB	●	□
8	430209	熊　本	上高橋				○		ⅣB	●	◎
9	430306	熊　本	扇田	○					ⅤB	●	◎
10	430313	熊　本	扇田			○			ⅢB	●	◎
11	430317	熊　本	扇田			○			ⅣB	●	◎
12	430603	熊　本	上南部A地区				○		④B	●	□
13	430703	熊　本	上南部C地区				○		ⅢB	●	◎
14	430704	熊　本	上南部C地区				○		ⅢB	●	◎
15	430803	熊　本	長嶺			○			ⅢB	●	◎
16	430804	熊　本	長嶺			○			ⅣB	●	◎
17	431001	熊　本	神水				○		⑤B	●	□
18	431102	熊　本	健軍神社周辺				○		ⅣB	●	◎
19	431104	熊　本	健軍神社周辺			○			ⅢB	●	◎
20	431108	熊　本	健軍神社周辺			○			ⅢB	●	◎
21	431509	熊　本	ワクド石			○			ⅣB	●	◎
22	432501	熊　本	灰塚	○					ⅣB	●	◎
23	450101	宮　崎	黒土			○			①ⅦB	●	□
24	450102	宮　崎	黒土			○			ⅣB	●	◎
25	450306	宮　崎	中尾山・馬渡			○			ⅥB	●	◎
26	450601	宮　崎	右葛ヶ迫				○		①ⅦB	●	◎
27	460102	鹿児島	小山	○					ⅢB	●	◎
28	460103	鹿児島	小山			○			ⅢB	●	◎
29	460405	鹿児島	帖地			○			ⅣB	●	◎
30	460502	鹿児島	枦堀			○			ⅣB	●	◎
31	460503	鹿児島	枦堀				○		ⅢB	●	◎
32	460504	鹿児島	枦堀				○		③ⅤB	●	□
33	460505	鹿児島	枦堀				○		ⅥC	●	◎
34	460507	鹿児島	枦堀			○			ⅢB	●	◎
35	460508	鹿児島	枦堀			○			ⅢB	●	◎
36	460606	鹿児島	新番所後Ⅱ			○			ⅣB	●	◎
37	460609	鹿児島	新番所後Ⅱ			○			ⅢB	●	◎
38	460806	鹿児島	西原迫		○				②ⅣB	●	□
39	460810	鹿児島	西原迫			○			ⅢB	●	◎
40	461003	鹿児島	上焼田	○					ⅢB	●	◎
41	461302	鹿児島	成岡				○		④B	●	□
42	461413	鹿児島	計志加里				○		ⅡB	●	□
43	461528	鹿児島	下柊迫			○			ⅢC	●	◎
44	461931	鹿児島	上野原	○					ⅤB	●	◎
45	462124	鹿児島	上中段			○			ⅢB	●	◎
46	463205	鹿児島	鳥居川			○			ⅢB	●	◎
47	463316	鹿児島	チシャノ木			○			③ⅣB	●	□
48	463318	鹿児島	チシャノ木				○		ⅣB	●	◎
49	463334	鹿児島	チシャノ木			○			ⅣB	●	◎
50	463335	鹿児島	チシャノ木			○			ⅢB	●	◎
51	463336	鹿児島	チシャノ木			○			ⅢB	●	◎
52	463704	鹿児島	別府（石踊）			○			ⅣB	●	◎
53	463707	鹿児島	別府（石踊）	○					④B	●	□
54	464203	鹿児島	小迫			○			ⅣB	●	◎
55	465403	鹿児島	上原			○			ⅢB	●	◎
56	465504	鹿児島	宮下				○		ⅢB	●	◎
57	465905	鹿児島	榎木原	○					ⅢB	●	◎
58	466002	鹿児島	水の谷				○		ⅢB	●	◎
59	466201	鹿児島	岡泉			○			ⅢB	●	◎
60	466601	鹿児島	大園			○			ⅢB	●	◎
61	466606	鹿児島	大園				○		ⅡB	●	□
		合　計		7	2	31	17	4			

ング陽像である[1]。同じ方向に傾斜したものが31点。これとは逆に緯糸が左上がりに傾斜したもの（写真36：熊本県上高橋遺跡出土品－晩期）17点と、緯糸傾斜資料は合計48点である。なお熊本県上南部遺跡Ａ地区（晩期）の編布には編みミスが認められる。写真37の○印は緯糸がクロスした部分である。経糸関係で述べたように、縦編法にはゆるがせにできない規格らしきものがあり、経糸同様緯糸も傾斜させたり、ましてクロスさせるなど変化させることはできない。したがって両者とも横編法が妥当と考えられる。ことに編みミスについては、横編法の弓式・輪っぱ式の実習では、現在でも緯糸をクロスさせてしまうことがある。この実習体験から見ても上南部遺跡Ａ地区の編布等は、弓式あるいは輪っぱ式等による横編手法によってできたうっかりミスではなかろうか。この例は4点である。

　ちなみに、表9の全数61点は横編法でなければ製作不可能な例である。その中の48点（ⅢＢ：27、ⅢＣ：1、ⅣＢ：16、ⅤＢ：2、ⅥＢ：1、ⅥＣ：1）は密度からの分類では縦編・横編いずれの製作技法でも可能な範疇に属するものである。しかし編布の形状から横編法が適切と判明した。またその他の13点（ⅡＢ：3、①ⅦＢ：2、②ⅣＢ：1、③ⅣＢ：1、③ＶＢ：1、④Ｂ：3、⑤Ｂ：2）はすでに横編法として示したものである。

　註
（1）ある文献には越後アンギンの道具（縦編法）で編布を製作する場合、「経糸の絡みを右絡み（Ｓ）にすれば、経・緯直交して長く編むことができる。しかし経糸の絡みを左絡み（Ｚ）にした場合は、緯糸が右上がりの傾斜になる」と記述されているが、縦編法では経糸の絡みを左右いずれにしても緯糸は傾斜しない。また傾斜させることはできない。

　付説　製作上の特徴

　既製の編布の製作技法について、縦編・横編いずれの技法かを確認するには、縦編・横編双方の製作技法の特徴からも判断することができるので、付記することにした。
　（1）縦　編　法
　縦編法で製作する基礎・応用編布は下部から編み始め上部に至るので、共に経糸は編み終わりの始末が必要である（写真38－ａ・ｂ）。これは経糸間隔を密にした場合も同じである。
　また両編布の編端について基礎編布は1本の緯糸で製作するので、左右の編端は写真38－ａ

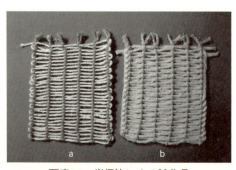

写真38　縦編法による試作品

のように、緯糸が半月状になる。なお、応用編布を1本の緯糸で製作する場合も基礎編布同様半月状の編端である。しかし応用編布は複数の緯糸で製作することができるので、その編端は写真38－ｂのように両端または片端が矢羽根状に仕上げられる。
　（2）横　編　法
　木枠式や弓式等で経糸間隔を広くした場合（写

真39・40）の編み始めと終わりは、縦編法に等しいが、経糸間隔を密にしたときは、経糸（製作中の緯糸）も編端で折り返し連続して使うので、編み始めおよび編み終わり部分は「入」字状の仕上がりになる（写真39・40）。

緯糸に関して縦編法では、製作の段階で編端は半月状とか矢羽根状に仕上げられる。横編法も弓式・輪っぱ式の一方の端（写真39－矢印編み始め）は弓の弦や紐を使用しているので、それを外せば、縦編法による半月状の編端と同じである。

しかし木枠式の場合は両端に、弓式等はフリー状の経糸に始末が必要である。ちなみに始末の例を示すならば、写真40－aのように2～3本の緯糸をまとめて留める。またbのように一方に折り返して巻き縫い等する。cとdがその反対面、つまり表面である。eについては用途に応じて緯糸を房状にしてもよい。なおbのように裏面へ始末することも可能である。したがって編布の緯糸が始末されている場合は、横編法で製作された証である。

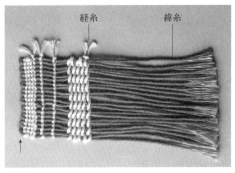
写真39　弓式・輪っぱ式横編法による試作品

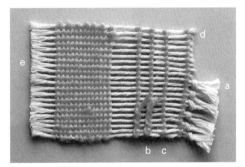
写真40　木枠式横編法による試作品

以上のように編布の製作技法の特徴を見極めることにより、縦編・横編を判別することができる。

筆者がこれらの特徴から、縦編・横編の製作技法が判別できたのは、阿弥衣や越後アンギン、また旧千島の及川遺跡、それに一乗谷朝倉氏遺跡の編布である。

現段階において縄文時代の編布からは、編端や編み止まりの確認されたのは宮崎県黒土遺跡出土の1例に過ぎない。

3　地域別に製作法をみる

縄文時代の編布は北海道から中部地方、そして愛媛県と九州地方というように、あたかも地域を限定した形で出土している。筆者はその出土情況から北海道・東北・関東地方を東北地区、中部地方を中部地区、愛媛県と九州地方を九州地区と日本列島を3エリアに区分し、地区別の観点から編布の製作法を追究した。

形状から4群に分類した編布のうち1群はオーソドックスな編布で、出土例は列島各地域に及んでいる。しかし2群の縞模様に関しては、①ポピュラーな縞（48点）と、②経糸が2本密着した縞（13点）が九州地方に限られており、③経糸間隔が部分的に狭い縞も27点中東北地区

表10　1群経糸間隔・緯糸密度の地区別集計

地区別 経糸間隔	東北地区					中部地区					九州地区					経糸間 隔類別 合計	比率%
緯糸密度	A	B	C	経糸密 度小計	比率%	A	B	C	経糸密 度小計	比率%	A	B	C	経糸密 度小計	比率%		
Ⅰ		3	2	5	21.7	8	5	1	14	26.4	2	3	1	6	1.2	25	4.3
Ⅱ	1	4	1	6	26.1	29	6	1	36	68.0	6	44	13	63	12.4	105	18.0
Ⅲ	1	3	1	5	21.7		2		2	3.8	2	231	11	244	48.0	251	43.0
Ⅳ		5		5	21.7		1		1	1.9	4	130	8	142	28.0	148	25.3
Ⅴ	1	1		2	8.7						5	30	2	37	7.3	39	6.7
Ⅵ												9	1	10	2.0	9	1.7
Ⅶ											2	1		3	0.6	3	0.5
Ⅷ												3		3	0.6	3	0.5
緯糸密度小計	3	16	4	23		37	14	2	53		21	451	36	508		584	
比率%	13.0	69.6	17.4			69.8	26.4	3.8			4.1	88.8	7.1				
地区別合計			23 (3.9%)					53 (9.1%)					508 (87.0%)				
	緯糸密度類型別合計　　A：61 (10.4%)　／B：481 (82.4%)　／C：42 (7.2%)																
縦編法範囲			10点					3点					426点				
横編法範囲			13点					50点					82点				

の1点と中部地区8点以外は九州地区から出土している。なお、3群の経糸間隔のわかりにくい編布75点も九州地区の出土である。このように2群、3群はおおむね九州地区出土であり、そのほとんどが横編法の可能性が高いものである。そこで筆者は、地区別の製作法についてはまず1群を対象とすることにした。

表10は1群の経糸間隔（Ⅰ～Ⅷ類）・緯糸密度（A～Cグループ）を基準に分類した各資料を3地区ごとに集計したものである。それによると東北地区の出土例は23点で1群全体の3.9％、中部地区は53点で9.1％、そして九州地区は508点87％と地域による格差はきわめて大きい。この現実を踏まえてなにかと比較するのは不合理かとも考えたが、前述したように地域によって多少編布の密度に変化が認められるので、あえて比較検討することにした。

東北地区では、総数23点中、密度から横編法によるとみられるものがⅠ・Ⅱ類11点とⅢ・Ⅴ類Aグループ2点の計13点、つまり東北地区出土例全体の半数以上が横編法の範疇に入る。一方Ⅲ～Ⅴ類（Aグループ2点を除く）10点は縦編法に属するものである。緯糸密度はBグループが16点（69.6％）、Cグループが4点（17.4％）、Aグループが3点（13.0％）であり、経糸・緯糸ともに比較的密度の高いものの多いことが理解できる。

中部地区では、総数53点中、50点（94.3％）がⅠ・Ⅱ類に属しており、こちらはほとんどの編布が横編法によるものといっても過言ではなかろう。Ⅰ・Ⅱ類が多いという傾向は東北地区にやや類似しているかと思われるが、緯糸密度に関しては東北地区でもっとも出土例の少ないAグループがこちらでは37点、全体の69.8％と圧倒的に多く、次のBグループは14点（26.4％）、Cグループに至っては2点（3.8％）とかなり様相が異なっている。いうなれば経糸間隔は総体的に緻密あるいはやや緻密な傾向にあるが、緯糸密度はかなり低いことがわかる。強いていえば、縦編法の可能なものはⅢ・Ⅳ類のBグループ3点である。

しかし、中部地区には特記すべき1点が認められる。新潟県上片貝遺跡（中期）のⅠ類Cグループ資料の出土例で、経糸・緯糸ともに1㎝当たり15本というもっとも細密な編布であり、

この地区としては突然変異的な存在である。

　出土例の多い九州地区では、横編法はⅠ・Ⅱ類の69点とⅢ～Ⅶ類のAグループ13点、それに表9「編布の特殊な形状から横編法で製作された可能性の高いもの」掲載の資料もすべて九州地区出土例が占めており、その中の48点（重複するⅡ類と1群以外を除く）を加算の対象にしても都合130点である。これは九州地区の1群508点の25.6％であり、東北地区で半数以上、中部地区ではほぼ全面的に横編法が優勢と仮定される中で、数値の上では九州地区は縦編法が大多数を占めることになる（378点）。

　九州地区に関して筆者が特に関心を抱いたのは、表9の48点である。これは密度の面からみて縦編法の範疇に属するとしたなかで、弧状を呈した経糸や傾斜した緯糸など編布の形状から横編法に移行させたものである。それは九州地区で多数を占める経糸間隔Ⅲ・Ⅳ類資料の一部である。しかしこの一部を横編法によるものとし、それ以外は縦編法と言い切ってよいのであろうか。同じような例はⅢ～Ⅶ類のAグループにも通じることである。たとえば縄文人が縦編法可能な密度の編布を、簡素な道具の横編法で製作していた。そこでたまたま緯糸に作業ミスが生じたとか、ときに意図的に経糸の屈折を試みたというように考えた方が自然ではなかろうか。このように現実的に考察すると、実際には九州地方でも表10とは裏腹にかなり多くの編布が横編法で製作されたと推測することができる。

　九州地区にも中部地区同様に特筆すべき1点がある。愛媛県天嶬鼻遺跡（後期）出土例（Ⅰ類Cグループ）で、1cm当たり経糸が16本、緯糸が12本というきわめて繊細な編布であり、上片貝遺跡出土例とともに、横編法でなければ製作不可能な編布の代表例といえよう。

　なお縦編・横編いずれの技法も可能なグループの中に、横編法でなければ製作できないものを前記したが、それとは逆に一見横編法で編みやすいと思われるものの中にも縦編法でなければ製作できないものもある。福島県荒屋敷遺跡（ⅠB－縄文晩期最終末～弥生初頭）と千葉県姥神遺跡（ⅡB－晩期）の出土例である。前者は編布と平織が並列、後者は同じく上下に製作された、ともに圧痕である。実験の結果（本章第7節1「一枚の布に編布と織物の併設」で後述）縦編法で製作されたものと思われる。この2点以外に縦編法でなければ製作不可能なものを確認することはできなかった。

　列島全体をみた場合、明らかに横編法によると推定される資料が大勢を占めるのが中部地区である。また東北地区も全体の半数以上が横編法と述べたが、上記したように福島（ⅠB）・千葉（ⅡB）両県の遺跡から出土した2例（横編法の範疇）は、縦編法の可能性が高い。そこでこの2点を除いても表10に基づけば、横編法が半数を占めている。しかしこの地区全体の16遺跡23点という出土例の中で、2遺跡2例の縦編法が認められたことを考慮すれば、東北地区においてはある程度縦編法も普及していたのではなかろうか。九州地区に関しては、出土例がきわめて多い中で、横編法でなければという例は多数あるが、東北地区のように縦編法で製作された具体例は皆無である。しかし出土例の中には緯糸に対して経糸が整然と直交して編み上がっているもの、つまり縦編法で仕上げたといっても不自然ではない資料もある。したがって縦

写真41 「ツヅラカガイ」の製作
(現代に伝わる木枠使用技法の例：鹿児島県歴史資料センター黎明館 1989より)

編法の可能性も否定できない。

　筆者は九州地区の横編法について視野を広げてみた場合、連想されることがある。宮崎・鹿児島両県の縄文早期の遺跡から網の圧痕が出土しており（第Ⅱ章で後述）。晩期に至っては多量の出土例が認められる。網を作るには、輪っぱ式横編法のように糸や紐を棒とか杭に引っかけて製作しなければならない。写真26（35頁）は網製作法のひとつである。右足の指先で拠り所となる糸を挟み、引っ張りながら結節を作っていくのである。

　なお、三つ編みのような組紐も同じ要領で作られたと思われる。編布も同様である。このように拠り所を定め何かで引っ張って作る、いわゆる「引っ張り文化」は、縄文時代の早い時期からごく自然に培われた生活の知恵ではなかったろうか。

　鹿児島県さつま町柊野では、現在でも「ツヅラカガイ」といってツヅラの茎を用いて作られた箱形の背負い籠がある。籠大の木枠にツヅラの茎を縦に巻き、底部から編み込むという技法が伝承されている（鹿児島県歴史資料センター黎明館 1989）。時代ははるかに遡るが、縄文時代における木枠式横編法の存在を想定させる事例である。

　以上のように推理すれば、九州地区でも少なからず編布の製作には横編法が採用された可能性が窺われる。

　なお、横編法に拍車をかけるように現れたのが、2群の縞模様と3群の経糸間隔のわかりにくいもの等々横編法ならではの事例である。

　縄文時代の編布は広い視野からみれば縦編・横編双方の技法が採用されたのではなかろうか。
　この件は、筆者にとって今後も引き続き大きな研究課題である。

第5節　編布の地域別特質と利用法

　かつて筆者は考古学の研究者（複数）から「編布も縄文時代の出土品である。編目から土器の編年のように分類できないか」といわれたことがある。それではと、まず時期について検討した。前期の出土例といえば青森県三内丸山遺跡、山形県押出遺跡、福井県鳥浜貝塚があげられる。それらの密度は三内丸山遺跡が経糸間隔は不明であるが緯糸密度はB（5本／cm）、押出遺跡からは2点出土しているがⅠB（8本×8本／cm）とⅡA（4.5〜5㎜×2.5本／cm）、同じ遺跡でも形状が異なっている。また鳥浜貝塚は③ⅣB（10〜15㎜×5〜6本／cm）、これはオーソドックスな編布の中にアクセント（4㎜間に経糸2本）を有する縞模様の一種、本州では珍しい編布である。したがって現時点では時期による分類はできないと判断した。

　それでは地域別にみるとどうか。筆者が編布の分類（密度）や地区別に製作法を検討した際印象的だったのは、九州地区の編布は経糸間隔の広いものが多く、中部地区には経糸間隔の狭いものが多かったことである。そこで日本列島（北緯45.5度〜30度）の気候の違いから何かを把握することはできないものかと考えた。

　考古学界では編布が縄文時代における衣服の素材としては、全面的に認められていない。では「縄文人は裸体であったか」の問に対して「毛皮」という意見もあるとのこと。しかし筆者は「生活の基盤は衣・食・住」といわれる生活学の立場から、「衣」に拘りを抱いた。

　縄文時代にはカラムシ等の植物性繊維にて製作された編布も少量ながら出土している。カラムシは今日でも織物の素材として貴重かつ上質な繊維である。

　また小さな土器片ではあるが、そこに印された圧痕の中には撚糸の痕跡が鮮明なもの、さらにデザイン的に現在にも通ずる縞模様まで存在している。このような出土例を多々実見した筆者は、編布が縄文時代の衣生活に必要な素材であったと考えざるをえない。さらに当時の気候は現在とそれほど違わないとも言われている。そこで、編布の密度と気候について少々触れてみることにした。

1　地域別特質

　表11-1〜8は1群の経糸間隔・緯糸密度をそれぞれ道県別にし、さらにそれを地区別に表示したものである。

　今さらいうまでもなく、経糸間隔Ⅰ類はもっとも密度が高く、Ⅱ・Ⅲ類と類を重ねるごとに密度は低く（広く）なる。一方緯糸はAよりもB、そしてCというように密度が高くなる。素材である糸の太さは密度に影響され、密度が高ければ細い糸、低ければ太い糸が必要である。つまり細い糸で製作された編布は薄地に、太ければ厚地タイプに仕上げられる。

表11　密度の分類からみた地域別集計

表11-1：Ⅰ類

	道県名	遺跡数	資料数
A	富山	1	1
A	石川	1	5
A	岐阜	1	2
A	熊本	1	1
A	鹿児島	1	1
小計	5県	5	10
B	北海道	1	1
B	山形	1	1
B	福島	1	1
B	石川	3	5
B	佐賀	2	2
B	鹿児島	1	1
小計	6道県	9	11
C	青森	1	1
C	秋田	1	1
C	新潟	1	1
C	愛媛	1	1
小計	4県	4	4
合計	13道県	18	25

表11-2：Ⅱ類

	道県名	遺跡数	資料数
A	山形	1	1
A	富山	1	4
A	石川	8	23
A	岐阜	2	2
A	佐賀	1	1
A	長崎	1	1
A	熊本	2	2
A	鹿児島	2	2
小計	8県	18	36
B	北海道	1	1
B	青森	1	1
B	埼玉	1	1
B	千葉	1	1
B	石川	4	5
B	山梨	1	1
B	長崎	3	3
B	熊本	4	4
B	宮崎	2	3
B	鹿児島	13	34
小計	10道県	31	54
C	青森	1	1
C	石川	1	1
C	長崎	2	2
C	鹿児島	8	11
小計	4県	12	15
合計	14道県	61	105

表11-3：Ⅲ類

	道県名	遺跡数	資料数
A	栃木	1	1
A	佐賀	1	1
A	鹿児島	1	1
小計	3県	3	3
B	宮城	1	1
B	福島	1	2
B	新潟	1	1
B	長野	1	1
B	佐賀	5	22
B	長崎	10	33
B	熊本	15	35
B	宮崎	4	9
B	鹿児島	41	132
小計	9県	79	236
C	北海道	1	1
C	熊本	1	1
C	宮崎	1	1
C	鹿児島	7	9
小計	4道県	10	12
合計	11道県	92	251

表11-4：Ⅳ類

	道県名	遺跡数	資料数
A	長崎	2	2
A	鹿児島	2	2
小計	2県	4	4
B	青森	1	2
B	宮城	1	2
B	栃木	1	1
B	新潟	1	1
B	佐賀	5	15
B	長崎	4	9
B	熊本	12	30
B	宮崎	2	5
B	鹿児島	28	71
小計	9県	55	136
C	熊本	1	1
C	鹿児島	6	7
小計	2県	7	8
合計	9県	66	148

表11-5：Ⅴ類

	道県名	遺跡数	資料数
A	青森	1	1
A	佐賀	1	1
A	熊本	2	2
A	鹿児島	2	2
小計	4県	6	6
B	栃木	1	1
B	佐賀	2	3
B	長崎	1	3
B	熊本	3	3
B	宮崎	3	5
B	鹿児島	7	16
小計	6県	17	31
C	鹿児島	2	2
小計	1県	2	2
合計	7県	25	39

表11-6：Ⅵ類

	道県名	遺跡数	資料数
B	宮崎	2	4
B	鹿児島	4	5
小計	2県	6	9
C	鹿児島	1	1
小計	1県	1	1
合計	2県	7	10

表11-7：Ⅶ類

	道県名	遺跡数	資料数
A	佐賀	1	2
小計	1県	1	2
B	長崎	1	1
小計	1県	1	1
合計	2県	2	3

表11-8：Ⅷ類

	道県名	遺跡数	資料数
B	佐賀	1	3
合計	1県	1	3

：北海道～関東地方（東北地区）
：中部地方（中部地区）
：四国地方｝（九州地区）
：九州地方

註：類毎の遺跡数は同一遺跡がグループに含まれる。（例）Ⅰ類AとBの鹿児島県は同じ遺跡のものである。

Ⅰ類Aグループの経糸はもっとも高い密度であるが、緯糸密度は最低。仕上がりはやや厚地である。またⅠ類Cグループは経糸・緯糸ともに最高の密度に属するもの、たとえば新潟県上片貝遺跡出土例は経糸・緯糸ともに1㎝当たり15本、愛媛県天嶬鼻遺跡出土例は1㎝当たり経糸が16本、緯糸が12本という極めて薄手の編布である。筆者の製作実験では、経・緯双方0.5㎜以下の太さの糸を使用した。

特に糸の太さは緯糸密度に深い関わりがある。経糸間隔Ⅰ類はもっとも密度が高く、Ⅱ類以降は序次に低く（広く）なるので、糸の太さはそれに比例するかのように思われる。しかし経糸間隔がⅧ類であっても緯糸がCグループならば、Ⅰ類Cグループに準ずる糸の太さを選ばねばならない。つまり経糸・緯糸ともに極細い糸である。

以上を踏まえ表11-1～8を参考に、3地区の編布からそれぞれの特性を探ることにした。

なお、3地区の編布密度については前節で述べたが、理解を容易にするために本節でも記すことにした（表10参照）。

（1）東北地区

緯糸がCグループのものはⅠ～Ⅲ類までが4点、BグループはⅠ～Ⅴ類に至って16点と多い。またAグループはⅡ・Ⅲ・Ⅴ類の3点のみであり、東北地区は比較的密度の高いものが多い。いわゆる極繊細なものから、やや繊細なもので薄地タイプである。

厚地はⅡ類Aグループ1点、同じAグループでもⅢ類とⅤ類は経糸の間隔がやや広いので、Ⅱ類Aグループのように厚地ではない。列島全体から眺めても、寒い北海道や東北地方が含まれながら、その特徴は見受けられない。したがって量的にも問題はあるが、東北地区の出土例からは、気候との関わりを見出すことは不可能である。

しかしこの地区には特筆すべき山形県押出遺跡の出土例（Ⅱ類Aグループ）が

表12　中部地区の遺跡所在地と遺跡名

密　度	県　名	市町村名	遺　跡　名
Ⅰ・A	富　山	下新川郡朝日町	境A
	石　川	石川郡野々市町	御経塚
	岐　阜	高山市	岩垣内　下田
Ⅰ・B	石　川	金沢市	中屋
		鳳珠郡穴水町	曽福
		石川郡野々市町	御経塚
Ⅰ・C	新　潟	小千谷市	上片貝
Ⅱ・A	富　山	下新川郡朝日町	境A
	石　川	金沢市	笠舞A
		鳳珠郡能登町	宇出津崎山　波並西の上　真脇
		鳳珠郡穴水町	曽福
		珠洲市	小浦出
		石川郡野々市町	御経塚
		羽咋郡宝達志水町	上田うまばち
	岐　阜	高山市	広殿
		飛騨市	下田
Ⅱ・B	石　川	金沢市	米泉
		鳳珠郡能登町	波並西の上
		鳳珠郡穴水町	曽福
		石川郡野々市町	御経塚
	山　梨	笛吹市	京原
Ⅱ・C	石　川	金沢市	米泉
Ⅲ・B	新　潟	胎内市	野池
	長　野	上水内郡信濃町	市道
Ⅳ・B	新　潟	岩船郡山北町	上山

含まれている。それは経・緯共に太い糸で編成され、見るからに暖かいセーターを髣髴させる編布。寒さ厳しい東北地方らしい貴重な1点である（第7節にて後述）。

（2）中部地区

緯糸Cグループは I・II 類2点に留まり、Bグループは I～IV 類に至って14点とやや多い。しかしAグループは I・II 類のみで37点と極端に多い。概して経糸間隔は狭く、緯糸の太い厚地タイプの編布である。こうした傾向から連想されるのは寒さである。

表12に示すように、編布の出土地は中部地区（山梨県京原遺跡を除く）でも北寄りの豪雪地帯である。しかしいかに豪雪地帯といえども夏は暑い。後世の例であるが新潟県十日町市周辺で発達した越後アンギンは地厚な編布である。それ故に冬は防寒用、夏は素肌に着用されたようである。とくに夏、田の草取りの際など、アブがたかっても地厚なためその口吻が肌まで届かず刺されなかったともいわれている（中里村史専門委員会 1989）。しかしこれが縄文時代にも通ずるとは断言できない。あくまで参考事例である。

（3）九州地区

出土例の格段に多いこの地区は、I 類から V 類まで、A・B・Cいずれのグループにも所属し、なお VI～VIII 類に至ってはすべて九州地区で占められている。中でも出土例が多いのは III 類の244点と、IV 類の142点である。

緯糸はBグループが451点と他を圧して多く、次がCグループの36点、Aグループは21点と利用度は低い。このようにこの地区でもっとも利用率が高いのは III・IV 類のBグループ。これはCグループほど薄地ではないが、経糸間隔が5～15mm未満、透き間のある夏向きの編布である。以上は1群のみの結果である。

なお、九州地区には2群の縞模様があり、縞模様に関しては分類の項で述べたように、1群よりもさらに経糸間隔が広く緯糸密度も高い。これらを総合して観察すれば、本州よりも刺激的な九州の夏季における紫外線は編布によって緩和され、なお経糸間隔の広さが通気性をよくする。つまり九州地区の編布は、九州相応というか、理想的な編目ではなかろうか。

余談ではあるが、表11について注目されるのは、表11-2～4である。筆者は1群の密度を分類した際に、縄文時代でもっとも利用率の高い経糸間隔は III 類、次が IV 類と述べた。表11-3（III 類）においても数値（251点）の上ではそれに違いない。しかしこの表から東北地区（4道県）の5点と中部地区（2県）の2点を除く244点、実に III 類251点の97.2％が九州地区出土である。また表11-4（IV 類）についても同じように考えられる。つまり出土例は多いものの圧倒的に九州地区に偏っている。一方、出土例は III 類・IV 類に及ばないものの各地区に偏りなく見られるのは、14道県にわたり出土例が確認される表11-2（II 類）である。いずれの緯糸密度にも3地区が例を示しているのは II 類だけである。

そこで単純な疑問であるが、九州地区はなぜ編布圧痕の出土例が多いのかと、表10を参考に考えた。東北地区と中部地区、つまり北海道と本州からの出土例を総合しても76点。それに対して九州地区は7倍弱の508点である（この数値は1群のみであるが、2・3・4群を加えればその差は顕著である）。この違いは何であろう。思案の末要因の一つらしいものにたどりついた。それは編布の利用法である。

2 編布の利用法

編布の資料といえば東北・中部両地区では写真42（石川県御経塚遺跡）のように、土器底部の圧痕が主体である。次は写真43（秋田県中山遺跡）の漆濾し布や編布の端切れ、また写真44（新潟県上山遺跡）の足形付土製品裏面の圧痕、写真45（青森県福泉遺跡）の砂鉄塊に付された圧痕、さらに写真46（千葉県姥神遺跡）の何の形かも見当のつかない土製品などの圧痕がある。

上記のうち編布が道具として使用されたのは土器成形時（輪積法）に土器と製作台の緩衝物体としたもの（圧痕として残されている）と漆濾し布など2種類である。そのほか足形付土製品については、編布の上に粘土を置き幼児の足形をとっている。民俗事例などから類推して、成長祈願あるいは逆に再生祈願に関係したものなど、その土製品の用途については様々に考えられるが、安易な判断はさけたい。したがって、そこに押圧された編布の利用法については、不明としかいいようがない。

また福泉遺跡の砂鉄塊と姥神遺跡の土製品の用途についても、不明である。

一方九州地区では編布や網などの圧痕を有する土器を組織痕土器と称し、一般的な輪積法ではなく、型取法で製作されたものといわれている。編布等の使用法については、輪積法の底部圧痕と同様の原理、すなわち型離れをよくするための編布や網である。なおこうした組織痕土器は主に晩期のもので加熱容器として使われたもののようである。

写真47は宮崎県中尾山・馬渡遺跡出土の土器口縁部、また写真48は鹿児島県榎木原遺跡出土の土器側面の全体像である。この2点の共通点は、丸底と口縁部以外に編布状圧痕のあることである。ちなみに榎木原遺跡の土器は直径が約40cm、この大きな土器の側面全体に編布痕が付されている。それ故にこの土器1点でも相当量の編布が必要である。

筆者が調査した九州地区の遺跡数は佐賀県8、長崎県17、熊本県29、宮崎県6、鹿児島県66、それに愛媛県1を加え合計127遺跡である。そのうち愛媛県天嶬鼻遺跡（後期）は側面であるが組織痕土器ではない。また熊本県頭地下手（後期前・中葉）、鹿児島県宮之迫（中期～後期前葉）・鎮守ヶ迫（中期～後期）の3遺跡3点は、写真42で紹介したものと同じような土器底部の圧痕であるが、残る123遺跡は型取法で製作されたいわゆる組織痕土器である。筆者はそれらの土器片を調査の対象とした。

東北・中部両地区の圧痕は土器底部という限られた部分と、砂鉄塊あるいは土製品に押圧されたものであるが、九州地区の場合は丸底土器の口縁部以外すべてに押圧されているようであ

写真42 石川県御経塚遺跡出土の土器底部
（後期後葉～晩期）

写真43 秋田県中山遺跡出土の漆濾し布
（晩期前半）

写真44 新潟県上山遺跡出土の足形付土製品（後期末）

写真46 千葉県姥神遺跡採集の土製品
（晩期）

写真45 青森県福泉遺跡出土の俵状砂鉄塊 （晩期前半）

る。したがって面積の差はいうまでもない。このように考えると、九州地区に編布圧痕の土器片が多量なのも、当然のことと納得せざるを得ない。

また九州地区の場合は、東北・中部地区のように編布の端切れや土製品に押圧された編布痕は現在までのところ発見されていない。なお東北・中部地区の場合は量的な面もあるが、編布に崩れ、破れの見られる資料は少量に過ぎない。しかし九州地区ではそれが著しく多かった。最初は衣服として使われ古くなったものが再利用されたのかと考え

写真47　宮崎県中尾山・馬渡遺跡出土の土器口縁部（晩期）

写真48　鹿児島県榎木原遺跡出土の土器側面（晩期〜弥生早期）

たが、組織痕土器に課せられた役割、いわゆる加熱容器（日常生活具）であれば、それなりに多くの土器が必要とされたであろう。とすればその分野での再利用、再々利用も考えられる。大きな破れ、崩れはこのようにしてできたのではなかろうか。

九州地区における編布の役割は、土器製作時における緩衝物体としてのみであるが、それは想像以上に大きかったと思われる。

本節は編布に関して、「土器編年」の方法に倣って、まず時期的な分類、そして地域的な特質を模索しようとしたが、資料的制約のため時期的分類・地域的特質のいずれについても十分に抽出することはできず、当初の目的を達成するには至らなかった。この件については今後の発掘成果を待つことにしたい。

巻末の付図（342・343頁）の編布出土地の分布図に示したように、編布の出土例は、北海道から中部地方と、九州地方に限られ、しかも前者における出土例は少数にすぎない。したがって確たることはいえないが、編布の密度による地域差は多少なりとも把握することができたのではないかと思う。端的に述べれば、中部地区は主に地厚な編布であり、九州地区は総体的に薄手の編布であった。要するに衣服として考えた場合、地域それぞれの風土に相応して製作されていたようである。

なお編布の利用法について現在確認できるのは、土器成形時の緩衝物体としての布、および漆濾し用の布である。しかし編布の形状・密度からは、衣服、ならびにトチの実等堅果類のアク抜き用の布、さらに福泉・泉山両遺跡出土の砂鉄塊から推定すれば、袋物としての利用も考えられる。このように布として認められるならば、縄文時代の編布は当時の生活領域の中で幅広く利用されていたのではなかろうか。この件に関してはあくまで筆者の推論である。

第6節　編布の撚りと絡みの方向

　編布は1本の緯糸を2本の経糸でつねに縄状に絡ませながら編み進み布状にする。いわゆる経糸と緯糸で成り立っている。本節では撚りに関すること、並びに経糸の絡み方向等編布の構成に関わることについて検討することにした。

1　糸の撚りについて

　糸の撚りはその程度によって強撚・中撚・弱撚などに区別され、「糸の硬さ、丸さ、冷たさなど種々の性格を与えるもの」である。また撚糸の種類には片撚糸と諸撚糸があり、双方の撚糸が縄文時代には使用されていたようである。片撚糸のJIS繊維用語は「フィラメント（連続した極めて長い繊維）を1本あるいは数本引きそろえてよりをかけたもの」といい、諸撚糸は同じく繊維用語で「2本以上の糸を引きそろえて下よりと反対方向によりあわせた糸」（以上、板倉ほか監修 1977）で、図17である。ちなみに考古学では図18になる。
　さて縄文時代の編布（圧痕を含む）はどのような撚りであろうか。
　まず経糸はすべて絡まれているので、片撚糸あるいは諸撚糸であるかを判別するのは、1つの絡みからの判断である。しかし13遺跡の編布は炭化していたり漆の被膜等で確認しがたい。また編布圧痕は土器の摩耗によりまったくわからないものや、原布が諸撚糸であっても土器の摩耗により片撚糸と見紛うものもある。このような次第で経糸については後述する経糸の絡みに託すことにし、ここでは緯糸の撚りについて述べることにした。
　出土した編布の緯糸は北海道忍路土場遺跡（後期中葉）および新潟県野地遺跡（晩期前葉：1点）の不明のものと、青森県亀ヶ岡遺跡（晩期）では左の諸撚糸の中に右の諸撚糸が混在している1点、都合3点を除くすべてが左の諸撚糸で構成されている。したがって圧痕の編布にも諸撚糸が使われている可能性が高いと考え調査に及んだ。その結果、写真49の栃木県藤岡神社遺跡（後期末～晩期初頭）や写真50の鹿児島県柳井谷遺跡（晩期～弥生早期）の編布のように、緯糸が左の諸撚糸と明確に見受けられるものがあるが、前述してように土器の摩耗とか、編布の破れ、崩れなどで確認の困難なものも多々ある。それでも中には個々の土器片から2、3箇所に撚りらしい痕跡のみられるものもある。表13はそれらを網羅したものである。このような次第で確たることはいえないが、表13に基づけば編布（圧痕も含む）の中でもっとも多かったのが左の諸撚糸93点（編布20点、圧痕73点）、次が右の片撚糸49点と左の片撚糸19点、右の諸撚糸8点、さらに左右の片撚糸[1]が3点、左右の諸撚糸[2]が1点、合計173点から撚糸らしいものを確認することができた。しかしこれは編布全体の20.8％にすぎない。中には撚りのかからない繊維そのままのものも見受けられる。

図17 糸の撚り (尾関清 1996より)

写真49 栃木県藤岡神社遺跡出土編布圧痕(a)とそのモデリング陽像(b)

図18 縄文原体の撚り (野口 1981より)

写真50 鹿児島県柳井谷遺跡出土編布圧痕(a)とそのモデリング陽像(b)

表13 緯糸の撚りの種類

No.	道県名	編布					編布圧痕					
		遺跡数	片撚Z	諸撚Z	片撚S	諸撚S	諸S・Z	遺跡数	片撚Z	諸撚Z	片撚S	諸撚S	片S・Z
1	北海道	1		1									
2	青森	3		4			1	1		1			
3	宮城	1		4									
4	秋田	1		1									
5	山形	1		2									
6	福島	1		3									
7	栃木							2		2	1		
8	埼玉	1		1									
9	新潟	1		1				2		2			
10	石川	1		2									
11	福井	1		1									
12	長野							1	1				
13	佐賀							1					1
14	長崎							4	2	3	3		
15	熊本							9		3	12	1	1
16	宮崎							3	1	3	1	1	
17	鹿児島							23	15	59	32	6	1
		12		20			1	46	19	73	49	8	3

表14 縄文時代の有孔円盤出土一覧

No.	道県名	市町村名	遺跡名	時期	素材	直径(mm)	厚(mm)	文献	文献中の資料番号
1	長崎	佐世保市	福井洞穴	草創期	土製	60〜70		1	表1
2	東京	瑞穂町	六道山	早〜前期	土製	60〜65	1	1	表1
3	青森	外ヶ浜町	中の平	前期	土製	30〜60		1	表1
4	青森	外ヶ浜町	中の平	前期	土製	30〜60		1	表1
5	青森	外ヶ浜町	中の平	前期	土製	30〜60		1	表1
6	山形	高畠町	ムジナ岩岩陰	早期末〜前期初	土製	38	1	1	表1
7	北海道	函館市	サイベ沢	前期末	土製	23	5	1	表1
8	北海道	函館市	サイベ沢	前期末	土製	44	7	1	表1
9	秋田	秋田市	下堤A地区	中期	土製	50	7	1	表1
10	東京	小金井市	中山谷	中期	土製	37	9	1	表1
11	長野	辰野町	樋口内城館址	中期	土製	18	6	1	表1
12	佐賀	有田市	坂の下	中期〜後期初	土製	47〜68		1	表1
13	佐賀	有田市	坂の下	中期〜後期初	土製	47〜68		1	表1
14	佐賀	有田市	坂の下	中期〜後期初	土製	47〜68		1	表1
15	富山	魚津市	早月上野	中期〜晩期	土製	30	8	1	表1
16	長野	松本市	女鳥羽川	後期〜晩期	土製	56	6	1	表1
17	長野	松本市	女鳥羽川	後期〜晩期	土製	39	9	1	表1
18	長野	松本市	女鳥羽川	後期〜晩期	土製	35	8	1	表1
19	滋賀	大津市	滋賀里	後期〜晩期	土製	24〜63		1	表1
20	千葉	市原市	西広	晩期	土製	52		1	表1
21	千葉	市原市	西広	晩期	土製	50		1	表1
22	千葉	市原市	西広	晩期	土製	56		1	表1
23	千葉	市原市	西広	晩期	土製	51		1	表1
24	千葉	市原市	西広	晩期	土製	60		1	表1
25	千葉	市原市	西広	晩期	土製	47		1	表1
26	千葉	市原市	西広	晩期	土製	52		1	表1
27	千葉	市原市	西広	晩期	土製	42		1	表1
28	長崎	佐世保市	福井洞穴	草創期	石製	11		1	表2
29	長崎	佐世保市	福井洞穴	草創期	石製	10		1	表2
30	青森	つがる市	石神	前期〜中期	石製	24〜26	3.5	1	表2
31	秋田	秋田市	下堤A地区	中期前葉〜中葉	石製	56〜70	14.7	1	表2
41	佐賀	唐津市	菜畑	晩期後半	土製	62	14	2	Fig. 247-282
42	佐賀	唐津市	菜畑	晩期後半	土製	47	15	2	Fig. 247-283
43	佐賀	唐津市	菜畑	晩期後半	土製	47	14	2	Fig. 247-284
44	佐賀	唐津市	菜畑	晩期後半	土製	51	14	2	Fig. 247-285
45	佐賀	唐津市	菜畑	晩期後半	石製	43	3	2	Fig. 247-297
46	熊本	菊池市	三万田	後期	土製	35	21	3	第50図-1
47	熊本	菊池市	三万田東原	後期	土製	57	13	3	第50図-2
48	福岡	福岡市	四箇	後期	土製	84	21	3	第50図-3
49	福岡	福岡市	四箇	後期	土製	77	17	3	第50図-4
50	福岡	福岡市	四箇	後期	土製	82	32	3	第50図-7
51	福岡	福智町	山崎	後期	土製	90		3	第50図-8
52	福岡	浮羽市	法華原	後期末〜晩期前半	土製	71	23	3	第51図-1
53	佐賀	みやき町	香田	後期末〜晩期前半	土製	85	29	3	第51図-2
54	佐賀	みやき町	香田	後期末〜晩期前葉	土製	73	28	3	第51図-3

No.	道県名	市町村名	遺 跡 名	時 期	素 材	直径(mm)	厚(mm)	文 献	文献中の資料番号
55	熊 本	宇城市	古保山A	後期三万田期	土製	102	18	3	第51図-5
56	福 岡	二丈町	広田	後期末～晩期前半	土製	68	29	3	第52図-2
57	福 岡	二丈町	広田	後期末～晩期前半	土製	74	29	3	第52図-3
58	福 岡	二丈町	広田	後期末～晩期前半	土製	69	22	3	第52図-4
59	福 岡	二丈町	広田	後期末～晩期前半	土製	86	22	3	第52図-5
60	福 岡	二丈町	広田	後期末～晩期前半	土製	98	23	3	第52図-7
61	福 岡	二丈町	広田	後期末～晩期前半	土製	90	18	3	第52図-8
62	福 岡	二丈町	広田	後期末～晩期前半	土製	66	20	3	第52図-13
63	福 岡	二丈町	広田	後期末～晩期前半	土製	69	19	3	第52図-15
64	熊 本	宇城市	嫁坂	晩期中葉～後葉	土製	47	10	3	第53図-1
65	熊 本	あさぎり町	下乙	晩期中葉～後葉	土製	50	16	3	第53図-2
66	佐 賀	佐賀市	金龍開拓	晩期中葉～後葉	土製	52	30	3	第53図-3
67	佐 賀	佐賀市	藤附A	晩期中葉～後葉	土製	74	19	3	第53図-4
68	佐 賀	佐賀市	丸山	晩期初～前葉	土製	55	19	3	第53図-5
69	佐 賀	佐賀市	丸山	晩期初～前葉	土製	67	31	3	第53図-6
70	長 崎	南島原市	山の寺梶木	晩期中葉～後葉	土製	48	26	3	第53図-7
71	長 崎	南島原市	山の寺梶木	晩期中葉～後葉	土製	53	14	3	第53図-8
72	長 崎	南島原市	山の寺梶木	晩期中葉～後葉	土製	50	17	3	第53図-10
73	長 崎	南島原市	山の寺梶木	晩期中葉～後葉	土製	51	14	3	第53図-11
74	福 岡	二丈町	曲り田	曲り田・夜臼期	石製	38	4.3	3	第54図-1
75	福 岡	二丈町	曲り田	曲り田・夜臼期	土製	41	4	3	第54図-5
76	福 岡	二丈町	曲り田	曲り田・夜臼期	土製	44	10	3	第54図-6
77	福 岡	二丈町	曲り田	曲り田・夜臼期	土製	49	17	3	第54図-8
78	福 岡	二丈町	曲り田	曲り田・夜臼期	土製	50	11	3	第54図-10
79	福 岡	二丈町	曲り田	曲り田・夜臼期	土製	56	12	3	第54図-12
80	福 岡	二丈町	曲り田	曲り田・夜臼期	土製	56	15	3	第54図-14
81	福 岡	二丈町	曲り田	曲り田・夜臼期	土製	60	14	3	第54図-19
82	福 岡	二丈町	曲り田	曲り田・夜臼期	土製	68	12	3	第54図-21
83	佐 賀	唐津市	柏崎大深田	曲り田・夜臼期	土製	47	16	3	第55図-12
84	佐 賀	唐津市	柏崎大深田	曲り田・夜臼期	土製	51	16	3	第55図-13
85	福 岡	福岡市	有田七田前	曲り田・夜臼期	土製	59	12	3	第55図-14
86	福 岡	福岡市	有田七田前	曲り田・夜臼期	土製	58	10	3	第55図-15
87	福 岡	福岡市	有田七田前	曲り田・夜臼期	土製	57	16	3	第55図-16
88	福 岡	福岡市	有田七田前	曲り田・夜臼期	土製	47	6	3	第55図-17
89	福 岡	福岡市	有田七田前	曲り田・夜臼期	土製	34	11	3	第55図-18

表14文献　1　長崎元広 1978 「縄文の紡錘車―有孔円板の用途と意義」『長野県考古学会誌』第32号
　　　　　2　中島直幸・田島龍太ほか 1982 『菜畑』唐津市文化財調査報告第5集
　　　　　3　福岡県教育委員会 1985 『石崎曲り田遺跡Ⅲ』今宿バイパス関係埋蔵文化財調査報告第11集

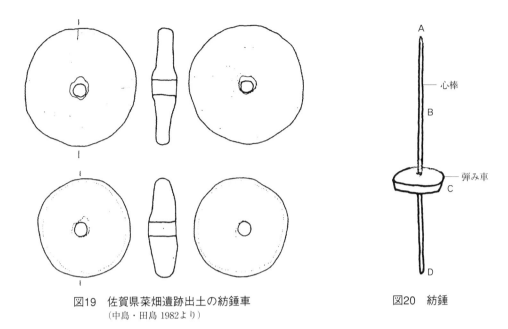

図19　佐賀県菜畑遺跡出土の紡錘車
（中島・田島 1982より）

図20　紡錘

　糸の撚り技術には、手撚りと紡錘車の回転を利用する方法が考えられる。縄文時代に紡錘車として使用可能な土製品は中央部に孔を有する有孔円盤（図19）で、図20がその紡錘復元図である。表14は出土数がそれほど多くない有孔円盤（土製・石製）の出土資料一覧であるが、長崎県福井洞穴の草創期を筆頭に、それ以降中期～晩期まで各時期に出土例をみることができる。中には編布の出土地である佐賀県菜畑遺跡、長崎県山の寺梶木遺跡、それに熊本県三万田東原遺跡が示されている。編布に使用された糸が紡錘車によって撚られたのか、手撚りであったかは明らかではないが、現代のわれわれが考えるより手軽に縄文人は撚糸を作ることができたのではなかろうか。紡錘車をはじめ現代に至っても道具らしいものを使用せず簡単な方法で糸作りがなされているので、以下参考までに紹介することにした。

（1）手撚りによる撚糸の作り方

　いずれの技法による撚り糸作りにも共通するのは、撚ろうとする繊維にあらかじめ湿気を与えておくことである。

　片撚糸（a）

　2001年春、東北大学名誉教授芹沢長介先生の紹介で筆者は、東京都在住の鈴木ヨリ氏を訪れ、貴重なビデオ映像（2000年9～10月撮影）を拝見した。それは蓮から繊維を引き出し、撚糸（藕糸）を作り織る、いわゆる藕糸織のプロセスであった。場所はミャンマー・インレイ湖畔の藕糸織工房である。

　かつて筆者は名古屋市在住の故古川恵永氏が藕糸織をされていたので時折拝見したが、蓮からの糸作りは実見していない。そこでとくに関心を持ったのは糸作りの作業である。

　映像では1人の男性が机らしい板の上で4～5本の蓮茎を束ねて左手に持ち、右端から10㎝

前後のところにナイフで軽く当たりを入れ、両手でそれを折り左右に引く。蓮茎の断面からは蜘蛛の糸のような細い繊維が何十本も引き出される。その繊維をまとめて素早くよじり、よじった箇所を左の親指で押さえ、右側の折り取った方の茎の糸を引き出して濡らした板の上に置き、撚りをかける（右手のひらを手前から向こう側へ滑るように移動させる）。その後で左側の茎の繊維を引き出す。引き出された繊維の上にさらに繊維を重ねて同じ動作を繰り返す。これで右の片撚糸の連続糸となる（小笠原小 2001）。

片撚糸（ｂ）

繊維は親指の爪を使って裂き、その繊維を左手の親指と人差し指の股にかけて溜めながら裂く作業を続けていくのである。そしてある程度裂いた繊維が溜まったら、その繊維に撚りをかけながら結んで（機結び）長くしていくのである。撚りはあまり強くかけないで、裂いた繊維が丸くなる程度である。撚りのかけ方は、左右の手の間隔を50cmぐらい離して1本の繊維を持ち、両方の親指を外側に動かして撚るのである（アイヌ式－児玉 1969）。

片撚糸（ｃ）

好みの太さにまとめた繊維を左右の手で持ち、右の端を大腿部の上に載せる（腰掛けるか坐る）。それを右の手のひらで前方へ転がせば右撚りの糸、その逆は左撚りである。この方法はわが国の各地で古い時代に行われていたようである。

片撚糸（ｄ）

マンシ、ハンティ等アルタイ諸族、ハカス、ヤクート等アムール・サハリン地域の諸族は、左手に唾を少しつけて湿らせた繊維を持ち、大腿部の上で右手を使って撚った。

ガナサン、エネツ、ドルガンは、頬の上で右手を使って撚り合わせた。そのとき繊維の束の端を左手で持ち、湿らせるために唇の間を通した（北方民族式－荻原・長崎 2004）。

片撚糸（ｅ）

撚ろうとする繊維を両手のひらに挟み、右手を先方に押せば左撚り、手前に引けば右撚りとなる。継ぎ足すときはその部分のみを、縄のように撚り合わせて継ぐ。越後アンギンの糸の撚り方と連続糸の作り方である（十日町市博物館 1994）。

チュクチとコリャークは両の手のひらで撚り合わせた（北方民族式－荻原・長崎 2004）。

諸撚糸（ａ）

マンシとハンティは片撚糸（ｄ）を2本使い、（ｄ）と同じ要領で撚り合わせた（北方民族式－荻原・長崎 2004）。

諸撚糸（ｂ）

2本の繊維を棒あるいは杭にかけて両手の親指と人差し指で持ち、ともに写真51-1のように矢印の方向に捻る。次は撚った左手の繊維を中指と薬指で挟み、親指を繊維から外す（写真51-2）。それと同時に右手の繊維を左手の繊維の上から交差させ、左の親指と人差し指に持たせる（写真51-3）。次に中指と薬指に挟んだ繊維を右手に持ち替える。この繰り返しで左の諸撚糸を作ることができる。なお連続糸にする場合は図21のように別の繊維を添えて撚り込めば

写真51　手撚りによる諸撚糸の作り方（b）

よい。これはアイヌ方式である（北海道ウタリ協会登別支部長上武やす子氏ご教示）。

諸撚糸（c）

2本の繊維を両の手のひらで挟み、縄をなうように両手のひらで撚り合わせればよい。右手を先方に押すと右の諸撚糸となり、逆にすれば左の諸撚糸となる。連続糸にする場合はアイヌ方式に準ずればよい。越後アンギンの糸撚り法である（十日町市博物館 1994）。

図21　繊維を接ぐ

(2) 紡錘車による撚糸の作り方

紡錘車は心棒、いわゆる軸と弾み車から構成されている（図20）。地方によってはツム・ツモ・テスリツム等と呼ばれ、心棒の先端部も、図22のように鉤のあるもの、ないもの等がある。また弾み車の形もさまざまで、たとえば糸の種類によって重さ、大きさを異にするなどその形状はバラエティーに富んでいる。

なお使用法も多様であるが、図20を参照しながら述べることにする。

片撚糸（a）

図20-Cの弾み車を心棒のD寄りに固定し、Cの上辺りの心棒Bに繊維を結びつける。次は右手でその繊維を先端部Aに結び、繊維が軸から離れないようにする。次はその手でA部をしっかりつまむ。左手で繊維の40cmくらい先を持ち、右手でA部を回転させると、撚りは先端（A部）から左手の方へ伝わっていくが、撚りのかかり具合で何度も回転させる。十分に撚りがかかったら先端部を外し、撚糸をB部に巻きつける、この繰り返しをすればよい。先端部のAの回転が下端部のDの方からみて時計回りなら左撚り、その反対であれば右撚りになる。

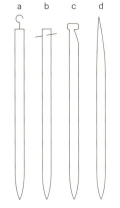

図22　紡錘軸のA部分
a. 針金で鉤をつくる
b. 横孔を開け竹ひごや小針を差し込む
c. 棒の先をカットする
d. 棒のまま

片撚糸（b）

糸口をツモ（紡錘車）の軸（B部）に巻きつける。巻きつけ始めは、縛らずに重ねるだけでよい。こうしないと後で糸を外すときに手間がかかる。軸の上方に向けて巻き上げるだけで繊維が軸上端

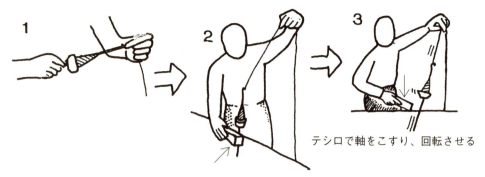

図23　糸を紡ぐ作業の手順（神野 1985より）

（A部）の鉤の部分にかかり、吊り下げることができる。
　右手で繊維を高くかかげ、ツモを吊り下げる。縁側のへりや台になる板にツモの軸（D部）を添え、そこに右手で「テシロ」（図23の矢印）を押し当て軸（D部）をこすりながら回転させ、左手を高くあげて、ツモをしばらく空中で回転させる。すると手先からツモの間の繊維に撚りがかかる。撚りのかかった糸は軸（B部）に巻き取る（神野 1985）。
　この事例は、静岡県沼津海岸で釣用の糸作りに用いられた方法である。「ツモ」はちょうど独楽のような形の用具で、長い鉄製の軸が錘を上下に貫いていて、軸の先端が鉤になったものである。

片撚糸（c）
　（b）同様先端に鉤のあるものを使用する。図20-Cの弾み車を軸の中央で固定させる。次は（a）のようにCの上辺りの軸Bに繊維を結び、先端部Aに引っかける。次に（b）では軸のD部をテシロでこすったが、こちらは紡錘車を横にして右膝（坐るか腰掛ける）の上に置き、D部を右手で強く擦って回転させる。後は（b）に準ずればよい（図24）（岩手県一戸町教育委員会中市日女子氏よりご教示）。

図24　［つむ］の使い方
（名久井 2001より）

片撚糸（d）
　こちらは片撚り（b）と（c）の両技法が併用されている。（c）のように紡錘車を横にして、膝に代わり手代台（テスリダイ）と、手代木で糸作りがなされている（田中忠 1995）。

片撚糸（e）
　1）紡錘を大腿部の上で転がす。この方法は紡錘に紡錘車（図20-C）がない場合であると想定されるが、ショルやアルタイ諸族のように、一部の民族では紡錘車のついた紡錘でもまさにこの方法をとっていた。
　2）紡錘の上端（図20-A）をつかんで宙で回す。

3）ハカスは紡錘の下端（図20-D）を床や大腿部に当てて、上端を持って回す。ウゴル諸族は繊維の束のついた竿のそばに膝をついて坐り、右手に紡錘車を持ち、左手で繊維の束を少し引き出す。繊維の束の端は紡錘の軸棒に結びつけられている。それから右手の親指と人差し指で紡錘の上端を持って回し始める。これで繊維の束が撚れる。作り手は左手で繊維の束をできるだけ細く伸

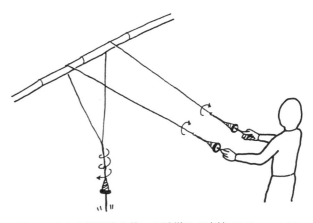

図25　3本の紡錘車を使った諸撚りの方法（神野 1985より）

ばすが、その際、繊維がたがいにくっつくよう左手をときどき唇で湿らせる。

　ベリョーゾフスキー地区では、紡錘を小さなカップに入れて回すが、その南部の地では、手で持ち上げたまま回す（北方民族式－荻原・長崎 2004）。

諸撚糸（a）

　糸を撚り合わせることは、ほとんどすべてアルタイ諸族のオスチャークとヴォグールで行われた。用意した2本の糸を紡錘から巻き取って玉にし、これを湿らせたり、水の入った容器に入れたりする。これは糸を容易に撚り合わせるためである。次は双方の糸玉から糸を引き出して紡錘の軸棒に結びつけ、ユルタ（遊牧民のテント）の天井に打ちつけた鉤や輪に通し、作業を始める。この作業は、繊維から糸を作るのとまったく同じで、紡錘が回ると同時に糸が撚り合わされる。

　糸を撚り合わせるのに用いる紡錘は、繊維から糸を作るのに用いられる紡錘よりも少し大きめである（北方民族式－荻原・長崎 2004）。

諸撚糸（b）

　神野善治氏は3本の紡錘車を図25のように使えば諸撚糸に撚り合わせることもできると述べられている（神野 1985）。

　余談であるが、筆者が紡錘車で思い出されるのは、タイの山岳民族との出合いである。アカ族の女性が歩きながら紡錘車で造作なく糸（木綿）を紡いでいたことは印象的であった（写真52）。

　そもそも撚糸作りに関してはまったくの素人である筆者が撚糸の技法を記述したのは、前記したように芹沢先生から、ミャンマー・インレイ湖畔の藕糸の撚り

写真52　紡錘車で糸を紡ぐタイ山岳民族アカ族の女性

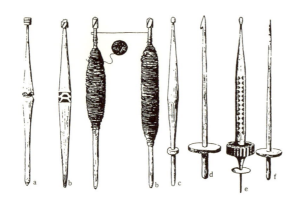

図26　北方民族の紡錘車（荻原・長崎 2004より）

方を紹介していただいたのがきっかけである。このように最初がミャンマーである。その後もわが国はもとより近隣諸国の資料収集を試みたが、結果は上記のように北方民族とわが国のともに一部事例に限られてしまった。

手撚り糸は大腿部での操作が、わが国および北方民族の間でも行われ、とくに北方民族の中には頬や唇まで使われている例が見受けられる。大腿部や頬など身体の一部が道具化されていたこと、また北方民族の間で紡錘車を使った方法の種類が多いことなどは、糸作りが必需の作業であったことを物語っているようである。

事例は少ないが、紡錘車について国内では図20のように、心棒と弾み車から構成されているが、北方民族では弾み車のないいわゆる心棒（図26-a・b）のみでも撚り糸作りがなされていたようである。

北方民族といえば、アイヌ民族との関わりを期待したが、撚糸作りの技法には類似点がなく、むしろ本州と北方民族の技法に類似性が高いと判断される。

手撚り諸撚糸（b）の技法はアイヌ民族特有の技法であろう。手撚り諸撚糸（c）（越後アンギンの糸撚り法）よりも、筆者には細い糸作りも簡便にこなすことができたが、いずれの地にも類似の技法を見出すことはできなかった。

さて縄文時代の編布に使用された糸は、どのような手法によって紡がれたのであろうか。編布の緯糸は左の諸撚りが圧倒的に多く、表13によればそれらしいものも含めて93点、総数173点の50％強を占めている。しかしその理由については、紡ぎやすさなのか、繊維の性質なのか、あるいはまったくの偶然なのか、大きな謎である。

諸撚りの手法については、上記したように筆者はアイヌ方式（手撚り諸撚糸（b））がもっとも紡ぎやすいと感じたが、大腿部の利用、また紡錘車法等いずれも可能であり、あるいはそれ以外の手法であったかもしれない。

なお、編布製作上の緯糸について、必ずしも連続糸にしなくてもよい。縦編・横編ともに製作途上で重ね継ぎすることができる。しかし紡錘を用いる場合は、繊維を連続糸にするのが目的である。したがってあらかじめ繊維を繋ぐのが必須条件であり、撚り糸作りについて述べる前に記すのが順序であるが、ここでは次に述べることにした。

2 繊維を績む

　植物を刈り取り、なんらかの方法で精製した繊維を織物・編物等加工品の素材にするには、繊維を繋ぎ合わせて長くしなければならない。その作業を「績む」という。

　現在も素材がカラムシの越後上布や宮古上布は苧績みと称し、昔ながらの手法で繊維が績まれている。また、しな布（しな績み）、藤布（藤績み）、太布（糸績み）、芭蕉布（苧績み）など原始布もそれぞれの呼称で糸績みがなされている。績む作業の一例として丹後藤織り保存会（京都府宮津市）で伝承されている藤績みのプロセスを図27を参考にして紹介すると、以下のようになる。

① 2本の繊維の一方は根元から、他方は先端からそれぞれ5cm程度まで2つに裂く。
② 裂いた端をそれぞれ合わせて、左手の親指と人差し指で押さえ、右手の親指と人差し指で双方手前に撚り、左撚りをかける。これで2本の左撚りができる。
③ 2本の左撚りを合わせ、左手で押さえたまま右撚りをかける。これで繋ぐことができる。
④ しっかり繋ぐことができたか、左右に引っ張り試してみる。

　以上が藤績みの手順である。これに準ずる手法は、上布（カラムシ）、しな布、太布にみられるが、アイヌは連続糸にする場合、上記のように「績む」作業ではなく「はたむすび（機結び：図28）にするのである。……糸をむすんだ結び目は、余分な糸は切り落として結び目は、アッシ織機に糸をかけたときに筬の目にひっかからないように噛んでつぶしておく」（児玉 1969）ということで、要するにアイヌ民族には績むという作業が存在しなかったようである。アイヌと同じ手法で連続糸にされているのが沖縄県の芭蕉布で、こちらも機結びが用いられている。

　越後アンギンの場合、連続糸にするのは、諸撚糸（c）の縄をなう要領で繊維を撚りながら新しい繊維を加える手法と、繊維の長さが尽きて継ぎ足すときにその部分だけ縄のように撚り合わせて継ぐのがヨリソ（撚苧）（滝沢 1990）ということで、越後アンギンの糸作りにはこの地方特有の技法が伝えられている。

　なお青森県の古い時代は、手撚り片撚糸（c）同様大腿部（素肌）で績んだといわれている（田中忠 1995）。また韓国でも膝を使って繊維を績む作業がなされてい

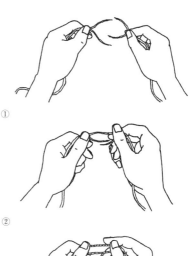

図27　藤績み（尾関隆 2001より）

66　第Ⅰ章　縄文時代の編布

図28　機結び

た。婦女子が足を露出する作業のため通常は屋内で行われていた（奥会津書房 2002）。

　繊維を績むという限られた小さな作業であるが、青森と韓国の事例に類似性がみられる一方、同じ国内で隣接する青森と北海道（アイヌ民族）では技法が異なり、また日本列島の最北端（アイヌ）と最南端（沖縄）で同じ手法機結びで連続糸が作られているということは、いささか奇異な現象といわざるを得ない。

　繊維を績む作業の後は、撚りをかけて連続糸にするのである。

3　経糸の絡み方向と撚りの関係

　表15は編布および編布圧痕の出土した全国165遺跡832点のうち、経糸の絡みが確認できた99遺跡395点について、左絡み（Z）・右絡み（S）・左右両絡み（Z・S）を県別に集計したものである。それによれば、左絡み（Z）が328点、右絡み（S）が63点、左右両絡み（Z・S）が4点と、圧倒的に多いのが左絡みで、絡み全体の約83％を占めている。とくに注目されるのは、出土した13遺跡23点の編布のうち山形県押出遺跡（前期）の1点（左右両絡み）と新潟県野地遺跡（晩期前葉）の1点（右絡み）都合2点を除けばすべて左絡み。つまり左絡みが21点（91.3％）と、左右の絡みが1点（4.3％）、右絡みが1点（4.3％）である。

　圧痕に関しては、全体数372点のうち、左絡みが307点（82.5％）、右絡みが62点（16.7％）、左右の絡みが3点（0.8％）である。

　全体を地区別にみると、東北地区は全体数が25点で、左絡みが24点（96％）、左右絡みが1点

表15　編布および編布圧痕の経糸の絡み方向

東北地区				中部地区				九州地区			
道県名	遺跡数	Z	S	Z・S	県名	遺跡数	Z	S	Z・S	県名	遺跡数	Z	S	Z・S
北海道	(2)	(2)			新潟	(1)3	(1)		(1)3	愛媛	1	1		
青森	(3)2	(5)2			富山	1		5		佐賀	3	3	1	1
宮城	(1)	(4)			石川	(1)10	(2)	42		長崎	7	26		
秋田	(1)	(1)			福井	(1)	(1)			熊本	14	55	1	1
山形	(1)	(1)		(1)	山梨	1	1			宮崎	5	16		1
福島	(1)	(3)1			長野	1	1			鹿児島	32	197	6	
栃木	2	3			岐阜	3		4						
埼玉	(1)	(1)												
千葉	1	1												
地区別小計	(10)5	(17)7		(1)	地区別小計	(3)19	(4)2	(1)54		地区別小計	62	298	8	3
方向別小計		24		1			6	55				298	8	3
地区別合計	15	25				22	61				62	309		
列島合計	Z：328／S：63／Z・S：4／総計：395													

（　）印は編布　数字のみは圧痕

（4％）と、圧して多いのが左絡みである。中部地区の場合は全体数61点中、左絡みが6点（9.8％）、右絡みが55点。この地区では右絡みが90.2％ともっとも多い。なお、九州地区においては、全体数が309点、そのうち左絡みが298点（96.4％）、右絡みが8点（2.6％）、左右の絡みが3点（1.0％）と、東北地区同様、そのほとんどが左絡みといっても過言ではなかろう。このように分類すると、東北および九州地区に数値の低い右絡みが、中部地区に集中している。その値は全体数63点中55点（87.3％）を占めており、まず考えられるのは、絡み方向の地域性である。

しかし、中部地区の石川県11遺跡で44点の出土例が認められるが、その中で米泉遺跡（後期・晩期中葉）出土の編布2点は左絡み、他の10遺跡で出土した圧痕42点はすべて右絡みというように、編布と圧痕は截然と区別して編成されている。これに類する例は新潟県でも認められる。同県では4遺跡5点と出土例は少ないが、そのうち野地遺跡出土編布2点は、左絡み・右絡み各1点というように、同一遺跡出土の編布でありながら絡み方向を異にしている。なお、他の3遺跡出土の圧痕3点は右絡みである。

このような事例からみると、絡み方向の傾向の違いを単に地域性のみに帰することはできないであろう。

また九州地区の右絡みの8点中3点は熊本県頭地下手遺跡（後期前・中葉）、鹿児島県宮之迫遺跡（中期～後期前葉）、同鎮守ヶ迫遺跡（中期～後期）と縄文中期から後期の出土品である（残り5点は晩期）。絡みの不明なものも含め、九州地区全般でも晩期以外はこの3点に限られている。つまり時期によって編布の絡み方向に変化がみられる可能性も考えられる。それら絡みの変化が何を意味するのか、さきの石川県の例も交えて興味深い現象である。

さらに編布の中には左右の絡みを有するものも存在している。押出遺跡（写真55）と佐賀県菜畑遺跡（晩期後半）、熊本県上南部遺跡A地区（晩期）、宮崎県中尾山・馬渡遺跡（晩期）の出土資料4点である。とくに菜畑遺跡は他に右絡み、左絡みも出土しており3種類の絡みで編布が製作されている。このような現象は列島全体でもこれらの遺跡のみである。これらはいずれもデザイン的な配慮のもとに創作されたものではなかろうかとも思われるが、真意のほどは定かではない。

なお、経糸の絡み方向については実験中に、編みやすいとか、編みにくい手法をいささかではあるが筆者は体験した。また縄文時代には編布と同じ組織をもつ「すだれ状圧痕」の出土例も多い。そのほか越後アンギンも組織的な違いはあるが絡みにより構成されたものである。したがってそれぞれの絡みの仕組みについては、あくまで筆者の推測ではあるが、第Ⅷ章4で述べることにした。

以上のように編布は左絡みもあれば右絡みもあり、それは自由に製作することができる。しかし時には同じ素材で製作しても、まろやかに整った絡みと、ぎこちない絡みになることがあるので、原因究明のため試作実験をおこなってみた。

写真53のa部分は右の片撚糸で左絡みに編成したものである。経糸の絡みは一目ごとにまろやかで整然としている。一方同じ素材で右絡みに編成した場合はb部分のように一目ごとのま

写真53　右の片撚糸の左絡み（a部分）と右絡み（b部分）

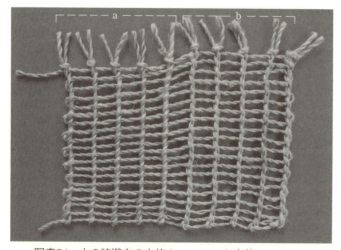

写真54　左の諸撚糸の左絡み（a部分）と右絡み（b部分）

ろやかさはなく縦長である。したがって微少ながら左絡みよりも緯糸密度が低くなる。要するにそれは経糸の絡みの方向と使用する糸（撚り方向）の相関関係によるものである。すなわち編布の緯糸を外してしまえば、1本の諸撚糸、換言すれば1本の縄である。糸の撚りは縄と同じ原理で、右の片撚糸を2本合わせて撚ったのが左の諸撚糸、縄にたとえれば左撚りの縄。この原理は編布の経糸にも通ずるのである。

つまり右の片撚糸を経糸に用いる場合は左絡みに、左の片撚糸は右絡みにというように、撚りの方向をわきまえて糸の絡み方向の使い分けをする。これが片撚糸の場合に整った絡み（編目）に仕上げる原則である。

このような見地から編布をみると、漆の塗抹で確認できないものもあるが、総体的にどの絡みも整っている。炭化が著しい青森県三内丸山遺跡（前期）や福井県鳥浜貝塚（前期）のものでさえ、まろやかに整った絡みになっている。これを単純に考えれば、使われた経糸は右の片撚糸である。しかしそれらのほとんどが緯糸に左の諸撚糸が使われている。経糸は編み進むその都度、緯糸を絡み、また支えなければならない。したがって緯糸よりも堅牢度の高い糸、すなわち諸撚糸が求められる。

編布の経糸は小さな絡みの連続であり、その撚り方向を見極めるのは至難の業である。そこでまずサンプルを作って比較すること以外手段はないと考え、左の諸撚糸にて左右の絡みを試作した。写真54のa部分は左絡みである。絡みごとに経糸の絡みが右肩上がりに傾斜している。b部分の右絡みは、絡みが縦長に入っている。このように経糸の小さな絡みに微少ながら撚り方向の特徴が現れている。

この試作をモデルに編布の絡み状態を調査した。その顕著な例は押出遺跡（前期）の編布

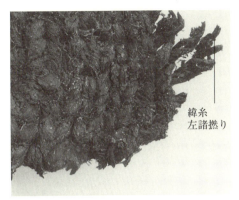

写真55　山形県押出遺跡出土の編布

写真56　石川県米泉遺跡出土の編布

(写真55) である。この編布は経・緯ともに左の諸撚り糸で、経糸は左右絡みで編成されている。炭化が著しいので部分的ではあるが、左絡みでは絡み部分が傾斜しており、右絡みには縦長の絡みが確認できる。これは試作実験で得られた原理と一致している。なお写真56は米泉遺跡(晩期中葉)の出土例で、経糸は左絡みである。漆の塗抹に被われて見えにくいが、写真の所々の絡みには、右肩上りに傾斜した絡みが認められる。したがってこの編布の経糸も左の諸撚り糸で編成されたことが理解できる。また圧痕の中にも同様の絡みが見受けられる。

　筆者は縄文時代の編布(圧痕も含む)の経糸が左の諸撚り糸で左絡みに編成されているのは、諸撚り糸の場合も片撚糸同様に原理的なものがあるのではないかと考えた。しかし前記したように筆者は糸の撚りに関してはまったくの素人である。そこで現在注連縄や縄のれんを製作されている宮城県丸森町生産活動センターを訪れ、その旨を尋ねた。理事長の菊池千代治氏は「右撚り(諸撚り)の縄2本を左撚りにして縄のれんを作っているが、右撚り(諸撚り)の縄をさらに右撚りにすることはあり得ない」と教示された。

　筆者はとりあえず諸撚り右の縄2本で左右の縄をなったところ、写真57-aのように左撚りにした方は、初心者の筆者がなったにもかかわらず簡単に風格のある縄になった。一方、逆の右撚りはbのように2本の縄が撚りに馴染まずすぐに跳ね返り、無理に撚り合わせてみたがぎこちないものになった。

　要するに丸森町で「右撚りの縄をさらに右撚りにすることなどありえない」と教示されたのはこのことではなかろうか。それにしても縄文時代の編布の絡み方向は、その「あり得ない」という撚りの方向と一致している。ちなみに後述する後世の越後アンギン(写真58)もそのほとんどが右の諸撚り糸で経糸は右絡みであり、その原理は押出遺跡や米泉遺跡の出土例と同じである。諸撚り糸の場合は、片撚糸のような経糸の絡み方向と糸の撚り方向に相関関係は生じないものであろうか。

　糸の撚りに関して筆者はきわめて不得手な分野故に、以上は繊維から糸にするプロセスについてその一部を述べたに過ぎない。

写真57　右諸撚縄の左右撚り　　　写真58　右の諸撚糸で製作された越後アンギン

　編布・織布を製作する基本的な素材は糸であり、糸は繊維に撚りをかけたものである。糸の強・弱もその撚りの如何によってきめられるもの。それは面倒な手間のかかる作業である。そうした手間のかかる糸作りが、繊細な編布や網等を通じて、縄文時代草創期すでに開発されていたことは画期的な事実である。

　草創期の福井県鳥浜貝塚からは左の諸撚糸が出土している（鳥浜貝塚研究グループ　1979）。表13が示すように、編布の緯糸に撚糸が用いられたと思われる例は、北海道から九州に至って58遺跡173点。その中で鳥浜貝塚同様左の諸撚糸は93点、全体の53.8％を占めている。また編布（経糸）の大多数が左絡みであることは表15に示したとおりである。

　本節を終えるにあたり、筆者がとくに興味深く感じたのは、縄文草創期より日本列島全域に普及した左の諸撚糸と、編布縦糸の左絡みとの相関関係である。しかしこの件に関しては、今後の更なる研究成果を待たねばならない。

註
（1）・（2）左右の片撚糸・諸撚糸とは、1点の中に2種類（撚り方向右・左）の糸が使われている編布（圧痕を含む）を指す。

第7節　ユニークな編布

前述したように、縄文時代の編布（圧痕を含む）は、繊細なものから粗いもの、また縞模様などバラエティーに富んでいる。この項は中でもユニークなものを紹介することにした。

1　一枚の布に編布と織物の併設

縄文時代の遺跡（内1点は縄文晩期最終末～弥生初頭）[1]から編布と織物が上下、あるいは並列して編成された圧痕が4点出土しているので、それらの製作技法（縦編法・横編法）について表16を参考に検討を試みた。

まず縦編法・横編法の原則的なことを述べると、縦編法は図29・30のようにケタに刻みを有する道具で製作するものである。編布はケタの刻み1箇所に2本の経糸を使って経糸1本と数える。織物は2本の経糸を絡ませず織り込むので経糸は刻みごとに2本となる。したがって編布・織物が上下（図29）、または並列（図30）であっても経糸は編布1に対して織物は2と数えなければならない。また緯糸に関しては、編布・織物が上下の場合は規制しなくてもよい。しかし、並列の場合は同じ緯糸の上で編布・織物を製作するので密度は等しいが、毎回経糸を絡ませる編布の方が織物より多少丈長になる。そこで平織から編布に移行したところで減し目を時々しなければならない。その好例として後述する福島県荒屋敷遺跡の編布（平織と並列）には減し目がみられる。

横編法に関しては、編布と織物が上下の場合、経糸は縦編法同様編布1に対し織物は2となるが、緯糸は規制しなくてもよい。また編布・織物が並列では経糸に規制はないが、編布・織物ともに緯糸の密度は等しい。なお横編法はすべてが手作業であるため、編布と平織が並列であっても編布に減し目をする必要はない。

ただし、横編法で編布と織物を併設する場合、織物の製作には経糸を強いテンションで保持することが必要である。そのためには、木枠式的な道具を選ばなければならない。同じ横編法でも弓式とか輪っぱ式では経糸がフリー状態であるため、編布と併設する織物の製作は不可能である。したがって編布と平織を併設することはできない。

（1）縦 編 法

① 荒屋敷遺跡（福島県三島町）

出土した土器胴部の破片（写真59-a）は縄文晩期最終末から弥生初頭のものとされ、縦3㎝、横4.5㎝の小片である。その表面は、使い古した布らしく破れが著しいが4：6くらいの割合で右に編布、左に平織の圧痕が確認される（写真59-b）。

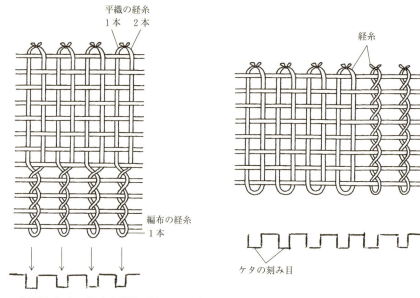

図29 縦編法（1）：編布と織物が上下の場合　　図30 縦編法（2）：編布と織物が並列の場合

表16 編布と織物が併設された編布の構成一覧

No.	県 名	市町村名	遺跡名	時 期	編布の密度			織物の密度		備 考	文献
					経糸間隔(mm)	経糸密度(本／cm)	緯糸密度(本／cm)	経糸密度(本／cm)	緯糸密度(本／cm)		
1	福 島	三島町	荒屋敷	縄文晩期最終末～弥生初頭		7	8	12～13	8	編布と平織並列	(1)
2	千 葉	香取市	姥神	晩期	3.3～4		6～7	6～8	6～7.5	編布と平織上下	(2)
3	富 山	朝日町	境A	中期～晩期	3		4	12	4	編布と綾織並列	(3)
4	岐 阜	高山市	岩垣内	中期後半		7～8	3～3.5	8	3～4	編布と平織並列	(4)

表19文献　(1)福島県三島町教育委員会 写真提供　　(3)富山県教育委員会 1992 より
　　　　　(2)千葉県匝瑳市高野安夫氏蔵　　　　　　(4)(財)岐阜県文化財保護センター飛騨出張所 写真提供

　編布の密度は1cm当たり経糸が7本、緯糸は8本。一方平織は1cm当たり経糸が12～13本、緯糸は8本である（表16-1）。
　まず、縦編法の図30を参考に経糸密度を比較すると、1cm間に編布が7本、平織は12本～13本と平織の経糸は編布の約2倍である。そして緯糸が編布・平織とも1cm間に8本ということは、縦編法で製作可能範囲と判断した。
　なお編布の中央右より下のところどころに編目の変化がみられる（写真59-b：○印）。前述したように編布は2本の経糸で1本の緯糸を絡ませながら編み進む。一方平織は1本の経糸で緯糸を越えたり潜ったりの連続である。つまり編布は絡み分だけ丈長になるので、平織とバランスをとるために、減し目が必要である。編布の減し目は平織から編布に移行したところでこの段を編み終わりとする。これが減し目であり、次の段は再び平織から編布へと作業を進める。この方法を時々（糸の太さで加減する）行うことにより編布と平織のゲージ調整ができるので

ある。写真60はその試作でaは減らし目をしない平織と編布、bは減らし目をして平織りとゲージ調整をしたものである。

念のため木枠式横編法で実験した。なお筆者は横編法に関する定義らしい事を「第3節　道具と製作法」の項で付言として述べた。それは横編法の場合、製作時の経糸を、密度を計測する際には縦編法に順じて緯糸として扱うことである。

写真61は木枠式横編法で試作したものである。これは織機と同じように上下に張った経糸に、編布は緯糸で横方向に、平織は経糸を奇数と偶数に分けた開口部へそれぞれ緯糸を通して打ち込めばよい。いわゆる上下に打ち込むことで緯糸密度を高くするのである。しかし素朴な木枠式では緯糸を強く打ち込むことはできない。したがって筆者の試作した木枠式横編法では、荒屋敷遺跡の密度に等しい布を再現することはできなかった。この件に関してはさらなる研究を課題とするにとどめた。

また横編法はすべてが手作業であり、編布と平織を並列して製作しても編布に減し目を必要としない。したがって端的にいうならば、荒屋敷遺跡の布は、圧痕に見られる減らし目が、横編法ではなく、縦編法によって作られていたという決め手となった。

なお前著（尾関清 1996）で紹介した荒屋敷遺跡の試作品について、編布の絡み一目ひとめの形状が、原布とは多少異なるので再検討を試みた。写真59-bに示すように原布いわゆるモデリング陽像にみられる絡み目は、細い糸2本が比較的整った形（左絡み）で並列している。それに比べ試作品は、片撚りSの糸（糸幅0.5㎜弱）2本を経糸としたが、かなり乱れた状態である（写真63）。荒屋敷遺跡の圧痕は密度が高い上に編布と平織を並列したものである。編布の経糸は毎段同じ絡みで編み進めば

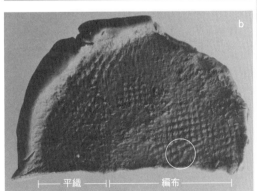
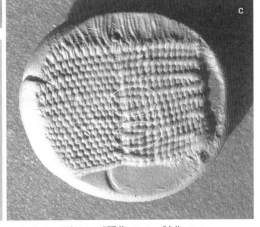

写真59　福島県荒屋敷遺跡出土の圧痕（a）とそのモデリング陽像（b）、試作（c）

写真60　編布と平織並列の試作　a. 減らし目をしない試作　b. 編布に減らし目をして平織とゲージ調整した試作

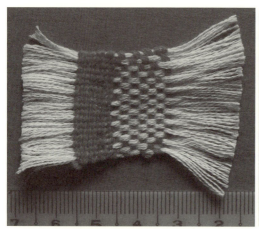

写真61　横編法の試作

写真62　片撚りZの経糸2本を使用した試作のモデリング陽像

よいが、平織は1段目を左絡み、2段目は右絡みとこの繰り返しをしなければならない。つまり編布・平織を同じケタの上で製作するのである。前回はこのような作業ははじめてのこと、ひたすら編み進むことだけを考えた。したがって絡みの形状が異なることに気付かなかった。

　前回の実験は片撚糸を使用したので、再実験では諸撚糸で左右の絡みを試作し原布の絡み状態と比較した。しかしいずれにも該当しない。そこで原布の経糸は諸撚糸ではなく片撚糸2本で製作された可能性に鑑み、まず最初に使った片撚りSの糸2本で右絡みの編布を試作した。絡み方向は原布の逆であるが、試作した中ではもっとも原布の絡みに類似したものになった。

　写真62は原布のモデリング陽像と比較しやすくするため、片撚りZの糸2本で試作したものを粘土に押捺しモデリング陽像にしたものである。なお試作品は絡み状態を見るのが目的のため原布の密度とは異なるが、絡み状態は原布に類似したものを製作することができた。

再度、再々度の実験から原布の経糸は左の片撚糸2本を使用して左絡みに製作されたものと推測することができた。

② 姥神遺跡（千葉県香取市）

採集された土製品は前浦式を中心とした縄文晩期のものである（写真64）。この土製品の特徴は、通常の土器の底部や側面に押捺したものとは異なり、製作の目的は不明であるがこれだ

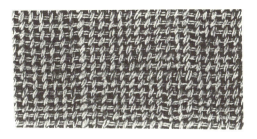

写真63　福島県荒屋敷遺跡例の試作の拡大

けが独立して作られたものと思われる。丁度手の平の凹みを利用して粘土を平らにし、両面（実際にはこの土製品の表裏や上下を特定することは不可能であるが、便宜上写真64-aを表面とし、写真64-bを裏面、そして表面の平織部分を上とする）に布圧痕を付着させたものと推察する。

この土製品は縦4.1cm、横4.5cmの変形で、表面は平らで写真64-aのようにほとんどが平織、編布は下部に平織の5分の1程度ある。平織部分の密度は1cm当たり経糸が6～8本、緯糸は6～7.5本で、比較的粗いが、緯糸は太く柔軟性のある素材に見受けられる。編布部分の密度

写真64　千葉県姥神遺跡採集土製品の表面（a）と裏面（b）

写真65　姥神遺跡例のモデリング陽像（a）とその試作（b）

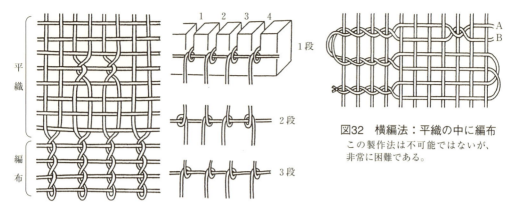

図31 縦編法：平織の中に編布

図32 横編法：平織の中に編布
この製作法は不可能ではないが、非常に困難である。

は経糸間隔が3.3～4㎜（1㎝当たり3～4本）、緯糸は1㎝当たり6～7本である（表16-2）。

　縦編法の図29を参考に経糸密度を比較すると、1㎝当たり編布が3～4本、平織は6～8本と平織の経糸は編布の2倍である。また緯糸は1㎝当たり編布が6～7本、平織は6～7.5本とこちらも縦編法の基準に相当した密度である。

　しかもこの土製品の平織部分には、随所に編布らしい圧痕が見受けられる。その顕著なものは写真64-aの矢印部分である。これは縦編法により平織を織る際の絡み方の違いから生じるもので、いいかえれば"作業ミス"、筆者もたびたび経験している。

　ちなみに図31を参考に作業ミスのメカニズムを述べるならば、平織の場合は1段目を左絡み、2段目は右絡みにしなければならないが、図31の2段目は1・4の刻みが右絡み、2・3の刻みは左絡みである。この絡みの違い（左絡み）が平織の部分に生じた編布、いわゆる作業ミスである。写真65-aは写真64-aのモデリング陽像で、○印が平織の中の編布部分である。また写真65-bは図31を参考に試作したもので、○印は写真65-aの○印に類似した作業ミスとなっている。

　横編法では、1段ごとに編布と平織を製作しなければならない。図32の要領で"作業ミス"を作るには、平織部分のAとBの緯糸を間違いを作ろうとする手前でストップさせ、そこで編布の絡みを作らねばならない。いわば故意に作るのである。これが文様ならばどのように苦労しても製作されたであろうが、土製品の圧痕からはそれらしい痕跡は見受けられない。実験結果を踏まえ、姥神遺跡の原布は縦編法で編成されたものと判断した。

（2）横編法（木枠式）

① 境A遺跡（富山県朝日町）

　縄文中期～晩期の土器片（写真66-a）は小さな半月状（縦3.4㎝、横6.7㎝）で部分的ではあるが著しく摩耗している。この資料について編布と報告されている（布目 1992）が、写真66-bに示すように編布を中央に、両サイドは綾織らしい痕跡が確認される。

写真66　富山県境A遺跡出土の圧痕（a）とそのモデリング陽像（b）

　編布の密度は経糸間隔が3mm（1cm間に4本）緯糸は1cm当たり4本。また綾織は鮮明な部分で1cm当たり経糸が12本、緯糸は4本である（表16-3）。

　この2種類の経糸密度を図30を参考に比較したが、編布の経糸4本に対し、綾織が12本。縦編法とすれば、綾織（平織も同じ）の経糸の必要数は編布の経糸の2倍である。つまりここでは8本が規定数であるところ12本では縦編法による編成はまったく考えられない。

　横編法では写真67のように編布・綾織と自由に製作することができる。したがって境A遺跡の原布は横編法で作製したものと推測することができる。

写真67　横編法で試作した編布と綾織

② 岩垣内遺跡（岐阜県高山市）

　写真68は岐阜県文化財保護センターから提供されたもので、圧痕土器（縄文中期後半）の拓影である。筆者は実物の土器片を実見していないが、原布は編布と平織を並列して作製されたものである。

　縦・横約9cmの土器底部は右側3分の2が編布、残りの3分の1は平織で構成されている。編布の密度は1cm間に経糸が7～8本、緯糸は3～3.5本。同じく平織は1cm間に経糸が8本、緯糸は3～4本である（表16-4）。

　この土器片の編布と平織の経糸密度を比較したが、編布の経糸は1cm当たり7～8本、それに対し平織の経糸は8本。縦編法ならば平織の経糸は14～16本のはずである。結果的に縦編法には該当しないことが認められた。横編法ならば先に述べた境A遺跡と同様の技法をとれば

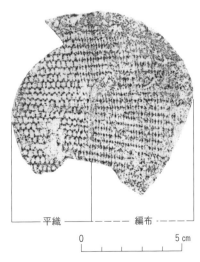

写真68　岐阜県岩垣内遺跡出土圧痕

よい。なお編布の中の増し目についてはなぜ作られたのか理解し難い。

　以上4点を試作実験した。結果は期せずして荒屋敷と姥神の両遺跡は縦編法、境A・岩垣内遺跡は横編法と、それぞれの製作技法が判明した。

　姥神遺跡は平織の中の作業ミスから、荒屋敷遺跡は編布の減らし目が決め手となり、ともに製作用具の解明に至ったことは興味深い事実である。

　また荒屋敷と境A、それに岩垣内の3遺跡は1枚の布に編布と織物が並列して編成されているにもかかわらず、製作技法に違いが認められたのは意外であった。

　なおこれらは、なぜ1枚の布に「編み」と「織り」の異なる組織を用いたのかまったく不明である。もし意図的に製作したものならば、それは網代にバラエティーが見受けられるように、一種のデザイン的なものなのかもしれない。あるいはまったく偶然の産物かもしれない。いずれにしても製作の動機や目的については推測の域を出ない。

　しかしこれらは結果的に、図らずも一つの重要な事実を明確に立証しているといえる。それは縄文時代すでに「編み」ばかりでなく「織り」の技術も用いられており、しかも編布と織物は手仕事として、同じ技術的次元で成立する隣りあわせの技法になっていたという事実である。これはたいへん刺激的な事実であり、技術に関する本格的な検証を促している。

　1枚の布に編布・織物が並列して製作されている例は、ペルーのワカ・プリエッタ遺跡（角山 1960）、それに中国大陸の磁山遺跡（河北省文物管理処・邯鄲市文物保管所 1981）からも出土している。中国については後述する。

2　筒状に編まれた福泉遺跡および泉山遺跡の編布痕

　青森県五所川原市福泉遺跡（晩期前半）から俵状砂鉄塊が出土している。写真69-aはその表面（砂鉄塊からは表・裏の判別はできないが、便宜上編目の鮮明な方を表面とした）であり、写真69-bはその裏面である。砂鉄塊は長軸83㎜、短軸54㎜、厚さ41㎜のこぶし大である。報告書（五所川原市教育委員会 1983）によれば、「…布状の織物に包み、右方向に布を絞って固めた可能性…」とある。しかし筆者が実査したところ織物ではなく、明らかに基礎編布である。また編目には繋ぎ目がなく、部分的ではあるが、経糸が表から裏へ連続的に認められることなどから、編布は筒状に編まれたものと判断した。要するに、砂鉄塊は布で包んだものではなく、筒状の編布に詰め込み両端を絞って俵状にしたものではなかろうか。

　密度は、経糸間隔2～3㎜がもっとも多く、中には4㎜も認められる。緯糸は1㎝当たり10～12本と編布としては密度が高く、繊細な編布といわれている秋田県中山遺跡のものより経糸はやや粗いが、緯糸は少々密である（写真69-c）。

　なおこの編布（筒状）の製作に関しては、経糸が短軸方向に、緯糸が長軸方向に作られている。したがって「第3節　道具と製作法」で述べた輪っぱ式横編法の応用袋状横編法②で作ら

写真69 青森県福泉遺跡出土砂鉄塊の表面
（a）・裏面（b）および表面モデリング陽像（c）

写真70 袋状横編法②で製作した袋

れたものと思われる（写真70参照）。

　余談であるが、砂鉄塊について報告書は「欠落した小片をこまかくし、磁石をのべると、その小片や砂鉄状細粒は、磁石に密着するから鉄分を含むことは明白であって、多分砂鉄であろう。また、その小片をピンセットではさみ火をつけると、溶けながら燃え、その黒煙の匂いは、アスファルトの匂いと思われる。さらに燃え残りを10倍のルーペで観察すると黒く光りアスファルト状となる。以上のことからこのような砂鉄塊を作るためには、砂鉄のみでは、長い間固まっていないものと考えられる。多分アスファルトを溶かし、それに砂鉄を入れて布状のものに包み絞って固めた可能性がある」と記してある。

　福泉遺跡の出土品と同様の遺物は、青森県三戸町泉山遺跡（晩期）からも発見されている（写真71）。報告書（青森県教育委員会 1975）には「長軸69㎜、短軸62㎜、厚さ37㎜の土製品である。土塊を平織の布状のもので包んだものと思われる。焼かれた痕跡を認めることはできない」とある。土製品は平たい団子状を呈し、筆者も実見したがいかにも崩れそうで、モデリング陽像の製作は不可能であった。また平織と記されているが、経糸間隔は

写真71 青森県泉山遺跡出土の土製品
（青森県教育委員会 1976より）

1.5〜3.5mm、緯糸は1cm当たり8〜9本と密な基礎編布である。

なお、この土製品の編布にも、継ぎ目らしいものがなく、経糸が短軸方向に、緯糸は長軸方向というように、福泉遺跡出土例同様の形状である。したがって製作法は袋状横編法②で筒状に作られ両端を絞ったものと思われる。

その後、岩手県立博物館の赤沼英男氏から土塊の分析結果について「土塊に混在する黒い粒子は、チタンと鉄で、磁石にも密着した」とご教示頂いた。

以上2点について、密度や製作技法を述べたが、共に編布が筒状に製作されていたこと、また両者共に砂鉄等金属性の混入物があったことなどは、筆者も想定外であった。なおこのユニークな出土品の用途が何であるか、それに日本広しといえども、なぜ青森県にのみ存在したのか等まったく理解し難く、いずれも今後の調査研究に待つほかない。

また、これら2点の経糸間隔は多少不規則である。そこで密度の分類に際し「経糸間隔がわかりにくいもの」とすべきか迷ったが、細密な編布であることを考慮して、オーソドックスな部類の「経糸間隔2.5〜5mm未満 Ⅱ類」とした。

3　経糸が左右の絡みで編成された編布

編布といえば経糸が左絡み、あるいは右絡みというように一方の絡みで編成されている。縄文時代の編布はそのほとんどが左絡みに対して、後世の阿弥衣や越後アンギンはすべて右絡みである。しかし縄文時代には左右の絡みを有する編布が、山形県高畠町押出遺跡（前期：写真72）と佐賀県唐津市菜畑遺跡（晩期後半：写真75）から出土している。ここではその製作法等若干の考察を述べることにした。

（1）押出遺跡の出土編布

押出遺跡の編布は1cm当たり経糸が3本、緯糸は2.5本。写真72のように経糸が左右の絡みになっているので、一見ニットの表編み（写真73-a）かと錯覚するような珍しい編布である。

写真72　山形県押出遺跡出土の編布

筆者はかなり多くの編布を実見したが、隔列ごとに経糸が左右の絡みで鮮明に編成されたものはこの1点に過ぎない。縄文時代も前期の出土品でありながら現代的感覚のような編布はどのようにして製作されたのか。編布に使用された糸の太さは経緯共2〜3mm。出土編布としてはもっとも太い糸が使われている。そこでまず縦編法で試作した。糸の材質とか精練法を変えたが、試作は緯糸密度が高くなる。縦編法は経糸の両端にコモ槌が用いられ、そのコモ槌の役目

写真73　押出遺跡出土編布の検証試作
a．ニットの表編み　b．縦編法による基礎編布
c．横編法による基礎編布

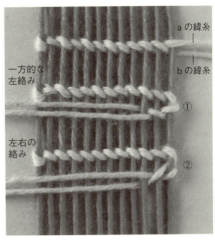

写真74　緯糸のかけ方（木枠式横編法）
1段目は右端から編み進み、2段目は木枠を逆にして1段目同様右端から編み返す。

は糸を巻くことと、錘である。要するにケタの上にかけた2本の経糸で1本の緯糸をケタの上で絡ませる。その際の指先に加わるわずかな圧力と、コモ槌の錘としての作用で経糸は緯糸を引き締める。すなわち緯糸密度が高くなり、原布の密度や形状にはならない。（写真73-b）。次は木枠式と弓式横編法で試作したところ難無く押出遺跡の編布に類した密度を編み出すことができた（写真73-c）。

　その後、この編布とは関係なく木枠式及び弓式横編法の体験学習を実施した。ところが木枠式を体験した方々の中には、筆者が左絡みのみ説明したにもかかわらず、出来上がった編布は左右の絡みになっている。筆者はこの不思議な現象について複数の作者に尋ねたところ、一様にまったく意識して作ったのではない、出来上がってはじめてわかったということであった。

　筆者が押出遺跡の試作をするに当たっては、左右の絡みを意識した上での作業であったので、今一度左絡みと、右絡みを実験した。まず写真74-①のように右端から左端まで左絡みで編み進む（1段目）。2段目は木枠を左・右逆に置き換え、①の緯糸aで右端の経糸をすくう。次は緯糸bでaの上部の経糸（端から2本目）をすくう。この繰り返しで1段目と同じ絡みを作ることができる。しかしこの技法は、1段目と2段目いわゆる段ごとの編目が離れやすく、慣れないと少々編みづらい。

　一方左右絡み②の場合は、右の折り返し時点で、端の経糸を緯糸aですくうまでは前者と同じであるが、次の緯糸bの扱いについては前者と逆にaの下部の経糸をすくうのである。この繰り返しで左右の絡みを作ることができる。こちらの技法は1段目と2段目が接触しやすく、非常に編みやすい。つまり折り返し地点にある緯糸bの運び方次第で簡単に左の一方的な絡みと、左右両絡みにすることができる。余談ながら弓式・輪っぱ式横編法では、意識しての製作は可能であるが、うっかり左右両絡みの編布を作ることは不可能である。

　以上のように押出遺跡の編布も偶然の成り行きで製作されたものかとも考えた。しかし同遺

跡からは、漆製品からクッキー状炭化物に至るまで、デザイン的に優れた出土品が存在している。これらを総合して鑑みるに編布の経糸左右性も、意図的にデザイン的な変化を求めたのではなかろうか。その辺りはまったく推測の域を出ないが、押出遺跡の編布は横編法で作られた可能性が高いということは実験で確認した。

（2）菜畑遺跡の編布状圧痕

菜畑遺跡からも写真75（モデリング陽像）のように1枚の布に左右の絡みを有する珍しい編布圧痕が出土している。この土器片は摩耗しているので、経糸の絡み方向や密度を的確に把握するのは難しい。しかし計測できる範囲の経糸間隔は3.3～4㎜、緯糸は1㎝当たり2.5～5本である。写真75のa・b部分の経糸は、aが左絡みに、bは右絡みになっているが、中央どの辺りから左右の絡みに区別されているのか確認できない。なおe部分もa・bに類似しているようであるが、判別しがたい。a・b部分に関しては、経糸の絡みが丈長である。それに比べ

写真75　佐賀県菜畑遺跡出土圧痕土器のモデリング陽像

c・d部分は前者の2分の1の長さに留まっている。つまりc・d部分は2本の経糸で1本の緯糸を絡ませたオーソドックスな編布、一方a・b部分は2本の経糸で2本の緯糸を絡ませるなど、デザイン的に思考されているようである。しかしこの土器面は著しく摩耗しているので、あくまで推測に過ぎない。

製作法に関しては押出遺跡同様、横編法がもっとも原布に近い密度で製作することができる。

押出遺跡の編布はニットの表編を連想させるものである。また菜畑遺跡は微小ながら当時としては斬新なデザインで製作されており、両者とも現代的感覚と見紛うような貴重な資料である。

4　経糸が屈折している編布痕

写真76は長崎県雲仙市朝日山遺跡（晩期後半）、また写真77は鹿児島県指宿市西原迫遺跡（弥生早期）出土の編布圧痕（モデリング陽像）である。これら2点はともに経糸が途中から右下へ屈折した珍しい編布である。試作に当たって考えたが、縦編法はケタの刻みに経糸が整然とセットされているので、経糸は常に緯糸に対して直角であり、途中から屈折させる術はまったくない。

そこでもっとも手軽な道具である弓式横編法で試作した。この方法は弦の部分に掛けた経糸がフリーなため、屈折しようとするポイント部分が丸味をおび原布と同じ形状にするのは不可能である。次は木枠式横編法で挑戦し、やっとそれらしい結果を得ることができた（写真78）。

第7節 ユニークな編布 83

写真76 長崎県朝日山遺跡出土編布圧痕のモデリング陽像

写真77 鹿児島県西原迫遺跡出土編布圧痕のモデリング陽像

写真78 朝日山遺跡例の試作（木枠式横編法）

この方法は木枠の上下に張った糸が強いテンションで保持されている。それが製作可能の素因ではなかろうか。実験結果から想定される製作法は木枠式横編法のようである。

朝日山遺跡は経糸1本の仕様であるが、西原迫遺跡の方は2本密着させての屈折である。形状は単純であるが、製作は少々面倒な作業、何のためのものであろうか。両者ともデザイン的発想以外には考えられないユニークな編布である。

5　作業ミスの認められる編布痕

写真79は熊本県熊本市上南部遺跡A地区（晩期後半）出土の編布痕モデリング陽像である。写真の中央やや上部○印内には緯糸のクロスした部分が認められる。これは明らかに作業ミスによるもので、ケタを基準に緯糸を張る縦編法ではまったく考えられない形状である。一方弓式・輪っぱ式横編法は、写真80の経糸がフリー状態のため、製作中についできてしまういわば"うっかりミス"であり、筆者も経験している。また初心者ならば誰もが経験する作業ミスである。

要するにこのミスは弓式あるいは輪っぱ式の横編法で作られた唯一の証拠である。

また写真81（a・b）は長崎県朝日山遺跡（晩期）出土の編布痕モデリング陽像である。写真81-aの○印部分は、上南部遺跡A地区とまったく同様の作業ミスであり、写真81-bは同じミスを複雑に絡ませたものと思われる。

写真82は宮崎県右葛ヶ迫遺跡（晩期）の編布痕モデリング陽像である。写真右端の矢印部分には前者と同様の作業ミスが認められる。製作法は前者とともに弓式あるいは輪っぱ式横編法が妥当と考えられる。

上南部遺跡A地区のものは、経糸間隔が2.5～5㎜とか経糸2本密着部分もあり、その上多少蛇行している。また右葛ヶ迫遺跡は経糸間隔の狭い方が2～4㎜、広い方が24～28㎜の縞模様であるため、縦編法では製作できない。したがって、横編法での製作は納得できる。しかし朝日山遺跡は、写真81-aの経糸間隔が5～7㎜、写真81-bは5㎜、緯糸に関しては双方とも

写真79　熊本県上南部遺跡A地区出土編布圧痕の
　　　　モデリング陽像

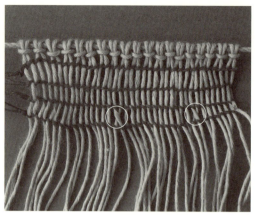
写真80　弓式横編法の試作

写真81　長崎県朝日山遺跡出
　　　　土編布圧痕のモデリ
　　　　ング陽像（a・b）

写真82　宮崎県右葛ヶ迫遺跡出土編
　　　　布圧痕のモデリング陽像

に1cm当たり7本と、こちらは縦編法にても扱いやすいタイプの密度でありながら、作業ミスによって横編法と判明した。

　以上3遺跡4点の作業ミスは、土器面からの確認は不可能であったが、モデリング陽像にてはじめて認められた。それはごく些細な形状であるが、製作技法を解明する大なる決め手となったのである。

6　幅上遺跡の編布痕

　新潟県十日町市といえば、わが国唯一の越後アンギンが伝世されてきた土地柄である。越後アンギンは、江戸時代から明治期に至って主に作業衣が作られ、縦編法の製作具も現存しており、その組織は応用編布である。

　このように越後アンギンで著名な十日町市でも、縄文時代中期の幅上遺跡から編布圧痕（写真83-a）が出土している。同遺跡の編布組織は写真83-bのように基礎編布である。土器片は部分的に摩耗しているが、経糸間隔は5〜8mm、緯糸は1cm当たり3〜3.5本で、所々に経糸

 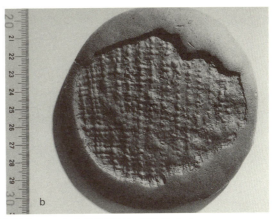

写真83　新潟県幅上遺跡出土編布圧痕（a）とそのモデリング陽像（b）

が2本並列している。

　前述したように縄文時代にも縦編法でなくては編成できないものも出土している。ましてこの遺跡に関しては、後世の越後アンギン（縦編法にて編成）があるので製作技法は縦編法を連想した。しかし写真83-b中央辺りと左側には経糸が2本並列、あるいは交差している。また経糸に増し目のようなデリケートな編目が確認される。こうした面から判断すれば、やはり無理なく編成可能な技法は横編法ではなかろうか。十日町市は越後アンギンの伝世地、つまり縦編の本場といえども縄文時代にはやはり横編法の基礎編布であること、さらに幅上遺跡の基礎編布が、後世どのような経路をたどって縦編法主流の複雑な応用編布に転身したのか、ともに興味深く観察していきたい。

7　繊細な編布痕

　筆者は前著（尾関清 1996）に、秋田県中山遺跡（晩期前半）出土の編布と同密度（1cm当たり経糸が7〜8本、緯糸は10本）の編布で、身長150cmの縄文女性用衣服一着を製作するのに、1日8時間作業したとして417日が必要と述べた。

　しかし、新潟県小千谷市上片貝遺跡（中期：写真84）の編布は、経糸・緯糸とも1cm間に15本、また愛媛県愛南町天嶬鼻遺跡（後期：写真85）は1cm当たり経糸が16本、緯糸は12本と、両者とも中山遺跡のものよりさらに密度が高い。筆者はより細い糸で天嶬鼻遺跡の編布と同密度の試作に及んだ。技法は木枠式横編法を選んだが、わずか10cm 1段を編むのに約40分を費やした。一休みしてさらに10cmと編み続けたが、老齢の筆者はそれだけで肩はこり目はうつろ、それ以上続行することはできず。ギブ・アップせざるを得なかった。

　写真86は後日試作したもので、縦8.2cm、横13cmと葉書よりも小さいが、製作に70時間を要した。経糸・緯糸ともに細い糸を使用したので、編み上がった編布は、原始時代という旧来のイメージとは裏腹に、薄手の織物に匹敵する瀟洒な布である。

第Ⅰ章 縄文時代の編布

写真84　新潟県上片貝貝塚出土の編布圧痕
（大賀・寺村 1979より）

写真85　愛媛県天嶬鼻遺跡出土編布圧痕の
　　　　モデリング陽像

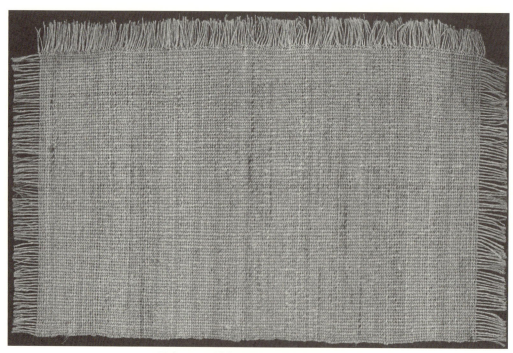

写真86　天嶬鼻遺跡出土例の試作（実大）

第7節　ユニークな編布　87

結果は瀟洒な布も、製作はきわめて面倒な編布を、縄文人は何のために作ったのであろうか。繊細な編布として貴重な資料であるが、反面多くの謎が秘められた編布でもある。

8　刺繍らしい圧痕のある編布

中部地方や九州地方の編布圧痕には刺繍としか見られない条痕がある。

筆者は前著（尾関清 1996）において編布に刺繍の施された石川県真脇遺跡（前期末葉～中期初頭）の写真87・図33の矢印部分を「返し縫い－アウトライン・ステッチ Outline stich」（図34）と述べたが、試作実験の結果表面はそれらしいが、裏面は写真88のように表面とは異なった形状になっている。しかしそれに類似した形状は極少例の巻き編（後述）である。他に真脇遺跡からはヒゴ状の素材で編まれた編物が出土しており、同編物の側面には編布同様のステッチ状が認められる。写真89-aは表面であり同じくbは裏面であるが、ステッチ状は表裏同じような形状である。またステッチ状については、図35のように刺し方の模式図があり、「もじり編

写真87　石川県真脇遺跡出土すだれ状圧痕のモデリング陽像

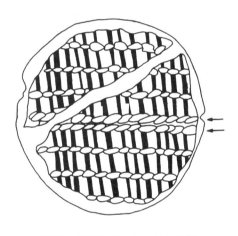

図33　写真87をトレースした図

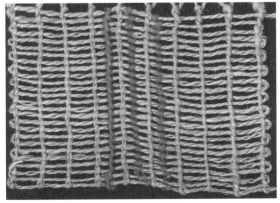

1　2　3

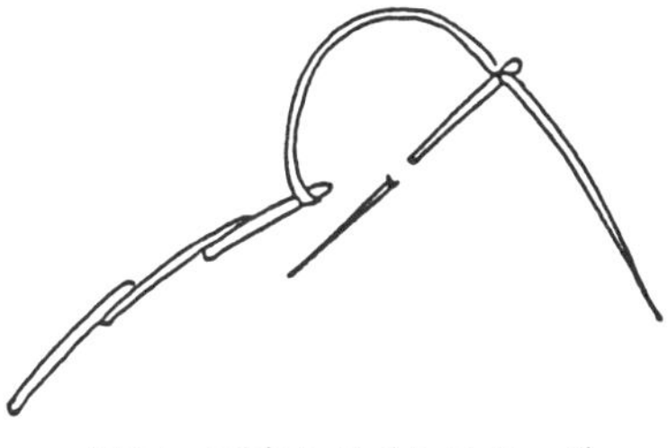

図34　アウトラインステッチ

写真88　アウトライン・ステッチの表（1）と裏（2）（3）

第Ⅰ章 縄文時代の編布

写真89 石川県真脇遺跡出土編物の表（a）と裏（b）

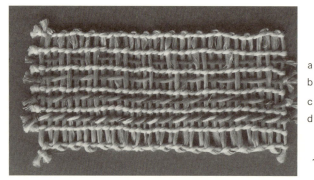

写真90 もじり編み11類の試作

図35 もじり編み11類
写真89-a・bの矢印部分
（山本 1986より）

写真91 佐賀県菜畑遺跡出土編布圧痕（a）
とそのモデリング陽像（b）

図36 かがり縫い

写真92　佐賀県菜畑遺跡出土平織圧痕（a）とそのモデリング陽像（b）

み11類」と示されている（山本 1986）。そこで筆者は模式図に従い試作して編布のステッチらしい箇所とを比較検討した（写真90）。もじり編み11類はa〜dまでの4本の糸により形成されているが、編布のステッチ状はa〜cまで、つまり3本の糸で形成された写真90の矢印部分がもっとも類似性が高いと判断した。図35は、刺し糸が画一的に緯糸2本を越えたり、潜ったりしている。しかし編布の方は摩耗部分もあるので断定はできないが、刺し糸にアンバランスがみられるようでもある。したがって編布に施されたステッチは「返し縫いーアウトライン・ステッチ」ではなく、写真90の矢印部分に変更し「重ね縫い」と呼ぶことにした。

　重ね縫いらしい条痕を有するものは、富山県境A遺跡や石川県宇出津崎山・御経塚両遺跡から出土している。

　写真91の佐賀県菜畑遺跡（晩期後半）の編布にはかがり縫い（図36）と思われる条痕がある（写真の矢印部分）。筆者はかがりの中央部に継ぎ目らしい部分が見当たらないことや、かがりの左右の密度が等しく、双方異なる布とは見受けられないことから、かがり縫いと判断した。

　かがり縫いらしい条痕を有するものは平織状圧痕にも認められる。写真92は同じく菜畑遺跡のものであるが、他に鹿児島県小倉前遺跡・宮下遺跡からも出土している。とくに菜畑遺跡のかがり縫いに関しては「縫い合わせた跡」と報告されているので、編布・平織ともにあらゆる角度から撮影して愛知県尾張繊維技術センターに写真観察を依頼した。

　まず写真92-bを例にとれば縫目（かがり縫い）の左側をA布地、右側をB布地として検討された。結果は「縫目のとぎれ部の状態から見て1枚の布と見られる。縫目のすき間にA布地とB布地とを縫合した痕跡が認められず、また組織の大きさ、組織の方向からA・B布地が同一に見えるため、おおむね1枚の布地と思われる」ということで、縫い合わせた跡でないことが確認された。

　鹿児島県志布志市小迫遺跡（晩期）の編布（写真93）は、一見経糸・緯糸が乱れ、雑然としているように見受けられるが、写真を熟視すると経糸の上に写真94-bのリンク・パウダーリング・ステッチ Link powdering stitch を思わせる条痕がある。写真94-aのチェーン・ステッチ Chain stitch を一つ一つ完全に離し、一面におくステッチである。小迫遺跡の圧痕は至る

90　第Ⅰ章　縄文時代の編布

写真93　鹿児島県小迫遺跡出土編布圧痕の
　　　　モデリング陽像

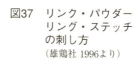
図37　リンク・パウダー
　　　リング・ステッチ
　　　の刺し方
　　　（雄鶏社 1996より）

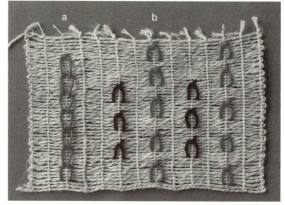

写真94　チェーン・ステッチ（a）とリンク・パウダー
　　　　リング・ステッチ（b）の試作

写真95　鹿児島県下柊迫遺跡出土
　　　　編布圧痕のモデリング陽像

図38　ランブラーローズ・ステッチの刺し方（小林和 1999より）

写真96　下柊迫遺跡例の試作

写真97　長野県市道遺跡出土編布圧痕
　　　　のモデリング陽像

写真98　市道遺跡出土例の試作

図39　現代の刺子

ところ崩れてはいるが、リンク・パウダーリング・ステッチに類似したものが見受けられる。図37は刺し方である。

鹿児島県出水市下桁迫遺跡の編布(2)(晩期：写真95)はランブラーローズ・ステッチ Rambler rose stitch(図38)らしい条痕が認められる（写真96はその試作である）。ランブラーローズ・ステッチらしい条痕を有するものは、今のところ下桁迫遺跡のみである。長野県信濃町市道遺跡の編布（前期：写真97)にもわずかながら異常な条痕がある。別の編布を載せたかのようであるが、刺子(図39)に類似した痕である（写真98はその試作)。刺子らしい条痕を持つ資料は市道遺跡のみである。

以上のように編布の上には重ね縫い状、かがり縫い状、リンク・パウダーリング・ステッチ状、ランブラーローズ・ステッチ状、刺子状と5種類のステッチらしい条痕を確認することができた。それが何のために施されたのか定かではない。補強のためとも考えられるが、デザイン的に使われたのではなかろうか。芹沢長介先生はこれらの写真をご覧になり「編布の上に別の糸で刺しているということは、色糸が使われているようだ」と縄文人の色彩感覚についてご指摘された。筆者も同感である。

縄文時代の生活必需品である土器類の文様は、現代のわれわれがすぐには真似できないほど高度な技術とセンスで作られている。また押出遺跡出土のクッキー状炭化物の表面には渦巻状の文様が施されるなど、食品にまで文様を描こうとする縄文人の気配りと、心の豊かさを考えると、衣服にしたであろう編布にも多様なステッチで文様が描かれても不思議ではないように感じられる。

「刺繡（ステッチ）は飛鳥時代に儒教とともに渡来した」といわれている。しかし、布の上に別の糸で縫う、刺すという技術は縄文時代前期のわが国でも開発されていたのではなかろうか。画期的な事実である。

9　二枚の布を接ぎ合わせた跡がある編布圧痕

写真99-a・bは宮崎県都城市黒土遺跡（晩期後半～終末）の編布圧痕土器とそのモデリング陽像である。経糸間隔は広い部分が9～10mm、狭い方は3～5mmで縞模様の編布である。この編布の右上部は編みはじめの一部が折り返されている。また左端には2枚の布を接ぎ合わせたと見られる綴じ糸の跡がある。

なお、接ぎ合わせた左側は、土器のほとんどが欠落しているが残存部分からは、1cm当たり経糸が7～8本、緯糸が6～7本の細密編布であることが確認できる。しかし綴じ糸の進み具合が見抜けないので、写真99-bを上下逆にして、右下部からかがり糸を追っていくと、写真100①の糸は途中で終わり、別の糸（②）で上部へかがり進めたようである。

前記したように、一枚の布に「かがり縫い」を施したものは、編布痕および平織痕の中に何例もあるが、二枚の布を接ぎ合わせた跡の認められる資料は、この1点に過ぎない。

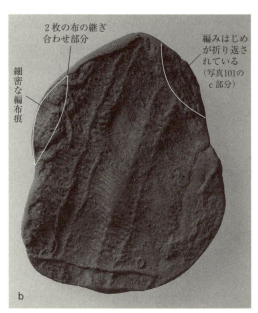

写真99　宮崎県黒土遺跡出土編布圧痕（a）とそのモデリング陽像（1）（b）

　なお筆者は「第4節　出土編布の製作法」において、細密編布および縞模様の編布の製作法は、横編法を有力とした。黒土遺跡の出土例はまさしく該当した2枚の編布が使われている。写真101は輪っぱ式横編法による試作であり、黒土遺跡のものは、写真101の矢印方向を縦として用いている。輪っぱ式・弓式の場合、編み始めは写真101のaのように端が整っている。しかしb部分はすべての糸がフリーな状態であり、何らかの方法で始末しなければならない。写真102は旧千島及川遺跡出土の編布であり、この編布の下部には写真101のb部分を解けないように始末した跡がある。しかし黒土遺跡の接ぎ合わせ部分を注視すると、縞模様の右端は左絡みの編布2本が密着しており（写真100の矢印部分）、それに接する細密編布も、左端から密に編まれているようである。このような次第で2枚の編布は共に写真101のa部分を接ぎ合わせたように見受けられる。

　密度の異なる2枚の布の接ぎ合わせがなぜ必要だったのか、衣服として考えた場合は、ステッチ部分が少々雑である。つまりこのような接ぎ目は、土器成形時における応急措置的なものではなかったろうか。前記したようにこの種の土器の大きさから判断すれば、考えられることであろう。

　1で述べた荒屋敷・姥神両遺跡例（一枚の布に編布と織物の併設）の2点は、縦編法で製作された可能性が指摘される。前記したように総数の編布からは、横編法でなければ製作できないものは多数あるが、縦編法と明記できるものはこの2点である。

　また、2の福泉・泉山両遺跡例（筒状に編まれた編布圧痕）、3の押出・菜畑両遺跡例（経糸が左右の絡みで編成された編布）、4の朝日山・西原迫両遺跡例（経糸が屈折している編布）、6の

第7節　ユニークな編布　93

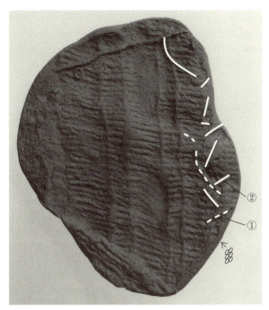

写真100　黒土遺跡例のモデリング陽像（2）

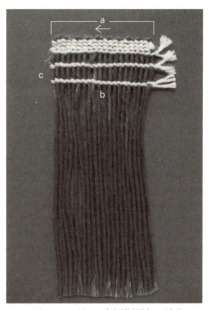

写真101　輪っぱ式横編法の試作

写真102　旧千島及川遺跡出土の編布
矢印は写真101-bと同じ部分を始末した跡

幅上遺跡例（越後アンギン伝世地の編布）、7の上片貝・天蠍鼻両遺跡例（繊細な圧痕）などこれ等は横編法故に製作可能というバラエティーのみられる編布である。

なお5の上南部遺跡A地区・朝日山・右葛ヶ迫3遺跡例（期せずしてできたであろう作業ミスの認められる圧痕）もやはり横編法ならではと明確に判断できるものである。

さらに8の真脇遺跡をはじめとする諸例（刺繍らしい圧痕）はデザイン的配慮がなされていたようである。

最後に9の黒土遺跡例（二枚の布を接ぎ合わせた跡のある編布圧痕）に認められたリフォームらしい継ぎ目からは、当時の生活の一端が窺えるようである。

以上1～9まではユニークな編布の概要であるが、1、3、4、7、8でふれた資料からは、現代的な感覚からするととくにお洒落な縄文人が連想されて、興味深い事例である。

註
（1）鹿児島県には弥生時代の出土例がある。しかし九州においては県あるいは研究者によって時期比定が異なる場合があるので省略した。

（2）1996年夏、はじめて鹿児島県高尾野町（現出水市）教育委員会にて、下桙迫遺跡出土の編布痕土器片3点を撮影させていただき、同時にモデリング陽像を作らせていただいた。写真95はその中の1点である。

　2007年春、再び同教育委員会を訪れ、40点余りの土器片（編布痕）の撮影等をさせていただいたが、写真95の遺物を確認することはできなかった。しかし、めずらしい圧痕故、ここに紹介させていただくことにした。

第Ⅱ章　編布と紛らわしい編物

第1節　絡み巻き―縄文時代草創期・早期の土器底部圧痕―

　2006年秋に鹿児島県の知人から貴重な論文を恵送された。執筆者は前迫満子・前迫亮一ご夫妻の「南九州縄文土器の底面圧痕に関する覚書―縄文時代草創期・早期の資料の集成―」（前迫・前迫 2006）である。前迫氏はその冒頭にて「南九州では全国的に見ても早い時期から編物が存在することを示す資料が多くあり、かつ圧痕の種類に偏りがあると感じていたのである。それを確認することが今回の目的であった」と述べられている。そこでまず種類の多い圧痕に関する用語の定義として、図40のように「網代底に関する用語の相関模式図」を示された。鹿児島県では37遺跡61点、宮崎県では23遺跡67点、計60遺跡128点の圧痕を各報告書に基づき丹念に調査され、それを「底部観察表」にまとめられている。

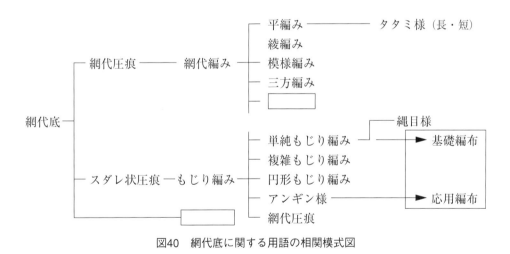

図40　網代底に関する用語の相関模式図

　筆者はこの底部観察表に疑問符付きで記載された「アンギン様」の資料が14点もあることに強い関心を抱いた。図40よれば「アンギン様」とは応用編布のことである。これまでに筆者が調査した編布は縄文前期以降のものであり、約165遺跡、832点であった。その中で応用編布の出土例は、石川県御経塚遺跡（縄文後期後葉〜晩期）の1点のみで、その他はすべて基礎編布である。

　しかし縄文草創期・早期に基礎編布のみならず、応用編布らしい圧痕が実在するという事実

第Ⅱ章　編布と紛らわしい編物

表17　底部観察表

No.	県名	遺跡名	前迫氏図版番号	時期	圧痕種類 文献表示	圧痕種類 前迫氏による観察結果	筆者の見解 絡み巻きの種類	筆者の見解 備考	文献	文献中挿図番号
1	鹿児島	前畑	1	早期前半	網代痕	単純もじり編み				
2		市ノ原	3	早期後半	簾状の圧痕	単純もじり編み	1号		1	第22図-135
3		岩本	12	早期前半	スダレ状の圧痕	網代底（編み方不明）	2号		2	第133図-358
4		〃	13	早期前半	スダレ状の圧痕	単純もじり編み？				
5		松尾山	22	詳細不明	組織痕をもつ	アンギン様 or タイプA？				
6		建昌城跡	40	早期前半		単純もじり編み				
7		榎木原	43	〃	網代底状の圧痕	タイプA？	2号		3	第36図-167
8		益畑	44	〃		もじり編み？				
9		〃	45	〃		もじり編み？				
10		桐木耳取	46	〃	簾状	単純もじり編み or アンギン様？				
11		〃	47	〃	単節斜行縄文RL	アンギン様 or タイプA？	1号	繊維らしい	4	第194図-71
12		〃	48	〃			3号	繊維らしい	4	第192図-42
13		三角山	61	草創期	もじり編みと思われる圧痕	単純もじり編み	1号	繊維らしい	5	第84図-115-2
14		蔵座村	63	早期	縄目の圧痕・組織痕	単純もじり編み？				
15		上ノ原	64	〃		アンギン様？				
16		小原山第1	67	〃	網代状の圧痕	もじり編み				
17		車坂第3	74	早期後半	網代底	円形もじり編み				
18		山下第1	78	詳細不明		もじり編み or 三方編み or 網				
19		伊屋ヶ谷	79	〃	網代状の圧痕	アンギン様？				
20		〃	80	〃		もじり編み？				
21		上の原	82	〃	網代	アンギン様？				
22		椎屋形第2	85	早期	網代底	〃	2号		6	第50図47
23		〃	86	〃	〃	〃	2号		6	第50図45
24	宮崎	須田木	87	早期後半	網代痕	タイプA				
25		辻	89	塞ノ神A	貝殻腹縁の平行刺突	アンギン様？				
26		〃	90	〃		アンギン様 or タイプA？				
27		黒草 第2	92	早期前半	刺突から圧着	もじり？				
28		札ノ元	98	詳細不明	網代状の格子目圧痕文	アンギン様 or タイプA？				
29		天ヶ城	109	早期後半	1・1・1+もじり	平編み+もじり編み				
30		木脇	117	岩本・前平	編物圧痕	アンギン様 or タイプA？				
31		留ヶ宇戸	125	早期前半	圧痕	タイプA	4号		7	第36図-127
32		〃	126	〃	〃	タイプA	1号		7	第36図-130
33		〃	127	〃	〃	タイプA	4号		7	第36図-128
34		〃	128	〃	網代底	アンギン様 or タイプA？	3号	繊維らしい	7	第36図-129
35		〃	124	〃	圧痕	網代圧痕（編み方不明）が一部残る	2号	蔓	7	第35図-118
36	熊本	庵ノ前		早期	筵あるいは簣の子状		1号	蔓	8	第17図-167
37	宮崎	田上		早期	底面に網代圧痕		3号	繊維らしい	9	第8図-103

（前迫・前迫 2006より抜粋・加筆）

表17文献
1　鹿児島県立埋蔵文化財センター 2003『市ノ原遺跡』鹿児島県立埋蔵文化財センター発掘調査報告書49
2　鹿児島県立埋蔵文化財センター 1996『小牧3A遺跡・岩本遺跡』鹿児島県立埋蔵文化財センター発掘調査報告書15
3　鹿児島県教育委員会 1987『榎木原遺跡』鹿児島県立埋蔵文化財発掘調査報告書44
4　鹿児島県立埋蔵文化財センター 2005『桐木耳取遺跡』鹿児島県立埋蔵文化財センター発掘調査報告書91
5　鹿児島県立埋蔵文化財センター 2006『三角山遺跡群』鹿児島県立埋蔵文化財センター発掘調査報告書96
6　宮崎市教育委員会 1996『椎屋形第1遺跡・椎屋形第2遺跡・上の原遺跡』
7　宮崎県串間市教育委員会 1994『猪之極遺跡・留ヶ宇戸遺跡』串間市文化財調査報告書第11集
8　熊本県教育委員会 1997『庵ノ前遺跡』』熊本県文化財調査報告第160集
9　宮崎県教育委員会 1985『下田畑遺跡・小山尻東遺跡・田上遺跡・赤坂遺跡・小山尻西遺跡』宮崎学園都市発掘調査報告書第3集

を知り、実物調査の必要性を感じた。そこで今回は草創期・早期の底部圧痕について調査し、製作技法の解明等を試みた。

　2007年早々、上記土器底部の所蔵先である鹿児島県立埋蔵文化財センターと宮崎県串間市教育委員会へ赴き、鹿児島県では三角山遺跡(1)（草創期：鹿児島県立埋蔵文化財センター 2006）1点、榎木原遺跡（早期前半：鹿児島県教育委員会 1987）1点、市ノ原遺跡（早期後半：鹿児島県立埋蔵文化財センター 2003）1点、なお桐木耳取遺跡（早期前半：鹿児島県立埋蔵文化財センター 2005）2点、また串間市では留ヶ宇戸遺跡（早期前半：串間市教育委員会 1994）5点の圧痕それぞれについて、写真撮影とモデリング陽像を製作した。なお筆者は過去に早期の組織痕といわ

れる宮崎県田上遺跡（1点：宮崎県教育委員会 1985）・椎屋形第2遺跡（2点：宮崎市教育委員会 1996）、また熊本県庵ノ前遺跡（1点：熊本県教育委員会 1997）と鹿児島県岩本遺跡[2]（1点：鹿児島県立埋蔵文化財センター 1996）の資料も調査し、そのモデリング陽像を保管しているので、これらも調査の対象とした。

まずこれら15点のモデリング陽像からその形状と、編布の形状を比較検討して編布か否かを判別し、さらに試作実験を施行した。

表17は前迫氏の「底部観察表」からスダレ状圧痕（内1点は網代圧痕）に属する分野を抜粋した24遺跡35点と庵ノ前・田上両遺跡の2点である（田上・庵ノ前両遺跡以外の筆者保管のものはその中に含まれている）。

1 縄文草創期・早期の検討

（1）庵ノ前遺跡と市ノ原遺跡の圧痕

写真103－a・bはかって熊本県教育委員会から紹介された庵ノ前遺跡（早期）の圧痕である。見るからに強ばった素材が使われている。縦材に対して横材が直角に編成され、その交差部には別の素材で絡み巻きが施されている。

繊細な編布の試作に挑戦した筆者にとってこの圧痕の製作技法は、単純なものと推察した。そして編布ではないが"編布と紛らわしいもの"の部類として保管し、今回はじめて試作に至った。庵ノ前遺跡の圧痕は植物の蔓らしく爪楊枝ほどの細い素材であるが、筆者は割り箸を使用した。単純そうに見えた圧痕の形状もいざ試作に取り掛ってみると、容易に圧痕同様の絡み巻き状にはならない。試作は何度挑戦しても写真104－1である。圧痕は縦材と横材の交差部が斜めに巻かれている。一方試作の方は縦材と横材の交差部から外れ、横材に並行してしまった。再度試作を繰り返し、やっと圧痕と同じ絡み巻き（写真104－2a）ができたが、裏面は写真104－2bである。これは横材を2本ずつ絡み巻いたもので、いずれの圧痕からもこの形状は見受けられない。苦心惨憺の末、横材の両端を写真104－3のように固定し、縦材を当て絡み巻きしたところ、横材は交互であるが、写真104－3－①のようになった。次は飛ばされた横材を巻き上げ、ようやく庵ノ前遺跡の圧痕に等しい形状を作ることができた（写真104－3－②・104－4）。

ちなみに、筆者は庵ノ前遺跡の圧痕を写真103のように縦長に見た。したがって試作も縦方向に製作したが、横長にした場合も、製作法に変化はない。

（2）留ヶ宇戸遺跡の圧痕A

写真105－a・bは宮崎県留ヶ宇戸遺跡（早期前半）の圧痕Aである。これも一種の絡み巻き法で作られたと見てよかろう。形状は庵ノ前遺跡と同属かと思われたが、モデリング陽像（写真105－b）からは微妙な違いを発見することができた。庵ノ前遺跡のものは1本の縦材に対し

98　第Ⅱ章　編布と紛らわしい編物

写真103　熊本県庵ノ前遺跡出土の圧痕土器（a）とそのモデリング陽像（b）［表17-36］

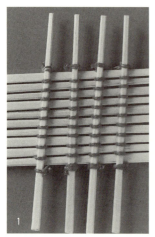
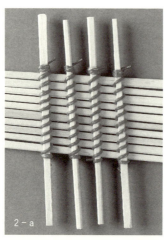

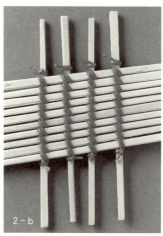
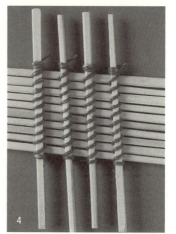

写真104　庵ノ前遺跡例試作の試行錯誤

第1節　絡み巻き　99

写真105　宮崎県留ヶ宇戸遺跡出土の圧痕土器A（a）とそのモデリング陽像（b）［表17-35］

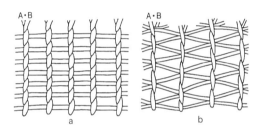

図41　基礎編布（a）と応用編布（b）拡大図

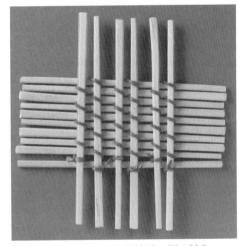

写真106　留ヶ宇戸遺跡A例の試作

て、すべての横材に絡み巻きが施されている。一方留ヶ宇戸遺跡圧痕Aは交互の横材に絡み巻きがなされ、デザイン的に変化している。編布に例えれば前者は基礎編布（図41-a）様であり、後者は応用編布（図41-b）様である。

　筆者は前記した庵ノ前遺跡出土圧痕の試作にヒントを得、横材の両端を固定することからはじめたので、こちらの試作は難なく留ヶ宇戸遺跡圧痕A同様の形状にすることができた（写真106）。

　筆者にとって庵ノ前遺跡圧痕の試作ははじめての経験である。したがって二次的加工を必要とすることに対して、早期の出土品という時期的な面から、はたしてこの技法でよいのかという疑念を抱いた。しかし留ヶ宇戸遺跡圧痕Aの試作が、庵ノ前遺跡圧痕の応用で製作可能となった。横材の固定方法等縄文時代とは異なっても、原理は筆者の製作法でよいのではなかろうか。

写真107　宮崎県留ヶ宇戸遺跡出土の圧痕土器B（a）と
　　　　そのモデリング陽像（b）、試作（c）［表17-32］

（3）留ヶ宇戸遺跡の圧痕B

　写真107－a・bは留ヶ宇戸遺跡の圧痕Bである。土器面（写真107－b）の左側は摩耗しているが、中央より右側には絡みの間に樹皮らしい縦材が認められ、これも横材と縦材を絡み巻かれたものである。また絡み状態は写真105－b同様、横材が交互に巻かれたように見受けられる。ところがこちらは、横材が右上がりの斜状を呈しているので単純には考えられず、試作実験を繰り返した。その結果横材の傾斜は、原体が古くなり繊維らしい巻き材が伸び、横材に歪みが生じたか、それともデザイン的に横材を傾斜させ製作されたものか確定することはできない。しかし基本的には、同遺跡A資料とは異なり、庵ノ前遺跡例の形状に属するもののようである。

　写真107－cは筆者が意図的に横材を傾斜させた試作であるが、この資料については、更なる実験が必要である。

（4）田上遺跡の圧痕

　写真108－aは田上遺跡（早期）の土器片であり、写真108－bはそのモデリング陽像である。一見した限りでは、緯糸は細いが太い経糸を使用した編布を彷彿させる。しかし、編布ならば縦方向に経糸が縄状に連なるはずであるが、この経糸の絡みには上下に隙間があり、その隙間には2本の細い糸らしいものが見受けられる。また緯糸に関しても基礎編布ならば図41－aのように横方向に並行しており、応用編布ならば図41－bに示すような幾何学的模様状でなければならない。ところが圧痕の緯糸はそのいずれにも属さず、少々乱れている。

　筆者の第一印象は編布。縄文時代の繊維製品は織物を除けば編布や網であるが、形状は編布に類似している。したがってまず編布の補強、それとも装飾的（刺繍）か等々想像をたくまし

写真108　宮崎県田上遺跡出土の圧痕土器（a）とそのモデリング陽像（b）および拡大写真（c）〔表17-37〕

くして、試作した編布の上に別の太い糸や、細い糸を当て巻き縫いを施すなど試行錯誤の実験を重ねた末、モデリング陽像をルーペで確認した。そこではじめて経糸と経糸の間に網の結節部分を発見するに至り、これは網の上に別の素材である糸を当て網とともに絡み巻きされたものと判断した（写真108－cの○印）。

　網は縦方向に広がる習性がある。この圧痕はそれを阻止するためであろう、網の縦方向に絡み巻きがなされている。

（5）椎屋形第2遺跡の圧痕A

　上記した（1）～（3）については、縦材・横材が明白であるので、形状と製作技法を解明することができた。しかし中には縦材は絡み巻かれたものであるが横材の不明瞭なものもある。

　写真109－a・bは椎屋形第2遺跡（早期）の圧痕Aである。筆者は当初、留ヶ宇戸遺跡圧痕A並みに横材の交互に絡み巻かれたものと見なした。ところが庵ノ前遺跡や留ヶ宇戸遺跡の横材と比較して椎屋形第2遺跡の横材はあまりにも細いことと、縦材間に存在する丸みを帯びた痕跡に疑問を感じ、モデリング陽像を拡大して再確認した。それによると、丸みには網の結節を思わせる像もある。しかし"ひご"であろうか細いながらも張りのある横材に対して、いずれの縦材も垂直であり、絡み巻きも交互の横材に均等に施されている。このような次第で、椎屋形第2遺跡の圧痕Aは、当初の印象通り留ヶ宇戸遺跡圧痕Aの部類と判断した。

（6）椎屋形第2遺跡の圧痕B

　写真110－a・bは椎屋形第2遺跡の圧痕Bである。土器面の摩耗により横材は認められな

写真109　宮崎県椎屋形第2遺跡出土の圧痕土器A（a）とそのモデリング陽像（b）［表17-23］

写真110　宮崎県椎屋形第2遺跡出土の圧痕土器B（a）とそのモデリング陽像（b）［表17-22］

いが太めの縦材を使用したと思われる巻材が確認できる。

　上記したように、絡み巻きは素材が同じ方向に巻かれているので、縦材に対して横材が傾斜しやすく、庵ノ前遺跡と同じ形状でも時には、横材が交互に巻かれたように錯覚する場合がある。今回は横材が不明なためこの点のみを重視して観察した。椎屋形第2遺跡圧痕Bの形状には多少曖昧さが認められるが、横材を交互に絡み巻かれたものと思われる。

（7）市ノ原遺跡の圧痕

　写真111-a・bは市ノ原遺跡の圧痕である。

　圧痕は底部全体に比較的鮮明に付せられ、至る所に巻き材の剥落部分はあるが、基本的には庵ノ前遺跡同様の形状を呈している。

第 1 節　絡み巻き　103

写真111　鹿児島県市ノ原遺跡出土の圧痕土器（a）とそのモデリング陽像（b）〔表17-2〕

写真112　鹿児島県榎木原遺跡出土の圧痕土器（a）とそのモデリング陽像（b）〔表17-7〕

（8）榎木原遺跡の圧痕

　写真112-a・bは榎木原遺跡（早期前半）の圧痕である。土器面の摩耗により横材は不明であるが、形状は交互の横材に絡み巻かれたようである。しかしかすかではあるが、横材らしい痕跡が斜めに見受けられるようでもある（写真112-bの矢印）。したがって庵ノ前遺跡例同様、横材すべてに絡み巻かれたものかと熟視したが、絡み部分が椎屋形第2遺跡の圧痕Bに類似しているので、こちらも横材が交互に絡み巻かれた留ヶ宇戸遺跡圧痕Aと同じ部類とした。

（9）岩本遺跡の圧痕

　写真113-a・bは岩本遺跡（早期後半）の圧痕である。縦材は竹ひご、あるいは樹皮様の素材で、部分的ではあるが比較的鮮明に残されている。しかし横材に関しては、やはりひご状のものが右端に2・3本わずかに見える程度である。また絡み部分は繊維を思わせる円やかさの

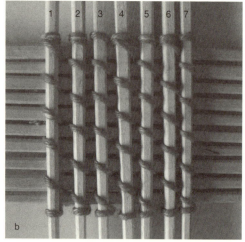

写真113　鹿児島県岩本遺跡出土の圧痕土器モデリング陽像（a）とその試作（b）
［表17-3］

ある素材が使われており、これも絡み巻きである。

　形状は総体的に留ヶ宇戸遺跡圧痕Aと同様、1本の縦材に対して交互の横材に絡み巻かれたものである。しかし写真113－aの2・3の絡み状は庵ノ前遺跡圧痕の形状に類似している。当初はこの一面に2種類の技法が使われているのかと錯覚したが、試作実験の結果、3が2と同じ横材に絡み巻きされていることがわかり、上記した留ヶ宇戸遺跡圧痕Aと同じ部類に属するものと確認することができた。写真113－bはその試作である。

　この珍しい形状は、絡み段階のミスとも考えられる。しかし縞模様の編布（晩期）にはアンバランスな縞が存在している。それらを想起すれば、時期は異なるがこちらも縄文人ならではのデザイン的アイディアと見るのが妥当かも知れない。真相は不明である。

（10）桐木耳取遺跡の圧痕A・Bと留ヶ宇戸遺跡の圧痕C

　写真114－a・b、115－a・bは桐木耳取遺跡（早期前半）の圧痕A・B、写真116－a・bは留ヶ宇戸遺跡の圧痕Cである。これら3点は庵ノ前遺跡はじめ上記した遺跡のものとは異なる形状を呈している。しかし熟視すると縦材の間にはわずかながら糸らしいものが見受けられ、やはり上記した絡み巻きに属するものと思われる。

　縦材の間隔は3点ともに約5㎜であるが、縦材に巻かれた絡み部分は写真114－b・116－bが1㎝間に3個、写真115－bはやや多く3.5個である。このような密度を編布と比較すれば、決して高くはない。ところがこちらは個々の絡みが大きく上下に隙間がないので、緻密なものという印象である。なお3点に共通するものは横材の素材で、ともに繊維らしいもの、いわゆる糸のようである。

　写真114－bと116－bは上記した田上遺跡と同様に、網に縦材を当て絡み巻きされたものではなかろうか。拡大してみるとごくわずかではあるが、縦材の間の糸らしいものが並行していたり、上下に傾斜している。つまり網の目自体が変形しやすいので、縦材の間の糸が不揃いに

第1節　絡み巻き　105

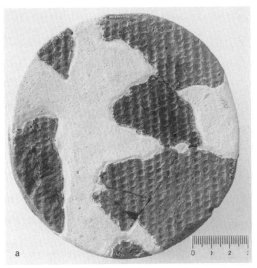 

写真114　鹿児島県桐木耳取遺跡出土の圧痕土器A（a）とそのモデリング陽像（b）［表17-12］

写真115　鹿児島県桐木耳取遺跡出土の圧痕土器B（a）とそのモデリング陽像（b）［表17-11］

写真116　宮崎県留ヶ宇戸遺跡出土の圧痕土器C（a）とそのモデリング陽像（b）［表17-34］

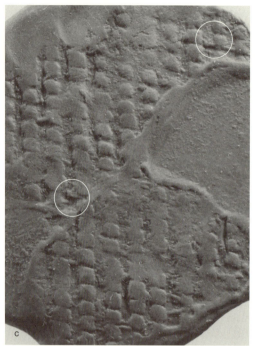

写真114（c） 桐木耳取遺跡例Aモデリング陽像拡大図

写真116（c） 留ヶ宇戸遺跡例Cモデリング陽像拡大図

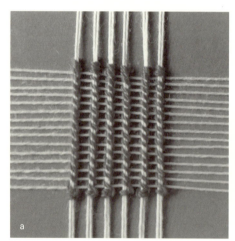
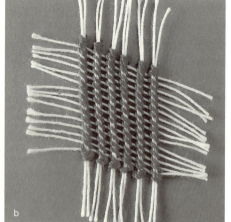

写真117　桐木耳取遺跡例Bの試作　a．木枠付試作　b．木枠無し試作

なるのではないかと考えた。また両者とも写真（114-c・116-c）の○印部分には小さな網の結節部分が確認できる。したがってこの2点は田上遺跡同様横材は網である。

　写真115の絡みは交互の横材に巻かれたようであるが、この1点は横材の糸らしいものが右下がりに傾斜している。こうした状況から判断すれば、これは上記した庵ノ前遺跡同様、すべての横材に絡み巻かれたものではなかろうか。筆者は、縦材・横材とも繊維が使われていると仮想し、編布の木枠式横編法で試作した。まず木枠に緯糸を張りその上に経糸を直角にあて絡

第1節　絡み巻き　107

写真118　宮崎県留ヶ宇戸遺跡出土の圧痕土器D（a）とそのモデリング陽像（b）［表17-31］

写真119　宮崎県留ヶ宇戸遺跡出土の圧痕土器E（a）とそのモデリング陽像（b）［表17-33］

み巻きを施した。木枠の上では緯糸・経糸とも写真117－aのように整然と直角を保っているが、いったん木枠から切り離すとたちまち写真117－bのように緯糸は傾斜し、横材の交互に絡み巻かれたようになった。以上の実験から写真115は、素材は異なるが庵ノ前遺跡例に属するものと判断した。

(11) 留ヶ宇戸遺跡の圧痕D・E

　なお製作法の解明しがたい資料が写真118－a・b、119－a・bの留ヶ宇戸遺跡の圧痕D・Eである。写真118の絡み状態は横材が交互に巻かれたようであり、モデリング陽像の右端には、縦材かと思われる糸様のものも見受けられる。しかし絡み部分ほか剥落が著しく、横材に関してはまったく確認することができない。また写真119も118同様縦材の糸らしいものが所々に、そして中央下部には横材を思わせる形状が認められる。またモデリング左端は庵ノ前遺跡

写真120　鹿児島県三角山遺跡出土の圧痕土器（a）とそのモデリング陽像（b）および部分拡大図（c）
〔表17-13〕

に類似した絡み目のようであり、それ以外は横材に交互の絡み目である。したがってこれら2点も絡み巻かれたものであるが、横材とその技法を解明することはできない。

(12) 三角山遺跡の圧痕

　写真120-a・bは三角山遺跡（草創期）の圧痕である。形状（モデリング陽像）からの印象は縞模様の基礎編布と見受けられる。密度に関しても経糸間隔は広い部分が7～8mm、狭い方は約4mm、緯糸は1cm当たり2.5～3本、経糸の絡み方向は左（Z状）のようである。したがって時期が前期以降ならば、編布と判断したのかも知れない。しかし縄文時代のもっとも古い草創期、そして早期の出土品は編布に類似しているが、上記したように総じて素材は異なり、横材に縦材を当て交差部分を絡み巻かれたものである。このような状況から、早期以前のものを軽々しく編布とは言いがたい。そこで写真120-bを熟視した。まず筆者が編布を想定したのは、絡みの形状（縞）とか密度、それにモデリング陽像の○印部分（図41-aに類似）である。ところが、随所に編布としては考えられない経糸らしいものが認められる（写真120-c参照）。このような状況から判断すれば、縦材に糸を使用し、横材は竹とか蔓のようながっちりした素材、それを別の素材（繊維らしい）で絡み巻いたものと推測することができる。また三角山遺跡の形状は縦材に対して横材が直角に組織された絡み巻きで、庵ノ前遺跡の絡みと同じ部類で

はなかろうか。しかし本例の形状は編布との類似性から更なる検討が必要である。

2　絡み巻きは編布のルーツ？

　以上、絡み巻きという基本は変わらないが、それぞれ技法に変化が見られるので、大まかではあるが、表18のように4種類に分類し絡み巻き1号〜絡み巻き4号とした。

　資料が15点とはなはだ少量ではあるが、絡み巻きの中には蔓やひご状のもの、また繊維類等もある。その用途について蔓・ひごは敷物や籠類と単純に考えられる。また繊維類等に関しては、細い糸で編まれた網を再加工するという面倒な技法が用いられている。筆者は何のためにという疑念を抱いた。網には伸縮性（横伸型）がある。田上遺跡の圧痕は網の目が大きく広がらないように、網の横方向に縦材を当て絡み巻きがなされている。それによって網は一定の幅を保つことができる。採集用とすれば、網本来の伸縮性が必要である。網の目を固定せざるを得なかった理由は何であったろうか。そのほか糸らしい素材で製作されたと思われる圧痕も見受けられる。筆者の推測であるが、それは衣服にされたのではなかろうか。

　編布が存在しない時代とはいえ、身体の保護・防御を考えるならば、衣服をまとうことは生活上の必須条件である。

　筆者は編布に関する限り多数の資料を実見したが、製作に疑問を抱いたものは今のところ皆無である。編布は密度の高いもの、低いもの、また縞模様など一つのパターンの応用である。しかし繊維らしい絡み巻きには上記したように、横材が網であったり、糸らしいものの中には絡み巻きでありながら、製作方法の解明に戸惑うものもあり、草創期・早期の縄文人それぞれが試行錯誤の末に製作したものと考えられる。

　さらに絡み巻き1号の製作法について、試作の技法が認められるならば、この技法は基礎編布のルーツではないかと考えられる。解明に四苦八苦した庵ノ前遺跡の試作で、やっとたどりついた写真104－3－②、この縦材を抜き取れば③になる。なお①と②をペアにして縄状に編み進めば、編布の製作法（木枠式平縫い横編法）に等しい。すなわち素材を繊維に置き換えれば紛れもなく基礎編布であり、素材がひごや、蔓ならば簾状の編物。このように絡み巻きから編布への移行が想定される。まさに"瓢箪から駒"的予想外の発見である。

表18　絡み巻きの分類

分　類	技法の特徴	圧　痕　資　料
絡み巻き1号	縦材に対して横材総てをまいたもの	庵ノ前・留ヶ宇戸（B）・市ノ原・桐木耳取（B）・三角山：5遺跡5点
絡み巻き2号	横材を交互に巻いたもの	留ヶ宇戸（A）・椎屋形第2（A・B）・榎木原・岩本：4遺跡5点
絡み巻き3号	横材が網のもの	田上・桐木耳取（A）・留ヶ宇戸（C）：3遺跡3点
絡み巻き4号	製作法の不明なもの	留ヶ宇戸（D）と（E）：1遺跡2点

草創期・早期の出土品中編布に類する圧痕が存在しているということで、庵ノ前遺跡から三角山遺跡へと計15点の土器片を検証した。編布や簾編みは、経糸（縦材）・緯糸（横材）というように、2種類の素材で構成されている。しかし今回調査した中にはそのような組織の資料は確認されなかった。いわゆる縦材と横材を別の素材で絡み巻く、すなわち3種類の素材で構成されたものばかりであった。また組織も一様ではなく、特に組織の明確なものは3通りに分類することもできた。中には1枚の敷物や布を製作するのに、一度ならず二度の加工を必要とするもの、さらには現代的感覚にも通じるような縞模様も存在していた。

　以上のような状況からは、草創期・早期すでに、樹皮・靱皮の繊維から糸を作り、布状に、また植物の蔓などを利用して網・敷物状に製作するという加工法など、一定の技術段階にまで到達していたことが示唆される。

　草創期・早期の圧痕について上記した例は数少ない調査ではあったが、いずれも新しい知見をもたらすものであり貴重な資料である。早期の底部圧痕は南九州地方にはまだ多く出土しているので、今後さらに検討を加えたいと考えている。

　なお今回の調査によって筆者は、編布のルーツらしいものに遭遇したと考えた。換言すれば、編布がわが国で独自に発生した可能性も視野にとらえることができたように思う。しかし一方で、外国の出土例にも注意しなければならない。スイスの新石器時代には湖上住居跡（伊東 1966）、中国では新石器時代早期（縄文早期並行）の河北省磁山遺跡（渡辺 1995）、また南米のプレ・インカ（縄文中期並行）の遺跡であるペルー北部のワカ・プリエッタ遺跡（角山 1960）から、それぞれ編布が出土している。

　従来日本の文化は外国からといわれ、その中でも織物の外来説は根強く定説化している。織物といえば素材は編布同様の繊維である。このように考えると、はたして編布のみをわが国で発生したといい切ってよいのかなお躊躇せざるを得ない思いもあり、この辺りも今後の大きな課題である。

註
（1）三角山遺跡出土の圧痕について、鹿児島県の考古学研究者から「もじり編み（編布）」とご教示いただいた。筆者は圧痕面に縦材と思われる糸らしいものが見受けられ、それは絡み巻きの構成に必要な糸であると考え、あえて「絡み巻き」とした。
（2）尾関清 1997「縄文時代の編みと織りの復原」（『企画展　よみがえる縄文ファッション展』秋田県立博物館）に掲載するにあたり、鹿児島県立埋蔵文化財センターより「鳥山遺跡・縄文早期」と教示されたが、2007年同センターより「岩本遺跡」に訂正するようご指示いただいた。

付論　縄文晩期の絡み巻きとその他

　1990年頃、熊本県の知人から編布圧痕の写真をいただいた。その中に熊本県二子塚遺跡（晩

第1節　絡み巻き

写真121　熊本県二子塚遺跡出土の圧痕土器（a）とそのモデリング陽像（b）

期）の出土品という写真121-a・bが入っていた。これは編布とは異なった形状である故、何の圧痕か理解できないまま、整理箱に収めた。

今回南九州地方（熊本・宮崎・鹿児島の3県）にて、縄文草創期・早期の出土品に珍しい圧痕のあることを発見した。そこであらためて二子塚遺跡出土品の写真を熟視したところ、そのモデリング陽像（写真121-b）は、同県庵ノ前遺跡の出土例（写真103）と同様の形状であることがわかった。しかし庵ノ前遺跡は縄文早期、また宮崎・鹿児島両県からの出土例もすべて草創期・早期である。そこで、熊本県教育庁文化課へ写真121のコピーを送り、今一度その時期を尋ねたところ、やはり縄文晩期のものとご教示いただいた。

写真122　鹿児島県下柊迫遺跡出土の圧痕土器（a）とそのモデリング陽像（b）

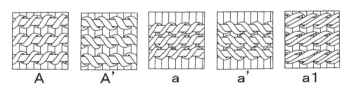

図42　出土かご編組パターン（鳥取県埋蔵文化財センター 2005より抜粋）

二子塚遺跡出土例の形状は横材に対して縦材は垂直を保ち、別の素材ですべての横材に絡み巻きが施された、まさしく庵ノ前遺跡出土例の形状に等しい絡み巻きと判断した。

表19　ヨコ添えもじり編みの確認された遺跡一覧

No.	所在地	遺跡名	器種	使用される部位	種類	時代・時期
1	富山県小矢部市	桜町遺跡	かご	口縁帯部	a	縄文中期末～後期初頭
2	東京都東村山市	下宅部遺跡	かご	口縁帯部	a	縄文後期
3	愛知県春日井市	松河戸遺跡	かご	口縁帯部	a2	弥生前期
4	三重県津市	納所遺跡	かご	口縁帯部・中央帯部	a・a2	弥生前期
5	奈良県磯城郡田原本町	唐古・鍵遺跡	かご	口縁帯部	a2	弥生前期
6	大阪府東大阪市	瓜生堂遺跡	かご	口縁帯部？	a	弥生中期
7	大阪府八尾市	亀井遺跡	かご	不明	不明	弥生中期
8	香川県高松市	多肥松林遺跡	かご	口縁帯部・中央帯部	a	弥生中期
9	石川県小松市	八日市地方遺跡	かご	口縁帯部・体部	a・A	弥生中期中葉～後期
10	鳥取県鳥取市	青谷上寺地遺跡	かご	口縁帯部・体部・中央帯部・底縁帯部	a・a'・a1・A・A'	弥生中期中葉～古墳初頭
11	愛知県春日井郡清洲町	朝日遺跡	かご	口縁帯部・底縁帯部	a	弥生中期後葉
12	滋賀県守山市	下ノ郷遺跡	かご	口縁帯部	a	弥生中期後葉
13	鳥取県米子市	池ノ内遺跡	かご	口縁帯部	a	弥生後期
14	石川県小松市	白江梯川遺跡	かご	口縁帯部	a	弥生後期
15	石川県金沢市	西念・南新保遺跡	かご	口縁帯部	a	弥生後期後半
16	石川県金沢市	戸水C遺跡	かご	口縁帯部	a	弥生後期後葉
17	石川県羽咋郡志雄町	荻市遺跡	かご	口縁帯部	a	弥生後期後葉
18	滋賀県守山市	赤野井湾遺跡	かご	口縁帯部	a	～弥生後期
19	大阪府藤井寺市	国府遺跡	籠型土器	口縁帯部	a	古墳前期

（鳥取県埋蔵文化財センター　2005 より）

　写真122－a・bは鹿児島県下柊迫遺跡（縄文晩期）の圧痕で、数多くの編布圧痕資料の中に混在していたものである。この遺跡の編布圧痕は、経糸の絡み部分が不鮮明なものでも、細い緯糸はくっきりと現れている。しかし写真122－bはその逆で、経糸の絡み部分は大きく押圧されているが、緯糸らしいものは皆無である。それに上下の絡み間には隙間が生じており、その隙間部分には経糸らしいものがごくわずかながら見受けられるようである。したがって断定はできないが、こちらも庵ノ前遺跡出土例に因んだ絡み巻きとした。

　筆者は絡み巻きについて、縄文時代草創期・早期に開発された技法と考えていた。そしてそれは編布のルーツであり、縄文前期以降、編布の出現によって消滅した技法であると推察し、上記した二子塚・下柊迫両遺跡の出土品に関しては、珍しい生き残り（絡み巻き）とさえ感じていた。しかし2007年夏、鳥取県青谷上寺地遺跡（弥生時代）から絡み巻きと同形のかごの出土を記載した報告書（鳥取県埋蔵文化財センター 2005）に接した。それによるとかごに関する遺物は68点出土しており、そのうちの47点に絡み巻き技法（部分的）が使われている。またその呼称は「ヨコ添えもじり編み」とか「巻き付け材3本によるヨコ添えもじり編み」とされている。同報告書第120図中のA・A'・a・a'はそのヨコ添えもじり編みであるが（本書図42）、この形状は縄文早期の庵ノ前・市ノ原両遺跡出土品とまったく同形である。さらに同図のa1（本書図42）は巻き付け材3本によるヨコ添えもじり編みと記されている。この形状は筆者が庵ノ前遺跡出土品の試作に挑戦した折、失敗した絡み（写真104－2b）に等しいものである。筆者はその試作に巻き材1本を使用したが、a1は巻き付け材3本が使用されたようである。

なお、同報告書の表1（本書表19）によれば、ヨコ添えもじり編み資料の確認された遺跡は、東京都東村山市から西へ鳥取県や香川県と広範囲にわたり19遺跡が紹介されている。縄文中期末〜後期初頭の桜町遺跡（富山県）と縄文後期の下宅部遺跡（東京都）を除けば、すべて弥生時代以降の資料である。つまりこの表を見る限り縄文時代の出土例は乏しい。しかし前記したように、絡み巻きは縄文草創期・早期の遺跡からも出土している。したがって縄文前期以降どのような経路にて弥生〜古墳時代に至ったのか、さらなる研究が今後の課題である。

第2節　巻き編み

1　下柊迫遺跡の圧痕

　写真123－a・b、124－a・bは1996年夏に撮影した鹿児島県高尾野町（現出水市－晩期）下柊迫遺跡の圧痕土器とそのモデリング陽像である。当初から縄文時代としては珍しい応用編布で、しかもデザイン的にも優れた縞模様と絶賛しながらも、この圧痕には応用編布と断定できない面があった。編布ならば経糸が上下縄状に繋がるはずであるが、写真123－b・124－bを熟視しても、経糸の絡みらしいものは一つひとつが孤立状態に見受けられる。写真123－a・124－aは土器面の摩耗もなく、圧痕は比較的鮮明に残っているので、編布ならば絡み方向も右とか左と確認できるが、こちらは左絡みらしいと思われる程度である。このような経糸の状態は他に例がない。最後の手段として、編布の製作を体験した方々に確認を依頼したが、見解は一様に編布ということであった。以来筆者は、この形状には幾許かのこだわりを持ち続けながらも、縞模様の編布と報告し続けた。なお、『下柊迫遺跡』にも編布と報告されている（高尾野町教育委員会 2005）。

　しかし2007年、草創期・早期出土の編布らしい圧痕を調査して、一見編布と錯覚するような形状も、実験の結果編布ではなく別の編物（絡み巻き）と判明した。この実験によって再び下柊迫遺跡の圧痕について検討を企てた。早期の絡み巻きには類例があるが、下柊迫遺跡のものは写真の2点に限られている。しかしどこかに類例はないものかと検索に及んだ。その結果、長崎県山の寺梶木遺跡の報告書（古田正隆 1973）に図43－A－3[(1)]のような珍しい技法のあることを発見した。なお名久井文明氏の著作（1999）にも同じ技法の樹皮製編物（写真125：是川中居遺跡）が掲載されている。そこで筆者はこれら2点の技法で実験を試みた。編布製作用の木枠式横編法を選び図43－A－3・写真125に従って、木枠に張った経糸2本を、右端から緯糸1本でぐるりと巻き付けながら左端へと巻き進めた。下柊迫遺跡の圧痕が応用編布の形状をしているので、実験もその形状にした。写真126－aはその試作であり、この形状は写真123・124に類似している。しかしあまりにも単純な糸の操作に、はたしてこの技法でよいのかという大きな疑問を抱き、幾度となく写真と試作を見比べた。写真124－bは右側の経糸が中央下寄りにて切断されている（矢印箇所）。そこで試作も同じように切り目を入れたところ、写真124－bに類似した切り口になった。筆者はさらに同時に試作した編布部分を切断したところ、編布部分は切り口以外まで崩れが波及していない（写真126－bの矢印）。この段階で下柊迫遺跡の圧痕は図43－A－3・写真125に等しい技法で製作されたものと確信することができた。

　要するにこの巻き付け部分は、上述したように、1本の緯糸で2本の経糸を1段ごと交互に

写真123　鹿児島県下柊迫遺跡出土圧痕土器A（a）
　　　　とそのモデリング陽像（b）

写真124　鹿児島県下柊迫遺跡出土圧痕土器B（a）
　　　　とそのモデリング陽像（b）
　　　　矢印部分が経糸切断箇所

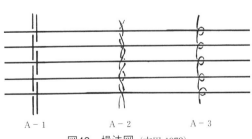

図43　操法図（古田 1973）

写真125　青森県是川中居遺跡出土の樹皮製
　　　　編物（喜田・杉山 1932より）

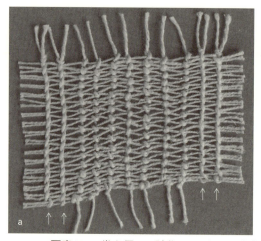 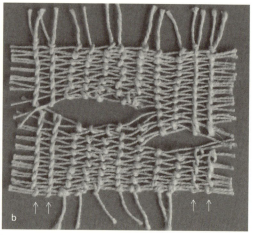

写真126　巻き編みの試作（a）とその中央部を切断したもの（b）　矢印部分は応用編布

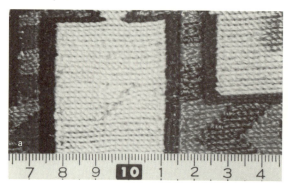 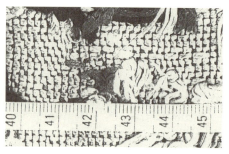

写真127　スマカの表（a）と裏（b）

図44　アウトライン・ステッチ

巻き付けることにより、縦方向に伸縮性が生ずる。換言すれば網状になるので、巻き部分を切断すれば、2枚の布はそれぞれの収縮作用によって切り口が大きく広がるのである。しかし編布の場合は、2本の緯糸で2本の経糸を縄状に絡ませるために伸縮性は生じない。

　筆者はこの技法を「巻き編み」と呼ぶことにした（名久井氏は「是川第2種」と命名）。いうならば写真124-b（126-b）の切断面が巻き編みの決め手となったのである。

　写真127は1998年頃元川島織物文化館主席研究員の高野昌司氏から、編布に類似したものとしていただいたスマカという織物の写真である。これは20世紀初頭に南コーカサス地方で製作されたとのことで、写真127-aはその表面であり、bは裏面である。表面を見る限り細密な編布かと錯覚する。しかし編布ならば表・裏同じ形状であるが、スマカの裏面は表面とはまったく異なった形状である。スマカの技法を簡単に説明すれば、写真128のように木枠に張った経糸に対して、刺繡のアウトライン・ステッチ（図44）を繰り返すことで製作は可能である。すなわち1本の緯糸で操作するので裏面は写真127-bのように表面とは異なる形状となる。写真128-a-①はスマカの試作（表面）であり、写真128-b-①はその裏面である。また写

第 2 節 巻き編み

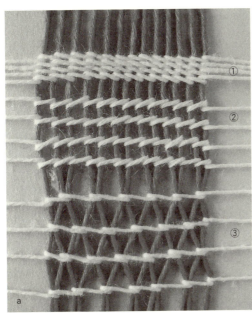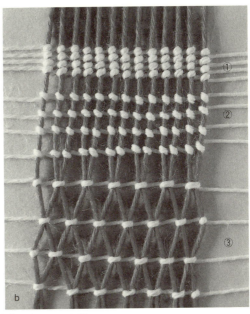

写真128　巻き編みの試作の表（a）と裏（b）

真128－b－②は是川中居遺跡の樹皮製編物や図43のA－3と同じ形状に試作したが、是川中居遺跡の編物は表面を見ることができない。写真128－a－②はその想定面である。同じく下柊迫遺跡についても圧痕は裏面のみであり、写真128－b－③に相当するものである。写真128－a－③はその想定面（表面）とした。

過日何気なくいただいたスマカの写真や図が、はからずも縄文時代の極希な編物の形状と一致した。なおスマカはわが国とは遙か彼方の南コーカサス地方で製作された20世紀初頭の織物である。これは筆者にとって刺激的な発見となった。と同時に、少なからず疑問が生じた。

是川中居遺跡の編物はスマカの裏面を粗くしたものであるが、スマカと同じ技法でも下柊迫遺跡の編物とは形状が異なる。さらにこれらは縄文時代の出土品であるが、スマカは20世紀初頭、つまり現代の製品である。したがってスマカについてほかに、変わった形状や古い時代の文献はないものかと検索した。

2　文献にみられる巻き編み

（1）元川島織物取締役および史料室長を歴任された川島隆男氏は、図45を示し「スマカという織物で、主に南コーカサス地方で作られ、荷馬車やワゴンのカバーとして使われている。スマカは"からみ織り"のもので、デザインは幾何学模様（図46）が多く、敷物として、また壁掛けとしても使われている」と述べている（川島 1976）。

（2）杉村棟氏は川島氏と同様の組織図47をスーマクと称し、その由来等について「9～16世紀にシルヴァン・シャーの居城があったアゼルバイジャンのシェマハ（shemakha）がその語

118　第Ⅱ章　編布と紛らわしい編物

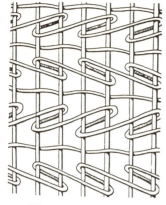

図45　スマカの組織図
　　　（川島 1976より）

図46　スマカの鞍飾り（川島 1976より）

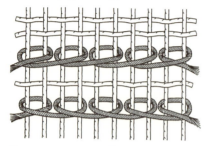

図47　スーマクの組織図（杉村 1994より）

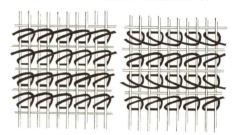

図48　ソウマクの組織図（小笠原小 1985より）

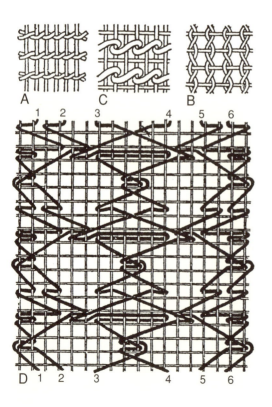

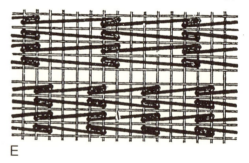

図49　巻きこみ織りとその変わり織りの組織図
　　　A.からみ織り　B.ガーゼ織り　C.巻きこみ織
　　　り　D・E.巻きこみ織りの変わり織り
　　　（クロウフット 1981より）

図50　巻きこんで作
　　　られたむしろ
　　　（クロウフット
　　　1981より）

源とされている。スーマクはコーカサスに限らず、イランやアナトリアで取られている技法である」と述べている（杉村 1994）。

（3）小笠原小枝氏はソウマク（soumak）と呼称し、「この技法は日本では全く馴染みのない織法で、まるで纏繡をするように緯糸を半返しにしながら織り込んでいくものである。近世以降には北欧の敷物その他にも用いられているが、ヨーロッパにおいても、この技法がコーカサスの地名から出たと言われているように、遊牧民オリジンのものと考えられているようである。一般的に多く用いられているのは経糸を4本越して2本返していく方法で、一段ごとに地緯が一越織り入れられる（図48）。……またなかには経糸を2本越して1本返していく非常につまった技法によるものもある」と述べている（小笠原小 1985）。

（4）グレイス・M・クロウフット氏は「織りは前5000年頃、編みとともにあらわれ、しかも当時すでに十分発達していた。その資料も編みの資料の出土地と同じ3地域（① エジプト、メソポタミア、パレスティナを含む近東地方　② ペルー　③ スウィス、バルカン半島、スペイン、イギリス諸島などをふくむヨーロッパ）とスカンディナヴィアから発見されている」として、その組織図（図49）が示されている。呼称は"巻きこみ織り"（形式1）と"巻きこみ織りの変わり織り"（形式2）である。

また当時行われていた技法について「巻きこみ織りは緯糸で経糸を巻き付けていく織り方。こうしてできた模様の各列の両側に、平織の列があるのがふつうである。緯糸はつねに指で巻く。

形式1、もっともふつうの種類は、アシむしろの場合のように、緯糸が経糸2本の上を通り、そして1本の下をくぐりもどって巻いていくもの（図50）であるが、3本にかけ、1本の下をくぐるものもある（図49-C）。

形式2、ことなった本数の経糸の上下を巻いていく複雑な種類のものが数多くある。2例を図示した（図49-D・E）」と図説している。中でも巻きこみ織りの変わり織り（図49-D）については「スウィスのイルゲンハウゼンからは横縞模様の織物3片と有名なめずらしい巻きこみ織りの1片（形式2）が出土しているが、この1片は、現在ではすっかり真黒になっている。しかし復元図を見るとたしかに2色の糸で織ってあり、ことなった6種類の巻き方がつかってある。おそらく前2000年以後のものであろう」と述べている（グレイス・M・クロウフット　古河静江訳 1981）。

以上（1）～（3）までの文献によれば、soumak が基本の呼称である。中央アジアのコーカサス地方と西南アジアから北欧にかけて、比較的新しい時代のものであり、形状にも大きな変化は認められない。その点、文献（4）は巻きこみ織り等の呼称で、形状も多様である。また時代においても図50の巻きこんで作られたむしろは、エジプトの先王朝時代（前6000年頃～前1300年頃）と記されている。なお図49-D・Eはスイスのイルゲンハウゼンから出土したもので、新石器時代のものである。

ちなみに、同じ新石器時代にスイスの湖上住居跡ローベンハウゼンからは編布が出土してい

る。

　要するに巻き編みは視野を広くしたことで、技法的にバリエーションがあり、時代もまた縄文時代並行の出土例のあることを窺い知ることができた。したがって下柊迫遺跡の巻き編みも、スマカほか巻きこみ織りの部類とすることは妥当であると判断した。それにしても巻き編みの多種多様であることなど、筆者は認識をあらたにした。今回の実験によって連想されるのは、調査した編布の中にも巻き編みが存在している可能性である。それをまったく否定することはできない。この件に関しては再調査という大きな課題を残すことになった。

註
（1）『山の寺梶木遺跡』第5表に、図43の技法で編まれたものが朝日山遺跡（長崎県）から出土していると明記されている。

付論1　織物・編布と見紛う圧痕について

　編布に関する文献の中には一部ではあるが、編布を平織、また織物を編布と述べられているものがある。僭越ではあるが、これに関して述べてみたい。

　写真129は新潟県小瀬が沢洞窟遺跡（早期）出土の土器片である。この圧痕は簀の子状（すだれ状圧痕）と報告されており[1]、筆者も前著（尾関清 1996）にて引用したが、それは「櫛目文土器撚糸圧痕文」であった[2]。後日筆者も実見した。写真129のモデリング陽像によれば、緯糸のバランスがとれていないこと、簀の子状ならば緯糸は左右に一直線であるべきところ、中央部分で段差が認められる。また経糸も不自然であり、簀の子状圧痕ではないと判断したので、訂正することにした。

　写真130は富山県境A遺跡（中期～晩期）出土の土器片であり、編布と報告されている[3]。しかしこの土器片の中央、写真130－A部分は編布であるが、両サイドB部分は綾織であり、編布・織物の並列した珍しい圧痕である。

　写真131も同遺跡出土の土器片であり、この圧痕については編布と報告されている[4]。しかしこちらは考古学用語の網代痕（綾織）である。

　写真132は岐阜県牛垣内遺跡（中期後半）出土の土器片である。編布痕と報告されているが[5]、写真133の原体で施文することのできる撚糸文であると確認された[6]。

　写真134は佐賀県笹ノ尾遺跡（晩期前半～中頃）の土器片（モデリング陽像）で、平織痕と報告されているが[7]、1cm当たり経糸10～12本・緯糸6～7本、経糸が左絡みの細密な編布である。

　写真135は同県菜畑遺跡（晩期後半）出土の土器片（モデリング陽像）で、平織と報告されているが[8]、1cm当たり経糸10本・緯糸9本、経糸が右絡みの細密な編布である。

第 2 節　巻き編み　121

写真129　新潟県小瀬が沢洞窟遺跡出土櫛目文の土器片 （早期）

写真130　富山県境Ａ遺跡出土編布と織物並列の圧痕土器片 （中期〜晩期）　Ａ：編布　Ｂ：織物

写真131　富山県境Ａ遺跡出土網代痕土器片

122　第Ⅱ章　編布と紛らわしい編物

写真133　撚糸文の原体

写真132　岐阜県牛垣内遺跡出土撚糸文土器片（中期後半）

写真135　佐賀県菜畑遺跡出土細密編布痕土器片のモデリング陽像（晩期後半）

写真134　佐賀県笹ノ尾遺跡出土細密編布痕土器片のモデリング陽像（晩期前半〜中頃）（鏡山 1961より）

写真136　新潟県上片貝遺跡出土細密編布痕土器のモデリング陽像（中期）

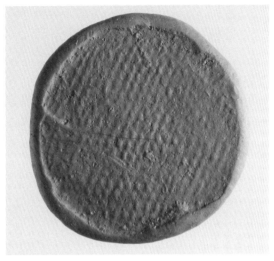

写真137　熊本県上高橋遺跡出土平織痕土器片のモデリング陽像（晩期）

写真138　千葉県三輪野山貝塚第8地点－3出土平織痕土器底部のモデリング陽像（後期前葉）

　なお、写真136は新潟県上片貝遺跡（中期）出土の土器片で、平織と報告されているが[9]、1cm当たり経糸・緯糸共に15本、経糸が右絡みのきわめて細密な編布である。
　さらに、先に触れた福島県荒屋敷遺跡（晩期最終末～弥生初頭）の出土例は編布と平織が並列した貴重な資料であるが（写真59）、何の圧痕かわからないという理由から報告書に掲載されなかったと伝えられた[10]。平織痕の場合は写真137のように、経糸が緯糸に対して「1本越え、1本潜り」になっているか、それとも写真138のように、緯糸がまったく現れず経糸の越えた面のみが現れているというように、この2種類のいずれかで平織痕と判断することができる。また細密編布の場合は、写真134・135のように緯糸がなく、経糸が横一列に並び、縦方向にも整然と並んでいるのが特徴である。
　圧痕における編布と織物を鑑別する際の要諦は、何よりも両者の特徴を把握することである。

註
（1）伊東信雄 1966「縄文時代の布」『文化』30－1
（2）小熊博史・前山精晴 1993「新潟県小瀬が沢洞窟遺跡出土遺物の再検討」『環日本海における土器出現期の様相』日本考古学協会新潟大会実行委員会、図版9－98
（3）布目順郎 1992「境A遺跡出土土器底面の編・織目痕」『北陸自動車道遺跡調査報告書―朝日町編7―』第122図－79
（4）前掲註（3）第122図－78
（5）岐阜県文化財保護センター 1998『牛垣内遺跡』岐阜県文化財保護センター調査報告書第44集 図版56－4
（6）菊地逸夫氏（宮城県教育委員会）のご教示による。
（7）鏡山　猛 1972「原生期の織布」『九州考古学論攷』吉川弘文館　第6図
（8）渡辺　誠 1985「唐津市菜畑遺跡等出土の組織痕土器について」『古代』80　写真4－4
（9）大賀一郎・寺村光晴 1979「新潟県小千谷市上片貝遺跡より出土した縄文時代の土器面に見られる布目文について」『理学博士大賀一郎科学論文選集』第9図
（10）小紫吉男氏（福島県三島町教育委員会遺跡調査室）のご報告による。

付論2　編布の経糸計測について

　編布は経糸・緯糸によって組織されている（写真139-a・b）。報告書等によっては編布に関する事項において、経糸の太さが記載されているものがある。中にはその太さが1mmとか2mmとあり、圧痕土器のモデリング陽像から判断すると、経糸の絡みの部分をそのまま経糸の太さとして計測し、記載されているようである。しかし編布は2本の経糸で1本の緯糸を縄状に絡ませるため、単に使用された経糸の太さではない。

　写真140-aは経糸・緯糸共平均1mmの太さの片撚糸で製作したものであるが、経糸の絡み部分は平均2.1mmであり、素材の経糸の約2.1倍である。また、写真140-bは緯糸を前者と同様の片撚糸（平均1mm）、経糸は平均0.54mmの片撚糸を使用したが、絡み部分は平均1.1mmで、やはり使用した経糸の太さの約2倍強である。したがって写真140-a・bから理解できるように、編布としての経糸の太さは、即素材の糸の太さではないことが認められる。

　ちなみに、緯糸の密度を高くするには写真140-bで示したように細い経糸を使用することが必要である。

写真139　熊本県健軍神社周辺遺跡出土編布圧痕（a）とそのモデリング陽像（b）（晩期）

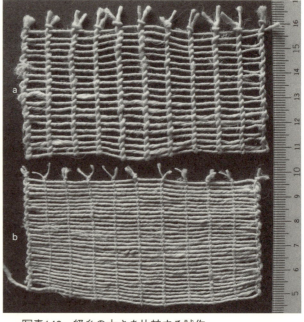

写真140　経糸の太さを比較する試作
　a．経糸・緯糸共平均1mmの太さの片撚糸での試作
　b．緯糸1mm、経糸0.54mmの太さでの試作

第Ⅲ章　弥生時代以降の編布

　縄文時代には相当数の遺跡から編布（圧痕を含む）が出土している。しかし弥生時代以降は表20に示すように、出土例は激減状態である。筆者が確認しているのは弥生時代の2遺跡、平安時代の8遺跡、それに室町時代後期の1遺跡である。
　そのほかオホーツク文化期にも1遺跡からの出土例があるが、日本列島外であるので、第Ⅵ章2で扱うことにした。
　なお民俗例として鎌倉～江戸時代までの時宗（開祖一遍上人）の阿弥衣および江戸～明治期にかけて新潟県十日町市周辺で発達した越後アンギンがあるが、それらは第Ⅶ章で扱い、本章では弥生から室町時代に至る遺跡から出土した編布および圧痕について述べることにする。

1　弥生時代の編布（圧痕）

　宮城県高田B遺跡の編布（写真141・表20-1）は経糸間隔が3～6㎜、緯糸は1㎝当たり9～10本とやや細密な基礎編布である。土器面の一方が紐で括った巾着のようであるため、経糸が弧状を呈している。また経糸には2本密着している部分がある。しかしこの編布自体が何に利用されたのかはわからない。残る1点（表20-2）は経糸間隔が10㎜、緯糸は1㎝当たり5本、同県山王囲遺跡（縄文晩期中葉）のものと経糸間隔は類似しているが、緯糸密度はやや低い。いずれも経糸は左絡みである。

写真141　宮城県高田B遺跡出土編布圧痕（a）とそのモデリング陽像（b）［表20-1］

126　第Ⅲ章　弥生時代以降の編布

表20　弥生・平安・室町時代の編布及び編布圧痕出土地と構造

No.	県番号	遺跡番号	資料数	遺跡所在地	遺跡名	時期	経糸間隔(mm)	経糸(本/cm)	緯糸(本/cm)	緯糸の撚り方向	経糸の絡み方向	編布分類	密度分類	備考	文献等	文献の挿図番号
1	04	01	01	宮城 仙台市	高田B	弥生	3〜6		9〜10	諸燃り	Z	●	ⅡB	2㎜間に2本の経糸	1	第78図-13
2	04	01	02	宮城 仙台市	高田B	弥生	10		5		Z	●	ⅣB		2	第326図-1
3	07	01	01	福島 いわき市	龍門寺	弥生中期前半	6〜14		3	諸燃り(Z)?	Z	●	ⅣA	経糸蛇行	3	-2
4	07	01	02	福島 いわき市	龍門寺	弥生中期前半	8〜12		4	諸燃り(Z)?	Z	●	ⅣA	緯糸細い	3	-3
5	07	01	03	福島 いわき市	龍門寺	弥生中期前半	9〜12		4	諸燃り(Z)	Z	●	ⅤA		3	第327図-2
6	07	01	04	福島 いわき市	龍門寺	弥生中期前半	15〜16		3.5	諸燃り(Z)	Z	●	ⅤB		3	第326図-4
7	07	01	05	福島 いわき市	龍門寺	弥生中期前半	8〜9		6		Z	●	ⅢB		3	第327図-1
8	07	01	06	福島 いわき市	龍門寺	弥生中期前半	10〜15		4	諸燃り(Z)	Z	●	ⅣB		3	-3
9	07	01	07	福島 いわき市	龍門寺	弥生中期前半	8〜9		6〜7		Z	●	ⅢA		3	-4
10	07	01	08	福島 いわき市	龍門寺	弥生中期前半	12		6		Z	●	ⅣB	螺旋状	3	-8
11	02	01	01	青森 つがる市	石上神社	平安	5〜7		4		Z	●	ⅢA		4	-14
12	02	01	02	青森 つがる市	石上神社	平安	10〜12		5〜5.5		Z	●	ⅣA		4	-4
13	02	01	03	青森 つがる市	石上神社	平安	13〜14		4		Z	●	ⅣA		4	-4
14	02	02	01	青森 大鰐町	砂沢平	平安		5〜6	4		Z	●	ⅠA	緯糸増し目あり	4	第221図-24
15	02	02	02	青森 大鰐町	砂沢平	平安		6	4		Z	●	ⅠA		5	第222図-26
16	02	02	03	青森 大鰐町	砂沢平	平安		7〜8	4		Z	●	ⅠA		5	第232図-160
17	02	02	04	青森 大鰐町	砂沢平	平安		7〜8	5.5〜6		Z	●	ⅡB		5	-167
18	02	02	05	青森 大鰐町	砂沢平	平安		7	6		Z	●	ⅡA		5	-171
19	02	02	06	青森 大鰐町	砂沢平	平安	12〜13		5		Z	●	ⅣB		5	-172
20	02	02	07	青森 大鰐町	砂沢平	平安		6	5〜6		Z	●	ⅠB		5	-175
21	02	02	08	青森 大鰐町	砂沢平	平安		7.5	4〜4.5		Z	●	ⅠA		5	-178
22	02	02	09	青森 大鰐町	砂沢平	平安	6〜8		5		Z	●	ⅢB	緯糸増し目あり	5	-181
23	02	02	10	青森 大鰐町	砂沢平	平安		6	4		Z	●	ⅠA	緯糸細い	5	-183
24	02	03	01	青森 平川市	古館	平安		7	4		Z	●	ⅠA		6	第87図-7
25	02	03	02	青森 平川市	古館	平安		6	4		Z	●	ⅠA		6	-16
26	02	03	03	青森 平川市	古館	平安		5〜5.5	3〜4		Z	●	ⅠA		6	第88図-3
27	02	03	04	青森 平川市	古館	平安		5〜5.5	3.5		Z	●	ⅠA		6	-4
28	02	03	05	青森 平川市	古館	平安		5	4		Z	●	ⅠA		7	
29	02	04	01	青森 平川市	永野	平安	10〜11		4		Z	●	ⅣA		8	第55図-3
30	02	04	02	青森 平川市	永野	平安後半	7〜10		4〜4.5		Z	●	ⅢA		8	第63図-25
31	02	05	01	青森 弘前市	独狐	平安後半	9〜10		7		Z?	●	ⅢB		9	第132図-100
32	02	06	01	青森 十和田市	茶臼館	平安後半		5	4.5		Z?	●	ⅠA		10	第111図-122
33	02	07	01	青森 切田田中	切田前合地	平安後半	5〜7		5〜6		Z?	●	ⅢB		11	第50図-2
34	05	01	01	秋田 鹿角市	歌内	平安後半		5〜6	3〜4		Z	●	ⅠA	緯糸増し目あり	12	第72図-4
35	05	01	02	秋田 鹿角市	歌内	平安後期		9	4		Z	●	ⅠA	緯糸増し目あり	12	第80図-5
36	18	01	01	福井 福井市	一乗谷朝倉氏	室町後期		7〜9	5〜6	諸燃り(S)?	Z	○	ⅠB	帯状編5.8〜6.2cm	13	PL.12-104
37	18	01	02	福井 福井市	一乗谷朝倉氏	室町後期		7	5		Z	○	ⅠB		13	-104
38	18	01	03	福井 福井市	一乗谷朝倉氏	室町後期		7〜8	5〜5.5		Z	○	ⅠB		13	-104
39	18	01	04	福井 福井市	一乗谷朝倉氏	室町後期		9	5〜5.5		Z	○	ⅠB		13	-104

表20文献
1　仙台市教育委員会 2000『高田B遺跡』仙台市文化財調査報告書第242集
2　仙台市教育委員会のご教示による。
3　渡辺　誠 1985「編布圧痕」『龍門寺遺跡』いわき市埋蔵文化財調査報告第11冊
4　青森県教育委員会 1977『石上神社遺跡発掘調査報告書』青森県埋蔵文化財調査報告書第35集
5　青森県教育委員会 1980『大鰐町砂沢平遺跡』青森県埋蔵文化財調査報告書第53集
6　青森県教育委員会 1980『碇ケ関村古館遺跡発掘調査報告書』青森県埋蔵文化財調査報告書第54集
7　青森県教育委員会のご教示による。
8　青森県教育委員会 1980『永野遺跡発掘調査報告書』青森県埋蔵文化財調査報告書第56集
9　青森県埋蔵文化財調査センター 1986『独狐遺跡』青森県埋蔵文化財調査報告書第99集
10　青森県埋蔵文化財調査センター 1988『茶毘館遺跡』青森県埋蔵文化財調査報告書第110集
11　十和田市教育委員会 1985『切田前谷地遺跡発掘調査報告書』十和田市埋蔵文化財調査報告第4集
12　秋田県埋蔵文化財センター 1982『東北縦貫自動車道発掘調査報告書Ⅱ歌内遺跡』秋田県文化財調査報告書第88集
13　福井県立朝倉氏遺跡資料館 1986『一乗谷朝倉氏遺跡』

写真142　福島県龍門寺遺跡出土編布圧痕（a）とそのモデリング陽像（b）［表20-3］

　なお製作技法に関して、前者は無理をすれば、縦編法も可能である。しかし経糸2本密着部分や、3～6mmという経糸間隔の差から推測すれば、横編法で製作されたと考えた方が無難であろう。モデリング陽像から原布が袋物であったと想定するならば、袋状横編法②の技法も考えられる。後者は縦編法・横編法いずれにても製作することができる。

　福島県龍門寺遺跡の編布は8点で、経糸間隔の広いものは15～16mm、狭いものでも8～9mmと概して経糸間隔は広い。また緯糸は1cm当たり5本未満（密度の分類A）が5点、5本以上10本未満（B）が3点と、密度の低いものがやや多い。組織は8点とも基礎編布である。なお経糸の絡み方向はすべて左絡みである。

　製作技法に関して写真142（表20-3）は経糸間隔が6～14mmと開きがあり、その上蛇行状態である。また緯糸密度は総体的に低い。これらを鑑みるに、龍門寺遺跡の編布は横編法、特に弓式・輪っぱ式で製作された可能性が高い。

2　平安時代の編布（圧痕）

　平安時代の編布もすべて基礎編布である。表20のように25点中13点と、半数が密度の分類Ⅰ

 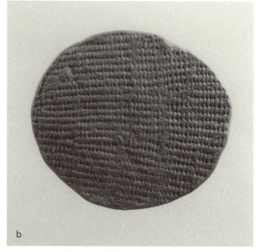

写真143　青森県古館遺跡出土編布圧痕（a）とそのモデリング陽像（b）［表20-24］

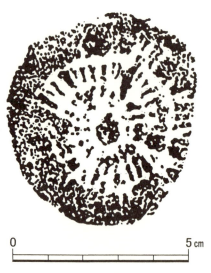 

図51　青森県石上神社遺跡出土の編布圧痕
［表20-11］（青森県教育委員会 1977より）

写真144　螺旋状に編まれた編布の試作

　Aに属するもので、経糸は緻密であるが緯糸密度はきわめて低い。また経糸間隔の広いⅢ・Ⅳ類でも緯糸はAないし、Aグループに近いBグループ（1㎝当たり5〜7本）であり、総体的に緯糸密度の低いのが特徴である。中でもⅠA・BとⅡBの16点は縄文時代の中部地方の各遺跡にみられる密度に類似している。また青森県砂沢平や古館、秋田県歌内の各遺跡の編布には、緯糸に増し目が見られる（写真143）。これも中部地方の岩垣内遺跡や御経塚遺跡にのみ確認できるもので、きわめて珍しい現象である。経糸はおおむね左絡みである。

　平安時代の編布でもっともユニークなものは図51（表20-11）の青森県石上神社遺跡の編布であり、その製作法は中心部から外部へ螺旋状（時計回り）に編まれたものである。筆者は幾多の編布を実見したが、このように中心に輪っぱを作り、それを基準にして螺旋状に編まれた

編布はこれ1点である。経糸間隔は5〜7㎜、緯糸は1㎝当たり4本。これは縄文時代の編布832点中3点（栃木県八剣遺跡・佐賀県十蓮Ⅱ遺跡・鹿児島県成岡遺跡）という経糸間隔はもっとも多い類型でありながら、緯糸密度のきわめて低いⅢAに属するものである。

　製作法は輪っぱ式横編法の応用と思えばよい。中心部に紐か糸で直径10㎜ほどの輪を作り、その輪に糸をかけ、あとは別の糸で弓式あるいは輪っぱ式同様の技法で編み進めばよい（写真144参照）。この技法の特徴は、螺旋状に編み進むにつれ写真144の経糸間に別の糸を加えながら編まなければ緯糸密度を保つことはできない。これが増し目である。筆者はこの技法を螺旋式横編法と呼ぶことにした。

　なお、先に述べた増し目のある編布が即螺旋式横編法によるものなのかどうかは定かではない。

　石上神社遺跡（表20-12）・砂沢平遺跡（表20-19・22）・独狐遺跡（表20-31）・切田前谷地遺跡（表20-33）の5点は縦編・横編いずれの技法も製作可能である。これら以外の編布に関しては、方式は特定はできないが横編法で製作されたもののようである。

3　室町時代後期の編布

　写真145・146は、福井県一乗谷朝倉氏遺跡出土の基礎編布である。複数に小切れ化しているが元は幅5.8〜6.2㎝で帯状の布と思われる。密度は1㎝当たり経糸が7〜9本、緯糸は5〜6本と比較的細密な編布である。また帯状の両端（写真146）は、写真147の横編法で試作した編端の矢印部分と同じで、ともに小さな「入」の字形の編端が認められる。これは一乗谷朝倉氏遺跡の帯状の布が、横編法で作られた確たる証拠である。

　縦編法で紹介したように、編布の編端を見れば、その編布の製作具を解明することができる。数多くの編布および圧痕を実見したところ、現在までに編端の確認できたのは、縄文時代の1点、越後アンギンと阿弥衣、それに旧千島及川遺跡の出土品のみであり、容易に編端のある資料は見つからない。その点、一乗谷朝倉氏遺跡の編布は、明らかに道具の解明ができる貴重な1点である。

　横編法には木枠式と弓式・輪っぱ式等の道具がある。木枠式は上下が限られた範囲の長さしか編成できないが、弓式・輪っぱ式ならば、フリーの経糸を長く用意するとか、繋ぎ足すことで長さを保つことができる。一乗谷朝倉氏遺跡の帯状の布がどの程度の長さであったのか遺物のみでは判明しがたいが、弓式あるいは輪っぱ式横編法で製作されたものであろう。

　弥生時代の編布は2遺跡10点というきわめて少数であるが、おおむね横編法で製作されたものと想定した。

　平安時代8遺跡25点の編布も20点までが横編法を示唆するものであり、その他の5点は縦編法・横編法いずれでもよい。中でも石上神社遺跡の1点は螺旋式横編法であり、はじめての発

第Ⅲ章　弥生時代以降の編布

写真145　福井県一乗谷朝倉氏遺跡出土の基礎編布

写真146　福井県一乗谷朝倉氏遺跡出土例1点の拡大写真

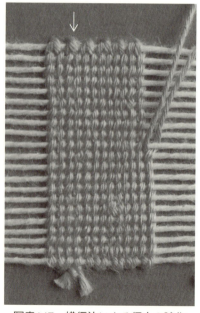

写真147　横編法による編布の試作

見で興味深く観察した。螺旋式横編法で細密な編布を編成するには増し目をすることが必須条件である。縄文時代や平安時代の一部遺跡からは、編布の緯糸に増し目が存在している。どのようになぜ増し目がなされているのか理解できないが、これらの増し目と螺旋式横編法については、さらなる検討が課題である。

　なお、縄文時代の編布製作は、縦・横の両技法であった。しかし鎌倉時代に発生した阿弥衣や、江戸時代からという越後アンギンは共に縦編法であり、特に阿弥衣は全国的組織の時宗の法衣である。したがって筆者は鎌倉時代以降、編布は縦編法に一本化されたのではないかと考えたが、何はともあれ、一乗谷朝倉氏遺跡の編布は、編端によって横編法で製作されたものと確認した。意外な発見であった。

第Ⅳ章　縄文時代の織物

第1節　織物資料の概要

　織物に関しては「弥生時代に織機とともに大陸から渡来した」といわれてきたが、縄文時代にも織物が出土している。
　かつての拙稿「縄文時代の布―編布・織布とその製作技法」(尾関清 1988)で縄文時代の織物を報告したところ、織物の研究者から「綜絖を備えた織機で織らないものを織物というのはおかしい。竹細工にも織物と同じ組織の編物がある。それと同様に縄文時代の織物らしいものは編物である」とたしなめられた。しかし今回調査したものだけでも、縄文時代の24遺跡から織物および織物と思われる圧痕51点(表21)が出土している。
　縄文時代の織密度は表21のように、粗いものもあるが、繊細な出土例もある。写真148(表21-13)は佐賀県菜畑遺跡(晩期後半)の平織痕。1㎝当たり経糸は18〜20本、緯糸は8〜9本である。また写真149(熊本県新屋敷遺跡)は弥生時代の平織痕であり、1㎝当たり経糸が18本、緯糸は7本。このように縄文時代といえども、中には形状・密度とも弥生時代の織物と比較しても遜色のないものも出土している。
　織物について素人の筆者は一見織物としか判断できない小さな出土品をどこで編物と一線引くべきか、ただ単に時代のみで区別してよいものかと悩んだ。それに追い打ちをかけるように「織物と編物の区別は耳(織端)でわかる」といわれた。たまたま筆者は1㎝当たり経糸が20本、緯糸15〜16本の平織を荒屋敷編具(縦編法)で製作中であったので、それを道具ごと愛知県尾張繊維技術センターへ持ち込んだ。そして主任研究員(当時)の柴田善孝氏に事情を説明し、織物か編物かの鑑定を依頼した。試験結果は組織分解(JIS L 1096-1990)で織物と結論付けられた(図52-a・b)。以来縦編法で製作したのものを織物として扱うことにした。なお単純な製作具に横編法がある。しかし横編法で作製したものは鑑定されていない。そこで筆者は縦編・横編両技法で製作した耳部分を比較した。写真150-aは縦編法、bは木枠法によるものである。つまり縦編法と木枠法の耳は、まったく同じ形状である。したがって今回は織物らしいものについては、編布と区別するために平織とか綾織と称することにした。
　縄文時代の織物の中には、織目の粗いものが多いが、一部にはきわめて繊細なもの、また時期的に珍しい出土例もある。ここではそれらを紹介し、なお表21に基づき密度の分類、製作技法について検討することにした。

134　第Ⅳ章　縄文時代の織物

表21　縄文時代の出土織物および織物圧痕の密度と構造

織物分類　○：織物　●：織物圧痕　△：編布・織物併用圧痕／備考　◇：縦編法　□：木枠式横編法に準ずる

No.	資料番号 県都道府県番号	資料番号 遺跡番号	資料数	県名	市町村名	遺跡名	時期	織物の密度 経糸(本/cm)	織物の密度 緯糸(本/cm)	織物組織	織物分類	備考	文献等	文献中の図版番号	経糸中の緯糸に対する比率(%)
1	02	06	01	青森	平川市	石郷	晩期	24	22〜24	平織	○	綾織混在らしい	1	p.158	96
2	38	02	01	愛媛	愛南町	平城	後期	25	20	平織	○		2	教示	80
3	07	01	04	福島	三島町	荒屋敷	晩期最終末〜弥生初頭	12〜13	8	平織	△	編布と並列 ◇	3	教示	64
4	12	02	01	千葉	流山市	三輪野山	堀之内Ⅱ(後期前葉)	10	5	平織	●	ステッチ有り	4	図版18-3	50
5	12	01	01	千葉	香取市	姥神	晩期	6〜8	6〜7.5	綾織	△	編布と併設(上下) ◇	5	教示	96
6	16	01	05	富山	朝日町	境A	中期〜晩期	14	4	平織	●	編布と並列 □	6	第122図7-9	29
7	20	04	01	長野	高山村	湯倉洞窟	後期	11	5	平織	●		7	第90図222	45
8	20	04	02	長野	高山村	湯倉洞窟	後期	11	7	平織	●		7	第91図251	64
9	20	04	03	長野	高山村	湯倉洞窟	後期	10	6.5	平織	●		7	第91図252	65
10	21	02	01	岐阜	高山市	岩垣内	中期後半	8	4	平織	△	編布と並列 □	8	教示	50
11	38	01	01	愛媛	西予市	穴神洞	早期	12	12	平織	●		9	Fig.29	100
12	41	05	06	佐賀	唐津市	菜畑	山の寺(晩期後半)	16〜18	8〜9	平織	●	ステッチ有り	10	写真3-2	50
13	41	05	07	佐賀	唐津市	菜畑	山の寺(晩期後半)	18〜20	8〜9	平織	●		10	写真3-5	45
14	41	05	08	佐賀	唐津市	菜畑	山の寺(晩期後半)	16〜22	9〜10	平織	●	ステッチ有り	10	写真4-3	50
15	41	05	09	佐賀	唐津市	菜畑	山の寺(晩期後半)	18〜22	10	平織	●		10	写真4-5	50
16	41	05	10	佐賀	唐津市	菜畑	山の寺(晩期後半)	18	8	平織	●		10	表2-2	44
17	41	05	11	佐賀	唐津市	菜畑	山の寺(晩期後半)	16	9	平織	●		10	表2-3	56
18	41	05	12	佐賀	唐津市	菜畑	山の寺(晩期後半)	17	10	平織	●		10	表2-5	59
19	41	05	13	佐賀	唐津市	菜畑	山の寺(晩期後半)	15	9	平織	●		10	表2-6	60
20	42	11	18	長崎	南島原市	山の寺梶木	黒川・山の寺(晩期)	15	7	平織	●		11	p.431	47
21	43	02	16	熊本	熊本市	上高橋	晩期	8〜9	8	平織	●		12	教示	94
22	43	02	17	熊本	熊本市	上高橋	晩期	8	6	平織	●		12	教示	75
23	43	18	02	熊本	甲佐町	麻生原	晩期	10	9	平織	●		11	第10表	90
24	43	19	04	熊本	城南町	上の原	黒川(晩期前半)	14	7	平織	●		13	教示	50
25	43	29	02	熊本	人吉市	アンモン山	黒川(晩期)	5	5	平織	●		14	第11図76	100
26	43	29	03	熊本	人吉市	アンモン山	黒川(晩期)	5	5	平織	●		14	第11図79	100

第1節 織物資料の概要

					県	市町村	遺跡名	時期				織り方		備考	図番号		
27	43	29	04		熊本	人吉市	アンモン山	黒川（晩期）		4〜5	4	平織			第11図80	14	89
28	45	01	19		宮崎	都城市	黒土	刻目	(晩期後半〜終末)	14	6	平織	●		第20図138 a	15	43
29	45	01	20		宮崎	都城市	黒土	刻目	(晩期後半〜終末)	5〜6	5〜6	平織	●		第20図140	15	100
30	45	01	21		宮崎	都城市	黒土	刻目	(晩期後半〜終末)	8	6	平織	●		第20図138 b	15	75
31	45	01	22		宮崎	都城市	黒土	刻目	(晩期後半〜終末)	6	6	平織	●		第20図139 a	15	100
32	45	01	23		宮崎	都城市	黒土	刻目	(晩期後半〜終末)	6	4〜5	平織	●		第20図139 b	15	75
33	45	02	04		宮崎	都城市	屏風谷	刻目	(晩期後半〜終末)	8〜10	5	平織	●		教示	16	56
34	45	02	05		宮崎	都城市	屏風谷	刻目	(晩期後半〜終末)	6〜7	5	平織	●		教示	16	77
35	46	65	01		鹿児島	鹿児島市	フミカキ	黒川・刻目	(晩期〜弥生早期)	13〜15	7〜8	平織	●		第50図176	17	54
36	46	66	01		鹿児島	蒲生町	竹牟礼	晩期		14	8	平織	●		第12図56	18	57
37	46	21	29		鹿児島	曽於市	上中段	黒川・刻目	(晩期〜弥生早期)	6	6	平織	●		第39図312	19	100
38	46	26	18		鹿児島	曽於市	小倉前	黒川（晩期）		12	4	平織	●		教示	20	33
39	46	26	19		鹿児島	曽於市	小倉前	黒川（晩期）		14〜18	5〜6	平織	●	ステッチ有り	教示	20	34
40	46	26	20		鹿児島	曽於市	小倉前	黒川（晩期）		12	4	平織	●	ステッチ有り	教示	20	33
41	46	26	21		鹿児島	曽於市	小倉前	黒川（晩期）		8	5〜6	平織	●		教示	20	69
42	46	67	01		鹿児島	知覧町	永野	上加・黒川・刻目	(晩期〜弥生早期)	14	4	平織	●	崩れあり	第9図18	21	29
43	46	67	02		鹿児島	知覧町	永野	上加・黒川・刻目	(晩期〜弥生早期)	8	4	平織	●		第9図19	21	50
44	46	53	12		鹿児島	垂水市	宮下	黒川・刻目	(晩期〜弥生早期)	7	6	平織	●	ステッチ有り	第6図43	22	86
45	46	53	13		鹿児島	垂水市	宮下	刻目	(晩期)	10〜12	6	平織	●		第32図135	22	55
46	46	53	14		鹿児島	垂水市	宮下	刻目	(晩期)	12〜14	7〜8	平織	●		第32図136	22	58
47	46	53	15		鹿児島	垂水市	宮下	刻目	(晩期)	11	5	平織	●		第32図137	22	45
48	46	53	16		鹿児島	垂水市	宮下	刻目	(晩期)	10〜12	6	平織	●		第32図138	22	55
49	46	53	17		鹿児島	垂水市	宮下	刻目	(晩期)	8	5.5〜6	平織	●		第6図46	22	72
50	46	57	44		鹿児島	鹿屋市	榎木原	入佐・黒川・刻目	(晩期〜弥生早期)	5	4	平織	●		第120図1312	23	80
51	46	57	45		鹿児島	鹿屋市	榎木原	入佐・黒川・刻目	(晩期〜弥生早期)	5	5	平織	●		第120図1313	23	100

表21文献 → 138頁

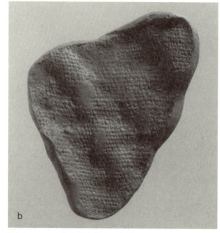

写真148　佐賀県菜畑遺跡出土平織圧痕（a）とそのモデリング陽像（b）
（晩期後半）

写真149　熊本県新屋敷遺跡出土平織圧痕（a）とそのモデリング陽像（b）
（弥生時代）

写真150　縦編法（a）木枠法（b）試作品の耳

第1節　織物資料の概要　137

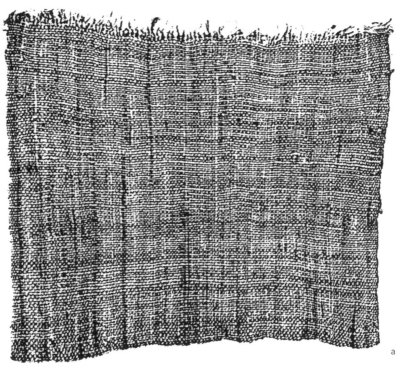

1 cm当たり
経糸20〜21本
緯糸15〜16本

図52　縦編法で試作した平織（a：原寸大）と愛知県尾張繊維技術センターの組織分解による鑑定結果（b）

第Ⅳ章 縄文時代の織物

表21文献
1. 村越　潔 1985「縄文時代の織物についての若干の考察」『日本史の黎明』六興出版
2. 金子浩昌氏のご教示による。
3. 福島県三島町教育委員会のご教示による。
4. 流山市教育委員会 2008『三輪野山貝塚発掘調査概要報告書』流山市埋蔵文化財調査報告 v.40
5. 高野安夫氏のご教示による。
6. 布目順郎 1992「境A遺跡出土土器底面の編・織目痕」『北陸自動車道遺跡調査報告書―朝日町編7―』富山県教育委員会
7. 高山村教育委員会 2001『湯倉洞窟』
8. ㈶岐阜県文化財保護センター飛騨出張所のご教示による。
9. 城川町教育委員会 1979『城川の遺跡』
10. 渡辺　誠 1985「唐津市菜畑遺跡等出土の組織痕土器について」『古代』80
11. 鏡山　猛 1972「原生期の織布―九州の組織痕土器を中心に―」『九州考古学論攷』吉川弘文館
12. 熊本市教育委員会のご教示による。
13. 熊本県教育委員会のご教示による。
14. 人吉市教育委員会 1985『アンモン山遺跡』
15. 都城市教育委員会 1994『黒土遺跡』都城市文化財調査報告書第28集
16. 都城市教育委員会のご教示による。
17. 鹿児島県立埋蔵文化財センター 2004『フミカキ遺跡』鹿児島県立埋蔵文化財センター発掘調査報告書74
18. 鹿児島県立埋蔵文化財センター 1993『竹牟礼遺跡』鹿児島県立埋蔵文化財センター発掘調査報告書5
19. 末吉町教育委員会 1986『上中段遺跡他4遺跡』末吉町埋蔵文化財発掘調査報告書4
20. 末吉町教育委員会のご教示による。
21. 知覧町教育委員会 1983『永野遺跡』知覧町埋蔵文化財発掘調査報告書1
22. 垂水市教育委員会 2001『宮下遺跡・小房迫前遺跡』垂水市埋蔵文化財発掘調査報告書5
23. 鹿児島県教育委員会 1987『榎木原遺跡』鹿児島県埋蔵文化財発掘調査報告書44

第2節　織物・織物圧痕についての若干の考察

1　愛媛県出土の織物

（1）日本最古の織物—穴神洞遺跡出土圧痕土器

　写真151-a・bは愛媛県西予市（旧東宇和郡城川町）穴神洞遺跡（表21-11）から出土した平織の圧痕土器片とそのモデリング陽像である。縄文早期に属し、日本最古の織物痕である。

　筆者はこの出土例を知った際、「編物は織物に先行する」という定説が脳裡をよぎった。編物である編布の最古例が前期の出土に対して穴神洞遺跡の織物は、編布以前の早期である。なぜ？と一瞬とまどったが、縄文草創期の鹿児島県三角山遺跡から編布のルーツかと思われる「絡み巻き」（写真152）が出土しているので、不思議ではないと考え納得した。と同時に貴重な資料と発想の転換も速やかに、現地を訪れ親指頭大の土器片を実見した。

　報告書には「押捺文土器、無文土器に伴って出土した土器片に布目痕の遺存しているものが存在する。これは直立ぎみの厚手無文土器の口縁部であるが、口唇部寄りの内面に綾織による布目痕が明瞭に付着している。縄文早期の紡織技術ならびに、衣生活を理解するうえで重要なものである」と述べられている（綾織ではなく平織である）。圧痕土器の多くは土器の底部や胴部に押圧されているが、穴神洞遺跡の圧痕は土器の口唇部寄りの内面であることも珍しい。

　平織の密度は1cm当たり経糸・緯糸ともに12本で、現在のガーゼをバイアス状にしたような形状である。この平織痕について筆者はある学会誌に投稿したが、「縄文早期に布が存在していたことなどあり得ない。もう一度調査するように」と返却されてきた。さっそく当時の城川町教育委員会へ問い合わせたところ、結論的には間違いないことがわかった。

　製作技法に関しては後述するが、素材の糸は、縄文草創期の福井県鳥浜貝塚から大麻製の諸撚糸が出土している。上記した三角山遺跡の「絡み巻き」らしい圧痕の中にも、随所に糸幅0.3mmくらいの細い糸の跡が見受けられる（写真152）。それは

写真151　愛媛県穴神洞遺跡出土平織圧痕（a）とそのモデリング陽像（b）

写真152　鹿児島県三角山遺跡出土圧痕土器のモデリング陽像拡大写真
（全容写真は108頁写真120参照）（絡み巻き）

現在の細口木綿糸と比較しても遜色のないものである。また早期には宮崎県田上遺跡・留ヶ宇戸遺跡、鹿児島県桐木耳取遺跡等から網の圧痕も出土している。さらに製作具によっては必要な骨針類は、草創期末～早期の長野県栃原岩陰遺跡をはじめ各地から出土している。このような事例から推測すれば、縄文早期の平織もけっして不可能ではない。早期における平織の製作は、縄文衣文化にとって画期的な意義をもつものといえよう。

（2）平城貝塚の繊維製品

　1961年8月、早稲田大学（当時）の金子浩昌先生が愛媛県御荘町（現愛南町）平城貝塚（縄文後期：表21-2）の貝層中より採集された繊維製品は、上下の長さ約4㎜、左右の幅約8㎜といったきわめて小さい平織である（写真153-a・b）。

　金子先生から拝借した遺物があまりにも小さいので、当時の愛知県埋蔵文化財センターの森勇一氏に顕微鏡写真を撮っていただき、やっと密度の計測ができた。1cm当たり経糸が25本、緯糸が20本とじつに緻密である。とくに拡大した画像（写真153-b）からは、ごく細い繊維が右に片撚り（片撚りS）されているのが認められる。使用された糸の太さは0.1㎜以下である。また写真153-bの矢印部分にはU字形の糸が鮮明に写し出されている。それは織端、"耳"である。筆者は耳の形状で製作技法がわかるといわれているので、各技法の耳と照合した。一致したのは縦編法ないし、木枠法（写真150-b）の耳である。しかしこの平織は経糸密度が高いので、縦編法では製作できない。さしあたって考えられるのは、木枠法である。それにしても細い繊維からの糸作り、そして原始的な製作、まさに苦労の結晶ともいうべき貴重な1点である。

　過去に金子先生はこの出土品をある研究者に提示されたところ、「縄文時代の布としては、糸の数が多い（密度が高い）。そういうものは弥生時代でもあとの方でないと存在し得ないもの。新しい時期の可能性が非常に高い」といわれ、日の目をみなかったとのことである。それに関しては、「織物は弥生時代に……」という根強い定説と、縄文時代における織物（圧痕）の出土例がきわめて少なかったという当時の状況からの判断ではなかっただろうか。

　縄文時代の織物が出土したのは全体で12県（表21）であるが、そのうち5県が九州地方であり、広い本州では6県と出土例のない県の方が多い中で、愛媛県（四国地方）で2例の出土、

しかも早期には平織痕、そして後期には極小ながらも布そのものの出土、さらにその布は繊細な密度であるなど、いずれも珍しく、貴重な遺物である。

なお前記したように、平城貝塚所在地と同じ愛南町の天嶬鼻遺跡から出土した編布の密度は、1cm当たり経糸が16本、緯糸が12本というきわめて繊細なもので、こちらも貴重な1点である。なぜこのように織物ばかりか編布まで珍しい出土品が愛媛県に集中しているのか筆者にとっては大きな謎であり、今のところ解く術はまったくない。

2 石郷遺跡の布

青森県平川市（旧南津軽郡平賀町）石郷遺跡（縄文晩期：表21-1）出土の「籃胎漆器の織物状圧痕」（村越 1985）といわれている遺物は、籃胎漆器の「布きせ」（布目順郎氏のご教示）と

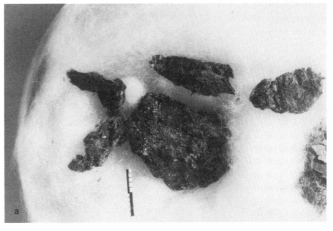

写真153　愛媛県平城貝塚出土の繊維製品（a）とその拡大写真（b）

して使用された布である（写真154）。調査に当たられた弘前大学名誉教授村越潔先生は「平織で密度は1cm当たり経糸が24本、緯糸は22～24本」（村越 1985）といわれている。縄文時代のものとしては高い密度の布であり、緯糸密度は上記した平城貝塚のものよりさらに高い。

平織といわれているが、映像には部分的に綾織が混在しているようであり、それは写真154の○印部分である（愛知県尾張繊維技術センターのご教示）。

綾織は、同じ糸を使用した平織と緯糸密度を比較した場合、綾織の方が密度が高い。平織・綾織の密度に関しては、筆者が試作しても同様の結果を得ることができた。要するに石郷遺跡の緯糸密度が高いのは、調査の際、綾織部分も平織として計測されたからではなかろうか。

なお、石郷遺跡の原布は平織・綾織混在ということで、一時は中国からの渡来品かと疑ったが、縄文時代のことを熟思すれば驚くほどのことではない。

縄文文化の特質は、編み文化からはじまったといっても過言ではなかろう。生活領域の中で普及した編む技術の中には、土器の底部が物語るように、蔓や樹皮、竹で編んだと思われる圧

第Ⅳ章 縄文時代の織物

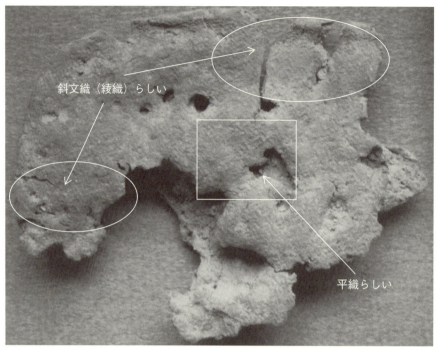

斜文織（綾織）らしい

平織らしい

写真154 青森県石郷遺跡出土籃胎漆器の布きせ（晩期）

図53 埼玉県打越遺跡出土
網代圧痕
（草創期）（中島 1999より）

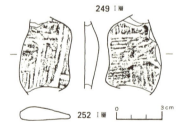

編み方
ヨコ2本越え2本潜り ┐
タテ2本越え2本潜り ┘ 1本送り

図55 網代模式図
（田中敦子氏提供）

図56 綾織組織
（内田・村瀬 1963より）

図54 北海道中野B遺跡出土網代圧痕と
その推定位置（早期）
（北海道埋蔵文化財センター 1999より）

痕が多数出土し、籠そのものの出土すら例外的なものではない。図53は埼玉県打越遺跡（草創期）から出土した網代圧痕（中島 1999）であり、図54は北海道中野Ｂ遺跡（早期）出土のやはり網代圧痕で（北海道埋蔵文化財センター 1999）ある。これらは草創期・早期すでに編物が開発されていたという確かな証である。図55は網代痕（打越・中野Ｂ両遺跡）双方の模式図であるが、これら編物の模式図は織物組織とまったく同じであり、図56は綾織の組織である。このように見ると、縄文人が綾織を織物に応用してもおかしくはなかろう。

しかし綾織の混在となれば、単純に製作具を判断することはできない。まず縦編法は密度の面から不可能。それならば木枠法か原始機以外に考えられない。柴田善孝氏によれば「平織、綾織を同時に織り成す場合は、6枚の綜絖が必要」とのこと。縄文時代には考えられない技法である。はたして石郷遺跡の織物はいかなる製作具が使われたのか、大きな謎である。

144　第Ⅳ章　縄文時代の織物

第3節　織物密度の分類と現代の織物（地機・高機）との比較

　表21に示す織物51点の経糸密度を基準に1㎝当たり10本未満をAグループ、10～15本未満をBグループ、15～20本未満をCグループ、そして20本以上をDグループというように4段階に分類することにした。

　密度の低いAグループは20点、次のBグループが19点、やや高いCグループは9点、そしてきわめて高いDグループが3点。つまり密度の高いものは少なく、低くなるにつれ出土例が多くなっている。

　表22は4グループに分類したものを、グループごとに経・緯糸密度の平均値を表したものである。この表によると経糸に対して緯糸密度のもっとも高いのはAグループ（81％）、次はDグループ（77％）である。Aグループは1㎝当たり経糸が6.7本・緯糸が5.4本であり、平織としては相当粗い密度である。したがって経糸・緯糸間に多少のゆとりが生じ、緯糸密度が高くなったのではなかろうか。その点Dグループは、1㎝当たり経糸23本・緯糸17.7本という、縄文時代としてはあまりにも繊細な織物。その比率が77％と高い値であり、どのような製作具が用いられたのかが最大の課題である。

　表23は4グループを県ごとに分類したものである。Aグループは千葉県・岐阜県各1点以外の18点90％は九州3県で占められ、中でも鹿児島県の遺跡数が多い。Bグループは全体の8県中5県が関東・中部地方と愛媛県、それに九州地方の3県。4グループの中ではもっとも広範囲から出土している。Cグループはすべて九州地方に限られ、資料数最多の佐賀県7点はこのグループの78％を占めている。Dグループは青森県と愛媛県そして佐賀県の各1点であり、特に青森県の織物密度は、現代のハンカチーフ（表24－12）に匹敵する繊細な密度の布である。また愛媛県も後期という青森県より古い時代であるが、青森県に準ずる繊細なものである。

　以上、東北地方は青森・福島の両県、関東地方では千葉県、また中部地方は富山・長野・岐阜の3県、それに四国地方の愛媛県、九州地方は佐賀・長崎・熊本・宮崎・鹿児島の5県というように、広範囲から出土している。これらの県はすべて編布の出土県でもある。

　表24は地機・高機で製作された明治以降の織物密度を表したものである。この表の平均値と表22を比較すると、表22のAグループは対照外であるが、Bグループの1㎝あたり経糸12.1本・緯糸6.4本は、表24の明治期の麻織物、経糸12.3本・緯糸6.5本に近似している。またCグループの経糸16.9本・緯糸8.3本は地機製カラムシ織物の経糸17.5本・緯糸8.1本に近似。さらにDグループの経糸23本・緯糸17.7本は、高機製木綿織物の経糸23.3本・緯糸19.4本に近似している。これは比較資料数がきわめて少なく、偶然の数値の近似かもしれないが、これらの表からは、縄文時代の織物も、一部（Aグループ）を除けば現代の地機や高機製の織物に通ずる密度であ

り、織物と称するに値しうるものと考えられる。

「織物は弥生時代から」というのが大勢の見解であるが、今回調査した織物51点は、縄文時代すでに織物が日本列島に存在していたことを立証するものといっても過言ではなかろう。

表22 経糸密度による分類

	グループ別(本/cm)	資料数(点)	密度(本/cm) 経糸	密度(本/cm) 緯糸	経糸に対する緯糸の比率(%)
1	A 10本未満	20	6.7	5.4	81
2	B 10〜15本未満	19	12.1	6.4	53
3	C 15〜20本未満	9	16.9	8.3	49
4	D 20本以上	3	23.0	17.7	77

表23 各県ごとの遺跡数と資料数

グループ	No.	県名	遺跡数	資料数	遺跡名
A	1	千葉	1	1	姥神
A	2	岐阜	1	1	岩垣内
A	3	熊本	2	5	上高橋(2)、アンモン山(3)
A	4	宮崎	2	6	黒土(4)、屏風谷(2)
A	5	鹿児島	5	7	上中段(1)、小倉前(1)、永野(1)、宮下(2)、榎木原(2)
	小計		11	20	
B	1	福島	1	1	荒屋敷
B	2	千葉	1	1	三輪野山
B	3	富山	1	1	境A
B	4	長野	1	3	湯倉洞窟
B	5	愛媛	1	1	穴神洞
B	6	熊本	2	2	麻生原、上の原
B	7	宮崎	1	1	黒土
B	8	鹿児島	5	9	フミカキ(1)、竹牟礼(1)、小倉前(2)、永野(1)、宮下(4)
	小計		13	19	
C	1	佐賀	1	7	菜畑
C	2	長崎	1	1	山の寺梶木
C	3	鹿児島	1	1	小倉前
	小計		3	9	
D	1	青森	1	1	石郷
D	2	愛媛	1	1	平城
D	3	佐賀	1	1	菜畑
	小計		3	3	
	合計		30	51	

表24 現代の織物の経糸・緯糸密度

No.	道具の種類	密度(本/cm) 経糸	密度(本/cm) 緯糸	経糸に対する緯糸の比率(%)	材質	道具による平均値 経糸(本/cm)	道具による平均値 緯糸(本/cm)	道具による平均値 比率(%)	備考
1	地機(明治期)	12	6	50	麻				
2	地機(明治期)	12〜13	7	56		12.3	6.5	53	
3	地機(現在)	14	10	71	カラムシ				主にのれん
4	地機(現在)	17	8	47	〃				帯地(女性用)
5	地機(現在)	19	6.5	34	〃				帯地(男性用)
6	地機(現在)	20	8	40	〃	17.5	8.1	46	仕事着
7	高機(現在)	20	20	100	綿				三河木綿
8	高機(現在)	21	18.5	88	〃				〃
9	高機(現在)	25	18	72	〃				川越唐桟
10	高機(現在)	27	21	78	〃	23.3	19.4	83	〃
11	織機(現在)	20	17	85	麻				
12	織機(現在)	25	24	96	綿	22.5	20.5	91	ハンカチーフ

資料提供：1 飯田美苗氏、2 俵隆子氏、3〜6 からむし工芸博物館、7・8 高木宏子氏、9・10 唐仁原まゆみ氏、11・12 市販

第4節　製作技法

1　縦編法

　縦編法で平織を製作する場合は図57のa・bの繰り返しをすればよい。ただし縦編法は考慮しなければならないことがある。

　前述したように一般的な木材使用のケタの刻み間隔は、約4㎜が限度である。それは、経糸が1㎝当たり5本の平織を製作するに足りる刻みに過ぎない。したがって密度の高い平織を縦編法で製作するには、ケタの材質を替えるか荒屋敷編具を使用しなければならない。それにしても1㎝当たり経糸が20本という平織を製作するのが限界である（試作：図52－a参照）。また縦編法で製作する平織の特徴は経糸・緯糸の密度にあまり差ができないことである（表25－1～4）。言い換えれば、経糸に対して緯糸の比率が高いということである（図58）。

　写真155－aは鹿児島県宮下遺跡（晩期～弥生早期）の1㎝当たり経糸7本・緯糸6本の平

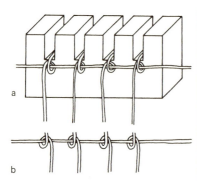

図57　縦編法による平織の製作
　　　（aとbの絡みを繰り返す）

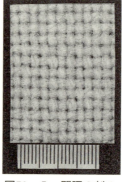

図58　5㎜間隔の刻みで製作した平織

表25　織物の各種道具による試作

No.	製作法	道具の種類	密度		経糸に対する経糸の比率（％）	素材	試作
			経糸（本／㎝）	緯糸（本／㎝）			
1	縦編法	荒屋敷編機	20	15～16	78	麻	縦編法として限界の密度（図52－a）
2	〃	〃	12～13	8	64	〃	表21－3　荒屋敷遺跡
3	〃	〃	7	6	89	〃	表21－44　宮下遺跡
4	〃	〃	5	5	100	〃	表21－51　榎木原遺跡
5	横編法	木枠	12	4.5	38	〃	表21－11　穴神洞遺跡
6	〃	〃	7	3.5	50	〃	表21－44　宮下遺跡
7	〃	木枠による刺し織	12	12～13	104	〃	表21－11　穴神洞遺跡
8	〃	〃	7	6	86	〃	表21－44　宮下遺跡
9	〃	〃	5.5	5.5	100	〃	表21－29　黒土遺跡
10	織機	原始機	12	5.5	46	〃	表21－11　穴神洞遺跡
11	〃	〃	7	4.5	64	〃	表21－44　宮下遺跡
12	〃	〃	25	20	80	〃	雀居遺跡出土の緯打具使用
13	〃	〃	37	19	51	〃	〃

作者：1～11 筆者、12・13 関智子氏

織痕である（表21-44）。このモデリング陽像（写真155-b）から受ける印象は、平織にしては素材の糸が太く、経糸密度が低い割に緯糸密度が高いことである。そこでまず縦編法の試作を考えた。

経糸が1㎝間に7本はいるケタ（荒屋敷編具）を作り、経・緯ともに太さ1㎜前後の糸にて試作した。結果は図らずも緯糸密度が1㎝当たり6本という密度も形状も原布に近似した布になった（図59-a）。

また表21-11（穴神洞）、26・27（アンモン山）、29・31（黒土）、37（上中段）、51（榎木原）と5遺跡7点は、経・緯ともに同密度。そこで筆者は表21-51榎木原遺跡の経・緯ともに5本の出土例を太さ1.1㎜前後の糸にて試作したところ、原布に等しい密度の平織を製作することができた。少々糸は太いが宮下遺跡に類似した密な形状の平織である。

写真156-a・bは宮崎県黒土遺跡（表21-29：晩期後半～終末）の平織痕とそのモデリング陽像である。密度は1㎝当たり経・緯いずれも5～6本という密度の上では縦編法にて製作可能な範囲である。しかし圧痕の形状はと視点を変えると、宮下遺跡の密な組織に対して、こちらは経糸・緯糸間に間隙が見受けられ、組織的に粗い。縦編法の場合は道具の性質上特に緯糸密度が高くなる。したがって黒土遺跡の平織は縦編法にて製作されたものではないと理解できる。

なお上記した経・緯同密度以外にも表21の中には宮下遺跡のように緻密で、経糸に対して緯糸密度の高い平織の出土例も見受けられる。これらは縦編法で製作可能な範囲である。

しかし九州地方における編布の製作法について、その形状から横編法でなければ製作不可能なものが多々ある。その上、縦編法の範囲内にありながら、横編法が妥当と思われるものもある。このように編布の製作技法から推測すれば、平織のみを安易に縦編法と断定することはできない。

2　木枠法

「機織り」について未経験な筆者は素材に太毛糸を選び木枠にて平織の製作を試みた。

縦80㎝、横40㎝の木枠に経糸を張った。最初は奇数の経糸を50㎝の竹製物指ですくい緯糸を通した（写真157-a）。次は偶数の経糸をすくう。ここでさきの緯糸を詰めるために物指でトントンと緯糸を打ち込んだ後、次の緯糸を通す。この作業を繰り返し平織らしい布を製作することができた。要するに1本の物指が織機の杼（図60-e）と緯打具（図60-d）の役目をしたのである。

この面倒な作業を続けるうちに、常に奇数ないし偶数の糸を、もう1本の物指を使い緯糸をすくったまま固定させれば、少し作業が捗ることに気付いた（写真157-b）。

そこでこの技法に馴染むために、太さの異なる麻糸にて試作を続けた。

織物について筆者が関心を抱いた出土品に穴神洞遺跡の平織痕がある。時期は編布（前期）より古い早期のもの。筆者はこの製作に当たって時期的な面から原始機は無理と考え、木枠法

写真155 鹿児島県宮下遺跡出土の平織圧痕土器（a）とそのモデリング陽像（b）（縄文晩期～弥生早期）

図59 縦編法、刺し織による試作
　　a 宮下遺跡（縦編法）、b 宮下遺跡（刺し織）、c 黒土遺跡（刺し織）、d 穴神洞遺跡（刺し織）

写真156 宮崎県黒土遺跡出土の平織圧痕土器（a）とそのモデリング陽像（b）（後期後半～終末）

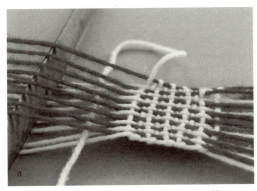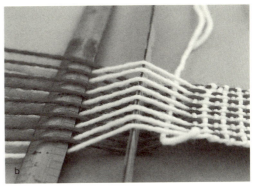

写真157　木枠式平織（a）と緯打具兼中筒代用の物指（b）

を選び試作に至った。平織の密度は1cm当たり経・緯糸ともに12本。それなりの糸を経糸として木枠に張った。糸が細いので隔段ごとに奇数ないし偶数の糸をすくうことは至極面倒な作業であるが、緯糸にてバランスを取り、何とか1cm当たり12本の経糸をセットすることができた。しかし緯糸12本はまったく入らない。緯打具代わりの物指でトントンと打ち込んでも1cm当たり4本である。糸が細いので緯糸密度が低いのではと次は密度の粗いものを選んだ。

中でも宮下遺跡の平織（7×6）は縦編法で難なく製作できたので、別の木枠で試作に及んだ。縦編法と同じ麻糸を使用して経糸は6～7本入れることができた。しかしこちらも緯糸は3本と思ったような密度（6本）にすることができない。思いあまってとうとう愛知県尾張繊維技術センターの柴田善孝氏に尋ねた。筆者の脳裡には「経糸は常に強いテンションで保つ」という織物の定義が焼きついている。したがって木枠の経糸もそれに倣って張りつめた。これに対して柴田氏は「織物の場合は経糸に緩みをもたせれば、緯糸密度が高くなる」とか"機織りのプロセス"についてご教示いただいた。

そこで早速経糸に緩みをもたせるなど工夫を凝らして木枠に張ったり、力強く緯糸を打ち込むなど、試行錯誤を繰り返したが、緯糸密度に大した変化を見ることはできなかった。

最終的には穴神洞遺跡の経糸12本に対して緯糸は4.5本、経糸に対する緯糸の比率は38％、宮下遺跡は経糸7本・緯糸3.5本で比率は50％とどちらも低い値である。言い換えれば木枠法による平織の製作は、経糸密度の高い場合、低いものより緯糸密度の比率が低くなるのである。

こうした試作の繰り返しで、ようやく木枠法の特徴を把握することができた。筆者は80cm丈の木枠に経糸をぐるぐる巻きにしたものを使用している。編布の場合は、枠の両面隅々まで編成することができた。しかし平織においては、片面の部分的にしか製作できない。それは限られた長さの枠丈故、あらかじめ緩みをもたせて張った経糸にも限度がある。織り進むにつれその緩みがなくなり、ついには緯糸密度が低くなってしまう。要するに木枠では長い布はもとより、枠丈の布さえ製作することはできないのである。

筆者はこれまで安易に、木枠式横編法で編布・織物いずれも製作可能と述べてきた。しかし編布は造作なく編成できるが、織物の製作は経糸に対して緯糸密度の低いもの、その上木枠の

大きさにより限られた、いわゆる丈の短い布しか製作できないことが明らかとなった。ここに至って筆者は過去に学んだ"実践躬行"を痛感せざるを得なかった。

しかし縄文時代には、1枚の布に編布・織物の並列した圧痕例がある。編布はいずれの横編法でも製作可能である。一方、織物の場合は横編法の一部木枠法と織機（原始機）のみ。しかも織機で編布の製作は不可能である。その例として、富山県境A遺跡（表21-6）と岐阜県岩垣内遺跡（表21-10）が挙げられる。これら2点は編布と織物両者の経糸密度（縦編法参照）から、木枠法で製作されたものと思われる。このような事例から、木枠法で製作された平織の存在も否定することはできない。

3　原始機（その1）

出土した平織中、経糸に対して緯糸密度の高いものは、木枠法にて製作できなかった。

筆者は改めて織物は織物専用の織機で製作するのが本来の姿ではないかと考え、原始機での実験に及んだ。

まず当時報告されていた弥生機を参考に、柴田善孝氏のご指導の下、糸綜絖（図60-c）を手始めに図60の原始機を製作した。

最初は木枠法で製作不可能な宮下遺跡の平織を選び、同じ素材で経糸を張り、機（図60）のA部分を柱に固定し、B部分を腰に当て床に腰を下ろした。機は綜絖と中筒（図60-b）の使用により、木枠法に比べ経糸を物指ですくう手間が省けた。さらに緯打具も物指から図60-dに変更し、用意万端と考えた。そして1cm当たり経糸7本・緯糸6本の宮下遺跡の密度に拘り試作をはじめた。

縦編法の場合はケタに刻みがあり、経糸間隔の整った布が製作できる。木枠や原始機には制約されるものがなく、すべて手作業に依存するので、経糸間隔のバランスが取りにくい。そこでまず7〜8cm程度試し織りをして、1cm当たり経糸が7本入るよう緯糸にて調整した。とこ

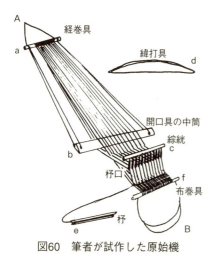

図60　筆者が試作した原始機

ろが緯糸は木枠同様、目標の6本に及ばない。経糸を緩めたり、緯打具で力一杯緯糸を叩き、やっと4〜5本を数えたが、それ以上織り成すことはできない。

なお穴神洞遺跡の平織についても、経糸は1cm当たり何とか12本入ったが、緯糸はせいぜい5.5本止まりである。惨憺たる思いで織り続けるうちに、布の中ほどは経糸間隔が粗く、両端が密になるといった経糸密度に変化が生じた。さらに布幅が狭くなる。こうした現象は筆者の機織りに対する未経験から起きるのではないかと考え、高機の経験者に筆者の原始機にて穴神洞遺跡出土例の試作を依頼した。しかし結果は筆者と

ほとんど変わることなく、穴神洞遺跡例と同じ密度の平織を製作することはできなかった。
　前記したように、穴神洞遺跡出土例は原始機では考えられないが、宮下遺跡出土例より細密なため試作として採用した。
　なお図60の名称と役割は次の通りである。
　　a．経巻具　　経糸を整経し、かたく一定の張力を与えながら巻きつける。
　　b．中　筒　　cの綜絖と同じ役目をする。綜絖は上に引き上げるが、こちらは立てることにより経糸が上下に開口する。
　　c．綜　絖　　緯糸を挿入するため経糸を上下に開口する。中筒と交互に使用。
　　d．緯打具　　杼口に通した緯糸を織前（手前）にトントンと打ち寄せ、経・緯の交差を完成させる。
　　e．杼（緯越具）　巻きつけてある緯糸を解きながら、それを杼口から挿入し左右に渡す。
　　f．布巻具　　千巻ともいう。織り上がった布を順次巻き取っていく。

4　原始機（その2）

　縄文時代にも織物の存在が出土例によって立証されている。しかし文献を参考にした筆者の原始機では製作不可能である。この現実に直面した筆者は、改めて弥生時代に出土した機織具を見直した。弥生時代の機織具の一部は、図61・表26のように奈良県唐古遺跡（弥生Ⅱ・Ⅳ期）をはじめ各地から出土している。中でも著名なものは唐古遺跡や静岡県登呂遺跡（弥生Ⅴ期）の織具である。
　また近年福岡県雀居遺跡（縄文晩期〜弥生前期）から図62のような緯打具2点が発掘されたと報告されている（福岡市教育委員会 1995）。この2点はほぼ同形同寸で、長さ54cm、幅6.2cm、厚さ1〜2cm。両端に4〜5cmの把手が付けられており、図62-bのA部分は刃状をなしている。全体の形状から布目氏は、経巻具や布巻具（図61-6〜11）、または八丈島町の機織研究家（かっぺた織）の見解から、一方を中筒（図61-12）兼緯打具（図61-1〜5）、他方を布巻具として、2点が同時に使用されたのではと述べられている（布目 1995）。
　筆者が前記した原始機は、上記したような出土品とは程遠い形のみを模した原始機で

表26　出土した機織具

No.	資料名	府県名	遺跡名	時　期	樹　種	文献	文献番号
1	緯打具	奈良	唐古	弥生Ⅱ期	サカキ	1	09719
2	〃	大阪	東奈良	弥生Ⅲ新〜Ⅳ期	カシ	1	09720
3	〃	兵庫	新方	弥生Ⅱ期	未鑑定	1	09721
4	〃	奈良	唐古・鍵	弥生Ⅳ期	カシ	1	09718
5	〃	静岡	登呂	弥生Ⅴ期		2	61
6	経(布)巻具	大阪	鬼虎川	弥生Ⅱ〜Ⅳ期	ヒノキ	1	09704
7	〃	奈良	唐古	弥生？	クワ	1	09703
8	〃	大阪	亀井	弥生Ⅴ期初頭	未鑑定	1	09702
9	〃	兵庫	新方	弥生Ⅱ期	〃	1	09701
10	〃	静岡	登呂	弥生Ⅴ期		2	57
11	〃	〃	〃	〃		2	63
12	中筒	〃	〃	〃		2	59
13	緯越具	〃	〃	〃		2	58
14	腰当て	大阪	池上	〃	ユズリハ	1	09705

表26文献
　1　奈良国立文化財研究所 1993『木器集成図録』奈良国立文化財研究所史料第36冊
　2　日本考古学協会 1954『登呂　本編』

152　第Ⅳ章　縄文時代の織物

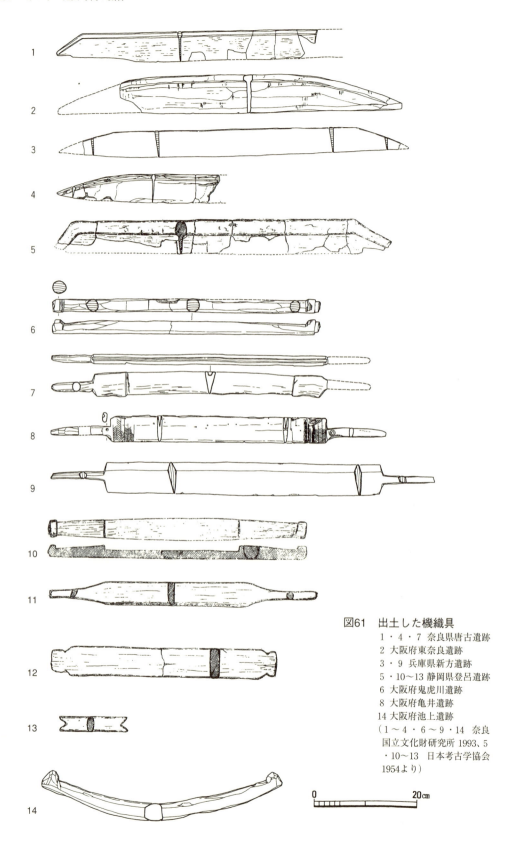

図61　出土した機織具
1・4・7　奈良県唐古遺跡
2　大阪府東奈良遺跡
3・9　兵庫県新方遺跡
5・10～13　静岡県登呂遺跡
6　大阪府鬼虎川遺跡
8　大阪府亀井遺跡
14　大阪府池上遺跡
(1～4・6～9・14　奈良国立文化財研究所 1993、5・10～13　日本考古学協会 1954より)

第4節 製作技法 153

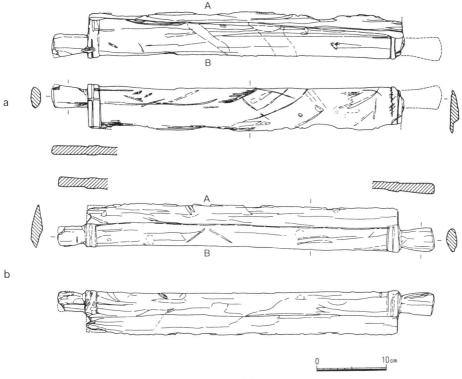

図62 福岡県雀居遺跡出土の緯打具（福岡市教育委員会 1995より）

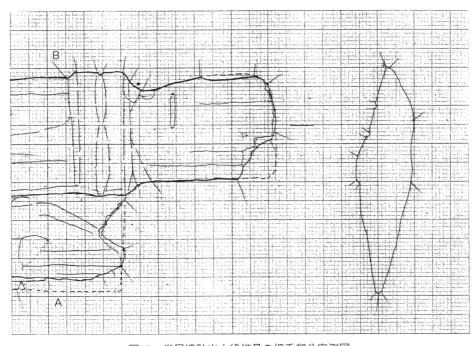

図63 雀居遺跡出土緯打具の把手部分実測図

第Ⅳ章 縄文時代の織物

ある。縄文時代すでに織機が使われていたと筆者は想定していたので、日本最古の出土例という雀居遺跡出土品にて機を織ってみたいと考えた。筆者の出身地愛知県には「三河木綿」や「ちた木綿」が伝承されている。そこで三河木綿の伝承者である「手おり三河もめん藍棉舎」主宰の高木宏子氏[1]に相談し、同舎の会員である堀井宏氏に依頼して雀居遺跡の道具を実測図[2]を基に製作していただいた。

今回の原始機には三河木綿と同じ素材の木綿糸を使用した。それは高機(三河木綿製作用)と原始機の密度の比較を考えたからである。また作者も高機の経験者に依頼した。そして最初は新しい道具を緯打具として使用されたが、経糸を開口してその緯打具を挿入する際、把手を含む道具の厚みが邪魔になり、使用しにくいとのこと。したがって次は2点の道具を経(布)巻具として使用、緯打具は別のものに変更された。作者は雀居遺跡の道具については、緯打具としては扱いにくかったが、経(布)巻具としてはきわめて使いやすかったと述べられた。しかし織り上がった平織は緯糸密度の低い状態が続いてしまい、

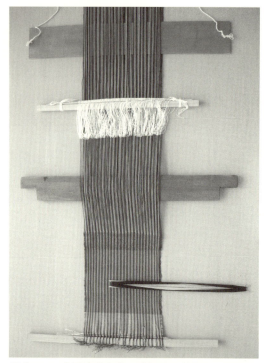

写真158　雀居遺跡出土の緯打具を使用した原始機

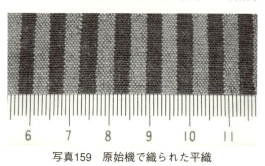

写真159　原始機で織られた平織

緯糸を細いものや緯打具を変更しても密度は低いままである。

思案にくれた筆者は、愛知県知多市の「手織りの里木綿蔵・ちた」会員連絡会会長の関智子氏[3]に相談した。同氏は道具の刃状面を見て緯打具を想定され、快く試作に応じられた。写真158はその折の原始機であり、表25-12は仕上がったものの密度である(写真159)。1cm当たり経糸25本・緯糸20本は関氏が原始機に手慣れて織られた密度とのこと。それにしても表24-7〜10に示した三河木綿や川越唐桟に比べても遜色を感じさせない完成された平織である。

関氏は雀居遺跡の緯打具について、「当初から手応えを感じたが、これが縄文の道具かと思うほど快適に織り進むことができた。なお筬が使えないので、織り進むにつれ幅が狭くなる[4]。それを防ぐため緯糸の運び方には工夫をこらし、調製した」と述べられた。

筆者は道具によって生ずる出来栄えの違いを、調理師が包丁を選ぶことになぞらえ、道具選びの重要性を実感した。

要するに今回の試作に功を奏したのは、関氏が機織のエキスパートであること、今ひとつは緯打具の形状、すなわちA面の角度（図63）ではなかろうか。それが緯打具として最適であったように思われる。

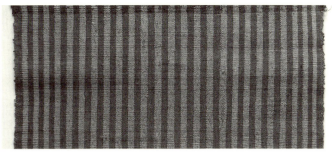
写真160　経糸密度がやや高くなった耳（織端）

原始という時代にこのような精巧な道具が作られていたことは、あるいは偶然の所産かもしれないが、当時すでに織物を製する達人の存在が窺われるのである。

なお関氏によれば、縄文時代としては珍しい青森県石郷遺跡の平織の中の綾織混在の織物が、原始機でも製作できるようである。平織のみは原始機の操作に委ね、綾織に入る部分を、筆者が木枠法で行った方法、面倒でもいちいち経糸をすくって緯糸を通すように織り進めばよいとのこと。また南九州の密度の低い平織についても、整経の段階で密度を定め、しっかりと経糸を経巻具および布巻具に設定すれば製作可能ではなかろうかと述べられた。

縄文時代に以上のような原始機が存在していたと仮定するならば、表21に示す織物の一部を除けば、ほとんど製作可能といえよう。

悩みは愛媛県平城貝塚（表21-2）の繊細な平織である。原始機で製作可能な範囲であるが、後期という時期である。それと木枠法ほか試作の対象とした穴神洞遺跡（早期）の平織である。共にどのような技法で製作されたのか、追究しなければならない。

註
（1）・（3）愛知県西尾市立一色中部小学校教頭伊澤優子氏のご紹介による。
（2）福岡市教育委員会よりご提供いただいた。
（4）原始機（その1）にて筆者は、原始機の欠点として織り進むにつれ布の中程は経糸密度が粗く、両端が密になる、なお徐々に布幅が狭くなると述べた。関氏は布幅については工夫されている。しかし仕上がった布は、経糸各10本の縞であるが、写真160は布端の縞幅が少々狭くなり、原始機の特徴が現れている。これは「筬」（経糸を所定の密度に配列する経調製具）が使われていないので、布端の経糸が密になったのである。

5　斜経平織

原始機での製作についてきわめて否定的なものが、縄文早期（穴神洞遺跡）の平織である。しかも1cm当たり経・緯糸ともに12本という経糸に対して緯糸密度が高い（100％）。最初は木枠法で試作したが製作できない。筆者は織物に関するあらゆる文献を探索した。そして東アジア民族技術研究所長の前田亮氏から紹介された『織物構造図典：組織と技法』（鈴木 2005）に

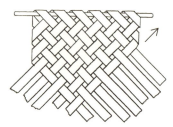

図64　斜経交差組織（斜経平織）
（鈴木 2005より）

掲載されている「斜経交差組織図」（斜経平織：図64）を発見した。図64の両端を省けば、まさに経・緯糸同密度の平織である。

かつて筆者は芹沢長介先生から「このスカートは筒状で縫い目がなく、編物か、織物かわからない」と云われながら、アフリカディダ族のスカート[1]を拝見させていただいた。写真161はその一部であり、筆者の発見した斜経平織である。当時の筆者は組織名などまったく知らないで、籠に同じ編目があることから、その応用で製作されたものではないかと推察し、その旨を先生に伝えた。しかし過去の論文で「古い時代の日本には織物を斜めに製作する技法はない」と述べられていたことを思い出し、はたしてこれで良かったのかと、内心不安であった。その反面、外国では現存していたと知った瞬間、思わず感動した。写真162は東北福祉大学の本田秋子氏の作品である。

このスカートは糸の太さに多少の差があり、写真161の矢印方向を経糸として計測したところ、1cm当たり経糸が11本、緯糸は10本、また経糸が9本、緯糸が7本と、経糸に対する緯糸の比率が91％と78％である。

以上のように経糸に対して緯糸密度の高い平織が「斜経平織」として図64のようにわが国にも存在していることを知った筆者は、驚くとともに時代は遡るが、穴神洞遺跡の平織に応用しようと考えた。差し当たりペットボトルに太さ約0.7㎜の大麻製糸を巻き、その糸を拠り所に経糸をセットし、図64のように経糸同士で斜めに試作した。しかしこの技法は予想外に難しく、原始機にたとえれば緯糸を織前に押しつける緯打具がないので、スムーズに糸が斜めに入らず、緯打具に代わる用具として毛糸針を使用し織目を詰めるようにしたが思うようにならない。幅7cm、丈約5cmを製作するのに終日没頭した。しかし布面は密度の粗い不揃いの平織である。

写真161　アフリカ象牙海岸ディダ族のラフィア製スカート上端部

写真162　輪っぱ式で製作した斜経平織（本田秋子氏製作）

面倒な割に整った密度を保つのは覚束ない思いである。それでも繰り返し挑戦したが、疲れるばかりで進展はない。ついに穴神洞遺跡の密度には達し得なかった。

　筆者の試作は失敗したが、現在もアフリカディダ族のスカートは製作されている。また組織図として『織物構造図典』に掲載されている限り、全面的にこの技法を否定することはできない。

註
（１）吉岡幸雄氏はディダ族のスカートについて「世界の原始布」（『太陽別冊』1989）の中で「垂直機あるいは傾斜機を使用して織る」と述べられている。

6　刺し織

　縄文早期の平織痕（穴神洞遺跡：12×12）が思うように製作できない。上記した斜経平織の技法も一つの手段として考えられるが、今少し簡便な技法はないものかと、筆者なりに熟思した。こうしてたどり着いたのが各種刺繡の技法である。

　フランス刺繡やスウェーデン刺繡は、枠に張りつめた布面を「すくい縫い」の手法で刺していく。それに対して日本刺繡は、布を枠に張り、針を布の上から下へ、また下から上へというように、つまり布の上から刺した針を布の下で引っ張り、下から刺した針は布の上にて持ち上げる等、常に指先を布の上・下と移動させながら刺し進め、繊細な模様を刺し上げていく。

　筆者は苦肉の策として、この技法を試してみることにした。穴神洞遺跡の試作は平面的な布ではなく、細い経糸の上での操作である。まず手始めに縦編法で難なく製作できた宮下遺跡の平織（7×6）を選んだ。

　木枠に経糸（1㎝当たり7本）を張るまでは木枠法平織同様である。木枠法は偶数なり奇数の経糸を開口し、一気に緯糸を挿入するが、こちらは経糸を布と見なし、緯糸に針を付け、その針にて偶数の経糸1本ごとに、経糸の下側から上へ、上から下へと日本刺繡のように刺す。そして1段目を刺し終え、次は奇数の経糸も同じ方法で刺し進める。こうして3㎝ほど刺した段階で緯糸密度を計測した。それは図らずも1㎝間に6本、まさに念願の密度である。図59-bはその試作であり、図59-cは縦編法にて不具合とした黒土遺跡（5～6×5～6）の試作。この技法は密度はもとより、写真156-bに等しい織目間の隙間を作ることもできた。また穴神洞遺跡の平織も、手間はかかったが、どうにか製作し得た（図59-d）。

　上記は機を織るというよりも、日本刺繡の針の運び方（刺し方）にヒントを得、それに則った技法である。したがって経糸・緯糸の密度を出土例に等しくすることは可能であるが、はたしてこの技法でよいのか随分迷ったが、試行錯誤の過程としてとりあえず報告することにした。

　またこの技法は、木枠式横編法にて細密編布を2本の緯糸で編成するよりも、操作は簡単である。製作技法を区別するため「刺し織」とした。

7 まとめ

　織物について不案内な筆者であるが、編布に倣って製作法を模索し、縦編法・木枠法・原始機・斜経平織・刺し織等、各々試作実験を行った。

　過去の実験において、福島県荒屋敷遺跡（晩期最終末〜弥生初頭：表21－3）と、千葉県姥神遺跡（晩期：表21－5）は縦編法、また富山県境A遺跡（中期〜晩期）と岐阜県岩垣内遺跡（中期後半）は木枠法等、共に解明することができた。

　ここでは以上4遺跡以外の織物についても、いずれの技法に該当するのか、若干の考察を試みることにした。

　縦編法にて製作可能な平織もあるが、縄文時代の繊維製品としては、圧して多い編布の製作技法に、横編法とみなされたものは、各遺跡から出土していたが、縦編法でなければ製作できないものは上記2遺跡例にすぎない。したがって織物のみに縦編法を採用することはできないと判断した。

　木枠法は原始機と経糸の掛け方および、緯糸の操作等共通しており、木枠法は原始機より簡易な技法である。しかし原始機では不可能な編布の製作ができるという利点はある。木枠法の実験からは、細密なものと、丈長な織物は不可能。しかし表21のいずれの資料かは断定できないが、密度の粗い小さな布作りはなされていたように思われる。

　木枠法は道具自体簡便かつ稚拙なもの、そうした道具による布作りの繰り返しで原始機が開発されたのではなかろうか。原始機については「渡来説」が有力であるが、現に木枠法で製作された出土例もあること故、このあたりは今後の課題としなければならない。

　原始機については、日本最古の織具といわれる雀居遺跡出土の緯打具を使用した。この実験において織り上がった布の密度は、現代にも通ずる繊細なものであり、こうした繊細なものまで操作し得る機ならば、ある程度の織物が製作できたのではなかろうか。特に今回は機織りの熟達者によるものであり、機織り技術の奥深さを痛感させられた実験であった。

　筆者が原始機使用について躊躇したのは、穴神洞遺跡の出土品である。早期という時代から原始機は考えられない。その上、経・緯糸同密度の平織である。まず木枠法で失敗。暗中模索の末斜経平織を試したが、こちらも結果は思わしくない。最後にたどり着いた刺し織で、どうにか原布に類した密度の平織を製することができた。

　この技法は刺繍にヒントを得たものであるが、試作実験では比較的密度の粗い平織も容易に製作することができた。

　縄文時代の織物を表23を参考に、その密度から5種類の技法にあえて分類するならば、A3〜5の熊本・宮崎両県の各2遺跡と鹿児島県の5遺跡、それにB5愛媛県の1遺跡は、刺し織

または木枠法が有力と思われる。

B2・4・7の千葉・長野・宮崎各県の各1遺跡と、B6熊本県の2遺跡、それにB8鹿児島県の5遺跡は、木枠法ないし原始機のいずれかではなかろうか。

C1～3の佐賀・長崎・鹿児島各県各々1遺跡と、D1・2・3の青森・愛媛・佐賀3県各1遺跡は、原始機と推定される。

この章のはじめに記したように、1988年頃は「織物は弥生時代から」というのが定説であった。しかし近年に至っては、九州北部では縄文晩期後半からというように、織物の起源が少々遡って述べられている。

この地域と時期の定義に従えば、表21に示した24遺跡のうち佐賀県菜畑（表21－12～19）1遺跡に限られてしまう。九州地方は遺跡全体の62.5％、15遺跡から出土例が確認されている。また密度にしても菜畑遺跡に準ずるものもある。さらに青森県石郷遺跡や愛媛県平城貝塚（表21－2）の織物は、今のところ原始機が想定され、それ以外の技法は考えられない。

なおこの時期に該当するものは、晩期後半～終末という宮崎県黒土・屏風谷両遺跡（表21－28～34）のみ。しかし佐賀県と宮崎県の土器編年の解釈が一致しているのか筆者は疑問を抱くのである。

九州地方では土器の編年にこだわりがあり、地域はもとより、研究者によっても異なる場合がある。例えば、土器の文様刻目突帯文は表21に示したように、宮崎県では晩期後半～終末とされているが、隣県の鹿児島県では弥生早期。このような事態に接し、筆者は編布資料の時期について度々の訂正を経験している。表21の中には単に晩期から、黒川（晩期前半）、上加・黒川・刻目（晩期～弥生早期）など特定しがたい時期にも織物らしい圧痕が出土している。織物の起源を示すのに、地域・時期ともに幅広く出土している織物を九州北部また晩期後半と限定されたのは何故であろうか。

ちなみに、1989年に発掘された佐賀県吉野ヶ里遺跡から出土した繊維製品（弥生中期後半～後期初頭）を調査された布目順郎氏は、透目絹（表27）の中に紗穀（ちぢみの薄絹）らしいものがあるとされ、

表27 吉野ヶ里遺跡出土の織物についての調査成績

甕棺 No.	織片 No.	織り密度(本/cm) 経	織り密度(本/cm) 緯	透目・詰目の別	材質	時代
SJ1002	1	50	30	透目	絹	弥生中期後半
	2	40	30	透目	絹	
	3	30	30	透目	絹	
	4	30	20	詰目	大麻	
SJ0135	5	30	25	詰目（?）	絹	弥生後期初頭
	12	15～20	20	詰目（?）	絹	
	6	30～40	20～25	透目	絹	
	10	30～40	20～40	透目	絹	
	22	40	20	透目	絹	
	15	20～30	20～30	透目	絹	
	25	30	20	透目	絹	
	33	30	20	詰目	大麻	
	3	15～20	15～20	透目	大麻	
朝日北遺跡	43		27	透目	絹	弥生中期中葉

朝日北遺跡：佐賀県神崎町　　　（布目1992より転載、一部省略）

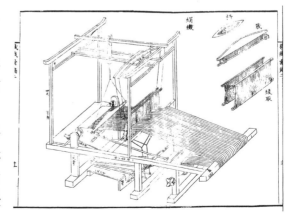

図65 『機織彙編』所載の絹機

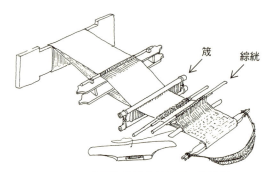

図66　国立民族学博物館展示の原始機
（前田亮氏スケッチ）

その製作具について次のように述べられている。

①　少なくとも弥生中期中葉頃から後期初頭にかけての吉野ヶ里のあたりに、当時としては高級品とされていたであろう紗縠風の薄絹を織れる程の工人がいたことは確かである。

②　透目絹の中には、きわめて斉然と織られているものがいくつかあることから、当時すでに筬をもつ絹機のようなものが使用されていた可能性が濃いと思われる。

③　吉野ヶ里では……もしかすると『機織彙編』に示されている布機の段階にまで入っていたかも知れない（布目 1992・1995a）。

以上のように、布目氏は吉野ヶ里遺跡の高度な技法で織られたと見られる絹織物の製作具について力説されている。まさに現在の定説（原始機）を覆すような論述である。

なお布目氏は、「吉野ヶ里の絹は、その織り密度や、繊維断面計測値から日本産とみられる」と日本産の繭から糸作りをして、日本で織ったものと記されている。

図66は国立民族学博物館で展示されている原始機を、前田亮氏がスケッチされたものである。この機には弥生時代の出土例には見られない「筬」が付けられている。やはり吉野ヶ里ほか、出土した高度な技術を要する織物から想定して作られたものではなかろうか。

筆者も生活学の立場から、出土した織物の形状ないし密度等により、製作具を判別するのが妥当と考えるのである。

まずは今後の出土品（織具）に注目したい。

第Ⅴ章　植物性繊維の採集と精製法

　縄文時代の遺跡からは、表28のように繊維として利用できる植物が多数出土している。しかし確実に繊維として利用された資料としては、小樽市忍路土場遺跡（後期中葉）のオヒョウ、秋田県中山遺跡（晩期前半）のカラムシ、そして山形県押出遺跡（前期）・石川県米泉遺跡（後期と晩期中葉）・福井県鳥浜貝塚（前期）の３遺跡のアカソが、編布として出土している。

　また大麻は、鳥浜貝塚（草創期）から細縄、宮城県山王囲遺跡（晩期中葉）から糸として出土しており、現在確認されている縄文時代の繊維として利用された植物は、これらの４種類である。

　その他種子あるいは花粉から検出されたものは、縄文草創期・早期にはヤマグワ・コアカソ、前期にはシナノキ属・ヒメコウゾ・カジノキ等、繊維としても利用可能な植物が多種類みられるが、どの程度利用されたのかは定かではない（表28の文献に関しては筆者の所有するものに限ったので出土資料のすべてを網羅したものではない）。

　なお植物の幹や茎から皮を剝ぎ、糸として使用可能になるまでには、いくつかの工程が考えられる。参考までに現在伝承されている樹皮及び靭皮繊維の精製法を一部であるが紹介することにした（葛・藤・芭蕉は今のところ縄文時代の出土例にはないが、珍しいので付記することにした）。

１　植物繊維精製法の事例

（１）オヒョウ（にれ科）：北海道

① オヒョウの皮は、冬期間を除いていつでも剝ぐことができる。

② 皮を剝ぐ木はあまり細いものではなく、直径20㎝くらいの節や枝の少ないものを選び、まず２～３㎝角に皮の一部を剝ぎとり歯で嚙んでみる。ぬめりの多いものはよい繊維がとれないので、ぬめりの少ないものを選び、木の根元の皮になた等で切れ目を入れ、皮の端を両手で持ち下から上へ皮を剝ぎ取る。皮を全部剝ぎとると木が枯れるので、木の４分の１程度剝ぐ。

③ 剝ぎ取った皮はその場で外皮を剝がし、内皮だけを内側にして半分に折り背負って持ち帰る。

④ 夏ならば、そのまま沼につけるが、春・秋に剝いだものはいったん乾燥させておき、夏になるのを待って沼につける。皮を沼底につけると黒くなるので、沼に柴を敷き、その上に皮を並べ、皮の上にはやや太い目の棒をのせ、皮が水面に出ないようにする。この間１週間前後。日照りが続く場合は浸し過ぎると皮が腐り糸として使いものにならない。そこ

表28　縄文時代の遺跡から出土した繊維関係資料 [1]

道府県名	遺跡名	時期	出土品	材質	文献	備考
福井	鳥浜	草創期	細縄	大麻	1	
		草創期	種子	ヤマグワ	2	
		早期	種子	ヤマグワ	2	
		早期	種子	カラムシ	2	
		早期	種子	コアカソ	2	
青森	三内丸山	前期	花粉	シナノキ属	8	
		前期	花粉	クワ科	8	
		前期	種子	クワ属	9	
		前期	種子	ヒメコウゾ	9	
		前期	果実	イラクサ科	9	
福井	鳥浜	前期	種子	ヤマグワ	2	
		前期	種子	コアカソ	2	
		前期	種子	カラムシ	2	
		前期	種子	イラクサ	2	
		前期	種子	カジノキ	3	
		前期	種子	アサ	4	
		前期	太縄	大麻	1	
		前期	編物	大麻	1	
		前期	編布	アカソ	1	
山形	押出	前期	編布	アカソ	1	
石川	米泉	後期	編布	アカソ	1	
千葉	余山	後期〜晩期	種子	大麻	5	
鳥取	桂見	後期前葉	種子	穀	5	
北海道	忍路土場	後期中葉	編布	オヒョウ	1	
福岡	四箇	後期	種子	カジノキ	3	同一資料
		後期後半		梶	6	
京都	桑飼下	晩期	種子	カジノキ	3	〃
		後期		穀	5	
		後期		カジノキ	7	
青森	八幡崎	晩期初頭	種子	穀	5	〃
		晩期初頭		梶	6	
	是川中居	晩期中頃〜後葉	種子	ヤマグワ	10	
		晩期中頃〜後葉	種子	アサ	10	
		晩期	花粉	シナノキ属	11	
		晩期	花粉	クワ科	11	
秋田	中山	晩期前半	編布	苧麻	1	カラムシ
宮城	山王囲	晩期中葉	糸	大麻	12	
石川	米泉	晩期中葉	編布	アカソ	1	
岡山	谷尻	晩期	種子	カジノキ	3	同一資料
		晩期		穀	5	
	宮ノ前	晩期	種子	穀	5	

※材質名表記は原本のままである。　※布目氏　穀：カジノキ

表28文献
1　布目順郎 1992『目で見る繊維の考古学―繊維遺物資料集成』染織と生活社
2　笠原安夫 1983「鳥浜貝塚（第6次発掘）の植物種子の検出と同定について」『鳥浜貝塚―縄文前期を主とする低湿地遺跡の調査3』鳥浜貝塚研究グループ
3　笠原安夫 1984「鳥浜貝塚（第7次発掘）の植物種子の検出と同定―とくにアブラナ類とカジノキおよびコウゾの同定」『鳥浜貝塚―縄文前期を主とする低湿地遺跡の調査4―』鳥浜貝塚研究グループ
4　笠原安夫 1984「鳥浜貝塚（第6・7次発掘）のアサ種実の同定について」『鳥浜貝塚―縄文前期を主とする低湿地遺跡の調査4―』鳥浜貝塚研究グループ
5　布目順郎 1988『絹と布の考古学』雄山閣
6　江坂輝彌 1983「今日の考古学の話題―縄文時代の栽培植物―」『三田評論』836号
7　西田正規 1975「植物種子の同定」『京都府舞鶴市桑飼下遺跡発掘調査報告書』平安博物館
8　吉川昌伸・辻誠一郎 1998「三内丸山遺跡第6鉄塔スタンダード・コラムの花粉化石群」『三内丸山遺跡Ⅸ』青森県埋蔵文化財調査報告書第249集　青森県教育庁文化課
9　南木睦彦・辻誠一郎・住田雅和 1998「三内丸山遺跡第6鉄塔地区Ⅵa、Ⅵb層から産出した大型植物遺体（化石）」『三内丸山遺跡Ⅸ』青森県埋蔵文化財調査報告書第249集　青森県教育庁文化課
10　吉川純子 2002「是川中居遺跡長田沢1区より産出した大型植物化石」『是川中居遺跡―長田沢地区』八戸遺跡調査会埋蔵文化財調査報告書第2集　八戸遺跡調査会
11　吉川昌伸 2002「長田沢1区における縄文時代晩期以降の花粉化石群」『是川中居遺跡―長田沢地区』八戸遺跡調査会埋蔵文化財調査報告書第2集　八戸遺跡調査会
12　布目順郎氏のご教示による。

で沼に浸して3日目ぐらいからは毎日見回り、何枚も重なっている皮が一枚一枚薄く剝がれるようになったとき、沼から引き上げる。

⑤　沼から引き上げたものは、よく水洗いをして乾燥する。なお乾燥したものは湿気のない所に保存し、使う折には湿気を与え、指先で細く裂き、撚りをかけながら機結びで長くつなぐ。
　　　　　　　　　　　　　　　　　　　　　　　　　　　　　　　　　　　（萱野 1980）

（2）カラムシa（いらくさ科）：沖縄県宮古島市

①　新芽が出て、50日経った頃が収穫適期である。
②　そのカラムシを、早朝露のあるうちか、夕方露の降りるのを待って刈り取り、葉を取り去った後、水に浸す。これは芯と皮を剝がし易くするためである。
③　水から上げた茎の中央部を両手の親指と人差し指で持ち茎を折り曲げ互い違いにする。この時左手を前に、右手を手前に引くと芯が折れ、芯をはさんで表皮の手前と向こう側に隙間ができる。
④　隙間に指を入れ、まず手前の表皮を剝ぎ、次は向こう側の表皮を剝ぐ。ここで2枚の皮がとれる。
⑤　表皮が上になるように、その中央部分を左手で持つ（左親指と人差し指ではさむ）。右手の親指を、縦にしたトコブシの殻の中へ入れるようにして、トコブシを持つ。左手の右側の皮は右の親指の下側（貝の中）でしっかりはさみ、左手はそのまま（皮をしっかりはさんでいる）で、右手は皮を貝殻でしごきながら、右へ移動させる。力を入れて移動させる弾

みで表皮の不純物が剝がれる。これを繰り返す。右側がカラムシの繊維のみになったら、左側も同じようにして不純物を剝がす。

⑥ 不純物のとれた繊維は束にして陰干しにし、保存する。

なお亜熱帯気候の沖縄においてカラムシは、年に5～6回収穫できるとのことである。

(沖縄県宮古島市 平隆氏のご教示)

（3）カラムシ b（いらくさ科）：福島県昭和村

① 暦で小満の日（5月下旬）にカラムシ焼きを行う。それは前年秋に刈りとって、乾燥させたカヤ等で新芽（霜に弱く、高さ10～15㎝）を被覆したカラムシ畑を焼くのである。こうして、その後出た新芽を育てる。

② 収穫適期のカラムシは下葉が少し黄色になり、草丈は2～2.5ｍに生育する7月末頃である。早朝、または夕方露があるうちに刈ると水分が多く、葉が落ちやすい。

③ 左手で茎の頂部を持ち、右手で上から下に葉をしごき落とす。

④ 葉を落とした茎を束にして、丈を1.4～1.5ｍに切り揃え、流水に浸す（約3時間）。

⑤ 水からあげ表皮を剝がす作業は、沖縄とほぼ同様の作業をして、1本の茎から2枚の表皮を採る。

⑥ 剝いだ皮は根元を揃えて束ね水につける（2～3時間）。そして湿り気のあるうちに、苧引き板と苧引き金を使い、表皮の不純物をそぐ（単に苧引きという）。

⑦ 不純物のとれたカラムシは束にし陰干してにし保存する。

ちなみに、カラムシ焼きは、不揃いの芽をいったん焼くことで、その後いっせいに生育させ、均一の繊維を確保するためである。　　　　（福島県大沼郡昭和村 五十嵐すい子氏のご教示）

（4）アカソ（いらくさ科）：新潟県津南町周辺

「当地一般ではオロと呼ぶ。道端などにいまも自生しているが、茎が細く皮も薄いのでオヒキはしない。ゴザ（蓙）織りの経糸、アンギンの緯糸にもよく用いた。

アカソ繊維の処理方法は、私（滝沢秀一氏：筆者註）の聞いている範囲で言えば3通りがあり、次のようである。

① カラムシと同じように刈り取ってすぐ皮を剝ぐ方法で、剝いだ皮はそのまま乾燥する。皮がよく剝げるのは、やはり夏の土用中で、この時季を過ぎると剝げにくくなる。アカソは皮が薄いので細く褐色に仕上がるが、このまま撚り合わせてアンギンに編み、出来上がってからアク（灰）汁でよく煮る。こうすると表皮が溶解するが、そのあと春先の雪に晒したものだ、と或る老人に聞いた。

② これも直接皮を剝ぐのだが、刈ったアカソをそのまま乾燥しておき、あとで湯に入れて煮るか蒸すかしてから皮を剝ぐ。表皮はこのときにある程度分離する。後の処理は前と同様である。

③　これは樽田集落で実際に行っていた方法である。夏ごろ刈り取ったアカソは茎のまま乾燥して保存しておき、アンギンを編むころになって取り出し、手ごろに束ねて木または石の台の上で、横槌で藁を打つように叩く、つまり、アカソの木質部を打ちくだいて繊維と離すわけだ。実験してみると約1時間以上かかって一応、繊維だけになった。古老によれば、1着分を叩くには毎日少しずつやって20日くらいかかったものだという。そのあと繊維についている木質部の破片などを取りのぞき、繊維は乱れないように太縄のように撚り合わせて保存しておき、それを撚り紐のようにして使う。」　　　　　　　　　（滝沢 1994）

（5）大麻（くわ科）：奈良県奈良市

① 3月から4月に種をまき、8月上旬から中旬に刈り取る。
② 刈り取った茎から葉を落とし茎だけにする。それを束にして熱湯につける。
③ 天日干しをする。特に真夏の暑い日がよい。はじめ緑色の茎が黄色になる。この作業で注意することは、茎の水分が残っているとカビが生えるのでよく乾燥させることである。
④ 次は繊維採りである。乾燥した茎を水につける。
⑤ 蓆でくるむ。これは室状にして茎を蒸し皮を腐らせるためである。こうして何日かおき、皮が剝げそうか調べる。
⑥ 茎の元から先のほうへ皮剝ぎをする。茎の芯をオガラという。この作業はオガラと繊維を分離させる。
⑦ 板の上にのせ、ヘラで腐った表皮をしごき取る。
⑧ こうしてきれいになった繊維を室内で半乾きにする（天日に当てると繊維が悪くなる）。
⑨ 細く裂きつむぐ。　　　　　　　　　　　　　　　　　（奈良市 岡井高憲氏のご教示）

（6）コウゾ（くわ科）：徳島県木頭町

① コウゾの木は1月になると新芽から伸びた木の丈が約2m、直径約3cmになるのでそれを切り、枝をはらう。
② 切り取ったコウゾの木を少し温めて柔らかくし、折り曲げてコシキに入れる。約2〜3時間蒸す。
③ 皮を剝ぎ、それを灰汁で煮る（煮沸時間約2時間）。
④ まだ温かいうちに木槌でよく叩く。
⑤ 次はモミ殻をまぶして踏みながら、表皮を取る。
⑥ それを川できれいに洗い流し、重石をして一昼夜水に浸しておく。
⑦ 水からあげ、野原の草むらに並べて乾燥させる（3〜4日）。夜間凍ると良い繊維になる。乾燥の折、雪はよいが雨に当てないように注意する。
⑧ 乾燥後、木槌で叩いたり踏んだりして柔らかくする。
⑨ 精製作業中に繊維がしわしわになるので、しわをのばして保存する。

コウゾの繊維採りは1月の10日頃から20日ぐらいに行うため、寒いやら冷たいやら、たいへん辛い作業であるという。　　　　　　　　　　　　（徳島県那賀郡木頭町 丸山セツ子氏のご教示）

（7）シナ（しなのき科）：山形県温海町

① シナの木は前に切った株の周囲に新しい木が何本も伸びてくるので、この木を切り、その枝を切りはらう。5月頃から始めるが、樹液の多い6月が最適といわれている。

② 切り倒した木の根元の皮を少しへぎ、そこにツクシ（一種のくさびでブナやナラの堅木で作る）を差し込みねじるようにすると、皮は容易に剝ぐことができる。

③ へぎ取った皮の切り口から30㎝くらいの所を内側に折り曲げると、外皮と内皮が分かれるので、この内皮を持ち外皮をねじるようにして剝ぎ捨てる。残った内皮は内側を外にして70～80㎝の長さにまとめて縛る。

④ これを持ち帰り、屋根の上・軒下など風通しのよい場所で乾燥させる。

⑤ シナの皮を柔らかくするために一昼夜水に浸し、次はそれを渦巻き状にして釜に入れ木灰をまぶし、釜に水を張り約12時間煮る。この作業は8～9月にかけて行う。

⑥ 灰汁で煮るとシナ皮はベタベタに柔らかくなるので、熱いうちにもみながら層状の皮を1枚ずつ薄く剝ぐ。

⑦ シナ皮は真っ黒になっているので、川で小石2個、または箸状の棒でこきながら不要な繊維や外皮を取り除く。

⑧ それをよく洗い、小さな束にする。そして桶にシナ皮と糠を交互に入れ、水を注ぐ。2日ぐらい漬けた後、川でよく洗い乾燥させる。　　　（山形県西田川郡温海町観光課のご教示）

（8）葛a（まめ科）：静岡県掛川市

① 葛を刈り取る時期は6月末～9月。

② 葛の蔓は立ち蔓と這い蔓があり、新芽から出た這い蔓だけを取る。それもなるべくみずみずしく5mぐらいに伸びたものの葉を取り、傷つけないように持ち帰る。

③ 生蔓は太いものと細いものとに分け、10～15本くらい根元を揃えて釜に入るように輪を作って所々を縄で縛り、沸騰した湯の中へ入れて約15分煮る。

④ 釜から上げ、川の淀みに約半日浸す。

⑤ 次は発酵させるための室作りをする。まず1m四方・深さ30㎝ほどの穴を掘り、その中へススキ・カヤなどの生草を敷きつめる。

⑥ その中に淀みから出した蔓を並べて上に生草をかけ、最後にビニールをかぶせて錘をのせ、約二昼夜（その年の気候によって多少異なる）おく。

⑦ 発酵した蔓を室から出して再び淀みに浸け、次は流れで表皮のドロドロになった部分を洗い流す。

⑧ 葛の芯を少し取り出し、右手で芯を引くと左の手のひらに繊維が残る。

⑨ それを30～50本揃えて根元の部分で縛り、親指と小指で八の字状に巻きつけたものを作り、糠を入れた汁の中に入れ一晩浸す。

⑩ 流水で仕上げ洗いをした後、乾燥させる。根元の方を束ねたまま竹竿か針金を張ったところに掛け、半乾きの時にしわを伸ばしたり絡みを直したりする。

⑪ 完全に乾いた葛は地上に打った2本の杭に輪になるように巻き、中央で島田状に束ねる（葛苧の出来上がり）。

⑫ 葛苧の束から1本を取り出し、必ず根元から一定の太さに裂き、根元の方と先の方というようにつなぎ合わせ、糸にする。　　　　　（静岡県掛川市 川出幸吉氏のご教示）

（9）葛 b（まめ科）：鹿児島県甑島

① 繊維を採るための葛は1月頃山を焼くので、そのあとに伸びた新芽が非常に良くヤケクズとよんでいる。これは軟らかく節間が長いので良質の繊維が採れる。このほか秋クズといって旧暦7月頃の初秋のものも良いとされている。秋クズは春ものよりもきれいでカスも少ないという人もいるが、春ものより硬くて繊維を採るのにかなりの熟練がいるようである。普通は梅雨明けに採集する。

葛は茎の青い節間の長いものを選んで、やぶに這っている一ひろ半くらい引出して鎌で切る（花の咲く前のもの）。

② 皮をむくには根元に近い方の切り口から爪や歯で皮を剥ぎ、木部を口にくわえて皮を手で引っ張ってむく。むいた皮を一握りずつ束ねて家へ持ち帰る。蔓のまま持ち帰った場合は皮を家でむく。

③ 下甑村瀬々野浦（鹿児島県薩摩郡）では皮を束ねたまま水にしめし、それに木灰をつけてから平鍋で煮る。上甑村瀬上では鍋にまず湯を沸かし、それに皮を束ねたまま入れ上から灰を振りかける。灰汁はなるべく濃度の濃いものがよいとされた。沸騰してきたら上下むらなく煮えるように葛を1・2回返し、1日煮つめる。

④ 炊き上がったものは川のゆるやかな流れで外皮を取り除く。洗い上がった繊維は家に持ち帰り乾燥させる。　　　　　　　　　　　　　　（文化庁文化財保護部編 1981）

（10）フジ a（まめ科）：岐阜県大和村他

「素材とするフジは、マメ科の木本のいわゆるフジで、古老たちの多くはマフジと呼び、グゾバフジ（クズ）などの各種の蔓植物と区別している。出来上がった布地は、ふつうタコと称し、僅かだがフジダコという事例もないではない」といわれ、繊維の採り方についても細かく記されている。

① フジの採集時期は、5月を適期とするところと6～7月、さらには秋過ぎというところもある。

② 蔓の見分け方は、他の木に登りついたものが好まれ、細いものより太いもの、大和村で

は外回りで2寸（約6cm）前後のものがよい。
③　表皮は現地で剥ぎ、さらにクソカワとかヒカワ、シブカワ、ウワカワなどと呼ぶ部分を取り去る。利用する残った皮の方がアマカワとかアマハダという靭皮になるわけである。この作業は家に持ち込んでもするが、いずれにしてもとりたてた用具もなく、素手ですますことができる。
④　次は灰汁で煮る工程になるが、家によっては、アマカワをいったん乾燥させたりもする。
⑤　煮たものは水に晒し、コキバシ・タケヘラを使って付着しているクソカワを取り去る。このとき念のいった人はよくもんでから作業にかかる。
⑥　これをよく乾燥させ、冬期まで保存する。
⑦　時期がくるとフジを績む段階に入るが、このときに糠を入れて一度煮上げる工程が加子母村ではある。

(脇田 1989)

(11) フジb（まめ科）：京都府宮津市

上世屋で刈り取るフジ蔓には、ワタフジとシナフジの2種類がある。一般に前者はノダフジと呼ばれ、繊維質が短く、後者はヤマフジと呼び、繊維質が長い。

①　フジキリ（藤伐り）　春先のタネオロシ（籾種漬け）から田植えまでと、8月下旬から稲刈り前と、2時期に分かれる。まっすぐに伸び、4～5年経った親指大の太さの藤蔓がよい。春の蔓は水分を含んでおり、その場で皮を剥ぎ持ち帰るが、夏は渇水期のためいったん水に漬けて皮を剥ぐ。藤伐りは男の仕事。
②　フジヘギ（藤剝ぎ）　藤蔓は木質部の中芯・中皮・鬼皮（表皮）の3層からなる。木槌で藤蔓を叩き、芯と皮を剥ぐ。さらに鬼皮をめくり取ると、中皮だけが残る。この中皮が繊維となる。足の親指に中皮の先端を挟み、5分幅くらいに裂き、根元を縛り、竹竿に掛け天日で干す。乾燥後保存する。
③　アクダキ（灰汁炊き）　11月下旬頃、早朝から灰汁炊きにかかる。前日水に漬けておいた中皮の水を切り、木灰に石灰を少々混ぜ合わせ、湯で溶き、その中へ中皮を入れ手で揉み、中皮に灰汁を浸み込ませる。平鍋に湯を沸かし、底に中芯をU字形に敷き、中皮を輪にしながら入れる。2時間沸騰させ、中皮の上下を入れかえて、さらに2時間沸騰させる。
④　フジコキ（藤扱き）　炊き上がった中皮を谷川へ持っていく。コウバシと呼ぶ扱き棒を親指と人差し指の間に挟み、中皮を扱きながら灰汁の汚れを洗い流す。
⑤　ノシイレ（熨斗入れ）　フジコキをすませた中皮は、糠を溶かした湯に浸す。手で絞り、糠の粉を叩き落として陰干しの後、保存する。

(井之本 1994)

(12) 芭蕉布（ばしょう科）：沖縄県大宜味村

①　茎の先を根と同じ太さに育て、糸を柔らかくするために葉と先端の芯を切り落とす作業を繰り返しながら2～3年たつと、糸芭蕉は繊維が採れるほどに生育する。地上より20cm

ほどのところを切り倒し、100～150cmの長さで切り先端を落とす。伐採した茎のように見える葉鞘の断面は25～27枚の輪層をなしている。

② 古い表皮を除き、葉鞘の先端を下にして立て、根の切り口に小刀で切り込みをいれ、表から順に1枚ずつ皮を剥ぐ。これを口割と呼ぶ。

③ 口割した原皮は足の先で先端を押さえ、両手で表裏2枚に剥ぐ。この表皮が糸となり、裏側は絣括りなどに利用される。

④ 糸にするための皮は、1本の芭蕉の外側から順に上皮、中皮、内皮が各4～5枚、芯部が2～3枚採れる。もっとも上質で着尺の材料となるのがナハグー（内皮）。キヤギ（芯部）は柔らかいが織り上がった後変色するので染め糸に用いる。このように4種別々に分けて束ねる。

⑤ 芭蕉の繊維も苧と呼ぶ。次は広口の大鍋に入れた灰汁の底に150cmほどの丈夫な蔓をU字形に敷き、その上に束ねた苧を重ねて20～30分間煮る。蔓は苧が均一に煮えるように皮の束を動かしたり、上下をひっくり返したりするためのものである。

⑥ 煮上がった苧は灰汁を落とすため、ざるに入れてよく水洗いし、重石をして水を切る。

⑦ 灰汁炊きした苧を2つか3つに裂き、左手の人差し指に皮の中程を一巻きして持ち、右手で持った竹ばさみ（20cmくらいの竹を2つ割にしたもの）に皮をはさんで、中程から根の方へしごきながら付着している不純物を取り除き、きれいな繊維にする。中程から先の方も、持ち替えて同じようにしてしごく。

⑧ 風の強くない日陰にほぼ1日、苧引きした繊維を干す。柔らかい繊維は緯糸に、色のついたやや硬い繊維は経糸用となる。

（渡名喜 1989）

2 まとめ

縄文時代の遺跡から、カラムシや大麻などの植物性繊維で製作された遺物が出土しているので、以上は現在確認できるそれらの精製法を述べた。植物の樹皮・靭皮から繊維にするまでのプロセスは、上記したように季節を選び、時間のかかる面倒な作業である。それにもかかわらず、縄文時代草創期より繊維の精製が行われていたようである。

草創期には上記した大麻の撚糸や、鹿児島県三角山遺跡からは細糸使用の絡み巻き圧痕、早期には平織圧痕が愛媛県穴神洞遺跡から、網圧痕は宮崎県田上遺跡等から出土している。なお前期から晩期に至っては、表28に記したようにオヒョウやカラムシ・アカソ製の編布、また極細糸でなければ製作不可能な織物をはじめ数多くの編布・織物圧痕、さらに網圧痕等々、多数出土している。

余談であるが、過日山形県押出遺跡から動物性素材混入のクッキー状炭化物が出土した。筆者はその分析表に接し、獣肉・獣血・栗・酵母菌等々の入っていることを知り、縄文前期という原始時代に、加工食品が作られていることに驚いた。

しかし、今回はさらに古い時代に、樹皮・靭皮から繊維を採り、網・布等を製作する、いわゆる加工技術が開発されていたことを確認した。樹皮・靭皮から繊維にする工程は、先の食品加工に優るとも決して劣るものではない。

　事例で記したように、繊維の精製過程ではそれなりの道具が必要である。縄文時代にどのような精製法があったのか明らかではないが、道具の存在を否定することはできないであろう。これらについても今後の課題である。

第Ⅵ章　近隣地域の編布

1　中国新石器時代の編布

　現在までに編布と同様の遺物が発見された遺跡は、スイスの新石器時代ローベンハウゼン遺跡などの湖上住居跡（小笠原好 1970）や、プレ・インカの遺跡であるペルーのワカ・プリエッタ遺跡（角山 1960）、イスラエルのナハル・ヘマル遺跡（B. C. 6500年頃：Barber 1991）などがある。近隣諸国としては、新石器時代前期の中国河南省舞陽県賈湖遺跡（縄文早期後半頃並行）や河北省武安県磁山遺跡（縄文早期後半頃並行）、西安市（臨潼区）姜寨遺跡（仰韶文化半坡：B. C. 4500年頃）等から底部等に編布や、一部織物の圧痕を有する土器の出土例が報告されている。本項ではその拓影と写真から、原布の編・織密度並びに、製作技法等の検討を試みた。

　なお中国大陸では夏王朝時代以前の編織具として平鋪式（図67）[1]と吊挂式（図68）が紹介されている（陳 1984）。平鋪式の原理は木枠式横編法に準ずるものと推測されるが、吊挂式は帯状織物を製作する編織具であり、今回は平鋪式を採用することにした。

　なお、上記文献には縦編法らしい道具は紹介されていないが、ここでは縦編法も採り入れることにした（本文中の横編法は平鋪式編織具を指す）。

（1）基礎編布

　図69の賈湖遺跡と、写真163の姜寨遺跡出土の土器底部の圧痕は基礎編布である。前者は経糸間隔が7㎜、緯糸は1㎝当たり4本（表29－1）で、その密度を縄文時代の編布と比較した場合、Ⅲ類－Ａグループに属するものと考えられる。経糸間隔Ⅲ類は、筆者が調査対象とした編布832点中約251点でもっとも利用率の高い類型であるが、その中で緯糸密度Ａグループは3点あるのみ、こちらは利用率のごく低い珍しい編布である。また後者は1㎝当たり経糸が6本、緯糸は5本（表29－5：ⅠＢ）で、やや細密な部類に属し、石川県に類例が出土している。両者の製作具を考えた場合、賈湖遺跡は経糸間隔が比較的広い（Ⅲ類）ので、縦編・横編法いずれも可能かと思われるが、緯糸が4本ということは密度が低いので、横編法が適切といえよう。なお姜寨遺跡の出土例は経糸が緻密なため、縦編法[2]のケタの刻みを考えると横編法の可能性が高い。

（2）応用編布

　図70～72までは磁山遺跡出土の土器底部圧痕である。図70の圧痕は経糸が右絡みの応用編布

第Ⅵ章　近隣地域の編布

図67　中国・河姆渡遺跡出土の骨針使用の編織物
　　　（平鋪式編織具想定図）

図68　吊挂式編織具
　　　（図67・68：陳 1984より）

図69　賈湖遺跡出土の
　　　基礎編布圧痕
　　　（表29－1）

図70　磁山遺跡出土の
　　　応用編布圧痕
　　　（表29－2）

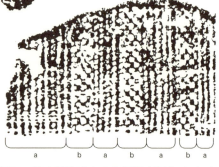

図72　磁山遺跡出土の応用編布圧痕（a）と
　　　経畝織（b）並列圧痕（表29－4）

図71　磁山遺跡出土の応用編布圧痕（a）と
　　　その拡大図（b）（表29－3）

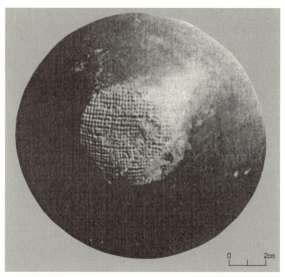

写真163　姜寨遺跡出土の基礎編布圧痕（表29－5）

表29　中国新石器時代遺跡出土編布・織物の構造

No.	所在地	遺跡名	編布の種類	編布の密度 経糸間隔(㎜)	経糸(本/cm)	緯糸(本/cm)	分類	織布の密度 経糸(本/cm)	緯糸(本/cm)	編糸の絡み方向	文献	文献中の挿図番号
1	河南省舞陽県	賈湖	基礎	7		4	ⅢA			S	1	図174-3
2	河北省武安県	磁山	応用	7〜9		8	ⅢB			S	2	図10-13
3	〃	〃	応用	狭:3〜4 広:7〜10		6〜7	ⅡB ⅢB			S	3	図9-15
4	〃	〃	応用		3〜3.5	6〜7	ⅡB	4	6〜7	S	2	図10-17
5	陝西省西安市	姜寨	基礎	6		5	ⅠB			S	4	5-2

表29文献
1　河南省文物考古研究所 1999『舞陽賈湖』科学出版社
2　河北省文物管理処・邯鄲市文物保管所 1981「河北武安磁山遺址」『考古学報』1981年3期
3　邯鄲市文物保管所・邯鄲地区磁山考古隊短訓班 1977「河北磁山新石器遺址試掘」『考古』1977年6期
4　秋山進午 1978「中国古代の土器」『陶磁大系』33　平凡社

であり、経糸間隔が7〜9㎜、緯糸は1㎝当たり8本（表29-2）で、密度はⅢBに属し、もっとも製作しやすいタイプである。これは小さな土器片であるが、この応用編布の連続であれば、縦編・横編いずれの技法でも製作可能である。

（3）経糸間隔を異にした応用編布の並列

図71-aの土器片の右約5分の3は、経糸間隔が7〜10㎜、緯糸は1㎝当たり6〜7本（ⅢB）の応用編布であるが、左側5分の2に関しては、一見織物かそれとも基礎編布かと錯覚したが、拡大して熟視すると、図71-bの○印部分の緯糸に応用編布の特徴（図73-bの矢印部分）が現れており、これは経糸間隔を3〜4㎜（ⅡB）に狭めた応用編布と判明した（表29-3）。なお圧痕からはこの部分のみ、やや太い経糸が使用されているようである。

この編布を縦編法で考えた場合、ケタの刻みを考慮しなければならないが、横編法ならば無理なく製作可能である。

なお経糸の絡み方向は両者とも右絡みのようである。

（4）応用編布と織物の並列

図72は、応用編布と織物を相互に並列した拓影であるが、この織物部分は一般的な平織（図74）ではなく、平織変化組織の「経畝織」である（図75）。それは並列する応用編布が2本の経糸で2本の緯糸を絡ませるため、平織ではなく経畝織で製作されたのであろう。

編布の経糸は右絡みで、1㎝当り経糸3〜3.5本、緯糸は6〜7本（ⅡB）。織物は1㎝当たり経糸が4本、緯糸は6〜7本である（表29-4）。これを図76を参考に縦編法で製作した場合、編布の経糸が1㎝当たり3〜3.5本ということは、織物はその倍の6〜7本でなければならない。しかし原布は4本である。単純に考えればこれは縦編法で作られたものではない。また経糸密度から判断しても横編法が妥当である。

横編法の平鋪式で製作するならば編・織とも簡単な作業で仕上げることができる。また平鋪

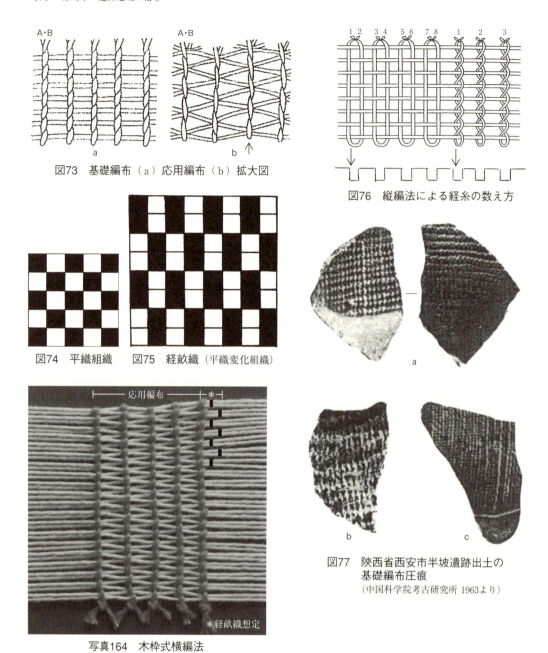

図73 基礎編布（a）応用編布（b）拡大図

図76 縦編法による経糸の数え方

図74 平織組織　図75 経畝織（平織変化組織）

図77 陝西省西安市半坡遺跡出土の基礎編布圧痕
（中国科学院考古研究所 1963より）

写真164 木枠式横編法

式で先に応用編布を製作すれば、写真164で示すように、自然に緯糸が2本ずつ組織（写真164の＊印部分）されているので、織部分を平織にするよりも経畝織にした方が効率的である。

　以上、3遺跡5点の底部圧痕を検証した。3遺跡のみで縄文時代の編布と比較することはできないが、日本列島の編布は縄文時代前期より出土し、基礎編布が主流で、応用編布は後期後葉～晩期の1遺跡（石川県御経塚遺跡）1点の出土例をみるに過ぎない。しかし中国大陸では、縄文時代早期に並行する新石器時代、すでに基礎・応用両編布が存在している。中には1枚の布上で経糸間隔を異にしたものもある。また縄文時代には出土例のない経畝織が開発され、そ

れを応用編布と並列し、縞状に編成している。数少ない出土例とはいえ、このようにデザイン的にも配慮されていることは、高く評価すべき資料である。

また5点の資料中3点（図71・72、写真163）は確実に横編法が用いられたと推測される。それは平鋪式編織法ではなかろうか。

なお平鋪式は「想定」として紹介されているが、少なくとも図72の出土例は、その平鋪式編織法で編成された可能性を物語る数少ない貴重な資料であるといえよう。

図77－a・b・cの3点は陝西省西安市半坡遺跡（新石器時代中期～後期＝縄文前期初頭～中期前半並行）から出土した土器片を石膏で象ったいわゆるモデリング陽像である。「絞纏法（twined）」とあり編布圧痕であるが、図版にはスケールが記載されていないので、調査の対象とすることはできなかった。しかしこれら3点は基礎編布で、とくに図版から受ける印象はcが繊細な編布、aはやや繊細なものである。したがって先に述べた横編法で編成されたのではなかろうか。

第Ⅱ章第1節の「絡み巻き」で述べたように、筆者は編布の日本列島起源の可能性も考えているが、一方巷間で「日本の文化は渡来文化」といわれ、もしそうであればその淵源としてもっとも有力視されるのが中国大陸である。中国大陸における編布資料の収集はきわめてむずかしいが、そのような観点から1点でも多く彼地の編布資料に接し、密度をはじめデザイン面なども検証したいと考えている。さらに製作技法に関しては、角山幸洋氏が「越後アンギンの編具（縦編法）のような形式の道具は外国にはない」（角山 1975）と述べられているので、まず縦編法の道具の可能性、さらには平鋪式以外の横編法についても縄文時代の編布との関連を考慮しつつ追究し、考察を進めるのが今後の課題である。

ちなみに、ワカ・プリエッタ遺跡からは約3,000点の繊維製品が出土している。中には織物と編布が一枚の布に編成されているものがあり、編・織いずれの製作も可能な道具の存在が示唆されている。それにもかかわらず、繊維製品の78.3％が編布で、平織はわずか3.7％にすぎないという（縄文時代と同じ傾向）（角山 1960）。

またナハル・ヘマル遺跡出土の繊維製品は、緯糸捩り編みと称し、その技術は圧倒的に多いとか、さまざまな細かさの編目とあり、経糸間隔4～6㎜、緯糸は1㎝当たり10本と、北海道朱円周堤墓（縄文後期末）出土例を彷彿させる密度の編布が紹介されている（Barber 1991）。

さらに編布と同じ組織のものは、エジプトのデール・エル＝バハリ遺跡（B. C. 900年頃）から絡み編みの手提げ袋（図78：クロウフット 1981）、トルコのチャタル・ヒュユク遺跡（新石器時代初期B. C. 6500年頃）からも捩り編みが出土している（Barber 1991）。

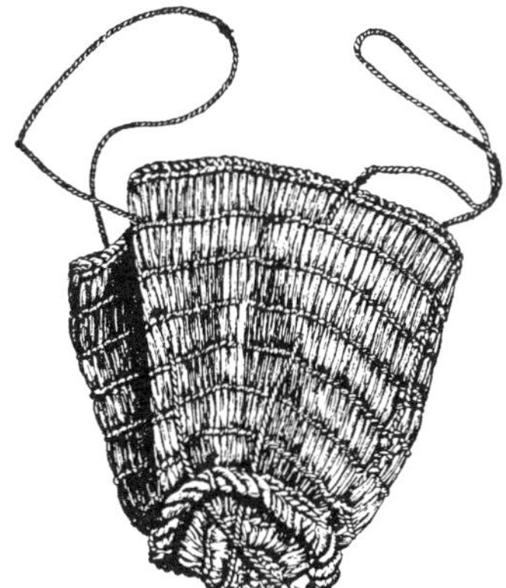

図78 デール・エル＝バハリ遺跡出土の手提げ袋
（クロウフット 1981より）

編布、あるいは絡み編み関連資料が日本列島でいえば縄文時代早期という古い時代において、多くの国から出土していることは、編布が織物よりも製作面で操作が単純かつ能率的であるためではなかろうか。

また世界的同時発生の可能性も、あるいは視野に入れてもよいのではなかろうか。

註
（1）平鋪式編織具については本書第Ⅷ章「10　中国扎洪魯克墓地出土の小児服」で詳述している。
（2）縦編法で必要な道具のケタを普通の木材で作った場合は、3㎜以下の刻みを入れることは不可能である（欠けてしまう）。しかしわが国では、柞とか黄楊のような特殊な素材の正目部分を使えば製作できる。今回中国にはどのような素材があるのか調査しなかったので、拙稿はケタに刻みを入れることができないことを前提とした。

2　旧千島占守島及川遺跡の編布

1936年、馬場脩氏は旧千島占守島及川遺跡の発掘で、多くの繊維製品を発見された。これらについて同氏は「遺物は今は国境を異にしていても、所謂オホーツク文化圏内に発見された唯一の繊維性遺物であるといえよう」（馬場 1979a）とか「国指定重要文化財『アイヌ生活コレクション』」（馬場 1979b）と位置づけられ、繊維製品も他の出土品同様、アイヌ民族の生活用具であるといわれている。

出土した繊維製品は、現在函館市北方民族資料館に収蔵されているので筆者も実見した。繊維製品は小切れ化したもの37点で、素朴な手作りの箱8個に収納されていた（表30）。総体的に炭化しているので箱から出して裏面を見ることはできなかったが、編目は鮮明で中には光沢のあるものさえ見受けられた。材質については、大麻とかカラムシには見られない強ばった感じのもので、何が使われているのか不明である。筆者はこれらの繊維製品を、アイヌ民族に関する出土品として考察することにした。またすべてのものが編布と同じ絡み編みである。したがってここでは編布と呼ぶことにした。なお及川遺跡の繊維製品はすべて素材が堅そうで糸ではないが、ここでは便宜上、縦横の素材について経糸・緯糸の呼称を使うことにした。

（1）編布製作用の道具について

①縦編法
アイヌ民族は手作りで多くの民具を作製している。その中にはゴザ製作用の「イテセニ」がある（写真165）。この道具は越後アンギンの道具とまったく同じ原理の縦編法製作具である。

②横編法
この他にエムシアツ（刀の下げ帯）やタラ（背負い縄）は、写真166のように割り箸状の細い木にシナの繊維で撚った糸（細い紐）を結びつけ、それを木の枝で作ったY字型の道具に吊り

2　旧千島占守島及川遺跡の編布　177

写真165　アイヌの縦編法の道具「イテセニ」

写真166　アイヌの横編法の道具

下げ、上部から横方向に編みながら下方へ進む編成法、つまり横編法である。また、サラニプ（背負い袋：津田命 1997）のような袋物は、編もうとする袋の底に吊り紐を通し、図79のように底部から螺旋状に編み下がるなど、道具らしいものを使用しない横編法の製作様式も採用されている。

以上のように、イテセニによる縦編法や、サラニプ様等の横編法などが、どの時代まで遡るか定かではないが、オホーツク文化圏といわれている及川遺跡出土の編布が、いずれの技法で編成可能なのか試作実験を施行した。

（2）編布の分類

出土した37点の編布は、表30に基づき表31のように分類した。

① 基礎編布：15点（表31－1～4）

細密なもの10点（表31－1）は、1cm当たり経糸が5.5～7本、緯糸は6～7.5本とほぼ類似した密度を呈している。

馬場氏は写真167－a・bについて「図の左端に示す2つは袋物で一見アツシ織のように見えるが、左端の物の上端は、口縁の紐を通す部分の編方を示していて、この内に30本の石鏃を附した骨柄がはいっていた」（馬場 1979a）と述べられているが、aは縦約20mm、横が約42mm、bの縦は約20mm、横約34mmといずれも小切れである。筆者は細密編布10点の密度が類似しているので、発掘当初は1枚の布、いわゆる袋物であったのが、炭化が進んで小切れ化したのではないかと考えた。しかし同じ

図79　サラニプの編み方
（津田命 1997 より）

表30 旧千島占守島及川遺跡出土編布の構造（オホーツク文化期）

資料番号(1)		編布の密度			経糸の絡みの方向	編成法(2)	備考	文献	文献中の図版番号
		経糸間隔（mm）	経糸（本/mm）	緯糸（本/mm）					
1	a	11		3	S	△	すだれ編	1	第2図
	b	11〜16		2.5	S	△	すだれ編	〃	〃
	c	16〜17		2.5	S	△	すだれ編	〃	〃
	d	16〜20		2.5	S	△	すだれ編	〃	〃
2	a	4〜6		7〜8	S	△	応用・7mm間に経糸4本の基礎	1	第3図
	b	4〜6		7〜8	S	△	応用・7mm間に経糸4本の基礎	〃	〃
	c	4〜5		7〜8	S	△	応用編布 縦編法の編端有り	〃	〃
	d	5〜6		8	S	△	応用・4mm間に経糸2本の基礎	〃	〃
	e	5〜6		8〜9	S	△	応用・4mm間に経糸2本の基礎	〃	〃
3	a		6	7	S	○	基礎編布	1	第4図
	b		7	7	S	○	基礎編布 緯糸の始末有り	〃	〃
	c	4〜5		8	S	△	応用編布 経糸の始末有り	〃	〃
	d	4〜6		8	S	△	応用・7mm間に経糸4本の基礎	〃	〃
4	a		5.5	7	S	○	基礎編布		
	b		6.5	7.5	S	○	基礎編布 緯糸の始末有り		
	c		6.5	7.5	S	○	基礎編布 緯糸の始末有り		
	d		5.5〜6	6〜7	S	○	基礎編布		
	e		6	7	S	○	基礎編布		
	f		6	7	S	○	基礎編布 経糸につなぎ目有り		
	g		6	7	S	○	基礎編布 経糸につなぎ目有り		
	h		6	7.5	S	○	基礎編布 緯糸の始末有り		
5	a		3〜4	3〜3.5	S	○	基礎編布	1	第5図
6	a	4〜5		7〜8	S	△	応用編布		
	b	4〜5		7〜8	S	△	応用編布		
	c	4〜5		7〜8	S	△	応用・7mm間に経糸4本の基礎		
	d	4〜5		8	S	△	応用・4mm間に経糸2本の基礎		
	e	4〜5		8	S	△	応用・7mm間に経糸4本の基礎		
	f	4〜5		8	S	△	応用編布		
7	a	5〜6		8	S	△	応用編布		
	b	5〜6		7	S	△	応用編布		
	c	3〜5		7〜8	S	△	応用・6mm間に経糸3本の基礎		
	d	7〜8		8	Z	△	応用編布		
	e	4〜6		8	S	△	応用・7mm間に経糸4本の基礎		
8	a	4		10	S	△	応用編布		
	b	4		11	S	△	応用編布		
	c	4		11	S	△	応用編布		
	d	4		11	S	△	応用編布		

註（1）資料番号の1〜8は編布の収められた箱、またa〜hは個々の編布資料を表記したものである。
　（2）編成法の○印は横編法、△印は縦編法で編成されている。
表30文献　1　馬場　脩 1979a『樺太・千島考古・民族誌1』北海道出版企画センター

表31　及川遺跡出土編布の分類

No.	編布の種類	資料番号 (表30に基づく)	編布の密度			分類	備考	点数
			経糸間隔 (mm)	経糸 (本／cm)	緯糸 (本／cm)			
1	基礎編布	3-a・b／4-a〜h		5.5〜7	6〜7.5	ⅠB		10
2		5-a		3〜4	3〜3.5	ⅡA		1
3		1-a・b	11〜16		2.5〜3	ⅣA	すだれ編	2
4		1-c・d	16〜20		2.5	ⅤA	〃	2
							小　　計	15
5	応用編布	2-c／3-c／6-a・b・f	4〜5		7〜8	ⅡB		5
6		7-a・b・d	5〜8		7〜8	ⅢB		3
7		8-a〜d	4		10〜11	ⅡC		4
							小　　計	12
8	基礎・応用 並列	2-a・b／3-d／7-e	4〜6		7〜8	ⅢB	基礎：経糸 4本／7mm	4
9		6-c・e	4〜5		7〜8	ⅡB	〃　　　4本／7mm	2
10		2-d・e	5〜6		8〜9	ⅢB	〃　　　2本／4mm	2
11		6-d	4〜5		8	ⅡB	〃　　　2本／4mm	1
12		7-c	3〜5		7〜8	ⅡB	〃　　　3本／6mm	1
							小　　計	10
							合　　計	37

ような細密編布でありながら写真168と169（写真167-bの拡大）の矢印部分には、緯糸をそれぞれの技法で始末した跡が見受けられるので、10点の細密編布が同一資料ではないようである。したがってどの程度の袋物であったのかは推測し難い。

なお馬場氏は、写真167-bについて「口縁部の紐を通す……」と袋の口縁部を想定されているが、これは横編法によって残った緯糸[1]を始末した跡である（写真169）。

さらに写真170の○印には横編法で作られたと思われる経糸のつなぎ目が見受けられる。写真166の技法は弓式・輪っぱ式横編法と同じ原理である。したがって弓式横編法で試作してみると、写真170に類似したつなぎ目を作ることができた（写真171）。要するに緯糸の始末とともに、経糸のつなぎ目は、10点の細密編布が横編法で製作されたことを示唆するものと考えられる（木枠式でも同じつなぎ目になる）。

やや粗いもの1点（表31-2）は1cm当たり経糸が3〜4本、緯糸は3〜3.5本。経糸は細密編布に準ずる密度であり、緯糸も低い密度であることに鑑み、横編法と判断した。

粗いもの4点（表31-3・4）に関して経糸間隔（11〜20mm）はともあれ、緯糸密度（1cm当たり経糸が2.5〜3本）が低い、いわゆる太い素材でがっちり編まれており、編布というよりも「すだれ編み」といった方が適切といえよう。

アイヌの民具イテセニ（縦編法）で製作されたと推測する（詳細は次の応用編布で述べる）。

② 応用編布：12点（表31-5〜7）

表31-5は経糸間隔4〜5mm、緯糸は1cm当たり7〜8本、表31-6は経糸間隔5〜8mm、緯糸は1cm当たり7〜8本、また表31-7は経糸間隔4mm、緯糸は1cm当たり10〜11本。これらの応用編布は、経糸および緯糸密度に多少の差は認められるが、縦編・横編いずれの技法も可能な範囲である。

写真167　馬場氏が袋物とした細密編布（表30-3-a・b）

写真168　緯糸の始末跡　矢印
　　　　（表30-4-b）

写真169　緯糸の始末跡　矢印
　　　　（写真167-b：表30-4-b）

写真170　経糸のつなぎ目　○印（表30-4-f）

写真171　写真170の試作

なおこのグループに属する写真172の矢印部分（表30-2c）には、イテセニで編成されたと思われる編端（図80-袋の編端：津田直 2000）が残されている。アイヌ民族はゴザや袋の緯材にはカヤ（ススキ）やガマを使っており、越後アンギンと同じ形式（縦編法）の道具でも、袖なしや阿弥衣の編端とは異なった操作で編成されている。

アイヌ式応用編布は、まずケタに経糸をかける（必ず偶数であること）。1段目は、図81-①に示すように1本目のガマをケタに沿わせ、左から奇数の刻みごとに経糸でガマを絡ませる（越後アンギンは偶数の経糸をセットし、偶数の刻み目を使用）。2段目は2本目のガマをおき前段で飛ばした部分を絡み編む（図81-②）。そして3段目は1段目のガマの一部を図81-③のように折り返し、その上に3本目のガマをのせ絡み編む[2]。両端をこの要領で編み進めば写真

写真172　イテセニで製作されたと
　　　　　思われる編端（矢印）
　　　　　（表30-2-c）

図80　イテセニ製手提袋
　　　（津田直 2000より）

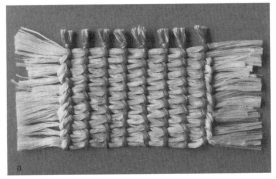

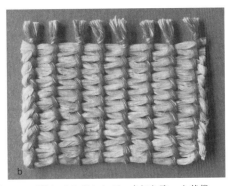

写真173　写真172の試作　a.両端のガマを残した状態　b.両端にはみ出したガマを切り取った状態

182　第Ⅵ章　近隣地域の編布

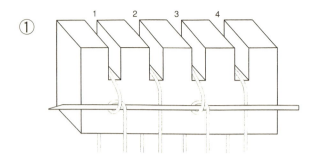

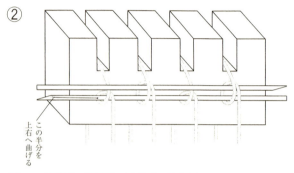

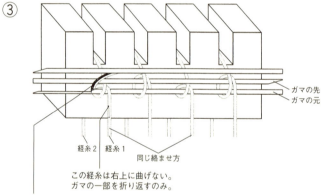

図81　アイヌ式縦編法の糸のかけ方

写真174　経糸を始末した跡（表30-3-cの拡大写真）
　　　　三ツ編状の紐が芯にしてある（矢印）

173-aのように折り返さなかったガマは残るが、越後アンギンの編端同様左端は矢羽根状らしき編端を呈している。写真173-bは両端にはみ出たガマを切り取った状態であり、写真172と同じような編端になる。この方法はアイヌ民族のゴザや手堤袋（図80）と同じ技法である。

　上述した編端は越後アンギンの製作法でも詳述したが、縦編法でなければ製作できない、つまり縦編法の特徴である。

　写真174（表30-3-c）の矢印部分は、三つ編状の紐を芯に編み残された経糸を巻きつけたもの、いわゆる入念に経糸を始末した跡である。

　時宗の阿弥衣や越後アンギンも応用編布製であり、経糸による編み終わりの始末が必要である。しかし写真174のように、三ツ編状の紐を芯にしたものはまったく認められず、この始末はきわめて珍しい手法である。

　上記したように応用編布には、縦編法でなければ製作不可能な編端が残されていた。それはオホーツク文化圏にあってもすでに、"イテセニ"つまり縦編法の道具の存在を裏付ける唯一の証である。

　なお写真175は、過日芹沢長介先生から「昔使われたという

アイヌの三五ゴザ編み」と教示されていただいた写真である。製作的な原理は現在のイテセニと何ら変わらない。したがって及川遺跡で使用された編具も、このようなものであったかも知れない。

③ 応用・基礎両編布並列：10点（表31-8～12）

1枚の布に応用編布と基礎編布を並列して製作されたものは珍しく、縄文時代以降現代に至る長い歴史上稀有な資料である。写真176-a・bは経糸間隔4～6㎜の応用編布と、経糸7㎜間に4本密着した基礎編布（矢印）が並列している。またd・eは経糸間隔

写真175　三五ゴザ編み

5～6㎜の応用編布と、経糸4㎜間に2本密着（矢印）の基礎編布が並列しており、馬場氏はこのa・bを指して「或間隔をおいて縦草が4列に接合して一種の装飾化をみせている」（馬場1979a）といわれているが、まさに適切な表現である。

写真176　応用編布の中に基礎編布　矢印（表30-2）
　　　　cの右端は縦編法の編端（写真172）　eの白矢印部分は緯糸の重ねつなぎ

写真177　縦編法による試作

応用編布（10点）は経糸間隔4〜6mm、また5〜6mmとそれぞれであるが、基礎編布は7mm間に4本、6mm間に3本、あるいは4mm間に2本と密集化されている。これはデザイン的なアクセント、言い換えれば応用編布に見られる幾何学模様の引き立て役が基礎編布であり、いわば美的効果を想定して作られたものと思われる。

さてこれらの編布の製作法を考えた時、気になるのが基礎編布である。経糸が7mm間に4本ということは、1cm間に換算すれば5.7本、つまり経糸間隔Ⅰ類のもっとも繊細な編布に属するものである。したがって例外はあるが、一般的には横編法が妥当といえよう。

すでに応用編布（表31-5〜7）のみについては編端の形状からアイヌ式縦編法と確認できたが、こちらは密着した基礎編布の並列。思案に思案を重ねた末、今一度該当する資料（表31-8〜12）をルーペにて熟視した。そして写真176-e資料右上部白矢印部分に、緯糸の重ねつなぎを発見した。これは縦編法で製作された阿弥衣や越後アンギンによく用いられた技法である。さらにこの写真（176）右上cの編布は、上記した縦編法の編端（写真172）を有するもので、素材・形状共基礎・応用並列編布と同属である。したがってこれらの2点（緯糸の重ねつぎ・編端）によって、応用編布と基礎編布の並列も、縦編法によるものと理解した。そこで連想したのが木材に糸か紐を巻いて刻みを作る荒屋敷編具（第Ⅰ章第3節「道具と製作技法」）である。しかしアイヌ文化の中に荒屋敷編具の存在は考えられない。再び悩み抜いた結果、脳裡に浮かんだのが、阿弥衣や前当ての胸部（越後アンギン）の傾斜面をケタの刻みのない部分で試作したことである。あの折の技法の応用でなんとかならないかと考えた。ケタの刻みのない部分での基礎編布の製作である。筆者は経糸間隔1cmのケタを使用し、試作に踏み切った。最初は刻み目のない部分での製作は経糸が隣同士絡みやすく苦労した。しかし試作を繰り返すうちになんとか写真177のように編み上げることができた。

及川遺跡の技法については、計り知ることはできない。

及川遺跡の編布は総数37点、量的にはさほど多いものではない。しかもそれらは小切ればかりであるが、基礎編布も細密なものからすだれ状のもの、そして応用編布、また応用編布の

写真178 『蝦夷嶋奇観』にみられる編布？　矢印：編布のようである

所々に変則的な基礎編布を並列させたものなど、そのバリエーションは興味深いものである。

　基礎編布には経糸をつなぎ合わせた痕跡や緯糸の始末などから横編法で製作されたと思われるもの、応用編布の中には、現存するアイヌ民族のゴザ製作具イテセニ様の道具で作られたと思われる編端や、緯糸の重ねつぎなども確認されている。それはイテセニ様の製作具が、オホーツク文化まで遡って使用されていたことを示唆する重要な手掛りを示したものではなかろうか。

　このように検証していくと、及川遺跡のアイヌ民族は、編目に応じて縦編・横編の両技法を巧みに駆使していたことが出土品から推察することができる。

　特に基礎・応用並列編布がどのような技法で製作されたのか知る術もないが、縦編法で製作されたという事実に基づき、改めてイテセニの使用法（一般的なゴザ・サラニプのほか）、並びにイテセニ以外の縦編法についてもさらに検討する必要があろう。

　ちなみに江戸時代の作といわれている『蝦夷嶋奇観』には写真178（a・b）のように、編布ではなかろうかと思われるような、樹皮衣か草皮衣を着た人が描かれている（矢印）。

註
（１）縦編法の緯糸は製作時に編端として仕上げられるが、横編法は緯糸（製作時は経糸）が長く残るので、製作後の始末が必要である（第Ⅰ章第4節2「形状からの判断」参照）。
（２）北海道立アイヌ総合センター学芸員津田命子氏のご教示による。

第Ⅶ章　越後アンギンと時宗の阿弥衣

　縄文時代以降現代までの編布中確実に縦編法で製作されたものは、鎌倉時代中期からの時宗僧侶の阿弥衣（あみぎぬ、あみえ、あみごろも）と、江戸時代から明治にかけて新潟・長野両県の一部の地域に発達した越後アンギンである。しかも越後アンギンには製作用の道具も現存しているので、本章ではまず越後アンギンの製作技法等について述べ、次に阿弥衣を検証することにした。

第1節　越後アンギン

　現代に伝えられている「越後アンギン」は、松沢伝二郎氏、小林存氏、本山幸一氏の先駆的業績をさらに発展させた滝沢秀一氏によって明らかになった。現在は越後アンギンと呼称も統一されているが、現地ではアンギン・マギン・バトウ・アンジンと地域ごとの名称があったようだ（表32）。またアンギンは、新潟県と長野県のごく限られた地域に江戸時代から明治にかけて発達したといわれている。それは素朴な道具で製作された編物で、袖なしや前掛け、前当て等作業衣や袋類である（写真179・180）。
　本節では編布について縄文時代以降現代までを幅広く調査するに当たり、越後アンギンについての伝承のルート及び文献にみられる越後アンギン、とくにその製作に関しては詳細に検討することにした。

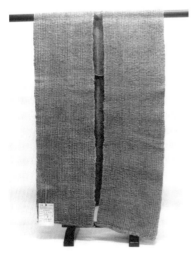
写真179　袖なし（表34-1）

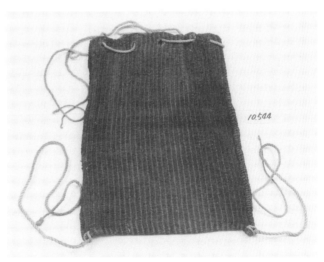
写真180　袋（表34-30）

表32　地域別アンギンの呼称（新潟県）

	アンギン		マギン		バトウ		備考
	現存する	現存しない	現存する	現存しない	現存する	現存しない	
十日町市	仙之山		小貫　願入 軽沢　大池 田麦	赤倉　尾崎			
小千谷市	芹久保 池ノ平	北山 市ノ沢					
川西町	高倉 赤谷	中仙田 岩瀬					現・十日町市
中里村	本屋敷						現・十日町市
津南町	樽田 結東						
大和町			後山				現・南魚沼市
堀之内町				上稲倉			現・魚沼市
松之山町					田麦立　中立山　天水越 天水島　中尾　藤倉 上鰕池　湯山　藤内名 坂下　松口　赤倉　大荒戸 黒倉	坂中　上湯　中坪 兎口　北蒲田 藤原　新山　光間 五十平　坪野	現・十日町市
松代町					小屋丸　海老　名平 田野倉　蓬平　清水	東山	現・十日町市
大島村					菖蒲		現・上越市
安塚町					小黒		現・上越市

（滝沢・本山ほか 1975より作成）

註：町村名は特定できないが秋山郷（現津南町より中津川に沿って遡り長野県下水内郡栄村までをいう）などでは
　　アンギンと呼んでいた（滝沢 1990）。
　　なおマギンというのは"馬衣"の意味で、アンギンが馬の鞍下から尻にかける布として使われたのでマギンと
　　呼ばれた（十日町市博物館 1994）。

1 越後アンギンの伝承ルートについて

1954年にはじめてアンギンに関心をよせられた小林存氏が、雑誌『高志路』に「アンギン考」を発表されたのが契機となり、関係市町村の教育委員会等で、研究と資料の保存が促進された。

表33は、1954〜73年にかけて実施されたアンギンに関する聞き取り調査の結果を文化庁がまとめたものである。それによれば、文久年間から明治32年までに生まれた11名中、製作については、アンギンの製作体験者は1名、製作するのを見たが1名、製作していたことを聞いたが同じく1名。また着用については、若いころと20才ごろ着たが2名、若いころ着ているのを見たとか、聞いたが6名とある。なお製作体験者松沢伝二郎氏（明治初年生まれ、越後アンギンの伝承者）は「明治30年ころまで作った」とある。これはアンギンの製作年代の下限を示唆するものと理解してよかろう。「若いころ着た」という佐藤チン氏（明治22年生まれ）の若いころとは明治末期〜大正初期、春川熊蔵氏（明治31年生まれ）が語る「20才ごろ着た」とは大正7年前後と考えられる。先の松沢氏の言葉から推測すれば、これ等は着用と同時期に製作されたものではなく、過去に作り置かれたものと考えるのが妥当であろう。これは小林氏の発表から約19年後である（11例中9例が1973年）。しかし製作法を知る人、見聞した人のあまりにも少ないのに筆者は愕然とした。

現在越後アンギンといえば、十日町市とか津南町といわれるように、ブランド的存在になっている。今回筆者は十日町市博物館をはじめ周辺の資料館等にて、袖なしから袋物まで表34の

表33　アンギンの下限（聞きとり）

町　村	人　名	生　年	製　作	着　用	備　考
松之山町藤内名（現・十日町市）	佐藤（女）	文久年間	若いころ製作するのを見た		『高志路』160、161号（昭和29・30<1954・55>年）
津南町樽田	松沢 伝二郎	明治初年	明治30年ごろまで作った		昭和35(1960)年採訪
小千谷市池ノ平	佐藤 チン	明治22年		若いころ着た	昭和48(1973)年採訪
堀之内町上稲倉（現・魚沼市）	馬場 卯三郎	明治24年		子供のころ着ているのを見た	昭和48年採訪
川西町中仙田（現・十日町市）	小林 与作	明治26年		祖父から聞いた	昭和48年アンケート
十日町市小貫	庭野 伊松	明治28年		子供のころ着ているのを見た	昭和48年採訪
十日町市田麦	福崎 ミヤ	明治29年	若いころ聞いた		昭和48年採訪
十日町市小貫	春川 熊蔵	明治31年		20才ごろ着た	昭和48年採訪
小千谷市芹久保	渡部 福之十	明治31年		子供のころ着ているのを見た	昭和48年採訪
川西町高倉（現・十日町市）	高橋 孫市	明治31年		若いころ聞いた	昭和48年アンケート
大和町後山（現南魚沼市）	佐藤 タマ	明治32年		若いころ着ているのを見た	昭和48年採訪

（滝沢・本山ほか 1975より）

表34 越後アンギンの所蔵施設と構造

No.	所蔵施設	旧名称	資料名	アンギンの密度 経糸間隔(mm)	緯糸(本/mm)	製作時の緯糸条数(想定)	経糸数A	経糸数B	Aの部位	Bの部位	経糸の絡み方向	両端に矢羽根有・無	綴じ方	備考	所蔵施設記号番号
1	十日町市博物館	マギン	袖なし	6～8	4～5	3	35	74	前身頃	後身頃	S				重文2581 3-イ-35
2	十日町市博物館	マギン	袖なし	7～10	4	3	30	64	前身頃	後身頃	S	有			重文5643 3-イ-36
3	十日町市博物館	マギン	袖なし	9～10	4	5	28	60	前身頃	後身頃	S	有			重文5974 3-イ-37
4	十日町市博物館	マギン	袖なし	9～15	2～3	3・5	18	43	前身頃	後身頃	S			破れ著しい	重文1812 3-イ-38
5	十日町市博物館	アンギン	袖なし	10～15	4	3・5	19	42	前身頃	後身頃	S				重文3546 3-イ-39
6	十日町市博物館	バト	袖なし	5～8	6	5	32	66	前身頃	後身頃	S		※梯子かがり	破れ著しい	重文2585 3-イ-40
7	十日町市博物館	マギン	袖なし	8～10	3～4	3	26	54	前身頃	後身頃	S		※梯子かがり		10514
8	十日町市博物館	バド	袖なし	8～10	6	3	30	64	前身頃	後身頃	S	有			10543
9	十日町市博物館		袖なし	5～8	5	5	34	72	前身頃	後身頃	S	有	所々綴じる		106-1
10	十日町市博物館		袖なし	6～10	4～5	5	24	52	前身頃	後身頃	S	有	※梯子かがり		109
11	十日町市博物館		袖なし	7～9	4～4.5	5	30	64	前身頃	後身頃	S	有			松之山町兎口
12	十日町市博物館	マギン	前掛け	6～10	4	3	60		前幅		S				重文2582 3-イ-67
13	十日町市博物館	マギン	前掛け	10	4	3	56		前幅		S	有			重文1722 3-イ-68
14	十日町市博物館	アンギン	前掛け	10～12	5	1	24×2		前幅		S				重文3547 3-イ-69
15	十日町市博物館		前掛け	8～10	4～5	5	62		前幅		S	有			10520
16	十日町市博物館	アンギン	前掛け	5～10	4	5	68		前幅		S				106-4
17	十日町市博物館	アンギン	前掛け	7～9	4	3	62		前幅		S				106-5
18	十日町市博物館	アンギン	前掛け	7～9	4	3	60		前幅		S				106-6
19	十日町市博物館		前掛け	7～9	4	3	64		前幅		S				106-7
20	十日町市博物館	マギン	前当て	7～8	3～4	5	64		前幅		S	有	※梯子かがり		重文2583 3-イ-70
21	十日町市博物館		前当て	5～8	3～4	3・5	52		前幅		S				106-2
22	十日町市博物館		前当て	5～8	4～5	3	64		前幅		S				106-3
23	十日町市博物館	マギン	袋	6～8	4～4.5	5	36		1/2		S	不明	巻き縫い		重文1727 5-ニ-1
24	十日町市博物館		袋	5～6	6～7	不明	38		1/2		S	有	巻き縫い	焦げ茶色	108
25	十日町市博物館		銭袋	5～7	5	5	62		一周		S	有	巻き縫い	藍染	10515
26	十日町市博物館		銭袋	7～11	5	5	46		一周		S	有	巻き縫い		10516
27	十日町市博物館		袋	6～9	4～5	5	34		1/2		S	有	巻き縫い		10517
28	十日町市博物館		袋	8～10	4	5	38		1/2		S	有	巻き縫い		10518
29	十日町市博物館		米袋	7～10	4～5	5	60				S	有	ローマン・ステッチ		10519
30	十日町市博物館		袋	10～11	5～6		34		1/2		S	不明		藍染	10544

第1節　越後アンギン

31	十日町市博物館		10〜12	6		42			S	不明	不明			10545
32	十日町市博物館	袋	7〜10	4		64			S	不明	巻き縫い			13285
33	十日町市中里文化財資料収蔵庫	袋	7〜9	4〜5		30			S	有	巻き縫い			中里村
34	十日町市川西歴史民俗資料館	袖なし	7〜10	4〜5	5	28	58	後身頃	S	有	※梯子かがり			
35	十日町市川西歴史民俗資料館	袖なし	6〜9	3	3	30			S	有	不明			
36	十日町市川西歴史民俗資料館	袖なし	7〜9	6	3	30		前身頃	S	有	※梯子かがり	破れあり		
37	十日町市川西歴史民俗資料館	袖なし	8〜10	6〜7	5	28		前身頃	S	有	不明			
38	十日町市川西歴史民俗資料館	前掛け	7〜9	6	3・1	55		横幅	S					
39	十日町市松之山郷民俗資料館	袖なし	7〜10	5	3	30	62	前身頃	S	有	巻き縫い			E-1-17
40	十日町市松之山郷民俗資料館	前当て	7〜8	4〜5	3	62		横幅	S	有				E-1-18
41	十日町市松代郷土資料館	袖なし	7〜9	4〜5	3・5	30	62	前身頃	S		※梯子かがり			
42	津南町歴史民俗資料館	袖なし	7〜8	7	3	30	62	前身頃	S	有				
43	津南町歴史民俗資料館	袖なし	7〜10	4〜5	5	32	66	前身頃	S	有	※梯子かがり			
44	津南町歴史民俗資料館	袖なし	7〜9	4〜5	3・5	30	62	前身頃	S	有	※梯子かがり			
45	津南町歴史民俗資料館	前当て	6〜7	5〜7	5	52			S	有	巻き縫い			
46	津南町歴史民俗資料館	布	8〜10	5	5				S	有		編みかけらしい		
47	静岡市立芹沢銈介美術館	袖なし	8	4	5	32		前身頃	S	有		藍染		
48	東北福祉大学芹沢銈介美術工芸館	袖なし	7〜10	5	3	30		前身頃	S	有				
49	芹沢　長介氏	袖なし	8〜12	4	3	30		前身頃	S	有	突合わせ縫い			
50	滝沢　秀一氏	袖なし	6〜7	8〜9	5	38	82	後身頃	S	有	※梯子かがり			
51	高波　仁一郎氏	前当て	7〜8	5〜7	3	50		横幅	S	有				
52	山田　富太郎氏	背中当て	8〜12	4〜5	3	24		横幅	S	有				
53	出羽の織座　米沢民芸館	袖なし	7〜9	3〜5	3	32	66	前身頃	S	有	※梯子かがり	54と一対		
54	出羽の織座　米沢民芸館	前掛け	7〜9	5	5	64			S	有		53と一対		

※ 現地では千鳥がけといわれているが千鳥がけとは少々異なっている。田中千代（1969）文化服装学院（1999）文化服装学院（2003）杉野芳子（2003）にはそれぞれ区別して図解されているので筆者もそれに従って梯子かがりとした。

ように貴重なアンギン54点を調査させていただいた。このように幾多の資料が集められたのはひとえに関係各機関の多大なる協力の賜物である。

2　文献にみられる越後アンギンの記録と呼称

越後アンギンについて記された書籍や古文書類を紹介しよう（表35参照）。
① 『間叟雑録（かんそうざつろく）』 寛政11（1799）年　新楽間叟著

寛政11年10月、三島郡出雲崎に遊んでいた新楽間叟が、江戸の友人に送った長文の近況報告。「松の山にて衣服といふハ麻苧にて製せしバトウといふものを用ゆ、われ壱つを得たり、持せあげ候間、御覧可被成候、このバトウハおりたるものにあらす、手にひねり付たるもの也、壱つを製するに七十日ほどかゝり候よし、出来あがりてのち、毎日雪につけ、さらして白くするなり」とアンギンの袖なしについて、織物ではないこと、材質が苧麻であること、そして仕上げるには手間がかかることなどが述べられている（十日町市博物館 1994）。

② 『越能山都登（こしのやまつと）』 寛政12（1800）年　金沢千秋・亀協従著

田沢村（現・新潟県十日町市）へ幕府の御勘定組頭金沢瀬兵衛が、灌漑用水路掘削工事の検分、督励で滞在した折の見聞録で、当時この地方にさかんであった越後縮の工程を克明に記録しており、その中にアンギンについても、夕方村人がアンギンを着て家路についている様子か

表35　文献に見られるアンギンの呼称

No.	記録・古文書	年号	編布の呼称	著者名	備考
1	間叟雑録	寛政11年（1799）	バトウ	新楽間叟	○
2	越能山都登	寛政12年（1800）	あみ衣　編衣	金沢千秋　亀協従	山内軍平 1973
3	北越志	寛政12年（1800）頃の成立と思われる	編結（絹）	亀協従撰	早稲田大学図書館蔵
4	やせかまど	文化6年（1809）	バタ	太刀川喜右衛門	小千谷市教育委員会 1972
5	秋山様子書上帳	文政8年（1825）	編衿	島田三左衛門	栄村史 堺編 1964
6	秋山記行	文政11年（1828）	網き怒　網ぎぬ　網衣	鈴木牧之	宮 栄二 1971
7	北越雪譜	天保7年～13年（1836～42）	あみ衣（きぬ）	鈴木牧之	宮 栄二 1970
8	信濃奇勝録	天保5年頃の記録（1834頃）	バタ	井手道貞	明治20年（1887）刊　井手道貞○
9	温古能栞	明治23～26年刊（1890～1893）	あんぎん		月刊誌　大平与文次主宰○
10	御請状之事　三年季	享保21年（1736）	木綿弐反あみきぬ壱つ	中里村専門委員会	中里村史 資料編下 1987
11	御請状之事　一年季	安永4年（1775）	木綿弐反あみきん壱つ	中里村専門委員会	中里村史 資料編下 1987
12	御請状之事　三年季	寛延元年（1748）	木綿五反あみきぬ五ツ		徳永重光家文書○
13	御請状之事　一年季	寛政11年（1799）	木綿壱反あみきぬ壱ツ		春川善七家文書○

註：○印　十日町市博物館 1994『図説　越後アンギン』

ら「みな白きものきたるはいかにととへば、あれこそあみ衣とて山人のきなれ衣にこそ候へ。編衣は編（み）て造りたるものなればしかいふ也。野苧麻とて苧麻に似て、方茎なる草あり。土人呼（び）ておろといふ。この草の皮を灰汁にひたしうち和らげて、筵を編（む）ごとくあみつくりて雪にさらすといふ。いとあつけれどなごやかに、しかもやれがての物にて、日々に柴などおひ、又いたくはたらきものにすれさふらへど、五六年もきなれ候也」と初めて見るアンギンについて、その素材である草の名前から編み方、さらに繊維の精練漂白工程や耐久性についてまで記載されている（山内 1973）。

　③『北越志』 寛政12（1800）年頃の成立と思われる。

　『越能山都登』の姉妹編ともいえるもので、彩色された挿絵が所々に載せられている。

　アンギンについては、「編結（絹）」と表記され、いくつかの挿絵の中に描かれている。その一例として「魚沼郡山中之民農業躰」にアンギンを着て肥籠を背負う農夫が描かれ「民俗山ニ入テ木ヲ樵リ　亦農作ニ出ル時モ　皆編結ト云者ヲ着」とあり、また「編結之図」に「越後魚沼郡ノ山居ノ土俗皆服之　山中自然生ニヲロト云草アリ　苧麻ノ種類也　此皮ヲ採製テ織之多クハ土人雪中ノ間ニ手細工トス　亦賣物ニモアリ」として、それが農民の常服であること、苧麻製であること、また販売もなされていたことなどが記されている。

　なお『越能山都登』は「あみ衣・編衣」が、こちらは「編結」とされている（亀協従撰『北越志』1800、早稲田大学図書館蔵）。

　④「やせかまど」 文化6（1809）年　太刀川喜右衛門著

　文化・文政の頃の片貝村（現・小千谷市）の庄屋、太刀川喜右衛門の記録「屋勢可満戸　夏」には、「小千谷より南、魚沼に農夫の着用せるバタㇳいふものあり。製は山からむしをとりて、夫を細き縄にない、夫を同じき縄にてここもあしこも、槌にて幾くふと大人小人極めてあみおろし、夏の耕耨の時分は一重にて山野に出、冬は綿入の上に着して……」とあり、野生のカラムシを採り、アンギンを編む前の素材の作り方や大人のみならず子供（小人）も製作に携わり、夏・冬着用していたことが記されている。

　ここでいう"バタ"は、文面から察してアンギンとみてみられる。現在、バタと呼んでいるところはないが、松代・松之山町（いずれも現・十日町市）では、バトウあるいはバトといっている（佐藤ほか 1994）。

　⑤「秋山様子書上帳」 文政8（1825）年　島田三左衛門著

　現在の長野県下水内郡栄村の『栄村史・堺編』(1964) には江戸時代の秋山について、秋山の殿様とよばれた信濃国高井郡箕作村の名主島田三左衛門の御用留の中に記されてあった「文政八年酉年秋山様子書上帳」が引用されている。それによれば「食物は雑穀乏敷木実野菜を多く用ひ衣類者綴（世間之綴より劣甚見苦敷厚物ニ而破穴多候へ共不綴其儘）編衿（山苧を以製す）」とあり、衣類はつづれとアンギンをあげ、「山苧を以製す」と素材も明記されている。

　ここではアンギンを編衿と表現している（栄村史＜堺編＞編集委員会 1964）。

　⑥『秋山記行』 文政11（1828）年　鈴木牧之著

写真181 『秋山記行』（網ぎぬを着た婦女）

秋山を旅した折の見聞録には「婦女共の俤を見るに、髪は結ども油も附ず。いかにも裾短きブウトウと云ふを着、或、其うへに網ぎぬと云袖なしをも着」とブウトウ（ほろの着物）の上に袖なしのアンギンを着たと、具体的に型や着用法が表現されている（写真181）。また、「秋山中に夜具はないげな…（略）…寒中の寒き時分は切れ布子（ブウトウ）を着、其うへに網衣をも着る。此網ぎぬは、山より刈来たるイラといふ草にて織ると、里の商人は蝋袋にするとて買ふ」ここでは、夜具の代わりに寒中アンギンを着用するとあり、またアンギンは、商品として販売されたことも記されている。男性の衣服については「衣類は甚短かく、殊に破れ、只格別破れぬは網ぎぬにて」とアンギンの堅牢度についても述べられている（宮 1971）。

⑦『北越雪譜』 天保7～13（1836～42）年 鈴木牧之著

著者がアンギンを初めて見る様子が記されている。「木の盤の上に長き草をおきて木櫛のやうなるものにて撲て解分るさま也。いかなるものにて何にするぞと問へば、山にあるいらといふ草也、これを糸にしてあみ衣を作るといへり。あみ衣といふ名のめづらしければ強てたづねければ、老女はわらひてこたへず。案内がかたはらより、あみ衣とは婆々どのゝ着たるあれ也といふ。それを見れば帋布（しなのきの皮や細い麻糸などで織った布：筆者註）のやうなるを袖なし羽織のやうにしたる物也」である（宮 1970）。

⑧『信濃奇勝録』 天保5（1834）年頃の記録 明治20（1887）年刊 井手道貞著

天保5年頃、秋山を訪れた時の記録。バタ（アンギン）について次の記述がある。「衣類はおろ（アカソ）という物にて造る…（略）…小索にして細に編、袖なき外套の如くになして表着とす。老若男女孺子まで皆これを着る。名づけてバタといふ。冬は古服の上に着、夏は裸形にこればかり着るなり」（十日町市博物館 1994）。

⑨『温古能栞』 明治23～26（1890～1893）年刊 月刊誌 大平与文次主宰

第11編に、松之山（現・十日町市）地方の盆踊り歌として次の歌詞が記載されている。「そんまねそべる　づんぎりあてがい　あんぎんばつかじや　さんぶくてなりまい　ハッチャマタ　ドッコイ　ドッコイ」とここではあんぎんと歌われている（十日町市博物館 1994）。

上記の他に奉公人請状が4通ある。

⑩「御請状之事」 享保21（1736）年2月

　志きせ之義者、壱ヶ年ニ木綿弐反あみきぬ壱つゝ、可被下候事

これは馬場（現・十日町市）の農家に三年年季奉公することに決まった高山道の若者に対し

て給金のほかに取り決めた雇い主の証文である（中里村史専門委員会 1987）

⑪「御請状之事」 安永4（1775）年2月

　　仕着之儀者、当暮ニ木綿弐反あみき

　　ん壱つ可被下候御事

こちらは通り山村の若者が高山道の農家に一年季奉公することになり、若者と雇い主の間で取りかわされた証文である（中里村史専門委員会 1987）。

⑫「御請状之事」 寛延元（1784）年　徳永重光家文書

この文書は、現・十日町市船坂の農家に二ツ屋の者が、三年季の奉公働きを取り決めた請状である。給金のほか、仕着せとして「木綿五反、あミきぬ五ツ」を給することが記されている（十日町市博物館 1994）。

⑬「御請状之事」 寛政11（1799）年　春川善七家文書

この文書も、現・十日町市西枯木又の農家で奉公することになった若者と、雇い主の間で取りかわされた証文である。仕着せとして「木綿壱反あミきぬ壱ツ」を与えることが記されている（十日町市博物館 1994）。

　以上書籍・古文書に現われるアンギンについて概略を紹介した。前記したようにアンギンは限られた地域に発達し、一般には縁遠いものと思われていたが、斯くも多くの記録が残されていることは、アンギンがいかにこの地方のユニークな存在であったかを、窺い知ることのできる唯一の証である。

　またアンギンの呼称については、②・③・⑥・⑦・⑩・⑫・⑬の7例が文字の構成は異なるが 'あみぎぬ'、また⑤の編衿と⑪の 'あみきん' は、次に述べるがこの地方の方言で 'ヌ' が 'ン' に転じている類例があることから、あみぎぬに入れるとすれば、13例中9例があみぎぬである。その他バタは④・⑧の2例、バトウ①とあんぎん⑨が各1例で、地域別の呼称とはやや一致しない点もある。

　現在定着しているアンギンは、「編み衣」が転じたものといわれている。それを裏付ける資料として『中里村史　通史編　下巻』（1989）があげられる。村史には 'アンギン' という言葉の背後にある方言の音韻変化について、共通語の語形における 'ミ' が 'ン' に転じている語例としてカンブクロ（紙袋）・カマガンサマ（釜神様）・ノシバキ（蚤掃き）・カンナリサマ（雷様）・シンモチ（凍み餅）・オンキ（お神酒）・アンダサマ（阿弥陀様）などと、語尾の 'ミ' が変化するドクダン（ドクダミ）もその例である。

　一方 'ヌ' が 'ン' に変わっている例は少ないが、キシ（絹）・イシ（犬）・ヤマイシ（山犬）がある。このようにみるとアンギンは「編み衣」の転じたものに違いないという音韻上の根拠が示されている。'アンギン' という世間的に通ずる固有名詞が十日町市周辺の方言であることは興味深い事実である。すなわち上記文献等の「あみぎぬ」は標準語に修正して記述されたものと考えられる。

さらにあみぎぬについては、越後アンギン発生以前に着装された時宗の阿弥衣（アミギヌ）が語源であろうともいわれている。

阿弥衣について後述する遊行21代知蓮上人（長禄4～永正10〔1460～1513〕年）は、『真宗要法記』廿十七阿ミ衣の中で「元來編衣と書くべきだが、今は阿弥衣と書いている」と述べられ、アンギンの文献に見られる呼称に等しい「あみぎぬ」が使われている。したがって両者の編衣についての関わり等は、今後の課題である。

なお上記した『北越志』には「魚沼郡ノ山居ノ土俗皆服也」とか『信濃奇勝録』では「老若男女孺子まで皆これを着る…（略）…冬は古服の上に着、夏は裸形にこればかり着るなり」とあり、アンギンが常服にされていたことが記されている。さらに『北越志』は「売物ニモ有」や、『秋山紀行』は「里の商人は蝋袋にするとて買ふ」とアンギンが販売されていたことも述べられている。

現在の衣服は、そのほとんどが既製品で間に合うようになった。しかし、筆者の若かりし頃までは、既製品も売られていたが、結構家族で製作（布製・ニット製衣服）していた。またそれを職業にする人もいた。江戸時代でしかも農山村にありながら、アンギンに対して需要と供給というシステムがすでにあったことはじつに意外である。

なお『中里村史　通史編　下巻』（1989）には、以下のようにアンギンの着用例が紹介されている。

1）　十日町市小貫のマギンは、冬季、男が藁仕事をするときに着用されていた。ここには、袖なし型のほかに、これと上下一組になる前掛け型の製品まで編まれていて、藁でヤマギモン（着物）が擦れないように用いられていた。

2）　津南町菅沼では、クソーズ（くさ水で石油）を売りにくる隣村の樽田の老人が、いつもアンギンのソデナシを着込んでいたのが記憶されていた。寒い季節のことで、これは防寒着であった。

3）　津南町小島では、夏のタノクサトリに、アンギンのソデナシを直接肌に着ていた。蛀がたかっても、アンギンが分厚いために、その口吻が肌まで届かず、刺されなかった。

4）　同町辰ノ口には、夏の季節をアンギンのソデナシ1枚で通す老人がいた。財産家ながら実に質素で、このような衣生活を送った、このムラでただ1人の人物であった。

5）　もう一つは同じく辰ノ口で語られていたことながら、突拍子もない話で、真偽のほどは判断できない。ムジナ（アナグマ）を捕らえるにはアンギンのソデナシを着込んでその穴へ入ってゆけばよいとするものである。ムジナが飛び掛かかってきても、爪がアンギンの粗い目に絡まってしまい、取りおさえることができるからだという。

このように越後アンギンは、夏も冬も着用され、便利な衣服であったことが推測できる。

3 越後アンギンの製作法

　前記したように編布の組織には基礎編布と応用編布がある。また製作法も縦編法と横編法があるが、越後アンギンは応用編布に属し、縦編法で製作されている。

　表34は越後アンギンの袖なしや前掛け等の編密度や、縦編法の特徴である左右の編端が矢羽根状であるか否か、また緯糸は何本使用して作製されたのか等を調べたものである。その調査中に従来の製作法と異なる技法で作製されたものを発見した。

　筆者は1987年夏、十日町市博物館にて越後アンギンの伝承者である滝沢秀一氏にアンギンの製作技法を師事した。その折同氏は「経糸は必ず偶数本にすること」と教示された。なお同氏は著書（1983・1990・1998）においてもつねに経糸偶数説を唱えられている。筆者もそれ以来、越後アンギン、いわゆる応用編布の縦編法は経糸を偶数本にするのが鉄則としてきた。しかし、調査した中には経糸が奇数で製作された袖なしや前掛けがあるので、まず従来（偶数の経糸）の技法と、関連作業として緯糸と編端の関係を述べ、次にユニーク（奇数の経糸）な技法を詳解する。

（1）越後アンギン従来の製作技法と編端

　越後アンギンは5本あるいは3本といった複数の緯糸で作製されている。かつて筆者は5本の緯糸で習得した。しかし緯糸3本の製作法が理解しやすいので、その製作法を以下に示し、その後で緯糸5本について付帯する。

　図82-①、②のようにケタに経糸、緯糸をセットし、③で左から偶数の刻みのみ経糸で緯糸を絡ませ、その右端で緯糸を追加しながら編み終わる。こうすることで左端に1本、右端に2本計3本の緯糸となる。次は図82-④に従い右端下段の緯糸bを上段の緯糸cの向こう側から折り返す。後は前段で飛ばした刻み目を編み進む。左端は下段の緯糸aを上段bの手前から折り返す。この繰り返しで写真182-c-下部のように左右の端は矢羽根状になる。また右端下段の緯糸を上段の手前から折り返せば、写真182-c-上部のように右端は矢羽根状にならない。

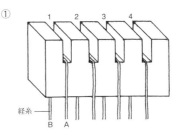

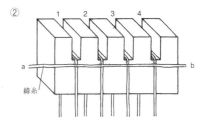

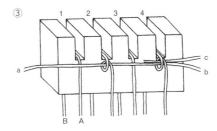

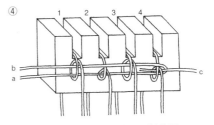

図82　越後アンギンの製作法

198　第Ⅶ章　越後アンギンと時宗の阿弥衣

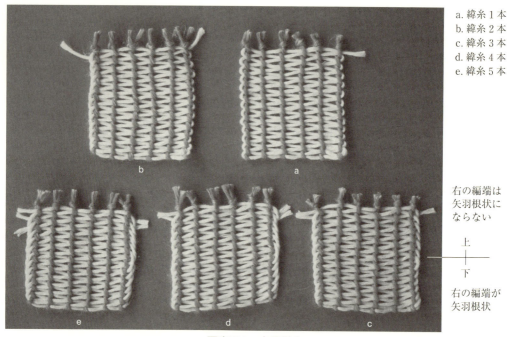

a. 緯糸1本
b. 緯糸2本
c. 緯糸3本
d. 緯糸4本
e. 緯糸5本

右の編端は
矢羽根状に
ならない

上
下

右の編端が
矢羽根状

写真182　応用編布

　緯糸5本を使用して端を矢羽根状にする場合は、始めから（図82-③）緯糸2本で左から編み進み、右端でさらに緯糸を追加する。即ち緯糸は左端に2本、右端に3本、計5本となる。後は右端最下段の緯糸を、緯糸3本の編端に準じて製作すれば、写真182-e-上・下のように右端が矢羽根状になるものとならないものを製作することができる。

　上述したように袖なしや前掛け等越後アンギンは、緯糸を3ないし5本使用している。筆者はかつての実験で応用編布も基礎編布同様、1本の緯糸で容易に編成可能と実証したが、なぜ越後アンギンでは、複数の緯糸を使い複雑な技法が選ばれたのか疑問を感じた。そこで緯糸1本から2本、3本、そして5本までを試作し、同じ応用編布が製作可能なことを確認した。異なる点は"耳"と称する編端の違いである。3本以上（写真182-c・d・e）は両端が矢羽根状になり、緯糸1本の編端（写真182-a）よりも見映えのする仕上がりである。要するに手間をかけても緯糸3本とか5本で編成するのは外観上からの発想ではなかろうか。

　ちなみに、表34に基づけば両端が矢羽根状を呈したものは30点。全体（不明5点を除く49点）の61.2％である（表36）。

　実験を重ねてさらに疑問なことは、緯糸3本で矢羽根を作ることができるのになぜ5本の緯糸が使われたのか理解できない。緯糸3本の矢羽根は製作面からも整った形状であるが、5本の場合をみると1段おき（1段飛ばす）に編み進む編布の製作に対し、矢羽根の製作は端の絡みを2段飛ばさなければならない。その1段の段差がひずみを生じ、矢羽根の左右は多少ア

表36　矢羽根の有無とその比率

種別	個数	比率(％)
両端が矢羽根状	30	61.2
片方のみ矢羽根状	19	38.8
袋の綴じ方がきつく不明	5	—

ンバランスである（写真182-e）。しかしこの疑問を解く鍵は今のところない。

なお、越後アンギンや時宗の阿弥衣は、ともに経糸の絡み方向が右絡み（S状）であるため、両端を矢羽根状にするポイントは右端であるが、縄文時代の多数の編布は経糸が左絡み（Z状）である。左絡みで応用編布を製作し、その両端を矢羽根状にするには、左端にポイントを移行すればよい。つまり、左端の下段の緯糸を上段の緯糸の向こう側から折り返す。この作業の繰り返しで左絡みの経糸も両端を矢羽根状にすることができる。

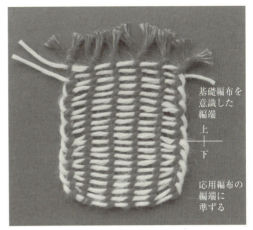

写真183　編端を矢羽根状にするために緯糸3本で試作した基礎編布

さらに、完成した編布が何本の緯糸を使用したのかを調査するには、編端で折り返した緯糸を見るとよい。折り返した緯糸がすぐ隣の絡みに入っていれば、緯糸1本で編成されたもの。1段飛ばしで絡みに入るのは緯糸3本。2段飛ばしが緯糸5本で編成したものである。

余談であるが、越後アンギンの編端を矢羽根状にする過程を述べたので、それを基礎編布に応用できないかと実験した。応用編布と基礎編布は同じような組織に見受けられるが、経糸の操作が異なっている。応用編布は1目おきに2本の経糸で2本の緯糸を絡ませるので、難なく矢羽根状にすることができる。しかし基礎編布は刻みごとに2本の経糸で1本の緯糸を絡ませる。したがって編端のみに応用編布の矢羽根作りを真似ても写真183-下部のように、基礎編布の部分より矢羽根の丈が短くなってしまう。それを改善するため両端を基礎編布に適した技法で仕上げると、写真183-上部のように歪な矢羽根になり、緯糸3本使用した意味をなくしてしまう。基礎編布は実験の結果から1本の緯糸で製作するのが妥当と判断した。

（2）ユニークな越後アンギンの製作技法

袖なしや前掛け等実査してユニークな技法で製作されたと思われるものを表37のように抜粋した。

表37の事例1〜4までの4点はいずれかの部位の経糸が奇数になっている。全体数から見れば約7.4%とわずかではあるが"越後アンギンの経糸は偶数本で"という従来の説を覆す資料である。なお、この他に滝沢氏の調査された中にも袖なしの前身頃が奇数（33本）の経糸によって製作されたものが報告されている。それは表38-14の前身頃の経糸数である（滝沢 1975）。また表37事例5の前掛け（二枚仕立て）は越後アンギンらしい矢羽根状の編端（一方のみ：写真193）を呈しながら、製作時の想定緯糸数は1本という不可解なもの。したがってこれらは編布の製作上新しい知見をもたらす資料として貴重な存在である。

表37事例6・7は偶数の経糸であるが、製作時の緯糸を左右異にしているのでユニークなグ

表37　ユニークな編み方の編布

事例	内訳	資料名と部位	経糸数(本)	編端から想定した製作時の緯糸数	実験後の緯糸数(本)	備考
1	表32-4	袖なしの後身頃	43	左端が3本　右端は5本	5	一方の編端に折り返しX
2	表32-5	袖なしの前身頃	19	左右の外側が3本　内側は5本（図81）	5	前身頃の一方の編端に折り返しX
3	表32-1	袖なしの前身頃	35	左右の編端共3本	4	緯糸3本使用の場合は折り返しXの必要な編端に緯糸1本を加える
4	表32-38	前掛け	55	左端3本　右端1本	2	一方の編端輪っぱ状
5	表32-14	前掛け（二枚仕立て）	24×2	左右の編端共に1本	3	両端折り返しX
6	表32-41	袖なしの左前身頃	30	左の前身頃は右端が5本、左端が3本。右の前身頃と後身頃は両端共に5本。	4・5	
7	表32-44	袖なしの前・後両身頃	30・62	後身頃と左右の前身頃共に右端が5本 左端3本（図83）	4	

表38　実測した袖なし形バトの数値　（○印はチドリガケ）　　　　　　　　（単位：cm）

調査順	1	2	3	4	5	6	7	8	9	10	11	12	13	14
肩からの丈	86	全長144	87	65	62	79	87	85	80	92	93	全長146	70	80
後身の巾	53	72	48	52	63	46	55	56	49	59	59	54	56	53
同上目数	62	76	－	－	－	62	66	66	62	66	66	76	66	68
前身の巾	25	33	24	24	29	22	25	26	22	27	27	25	26	25
同上目数	30	36	－	－	－	30	32	32	30	32	32	36	32	33
脇綴有無	○	無	○	○	○	○	○	○	○	○	無	紐	○	

（滝沢秀一　1975「松代・松之山の民具」『松之山郷』新潟県教育委員会より転載）

ループへ入れることにした。

　さて上記のユニークな編布の試作に当たり、両端が緯糸3本と5本、あるいは3本または1本という事例1・2・4、それに事例5は偶数の経糸でありながら左右の編端は1本の緯糸。これらはいずれも手強い資料と推測したので、最初の実験は事例3の袖なしの前身頃を選んだ。経糸は35本と奇数である。試行錯誤の末、それでも製作技法の解明に至ることができた。

　写真184は経糸7本と緯糸3本で試作中のものである。経糸が偶数の場合は図82-③～④のように右端で2本の緯糸を経糸で絡ませ、スムーズに折り返すことができるが、経糸を奇数にした場合はそれが不可能である。そこで写真184-bの緯糸を、写真185のように折り返し、その時点で右端を1目絡み編む。次からは従前通り編み進む。要するに右端のみこの繰り返しをすれば奇数の経糸でも製作可能な域に達した。しかし、左右の編端を比較すると試作中（写真184・185）の右端は、左端のようなボリューム感がないが、袖なしの両端はバランスがとれている。あらためて試作中（写真184・185）の右折り返し点を注視すると、緯糸3本で操作したにもかかわらず、折り返した緯糸はすぐ次の絡みに入り緯糸1本で製作した編端と同じ結果

第1節　越後アンギン　201

写真184　奇数の経糸で製作する編端

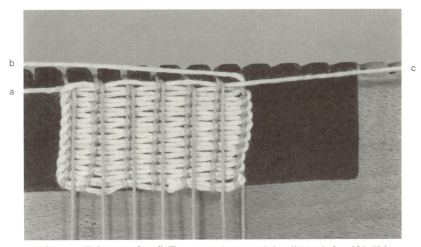

写真185　写真184の次の作業　bの緯糸をcの緯糸の後側より左へ折り返す。

写真186　4本の緯糸をケタにセットする　緯糸は長いままで2本使ってもよい。

写真187　緯糸4本で右端にて折り返しX　　写真188　緯糸5本で左端にて折り返しX

になっている。要するに、右端で緯糸が1本足りないことに気づいた。次は写真186のように編みはじめの段階で左端にも緯糸を加え都合4本の緯糸をセットした（はじめから2本の緯糸も可）。後は写真184・185に準じて緯糸の操作を繰り返し、写真187のような編端に仕上げることができた。したがって、事例3の袖なしは、4本の緯糸で製作されたものと推測することができた。

　この実験を踏まえて筆者は、オーソドックス（経糸偶数本）な折り返しに対し、奇数本の折り返しを便宜上"折り返しX"と呼ぶことにした。

　なお筆者は、図82-①に示すように左端から編みはじめたので、右端に折り返しXが必要となった。しかし編みはじめを右端にした場合は、左端で折り返しXが必要となる。また奇数の経糸にて、奇数の刻み（図82-③-1・3…）から編みはじめた場合は、折り返しXを左端で行うことになる。

　最初の実験は少々戸惑ったが折り返しXの原理を把握したことで、難題と思案した事例1・2も解決の手掛りを得ることができた。事例1袖なしの後身頃で使用されたと思われる緯糸は左端では3本、右端は5本である。この場合は左3本の編端を折り返しXにすればよい。写真188は左端に折り返しXを利用した試作である。

　また事例2袖なしの前身頃（図83）も事例1と同様の方法でクリアすることができた。事例4の前掛け（写真189）の左端（写真190-a）は写真182-cのように緯糸3本の矢羽根状であるが、右端は写真190-bのように輪っぱ状の緯糸が経糸の絡みにすっぽり入っている。これは写真182-bの変化と考えてよかろう。写真182-bは偶数の経糸に2本の緯糸で製作したものであり、左端は緯糸3本で製作した写真182-cと同じ。また右端は緯糸1本で製作した写真182-a同様の編端である。事例4が写真182-bと異な

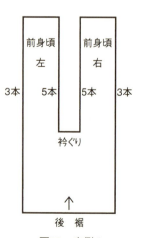

図83　事例2

第1節　越後アンギン

写真189　経糸が奇数の前掛け

a　←矢羽根状編端
b　←輪っぱ状の緯糸が経糸の絡みに入っている

写真190　写真189の左端（a）・右端（b）拡大写真

写真192　二枚仕立ての前掛け

写真191　前掛け両端の試作

b　←外側の編端は矢羽根状

写真193　写真192の中央（a）・両端（b）

写真194　二枚仕立て前掛けの両端試作
（折り返しX）

る点は経糸数である。事例4は奇数の経糸で、この場合は右端の折り返しを輪っぱ状にしなければ編端を作ることができない。要するに事例4は奇数の経糸に、2本の緯糸という珍しい製作法である。写真191はその試作。

また、事例5の前掛け（写真192）は経糸が偶数本で二枚仕立て、しかも一方の編端が矢羽根状である（写真193-a・b）。しかし使われたと思われる緯糸は1本。編端を矢羽根状にする最低の要件は緯糸を3本使用することである。つまり端の折り返し糸は1段飛ばした絡みに入らねばならないが、事例5は折り返した緯糸がすぐ次の絡みに入っている。要するに両端ともに折り返しXにする以外方法はないと判断した。そこで応用編布の糸のかけ方図82-③を図とは逆に奇数の刻みを使い、右の編端で緯糸を加え（緯糸3本）、後は左右の端に折り返しXを応用したところ、写真194のように前掛けの両端と一致する結果を得ることができた。こちらは偶数の経糸でありながら左右の編端に折り返しXが使われており、事例4とともに今回の調査の中では独特の製作技法であった。事例6の袖なしの前身頃、および事例7の袖なしは写真182-dの応用である。これは4本の緯糸で試作したものであり、左の編端は緯糸3本の写真182-cに、また右の編端は緯糸5本（写真182-e）の編端と同類である。このように一方が緯糸5本、他方が緯糸3本の編端で経糸が偶数の場合は、緯糸4本で製作したものである。

事例6は図84のように後身頃の裾から緯糸5本で編み進め、衿肩明きを作り左右の前身頃に移行した段階で右の前身頃は依然として緯糸は5本。しかし衿肩明きを作って再出発した左前身頃は、実見の結果右端が3本、左端が5本の緯糸であり、写真182-dと符合する。したがって事例6は5本と一部4本の緯糸で製作されたものである。なお事例7（図85）は写真182-d同様、一貫して4本の緯糸が使われている。またこの他に表34-21前当ての胸部は5本の緯糸、その下の前掛け部分は3本の緯糸使用で製作されている。

上記の実験結果を整理すると、以下のようになる。

事例1　後身頃が奇数の経糸。

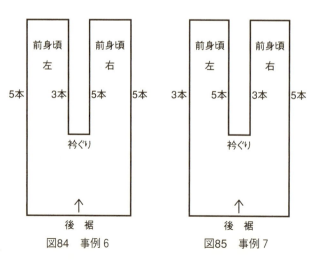

図84　事例6　　図85　事例7

		左端3本の編端に折り返しX。
事例2		左右の前身頃が奇数の経糸。外側3本の編端に折り返しX。
事例3		前身頃が奇数の経糸。4本の緯糸で右端に折り返しX。
事例4		奇数の経糸。2本の緯糸で一方の編端は輪っぱ状。
事例5		偶数の経糸。緯糸3本で両端を折り返しX。
事例6		偶数の経糸。後身頃と右の前身頃は5本の緯糸。左の前身頃のみ4本の緯糸。
事例7		偶数の経糸。全面的に4本の緯糸。

表39　製作時に使用されていた緯糸数とその比較

緯糸数(本)	個数	比率(%)
2	1	2.0
3	19	38.8
4	2	4.1
5	25	51.0
3・5	1	2.0
4・5	1	2.0

以上ユニークな技法として選んだ事例7点中1、2、3、5の4点は折り返しXを採用したことで早期解決に至った。また事例4は緯糸が2本、事例6は5本と一部4本の緯糸。事例7は緯糸4本で製作されている。

つまり越後アンギンは2～5本の緯糸で製作されていた。その比率は表39に示すように、緯糸5本で製作されたものが25点で全体（不明5点を除く49点）の51.0%、次は3本が19点で38.8%。残り10%が緯糸2本、4本、3本と5本、4本と5本である。

今回の実験で、何の変哲もない越後アンギンも、折り返しXをはじめ幾種類かの技法が駆使されていたことが判明した。これは筆者にとって予想外の発見であった。

4　前当ての傾斜面について

越後アンギンの前当ての中には、写真195のように胸当ての両脇が垂直に製作されたものと胸元から脇の方へ広がるような斜面状を呈しているものがあるので、斜面について試作実験を試みた。

写真196・197・201は各前当てである。これら前当ての共通点は胸部が下方向に広がっていることである。この広がりを作るには、上部から編みはじめて増し目をするか、あるいは裾から編み進み減らし目をするといった2種類の方法が考えられる。

写真196-aは上部から編みはじめ、両端で段階的に増し目をして胸部を作り、下方は増し目なしで必要な長さまで編まれている。これを具体的に説明すると、図86のように経糸16本から編みはじめ、両端で段階的に12回増し目（一度に2目の増し目もある）をして胸部を作る。次は一度に経糸10本を両端に加える。この地点で経糸は62本。そのまま裾まで編み続け編み終わりは経糸を結び、

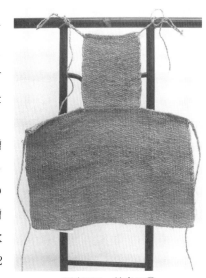

写真195　前当て①

写真196　前当て②（a）とその胸元部分斜面の拡大（b）

余った糸を切り捨て編み止まりの始末としている（写真196-aの矢印部分）。

なお階段面になった胸部の両端は本体と同じ糸を使用し、鉤針編の細編と長編で滑らかな斜線になるよう補正されている（写真196-bの矢印部分）。

　試作は4本の経糸に、緯糸3本でまず1㎝編む。次は増し目を作るため両端に経糸を1本ずつ加えた。この時点で経糸4本が6本と偶数に変りはない。簡単に増し目ができると考えたが、両端は経糸が奇数の右端と同じ状態である。したがって、折り返しＸが両端に必要とわかった。試作を続けた結果、端で経糸を1目ずつ増し目をしながら編成する場合は、2段目、4段目といった偶数段で折り返しＸをとれば、素直（全面応用編布）な編目の階段を作ることができる（写真198-a）。折り返しＸを採用しないで段階的に増し目をした場合には、写真198-bの矢印部分のように偶数段の編端のみに基礎編布ができてしまう。写真196の前当ては後者の技法らしい。

　写真197-aも上部からの製作であるが、前記した前当ての増し目法とはまったく異なり、こちらはケタの刻みのない部分で増し目がなされている。この増し目の手法は実査した越後アンギン54点中もっとも高度な技術を要するものである。まず図87に示したように①と②の経糸は写真197-cの矢印部分に相当するため移動させない。増し目用の経糸は刻みのない部分のケタにかけ、その上の数字に沿って

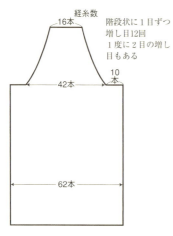

図86　写真196の模式図

第1節　越後アンギン

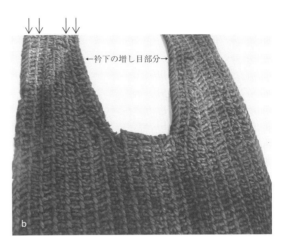

写真197　前当て③（a）とその斜面部分（b・c）拡大写真　矢印は巻き縫い部分

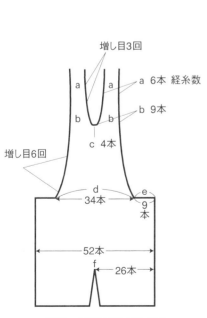

図88　写真197の模式図

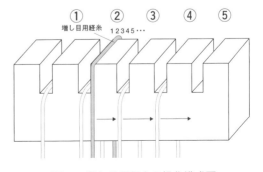

図87　増し目用経糸の操作模式図

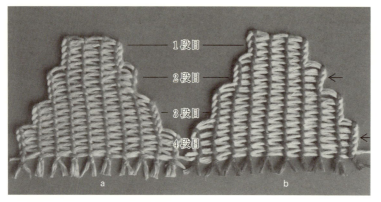

写真198　前当ての試作
a. 偶数段に折り返しXを施した全面応用編布の試作
b. 折り返しXを省き偶数段の編端が基礎編布（矢印）になった試作

写真199　前当て傾斜面の試作

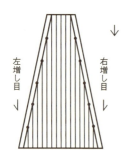

図89　増し目参考図

写真200　ニットの表編で編端に増し目

写真201　前当て④

段ごとに少しづつ右へ移動させる。次は④の刻みの経糸を⑤に、また③を④の刻みに移す。ここで増し目用の経糸を③の刻みに移す。この作業の繰り返しで写真197-b・cのような斜面を作ることができる。

しかし増し目用の経糸の移動如何によっては、増し目間が湾曲しやすいなど、操作は少々困難である。筆者もこの試作は何度も失敗を繰り返しやっとできたのが写真199である。

この前当ては写真197-aの矢印でわかるように紐が長く作られ、前掛け部分の両側に巻き縫いで綴じつけられている。紐は経糸6本で編まれており図88-aからbにかけて内側に増し目が3回行われている。したがって経糸はb地点で左右それぞれ9本になる。次は中央（c）に

経糸4本を加え、b地点では経糸が22本。ここが胸部に入る出発点である。次はこのままの幅で約40段編み進み、左右の端で1目づつ増し目をする。後は10〜15段ごとに5回増し目をしてd地点では経糸が34本。それに左右の端（e）に各9本の経糸を加え52本の経糸でfまで編む。この地点中央で左右2枚に分け裾まで編み、裾は後述する袖なしの裾同様の編み止まりの始末がなされている。

なお前当ての傾斜面は前述したように編端から1目内側寄りの経糸を基準にした増し目法がとられている。これは現代の棒針編（手編）の増し目に類似した手法であり、図89はその参考図、写真200は試作品（ニットの表編）である。

以上2点の前当て胸部の斜面について検討した。前者は段階的に増し目をなしその階段面を鉤針編で補正している。また後者は断定できないが、棒針編の増し目に等しい手法である。これらの技法は1570年（室町時代の終わり）頃、キリスト教の伝来とともにスペインから移入されたといわれている手編技術の一例であり、2点の前当てはその応用とみてよかろう。縄文時代に開発されたと思われる日本最古の編物（編布）と、近代的な鉤針編等ユニークな組合わせを、筆者は興味深く観察した。特に後者は難しい技法であるが、整然とした出来映えは山間部の豪雪地帯からは連想しがたい画期的な資料である。なお写真201は後者と同じ様な増し目の技法がとられているようであるが、実査していないので断定はできない。

5　越後アンギンの編み止まり等仕上げの作業

袖なしや前掛け等予定の長さ（丈）に達したものは、編み止まりの処置が必要である。また袖なしは脇の始末、袋は一枚の布を袋状にする等それぞれの作業がある。以下はその技法について検討を試みた。

（1）編み止まり

a）先に述べた前当て（写真196-aの矢印）は、経糸1本を編み終わった地点で結び、余った糸は切り捨てられている。これと同じような処置は写真202の背中当てにも施されている。こちらは裾から編みはじめ、左右の肩から背負い紐分を残し、2〜6本の経糸をまとめて結び切られたようで、結び目が前当てのそれよりもやや大きくなっている。

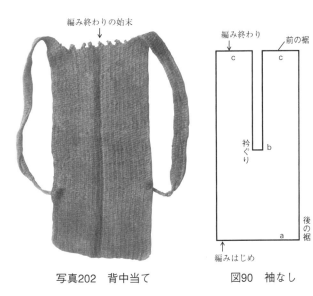

写真202　背中当て　　　図90　袖なし

①タテ糸それぞれを結んで止め、残った糸を折り返し、端を本体に押し込んで仮に止める

③編んだ上のループに太めの糸を通す（通してから編む方法もある）

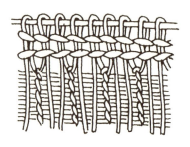

②折り返し糸を、端からからんで編む（左縄と右縄状のからみ方がある）

横編法の基礎編布→

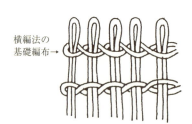

④下に出た糸の端を下に引いて密着させ、不要の糸を切り取る

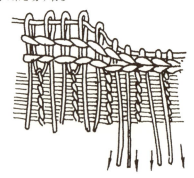

図91　編み止まりの経糸の始末（十日町市博物館 1994より）

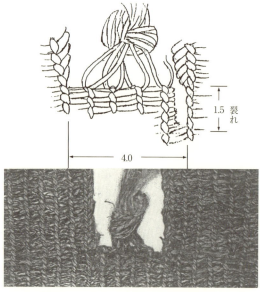

図92　袖なしの衿ぐり　経糸の始末
　　　（十日町市博物館 1994より）

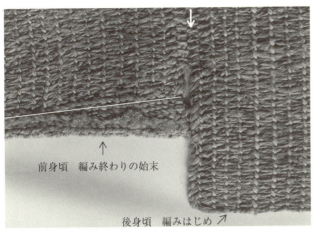

写真203 袖なし裾（裏側）上部の矢印は脇の突き合わせ縫い部分

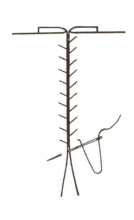

図93 突き合わせ縫い
（田中千 1969より）

b）袖なしは図90のように後身頃の裾（a地点）から編みはじめ、b地点で衿ぐりを作るため経糸2〜4本を休ませ（衿ぐりの編み止まり）、次は前身頃に移行する。前身頃は左右2枚に分けそれぞれc地点の裾まで編む。図91-①は編み終わって残った経糸をそれぞれ結び本体の緯糸に余裕をもった長さで折り込む。次は折り返してループ状になった経糸を図91-②のように横編法の基礎編布で絡み編む。この場合絡み方向と段数は適宜にする。次はループ状になった経糸に太い目の糸を通し（図91-③）、最後は図91-④のように折り返した経糸を引き下ろし、基礎編布部分と本体をしっかり密着させ余った経糸を切り取る。最後に通した緯糸の余り端は、結び玉にするか本体に綴じ込む。写真203は袖なしの右前身頃の裾部分で、注視するのは前身頃の裾である。つまり裾の編み止まりが斜めになったので、図91の応用でていねいに補正された跡である。なお、前掛けや前当て、袋類にも袖なしの裾と同じような編み止まりの始末がなされている。

越後アンギンは現存する道具によってのみ縦編法で製作されたという筆者の考えには誤算があった。図らずも袖なしや前掛け等の編み止まりには、横編法の基礎編布が施されていた。生活の知恵であろうか、作業衣にもかかわらず作品の隅々からは、心して製作した作者の心情が窺われるようである。

c）袖なしには衿ぐりにも

写真204 デリケートな衿ぐりの始末

写真205 シンプルな衿ぐりの始末

写真206　脇の綴じ方　梯子かがり　　図94　梯子かがり（杉野 2003より）　　写真207　脇の綴じ方　巻き縫い　　図95　巻き縫い

編み止まりがある。衿ぐりの始末は裾を止めたようなパターンらしきものはないようである。図92は衿ぐりを作るため休ませた経糸を無造作に結んだままである。写真204はデリケートに始末されたもの。また写真205は経糸をまとめ揃えて本体の緯糸に綴じ込ませている。その他休ませた経糸を無造作に本体に編み込んだもの等、各自それぞれの技法で始末されている。

（2）脇の始末と二枚仕立ての前掛けおよび袋の綴じ合わせ

a）筆者は袖なしの形状から羽織の袖と衿を省略したものという概念で脇綴じを想定していたが、表34で示すように、調査した25点（表34-35・36・37は現在所在不明であるが、過去の写真で判別した）のうち12点にのみ何らかの方法で脇綴じが施され、残る13点は意外にもフリーの状態であった。要するに袖なしには現在のベルトに匹敵する"アンギン帯"が作られており、脇がフリーでも何ら不便を生じない仕組になっていた。

写真208　袋の脇の綴じ方　ローマン・ステッチ

図96　ローマン・ステッチ（文化出版局 1999より）

脇綴じの技法は梯子かがり（写真206・図94）がもっとも多く9点（表34-6・7・11・34・36・42・44・50・53）、巻き縫い1点（表34-39）（写真207・図95）、突き合わせ縫い1点（表34-49）（写真203上部矢印・図93）、それに所々で綴じる（表34-10）が1点である。

b）写真193-a（表34-14）の前掛けは梯子かがり、写真197-a（表34-45）の前当ては巻き縫いが施されている（矢印）。

c）袋に関しては大小さまざまで、米袋

から銭袋まであった。作り方は1枚の布を横二つに折り、脇と底を綴じ合わせたものと、縦半分に折って両脇を綴じたものである。調査した11点のうち、巻き縫いが8点（表34-24〜29・32・33）、ローマン・ステッチ（Roman stitch）（写真208・図96）（表34-30・31）が2点、残る1点は梯子かがり（表34-23）。いわゆる単純な操作で袋としての機能を満たす巻き縫いが多いのは納得できる。しかし江戸時代から明治期、さらに山村地帯で製作された袋の綴じ方にローマン・ステッチが見られたことは筆者にはじつに意外な出合いであった。このステッチはフランス刺繍の一種で、花弁や葉を刺すのに用いる比較的珍しいステッチである。袋の作者がそれを会得して採用したのか、それとも単なる偶然に過ぎないのかは知る由もない。なおこれら2点はいずれも藍染である。袋といえども美意識をもって製作されたのではなかろうか。作者の温もりが伝わる資料である。

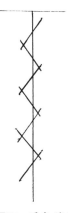

図97　千鳥がけ

　なお越後アンギンには梯子かがりが多く使われている。それを現地ではもっぱら"千鳥がけ"と呼称している。たしかに一見したところ千鳥がけと見紛うが、千鳥がけは図97のように2枚の布の表面ばかりを1針づつ返し縫いの要領で刺している。しかし梯子かがりは、千鳥がけのように表面ばかりを刺すのではなく、必ず表から裏（裏から表でもよい）へ刺している（図94）。わずかな違いではあるが田中千代（1969）、文化服装学院（1999）、杉野芳子（2003）にはそれぞれ区別して図解されているので、筆者もそれに従って梯子かがりとした。

　またローマン・ステッチについては、越後アンギンが江戸時代から明治期のものでわが国特有の作業衣である故、千鳥がけや梯子かがりのようにローマン・ステッチも和名はないものかと随分探したが見つけられず、袋の綴じ方についてはやむを得ずローマン・ステッチとした。

6　素材とその精製および密度等

（1）素材と精製度

　アンギンの素材はいらくさ科のアカソ、カラムシまたミヤマイラクサ（現地ではイラ）、まれに大麻（くわ科）やシナ（しな科）の繊維が使われていたようである。

　越後アンギンについて記された『間叟雑録』にはアンギンの衣服について材質が苧麻であることとか、雪につけさらして白くするとある。また『越能山都登』には、アンギンの素材アカソの繊維を灰汁に浸して柔軟にしたり、また編み終わった後、雪さらしするなど精練漂白の工程が述べられている。

　今回実査した袖なしや前掛け、袋などにはきわめて柔軟なものもあり、それなりの加工が施されているのではないかと思われるものもあった。しかし中には表皮が黒く残存しているものもあり、すべてが完全に精製されたものばかりではなかった。

写真209　諸撚り右の経糸で右絡みの編布
（写真209・210は十日町市博物館作成）

写真210　諸撚り右の経糸で左絡みの編布

写真211　緯糸が苧績みされたもの
（○印部分）

写真212　緯糸が重ねつなぎされているもの

（2）密　度

　経糸間隔は広いもので10〜15㎜（表34-5）とか10〜12㎜（表34-14・31）、狭いものは5〜6㎜（表34-24）というように越後アンギンの経糸間隔は平均値は8〜8.5㎜である。

　緯糸の密度は1㎝当たり8〜9本（表34-50）と比較的密度の高いものもあるが、2〜3本（表34-4）と低いものもあり平均値は4〜5本である。これは総体的にやや太い緯糸が使われたことを示す数値である。また1㎝当たり2〜3本はまさに現代のバルキーヤーンの太さに匹敵するものであり、アンギンの緯糸としては相当太い素材である。

（3）糸の撚りと長さ

　写真209は諸撚り（右）を経糸とし右絡みに十日町市博物館にて作製されたものである（絡み目の撚りが右に傾斜）。実査した越後アンギンの絡み状態は、古くて判別し難いものもあったが概して写真の絡み目と一致している。したがって袖なしや前掛け等に使用された経糸は諸撚り（右）であるようだ。

　なお、経糸の撚り方向と絡み方向については縄文時代の編布もまったく同じ状況であり、筆者がもっとも理解できない事象の一つである。

　念のため諸撚り（右）の経糸を左絡みにした場合は、写真210のように絡み目が縦長になる。換言すれば、諸撚り（左）の経糸で右絡みとした場合も同様に絡み目は縦長になる。しかしそれに匹敵するような絡み目は越後アンギンから見出すことはできなかった。また経糸は縄作りと同じ手法、つまり両手の平で撚られたらしく結び目はないように見受けられた（連続糸）。

　緯糸に関しては経糸同様諸撚り（右）もあれば、諸撚り（左）とか、まれに苧績みした緯糸（写真211：〇印）、またまったく撚りの掛からない繊維のままのものもあった。

　糸といえば、長いものと印象づけられるが、縦編法の緯糸はケタの上で重ねつなぎが可能であり、苧績みしない繊維、つまり短くても差し支えない（写真212）。

　以上越後アンギンについてその製作技法等大まかではあるが一応検証した。江戸時代から明治期まで利用されたという袖なしや前当て、それに袋など、現代のわれわれから見ればきわめて素朴な品々である。しかしその中には上述したように、前当ての製作法をはじめ小さな袋の綴じ方にいたるまで、筆者の想像だにしなかった特種な技法が駆使されている。しかも個々の作品は入念な作である。作業衣とはいえこうして作られた袖なしや前当てこそ、自給自足の生活の中にも創意工夫が加味された農山村文化の本質が端的に示されているとは考えられないであろうか。余談ではあるが、試作を重ねながらの実感である。

第2節　時宗の阿弥衣

1　伝存する阿弥衣

　鎌倉〜江戸時代にかけて一遍上人（1239〜89）を開祖とする時宗には、僧侶が諸国を遊行する際着装したと伝えられている法衣がある。それは阿弥衣（あみぎぬ・あみえ・あみごろも）といって写真213のように遊行寺本『一遍上人縁起絵』や、『一遍聖絵』（写真214）に描かれている。その他『聖絵』には「一遍弟子当信用十二道具心……阿弥衣[1]」と示され、阿弥衣は数多い宗派の中でも時宗特有の法衣である。

　なお阿弥衣は織物ではなく特殊な編物、即ち越後アンギンの作業衣同様縦編法の応用編布で編成され、図98に示したように身頃・衽・襠・袖から構成されている。阿弥衣には現存例もあり寺宝として保管しているのは次の寺院である（表40）。

　　　山形県天童市仏向寺　　　1領（表40-1）
　　　群馬県藤岡市満福寺　　　1領（表40-2）
　○神奈川県藤沢市遊行寺　　　2領（表40-3・4）
　　　新潟県柏崎市専称寺　　　1領（表40-5）
　　　長野県佐久市金台寺　　　1領（表40-6）
　○愛知県碧南市称名寺　　　　1領（表40-7）
　○滋賀県米原市蓮華寺　　　　1領（表40-8）（昭和17年〔1942〕浄土宗に宗派変更）
　○京都市東山区長楽寺　　　　1領（表40-9）
　○京都市山科区歓喜光寺　　　2領（表40-10・11）
　○兵庫県豊岡市興長寺　　　　4領（表40-12〜15）
　○兵庫県神戸市真光寺　　　　1領（表40-16）
　○広島県尾道市西郷寺　　　　1領（表40-17）

現在時宗は北海道から九州に至って412寺院[2]存在しているといわれているが、阿弥衣の保管例は時宗から宗派を浄土宗に変更された蓮華寺を加えても上記した12寺院、全体の3％弱である。

　なお遊行寺は時宗の総本山で別名清浄光寺ともいわれ、元祖は遊行四代呑海上人で正中2年（1325）開山された寺院である。貴重な阿弥衣は2領保管されていた。また歓喜光寺も2領、そして興長寺は4領保管されており、筆者は上記の12寺院中○印の8寺院13領の阿弥衣を実査した。

　阿弥衣の中には製作年代のわかる墨書されたものがある（表41）。年代順に述べると興長寺の永正18年（1521）、西郷寺の大永2年（1522）、また遊行寺は元亀2年（1571）、それに歓喜光

第2節 時宗の阿弥衣　217

表40　阿弥衣の所在寺院と構造

No.	所在地	寺院名	開基 (年)	開基 僧侶名	編布の密度 経糸間隔(mm)	編布の密度 緯糸(本/cm)	経糸の絡み方向	製作時の緯糸数	両端に矢羽根	接続方法(綴じ方)	材質	備考	筆者の実見	文献
1	山形県天童市	仏向寺	嘉慶2年(1388)	遊行2組 他阿真教上人	10～12	8	S					両袖がない阿弥衣		1
2	群馬県藤岡市	満福寺	正中2年(1325)	遊行4代 呑海上人	10～13	9	S	3	無			時宗総本山	○	2
3	神奈川県藤沢市	遊行寺※			10～14	8～10	S	3	無	巻き縫い		時宗総本山	○	
4	神奈川県藤沢市	遊行寺												
5	新潟県柏崎市	専称寺	永仁元年(1293)	遊行2組 他阿真教上人	11～12	10	S							2
6	長野県佐久市	金台寺	弘安2年(1279)	一遍上人逗留中	8～10	12	S			千鳥がけ	苧麻			3
7	愛知県碧南市	称名寺	暦応2年(1339)	2組 真教上人弟子声阿	10～11	10～11	S	3	無	巻き縫い			○	
8	滋賀県米原市	蓮華寺	弘安7年(1284)	一向俊聖上人	11～12.5	12	S	3	無	ぐし縫い		両袖がない阿弥衣(現在は浄土宗)	○	
9	京都市東山区	長楽寺	延暦24年(805)	伝教大師	10～15	7～8	S	3	無	つきあわせ	大麻		○	
10	京都市山科区	歓喜光寺	正安元年(1299)	弥阿聖戒上人	11～13	12	S	3	無				○	
11	京都市山科区	歓喜光寺			9～13	8～9	S	1		わたしまつりもどき			○	
12	兵庫県豊岡市	興長寺			10～11	9～10	S	3	無	わたしまつりもどき			○	
13	兵庫県豊岡市	興長寺			9～12	10	S	3	無	巻き縫い			○	
14	兵庫県豊岡市	興長寺			10～12	12	S	3	無	わたしまつりもどき			○	
15	兵庫県豊岡市	興長寺	正安4年(1302)	遊行2組 他阿真教上人	10～12	7～8	S	3	無	ぐし縫い 突き合わせ縫い		左袖がない	○	
16	兵庫県神戸市	真光寺	正慶年間(1332～34)	遊行6代 一鎮上人	11～12	8	S	1	無	巻き縫い わたしまつり縫い			○	
17	広島県尾道市	西郷寺			10～13	7～8	S	3	無	巻き縫い			○	

表40文献　1　天童市文化財保護審議会 1998『天童市の文化財（改訂版）』
2　渡辺 誠 2002「時宗僧侶の阿弥衣の研究」『名古屋大学文学部研究論集　史学48』
3　長野県 1992『長野県史　美術建築資料編』

※ 開基の分野は遊行寺遠山元浩氏のご教示による。

218　第Ⅶ章　越後アンギンと時宗の阿弥衣

写真213　時宗僧侶の阿弥衣姿
（『一遍上人縁起絵』より）

写真214　一遍上人の阿弥衣姿
（『一遍上人絵伝〈一遍聖絵〉』より）

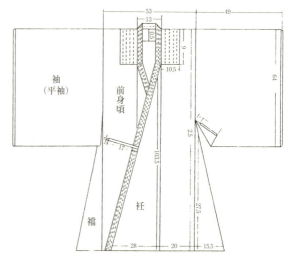

図98　称名寺阿弥衣実測図
（日本風俗史学会中部支部阿弥衣調査グループ 1988より）

写真215　歓喜光寺の阿弥衣（表40-11）
着装　故 河野良康前住職

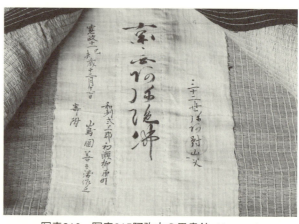

写真216　写真215阿弥衣の墨書銘（表40-11）

表41　阿弥衣の銘について

No.	寺院名	背右側	背中央	背左側	住　所	氏　名
1	興長寺 （表40-12）	但州竹野興長寺□□□	興南無阿弥陀仏 八代漢□□□	永正十八念十一月廿七宿阿 （1521）		
2	西郷寺 （表40-17）	大永二年壬午（1522）	南無阿弥陀仏	七月廿七日倶阿弥陀仏		
3	遊行寺 （表40-3）	元亀二□□□七日 （1571）	□□□弥陀仏	遊行三十代佗阿有三		
4	歓喜光寺 （表40-10）	元亀三壬甲年極月廿日 （1572）	南無阿弥陀仏	遊行三十代記之		
5	歓喜光寺 （表40-11）	三十二世弥阿対山父	南無阿弥陀仏	寛政十一年巳未歳十二月十七日 （1799）	和州弐上郡初瀬柳 原町（現・桜井市）	嶌岡善之輔 寄附
6	真光寺 （表40-16）	三十二世弥阿対山父	南無阿弥陀仏	寛政十一年巳未歳十二月十七日 （1799）	和州弐上郡初瀬柳 原町（現・桜井市）	嶌岡善之輔 寄附

寺の元亀3年（1572）と4領はいずれも室町時代のものである。なお歓喜光寺のもう1領と真光寺は共に寛政11年（1799）とあり江戸時代のもので、他の阿弥衣とは異なり真新しく感じた（写真215）。また真光寺の阿弥衣は1962～3年頃歓喜光寺から寄贈されたとの事で、墨書銘も同じである。中央に「南無阿弥陀佛」、右側に「三十二世弥阿對山父」、左側は「寛政十一年巳未歳十二月十七日」、それに「和州弐上郡初瀬柳原町」（現・奈良県桜井市初瀬町）嶌岡善之輔作之寄附」と寄贈者の名前が記されている（写真216）。

称名寺の阿弥衣は、「十二光筥」(3)とともに保管され、遊行二祖他阿上人（元応元年〔1319〕寂）が十二光筥を負う際着用されたものと伝えられている（中村ほか1982）。

蓮華寺は時宗十二派の一つ、一遍上人の門下、一向俊聖を祖とした一向派の大本山であったが、現在は浄土宗本山になっている。阿弥衣が1領保管されており『一向上人伝』には「弘安元年（1278）8月、雲州水尾宮から麻糸で編まれた神衣を賜ったが、両袖は人に施し与えた。それより門徒皆薄墨の衣の上に袖なし衣を着る。衣はあみ衣とも云うなり」（小川1983）と記されている。保管されていた阿弥衣は一向上人のものと伝えられており両袖はなかった（写真217）。

なお蓮華寺には一向上人の「伏鐘」が所蔵されており、側面右上方に「沙門一向弘安八年十月三日」の刻銘がある。

仏向寺には「一向上人の用いたという念仏鉦（鐘）が伝えられている。側面に『義空菩薩　永仁三年三月日　義阿』と彫られている。義空は一向上人である。永仁3年（1295）は上人の没後8年目で、義阿は上人の弟子である。また仏向寺には上人が用いたという『縫い目なしの衣』が伝えられている。これらは出雲の水尾宮で神授されたものと伝えられるが、麻の編衣の袖なしで、一向門徒が墨染めの衣の上に重ねてまとまったもの

写真217　蓮華寺の阿弥衣

写真218　仏向寺の阿弥衣
（天童市文化財保護審議会 1998より）

である」（写真218）（天童市文化財保護審議会 1998）。

蓮華寺および仏向寺双方に袖のない阿弥衣が保管され、ともに『一向上人伝』に因んだ神衣であると伝えられている。図99は衣の上に袖のない阿弥衣を着る一向上人像である（小川 1983）。

ちなみに仏向寺は以前一向派の大本山であった蓮華寺の『八葉山蓮華寺末寺帳』に出羽仏向寺と記載されている（小川 1983）。

上記した中で古いものを墨書銘の年代から見れば、興長寺（1521）、西郷寺（1522）、次が遊行寺（1571）、歓喜光寺（1572）であるが、古さを感じたのは遊行寺の阿弥衣である。収められた箱には

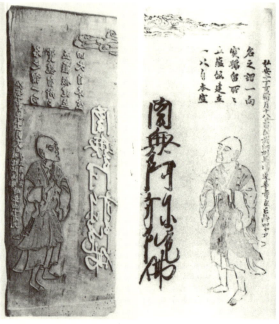

図99　袖のない阿弥衣姿の一向上人像（版木と摺刷）
（小川 1983より）

写真219　興長寺の左袖のない阿弥衣

「顕聲寺・寶物」と箱書され、茨城県の同寺院から移管されたものといわれている。阿弥衣は擦り切れるなど著しく傷んでいて触れるのも気遣うほどであり、見るからに古いという印象は受けたが、全容は整っていた。

その他江戸時代の2領以外も、それぞれ時代を感じさせる阿弥衣であった。興長寺の阿弥衣の中には写真219のように左袖がまったくないものもあった。

なお数少ない阿弥衣にも越後アンギン同様製作面において珍しい編端や、襟・衽の傾斜等々検討すべき点があるので、詳細に考察することにした。

第2節　時宗の阿弥衣　221

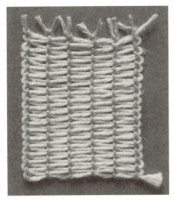

写真220　緯糸1本使用の応用編布の編端

写真222　襠と身頃の綴じ合わせ
　　　　（表40-11）

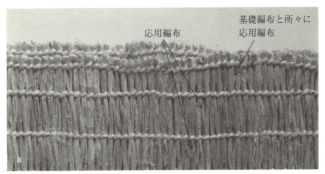

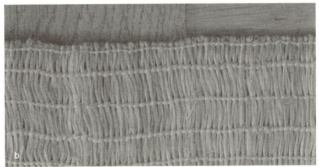

写真221　歓喜光寺の阿弥衣の袖口（a・b）（表40-11）

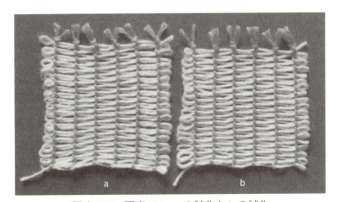

写真223　写真221-aの試作とbの試作

2　珍しい製作法

　表40で示すように、筆者の実見した13領の阿弥衣のうち11領は編端を調査した結果、緯糸3本を使用して製作されたものと思われるが、歓喜光寺（表40-11）と真光寺のものは緯糸1本で製作されてる。

　縦編法による応用編布の製作で、緯糸3本の場合は、前述した越後アンギンによれば一般的な技法であるが、緯糸1本の技法は越後アンギンの中には類のないきわめて珍しい技法である。応用編布を緯糸1本で製作すると、写真220のように編端は小さな半月状になる。しかし写真

221-a・b（歓喜光寺例の袖口部分）の編端は、半月状よりもやや大きい編端を呈している。それを筆者は写真222のように、2枚の布を接合しやすくするため故意に編端を大きくしたものと考えた。ところがそれらの写真を注視すると、写真221-aは全体が応用編布で製作されたにもかかわらず、編端のほとんどが基礎編布で所々に編目の変化、つまり編みミスらしいものも確認される。そこでこれら2枚の写真をさらに熟視すると、双方とも試作した編端（写真220）と異なった形状になっている。試作の緯糸（編端）は経糸上下2個の絡みに跨がった形で入っているが、写真221-a・bは経糸1個の絡みに緯糸がすっぽり入った状態である。

とくに写真221-bは編端まで応用編布である。経糸が偶数本、それを1本の緯糸で製作する応用編布ならば編端は半月状というのが筆者の固定観念である。それをどのように変化した技法にすれば写真221-bと同じ編端になるのか。試作実験を繰り返した結果、単純な操作で輪っぱ状編端を作ることができた。1目おきに2本の経糸で2本の緯糸を絡ませながら編み進むのが応用編布であり、縦編法で編成するオーソドックスな応用編布（経糸偶数本）には一つの鉄則がある。「最初の刻み目（奇数）は編まないが、最後の刻み（偶数）は必ず編む（図82参照）」これである。しかしこの逆の技法、即ち奇数の刻みから編み進めば、全体が応用編布で端に輪っぱを作ることが可能とわかった。この要領で応用編布を編成するには編み終わりを輪っぱ状にする以外方法はなく、換言すれば輪っぱ状にすることが必須条件。写真223-bは221-bの試作である。

なお写真221-aは試作実験により鉄則（図82の方法）に従って編成されたものと判断した。こちらは成り行きで編端が試作同様の半月状になるはずである。しかしそれを無理に輪っぱ状にした結果、編端を基礎編布にせざるを得なかったのである。写真223-aはその試作である。

双方を試作したが、編端にその都度輪っぱを作るのは単純な操作とはいえきわめて手間のかかる作業である。このように面倒な技法をあえて阿弥衣に採用したのはなぜであろう。あくまで推測に過ぎないが、編布の製作法をあまり理解していない作者は、最初輪っぱ必須の技法で片袖を編成した。次は無意識のうちに異なる経糸の操作、つまり試作（写真220）と同じ技法である。したがって編端は半月状になった。そこで作者は大切な阿弥衣の袖、左右同じように仕上げたいという願望から、苦肉の策としてきわめて面倒な技法を採ったのではなかろうか。

残る緯糸1本で製作された真光寺の阿弥衣については、歓喜光寺と素材も同じなら技法も同じであろうと考えた。しかし写真224-a・bのような珍しい編端があった。この2種類は袖下の前身頃の端であり、経糸20本、つまり偶数本で製作されている。

aの編端は写真220の試作のように、緯糸が経糸（上下）2個の絡みに跨っている（半月状）が、手前の緯糸は基礎編布である。また一方bは所々に編みミスはあるものの、全面的に応用編布であるが、端の緯糸は半月状になっている所と、緯糸3本が輪っぱ状に絡ませたものを繰り返したような形状である。

筆者は縦編法の越後アンギンや、旧千島のアイヌ民族のゴザ等、幾種類もの編端を試作したが、写真224-a・bのように複雑な編端は初めての出合いである。それでも試行錯誤の末、や

っと解明するに至った。

　写真224-aの編端は写真225-aの左端（奇数の経糸矢印）から編み始めるので、右端は偶数の経糸右矢印であるが、この場合はそれを編む。したがって編端の緯糸は半月状になり、右端左側の緯糸は写真224-aの矢印同様、基礎編布となる。また写真224-bは写真225-aの右端から折り返した緯糸で左端を右端同様に編み、次の段は写真225-bの左端のように緯糸を輪っぱ状に編む。この繰り返しでよい。

　以上のような技法で写真224-a・bと同じような編端を試作することができた（写真226）。

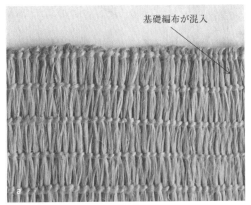

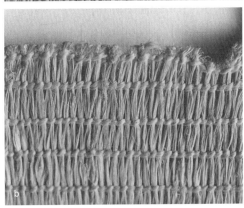

写真225　写真224-a・bの編端緯糸の進め方

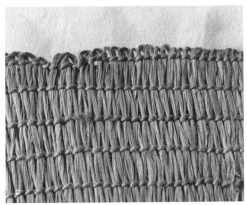

写真224　真光寺の阿弥衣
　　　a・bは前身頃の両端、cは袖の編端

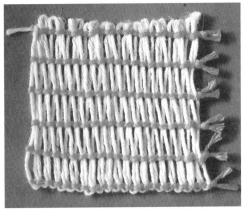

写真226　写真224の試作

ちなみに、前記した歓喜光寺（写真221-a）の編端は真光寺と同じ条件（経糸が偶数）であるが、こちらは両端を輪っぱ式で仕上げている。

真光寺の阿弥衣について不思議に思うのは袖の編み方である。写真224-cのように所々編みミスらしい箇所はあるが、写真220のもっとも編みやすい筆者の試作と一致していることである。このように編みやすい技法をある面では駆使しながら、なぜ前記したような面倒で見栄えの悪い技法が用いられたのか理解しがたい。しかし先に述べたように、編布について製作経験のない作者が、見様見真似で製作したのではなかろうか。苦心作、つまり努力の結晶ともいうべき貴重な阿弥衣である。なおこの阿弥衣は前述したように歓喜光寺から贈られたものといわれており、両寺院の阿弥衣には素材をはじめ製作面においても類似点が多く、同じ作者によって製作されたものと思われる。

また緯糸3本で製作された阿弥衣は、すべて一方の編端のみが矢羽根状である。阿弥衣には越後アンギンのような左右の編端に矢羽根を作るとか、緯糸を5本使うという技法の開発はなかったようである。

3　襠・衽の傾斜面について

阿弥衣にも越後アンギンの前当てに見られるような傾斜面がある。それは阿弥衣の襠と衽の衿付け部分である（図98）。ここでは襠の傾斜面について述べることにした。

襠の斜面は歩行しやすくするため脇から裾へ拡がるように作られている。前述した越後アンギンの前当ては上部から段階的に増し目がなされているものと、上部から徐々にケタの上で増し目をするという2種類の技法が採られている。阿弥衣の場合は下部すなわち裾から減らし目をして傾斜面が作られており、前当ての後者の技法に類似している。前当ては編端の次の経糸を継続して編み、その経糸を基準に増し目がなされているが、阿弥衣は編端で減らし目がなされている。この方法は越後アンギン（前当て）の中で述べたように、ケタの刻みのない所、いうなれば経糸のより処のない場所での作業であり、少々高度な技術が要求される。それにもかかわらず実見した阿弥衣13領はすべてこの技法で製作されていた。

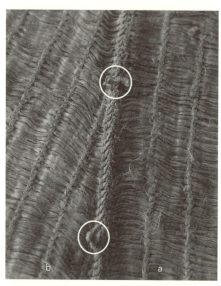

写真227　称名寺の阿弥衣

写真227は称名寺の阿弥衣の一部である。a面は後身頃でb面が襠である。襠は裾から編み上げ減らし目がなされている。中央に見られる小さな固まり2個（○印）は減らし目をした経糸を結び切った跡であるが、その経糸を隣接する経糸に編み込ませた

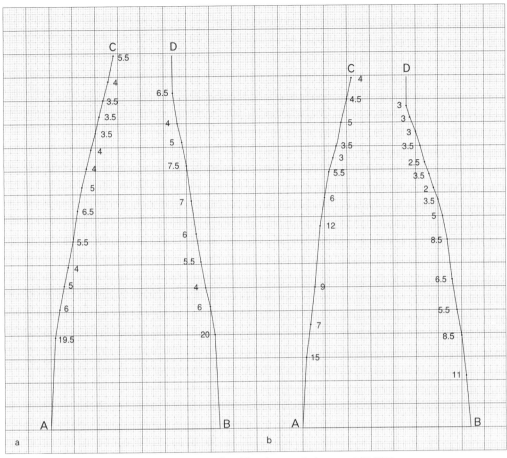

図100　真光寺阿弥衣の襠の右（a）と左（b）の傾斜面

ものである。

　筆者は遊行寺（2領）、称名寺、長楽寺、歓喜光寺（2領）、真光寺と7領の襠について裾から減らし目の間隔を測定したが、パターンらしきものはなく、それぞれの間隔で減らし目がなされていた。

　筆者の経験した現代の手編物はほとんど参考書があり、克明に編み方の説明がなされているのでそれに従えばよい。また参考書に頼らずオリジナル作品の場合は、まずグラフ用紙に必要な斜線を描き、それに基づいて減らし目するので、思うように傾斜面を編み成すことができる。しかし経糸間隔1cm前後という狭い部分を5cmとか10cm間またはそれ以上を編みながら狭めるということは、参考資料（グラフ）を見ながらでも大変な作業である。図100は真光寺の阿弥衣の襠の図面であるが、1領の阿弥衣の左と右または一方の襠の左右（図100-A・B）でも減らし目の間隔が異なっている。また斜線であるべき部分もわずかながら曲線を呈している。これは参考資料のないまま作者の勘で製作されたものと思われる。

　減らし目の操作を解説すると、最初にその対象になるのが図101-①の右端4の経糸である。

226　第Ⅶ章　越後アンギンと時宗の阿弥衣

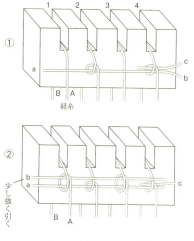

図101　減らし目の方法

図102　素直な減らし目

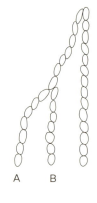

図103　不自然な減らし目

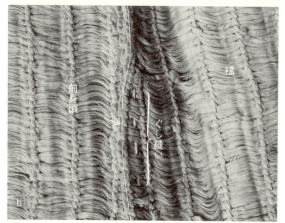

写真228　襠と身頃の傾斜面の接合部分
　　　　a・c.西郷寺　b.蓮華寺（ぐし縫い）　d.遊行寺

写真229　襠斜面の試作
　　　2～3段の間が基礎編布

この場合緯糸①-bを左へ折り返すと、緯糸bは②のようにaの上に重なる。ここでbを少し強くひく。あとは従来の方法で編み進む。つまり傾斜の度合いによりつねに図101-②-bに位する緯糸を引き締めながら右端に斜面を作る。この時4の刻みにあった経糸は、ケタの刻みのない部分が使われる。この作業の繰り返しで、4の刻みの経糸は3の刻みにまで移動し、ついに不要の経糸となる。後はA・Bの経糸を結び切り捨てるか、隣合わせの経糸に編み込むのである。これで右端（4の刻み）の経糸を1目減らしたことになる。左端も同じような作業を繰り返せばよい。要するに端の緯糸の引き締め加減で傾斜面の角度がきまると同時に減らし目の間隔もきめられてしまう。緯糸を強く締めれば、傾斜面は鋭角状になり襴丈が所定の長さに満たない内に図100-C・Dの幅になりかねない。先に述べたように参考資料を持たないで襴作りをするのは、現代ならば冒険といわざるを得ない。このように検証すると、図100は4箇所それぞれ減し目の間隔は異なるが、努力の跡の忍ばれる資料ではなかろうか。写真228-a・bは西郷寺と蓮華寺の身頃と襴の接合部分であるが、襴の減らし目をした部分はやはりわずかながら曲線を呈している（矢印）。これは図102の素直な斜線が望ましいが、図103のようにいつまでも経糸AをBと平行して編み進み、急に減らし目に入ったためである。図102の斜線にするポイントはすべて緯糸の引き締め具合によるものである。

なお減らし目の技法であるが、写真228-c（西郷寺）・d（遊行寺）の矢印部分は基礎編布になっている。これは写真229の試作のように偶数段の減らし目部分であり、越後アンギンで述べた"折り返しX法"が適用されなかった証である。

4　編み終わりの始末と布の接合法

阿弥衣の編み終わりは越後アンギンのように手の込んだ技法は見られず、写真230-a・bの称名寺や歓喜光寺（表40-11）のように編み終わった経糸を結び切ったままのものと、写真230-c（蓮華寺）のように、編端を内側へ折り返して綴じ付けるといった簡単な手法が採られていた。

また身頃と襴のつなぎ目、いわゆる接合法に関しては、古くて鑑別できないものもあったが、遊行寺（表40-4）や称名寺、真光寺、興長寺（表40-13）、西郷寺の5領は巻き縫いである（図95）。蓮華寺（写真228-b）はぐし縫い、また興長寺（表40-15）はぐし縫いと突き合わせ縫い（写真231-b・図93）が併用されていた。少々わかりにくいが長楽寺も突き合わせ縫いのようであった。また歓喜光寺（表40-11）は写真222のようにわたしまつり（図104）に類似した接合法が採られているので、「わたしまつりもどき」とした。

梯子かがり（越後アンギンに使用）同様に上記の突き合わせ縫いを千鳥がけと呼ぶきらいがある。しかし、千鳥がけとは多少異なる刺し方であるので突

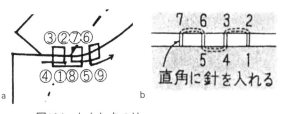

図104　わたしまつり
（a．田中千 1969、b．講談社 1975 より）

228　第Ⅶ章　越後アンギンと時宗の阿弥衣

写真230　編み終わりの始末
　　　　a. 称名寺阿弥衣身頃の裾
　　　　b. 歓喜光寺阿弥衣襠の裾
　　　　c. 蓮華寺阿弥衣の裾

写真231　興長寺阿弥衣の襠と身頃の接合部分　　a. ぐし縫い　b. 突き合わせ縫い

き合わせ縫いとした。

写真232は接合法の試作である。

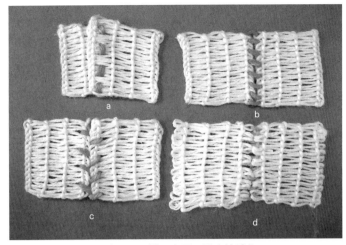

写真232　襠と身頃の接合法試作
a．ぐし縫い　b．巻き縫い　c．突き合わせ縫い　d．わたしまつりもどき

5　素材と編布密度ほか

① 素　材

阿弥衣の材質は長楽寺が大麻であり（布目 1989）、金台寺が苧麻とされている（長野県 1992）が、その他は不明である。しかし文献によれば藤の繊維も使われていたようである。

「寺社宝物展閲目録」六条道場の段には「藤衣一領（朱書）藤ヲ製テ筵ノ如ク編候而、衣トイタシ、一遍ノ時ヨリ當宗ニテ着用仕來候由ニ御座候」とあり六条道場すなわち歓喜光寺の阿弥衣は藤の繊維で編成されていたことが記されている。

「一遍聖絵第七」には「聖の給はく … 藤衣紙衾是淨服　易ㇾ求無﹦盜賊恐﹦」とある。ここでは藤衣を阿弥衣と指摘していないが、阿弥衣と解釈するならば、「寺社宝物展閲目録」の「… 一遍ノ時ヨリ當宗 …」に通ずるものがあり、最下層民の救済を標榜したという一遍上人の本旨が理解できるようである。

前述したように筆者は13領の阿弥衣に接したが、光沢の有無とか、触感などからカラムシや大麻、藤など絹や綿以外の繊維が使われていると実感した。

② 編布密度

表40で示すように、阿弥衣の経糸間隔は狭いもので8〜10㎜、中には10〜15㎜と広いものもあるが平均値は11㎜である。緯糸は1㎝当たり密度の低いもので7〜8本、高いものは12本。平均値は9〜10本で比較的細い糸が使われている。

③ 経糸と緯糸

阿弥衣の経糸はよく使いこなされていることと、それに古さが加わり、絡み部分が擦り切れて撚り方向のわからないものもあった。写真230-bは編み終わった経糸がそのまま残された襠の上部である。この経糸は越後アンギンの諸撚り（右／S）とは逆に、諸撚り（左／Z）の糸が使われている。これは歓喜光寺のものであるが、真光寺も同様の技法が採られている。その他の阿弥衣からも、経糸の絡み部分に諸撚り（左）の特徴である縦長の絡み目が現れており、阿

写真234　緯糸に績んだ跡のある編布

写真233　経糸の絡み部分に諸撚り左の
　　　　　特徴の縦長の撚り目（西郷寺）

弥衣に使われた経糸は諸撚り（左）が多いように判断した。写真233（西郷寺）は大永2年（1522）という古い時代の阿弥衣であるが、経糸は諸撚り（左）で編成された絡み目になっている。緯糸は概して長い繊維を確保するため写真234の○印のように、撚りつないだ部分（績んだあと）が確認される。しかしその部分を除けば撚りのかからない繊維そのものである。また越後アンギンのように短い緯糸の重ねつなぎらしい跡は、歓喜光寺（表40-11）と真光寺の2領である。

④ 繊維の精製度

　阿弥衣には表皮の残存例はなく、古いものばかりではあるが、精製された繊維で編成されていた。

　以上阿弥衣の製作法に関する所見を淡々と述べた。ここに至って筆者が痛感したのは、各阿弥衣の大きさ。即ち編布の量である。今さらいうまでもないが、編布は織物と異なり一目一目手作業で編成するのであり、体験学習で作製するコースターでさえ手間のかかる作業である。

　現代の衣服にたとえれば、阿弥衣はコートのような存在。法衣の上に着装するので袖1枚にしてもゆったりと仕上げられている。そこで筆者は阿弥衣の製作にかかる所要時間は如何ばかりかと関心を抱いた。

　図98は称名寺の阿弥衣の実測図である。この図のサイズと、表40-7（称名寺）の密度から片袖のみではあるが製作に要する時間を測定した。結果は表42が示すように、袖幅49cm1段の製作に5～6分かかった。これを基準に1日8時間作業をしたとすれば、7～8日間を要するこ

とになる。これは片袖に過ぎないが、阿弥衣はこのほかにもう片袖、それに身頃等を合わせて約3.5倍の面積を製作しなければならない。表42から試算すれば、編む作

表42 阿弥衣（称名寺例）の袖（片方）製作必要日数

経糸間隔	緯 糸	袖幅49cm当たり1段の所要時間	袖丈（64×2＝128cm）の段数	製作日数（1日8時間）
10～11mm	10.5本/cm	5～6分	678.4段	7～8日

註　阿弥衣は応用編布で製作されている。応用編布は2本の緯糸を2本の経糸で絡ませるので、緯糸1cm当たり10本であれば段数はその半分である。

業のみで約35日間要することになる。それに各部位の接合、また素材の採集から精製等考え合わせると、阿弥衣1領を製作するのは、想像以上に手間のかかる作業であることが理解できる。

『真宗要法記』には阿弥衣の製作に関して「法衣を編む時には、四十八符と決めて四十八願を表すことになった。一絲を編む毎に、念佛を一返唱えるのである」と示されている。四十八云々は袖・身頃等の経糸が48本とされている。

筆者が拝見した阿弥衣は信徒の寄贈によるものということである。各々の阿弥衣には、作者の苦労もいとわない、ひたすら仏に対する敬虔の念が込められているようで、阿弥衣ごとに自ずと頭が下がる思いであった。

一遍上人は、文永11年（1274）36歳にして愛媛県を皮切りに、日本国中を念仏賦算（お札配り）と踊り念仏の遊行の旅を続け、正応2年（1289）51歳で兵庫県の観音堂（現真光寺）にて入滅されている。その伝記に関するものとして『一遍聖絵』と『一遍上人絵詞伝』がある。

原文は第Ⅷ章8「馬衣」の項で後述するが、『真宗要法記』には、一遍上人の阿弥衣の由来について「弘安二（1279）十二月信州伴野の館で宿泊された際、主人が奉呈した。それ以来当門の法衣に定まり、上人は終生この法衣を着装された」とある。

しかし『一遍聖絵』には、その前年「弘安元年福岡の市」の場面において写真214のように一遍上人の阿弥衣姿が描写されている。また『一遍上人絵詞伝』（専称寺本）には、信州伴野における踊り念仏の場面として随従の僧多数が阿弥衣姿に描かれている。

なお『一向上人伝』には阿弥衣について「弘安元年八月一向上人は、雲州水尾宮から神衣として阿弥衣を賜ったが、両袖は人に施し与えた。それより門徒皆薄墨の衣の上に袖なし衣を着る」と記されている。そして滋賀県蓮華寺には、「一向上人法衣」として袖なしの阿弥衣が保管されている。なお山形県仏向寺にも、一向上人が出雲の水尾宮で神授されたと伝えられる袖なしの阿弥衣が保管されている。

以上のように阿弥衣の由来については様々であるが、ほかに異説も唱えられてる。『假名法語集』（日本古典文学大系 1965）には、阿弥衣について「網衣の宛字。阿弥陀仏の阿弥を網にあてたもの。網はいかなる魚貝をも選ばず生け捕りにするので、攝取不捨の弥陀の本領を網に喩えたもの。『仏教の網を張りて法界の海を亙り人天魚を漉して涅槃の岸に置く』（涅槃『諺釈』）による」と記述されている。

数ある宗派の中で、時宗の僧侶のみになぜ阿弥衣が法衣とされているのか、また阿弥衣の由来についても今後の課題としたい。

なお、この件に関して示唆に富む指摘がなされているので紹介しておきたい。

渡辺誠氏は一遍上人の阿弥衣について「時宗僧侶の阿弥衣の研究」(『名古屋大学文学部研究論集　史学48』2002)において詳細に述べられいる。引用が少々長くなるが、重要な指摘なのでお許し願いたい。

まず阿弥衣と一遍上人の関係に関して次のように述べられている。

> 上人自身もともと水軍河野一族(4)の出身であることにヒントが隠されているように思われる。後述するが、阿弥衣はもともと海運に関わる運送業者などの労働着であった可能性がきわめて高いのである。
>
> このような観点からも、『一遍聖絵』中における一遍上人の顔が他の時衆よりも黒く描かれていることや、手の甲の毛や胸毛が克明に描かれていることは、単に本来の姿を表現しているに留まらない大きな意味があると考えられる。そして全員が常に阿弥衣をまとって遊行しているのであり、そのこと自体にも大きな意味があったと考えられるのである。

さらに阿弥衣着用の実用的意義からその宗教的意義にまで踏み込んで以下のような見解を披瀝されている。

> アンギンをマギンとよぶこともある。これは馬の着物の意味であり、鞍当てに使われていたことを示している。そればかりでなく『一遍聖絵』などとほぼ同時期の『男衾三郎絵詞』(5)断簡には、博労の家で働いている少女が馬の着る着物を着て、馬に与える水を汲んでいる様子が描かれている。それは袖のある着物仕立てのもので、阿弥衣とまったく同じものなのである。そして博労もまた海の運送業者に対応する陸の運送業者であり、堅いものや重いものを運ぶ労働者には必需品であったとみることができる。(中略)
>
> ……鎌倉時代に一段と発達した商工業や運送業などの従事者の衣服をまとうことに、一遍上人の救済の対象が明確に示されていると考えたい。衣服もまた同じ立場に立っていることの重要な表現であったからこそ、より古い段階の絵巻ほど編み目が丹念に描かれ、黒い顔が描かれたと解釈することができる。

まことに興味深い見解である。

6　まとめ—越後アンギンと時宗の阿弥衣—

以上、本章第1節と第2節で越後アンギンと阿弥衣の主に製作技法について検討した。越後アンギンは新潟・長野両県でも限られた地域に発達した割には、袖なしや前掛け等同じ絡み編みでありながら、経糸が2～5本と使用数に違いが認められたり、編端の変化など何かにつけバラエティーがみられる。しかし阿弥衣は山形県から広島県に至る広範囲に存在しながら、調査した13領の阿弥衣のうち2領(表40-11・16)以外は緯糸3本で製作されているなど変化に乏しい。筆者の推測に過ぎないが、阿弥衣に関しては編む分野いわゆる阿弥衣本体にのみ、詳細に記されたパターンが用意されていたのではなかろうか。どの阿弥衣も同じような形状で、とくに面倒な傾斜面が整然と仕上げられている。その反面編み終わりの始末、布の接合など中に

は粗雑に片付けられているなど、1領の阿弥衣の製作工程には両極端な技法が使われていたようである。

筆者は以前見学したタイの山岳民族を連想した。その折の山岳民族の服装は黒地に多彩色で刺繡が施されていた。その刺繡はじつに繊細であったが、衣服の縫製に関しては少々乱雑、黒地であるのに赤や白の糸が使われたり、ズボンの紐の幅が異なるなど無造作に付けられていた。それを見た時、民族のシンボルである刺繡の技術は伝授されても、縫製の分野までは伝習されなかったのかと考えた。

阿弥衣にも同じようなことがいえるのではなかろうか。

越後アンギンに使われた繊維の精製度や長さは、阿弥衣と比較して一見粗雑に感ずるが、目的は作業衣である。表皮の残る繊維は、見掛けは悪いが堅牢度は高い。また短い繊維も編布製作上の仕組みから考えれば効率的である。なお繊維が太ければ完成までの所要時間が短縮できる。編み上がった布の接合方法も、阿弥衣より時代が新しいといえばそれまでであるが、梯子かがりとかローマン・ステッチといった外観はよく、その上頑丈な手法が使われている。現存例が少ないので断定はできないが、阿弥衣にはみられない編端左右の矢羽根などは、越後アンギンによって開発された技法かも知れない。

越後アンギンは、個々の家で製作され使用したものであり、やはり用途に応じてそれぞれの工夫がなされている。

一方阿弥衣は、信徒の寄贈によるものらしいが、量的に編布を見れば袖2枚分でも袖なしの約1.5倍、阿弥衣全体と比較すれば袖なしの約3.5倍になる。その上前身頃と裾などには格別面倒な傾斜面、そして越後アンギンより古い時代のものであること等々総合して検討すれば、たとえ阿弥衣の技法が素朴であっても、決して越後アンギンに劣るものではない。ともに作者の苦労が伝わるような作品である。と同時にそれぞれ時を越えた先人の知恵と教えをあらためて実感した。

註
(1) 一遍上人遊行時の所持品
　　引入(椀)、箸筒(箸)、阿弥衣、裃裟、帷、手巾、帯、紙衣、念珠、衣、足駄、頭巾
　　以上を十二光筥と呼ばれる筥に収めて携行したのである。
(2) 遊行寺(時宗総本山)遠山元浩氏のご教示による。
(3) 十二光筥(称名寺所蔵)　高さ37.9㎝、横39.4㎝、奥行27.3㎝。時宗独特の法器で、阿弥陀如来の徳を人格化した十二光仏をかたどって、十二箱を一組とし、遊行上人の一行十二人が背負って回国した。経巻や法衣を入れるが、経机に代用したり、説教のときに一列に並べて結界とするために考案されたといわれている。鎌倉時代末期の作で、遊行二祖他阿上人(元応元年〔1319〕寂)所用と伝え、現存最古のものと推測されている(中村ほか1982)。
(4) 一遍上人は延応元年(1239)伊予(愛媛県)道後に生まれた。一族の本家にあたる祖父・河野通信は源平合戦の折、水軍を率いて源義経に味方し、平家を滅亡させた壇ノ浦の戦いにおいて武功をたてた。一遍上人はいわゆる伊予水軍の武将の孫である。
(5) 本書第Ⅷ章8「馬衣」で触れている。

第Ⅷ章　研究の途上で

　筆者の研究の中心的課題は、あくまでも生活学の視点から縄文時代の編布製作法について解明することである。しかし、いうまでもなく編布は、それ自体が独立して存在してきたわけではなく、創生以降の時間的な流れの中でその時代ごとの文化に深く関わってきており、さらに衣文化という視点に立てば日本列島以外にも目を向けなければならない。したがって「縄文時代の編布」研究とはいっても、その過程では縄文時代以外の時代・文化、日本列島以外の文化、そして編布に関わる衣文化ひいては生活文化全般の事象に遭遇せざるを得ない。筆者が研究途上で出合ったそれらについては、前章までに掲げたそれぞれのテーマに関わりのある範囲で述べてきたが、なお触れずにきたものもある。最終章ではそういったことどもの中から、生活文化に関わる問題を取り上げて、筆者の研究途上での曲折の一端も合わせて述べてみたい。

1　発生期における「縞文化」

　古今東西を問わず衣服の文様は様々である。花模様、幾何学模様、縞模様等限りなくその種類は多い。中でも縞模様は、江戸時代にもっとも発達したといわれている。歌舞伎の名優松本幸四郎の「高麗屋縞」、中村歌右衛門の「芝翫縞」、板東三津五郎の「三大縞」、その他大名縞、弁慶縞、よろけ縞等々、縞といえば"粋な着流し"を連想するほどに、「縞」は単なる衣服の文様を超えてひとつの伝統文化を形成してきた。もちろんこれらの縞模様は、主に配色によってデザインされたものであるが、実はこの縞目の効果を編みや織りによって作り出す技術は古くからあり、縄文時代すでに縞模様が存在していた。もっとも古い例は縄文時代草創期の絡み巻き（1例）、そして前期から晩期に至っては多量に出土した編布の中に、その他、巻き編み1例が確認されている。出土地に関しては、そのほとんどが九州地方である。表43のように、九州地方では編布痕資料の出土した126遺跡のうち35遺跡から縞模様が認められ、その率は約27.8％と比較的高い。

　最初に縞模様を実見したのは、1990年夏、佐賀県菜畑遺跡（晩期後半）の出土品である。写真235のように経糸間隔の広い部分が35〜45㎜、狭い方は約5㎜といかにも現代的感覚に通じるダイナミックな縞の編布である。筆者はこれが本当に縄文時代のものかと、まず疑惑の念に

表43　編布痕出土の九州の遺跡数に対する縞模様出土の遺跡数

県　名	全体の遺跡数	縞模様の遺跡数	百分比（％）
佐　賀	8	4	50.0
長　崎	17	3	17.6
熊　本	29	4	13.8
宮　崎	6	5	83.3
鹿児島	66	19	28.8
累　計	126	35	27.8

写真235 菜畑遺跡出土圧痕（晩期後半）のモデリング陽像

写真236 三角山遺跡出土圧痕（草創期）のモデリング陽像

からられた。またはたして縞といい切ってよいのかと迷い、当初は「縞擬」とするにとどめ、縞について検討した。

歴史的な縞については種々の説がある。西村兵部氏は「縞織物は『古語拾遺』には天羽槌雄神を祖とするとつたえる倭文の系統をひくものであり、倭文はスジオリ、すなわち筋織を意味し、もとはアサで織られていたのであるが、絹織の発達にともなって、絹でも織られるようになった」（西村 1967）と述べられている。また倭文織については「筋織が転じ、しとり・しずおり」（板倉ほか 1977）という説もある。

縞には「綺（かんはた）」とか「間道（かんとう）」という古称があり、綺は「古代の絹織物の一。数色の糸を束ねて一縷とした緯糸で、絣状の横縞模様を織り出したもの。『日本書紀』持統紀に朝服の帯に用いたとあるように、長く幅が狭い。中国漢代では菱形を主とした幾何学模様を斜文組織で織ったもので、唐代には二色の色緯糸で文様を表わすものをいう。平安時代には渡来した唐綺を模倣し、経に生糸、緯に二色以下の色糸を用いて固文や浮文に文様を織り出し、衣服に用いた」（板倉ほか 1977）、また間道は「名物裂（めいぶつぎれ）の一種。縞物をいう。漢島・漢渡・漢唐・広東などとも記す。間は混じるの意、道は筋の意で、中国江南の俗語。江戸時代には中国のほか東南アジア各地から縞物が輸入され、そのうちで優れたデザインのものが間道として珍重された」（板倉ほか 1977）とある。さらに「近世、南蛮船によって南方の筋模様の織物が輸入されるようになったとき、これを島物とか島布、また遠い島からの渡来品つまり島渡りものという意味で、奥島などといったことによる」（被服文化協会 1969）といわれ島＝縞になったようである。

なお形状面からは「線で構成する文様の総称。江戸時代前期頃までは筋という」（板倉ほか 1977）とある。歴史的な面を縷々述べたが、縄文時代の縞は線で構成するもの、すなわち後者に該当するので、以来縞模様の編布と称することにした。

縞模様の中で筆者がもっとも印象深く観察したのは鹿児島県三角山遺跡（草創期：写真236）の絡み巻きと、同県下柊迫（しもふきさこ）遺跡（晩期：写真237）の巻き編みである。三角山遺跡は今から

写真237　下柊迫遺跡出土圧痕（晩期～弥生早期）のモデリング陽像　　写真238　王子原遺跡出土圧痕（晩期）のモデリング陽像

13,000年前といわれ、縄文時代のもっとも古い時期である。その絡み巻きが、経糸間隔は広い部分が7～8㎜、狭い方は約4㎜と現代の二本縞（二本筋）である。草創期の出土品として福井県鳥浜貝塚からは、大麻の諸撚糸、そして長野県栃原岩陰遺跡からは現在の縫い針に相当する骨針が出土している。しかしこれらは生活必需品であるが、縞模様はそのデザインが評価されるいわゆる趣味・趣向に属するもの。そうした趣味的なものまで草創期に開発されていたことは、印象的な現象である。

　一方下柊迫遺跡の巻き編みは経糸間隔が広い部分で10～14㎜、狭い方は4～6㎜。これだけならば何の変哲もない縞模様に過ぎない。しかし巻き編みの狭い部分には幾何学模様が現れている。この形状は縄文時代にはきわめてまれな応用編布に類似している。しかも編布の多くは緯糸を密にするためであろう経糸を細くしているが、下柊迫の巻き編みは経糸を太く、緯糸を細くして透目にしたのが特徴である。幾何学模様がきれいだからと経糸間隔の狭い部分ばかりでは平凡。また、広い部分のみの繰り返しでは幾何学模様も見られずおもしろくない。狭い経糸と経糸の間にゆったりとしたいわゆる遊びの部分があってこそ、間隔の狭い部分が強調されて美的効果が生ずるのである。このようにデザイン的配慮がなされた下柊迫遺跡の編物は、当時からみればまさに未来先取りの縞模様である。

　布目順郎氏は、弥生時代の遺跡として有名な佐賀県吉野ヶ里遺跡の繊維製品を鑑定された。その中で透目絹に関しては印象的に「透目絹はこれを肌につけた場合に、それを通して肌が透けてみえ、衣物の上に重ねた時に下の衣の模様や色が透けてみえる。そうすることによって透目絹の下の肌や衣服は、直にこれをみるよりも一層美しく、夢幻的、神秘的にさえみえるのである。これを透視の美という。透視の美は一種のぜいたくでさえある」（布目 1992）と表現されている。

　そのぜいたくな"透視の美"はすでに縄文時代にあったのだ。菜畑遺跡や下柊迫遺跡の編布・巻き編みはその代表的なものである。

　その他宮崎県王子原遺跡（晩期）は写真238のように経糸間隔の広い部分は8～13㎜とほぼ

238　第Ⅷ章　研究の途上で

写真239　上南部遺跡A地区出土圧痕（晩期後半）のモデリング陽像

図105　写真239の試作

a

b

写真240　上中段遺跡出土圧痕（晩期〜弥生早期）
　　　　a．経糸が2本並列　b．経糸が3本並列
　　　　c．経糸が4本並列　d．経糸が5本並列

d

均等に配置されている。しかし2～5mmと狭い部分は、右3分の2が2本並列、残った左側は4本並列とか5本というように、線の構成に変化が生じている。このように珍しい形状は鹿児島県上中段遺跡（晩期）からも出土している。

また写真239は熊本県上南部遺跡A地区（晩期）出土の縞模様の編布痕である。経糸2本を密着させたものとか、部分的に経糸4本密着というものは何点も出土している。しかし上南部遺跡A地区のように、5mm間に経糸4本密着させ、次は5mm間隔をおく、この繰り返しで製作されたものは、この遺跡に限られている。なおこのデザインは現在でも棒縞として用いられている。また土器面が摩耗しているので確たることはいえないが、図105に示したように、密着部分の経糸4本のうち右側3本は左絡み（Z）、左端1本は右絡み（S）のようである。

なお、上中段遺跡からは縞模様の編布圧痕が何点も出土している。写真240-aは経糸が2本並列（二本縞）し、240-bは3本並列（三本縞）、そして240-c・dのように経糸が4本とか5本並列のものまで存在している。その他、同遺跡からは経糸が2本密着したものもある。このように単純ながら、デザイン的にバラエティーが認められるのは現在のところこの遺跡のみである。

縞模様の編布は、上記したように経糸の変化によるものばかりではない。福島県荒屋敷遺跡（縄文晩期最終末～弥生初頭：写真241）の圧痕は、一枚の布に編布と平織が並列して製作され、こちらは編み、織りの違いで落ち着いた雰囲気の縞になっている。

これまではすべて縦縞に属するものである。しかしごく少数であるが、横縞らしいものも出土している。宮崎県中尾山・馬渡遺跡（晩期）の出土品は写真242-bのように布の上部5分の1程度は経糸間隔が2～2.5mmで

写真241　荒屋敷遺跡出土圧痕（晩期最終末～弥生初頭）のモデリング陽像

写真242　中尾山・馬渡遺跡出土圧痕土器（晩期）（a）とモデリング陽像（b）

写真243　姥神遺跡出土圧痕（晩期）モデリング陽像

あるが、その他の広い部分（下部）は経糸間隔が4〜5mmと上部の約2倍である。写真242-aで示すように土器の段階では経糸の変化を見抜けなかったが、モデリング陽像にしてはじめて発見することができた。さらにこの編布は、経糸間隔の狭い部分は経糸が右絡みであるが、広い部分は左絡みである。このように経糸間隔が上下で異なっており、そのうえ絡みまで区別されている。デザイン的趣向であろうか、この繰り返しならば横縞であり、きわめて珍しい1点である。

また千葉県姥神遺跡（晩期）では、編布と平織が写真243のように一枚の布の上下に見られる圧痕が出土している。この繰り返しならば、これもまた横縞模様である。

　以上、縄文時代の縞模様について述べた。上記したように後世の縞に関しては、外国からの輸入品および、それを模倣して作られたようである。とくに名物裂は大半が渡来品で、茶人の選択を経た秀品。中には精巧かつ希少な縞模様が生み出されている。また会津木綿・三河木綿というように、機織が普及した時代には、農家が自家用の綿布を生産するに当たってサンプルとした「縞帳」なるものまで出現している（江戸後期〜明治中頃）。こうして縞文化は一般庶民にも伝播するに至り、デザインも複雑化したのである。

　一方縄文時代草創期に発生した縞模様は、特別に大きな変化は見られない単純素朴なものである。しかしそれは縄文人自身の模索によって創られたと推察する。そこにはすでに端緒的な「縞文化」が生起していると考えられる。

　前記したように、縞織物が筋物とか筋織というならば、編布は経糸が筋で構成された編物故、差し当たり「筋編」を呼称しても過言ではなかろう。

　わが国の「被服文化」や「服飾文化」に関する研究・著作が多く明らかにされてきている。しかしながらその内容には、創成期の部分が便宜的に触れられているに過ぎないか、または欠落している。それは考古学の成果をふまえきれない現状にあるからと筆者は考えている。

　なお「縞文化」については、本書の中心的な主題ではない。しかし縞模様の編布を考察する過程で、縄文時代もっとも古い草創期の編物、三角山遺跡の絡み編みに遭遇した。それは筆者にとって想定外の出土品であると同時に、形状が整然とした縞模様に、強い印象を与えられ、発生期段階における「縞文化」として述べざるを得なかった。この小論は縞文化とはいえ、縄文時代の文化事象のほんの一部分を述べたに過ぎない。「縞文化」についてはさらなる研究を待つのみである。

2　編布の製作について

　1982年の秋だったと記憶している。筆者は十日町市博物館にて土偶を写真撮影させていただいた折、同館にはアンギンという珍しい編物があるとのことで、製作中の道具を見せていただいた。そして担当者から、これは製作法がたいへんむずかしくて誰にでもできるものではないといわれたが、その日は製作者が風邪で休んでおられたので、製作法を見ることはできなかった。

　その後ある研究者から、縄文時代の繊維製品にも、越後アンギンと同じ組織の出土品（編布）があることを教示されたが、やはり編成法はむずかしく、一般人の手には負えないということであった。

　筆者は縄文時代や江戸時代の人びとに製作可能な編布が、なぜ現代のわれわれにできないのかと訝り、是が非にも製作技法を学びたいと考えた。

　1987年7月、筆者の念願が叶い、十日町市博物館の滝沢秀一氏に越後アンギンの製作技法を教わることができた。かねてよりアンギンの製作法はむずかしいといわれていたが、試作を繰り返すうちに少々自信がつき、縄文衣らしいといわれている貫頭衣を編布で製作したいと考えるようになった。

　折しも新潟県山北町上山遺跡（縄文後期）出土の足形付土製品には、編布の圧痕が押圧されていることを知った。しかしその出土品は当時文化庁所蔵（現在は東京国立博物館所蔵）ということで、早速文化庁に連絡し、土製品の写真提供を依頼した。その際、担当者より請求理由等を子細に尋ねられたので、「編布で貫頭衣を製作する予定であるが、事前に縄文時代の編布を見たい」旨を申し出たところ、「家政学科の方が縄文時代の貫頭衣を製作するのはむずかしい。現在（1987年12月）『芸術新潮』に長野県井戸尻考古館で製作された貫頭衣が掲載されているので、まずそれを見るように」と親切に教示された。早速学内の図書館にてそれを閲覧したところ、シンプルなデザインの貫頭衣（着装姿）数点の写真が紹介されていた。井戸尻考古館と、1着は若狭歴史民俗資料館（福井県）製作のものであった。筆者は両館に貫頭衣が編布製であるか確認したところ、両館とも「編布はたいへんむずかしいので、貫頭衣は既製の布で作った」ということであった。ここでもまた「むずかしい」といわれたのである。筆者は、縄文時代の貫頭衣を製作することが、なぜ「むずかしい」のか、疑問を感じた。こうした疑問を抱きながら筆者は学生とともに、土偶からヒントを得たデザインにて編布製の縄文衣らしいものを仕上げることができた。

　"編布" ── 確かに製作経験がなければむずかしくみえるかもしれない。しかし基本を覚えて練習を重ねれば、けっしてむずかしい製作技術ではないと思う。まずは自らの手で製作に挑戦することではないだろうか。

3 縄文時代の編具について

　越後アンギンの製作技法を学んだ後、越後アンギンと縄文時代の編布に違いがあることに気付いた。それが契機で筆者は1988年初め、編布に関心を抱き微力ながら研究を開始した。当時編布の製作技法には縦編法（越後アンギンの道具に類した編具使用）と横編法（弓式・木枠式編具使用）が唱えられていた。先学の多くは縦編法を優先されていたので、筆者も当初はそれに従った。つまり越後アンギンの道具に類した編具一辺倒の研究であった。1992年、ある考古学研究者から「編布（編布製衣服も含む）を認めることはできない」といわれた。理由は「長い縄文時代でありながら、いずれの時代にも編具に該当する木片がまったく出土していないから」とのことであった。筆者はその言葉を真摯に受け止め、縄文時代の出土品中、骨・木製品を重点的に探索したが、編具としての利用を想定できるものは皆無であった。

　編具を探しながらも筆者は大きな疑問を感じるようになった。縄文時代の編布は越後アンギンのように、経糸間隔が1cm前後と均一化されていない。繊細なもの、粗いもの、また九州地方では縞模様の編布も出土しているなど、経糸間隔は千差万別である。したがって、縦編法に固執していては製作不可能なものも多い。縦編法の編具が出土しないことも合わせ、ほかに解明すべき何かがあるのではないか、と考えるようになった。

　1995年、筆者は山形県押出遺跡（縄文前期）出土の編布に巡り会った。当の編布はニットの表編に相当する編布としてはきわめて珍しい形状である。図らずも試作実験の繰り返しで、横編法でなければこの出土品と同密度のものは製作することが不可能という結論に達した。さらにこの実験過程で、繊細なものや縞模様のものも横編法ならば簡単に製作できることを確信した。

　縦編法はケタ・アミ脚・コモ槌と、少なくとも3セットが必須条件である。それに対して横編法は、木枠式・弓式と持ち運びも容易な編具、そしてもっとも素朴なものは1本の紐さえあれば編布の製作は可能である。しかも縄文時代の編布は、上記したようにその形状にはバラエティーがあり、試作実験からも横編法で製作された可能性が高い。

　以上のように判断すれば、縦編法を示唆するような資料が出土しないのもある程度納得できるのではなかろうか。

4 編布およびすだれ状圧痕等の絡み（経糸・経材）方向

　第Ⅰ章第5節の3「経糸の絡み方向と撚りの関係」において、編布の経糸の絡み方向について述べた。結果としては左絡み（Z）が大多数を占め、右絡み（S）は中部地方に集中していたので、筆者は地域により絡み方向が規制されていたのかと考えた。しかしその中にも左絡み（Z）があり、一概にそうとは言い切れない。また左絡み（Z）圏の中にも、ごく少数ではある

が右絡み（S）が存在し、どのようにして編布の絡み方向が決められたのか、容易に判断することはできなかった。

編布と同じ組織のすだれ状圧痕や、もじり編みのカゴも横材（製作時）の絡みによって構成されているので、それらについてもわずかばかりではあるが調査した。表44は北海道から九州に至る54遺跡353点の出土資料一覧である。それによれば、新潟県青田遺跡（晩期終末）の編物3点と、富山県桜町遺跡（中期末〜後期初頭）のカゴ1点、それに熊本県轟遺跡（前期）の底部圧痕2点が左絡み（Z）、そして鹿児島県武貝塚・田中堀遺跡（共に後期）の各1点が右・左両絡み（S・Z）の都合8点以外はすべて右絡み（S）である。要するにこちらは右絡み（S）が97.7％と圧倒的多数を占め、編布の絡み方向とは対照的である。

このように編布（Z絡み）と、すだれ状圧痕（S絡み）の絡み方向はほぼ区別されている。筆者は、これらの事柄には何らかの素因があるのではないかと考えた。

そこでまず両者の製作技法を見直すことにした。

① 編布の製作技法

編布については経糸間隔のバリエーション、あるいは編みミス等から弓式・輪っぱ式横編法が多いと判断した。したがってそれらの技法で左・右の絡みを各々試作した。

写真244は輪っぱ式横編法で、左絡みの試作過程である。左絡みの場合は、写真244のCの糸をAの上から左指に持たせ、A・Bの糸を左の縄目状に捻る。この繰り返しで左絡みの経糸となる。

写真245-a・bは右絡みの試作過程である。こちらはA・Bの糸が写真245-aのような形状になるので、次は写真245-bのように、Cの糸をAの糸の上からA・Bの糸の間へ下ろす。あとは左絡み同様、A・Bの糸を右縄目状に捻り、この作業を繰り返して右

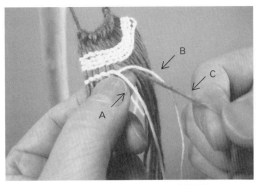
写真244　左絡みの経糸の試作過程

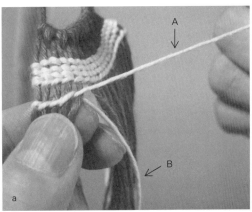

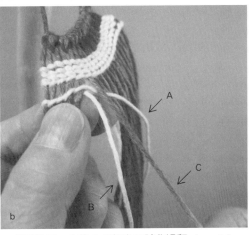
写真245　右絡みの経糸の試作過程（a・b）

244　第Ⅷ章　研究の途上で

表44　もじり編み状編物・カゴおよびすだれ状圧痕

No.	道県名	遺跡名	時期	資料名/圧痕部位	資料数	経材の絡み方向	文献等	文献中の挿図番号	編布（含圧痕）	出土例
1	北海道	忍路土場	後期中葉	カゴ	3	S	1	図版Ⅷ-76	後期中葉	Z
2		サイベ沢	中期	底部	1	S	2	第59図-14-7 B		
3	青森	三内丸山	前期	底部	2	S	3	47図-210・211	前期	Z
4		是川中居	晩期中葉	カゴ	1	S	4	第9図版-1	晩期中葉	Z
5		白庭	前期	底部	50	S	5	図25-51，図67～73：49点		
6		泉山	中期	底部	2	S	6	第43図-1・2	晩期	Z
7		黒倉B	前期	底部	5	S	7	第22図-1・2・3・6・7		
8	秋田	上ノ山	前期	底部	5	S	8	第134図-648・651・653～655		
9		大湯	後期前葉	底部	1	S	9	第2図-1		
10		馬高	中期	底部	2	S	10	第65図-182・184		
11		千石原	中期	底部	5	S	11	第9図-13・14・16～18		
12	新潟	山下	中期中葉	底部	3	S	12	長岡市立科学博物館のご教示		
13		青田	晩期終末	編物	3	Z	13	写真図版12-320・321・322		
14		上野	中期初頭	底部	2	S	14	第11図-41・43		
15		勝木原	晩期	底部	3	S	15	第34図-509・519・520		
16		古沢	晩期中葉	底部	2	S	16	図版20-下		
17		杉谷（67番）	晩期	底部	1	S	17	図版18-97		
18		杉谷（81番）	後期終末～晩期前半	底部	1	S	17	図版34-166		
19		鏡坂1	中期前葉	底部	16	S	18	第81図-654～667，第84図-46・47		
20	富山	開ヶ丘孤合Ⅲ	中期中葉	底部	3	S	19	第88図-400，第94図-585，第97図-716		
21		開ヶ丘孤合Ⅲ	中期中葉	底部	3	S	20	第21図-37，第22図-38，第23図-62		
22		北代	中期	底部	1	S	21	写真4		
23		チカモリ	中期末～後期初頭	カゴ	17	SとZ	22	第105～109図：17点（内第107図-7はZ絡み）		
24		桜町	中期初頭～後期末	底部	8	S	23	第2図-19，第3図-25～31		
25		境A	中期～晩期	底部	58	S	24	第118～122図：57点，第127：1点	中期～晩期　S	
26		笠舞A	中期中葉～後期初頭	底部	3	S	25	第31図-159・160・164	中期中葉～後期初頭　S	
27		笠舞	中期	底部	19	S	26	第52図-1～10・12～14・17～19・21，第53図-1・4		
28		馬替	後期中葉	底部	6	S	27	第52図-368～372・378		
29	石川	古府	中期中葉	底部	21	S	9	第2図-2～22		
30		チカモリ	不明	底部	1	S	28	第96図-7		
31		北塚A	中期	編物	1	S	29	図2-1		
32		中屋サワ	後期～晩期	底部	1	S	30	川1出土遺物実測図（図番号表示なし）p.4		
33		山崎	中期	底部	1	S	29	図2-5		
34		宇出津崎山	中期後葉～後期前葉	底部	1	S	29	図2-3	中期後葉～後期前葉	S
35		真脇	前期末葉～中期初頭	底部	7	S	31	図1-22～27．31	前期末葉～中期初頭	S
36		真脇	前期末葉～中期初頭	編物	1	S	31	図3	前期末葉～中期初頭	S

4 編布およびすだれ状圧痕等の絡み（経糸・経材）方向　245

37	石 川		御経塚	後期後葉～晩期	底部	13	S	32	図5・143－1～8・10～14	後期後葉～晩期	S
38			上田うまぱち	後期初頭～晩期前半	編物	1	S	33	第32図－473、第33図－486	後期初頭～晩期前半	S
39	福 井		鳥浜	前期	編物	11	S	34	図版80－1～4、図版81－1～4、図版82－1～3	前期	Z
40			鳥浜		カゴ	2	S	35	図版317、図版326		
41			四方谷岩伏	後期後葉～晩期前半	カゴ	2	S	36	図版第20－（2）、巻頭図版第4		
42	長 野		村東山手	後期前葉	底部	1	S	37	第2図－15		
43			下田	中期	底部	17	S	38	挿図64・68・78・79・86・91・97、計17点 65・106	中期	S
44	岐 阜		宮ヶ原	中期後半	カゴ	1	S	9	第2図－27		
45	滋 賀		筑摩佃	中期前半		1	S	39	図4		
46	鳥 取		桂見	後期	編物	1	S	40	挿図36、挿図232－W133		
47			布勢	後期	カゴ	1	S	41	第4図	晩期	Z
48	福 岡		羽根戸原	後期	カゴ	1	S	42	17		
49	佐 賀		坂の下	前期	カゴ	1	S	43	図3		
50	熊 本		轟	後期	底部	2	Z	9	第2図－29・30		
51	大 分		籠頭	後期	編袋	3	S	44	第70図－2、第71図－8、第72－9	晩期	Z
52	宮 崎		丸野第2		底部	4	S	45	第33図－359・373、第124図－1234（他1点は宮崎県教育委員会のご教示）		
53			右葛ヶ迫	後期	底部	3	S	46	第49図－341・345・346	晩期	Z
54			木野原二	後期	底部	1	S	47	第107図－1425		
55			武	後期	底部	9	SとSとZ	48	図7－7－47～52、図7－8－57・58・60（内6はS・Z絡み）	晩期	Z
56	鹿児島		帖地	後期	底部	11	S	49	第65図－610・617、第66図－623・626・628・630・632・634・636・639、第67図－658		
57			上水流	中期後半～後期	底部	3	S	50	第43図－86、第49図137・149	晩期	Z
58			上中段	中期～後期	底部	1	S	51	第10図－107		
59			田中堀	後期	底部	3	SとS・Z	52	図8－9・13・16（内13はS・Z絡み）	晩期～弥生早期	Z

表44文献
1 北海道埋蔵文化財センター 1989『忍路土場遺跡・忍路5遺跡』北海道埋蔵文化財センター調査報告書第53集
2 市立函館博物館 1972『サイベ沢遺跡』
3 青森県立郷土館 1998『三内丸山遺跡Ⅷ』青森県埋蔵文化財調査報告書第230集
4 冨山貞吉 1932『日本石器時代工作遺物の研究』
5 青森県教育委員会 1989『白保遺跡・野場遺跡（3）発掘調査報告書』青森県埋蔵文化財調査報告書第31集
6 青森県教育委員会 1976『山立遺跡発掘調査報告書 A遺跡』
7 田沢湖町教育委員会 1986『黒倉B遺跡』
8 秋田県教育委員会 1988『東北横断自動車道秋田線関係埋蔵文化財調査報告書11』
9 渡辺誠 1976「スダレ状痕の研究」『物質文化』26
10 長岡市立科学博物館 1973『千石原』
11 長岡市立科学博物館 1958『馬高』
12 廣瀬昌子 1983『上下石原』
13 長岡市立科学博物館 1986『中尾サヤ遺跡紀要225金沢市文化財紀要225』
14 新潟県立歴史博物館 2001『中尾サヤ遺跡における縄文時代の川跡シンポジウム』
15 新潟県教育委員会 2004『野地遺跡Ⅰ』『野々市町文化財調査報告書4』
16 富山市教育委員会 1962『上出土圧痕』『底部圧痕・縄、貝原遺跡』
17 富山市教育委員会 1975『富山市呉羽町杉谷（6）6B・64番遺跡』
18 富山市教育委員会 1973『外堀遺跡第1遺跡－鍼及び6B遺跡』
19 富山市教育委員会 2000『外堀遺跡』富山市埋蔵文化財調査報告第127集
20 富山市教育委員会 2003『富山市向小丘遺跡』富山市埋蔵文化財調査報告第128集
21 富山市埋蔵文化財センター 2006『北代縄文広場』縄文遺跡No.1
22 小矢部市教育委員会 2007『桜町遺跡発掘調査報告書』小矢部市埋蔵文化財調査報告書第60集
23 麻柄一志 2007「桜町遺跡の縄文工人達の技法について」『桜町遺跡総合調査報告書 小矢部市埋蔵文化財調査報告書（3）発掘調査報告書』
24 富山県教育委員会 1992『北陸自動車道路遺跡発掘調査報告書Ⅶ』
25 富山県教育委員会 1983『桜町遺跡保存版』『縄文の容器』編布について』
26 金沢市教育委員会 1981『金沢市野場遺跡』
27 金沢市教育委員会 1993『東元町馬場遺跡』
28 金沢市教育委員会 1986『金沢市中保木町チカモリ遺跡』金沢市文化財紀要60
29 金沢市埋蔵文化財センター 2000『上・下上遺跡』金沢市考古学会
30 谷口宗治 2009「中尾サヤ遺跡における縄文埋没村の川跡」『中尾サヤ遺跡』田野町埋蔵文化財6』田野町文化財保存会第52集
31 金沢市 1998『出土器文化財研究室調査報告書第16集』
32 鹿児島県教育委員会 1983『底部圧痕・縄、貝原遺跡』
33 押水町教育委員会 1967『押水町文化財報告書』
34 福井県教育委員会 1979『鳥浜貝塚 縄文前期を主とする低湿地遺跡の調査Ⅰ』
35 福井県教育委員会 1987『鳥浜貝塚 1980～1985年度発掘調査のまとめ』
36 福井県教育委員会 2004『四方谷岩伏遺跡』福井県埋蔵文化財調査報告第71集
37 長野県埋蔵文化財センター 1999『村東山手遺跡』上信越自動車道埋蔵文化財発掘調査報告書8
38 河合村教育委員会 1987『下田遺跡 河合村文化財調査報告5』
39 小池信二 1995「低地の縄文遺跡」『考古学ジャーナル』第5号 雄山閣
40 植田文雄 1995『低地の縄文遺跡』雄山閣
41 鳥取県好中西 1996『任見遺跡』鳥取県埋蔵文化財センター
42 仙台市教育委員会 2001『編み、組む』特別企画展図録
43 渡辺誠 1994『編布の文化』
44 大分県教育委員会 1999『籠頭遺跡』大分県文化財報告第102輯
45 宮崎県田野町教育委員会 1990『丸野第2遺跡』田野町文化財報告書第11集
46 宮崎県埋蔵文化財センター 2000『右葛ヶ迫遺跡』宮崎県埋蔵文化財センター発掘調査報告書第29集
47 宮崎県田野町教育委員会 2005『木野原遺跡二』田野町埋蔵文化財報告書第16集
48 廣田昌子 1998『武遺跡』喜入町埋蔵文化財第（5）
49 鹿児島県立埋蔵文化財センター 2007『帖地遺跡』
50 鹿児島県立埋蔵文化財センター 1999『発掘調査報告（113）』
51 末吉町教育委員会 1986『外城遺跡（4）発掘調査報告書』
52 岡元満八 1986「底部圧痕を有する縄文土器について」『熊大考古』第5号

絡みの経糸にする。
　左絡みの場合は自然にCの糸を取り出すことができる。しかし右絡みは1目編むその都度Cの糸を、Aの糸の上から取り出さねばならず、少々面倒な作業になる。
　試作については30人の方に協力していただき、左右いずれの方向が編みやすいかを聞き取った。その中の1人は左利きであり、編みやすいのは右絡み（S）と答えられたが、その他の29人の右利きの方々の結果はすべて左絡み（Z）であった。

②　もじり編みの製作
　筆者は蔓等で製作するもじり編みを体験したことがないので、日頃土器をはじめ編物等出土品の調査・実験をされている千葉市立加曽利貝塚博物館の村田六郎太氏に、その製作法を教示していただいた。それは次のようである。
　写真246－aの①・②を経材とし、A・Bを緯材とする。カゴ類は蔓とか竹といった硬質の素材ゆえ、緯材が素直に経材に絡まず、跳ね返ろうとする（写真246－a：A・B）。そこで1目編むごとに、経材①の向こう側の緯材Bを写真246－bのように、左手の人差指で押さえ右方向に編み進む。村田氏は「この技法が右利きの製作者にとってもっとも編みやすい方法」と述べられた。絡みの方向は右絡み（S）である。
　一方すだれ状圧痕、すなわちすだれ編みの素材も編布より強ばったものが多いようである（写真247）。経糸の間隔も編布のようなバリエーションはみられない。すだれ状圧痕を実見して筆者が連想したのは、時宗の阿弥衣や越後アンギンである。時代が異なるので、これらを参考にするのはと躊躇したが、すだれ状圧痕と阿弥衣等には時代の隔たりを除けば類似点がみられる。阿弥衣や越後アンギンの絡みはすべて右絡み（S）であり、縦編法で編成されている（第Ⅶ章参照）。またすだれ状圧痕もそのほとんどが右絡み（S）で、経糸の間隔も縦編法の可能な範囲といえよう。
　余談であるが、以上のような観点から越後アンギンの製作法を再現すれば、写真248のように経糸・緯糸を道具にセットする。そしてケタの手前のコモ槌を左手に持ち、向こう側のコモ槌を右手にて持ち上げる（写真248－a）。次はそれらをケタの上で交差させ、左手のコモ槌をケタの向こう側へ、右手のコモ槌を手前に移動させる（写真248－b）。この繰り返しで右絡み（S）のアンギンが編成される。この技法は筆者がはじめて十日町市博物館にて滝沢秀一氏から伝授された製作法である。その後筆者は縄文時代の編布に左絡み（Z）が多いことなどから、この技法以外の編成法に変更した。しかし長年体験学習において編布の製作指導を縦編法にて実施されている村田氏や、千葉県松戸市立博物館の倉田恵津子氏は「縄文時代の編布にZ絡みの多いことは理解しているが、実習の折は絡みがS方向であっても編みやすい技法を採っている」と語られた。つまり滝沢氏の製作法である。なお村田氏はこちらでも「右利きの製作法」と付け加えられた。
　すだれ状圧痕が縦編法で編成されたと仮定すれば、右絡み（S）も納得できる。しかし縄文

4 編布およびすだれ状圧痕等の絡み（経糸・経材）方向　247

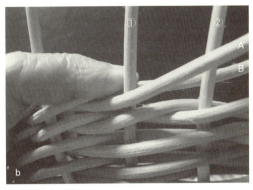

写真246　もじり編みの試作過程

写真247　宮崎県丸野第2遺跡出土のすだれ状圧痕（a）とそのモデリング陽像（b）（後期）

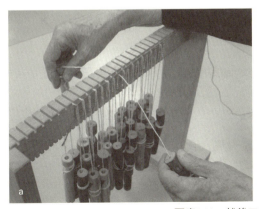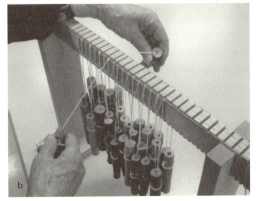

写真248　越後アンギンの製作過程

第Ⅷ章 研究の途上で

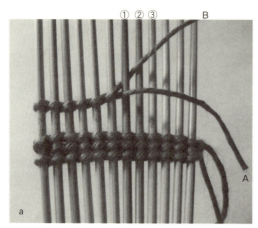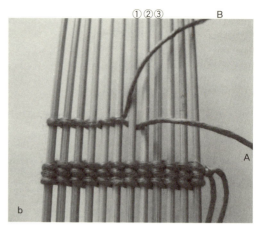

写真249　すだれ編みの試作（想定）a．右絡み　b．左絡み

時代にはたしてそうした道具が広範囲に存在していたのかが問題である。

　編布の出土例中、縦編法で製作されたと思われるものが２遺跡２点認められる。したがって縦編法も皆無とはいえないが、編布の形状から横編法の可能性の高いものが多い。また編布は縄文前期から出土し、特に晩期の出土例が多いが、縦編法の道具の重要な部分であるケタの出土例が確認されていない。このような現状から推測すれば、すだれ編みも横編法によると考えられる。あくまで筆者の想定に過ぎないが、もじり編みに準じて編成すれば写真249－ａのようにＡの緯材をＢの上から②の経材を巻くように半回転させ、次はＢの緯材をＡの上から③の経材に半回転させる。すなわち常に経材を右縄状に緯材で絡ませればよい。いうまでもなく右絡み（Ｓ）のすだれ編みである。一方、絡みを左方向（Ｚ）にするには写真249－ｂのようにＡの緯材をＢの下側から②の経材を巻くように半回転させねばならず、１目編むその都度Ｂの緯材の下側を潜らせなければならず少々手間がかかるので、やはり編みやすいのは右絡み（Ｓ）である。

　なお、すだれ編みの中には網代とか平編みと複合しているものがあり、編みやすいのは横編法である。

　以上の事柄から単純に考えれば、編布の左絡み（Ｚ）、すだれ状圧痕やもじり編みの右絡み（Ｓ）も、素材と道具によって編みやすい技法が選ばれたと考えるのが妥当ではなかろうか。今回の実験が、右絡み（Ｓ）、左絡み（Ｚ）の問題解決の端緒となればと考える次第である。

　ちなみに、民俗例の蓑やはばき、藁靴、それに写真250－ａの雨笠、写真250－ｂの草取りメンコ[1]、写真250－ｃの指サック[2]等、横編法で製作されたと思われるものはそのほとんどが現代でも左絡み（Ｚ）である。また俵とか馬衣等縦編法で製作されたものは右絡み（Ｓ）、その代表的なものが阿弥衣と越後アンギンである。

　なお、編布と同じ形状の蓆や袋を製作するアイヌ民族にその絡み方向について尋ねたところ、人間本来の右利き、左利きといった作者個人の自由できめるとのことである。縄文時代も、ア

写真250 藁製の民具
a．雨笠　b．草取り用メンコ　c．指サック

イヌ民族同様編みやすさによって経糸（経材）の絡み方向が決められていたようである。

しかしこの件についても、資料の蓄積と更なる研究を待つのみである。

註
（1）田の二番草取りの時期には、稲も生長して長くなり顔にあたる。そこで顔に傷が付かないようにするため使用する。
（2）田の草取りの際に指を守るために使用。両手の親指・人差指・中指にはめて使った。

5　編布・土器の収縮と密度計測

かつて筆者は、考古学研究者より編布圧痕の密度に関して「土器は焼成段階で収縮するが、布も水に浸せば縮むといわれている。その辺りを念頭におくべきである」と教示されたことがある。そこで長年土器を製作されている千葉県在住の戸村正己氏に依頼して粘土板の収縮実験を表45のように行っていただいた。

戸村氏によると粘土板の収縮率は約10％ということで、土器面に押圧された編布の密度にはさほど影響がないように教示された。

筆者も試作した編布を水に浸し収縮率を調査したが、図106のように縦の長さは4.5〜6％、横幅にいては3.2〜4.2％というように低い収縮率に留まった。したがって圧痕の密度は土器面での計測値そのものを使用することにした。

表45　焼成前後での粘土板の収縮率（戸村正己氏より）

	混合割合	焼成前スケール	焼成後スケール	収縮率
A	純粋粘土 200 g	10 cm×10 cm	8.7 cm×8.7 cm	13 %
B	粘土 200 g　砂 40 g	10 cm×10 cm	8.8 cm×8.8 cm	12 %
C	粘土 200 g　砂 60 g	10 cm×10 cm	8.9 cm×8.9 cm	11 %
D	粘土 200 g　砂 80 g	10 cm×10 cm	9.0 cm×9.0 cm	10 %

※同一条件として粘土・砂共水で飽和状態にして、200ｇの粘土に対し砂をB〜Dの各々の割合で混入した。なお、焼成前の板は10 cm×10 cmのスケールで統一した。

「所見　本遺物（実物）を観察すると、細かな砂が比較的多く混入されているように見受けられる。そして今回の実験による粘土板と比較してみると、CまたはDの混入状態に非常によく似ているように思われる。
　いずれにしても、約1割程度の収縮が考えられる。CないしDに近いという事になれば、遺物も同程度の収縮ということになり、この率の収縮から、編目の1目の収縮は、コンマ何㎜という程度ということとして考えられる。従ってほとんど圧痕として現れている大きさが実際の編目の大きさと見てよいのではないかと思われる。」　（戸村正己氏）

図106　試作編布の水浸し前後の収縮率（縮尺1／5）

6　植物性繊維について

以下、植物性繊維について研究の中に思いを巡らした事柄について二、三述べてみたい。

① 繊維の精製

天然繊維とは絹や木綿、それに毛糸ぐらいの認識しかなかった筆者は、1985年夏、宮城県一迫町（現・栗原市）で合宿の折、はじめてカラムシと出合い、木綿以外の植物性繊維の存在を知った。また繊維の精製法も教わった。しっかり乾燥したカラムシの茎からまず葉をもぎ取り、

茎を木槌で叩き、指先で表皮を剥がすのである。その作業は指先が痛く辛い作業であった。しかしその作業で筆者の若き日の記憶がよみがえった。

1942〜1943年頃、女学生だった筆者は、戦時中のこととて、勤労奉仕の名目で、桑の枝から繊維を採るべく作業に従事した。桑の葉をもぎ取った茎を木槌や石で強く叩き、指先で表皮と芯（木質部）を剥がす。それだけの作業である。しかし乾燥した茎は表皮と芯とが剥がれにくく、懸命の作業をした後では、爪が剥がれそうで痛く我慢我慢の連続であった。筆者は養蚕の盛んな土地で生まれたので、蚕が桑の葉で育成されること、また蚕から絹糸が採れることなどを知っていた。したがって繊維を作る蚕の飼（桑）から繊維が採れる、またそれが織物になる。筆者にとってはすべてが物珍しく、興味津々その作業に携わった。

今から思えば植物性繊維を学んだ第一歩でありながら、戦中戦後の目まぐるしく変動する世相に、すっかり忘れていた過去である。

上記のように繊維を精製する最初（皮剥ぎ）の作業は偶然にも合宿（1985年宮城県一迫町・現栗原市）時と一致していた。合宿では作業を続け、二日掛かりで繊維にすることができた。

1987年秋、筆者はカラムシの正統な精製法を学びたいと思い、越後アンギンで著名な十日町市博物館や、カラムシの生産地である福島県昭和村、それに宮古上布（カラムシ製）の生産地沖縄県宮古島市へその旨を依頼した。幸いにも3箇所とも快く承諾していただき、カラムシ剥ぎから繊維まで、いわゆる繊維の精製法を習得することができた。

十日町市と昭和村はともに苧引金と称する金属製の道具を使ったが、宮古島市では同じ作業をトコブシの貝殻で行った。その作業は桑の皮剥ぎや、合宿時のそれとはまったく異なる理想的な作業であった。しかしいずれの作業も初心者の筆者にはむずかしく、納得できる繊維にすることは容易でなかった。

余談ではあるが、金属器のなかった縄文時代の繊維精製を考えた場合、宮古島市のトコブシ方式がより縄文的であるように感じたが、出土資料等から縄文時代の精製法を確認することはできない。

なお、名古屋市見晴台考古資料館友の会の古川俊江氏は、二枚貝や石斧等でカラムシの繊維精製実験をされたが、いずれも思わしい結果が得られず、トコブシがもっとも効率的であったということである。

② 布目順郎氏の一言

かつて布目順郎氏は福島県荒屋敷遺跡出土の繊維製品を調査（同定）された。資料は縄や棒状のものに巻き付けられた紐など6点である。切片作成には、パラフィン切片法を適用し、光学顕微鏡によって観察され、それを表46に示す植物（現存のもの）の繊維プレパラート64枚と照合されたが、該当するものはなかったと述べられた。また縄文時代には表46以外の植物があったようだとも語られた（布目1999）。

表46　同定の比較資料とした現存の植物

No.	植物名	No.	植物名	No.	植物名	No.	植物名	No.	植物名
1	大麻	2	苧麻	3	亜麻	4	黄麻	5	穀
6	楮	7	葛	8	綿（もめんわた）	9	藤	10	ハルニエ
11	アキニレ	12	アケビ	13	ヤマブドウ	14	シナ	15	山桑
16	ヘラノキ	17	ハシバミ	18	ハンノキ	19	モチノキ	20	オオバボダイジュ
21	フヨウ	22	ヒノキ	23	スギ	24	ネコヤナギ	25	大麦
26	小麦	27	燕麦	28	アワ（ウルチ）	29	イネ（ウルチ）	30	ヒエ
31	シコクビエ	32	イグサ	33	イラクサ	34	ヤブマオ	35	マコモ
36	ガマ	37	笹	38	ススキ	39	タヌキラン	40	ミチシバ
41	アオツヅラフジ	42	オオツヅラフジ	43	ジュズダマ	44	エゴマ	45	ラセイタソウ
46	ワラビ（根・茎）	47	カサスゲ	48	アオスゲ	49	ヒョウタン	50	アシ
51	アカソ	52	コアカソ	53	スイカズラ	54	イチビ	55	ウリハダカエデ
56	オヒョウ	57	コゴミゼンマイ	58	ムカゴイラクサ	59	ミヤマカンスゲ	60	オクノカンスゲ
61	ウワミゾザクラ	62	マタタビ	63	ホナガクマヤナギ	64	ヒノキの若木		

（布目 1999より）

③ 甑島のビータナシ

　筆者は数年前、鹿児島県甑島には珍しい織物があるとのことで見学した。それは、本州には無いその島で採取できる「フヨウ」の樹皮から採った繊維を緯糸に使用した「ビータナシ」と称する織物であった。ビータナシのビーは素材のフヨウ、タナシは葛や麻など植物性繊維の着物の意で、この地方の方言ということである。

　以上は植物性繊維に関する事柄を付帯的に述べたものである。前述したように（第Ⅴ章）、植物性繊維の精製法について、オヒョウから芭蕉までを調査した。そして樹皮・靱皮からそつなく上質の繊維を採るには、採集の時期を選んだり、素材への水分の補給、時には灰汁や道具の使用、さらに所要時間等、その時々のタイミングが必要であることを学び得た。

　顧みれば、桑の皮剝ぎをした当時は戦時中のこととて物資不足のため、窮状を凌ぐべく桑から繊維を採ることになったのであろう。しかし誰もがその精製法を知らないままという、今から思うと不可思議な作業であった。

　縄文時代の繊維製品の中には、現在の木綿糸のような極細糸で製作されたものも多々ある。それらから推測すれば、縄文人も苦い経験を味わいながら熟達した糸作りを習得していったのではなかろうか。

　また布目氏が調査された荒屋敷遺跡の繊維製品には、現在自生する64種類もの植物に該当するものが皆無であると述べられている。植物に関しては門外漢の筆者であるが、50年前頃には存在していた植物で、現在見られなくなったと思われるものがある。まして原始の縄文時代に自生していた植物が現存しないのも、またその逆も考えられるのではなかろうか。

　なお、ビータナシのように、同じ日本でありながら、本州にはなく九州にのみ育つ植物、つまりその地方の風土によっても成育の差は考えられる。いずれにしても環境の変化、気候の変

動、地域差など、植物の種類同定をめぐる問題は複雑である。

　縄文時代には、その土地に自生する植物、また育成できる植物等を生活の中でフルに活用したのではなかろうか。

7　防寒のための毛皮

　縄文時代の遺跡からは多くの編布（圧痕を含む）が検出されている。その中には衣服の素材を想定させるような繊細な密度のもの、あるいはダイナミックな縞模様の編布が存在している。しかし、縄文時代において衣服が製作されていたか否かについては、これまで必ずしも明らかにされていない。

　ところが土偶の中には、衣服に関するヒントをいくつか持ち合わせているものがある。筆者はそれらの土偶を参考に、編布で縄文衣らしいものを製作した。しかし編布は、簾や俵と同じ編成法で構成され、一般的に通気性がよい。なお縄文時代の繊維製品（編布・織物）に関した資料は、前述したように、北海道の1遺跡がオヒョウ、その他は種子を含め大麻・カラムシ・アカソ・カジノキ・ヤマグワ等で、いずれも保温性の乏しいものばかりである。したがって日本列島の冬季における衣服としては不適当ゆえに、可能性として考えられるのは、編布と毛皮の併用である。

　筆者は1993年2月（26～28日）、まだ雪の残る宮城県一迫町（現・栗原市）の竪穴住居で学生4人と耐寒実験の合宿を行った[1]。衣服は家政学的知識と筆者の体験[2]に基づき、野兎の毛皮をアンダーシャツとして、毛皮の部分が肌に密着するように製作し、学生たちに着装してもらった。合宿時は気温－1.5℃と寒い日もあったが、4人の学生は野兎の毛皮について「ソフトで温かく、感触もよい」と、2泊3日の実験中終始着用してくれていた。

　この耐寒実験を、依頼されて『白い国の詩』（尾関清 1993）に掲載したところ、翌1994年、ある考古学研究者から「冬季の衣服として編布の上に毛皮の衣服を纏っていたことは、想像に難くない。しかし、腐りやすいそれらが遺跡から発掘されることは、ほぼ絶望的である。いずれにしろ湿度の高い日本列島においては、下着に毛皮製のものを利用したというようなことは、きわめて考えにくいことである」と批判された。その直後、読者（考古学関係者）から、毛皮のアンダーシャツについて訂正するようにとの助言をいただいた。

　筆者が野兎の毛皮をアンダーシャツに採用したのは、それなりの根拠があってのことである。簡単に述べれば、羊毛製品（毛糸）が概して保温力が大きいのは、羊毛繊維は気孔率（空気が占める体積の割合）が大きく、内部に熱の不良導体である空気を多量に包含するからである（内田・村瀬 1963）。野兎の毛皮は繊維としての毛糸以上に保温力が大である。このようなことはすでに被服材料学では実験済みで、いうなれば承認されており、また筆者自身も体験していることである。しかし、助言をいただいて以来、筆者は冬季の縄文衣については発言をひかえてきた。

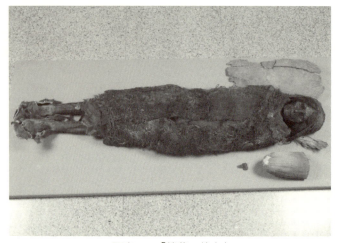

写真251 「楼蘭の美女」

写真252 「楼蘭の美女」下半身部分

2008年秋、筆者は編布資料を求めて、中国新疆ウイグル自治区に渡った。写真251はその際、ウルムチの博物館で実見した世界的に著名なミイラ「楼蘭の美女」(3)(約3800年前：縄文後期並行)であり、写真252はその獣皮にまかれた下半身部分である。この獣皮は下着ともいわれているが、毛の部分が肌側にあることに筆者は注目した。

「楼蘭の美女」を引き合いに出すのは非常識かも知れない。地域が異なり、また気候風土の点からも事例にすべきものではないかも知れない。しかし筆者は防寒に関する限り、地域の違いを問う必要はないのではないかと考えた。つまり「楼蘭の美女」も生前獣皮により寒さを凌いだのではなかろうか(4)。このような防寒法は、前記した合宿で野兎の毛皮をアンダーシャツに採用したことと同じ原理ではなかろうかと考えるのである。

もちろん、この事例のみを以て「毛皮アンダーシャツ着用」説を強弁するつもりはなく、現時点では可能性の問題として考えている。さらなる研究を待って考察を深めたい。

註
(1) 実験の内容・経過等については拙著(「竪穴住居の合宿の記録」『縄文の衣』学生社　1996)参照。
(2) 筆者は獣皮の毛皮となめし革の両面のリバーシブル・コートを羽織ったことがある。毛の部分を内側にして着用した場合は、非常に暖かい。逆になめし部分を内側にした場合、毛の部分が表に出るので外見はいかにも豪華で暖かそうに見えるが、さほど暖かくない。これが筆者の体験である。
(3) 1980年、ロプ・ノール鉄板河出土。推定年齢40～45歳の女性。青銅器時代。新疆文物考古研究所蔵。

（4）日本（だけ？）に残る葬送儀礼の一つとして、経帷子を左前に着せ、足袋を左右逆に履かせるなど、死に装束を日常と逆にする習慣がある。このような風俗習慣が何に起因するものか、また時代や地域を超えてそれに類する習俗が存在したか否か、筆者は浅学にして知らない。したがって、「楼蘭の美女」の着付け作法が生前の習慣そのものではない可能性もなくはないが、しかし筆者の眼でつぶさに観察した印象からは、羊の毛皮の上に毛織物をまとい、フェルトの帽子を被り革靴を履く彼女の姿に、日常生活に反すると思われるような不自然さは見受けられなかった。

8　馬　衣

　第Ⅶ章第2節で述べたように、時宗の阿弥衣は「馬衣」が起源であるように『真宗要法記』に記されている。また越後アンギンは地域によってマギン、バト（バトゥ）と呼ばれているが、マギンに関しては「馬衣」（マギヌ・マギン）が語源ということである。要するに、阿弥衣も越後アンギンも馬衣との関わりが示唆されている。しかしそれらの文献には実在（馬衣）の記録は示されていない。そこで筆者は馬衣に関心を抱き、現存する馬衣を追い求めたのである。本項では、まず実見することのできた馬衣2点についての観察結果を記し、後半で文献や絵画資料を通して、中世における編布と馬衣について述べてみたい。

（1）馬衣を求めて

　まず筆者は、馬の博物館（神奈川県横浜市）をはじめ、チャグチャグ馬コで有名な岩手県、そして野馬追で知られている福島県ほか各地に編布製の馬衣の存在を尋ねたが、それはどこにも所蔵されていなかった。思案に暮れていたところ、折しも知人の小川とみ氏から『別冊太陽』（吉田 2004）に馬衣が掲載されているという朗報をいただいた。そこで早速著者である吉田真一郎氏に馬衣を拝見したい旨連絡したところ、意外にも恵送していただくことになった。

① 馬衣 a

　写真253は東京都在住の吉田真一郎氏所蔵の馬衣である。藍で染められ、繊維に擦り切れた部分は見受けられるが、前後には房飾りまで付けられて、ずっしりと重量感のある馬衣である。製作技法は阿弥衣や越後アンギン同様、縦編法による応用編布である。これが一遍上人に関わるもの、あるいは十日町市の山間部で使用された馬衣であると断定はできない。またいつの時代に、どこで編成されたのかもわからないとのことである。

　馬衣の全長は103cm、横幅は70cm（房飾りを含めると160cm）で、経糸数は48本である。経糸間隔には変化があり、馬の背に当たる中央3cm間には経糸6本、両端1.5～1.6cm間には3本（写真254）、それ以外は15～18mmと、中央や両端の約2倍の経糸間隔である。緯糸密度は1cm当たり3～4本、かなり太い繊維が使われている（緯糸の太さは房に等しい）。また緯糸は3本で操作され、一方の編端は矢羽根状になっていない（写真256）。

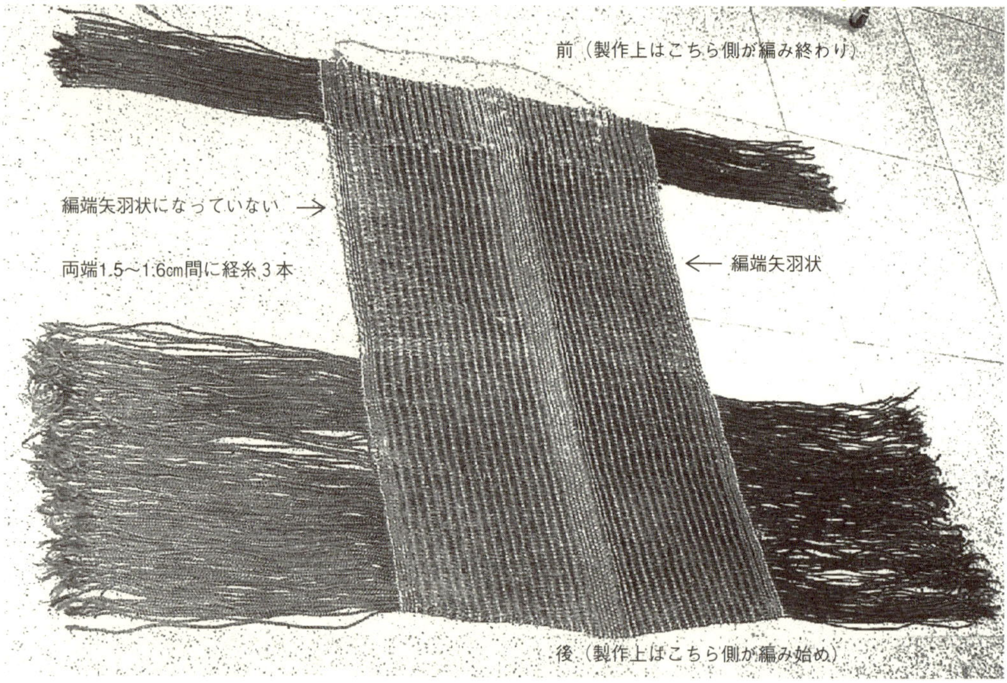

256 第Ⅷ章 研究の途上で

前（製作上はこちら側が編み終わり）

編端矢羽状になっていない →

両端1.5〜1.6cm間に経糸3本

← 編端矢羽状

後（製作上はこちら側が編み始め）

写真253　馬衣 a

編み終わりの始末として残った経糸を本体に編み返す（左絡み部分）

中央3cm間に経糸6本

1 2 3 4 5 6

前

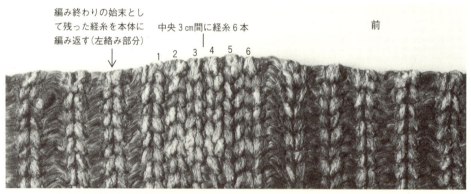

写真254　馬衣 a：編み終わり部分

端で編み終わった緯糸：A

端の手前で編み終わった緯糸：B

横編法の基礎編布

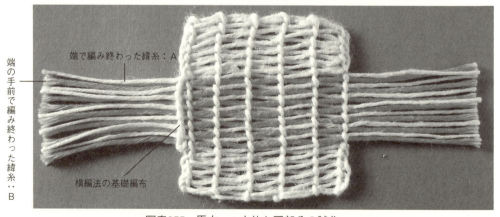

写真255　馬衣 a：本体と房部分の試作

8 馬衣 257

編端を編み終わった段と、前段で編み終わったものとに分け、別の糸でそれぞれ絡み編みがなされている（この部分は横編法）

左・右と交互に撚られた房

経糸3本で編まれた縦編法の端（矢羽根状編端）

写真256　馬衣a：本体と房部分の拡大1

試作Bの経糸部分　　別糸で絡み編んだ部分（基礎編布）　　試作Aの経糸部分

写真257　馬衣a：本体と房部分の拡大2

さて、道具については、経糸間隔に変化が認められるあたりから勘案すれば、0.7～0.8mm前後の刻み（経糸間隔）を有するケタが用いられたのではなかろうか。間隔の狭い部分は刻みをそのまま使い、広い部分は刻みを1目飛ばしに経糸を掛ければ、馬衣とほぼ同じ密度を保つことができる。しかしこの馬衣は製作上いたるところに配慮の跡が窺えるので、馬衣専用のケタであったことも考えられる。

なお馬衣の前方16cmと後方42cmには、編布本体からはみ出した房飾りが作られている。この部分は緯糸を折り返して編端を作らず、房に必要な長さの緯糸（撚りのない繊維）を1段ごとに加えて編成されている。房部分は編み上げた後、左・右と交互の撚り（諸撚り）がかけられ、きれいな房状を呈している（写真256）。この房の根元は応用編布の編端を利用した珍しい細工が施されている。

応用編布は2本の経糸で2本の緯糸を1目おきに絡ませる。この馬衣のように、本体からの続きに房（緯糸の延長）がつけられる場合の編端は、端で編み終わる段と、端の手前で編み終わる段が交互に作られる。それを段ごとにそれぞれ別の糸で、横編法の基礎編布様に仕上げられており、それは実にユニークな発想と考えられる。写真255はその試作であり、写真257は試作A部の房を本体に折り返した状態である。

なお本体の編み終わりの始末は、コモ槌に残った経糸2本を、写真254のように、本体の絡みと逆な絡み方向で編み返しがなされており、この部分は編目がハの字状になっている。

この馬衣について特に感銘を受けたのは、房の作り方と編み終わりの始末である。房については本体を編み上げてからでも付けられるが、この馬衣のように編みながら房を作った方が、効率的でしかも繋ぎ目がなく自然である。また編み終わりの始末については、時宗の阿弥衣でさえ編み終わったままのものもあるが、この馬衣は手間がかけられている。つまり、房、編み終わりの始末、それに経糸間隔を異にしたあたりを総合的に判断した場合、この馬衣は、編布の持ち味をフルに使い、装飾性豊かに、そしてさらに用途に適した堅牢度をも加味した優れた作である。換言すれば、この馬衣の作者は、編布のすべてを知り尽くしたスペシャリストではなかろうか。

② 馬衣 b

筆者にとっては幻ともいうべきその馬衣を、吉田氏のご厚意で実見することが叶った。今度は福井市の井上晶子氏のお骨折りで、京都市の川崎啓氏（ギャラリー啓）所蔵の馬衣を拝見することができた。こちらもいつの時代にどこで編成されたのかわからないとのことである。

写真258がその馬衣である。さきの馬衣aは全体が藍染めであるが、こちらは2.5～3cm間隔の交互に藍染めと無地の繊維で、モダンな横縞状に作られている。全長は70cm、幅48cm（房飾りを含めると約150cm）、経糸数は21本。馬衣aと比較すれば、約30％小型であるが、馬衣aと同じく応用編布で編成されている。経糸間隔は両端の8mm以外は25mmである。また経糸も端に藍を使い次は無地というように交互に編まれ、両の編端を藍で揃えている。緯糸は1cm当たり

8 馬衣 259

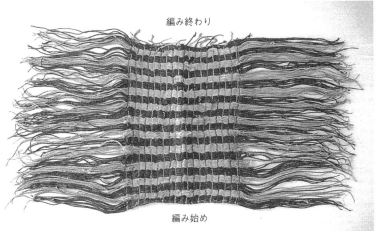

写真258 馬衣 b

写真259 馬衣 b：編み始めの拡大

← 三ツ編み状の紐を芯にした編み始め

結び留め

写真260 馬衣 b：左右の諸撚りで作られた房と編み終わりの拡大

← 編み終り
編み終わりの経糸2本を左の諸撚りにして結び留を作る

約 4 本（5 cm間に19本）、こちらもかなり太い繊維が使われている。

　道具に関しては、この馬衣 b の経糸間隔と同寸の刻みをケタに入れたものか、あるいは馬衣 a で述べたように、8〜9 mm間隔に刻まれたケタを使えば、両端は刻み通り（8 mm）に、その他は刻みを2目飛ばしに経糸をセットしたのかも知れない。

　なおこの馬衣 b には、左右の編端全体に房飾りが付けられている。房は馬衣 a 同様に、緯糸の延長、つまり従来の編布は緯糸を編端で折り返しているが、この馬衣も編み始めから1段ごとに必要な長さの繊維（緯糸）を加えながら編成されている。また経糸は21本と奇数であり、第Ⅶ第1節「越後アンギン」で述べたように、本来ならば左右いずれかの編端を "折り返し X" にしなければならないが、こちらは各段ごとに房用の緯糸を加えるので、編端で戸惑うことはまったくない。つまり左端から編み進んだ場合、奇数の経糸では右端が編めなくなる。そこで2段目用の緯糸を加える。この緯糸が折り返し X と同じ原理であり、難なく右端を編むことができる。

　また馬衣の編み始め（1段目）は写真259の矢印部分のように三ツ編の太い紐が藍染めの繊維で作られ緯糸代りとされるなど、手の込んだ作業の跡が認められる。しかし編み終わりは簡単に、コモ槌に残った2本の経糸を左の諸撚りにし、その先を結び留めにしてあるのみである（写真260）。

　房に関しては藍と無地に区別し、本体からはみ出した繊維を諸撚りにして房が作られている。この撚りが写真260のように、右撚り・左撚りと根気よく交互に作られているのも、デザイン的趣向からではなかろうか。

　馬衣 a は編む技術をフルに活用し、ずっしりと落ち着いた中にも装飾性豊かに仕上げられ、また馬衣 b は "粋" とか "モダン" などと印象づけられる大胆な縞模様で構成されている。筆者が馬について想起するのは、小学校へ通う道すがら見た、馬子に手綱を引かれながら頭を垂れてとぼとぼと荷車を引く馬、また飛騨地方の農家で飼育されている馬など、どれもが地味な存在のものばかりである。したがって2点の馬衣に相応しいのはどのような馬なのか、見当もつかない。しかし、いずれにせよ双方の馬衣の作者にとっては愛馬であったに相違ない。

③ 馬衣類似資料

　馬衣については上記2点を紹介して本項を結ぶことにしたが、その後現代まで使用されたという「馬の雨よけ」と、時代は不明であるが牛用の「前うち」を見つけることができた。後者は牛用であるが、形状が馬衣 b に類似しているので追記する次第である。

　名久井文明氏は『樹皮の文化史』(1999) の中で「虻や蚊、蠅から守るため牛の首には『前うち』を掛けた。表側はシナノキの樹皮で、牛の首に触れる裏側には藁をつけて編んだり、ヤマブドウの蔓皮を灰水で煮てから揉んで繊維状にしたものを編んで作ったりした」と述べられている。写真261からは馬衣同様手間をかけて作られたように見受けられた。

写真261　牛の前うち

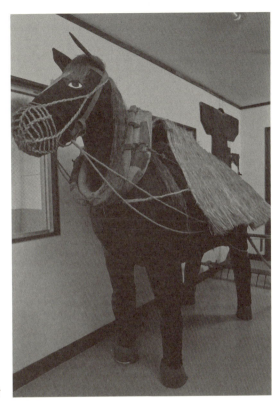

写真262　馬の雨よけ

　馬衣 a は全体を藍でまとめてあるが、馬衣 b は緯糸を無地と藍の交互、いわゆる縞風に仕上げられている。そしてこの前うちは経糸と緯糸が色分けされている。また馬衣 a は全体的に右絡みであるが、編み終わりは左右両絡みを取り入れている。しかし前うちは経糸 4 本を密着させ、その1.5倍ほどの遊びを作り、4 本の経糸（密着分）を左右の両絡みで仕上げ、その繰り返しである。写真261からは緯糸が黒っぽく、密着した経糸が白いので、こちらも縞風の仕上がりになっている。

　なお、馬衣 a・b と前うちが根本的に異なるのは、前者は組織が応用編布であるが、後者は基礎編布の応用である。また、前者は緯糸に繊維そのものが使用され、房の部分を編み上げた後に右の諸撚り、左の諸撚りと交互の撚りに仕上げられている。一方後者の前うちは、あらかじめ必要な長さ（前うちの長さ＋房の長さ）を右縄状に作り、それを緯糸として編成されている。三者それぞれオリジナルな作品である。

　写真262は「馬の雨よけ」として藁にて編成されたものである。昭和10年（1935）頃まで秋田県仙北地方で使用されていたものとのこと。縦編法で製作され、経材は右絡みである。

　なお、この馬の雨よけは、俵様で編布仕立てではないが、馬衣らしい形状と、いつ頃、どこで使われたものかが確認できたのでここに採り上げた。

　余談であるが、筆者は十日町市周辺にて多くの越後アンギンを実査させていただいた。袖なし等作業衣とはいえ人体に纏うものであるが、色彩（藍染めはあるが単色）または編目にデザ

イン的な工夫は施されていなかった。しかし家畜としての馬・牛が纏う馬衣や前うちに、上記したような藍染や縞風の意匠が施されていることに、飼い主の馬や牛に対する思いの一端を垣間見たような気がした。

（2）阿弥衣と馬衣

編布といえば縄文時代にその需要のピークをむかえ、織機が渡来したといわれる弥生時代以降は編布に替わって織物の時代に推移し現代に至った、というのが一般的な認識のようである。しかし、時宗の阿弥衣（編布）に関する文献の中には阿弥衣と馬衣との関わりが記載されている。また鎌倉時代の絵巻物の中にも馬衣（編布）と表現された箇所がある。ここでは編布が馬衣等として弥生時代以降も生き続けてきたことを述べてみたい。

遊行二十一代知蓮上人（長禄4年～永正10年〔1460～1513〕）は『真宗要法記』に阿弥衣について次のように述べている。

　　廿十七阿ミ衣事
　　此衣元來雖ドモレ可シト書二編衣一、今書二阿彌衣一。初祖曾テ修行シタマフ之時、宿ス二信州伴野之館一ニ。
　　冬ノ寒氣甚ダシテ、取二傍ノ馬衣ヲ一着二衣之上一ニ。明旦如レ本ノ懸ケ置二之ヲ一。毎ニ此馬衣之編目一
　　出レ光閃々タリ也。伴野恠シミテ見レ之問二宿直ノ者一ニ。答曰ク昨夜修行者宿シテ而着レ之矣。
　　殿主大イニ驚キ歸敬シタテマツリレ之縫二綴伴馬衣一而與二ルマデ聖一。以來至二命終一着レ之。
　　爾來爲ル二當門ノ法衣一ト。然後編二之ヲ一定メニ四十八符一ニ而表ハス二四十八願一ヲ。以二一絲一毎レ編ム
　　唱フルコトヲ二念佛一一返也。然則雖レ可レ言二阿ミ衣一阿ミ衣ト云ハ今評編衣カトハ不然随二言便一ニ謂レ之ヲ二阿彌衣一也。

「阿弥衣の事

この衣のことは、元来、編衣と書くべきなのだが、今は阿弥衣と書いている。

初祖の一遍上人様がかつて修行をなさっていた時に、信州伴野の館に宿泊されたが、その折は寒気が甚だしかったため、傍らにあった馬衣を取り上げて衣の上に羽織ってしのがれ、翌朝にはもとのように馬衣を部屋に懸けて立ち退かれた。

ところが、残されたその馬衣の編み目ごとに閃光が発しはじめたのである。館の主人の伴野はこれに驚いて宿直の者に問い質したところ、答えるには、昨夜泊まられた修行僧がこれを着したと云う。大いに驚いた主人は上人を帰敬申し上げ、馬衣をあらためて縫い綴った上で聖（上人）に奉呈したのだった。

この時以来、上人は終生この衣を着されており、爾来この形式の衣が当門の法衣に定まった。この後、法衣を編む時には、四十八符と決めて四十八願を表すことになった。一絲を編むごとに、念仏を一返唱えるのである。従って、本来は"阿ミ衣"と云うべきなのだが（阿ミ衣とは現在の評し方で、編衣とはしていない）言い習わしに基づいてこれを阿弥衣と称している。」（濱田直嗣氏の解釈による）

時宗の開祖一遍上人がはじめて阿弥衣を着装されそれが時宗の法衣となった由来である。奇しくもそれは馬衣の変身である。

また同じく知蓮上人は『別事作法問答』においても次のように阿弥衣と馬衣について述べている。

問ヒテ云ハク 以二阿彌衣ヲ一爲二別時ノ法衣一如何。答ヘテ云ハク、阿彌衣ノ由來ハ元祖修行ノ時、依二此ノ衣ニ一自ラ顯二現證ヲ一至ルマデ二臨終ニ一爲ス二法衣一。遂ニ往生已來能ク所フレ用之。其ノ旨具ニ載ス二眞宗要法記ニ一。就レ之或ル人難ジテ云ハク、元來馬衣ニテ侍レバ爭カ是レヲ着二衣ノ上ニ一爲シテ二大法衣一乎ト云フ。以テノ二此ノ義一故六條健ノ道場ノ御會ナドハ異國人ノ奉リシ衣也ト云ヒ替タリ。此レハ以テノ外ノ不足言ト也。

譬ヘバ眞ニ着二馬ノ皮ヲ一玉フ共、依レ其ニ既ニ一遍上人ノ行業不可思議ナル所ノ現證顯然シテ天下ニ皆所レ知ル何不レ貴カラ哉。即チ空也上人ハ以テ二鹿角ヲ一爲シ二本尊ト一、一向上人ハ馬ノ牧子ト云フ物ヲ取テ掛ケタマフ二袈裟ヲ一。今馬場門徒ノ時衆ノ掛ケル結ヒ袈裟是レ也。

「質問して云うには、阿弥衣（きぬ又はころも）のことを「別事の法衣」と決めているのは、どのような訳からなのか。

答えは次のようにあった。

阿弥衣の由来は、元祖・一遍上人が修行の時にこの衣によってご自身の現證を顕わされ、臨終に至るまで法衣になさっていた。終に上人が往生なさって以来、この言葉を用いるようになった。その趣旨は『真宗要法記』につぶさに記載されている。

これについて、ある人が非難して云うところでは、この衣は元来馬がつける粗末な衣であって、どうしてこれを僧衣の上に着て尊い大法衣としなければならないのか。この由緒を踏まえて、六條の道場の御會などでは異国人が奉呈した衣と言い替えているではないか。

しかし、この非難は以ての外の不足言（認識不足）である。たとえ本当に馬の皮を纏われたとしても、その振る舞いによって、既に一遍上人のご行業の不可思議な現證が明らかになり、天下に周知されたのである。どうして貴ばないでいられようか。大いに貴ぶべきであろう。空也上人にあられては、鹿の角を本尊になさり、一向上人様は馬の毛皮を用いて袈裟になさった。現在の馬場門徒の時衆が掛けている結び袈裟は、これに倣ったものに他ならないのである。」（濱田直嗣氏の解釈による）

これは元来馬につける粗末な馬衣をなぜ時宗の大法衣としなければならないのか、その理由についての問答である。

また時宗批判書の『野守鏡』（永仁3年〔1295〕）は「一返房といひし僧、念佛義をあやまりて、踊躍歡喜といふはをどるべき心なりとて、頭をふり足をあげてをどるもて、念佛の行義としつ。……その姿を見るに、如来解脱のたふとき法衣をあらためて、畜生愚癡のつたなき馬ぎぬをき、たまたま衣の姿なる裳を略してきたるありさま、偏に外道のごとし」と述べられて

いる（川俣 1930）。

また同じく『天狗草紙』（永仁4年〔1296〕）には「或ハ一向衆といひて……袈裟をハ出家の法衣なりとてこれを着せすして憨にすがたは僧形なりこれをすつへき或は馬衣をきて衣の裳をつけす念佛する」（梅津 1978）と両者ともに一遍上人ひいては時宗を非難して、阿弥衣を「馬ぎぬ」「馬衣」と表現している。また『天狗草紙』の異本とも見られる『魔仏一如絵詞詞書』では「馬絹（ムマ

写真263　馬のあさきぬ（編布らしい）を着た少女（『男衾三郎絵詞』より）

キヌ）をきて衣の裳をつけす」と阿弥衣を馬絹と述べている（梅津 1942）。

さらに鎌倉中期の絵巻物『男衾三郎絵詞』にも馬衣に関する記述がみられる。これは武蔵国の美人を妻にした吉見二郎と醜女を妻とした男衾三郎という武士の兄弟にまつわる物語である。吉見二郎の娘慈悲は父亡き後叔父に当たる男衾三郎夫妻に虐待された。とくに男衾の女房は美しい慈悲を妬んで髪を切り、馬のあさきぬというひどい着物をきせて、日夜25匹の馬の水飼いをさせた。写真263は筒井の水を汲んでいる少女慈悲、その衣服が馬のあさきぬつまり編布のようである（梅津ほか 1968）。

時代は降って越後アンギンの発生地新潟県十日町市周辺では前記したようにアンギンの呼称が異なっている。その中のマギンとは馬衣の意味で、アンギンが馬の鞍下から尻にかける布として使われたのでマギンと呼ばれたといわれている（十日町市博物館 1994）。

『真宗要法記』をはじめ時宗批判書に「馬衣」が記載されているからには、鎌倉時代における馬衣の存在は認めざるを得ない。

これは筆者の追憶であるが約30年前古い時代の庶民、とくに農山村の衣服について調査した。しかしいずれの絵巻物を見ても上層階級とごく一部の庶民の衣裳ばかりであった。そこで日本服装史の研究者である高田義男氏に尋ねたところ、庶民の服装はあまり描かれていないといわれ『扇面古写経』（奥田 1935）を紹介していただいた。それには1．栗ひろい図、8．干物図、9．泉中洗濯図、10．牛車図、13．水遊図、25．市場図など、庶民的場面も多く描かれていた。しかし牛車図や市場図など、農山村にはあり得ない庶民の生活場面。やはりここからも農山村の

衣について確かな資料を見出すことは不可能であった。しかし前記したように馬衣の応用作品、つまり阿弥衣や少女の衣服がある限り、絵巻物とは縁遠い農山村には、越後アンギンに見られるような作業衣らしいものがあったのではなかろうか。それにヒントを得て編布で慈悲の着物が作られたのではなかろうか。これはあくまで筆者の仮想に過ぎないが、偶然の発想とは考えられない。

編布に関して筆者は過去に大きな誤算があった。拙著（1996）には「編布は縄文時代の衣文化を支えてきたが、弥生時代に入って、織物にその座を譲ってしまった。その原因は製作にかかる手間暇ではなかろうか」と述べている。

織物に関して製作面にのみ絞ってみた場合は、編布とは比較にならないほど早く効率的に織りなすことができる。しかし織物はまず道具を作るのが必須条件である。それに道具に相応した糸作りも技術を要する面倒な作業をしなければならない。その点編布は、極端な例として「道具と製作法」で述べたように、道具らしいものがなくても製作できる。また使用する糸に関しても、越後アンギンにみられるように、織物の糸作りと比較すれば至極簡単で堅牢度も高い。なお現代のように商品や物資の流通が発達していない時代、自給自足を余儀なくされる農山村で編布は、もっとも製作しやすい編物ではなかったろうか。前記したように、些少ではあるが弥生・平安・室町時代の各遺跡からも編布やその圧痕が出土している。

このように考えると編布は縄文時代以降細々とながらも農山村のどこかで編み続けられ、鎌倉時代に至ったと思えば、馬衣が阿弥衣や少女の衣服に変身してもおかしくはない。

飛躍した考えかもしれないが、現在はペットを家族の一員とする傾向がある。その場合われわれと同じ素材でペットの衣服も作られている。古い時代の農山村においても馬は家族並みに扱われていたのではなかろうか。それら家族にとっては貴重な馬であっても、第三者から見れば馬は畜生に過ぎない。同じ編布で作業衣と馬衣が作られていたとしても、人をさげすむ言葉としては馬衣の方が、相手に当たえるインパクトが強い。その効果を狙って馬衣が批判書や絵巻物に引用されたのではなかろうか。

筆者は過去のある時代に馬衣のみが編布で作られたとは考えられず、憶測めいた記述になった。この件については追究の課題としたい。

9　漆濾し布（編布）の絞り方向

以前筆者は、考古学研究者が土器を眺めながら「縄文人は右利きか、それとも左利きか？」と言っておられたことを記憶している。そこで、その問題を考える糸口として筆者が思いついたのが、遺跡から出土した漆濾し布の絞り方向である。

2000年秋、青森県八戸市是川中居遺跡（縄文晩期中葉）から2点の編布（写真264）が出土した。ともに漆を濾した布であるが、2点の絞り方向を見ると、写真264－a編布は左利き絞り（「Z撚り」方向）であり、264－b編布は右利き絞り（「S撚り」方向）になっている。

筆者が写真撮影と調査を許可していただいた遺跡は、青森県亀ヶ岡（2点：写真265）、秋田県中山（1点：写真266）、福島県荒屋敷（3点：写真267）、埼玉県石神（1点：写真268）、新潟県野地（2点：写真269）・石川県米泉（2点：写真270）の6遺跡11点であった。そのうち荒屋敷遺跡出土品3点は、漆はかけられているが絞った状態ではない。他の5遺跡出土品中亀ヶ岡遺跡例2点・石神遺跡例・野地遺跡例2点中1点（写真269-a）が右利き絞り、中山遺跡例・米泉遺跡例2点中1点（写真270-a）が左利き絞り、野地遺跡・米泉遺跡のそれぞれ残り1点（写真269-b・270-b）は不明である。つまり是川中居遺跡例も含めて絞り方向が判別できる資料8点のうち右利き絞りが5点、左利き絞りが3点ということになる。われわれ人間には生まれながらにして右利き、左利きという習性があるので、最初は単純に「現在の日本人に較べると縄文人には左利きが多かったのか」と考えた。

　しかし、縄文時代以降にも、漆濾しの布とか、和紙が出土しているので、それらの絞り方向はどうなのかと調査した。その結果は、表47に示した通り意外にも縄文時代より後世のものは、布・和紙ともにすべて右利き絞りである（図107、写真271～274）。あらためて縄文時代に限り、なぜ左利き絞りが行われたのか、疑問が深まり実験するに至った。

　まず、左利き絞りの中山遺跡出土編布（1cm間に経糸7～8本、緯糸10本）を選び、素材（カラムシ）も密度もこれに等しい編布を製作した。それに漆をたらし、出土品同様筒状に巻きつけ、布の両端に力を入れて右利き方向に絞ろうとした。しかしその瞬間、漆液で布に反動力が働き、強ばった布は、中ほどで筒状が開いてしまい、写真275のように濾過できるような状態ではない。編布を取り替え再び挑戦したが結果はまったく同じであった。

　次は中山遺跡の編布より経糸間隔（4～6mm）は粗いが、緯糸密度（1cm間に12本）の高い斜里朱円周堤墓の編布にて実験した。これで何とか右利き絞りが可能になった。さらなる実験は、斜里朱円周堤墓のものより密度の低い、山王囲遺跡（経糸間隔10mm、緯糸密度7本／cm）の試作編布を使った。こちらも朱円遺跡同様右利き絞りに成功することができた[1]。

　この時点で筆者は編布本来の特性に気付いた。それは前述したように、編布は経糸が同じ方向に絡み編まれているので、細密なものほどできあがった編布は、平織のように平面を保つことができず、内側に巻き付くという習性がある。漆濾しの実験でそれが如実に現れたのである。

　表48で理解できるように、出土した編布の経糸は、押出遺跡の1点を除けば一様に左絡みである。このように左絡みで編成した編布は、写真276のように編み上げた段階でとくに縦編法で編成した細密編布は、対角線上の右上と左下から内側へ巻き付いてしまうが、経糸間隔の広い方は巻き付く度合いが低い。したがって細密編布を人為的に逆の対角線方向に巻こうとしても、布は頑固に跳ね返ってしまうのである。なお、横編法で製作した細密編布（写真277）は平らに仕上がるが、それを水に浸すと一瞬にして縦編法と同じ結果になるのである（写真278）。

　すなわち実験においても右利き絞りの不可能な中山遺跡の編布は、まさに細密編布である。斜里朱円周堤墓の編布は、緯糸密度が中山遺跡のものより高い。緯糸密度を高くするには経糸・緯糸ともに細くしなければならない。糸を細くすれば薄手の布になる。それに加え斜里朱

9 漆濾し布（編布）の絞り方向　267

写真265　青森県亀ヶ岡遺跡例（S）

写真264　青森県是川中居遺跡例（a：Z、b：S）

写真266　秋田県中山遺跡例（Z）

写真267　福島県荒屋敷遺跡例

写真268　埼玉県石神遺跡例（S）

写真269　新潟県野地遺跡例（a：S、b：S？）　　写真270　石川県米泉遺跡例（a：Z、b：S？）

268　第Ⅷ章　研究の途上で

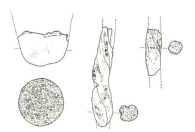

図107　奈良県平城京跡例
（奈良国立文化財研究所 1990より）

写真271　岩手県柳之御所跡例
（岩手県文化振興事業団埋蔵文化財センター 1995より）

写真272　宮城県多賀城跡例

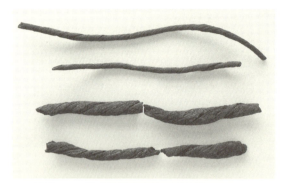

写真273　岩手県飛鳥台地Ⅰ遺跡例（上2例）
　　　　岩手県五庵Ⅱ遺跡例（下2例）

写真274　東京大学本郷構内遺跡例

写真275　中山遺跡例試作品の実験結果

写真277　横編法で製作した細密編布

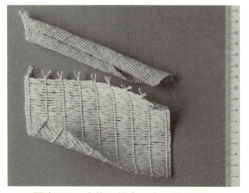

写真276　左絡み編布の巻き付き状況

写真278　写真277の編布を水に浸したもの

9 漆濾し布（編布）の絞り方向　269

表47　漆濾し布・和紙の出土地と絞り方向

No.	県　名	遺跡名	時　期	絞り方向		素　材	備　考	文献等	文献中の資料番号
				利き手?	方向				
1	青　森	亀ヶ岡	縄文晩期	右利き	S	編布		1	PL.38－9
2	青　森	亀ヶ岡	縄文晩期	右利き	S	編布		2	
3	青　森	是川中居	縄文晩期中葉	左利き	Z	編布		3	第71図－1
4	青　森	是川中居	縄文晩期中葉	右利き	S	編布		3	第71図－2
5	秋　田	中山	縄文晩期前半	左利き	Z	編布（カラムシ）		4	第5表
6	埼　玉	石神	縄文晩期	右利き	S	編布		5	
7	新　潟	野地	縄文晩期前葉	右利き	S	編布		6	図版93－43
8	新　潟	野地	縄文晩期前葉	右利き?	S?	編布		6	図版93－44
9	石　川	米泉	縄文後期	左利き	Z	編布（アカソ）		4	第4表
10	石　川	米泉	縄文晩期中葉	右利き?	S?	編布（アカソ）		4	第4表
11	奈　良	平城京跡	奈良前半	右利き	S	平織	※経糸・緯糸とも1cm当たり4～5本	7	Fig.41－4
12	奈　良	平城京跡	奈良前半	右利き	S	平織	※	7	Fig.41－5
13	宮　城	多賀城跡	中世後半	右利き	S	平織（麻）	1cm当たり経糸9本・緯糸7本	8	図版20－8
14	宮　城	多賀城跡	中世後半	右利き	S	平織（麻）	同上	8	図版20－8
15	宮　城	多賀城跡	中世後半	右利き	S	平織		9	p.48
16	神奈川	小田原城跡	15～16世紀	右利き	S	和紙		10	28－20
17	神奈川	小田原城跡	15～16世紀	右利き	S	和紙		10	28－21
18	神奈川	小田原城跡	15～16世紀	右利き	S	和紙		10	58
19	岩　手	柳之御所跡	平安後期	右利き	S	和紙・布		11	写真図版222－787
20	岩　手	五庵Ⅱ	16世紀	右利き	S	和紙		12	第32図76
21	岩　手	五庵Ⅱ	16世紀	右利き	S	和紙		12	第32図76
22	岩　手	五庵Ⅱ	16世紀	右利き	S	和紙		12	第32図76
23	岩　手	五庵Ⅱ	16世紀	右利き	S	和紙		12	第32図76
24	岩　手	飛鳥台地Ⅰ	近世後半	右利き	S	和紙		13	図版242－898
25	岩　手	飛鳥台地Ⅰ	近世後半	右利き	S	和紙		13	図版242－898
26	岩　手	飛鳥台地Ⅰ	近世後半	右利き	S	和紙		13	図版242－897
27	岩　手	飛鳥台地Ⅰ	近世後半	右利き	S	和紙		13	図版242－897
28	岩　手	飛鳥台地Ⅰ	近世後半	右利き	S	和紙		13	図版242－898
29	東　京	東京大学本郷構内	元禄年間	右利き	S	和紙	大聖寺藩（加賀藩支藩）江戸屋敷	14	
30	東　京	東京大学本郷構内	元禄年間	右利き	S	和紙		14	
31	東　京	東京大学本郷構内	元禄年間	右利き	S	和紙		14	
32	東　京	東京大学本郷構内	元禄年間	右利き	S	和紙		14	
33	東　京	東京大学本郷構内	元禄年間	右利き	S	和紙		14	
34	東　京	港区No.91	近世末	右利き	S	和紙		15	PL.59　1
35	東　京	港区No.91	近世末	右利き	S	和紙		15	PL.59　1
36	東　京	港区No.91	近世末	右利き	S	和紙		15	PL.59　2
37	東　京	港区No.91	近世末	右利き	S	和紙		15	PL.59　2
38	東　京	港区No.91	近世末	右利き	S	和紙		15	PL.59　2
39	東　京	港区No.91	近世末	右利き	S	和紙		15	PL.59　2
40	東　京	港区No.91	近世末	右利き	S	和紙		15	PL.59　2
41	東　京	港区No.91	近世末	右利き	S	和紙		15	PL.59　2

※　報告書には「漆容器の栓として使われたものであろう」とあるが、右利き絞りになっているので採用した。

表47・48文献
1　青森県立郷土館 1984『亀ヶ岡石器時代遺跡』青森県立郷土館・考古―第6集
2　青森県立郷土館のご教示による。
3　八戸遺跡調査会 2002『是川中居遺跡』八戸遺跡調査会埋蔵文化財調査報告書第2集
4　布目順郎 1989「金沢市米泉遺跡出土のアンギン様編布No.1について」「同No.2について」『金沢市米泉遺跡』石川県立埋蔵文化財センター
5　川口市教育委員会のご教示による。

表48 縄文時代の出土編布の構成等一覧表

No.	資料番号	道県名	市町村名	遺跡名	時期	経糸間隔(mm)	編布の密度 経糸(本/cm)	編布の密度 緯糸(本/cm)	密度分類	経糸の幅(mm)	緯糸の幅(mm)	経糸の撚りの方向	緯糸の撚りの方向	経糸の絡みの方向	材質	備考	文献
1	010101	北海道	斜里町	斜里朱円周堤墓	後期末	4～6		12	ⅢC		0.6-0.7	諸撚り(Z)		Z			16
2	010201	北海道	小樽市	忍路土場	後期中葉	3～5		7～8	ⅡB			諸撚り(Z)		Z	オヒョウ		17
3	020101	青森	青森市	三内丸山	前期			5	カB		1.0～1.2			Z		漆濾し布(S撚り方向)	18
4	020201	青森	つがる市	亀ヶ岡	晩期	10		6	ⅣB		1.0	諸撚り(Z)		Z		漆濾し布(S撚り方向)	2
5	020202	青森	つがる市	亀ヶ岡	晩期	10	5	6	ⅣB			諸撚り(S・Z)		Z		漆濾し布(S撚り方向)	1
6	020301	青森	八戸市	是川中居	晩期中葉			10	ⅠC		0.5-0.7	諸撚り(Z)		Z		漆濾し布 編布a(Z撚り方向)	3
7	020302	青森	八戸市	是川中居	晩期中葉	12～18		4	VA		1.7-2.7	諸撚り(Z)		Z		漆濾し布 編布b(S撚り方向)	3
8	040101	宮城	栗原市	山王囲	晩期中葉	10		6～7	ⅣB		1.0	諸撚り(Z)		Z			19
9	040102	宮城	栗原市	山王囲	晩期中葉	10		6～7	ⅣB		1.0	諸撚り(Z)		Z			19
10	040103	宮城	栗原市	山王囲	晩期中葉	7～10		8	ⅢB		1.0	諸撚り(Z)		Z			19
11	040104	宮城	栗原市	山王囲	晩期中葉			8	カB		1.0	諸撚り(Z)		Z			19
12	050101	秋田	五城目町	中山	晩期前葉		7～8	10	ⅠC	1.0～1.7	0.7～0.8	諸撚り(Z)		Z	カラムシ	漆濾し布(Z撚り方向)	4
13	060101	山形	高畠町	押出	前期		8	8	ⅠB	0.7～1.0	0.8～1.2	諸撚り(Z)		Z	アカソ		4
14	060102	山形	高畠町	押出	前期		3	2.5	ⅡA		2.0前後			S・Z			20
15	070101	福島	三島町	荒屋敷	晩期	5～6		6～7	エⅢB		1.0～1.4	諸撚り(Z)		Z		漆濾し布 3皿間に経糸2本	21
16	070102	福島	三島町	荒屋敷	晩期	5.5		6～7	ⅢB		0.8～1.3	諸撚り(Z)		Z		漆濾し布	21
17	070103	福島	三島町	荒屋敷	晩期	5～6		7	ⅢB		0.8～1.3	諸撚り(Z)		Z		漆濾し布	21
18	110101	埼玉	川口市	石神	晩期	1.5～3.8		7	ⅡB		1.0	諸撚り(Z)		Z		漆濾し布	5
19	150101	新潟	胎内市	野地	晩期前葉	8～11		6～7	ⅢB	1.0	1.5～2.0	諸撚り(Z)		Z?		漆濾し布	6
20	150102	新潟	胎内市	野地	晩期前葉	2～7		8～10	③ⅡB			諸撚り(Z)		S?		漆濾し布	6
21	170101	石川	金沢市	米泉	後期	2.5～3.6		6.8～8.4	ⅡB	1.3～1.7	1.8～1.0	諸撚り(Z)		Z	アカソ	漆濾し布 編布a(Z撚り方向)	4
22	170102	石川	金沢市	米泉	晩期中葉	2.5～3.3		10～12	ⅡC	0.8～1.3	0.6～0.9	諸撚り(Z)		Z	アカソ	漆濾し布 編布b(S撚り方向)	4
23	180101	福井	若狭町	鳥浜	前期	10～15		5～6	エ-ⅣB	2.0	2.0～2.5	諸撚り(Z)		Z	アカソ	4皿間に経糸2本	4

1 新潟県埋蔵文化財調査事業団 2009「野地遺跡」新潟県埋蔵文化財調査報告書第196集
2 奈良国立文化財研究所 1990「平城京右京一坊13・14坪発掘調査報告書」大和郡山市教育委員会
3 宮城県教育委員会 1979「多賀城跡」「多賀城跡調査報告書」宮城県文化財調査報告書第17巻第3号
4 東北歴史博物館 1999「東北歴史博物館常設展示案内」
5 調訪間順ほか 1990「小田原城とその城下」小田原市教育委員会
6 岩手県文化振興事業団埋蔵文化財センター 1995「柳之御所跡」岩手県文化振興事業団埋蔵文化財調査報告書第228集
7 同上 1986「五厘刀Ⅱ遺跡発掘調査報告書」岩手県文化振興事業団埋蔵文化財調査報告書第94集
8 同上 1988「飛鳥台地Ⅰ遺跡発掘調査報告書」岩手県文化振興事業団埋蔵文化財調査報告書第120集

14 東京大学埋蔵文化財調査室のご教示による。
15 南麻布福祉施設用地内発掘調査会「港区No.91遺跡」
16 小笠原好彦 1970「縄文・弥生式時代の布」「考古学研究」第17巻第3号
17 中田節子 1989「繊維製品の分類とその内容」北海道埋蔵文化財センター調査報告書第53集
18 青森県教育庁文化課 1998「三内丸山遺跡Ⅸ」青森県埋蔵文化財調査報告書第249集
19 伊東信雄 1966「縄文時代の布」「文化」30-1
20 山形県埋蔵文化財センターのご教示による。
21 渡辺誠 1990「編布(アンギン)の研究」「荒屋敷遺跡Ⅱ」三島町文化財報告10集
22 三島町教育委員会のご教示による。

円周堤墓の編布は、中山遺跡のものより経糸間隔が粗い。つまり絡み部分が少ないのでソフトな仕上がりになる。また山王囲遺跡の編布は、緯糸密度が低い。それは、経・緯ともにやや太い糸が使われているが、10㎜という経糸間隔の粗さが、斜里朱円周堤墓の薄手の編布同様に柔軟性を生じさせ、ともに右利き絞りが可能になる。

ここに至って筆者には気がかりな事柄がある。そのひとつが米泉遺跡出土ｂ編布（写真270－ｂ）である。米泉遺跡からは漆濾し布として２点の編布（写真270－ａ・ｂ）が出土しており、ａ編布（経糸間隔2.5～3.6㎜・緯糸密度6.8～8.4本／㎝）は左利き絞りである。一方ｂ編布は漆の塗抹に被われているが、一見絞り方向については不明に見受けられる。しかし注視すればわずかながら右利き絞りらしい形状を呈している。ｂ編布（経糸間隔2.5～3.3㎜・緯糸密度10～12本／㎝）について、経糸間隔はａ・ｂ編布共に細密編布に類似しているが、緯糸密度はａよりもｂが高い（つまり細い糸で薄手に作られている）ので、斜里朱円周堤墓遺跡例の試作実験からみれば右利き絞りもあり得るかと考えたが、くっきり右利き絞りになっていないことに疑問を感じた。そこで再び実験に挑んだ。

写真279は米泉遺跡例と同じような密度の編布である。なお筆者は漆液を持ち合わせていないので、試作した編布を筒状に巻き、水を浸透させ、まず右利き絞りにきつく絞った。ところが編布から両手を外すと直ちに絞りが戻り、写真280－ａの状態になってしまった。米泉ｂ編布は、漆の粘りで多少Ｓ状が残ったのではと思われる。次は左利き絞り状に絞ったところ、こちらは漆のように粘り気のない水であるのに、いつまでも絞った状態のままである（写真280－ｂ）。つまり米泉編布ｂはこの実験の前者の状態を示しているのではないだろうか。

今ひとつの気がかりが石神遺跡の編布（写真268）である。この編布は経糸間隔1.5～3.8㎜であるがもっとも多い間隔は3.5～3.8㎜、緯糸密度は１㎝当たり７本である。そしてこの編布の特徴はその形状である。漆濾しとしては他に類のない絞るというよりも、何かをふっくらと包み、折りたたんだ状態である。筆者にとっては謎の形状。しかしなんとかこの形状の由来を解明したいと希い実験に及んだ。

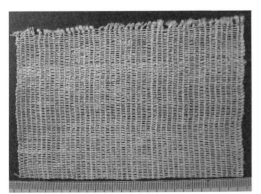

写真279　石川県米泉遺跡のｂ編布に類似した密度の試作編布（間隔3.3・緯糸10～12／㎝）

写真280　写真279を右利き絞りした直後（ａ）と左利き絞りした直後（ｂ）

写真281　石神編布試作を右利き絞りした直後

写真282　現代の漆濾しの工程
a．漆を貯える器の上に和紙4枚を重ね置き、その中程に漆をたらす。
b．和紙にて漆を包み、和紙の端を左右の指先で持つ。
c．左手の親指と人差指は手前へ、右親指と人差指は向こう側へ捻る。力を入れてこの作業を繰り返す。
d．漆濾しした後の和紙の状態。

まず経糸間隔4mm、緯糸密度1cm当たり7本の試作編布の、漆ならぬ水を浸透させ、それを筒状に巻き右利き絞りにしながら折りたたんだり、筒状のまま折りたたむなど実験を繰り返した。しかし試作編布は石神編布の形状に近づくことはできない。またこの編布は右利き絞りゆえ、その実験も試みたが、米泉遺跡のb編布同様写真281の状態である。悩み抜いた末、石神編布の形状が実在する限り、漆濾しの工程中のいずれかに該当する形状が現れるのではないかと考えた。しかし漆濾しに関して筆者はまったく無知である。それ故、岩手県工芸美術協会副会長の高橋勇介氏に依頼して漆濾しの工程を見学させていただいた。それは筆者の想定以上に面倒で手間のかかる作業であった。

大まかな要点を述べると、まず漆液を貯える器の上に4枚重ねの和紙を置き、和紙の中程に漆をたらす（写真282－a）。次に和紙の両端を左右の親指と人差指で持ち、漆を包む（写真282－b）。次は左の指先は手前へ、右の指先は向こう側へ捻る。この時点で和紙を通して濾過された漆液が、和紙から滲み出し器に貯まる（写真282－c）。このように両手の指先で捻る作業を繰り返し、繰り返した後、写真282－dの形状になるのである。

縄文時代と現代を照応させるのは無謀かもしれない。またあくまで筆者の憶測に過ぎないが、現代の漆濾しを参考にすれば、石神編布の円やかな形状は、漆濾し工程初期の段階、つまり写真282－cの工程までは辿りついたが、経糸の絡み方向による編布の反発力により、以後の作業を断念せざるを得なかったのではなかろうか。

この件に関しても、類似資料の蓄積を待つ

て考察を加えていきたい。

　このように検証すると、縄文時代の右利き絞りの編布は、表48が示すように経糸間隔の粗い亀ヶ岡遺跡のものと是川中居遺跡のｂ編布である。
　要するに縄文時代の漆濾し布の絞り方向は、どうやら編布の経糸間隔と絡み方向に規制されていると言えそうである。

　ここまで考えてきて、筆者の頭にはふっと疑問がよぎった。日本古来の糸の撚り方向の呼称で右撚り（Ｓ撚り）方向＝右利き絞り、左撚り（Ｚ撚り）方向＝左利き絞りとしてきたが、はたして右利きはＳ撚り方向に絞り、左利きはＺ撚り方向に絞るといえるのであろうか。そこで八戸市縄文学習館（表49）[2]と東海学園大学女子短期大学部（現・東海学園大学）（表50）[3]に利き手と絞り方向の関係を確認するための実験を依頼した。その結果は、筆者の予想に反して利き手と絞りの方向に有意の相関関係は見いだせなかったのである。前者の被験者が40代〜70代（平均60歳前後）の男女、後者が20歳前の女性であるが、年齢・性別による差異も読み取れない。
　ここに至って、漆濾し布の絞り方向から利き手を探るという筆者の試みは、残念ながら潰えたのである。しかし、その過程で以下のような興味深い事象に出合うことができた。
　① 縄文時代の漆濾し布の絞り方向は、どうやら布（編布）の経糸間隔と絡み方向に関係しているらしいこと。
　② 縄文時代以外の資料（平織・和紙）は、（筆者の実見による限り）すべてＳ撚り方向絞りであったこと。
　つまり、筆者が当初、縄文人はＺ撚り方向＝左利きが多いと考えたのは早合点で、（利き手は解らないが）中山遺跡のようにＺ撚り（左方向）絞りをした人も、最初はＳ撚り（右方向）絞りを試み、筆者の実験のような結果のように、やむなくＺ撚り絞りに変更したものかも知れない、ということである。
　また、漆濾し布や和紙の数少ない例で鑑みるのは早計かも知れないが、調査した絞り方向は、縄文時代の漆濾し布（編布）のうち糸の密度に因ると思われるＺ撚り絞り以外のものと、後世の事例はことごとくＳ撚り絞りで出土している。現代の事例をそのまま対照するのは危険かもしれないが、それにしても上述の八戸市縄文学習館や東海学園の実験結果からみてこの斉一性はまことに奇異にみえる。何らかの技術的、あるいは社会的背景（規制）があったに違いない。そう考えると、奈良時代以降の8遺跡のうち5遺跡（平城京跡・多賀城跡・小田原城跡・柳之御所跡・大聖寺藩邸跡）までが城跡か藩邸跡である。こうした条件があるいは漆濾しの絞り方向に関係しているのかもしれない。
　また、現行の漆精製技術の中に和紙などによる手絞りの工程が残っていないか、残っているとしたら絞り方向に決まりはあるのか、決まりがあるとしたらそれはいかなる根拠・理由によ

るのか等々、折に触れて調査しているが、今のところ筆者の疑問に対する解答には遭遇していない。冒頭の利き手の問題も含めて現時点でこれらを解明する術はなく、今後の課題としたい。

註
（1）漆濾しの実験に関しては名古屋市内の業者に依頼したが、筆者がかぶれる可能性があるということで、実験の過程を見学することはできなかった。
（2）八戸市縄文学習館が2001年12月に実施したタオルの絞り方の実験である。被験者の年齢層をみると、圧倒的多数を占める右利きの中に生来の左利きを矯正されている者が含まれている可能性はあるものの、それを考慮してもR（実験の時点で右利き者）のZ率10／19・S率9／19という傾向に変わりはないだろう。

表49　利き手と絞り方向実験1（八戸市縄文学習館）

番号	性別	年齢	利き手	綴り方	備考	番号	性別	年齢	利き手	綴り方	備考
1	M	60	R	S		11	F	50	R	S	
2	M	40	R	Z	逆手	12	M	60	R	Z	
3	M	60	R	Z		13	M	60	R	Z	逆手
4	M	70	R	S		14	M	60	R	Z	
5	M	60	R	S		15	M	60	L	Z	
6	M	60	R	Z		16	M	60	R	S	
7	M	50	R	S	逆手	17	F	50	R	Z	
8	M	60	R	Z		18	F	50	R	Z	
9	F	50	R	S		19	F	50	R	Z	
10	F	50	R	Z		20	M	60	R	S	

逆手：左右の親指を内側にして絞る　　　　　　　　　　　　　　　　　　　　Z：11／S：9

（3）2001年12月に東海学園大学短期大学部の寺尾文範氏が同学生活学科2年生を対象におこなった実験である。布を絞る際に、右利き者でZ方向絞り12人・S方向絞り14人、左利き者でZ方向絞り2人・S方向絞り2人で、左利きのデータ数が少ないものの、右利き・左利きとも思ったほどに利き手による差異が出ない。つまり註（2）の結果も勘案すると、現代人の場合、世代を超えて絞り方向だけを根拠に利き手を特定することは困難であると言えそうである。

表50　利き手と絞り方向実験2（東海学園大学短期大学部）

番号	利き手 右	利き手 左	前にくる腕 右	前にくる腕 左	絞り方向	番号	利き手 右	利き手 左	前にくる腕 右	前にくる腕 左	絞り方向	番号	利き手 右	利き手 左	前にくる腕 右	前にくる腕 左	絞り方向
1	○			●	Z	11	○			▲	S	21	○		●		S
2		○	●		S	12	○			●	Z	22	○			●	Z
3	○		●		S	13	○			▲	S	23	○			●	Z
4	○		●		S	14	○		●		S	24	○			●	Z
5	○			●	Z	15	○			●	Z	25	○		●		S
6		○	▲		Z	16	○			▲	S	26	○			▲	S
7	○		▲		Z	17	○		●		S	27	○			●	Z
8	○			●	Z	18	○		●		S	28		○	●		S
9	○		▲		S	19		○		●	Z	29	○			●	Z
10	○			●	Z	20	○		●		S	30	○		●		S

●：内にねじる　▲：外にねじる　　　　　　　　R：Z＝12／S＝14　　L：Z＝2／S＝2

漆濾しの場合と同様に、現代の事例や事象をもって安易に縄文時代に類推適用することは避けなければならないが、筆者の縄文人利き手探求の旅は新たな課題を背負いつつ継続せざるを得ないようである。

10　中国扎洪魯克墓地出土の小児服

　第Ⅰ章第5節において編布を縄文衣の素材と見なし、その密度と気候の関係について触れているが、縄文時代の遺跡からは衣服あるいは衣服らしい出土例は皆無である。しかし中国からは紀元前9世紀のものという衣服が出土している。写真283は且末県扎洪魯克墓地（新疆ウイグル自治区）出土の小児用衣服である。筆者は新疆ウイグル自治区庫爾勒市巴音郭楞蒙古自治州博物館にて実見した（衣服は保存用のプラスチック製ケースに収められていたので、側面・裏面は実見不可能）。衣服は上衣のみで、身丈は約53cm、身幅約40cm、前開きで胸辺りに紐が付けられ、筒袖のシンプルなデザインであった。

　素材は羊毛で、今から3000年前のものとは思えないベージュ色の暖かそうな雰囲気であった（写真284）。組織は斜文織で、愛知県尾張繊維技術センター主任研究員柴田善孝氏によれば「2／2の綾織。織機で製織する場合は4枚の綜絖枠が必要」と教示された。また素材の糸は経・緯ともに左（Z）の片撚糸（写真284）で、密度は1cm当たり経糸が3〜4本、緯糸は15〜16本。織物としては粗い密度である（写真285）。

　なおこの衣服を注視すると、前身頃の衿肩から斜めに身幅を広くして胸元が作られている。また袖下から裾へ広がり、増し目らしい織端が認められる。これらは布を裁断して作られたものではなく、織りながら斜めにしたものと見受けられる。

　編布の製作具に関心をもつ筆者にとっては、この衣服の製作具についても興味深く観察した。中国では新石器時代すでに羅織物や緻密な平織物が出土している（表51）。羅については、

> 『説文』に「羅は絹糸で作った鳥網」とあり、『爾雅』に「鳥網を羅という」とあるように、網目状の透けた薄い織物。組織は搦み織、または綟り織で、経糸が複雑に絡み合って編物に似た外観（板倉ほか監修 1977）

というように高度な技術を要する織物である。また平織に関しても、現代のものかと見紛うほど緻密な絹織物である。このように中国の高度な織技術から推測すれば、時代の新しい小児服の綾織、即ち綜絖4枚を必要とする技法も、ためらうことなく納得できる。しかし写真283・

表51　中国の遺跡から出土した織物一部についての構成

出土地名	遺跡名	時期	紀元前(B.C.)	組織	材質	色彩	密度(本／cm)		文献
							経糸	緯糸	
河南省栄陽県	青台	新石器	3500年	羅	絹	浅絳色*			1
浙江省呉興	銭山漾	新石器	2750±100年	平織	絹		52.7	48	1
新疆ウイグル自治区且末県	扎洪魯克墓地		900年	綾織	羊毛	ベージュ	3〜4	15〜16	2

表51文献　1　朱新予 1992 『中国絲綢史』紡織工北出版社　　　＊淡い赤色
　　　　　2　穆舜英 1994 『中国新疆古代芸術』新疆美術撮影出版社

276 第Ⅷ章 研究の途上で

写真283 且末県扎洪魯克墓地出土の小児服
（穆 1994より）

写真284 毛糸特有の柔らかさのある衣服の素材（左袖口）

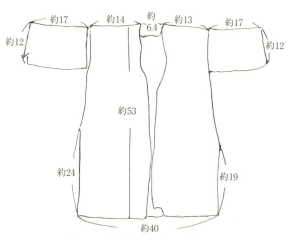

図108 小児服各部位の寸法（cm）

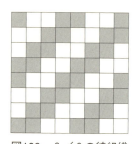

図109 2／2の綾組織

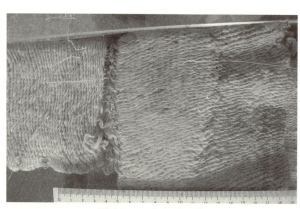

写真285 左身頃と袖

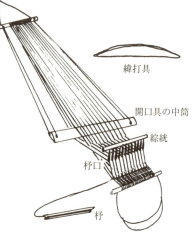

図110 原始機（筆者試作）綜絖1枚で平織用

写真286　減らし目の試作

図111　中国の原始的な織機　1・2.綜絖、3.緯打具
（図111・112・114：陳 1984より）

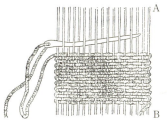

図112　河姆渡遺跡出土の骨針
使用の平鋪式編織具

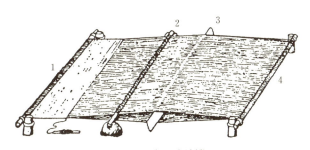

図113　水平式地機
1. 胸木、2. 石で支えた綜絖、3. 杼道棒、4. 経糸巻棒
（クロウフット 1981より）

図108のように、衿ぐりから胸元、また袖下から裾への傾斜面は、左右アンバランスに作られ、総体的に少々粗雑な製法と見受けられる。

『中国紡織科学技術史』（1984）には、河姆渡遺跡（新石器時代）から出土した織機工具類からの着想で、図112の平鋪式編織具が製作技法とともに示されている（想定）。

さらに中国では次の原始機として、現在も雲南省の少数民族、黎族の織り方と同じように、緯打具・綜絖などが備えられた織機が紹介されている（図111）。このように工具類の整った織機には、素材の糸にも配慮が必要であり、経糸は諸撚糸が理想である。しかし小児服の経糸は片撚り糸である。

したがって、これらや衣服の粗雑な形状等を総合して判断すると、この衣服は織機によって製作されたものとは素直に考えられない。織物に関して門外漢の筆者は、小児服が平鋪式編織具（横編法の木枠式に準ずる）で製作されたのではないかと考えた。

平鋪式編織具ならば、上部より織り進み増し目をするよりも、下部（裾）から織りなす減らし目の方が作業は容易である。写真286はその試作。裾から織りはじめ、減らし目をしようとする辺りで写真286のように、左端の経糸を残して緯糸を折り返し織り進む。これで減らし目を1度したことになる。この要領で斜面を作り、織り残した経糸は適当な長さに切り裏側へ織

り込めばよい。

なお身頃や袖の接ぎ合わせは巻き縫いと見受けられる。しかし袖口や裾などは写真283のような状態であるため、どのように仕上げられたものか判断できない。写真からの印象は身頃の裾・袖口共、織り終わった後、経糸をそのまま房状に仕上げたようである。

また衣服全体は地厚な毛織物で防寒衣と察するが、そのわりには衿も付けられず、前身頃も開放的で重なりもない。いかにも単純素朴なデザインと手法は、上述した高雅な羅織物や絹織物とは裏腹に、原始的生活の一面が窺われるようである。

最後まで疑問が残るのは、この衣服の粗雑な仕上がりである。どのような製作具が使われたのであろうか。筆者は上記

図114　吊挂式編織具

したように平鋪式編織具を採用したが、文献上は仮説である。また同文献には図114の吊挂式編織が紹介されている。しかしこの編織具は幅の狭い編・織物（帯）用のため、衣服の製作には使えない。

第Ⅵ章第1節で述べたように、中国新石器時代の賈湖・半坡遺跡からは編布圧痕、磁山遺跡からは編布および、編布と織物の並列した圧痕が出土している。しかし中国の文献には、どのような製作具が使われたのか何れにも紹介されていない。

以上、この件については今後の課題である。

付記―平鋪式編織具について

『中国紡織科学技術史』には平鋪式編織具について「これは2本以上の平行状態の紡ぎ糸（経糸）を持って平たく地に広げ、一端は1本の横木に固定して……」とあるだけで、もう一方の端についてはまったく触れられていない。要するに図112のAあるいはB部分の一端に横木を取り付けることである。なお固定した横木についても、それ以上述べられていない。

このままの状態では弓式編具を地面に置いたと同じで、骨針で経糸をすくうことも、緯打具を使うことも不可能である。しかし図112には骨針使用の平織が描かれ、本文中にも「骨杼で緯糸がつまるように叩く」と記されている。本文と図112から判断し、平織の製作できる状態にするには、図112－A・B双方に横木を備え付ける。そして図113の水平式地機[1]に倣って、地中に打ち込んだ4本の杭に横木を結びつけ、編織具を固定させる。いわゆる織りの定義に従い、経糸を強いテンションで保たせねばならない。先の文面にはその辺りについては示されていない。杭でなくても図112－A・B部分を何らかの方法で固定させることは必要である。

註
（1）水平式地機　前3000年頃エジプトの先王朝時代にあらわれたものが最初であり、現在も近東の

いたるところに生活する遊牧民が使用している形式のものである（平田・八杉 1981）。こちらは本格的な地機であるが、平鋪式技法に引用するのは、地中に打ち込まれた4本の杭のみである。

11 出土した縦編法の製作具について

　一枚の布に編布と平織が並列している縦編法で製作されたと思われる圧痕が、縄文晩期と晩期終末～弥生初頭の遺跡から出土しているが、道具の発見は皆無である。

　しかし時代は少々降るが、石川県宝達志水町荻市遺跡から弥生後期の「編台目盛り板」が出土している（写真287・図115）。報告書によれば「俵・ムシロなどの藁製品を編む道具の一部である目盛り板と考えた。高さ9.4cm以上、幅115.0cm、厚さ2.4cmを測る。……上端には幅約92cmにわたり断面台形を呈した刻み79ヶ所をつける。刻み幅6～8mm、深さ4～5mmと間隔を含めて若干のバラツキをもち、使用による欠け、摩耗が認められる。……」（石川県埋蔵文化財保存協会 1998）とある。刻み幅と刻みの深さから判断すると、この目盛り板は俵等藁製品の製作具というよりも、後世の時宗の阿弥衣や越後アンギンの製作具のようである。

　表52は荻市遺跡出土例と図116～118他の越後アンギンの目盛り板（ケタ）それぞれの部位について数値を示したものである。それによると荻市遺跡例の全長は115cm、刻み幅6～8mmに対して、越後アンギンは全長80～100cm、刻み幅7～10mmである。なお『図説 越後アンギン』には、「長さ1m前後の角材を用い……目盛りの間隔は現在残っているものの例では8mmまたは9mmのものが最も多く、時には1cm以上または7mm以下のものもある」とか「刻み目の部分約70～80cm」と述べられている。

　全長は両者ともほぼ類似の範囲であるが、刻みの部分は少々差が付いている。しかし編布の密度にもっとも関係の深い刻み幅（経糸間隔）や、経糸を固定する刻みの深さが、荻市遺跡例と越後アンギンの両者の間で類似性が高い。

　このように両者の目盛り板密度の近似性から鑑みると、上記したように出土した目盛り板は藁製品というより繊維類（越後アンギン）の製作具に近いといえよう。

表52　縦編法の編具出土例と越後アンギンの編具の比較

県名	遺跡名等	時　期	目盛り板（ケタ）の長さ	刻み部分の幅	刻み総数	個々の刻み幅	刻みの深さ	備　考	文献	文献の挿図番号他	本項の図番号
石川	荻市	弥生後期	115	92	79	6～8	4～5	刻目片面	1	図17	図115
新潟	越後アンギン	江戸～明治	89.2	55.5	74	9	3	刻目片面	2	p.8	図116
		江戸～明治	93	61.4	66	9～10		刻目両面（上部）	3	p.45	図117
				62.5	80	8		刻目両面（下部）			
		江戸～明治	80	56	66	8～9		同　上	3	p.47	同　上
				57.2	78	8～9		〃			〃
		江戸～明治	100	70		7～8		刻目両面	3	p.48	

表51文献　1　石川県埋蔵文化財保存協会 1998『荻市遺跡』
　　　　　2　津南町教育委員会 1963『越後のアンギン―編布から織布へ』
　　　　　3　十日町市博物館 1994『図説 越後アンギン』

※目盛り板の長さ・刻み部分の幅はcm
　個々の刻み幅・刻みの深さはmm
※※図118はケタの刻み目例のみ

第Ⅷ章　研究の途上で

写真287　石川県荻市遺跡出土「編台目盛り板」

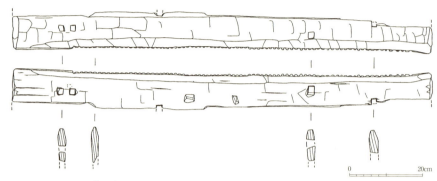

図115　「編台目盛り板」実測図（石川県埋蔵文化財保存協会 1998より）

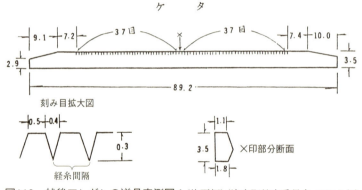

図116　越後アンギンの道具実測図1（片面板）（津南町教育委員会 1963より）

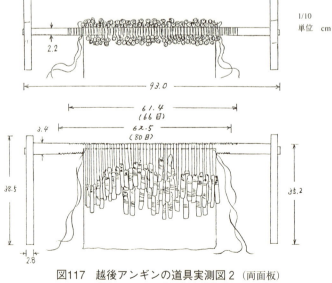

図117　越後アンギンの道具実測図2（両面板）
（図117・118：十日町市博物館 1994より）

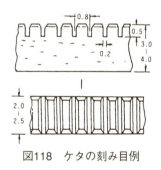

図118　ケタの刻み目例

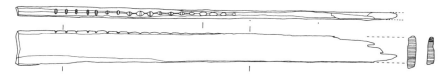

図119　富山県上市町江上Ａ遺跡（弥生後期）出土編板の実測図（上市町教育委員会 1984より）

　木製品に造詣の深い首都大学東京の山田昌久氏からはこの製作具について「日本最古のもの」とご教示いただいた。このような次第で荻市遺跡の目盛り板は、阿弥衣や越後アンギンの製作具の祖型ともいうべきものではなかろうか。出土した目盛り板の刻み幅6〜8mmは、縄文時代にもっとも多く利用された経糸間隔Ⅲ類に該当するものである。

　ちなみに、弥生時代には、富山県上市町江上Ａ遺跡（弥生後期）からも編板4点が出土しており、報告書によればその中の1点（他の3点は俵・薦用）図119について「現存長75cm、厚さ2cmで、右端を欠く。刻みは、ほぼ2cm間隔に、18以上刻まれている」（上市町教育委員会 1984）と記載されている。これは縄文時代のすだれ状圧痕の経糸間隔に匹敵するものである。

　なお、上記の他に縄文・弥生時代の縦編法製作具の部材あるいは部品と推定されるという出土遺物が何例か報告されているが、いずれも筆者の目から見てそれと確認できるものはなかった。

　縄文時代にも縦編法で製作されたと思われる編布の出土例もあるので、製作具の目盛り板（ケタ）についてもさらなる調査と研究が求められる課題である。

12　中部地区の編布について想うこと

　編布に関する限り、石川県を筆頭に中部地区はユニークな土地柄である。まず縄文時代の編布については、本州全体で35遺跡の出土例が認められ、そのうちの22遺跡が中部地区に存在している。なおその半数11遺跡は石川県。それは本州最多の出土例であり、製法はすべて横編法に属している。そうした石川県からは、上記したように弥生時代後期という縦編法では必須の道具、目盛り板が出土している。

　さらに視野を広げた場合、新潟・長野・愛知の3県の3寺院からは、鎌倉時代のものとされる縦編法による編布製阿弥衣が保存されている。さらに室町時代後期の福井県一乗谷朝倉氏遺跡からは紐状編布の出土例があり、それは明らかに横編法で製作されたものである。

　そして江戸から明治に至っては新潟県十日町市周辺の越後アンギン、これは阿弥衣と同様に縦編法で編成されている。

　以上から事例は少ないが、中部地区からは時代は異なるものの確実に横編法・縦編法の両技法で編成された編布が認められる。これら2種類のまったく異なった技法はどのように使いこなされてきたのか、今後も興味深く観察していきたいと思っている。

本文引用・参考文献一覧

＊表および付表中の引用・参考文献についてはそれぞれの表末尾に掲げた。

【ア行】

青森県教育委員会 1976『泉山遺跡発掘調査報告書』青森県埋蔵文化財調査報告書第31集

秋山進午 1978「中国古代の土器」『陶磁大系』33　平凡社

飯田波次郎 1927『実用工芸叢書撚糸法』4　博文館

飯田美苗 1995「編む・織る」『季刊稽古館』12　稽古館友の会

石川県埋蔵文化財保存協会 1998『荻市遺跡』

石附喜三男 1964「北海道における機織技術採用の時期」『北海道青年人類科学研究会会誌』No.5

板倉寿郎ほか監修 1977『原色染織大辞典』淡交社

伊東信雄 1966「縄文時代の布」『文化』30-1　東北大学文学部

井之本泰 1994「民俗」『宮津市史 史料編第5巻』

岩手県文化振興事業団埋蔵文化財センター 1986『五庵Ⅱ遺跡発掘調査報告書』岩手県文化振興事業団埋蔵文化財調査報告書第94集

岩手県文化振興事業団埋蔵文化財センター 1988『飛鳥台地Ⅰ遺跡発掘調査報告書』岩手県文化振興事業団埋蔵文化財調査報告書第120集

岩手県文化振興事業団埋蔵文化財センター 1995『柳之御所跡』岩手県文化振興事業団埋蔵文化財調査報告書第228集

上原甲子郎 1964「足形土製品」『日本原始美術』2　講談社

内田豊作・村瀬春弥 1963『家政学のための被服材料学』柴田書店

梅津次郎 1942「魔仏一如絵詞考」『美術研究』123号

梅津次郎 1978「天狗草紙」『新修日本絵巻物全集』第27　角川書店

梅津次郎・岡見正雄 1968「男衾三郎絵巻」『新修日本絵巻物全集』第18　角川書店

江坂輝彌 1975「縄文人の装身具と服装」『服装文化』147

大賀一郎・寺村光晴 1979「新潟県上片貝遺跡より出土した縄文時代の土器面にみられる布目文について」『理学博士大賀一郎科学論文選集』採集と飼育の会

大脇直泰 1961「押圧文土器について」『古代学』9-3

小笠原小枝 1985「遊牧民の染織にみる織物の技法と歴史」『特別展　中近東遊牧民の染織―松島コレクション』渋谷区松濤美術館

小笠原小枝 2001「ミャンマ・インレイ湖畔に見る藕絲織の村」『染織α』241号　染織と生活社

小笠原好彦 1970「縄文・弥生式時代の布」『考古学研究』17-3

小笠原好彦 1982「縄文・弥生時代の布」『帝塚山考古学』2

小川寿一 1983『淨土宗本山蓮華寺史料』蓮華寺寺務所

荻原眞子・長崎郁 2004「19～20世紀第一四半世紀のシベリア諸民族における編物と織物」（訳稿）『北海道立北方民族博物館研究紀要』第13号

奥会津書房 2002『アジア苧麻会議』からむし工芸博物館

奥田慈応 1935『扇面古写経』

小熊博史・前山精明 1993「新潟県小瀬が沢洞窟遺跡出土遺物の再検討」『シンポジウム1 環日本海における土器出現期の様相』日本考古学協会1993年度新潟大会

尾関清子 1988「縄文時代の布―編布・織布とその製作技法」『生活学1989』日本生活学会

尾関清子 1993「縄文人の衣・食・住―縄文女性の生活探訪」『白い国の詩』445 東北電力株式会社（後に『縄文の衣』学生社 1996に収録）

尾関清子 1996『縄文の衣』学生社

尾関清子 2004「編布の縦編法と横編法―試作実験の記録から―」『宮城考古学』6

尾関隆夫 2001「藤織りの工程」『丹後の藤織り』丹後藤織り保存会事務局

【カ行】

鏡山　猛 1961-62「原生期の織布―九州の組織痕土器を中心に―上・中・下」『史淵』第84・86・89輯（後に『九州考古学論攷』吉川弘文館　1972年に収録）
鏡山　猛 1972「原生期の織布―九州の組織痕土器を中心に―」『九州考古学論攷』吉川弘文館
鹿児島県大隅町教育委員会 1997『西原段Ⅱ遺跡』大隅町文化財発掘調査報告書第12
鹿児島県教育委員会 1987『榎木原遺跡』鹿児島県埋蔵文化財発掘調査報告書44
鹿児島県立埋蔵文化財センター 1996『牧３Ａ・岩本遺跡』鹿児島県立埋蔵文化財センター発掘調査報告書15
鹿児島県立埋蔵文化財センター 2003『市ノ原遺跡（第1地点）』鹿児島県立埋蔵文化財センター発掘調査報告書49
鹿児島県立埋蔵文化財センター 2005『桐木耳取遺跡』鹿児島県立埋蔵文化財センター発掘調査報告書91
鹿児島県立埋蔵文化財センター 2006『三角山遺跡』鹿児島県立埋蔵文化財センター発掘調査報告書96
鹿児島県歴史資料センター黎明館 1989『手わざ―くらしに生きる伝統技術』
河南省文物考古研究所 1999『舞陽賈湖』科学出版社
神野善治 1985「漁村における糸撚り技術とその用具」『沼津市歴史民俗資料館紀要』9
鹿屋市教育委員会 1986『水の谷遺跡』鹿屋市埋蔵文化財発掘調査報告書 5
河北省文物管理処・邯鄲市文物保管所 1981「河北武安磁山遺址」『考古学報』1981年3期
萱野　茂 1980『アイヌの民具』すずさわ書店
邯鄲市文物保管所・邯鄲地区磁山考古隊短訓班 1977「河北磁山新石器遺址試掘」『考古』1977年6期
川島隆男 1976『ＴＣＳ』51　川島文化福祉事業団出版部
川俣馨一 1930「野守鏡 上」『新校群書類従』内外書籍
喜田貞吉・杉山寿栄男 1932『日本石器時代―植物性遺物図録』
木原　均 1950「植物の左右性」『現代生物学の諸問題』増進堂
木原　均 1976『生物講義』講談社サイエンティフィック
岐阜県文化財保護センター 1998『牛垣内遺跡』岐阜県文化財保護センター調査報告書第44集
京都市染織試験場 1990『京都近代染織技術発達史』
吉良哲明 1959『原色日本貝類図鑑』保育社
串間市教育委員会 1994『猪之椛遺跡・留ヶ宇戸遺跡』串間市文化財調査報告書11
久保壽一郎 1988「編み具の研究―福岡県における考古・民具を中心として―」『九州考古学』62
熊本県教育委員会 1993『大原天子遺跡』熊本県文化財調査報告第138集
熊本県教育委員会 1997『庵ノ前遺跡Ⅲ』熊本県文化財調査報告第160集
クロウフット, グレイス・M.　古河静江訳 1981「織物、籠細工、むしろ」『技術の歴史―原始時代から古代東方 下』平田寛・八杉龍一監修　筑摩書房
講談社 1975『新版　新家庭百科事典』第7巻
河野広道 1955「斜里町先史時代史」『斜里町史』斜里町史編纂委員会
五所川原市教育委員会 1983『福泉遺跡』五所川原市埋蔵文化財発掘調査報告書第6集
児玉マリ 1969「アイヌ民族・オヒョウの繊維」児玉作左衛門ほか監修『アイヌ民族誌』アイヌ文化保存対策協議会
小林和雄 1999『刺しゅうガイド　技法いろいろ』日本ヴォーグ社
小林久雄 1937「宮崎県北諸県郡中郷村二俣尾平野洞窟住居阯」『考古学』8-5

【サ行】

栄村史（堺編）編集委員会 1964『栄村史・堺編』
佐々木利和・谷沢尚一解説 1982『蝦夷嶋奇観』（秦檍麿筆）雄峰社
佐藤常雄ほか 1994『日本農書全書36　地域農書1　津軽農書 案山子物語・農業心得記・やせかまど』農山漁村文化協会
杉野芳子 2003『増補新版　図解服飾用語事典』学校法人杉野学園ドレスメーカー学院出版局
杉村　棟 1994『国立民族学博物館創設20周年記念特別展　絨毯―シルクロードの華』朝日新聞社
鈴木三八子 2005『織物構造図典：組織と技法』日本織物文化研究会
仙台市教育委員会 2004『特別展図録　藁の民俗』

【タ行】

高尾野町教育委員会 2005『下柊迫遺跡』高尾野町埋蔵文化財発掘調査報告書 4
滝沢秀一 1975「松代・松之山の民具」『松之山郷』新潟県教育委員会
滝沢秀一 1983「越後アンギンと縄文の布」『染織 a』27
滝沢秀一 1990『アンギンと釜神さま―秋山郷のくらしと民具―』国書刊行会
滝沢秀一 1994「越後アンギンの作り方」『縄文からのメッセージ―図説越後アンギン』十日町市博物館
滝沢秀一・阿部恭平 1998「越後アンギン」『民族藝術』14
滝沢秀一・本山幸一ほか 1975「越後アンギンの紡織習俗」『紡織習俗』文化庁
田中忠三郎 1995「青森の麻とつづれ刺し」『稽古館』稽古館友の会
田中千代 1969『服飾事典』同文書院
中国科学院考古研究所 1963『西安半坡』中国田野考古報告書考古学専刊丁種14号
陳維稷 1984『中国紡織科学技術史―古代部分』科学出版社
津田直子 2000「アイヌ民族のゴザ（チタラペ）について」アイヌ文化振興・研究推進機構
津田命子 1997「アイヌ女性の手仕事」『ＮＨＫおしゃれ工房』9月号　日本放送出版協会
津南町教育委員会 1963『越後のアンギン―編布から織布へ』津南町文化報告書 5
角山幸洋 1960「ワカ・プリエッタの繊維製品について」『古代学研究』24
角山幸洋 1975「布・編地の存在と衣服使用の可能性」『服装文化』147
天童市文化財保護審議会 1998『天童市の文化財（改訂版）』天童市教育委員会
十日町市博物館 1987『図録　妻有の女衆と縮織り』十日町市博物館友の会
十日町市博物館 1994『縄文からのメッセージ―図説越後アンギン』
鳥取県埋蔵文化財センター 2005『青谷上寺地遺跡出土品調査研究報告 1 ―木製容器・かご』鳥取県埋蔵文化財センター調査報告 8
渡名喜明 1989「芭蕉布」北村哲郎監修『別冊太陽―日本の布　原始布探訪』平凡社
富山県埋蔵文化財センター 1984『北陸自動車道遺跡調査報告―上市町　木製品・総括編』上市町教育委員会
鳥浜貝塚研究グループ 1979『鳥浜貝塚―縄文前期を主とする低湿地遺跡の調査 1 ―』福井県教育委員会

【ナ行】

中里村史専門委員会 1987『中里村史　資料編　下巻』中里村史編さん委員会
中里村史専門委員会 1989『中里村史　通史編　下巻』中里村史編さん委員会
中島　宏 1999「草創期（爪形文土器）」『縄文時代』10　縄文時代文化研究会
中田節子 1989「繊維製品の分類とその内容」『忍路土場遺跡・忍路 5 遺跡』北海道埋蔵文化財センター調査報告書第53集
長野県 1992『長野県史　美術建築資料編編』長野県史刊行会
中村　耀 1966『繊維の実際知識』東洋経済新報社
中村武志・野本欽也 1982『大浜称名寺歴史・史料1』東照山称名寺
名久井文明 1994「民俗例から遡源する縄文時代の樹皮製容器に関する試論」『先史考古学論集』3
名久井文明 1999『樹皮の文化史』吉川弘文館
名久井文明・名久井芳枝 2001『山と生きる　内間木安蔵家の暮らし』一芦舎
奈良国立文化財研究所 1990『平城京右京八条一坊13・14坪発掘調査報告書』大和郡山市教育委員会
奈良国立文化財研究所 1993『木器集成図録　近畿原始篇』奈良国立文化財研究所史料第36冊
西村兵部 1967「織物」『日本の美術』通号12、至文堂
日本考古学協会 1954『登呂　本編』
日本風俗史学会中部支部編布調査グループ 1988「阿弥衣と編布」『風俗』第27巻第 1 号　日本風俗史学会
布目順郎 1989「金沢市米泉遺跡出土のアンギン様編布No.1について」『金沢市米泉遺跡』石川県立埋蔵文化財センター
布目順郎 1992 a「境A遺跡出土土器底面の編・織目痕」『北陸自動車道遺跡調査報告―朝日町編 7 ―』富山県教育委員会
布目順郎 1992 b「吉野ヶ里遺跡出土の絹と麻」『吉野ヶ里』佐賀県文化財調査報告書第113集
布目順郎 1995 a『倭人の絹―弥生時代の織物文化―』小学館
布目順郎 1995 b「雀居遺跡の縄文晩期織具」『雀居遺跡 3 』福岡市埋蔵文化財調査報告書第407集
布目順郎 1999『布目順郎著作集』第 1 巻　桂書房

野口義麿 1981『縄文土器大成3―後期』講談社

【ハ行】
馬場　脩 1979 a『樺太・千島考古・民俗誌1』北海道出版企画センター
馬場　脩 1979 b『北方民族の旅1』北海道出版企画センター
東　和幸 1998「鹿児島県の組織痕土器」『縄文通信』12　南九州縄文研究会
被服文化協会編 1969『服飾大百科事典　上巻』文化出版局
福岡市教育委員会 1995『雀居遺跡3』福岡市埋蔵文化財調査報告書第407集
古田正隆 1973『山の寺梶木遺跡』百人委員会埋蔵文化財報告第1集　百人委員会
文化出版局 1999『ファッションの辞典』大沼淳・荻村昭典・深井晃子監修
文化庁文化財保護部 1981「甑島の葛布の製作工程」『民俗資料選集10　紡織習俗2　島根県・鹿児島県』
文化服装学院 1999『服飾関連専門講座8』
穆舜英 1994『中国新疆古代芸術』新疆美術撮影出版社
北海道埋蔵文化財センター 1989『忍路土場遺跡・忍路5遺跡』北海道埋蔵文化財センター調査報告書第53集
北海道埋蔵文化財センター 1999『中野B遺跡4』北海道埋蔵文化財センター調査報告書第130集
北海道埋蔵文化財センター 2010『柏木川4遺跡（4）』北海道埋蔵文化財センター調査報告書第264集

【マ行】
前迫満子・前迫亮一 2006「南九州縄文土器の底部圧痕に関する覚書―縄文時代草創期・早期の資料集成」『鹿児島大学考古学研究室25周年記念論集』
松下文春 1974「末吉町柳井谷遺跡の蓆目圧痕土器について」『鹿児島考古』第10号　鹿児島県考古学会
宮　栄二監修、井上慶隆・高橋実校註 1970『校註　北越雪譜』鈴木牧之著 1836～42（天保7～13）野島出版
宮　栄二校注 1971『秋山紀行・夜職草』鈴木牧之著 1828（文政11）平凡社東洋文庫
宮崎県教育委員会 1985『下田畑遺跡・小山尻東遺跡・田上遺跡・赤坂遺跡・小山尻西遺跡』宮崎学園都市遺跡発掘調査報告書第3集
宮崎市教育委員会 1996『椎屋形第1遺跡・椎屋形第2遺跡・上の原遺跡』
村越　潔 1985「縄文時代の織物について若干の考察」『日本史の黎明』六興出版
本山幸一 1963「アンギンの作り方」『越後のアンギン―編布から織布へ』津南町文化報告書5　津南町教育委員会

【ヤ行】
山内清男 1979『日本先史土器の縄紋』先史考古学会
山内軍平編集・発行 1973『越能山都登』金沢千秋・亀井協従著 1800（寛政12）
山本直人 1986「底部圧痕・編物・縄」『真脇遺跡』
吉岡幸雄 1989「世界の原始布」『別冊太陽　日本の布　原始布探訪』平凡社
吉田真一郎 2004「日本の自然布」『別冊太陽　日本の自然布』平凡社

【ワ行】
脇田雅彦 1989「中部地方のフジ」『民具マンスリー』21-11　神奈川大学日本常民文化研究所
鷲巣力 1996『基礎シリーズ刺しゅう』雄鶏社
渡辺　誠 1976「スダレ状圧痕の研究」『物質文化』26
渡辺　誠 1985「編布の研究」『日本史の黎明』六興出版
渡辺　誠 1985「唐津市菜畑遺跡等出土の組織痕土器について」『古代』80
渡辺　誠 1991「組織痕土器研究の諸問題」『交流の考古学』三島格会長古稀記念　肥後考古第8号　肥後考古学会
渡辺　誠 1995「中国新石器時代における編布圧痕の研究―中国における民俗考古学的調査・1―」『名古屋大学文学部研究論集122・史学41』
渡辺　誠 2002「時宗僧侶の阿弥衣の研究」『名古屋大学文学部研究論集　史学48』

Barber, E. J. W. 1991 *PREHISTORIC TEXTILES-THE DEVELOPMENT OF CLOTH IN THE NEOLITHIC AND BRONZE AGES*, Princeton University Press

付表・付図

付表1 縄文時代の出土編布及び圧痕編布の構成等一覧 ･･････････････････････ 288
　　　増補資料 ･･ 319
付表2 密度の分類　1群（Ⅰ類〜Ⅷ類） ････････････････････････････････････ 341
付表3 密度の分類　2群（①〜③） ･･ 361
付表4 密度の分類　3群（④・⑤） ･･ 364
付表5 密度の分類　4群（⑥・⑦） ･･ 367

付　図　縄文時代の編布資料出土遺跡分布図 ･･････････････････････････････ 370

付表1　縄文時代の出土編布及び圧痕編布の構成等一覧

○：基礎編布／●：基礎編布圧痕／▲印：応用編布圧痕／△印：編布・織物併設（圧痕）

No.	資料番号 県都道府番号	資料番号 都道府県番号	資料番号 遺跡番号	資料数	県名	市町村名	遺跡名	時期	編布の密度 経糸間隔(mm)	編布の密度 経糸(本/cm)	編布の密度 緯糸(本/cm)	緯糸の撚り方向	経糸の撚り方向	編布分類	密度分類	圧痕部位	備考	文献等	文献中の挿図番号	遺跡分布番号の図
1	01	01	01	01	北海道	斜里町	しゃりよこえんしゅうていいほ 斜里朱円周堤墓	後期末	4〜6		12	諸撚り(Z)	Z	○	ⅢC			文献01	第1表	1
2	01	01	02	01	北海道	小樽市	おしょろどば 忍路土場	後期中葉	3〜5		7〜8		Z	○	ⅡB			文献02	表Ⅷ-20-A-1	2
3	01	01	03	01	北海道	恵庭市	カリンバ3	後期末		5〜6	9	諸撚り(Z)	Z	●	ⅠB		墓坑の底面	文献03	第9表	3
4	02	01	01	01	青森	青森市	さんないまるやま 三内丸山	前期			5		Z	●	⑥B			教示03	189図-45	4
5	02	02	01	01	青森	つがる市	かめがおか 亀ヶ岡	晩期	10		6	諸撚り(S・Z)	Z	○	ⅣB			文献03	PL38-9	5
6	02	02	02	01	青森	つがる市	かめがおか 亀ヶ岡	晩期	10		6	諸撚り(Z)	Z	○	ⅣB			青森03	第71図-1	6
7	02	03	01	01	青森	八戸市	これかわなかい 是川中居	晩期中葉	12〜18	5	10	諸撚り(Z)	Z	○	ⅠC			青森04	第71図-2	6
8	02	03	02	01	青森	八戸市	これかわなかい 是川中居	晩期中葉			4	諸撚り(Z)	Z	○	ⅤA			青森04	PL10-98a,b	7
9	02	04	01	01	青森	五所川原市	えんせん 福泉	晩期前半	2〜4		10〜12	諸撚り(Z)	Z	●	ⅡC	全面	俵状砂鉄塊に編布圧痕	青森05	図版76	8
10	02	05	01	01	青森	三戸町	いずみやま 泉山	晩期	1.5〜3.5		8〜9	諸撚り(Z)	Z	●	ⅡB	全面	俵状砂鉄塊に編布圧痕	青森01	資料1	9
11	04	01	01	01	宮城	栗原市	さんのうかこい 山王囲	大洞C2（晩期中葉）	10		6〜7	諸撚り(Z)	Z	○	ⅣB			文献04	資料1	9
12	04	01	02	01	宮城	栗原市	さんのうかこい 山王囲	大洞C2（晩期中葉）	10		6〜7	諸撚り(Z)	Z	○	ⅣB			文献04	資料2	9
13	04	01	03	01	宮城	栗原市	さんのうかこい 山王囲	大洞C2（晩期中葉）	7〜10		8	諸撚り(Z)	Z	○	ⅢB			文献04	資料3	9
14	04	01	04	01	宮城	五城目町	なかやま 中山	大洞BC（晩期前半）		7〜8	8	諸撚り(Z)	Z	●	⑥B			文献04	資料4	9
15	05	01	01	01	秋田	五城目町	なかやま 中山	前期		8	10	諸撚り(Z)	Z	○	ⅠC			文献05	第5表	10
16	06	01	01	01	山形	高畠町	おんだし 押出	前期		8	8	諸撚り(Z)	Z	○	ⅠB			文献05	第6表	11
17	06	01	02	01	山形	高畠町	おんだし 押出	前期	4.5〜5	3	2.5	諸撚り(Z)	S・Z	○	ⅡA		経・緯糸共に太い	教示04		11
18	07	01	01	01	福島	三島町	あらやしき 荒屋敷	晩期	5〜6		6〜7	諸撚り(Z)	Z	○	③ⅢB		3mm間に経糸2本	文献06	図版XV-9039	12
19	07	01	02	01	福島	三島町	あらやしき 荒屋敷	晩期	5.5		6〜7	諸撚り(Z)	Z	○	ⅢB			文献06	図版XV-9040	12
20	07	01	03	01	福島	三島町	あらやしき 荒屋敷	晩期	5〜6		7	諸撚り(Z)	Z	○	ⅢB			教示05		12
21	07	01	04	01	福島	三島町	あらやしき 荒屋敷	晩期最終末〜弥生初頭		7	8	諸撚り(Z)	Z	△	ⅠB	胴部	平織と併設（並列）	教示05		12
22	09	01	01	01	栃木	藤岡町	ふじおかじんじゃ 藤岡神社	後期初頭〜晩期初頭	11〜12		6	諸撚り(Z)	Z	●	ⅣB	底面	破れあり	栃木01	第172図-9	13
23	09	02	01	01	栃木	鹿沼市	やつるぎ 八剣	後期初頭〜前葉	15〜16		5〜5.5	諸撚り(Z)	Z	●	ⅤB	底面		栃木02	第1図-1	14
24	09	02	02	01	栃木	鹿沼市	やつるぎ 八剣	晩期	6〜10		4.5〜5	片撚り(S)	Z	●	ⅢA	底面	圧痕二重	栃木02	第1図-2	14

付表1　縄文時代の出土編布及び圧痕編布の構成等一覧

25	11	01	埼玉	川口市	いしがみ 石神		晩期	1.5~3.8		7		Z	○	ⅡB	全面	土製品・平織と併設（上下）	教示 06	15
26	12	01	千葉	香取市	ふなかみ 舩神		晩期	3.3~4		6~7		Z	△	ⅡB		経糸の絡み方向Sらしい部分あり確定し難い	教示 02	16
27	15	01	新潟	胎内市	野地		晩期前葉	8~11		6~7		Z	○	ⅢB		表面剥落著しい	新潟 01	図版90-43	17
28	15	01	新潟	胎内市	野地		晩期前葉	2~7		8~10	諸撚り（Z）	S	○	③ⅡB		2mm間に経糸2本	新潟 01	図版90-44	
29	15	02	新潟	十日町市	はなわがみ 幅上		中期	5~8		3~3.5		S	●	③ⅢA	底面	4~5mm間に経糸2本	新潟 02	p.15	18
30	15	03	新潟	小千谷市	上片貝		中期		15	15	諸撚り（Z）	S	●	ⅠC		経糸に増し目あり	文献 07	第9図	19
31	15	04	新潟	山北町	うえやま 上山		後期末	11		8~9	諸撚り（Zらしい）	S	●	ⅣB		平織と報告されている	文献 08	208	20
32	16	01	富山	朝日町	さかい 境A		中期~晩期	2.5~3.5		3~4		S	●	ⅡA	底面	足形土製品	文献 09	第118図-14	21
33	16	01	富山	朝日町	さかい 境A		中期~晩期		5	4		S	●	ⅠA	底面		文献 09	第119図-24	
34	16	01	富山	朝日町	さかい 境A		中期~晩期	3~4		4		S	●	ⅡA	底面		文献 09	第119図-30	
35	16	01	富山	朝日町	さかい 境A		中期~晩期	3.5		4		S	●	ⅡA	底面	中央にステッチあり	文献 09	第121図-68	
36	16	01	富山	朝日町	さかい 境A		中期~晩期	3		4		S	●	ⅡA	底面	平織と併設（並列）	文献 09	第122図-79	
37	17	01	石川	金沢市	よないずみ 米泉		後期	2.5~3.6		6.8~8.4	諸撚り（Z）	Z	△	ⅡB	底面		文献 05	第4表	22
38	17	01	石川	金沢市	よないずみ 米泉		晩期中葉~後期初頭（晩期）	2.5~3.3	5~6	10~12		Z	●	ⅡC			文献 05	第7表	
39	17	02	石川	金沢市	かさまい 笠舞A		中期中葉~後期初頭	3		3~3.5		S	●	ⅡA	底面		石川 01	第31図-165	23
40	17	02	石川	金沢市	かさまい 笠舞A		中期中葉~後期初頭	3~4		3~3.5		S	●	ⅡA	底面		石川 01	第33図-220	
41	17	02	石川	金沢市	かさまい 笠舞A		中期中葉~後期初頭	3~4		3		S	●	ⅡA	底面		石川 01	第33図-236	
42	17	02	石川	金沢市	かさまい 笠舞A		中期中葉~後期初頭	3~3.5		3~4		S	●	ⅡA	底面		文献 10	図3-1	
43	17	02	石川	金沢市	かさまい 笠舞A		中期中葉~後期初頭	3.4		3~4		S	●	ⅡA	底面		文献 10	第4表-18	
44	17	03	石川	金沢市	なかや 中屋		八日市新保式（晩期）		5~6	5~6		S	●	ⅠB	底面		文献 10	第4表-19	24
45	17	04	石川	能登町	うしくきやま 宇出津崎山		中期後葉~後期前葉	3.3		3~4		S	●	ⅡA	底面	中央と一方の端にステッチあり	文献 11	第4表-1	25
46	17	04	石川	能登町	うしくきやま 宇出津崎山		中期後葉~後期前葉	3~4		3		S	●	ⅡA	底面		文献 11	第4表-2	
47	17	04	石川	能登町	うしくきやま 宇出津崎山		中期後葉~後期前葉	3		4		S	●	ⅡA	底面		文献 11	第4表-3	
48	17	04	石川	能登町	うしくきやま 宇出津崎山		中期後葉~後期前葉	3~3.5		3~4		S	●	ⅡA	底面		文献 10	図3-3	
49	17	05	石川	能登町	はたなみにしのうえ 波並西の上		中期後葉~晩期前半	3		3~4		S	●	ⅡA	底面		文献 11	第4表-4	26
50	17	05	石川	能登町	はたなみにしのうえ 波並西の上		中期後葉~晩期前半	4.5		3		S	●	ⅡA	底面		文献 11	第4表-5	
51	17	05	石川	能登町	はたなみにしのうえ 波並西の上		中期後葉~晩期前半	4.4		4		S	●	ⅡA	底面		文献 11	第4表-6	
52	17	05	石川	能登町	はたなみにしのうえ 波並西の上		中期後葉~晩期前半	3		7		S	●	ⅡB	底面		文献 11	第4表-7	

No.	県都道府番号	遺跡番号	資料数	県名	市町村名	遺跡名	時期	経糸間隔(mm)	経糸(本/cm)	緯糸(本/cm)	緯糸の撚り方向	経糸の絡み方向	編布分類	密度分類	圧痕部位	備考	文献等	文献中の挿図番号	分布図の遺跡番号
53	17	05	05	石川	能登町	はなみにしのうえ 波並西の上	中期後葉〜晩期前半	3.8		3〜4		S	●	ⅡA	底面		文献11	第4表-8	26
54	17	05	06	石川	能登町	波並西の上	中期後葉〜晩期前半	4		4		S	●	③ⅡA	底面	7mm間に経糸4本	文献11	第4表-9	26
55	17	05	07	石川	能登町	波並西の上	中期後葉〜晩期前半	4		4〜4.5		S	●	③ⅡA	底面	8mm間に経糸4本	文献11	第4表-10	26
56	17	05	08	石川	能登町	波並西の上	中期後葉〜晩期前半	4.3		3		S	●	ⅡA	底面		文献11	第4表-11	26
57	17	05	09	石川	能登町	波並西の上	中期後葉〜晩期前半	3〜4		3.5		S	●	ⅡA	底面		文献11	図3-4	26
58	17	05	10	石川	能登町	波並西の上	中期後葉〜晩期前半	3〜4		4		S	●	ⅡA	底面		文献11	図3-5	26
59	17	06	01	石川	能登町	まわき 真脇	前期末葉〜中期初頭	3〜3.5		4		S	●	ⅡA	底面		文献12	図1-28	27
60	17	06	02	石川	能登町	真脇	前期末葉〜中期初頭	4〜5		4		S	●	③ⅡA	底面	8mm間に経糸4本	文献12	図1-29	27
61	17	06	03	石川	能登町	真脇	前期末葉〜中期初頭	3		4		S	●	ⅡA	底面		文献12	図1-30	27
62	17	07	01	石川	穴水町	そふく 曽福	前期〜後期	3.3		4		S	●	ⅡA	底面		文献11	第4表-12	28
63	17	07	02	石川	穴水町	曽福	前期〜後期		5	5		S	●	ⅠB	底面		文献11	第4表-13	28
64	17	07	03	石川	穴水町	曽福	前期〜後期		5	5		S	●	ⅠB	底面		文献11	第4表-14	28
65	17	07	04	石川	穴水町	曽福	前期〜後期	2.6		5〜6		S	●	ⅡB	底面		文献11	第4表-15	28
66	17	07	05	石川	穴水町	曽福	前期〜後期	2.5		4〜5		S	●	ⅡA	底面		文献11	第4表-16	28
67	17	07	06	石川	穴水町	曽福	前期〜後期	2.5		5〜6		S	●	ⅡB	底面		文献11	第4表-17	28
68	17	08	01	石川	珠洲市	まつのき	中期後葉〜後期	3〜5		3〜4		S	●	③ⅡA	底面	6mm間に経糸3本	文献10	図3-6	29
69	17	09	01	石川	珠洲市	小浦出	中期後葉〜後期	3〜3.5		3		S	●	ⅡA	底面		文献10	図3-7	30
70	17	10	01	石川	野々市町	おきょうづか 御経塚	後期後葉〜晩期		5〜6	5		S	●	ⅠB	底面	緯糸増し目あり	文献13	図附2-1-1	31
71	17	10	02	石川	野々市町	御経塚	後期後葉〜晩期		5〜6	3.5〜4		S	●	ⅠA	底面	緯糸増し目あり	文献13	図附2-1-2	31
72	17	10	03	石川	野々市町	御経塚	後期後葉〜晩期		5	4		S	●	ⅠA	底面	破れあり	文献13	図附2-1-3	31
73	17	10	04	石川	野々市町	御経塚	後期後葉〜晩期		5〜6	5〜6		S	●	ⅠB	底面	緯糸増し目あり	文献13	図附2-1-4	31
74	17	10	05	石川	野々市町	御経塚	後期後葉〜晩期		4〜6	4〜5		S	●	ⅠA	底面		文献13	図附2-1-5	31
75	17	10	06	石川	野々市町	御経塚	後期後葉〜晩期		6	4		S	●	ⅠA	底面	破れあり	教示07		31
76	17	10	07	石川	野々市町	御経塚	後期後葉〜晩期	3〜3.3		5		S	●	③ⅡB	底面	3mm間に経糸2本	教示07		31
77	17	10	08	石川	野々市町	御経塚	後期後葉〜晩期	2.7		4		S	●	ⅡA	底面	緯糸増し目あり	教示07		31
78	17	10	09	石川	野々市町	御経塚	後期後葉〜晩期		5	4		S	●	ⅠA	底面	端にステッチと緯糸増し目あり	教示07		31

付表1　縄文時代の出土編布及び圧痕編布の構成等一覧

No.				都道府県	市町村	遺跡名	時期				撚り		型式	部位	応用編布	教示	図示	
79	17	10	10	石川	野々市町	御経塚	後期後葉〜晩期	4				S	▲	ⅡB	底面		教示07	石川02	31
80	17	11	01	石川	宝達志水町	上田うまばら	後期初頭〜晩期前半	3.3		4		S	●	ⅡA	底面	4mm間に経糸2本	文献05	第32図-476	32
81	18	01	01	福井	若狭町	とりはま鳥浜	前期	10〜15		5〜6	諸撚り(Z)	Z	○	③ⅣB				第6表	33
82	19	01	01	山梨	笛吹市	京原	諸磯b式(前期後半)	4〜5		6		N	●	ⅡB		経糸の崩れあり　土製品	山梨01	第29図-94	34
83	20	01	01	長野	信濃町	いちぢみち市道	諸磯b式(前期)	5.5〜7		5〜5.5	諸撚り(Z?)	N	●	ⅢB	底面	刺し子状らしい痕跡あり	長野01	図版63-717	35
84	21	01	01	岐阜	高山市	広瀬	中期〜後期	3.9		3		S	●	ⅡA	底面		教示11	第4表-26	36
85	21	02	01	岐阜	高山市	いわがきない岩垣内	中期後半		7〜8	3〜3.5		Sらしい	△	ⅠA	底面	平織と併設(並列)	岐阜01 教示08	第215図2306	37
86	21	03	01	岐阜	飛騨市	しもだ下田	中期	3		4		S	●	ⅡA	底面		岐阜02	挿図79-715	38
87	21	03	02	岐阜	飛騨市	しもだ下田	中期		6	4		N	●	ⅠA	底面		岐阜02	挿図106-1318	
88	38	01	01	愛媛	愛南町	てんぐのはな天嶽鼻	後期		16	12		N	●	ⅠC	側面	著しく磨耗	文献14	p.26	39
89	41	01	01	佐賀	唐津市	かんぎおお	黒川(晩期前半〜中頃)	3〜4 10		5		S	●	①ⅣB	胴部		佐賀01	第57-1図-13	
90	41	02	01	佐賀	唐津市	かんぎおお	黒川(晩期前半〜中頃)	13〜15		6			●	ⅣB	胴部	緯糸の傾斜右上がり　崩れあり	佐賀01	第57-1図-14	40
91	41	03	01	佐賀	唐津市	かんぎおお	黒川(晩期前半〜中頃)	10〜11		5			●	⑥B	胴部		佐賀01	第57-2図-42	
92	41	01	02	佐賀	唐津市	コッポ	黒川(晩期前半〜中頃)	12		5			●	ⅣB	胴部		佐賀01	第32-1図-9	41
93	41	02	02	佐賀	唐津市	コッポ	黒川(晩期前半〜中頃)	10〜11		6			●	ⅣB	胴部		佐賀01	第32-1図-10	
94	41	02	03	佐賀	唐津市	コッポ	黒川(晩期前半〜中頃)	8		5〜6			●	ⅣB	胴部	8mm間隔の経糸あるのみ	佐賀01	第32-1図-23	
95	41	02	04	佐賀	唐津市	コッポ	黒川(晩期前半〜中頃)	10〜20		6			●	⑤B	胴部	経糸間隔不規則	佐賀01	第32-1図-24	
96	41	03	01	佐賀	唐津市	おんなやま女山	黒川(晩期前半〜中頃)	40		10			●	④C	胴部		文献15	p.421	42
97	41	03	02	佐賀	唐津市	おんなやま女山	黒川(晩期前半〜中頃)	9		7			●	ⅧB	口縁部		文献15	p.422	
98	41	03	03	佐賀	唐津市	おんなやま女山	黒川(晩期前半〜中頃)	7〜10		6			●	ⅢB	胴部		文献15	p.422	
99	41	03	04	佐賀	唐津市	おんなやま女山	黒川(晩期前半〜中頃)	8		6			●	ⅢB	胴部		文献15	p.422	
100	41	03	05	佐賀	唐津市	おんなやま女山	黒川(晩期前半〜中頃)	10		8			●	ⅢB	胴部		文献15	p.423	
101	41	03	06	佐賀	唐津市	おんなやま女山	黒川(晩期前半〜中頃)	15		5			●	ⅣB	胴部		文献15	p.423	
102	41	03	07	佐賀	唐津市	おんなやま女山	黒川(晩期前半〜中頃)	5		4			●	ⅤA	胴部		文献15	p.423	
103	41	03	08	佐賀	唐津市	おんなやま女山	黒川(晩期前半〜中頃)	10		6			●	ⅢB	胴部		文献15	p.423	
104	41	03	09	佐賀	唐津市	おんなやま女山	黒川(晩期前半〜中頃)	5		5			●	ⅣB	胴部		文献15	p.423	
105	41	03	10	佐賀	唐津市	おんなやま女山	黒川(晩期前半〜中頃)	5		9			●	ⅢB	胴部		文献15	p.423	
106	41	03	11	佐賀	唐津市	おんなやま女山	黒川(晩期前半〜中頃)	38		5〜6			●	ⅧB	胴部		文献15	p.424	

No.	資料番号 県番号	資料番号 都道府県番号	資料番号 遺跡番号	資料番号 資料数	県名	市町村名	遺跡名	時期	経糸間隔(mm)	編布の密度 経糸(本/cm)	編布の密度 緯糸(本/cm)	緯糸の撚り方向	経糸の絡み方向	幅の分類	密度分類	圧痕部位	備考	文献等	文献中の挿図番号	分布図の遺跡番号
107	41	03	03	12	佐賀	唐津市	おんなやま女山	黒川(晩期前半～中頃)	12		7			●	ⅣB			文献15	p.424	42
108	41	03	03	13	佐賀	唐津市	おんなやま女山	黒川(晩期前半～中頃)	10		6			●	ⅣB			文献15	p.425	
109	41	03	03	14	佐賀	唐津市	おんなやま女山	黒川(晩期前半～中頃)	36		8			●	ⅧB	胴部		文献15	p.425	
110	41	04	04	01	佐賀	唐津市	ささのお笹ノ尾	黒川・山の寺(晩期前半～中頃)		10～12	6～7		Z	●	ⅠB	胴部	磨耗 平織と報告されている	文献15	第6図	43
111	41	04	04	02	佐賀	唐津市	ささのお笹ノ尾	黒川・山の寺(晩期前半～中頃)	7		8			●	ⅢB			文献15	第1表-1	
112	41	04	04	03	佐賀	唐津市	ささのお笹ノ尾	黒川・山の寺(晩期前半～中頃)	7		6			●	ⅢB			文献15	第1表-2	
113	41	04	04	04	佐賀	唐津市	ささのお笹ノ尾	黒川・山の寺(晩期前半～中頃)	6		7			●	ⅢB			文献15	第1表-3	
114	41	04	04	05	佐賀	唐津市	ささのお笹ノ尾	黒川・山の寺(晩期前半～中頃)	12		7			●	ⅣB			文献15	第1表-4	
115	41	04	04	06	佐賀	唐津市	ささのお笹ノ尾	黒川・山の寺(晩期前半～中頃)	10		6			●	ⅣB			文献15	第1表-5	
116	41	04	04	07	佐賀	唐津市	ささのお笹ノ尾	黒川・山の寺(晩期前半～中頃)	25		4			●	ⅦA			文献15	第1表-6	
117	41	04	04	08	佐賀	唐津市	ささのお笹ノ尾	黒川・山の寺(晩期前半～中頃)	17		6			●	ⅤB			文献15	第1表-7	
118	41	04	04	09	佐賀	唐津市	ささのお笹ノ尾	黒川・山の寺(晩期前半～中頃)	10		8			●	ⅣB			文献15	第1表-8	
119	41	04	04	10	佐賀	唐津市	ささのお笹ノ尾	黒川・山の寺(晩期前半～中頃)	14		5			●	ⅣB			文献15	第1表-9	
120	41	04	04	11	佐賀	唐津市	ささのお笹ノ尾	黒川・山の寺(晩期前半～中頃)	10		7			●	ⅣB			文献15	第1表-10	
121	41	04	04	12	佐賀	唐津市	ささのお笹ノ尾	黒川・山の寺(晩期前半～中頃)	25		4			●	ⅦA			文献15	第1表-11	
122	41	04	04	13	佐賀	唐津市	ささのお笹ノ尾	黒川・山の寺(晩期前半～中頃)	9		6			●	ⅢB			文献15	第1表-12	
123	41	04	04	14	佐賀	唐津市	ささのお笹ノ尾	黒川・山の寺(晩期前半～中頃)	7		5			●	ⅢB			文献15	第1表-13	
124	41	04	04	15	佐賀	唐津市	ささのお笹ノ尾	黒川・山の寺(晩期前半～中頃)	7		5			●	ⅢB			文献15	第1表-14	
125	41	04	04	16	佐賀	唐津市	ささのお笹ノ尾	黒川・山の寺(晩期前半～中頃)	5		6			●	ⅢB			文献15	第1表-15	
126	41	04	04	17	佐賀	唐津市	ささのお笹ノ尾	黒川・山の寺(晩期前半～中頃)	9		8			●	ⅢB			文献15	第1表-16	
127	41	04	04	18	佐賀	唐津市	ささのお笹ノ尾	黒川・山の寺(晩期前半～中頃)	19		6			●	ⅤB			文献15	第1表-17	
128	41	04	04	19	佐賀	唐津市	ささのお笹ノ尾	黒川・山の寺(晩期前半～中頃)	9		6			●	ⅢB			文献15	第1表-18	
129	41	04	04	20	佐賀	唐津市	ささのお笹ノ尾	黒川・山の寺(晩期前半～中頃)	10		6			●	ⅣB			文献15	第1表-19	
130	41	04	04	21	佐賀	唐津市	ささのお笹ノ尾	黒川・山の寺(晩期前半～中頃)			8			●	⑥B	口縁部		文献15	第1表-20	
131	41	04	04	22	佐賀	唐津市	ささのお笹ノ尾	黒川・山の寺(晩期前半～中頃)			7			●	⑥B	口縁部		文献15	第1表-21	
132	41	04	04	23	佐賀	唐津市	ささのお笹ノ尾	黒川・山の寺(晩期前半～中頃)			4			●	⑥A	口縁部		文献15	第1表-22	

付表1　縄文時代の出土編布及び圧痕編布の構成等一覧

No.	番号	枝番	県	市	遺跡名	時期	数値1	数値2	数値3	撚り	●	分類	備考	文献	図表	右番号
133	41	04	佐賀	唐津市	さきのお笹ノ尾	黒川・山の寺（晩期前半～中頃）			9		●	⑥B		文献15	第1表-23	43
134	41	04	佐賀	唐津市	さきのお笹ノ尾	黒川・山の寺（晩期前半～中頃）			4		●	⑥A		文献15	第1表-24	43
135	41	04	佐賀	唐津市	さきのお笹ノ尾	黒川・山の寺（晩期前半～中頃）			6		●	⑥B		文献15	第1表-25	43
136	41	04	佐賀	唐津市	さきのお笹ノ尾	黒川・山の寺（晩期前半～中頃）			5		●	⑥B		文献15	第1表-26	43
137	41	05	佐賀	唐津市	柴畑	山の寺（晩期後半）	3.3～4	10	9	S・Z	●	ⅠB	平織と報告されている 端にステッチあり	文献16	第2表-8	44
138	41	05	佐賀	唐津市	なばたけ柴畑	山の寺（晩期後半）	3.3～4		2.5～5	S・Z	●	ⅡA	摩耗 左右の絡みあり	文献16	第1表-1	44
139	41	05	佐賀	唐津市	なばたけ柴畑	山の寺（晩期後半）	5 35～45		8～9	Z	●	①ⅧB	縞	文献16	第1表-2	44
140	41	05	佐賀	唐津市	柴畑	山の寺（晩期後半）	6.5		8		●	ⅢB		文献16	第1表-3	44
141	41	05	佐賀	唐津市	なばたけ柴畑	山の寺（晩期後半）	5		8		●	ⅢB		文献16	第1表-4	44
142	41	06	佐賀	唐津市	たかみね高峰（2）	黒川・山の寺（晩期中頃～後半）	5～6		5～6		●	ⅢB	口縁～胴部	佐賀03	Fig39-126	45
143	41	06	佐賀	唐津市	高峰（2）	黒川・山の寺（晩期中頃～後半）	12		6		●	ⅣB	口縁部	佐賀03	Fig39-127	45
144	41	06	佐賀	唐津市	高峰（2）	黒川・山の寺（晩期中頃～後半）	8		6		●	⑤B	胴部 8mm間隔の経糸のみ	佐賀03	Fig39-130	45
145	41	06	佐賀	唐津市	高峰（2）	黒川・山の寺（晩期中頃～後半）	6～8		6		●	ⅢB	胴部	佐賀03	Fig39-136	45
146	41	06	佐賀	唐津市	高峰（2）	黒川・山の寺（晩期中頃～後半）	5～6		6		●	ⅢB	胴部	佐賀03	Fig40-142	45
147	41	06	佐賀	唐津市	高峰（2）	黒川・山の寺（晩期中頃～後半）	5 13		6～7		●	①ⅣB	胴部	佐賀03	Fig40-143	45
148	41	06	佐賀	唐津市	高峰（2）	黒川・山の寺（晩期中頃～後半）	6～8		6～6.5		●	ⅢB	胴部 中央右より経糸1本あるのみ	佐賀03	Fig40-146	45
149	41	06	佐賀	唐津市	高峰（2）	黒川・山の寺（晩期中頃～後半）	15～17		5		●	⑥B	胴部	佐賀03	Fig40-152	45
150	41	06	佐賀	唐津市	高峰（2）	黒川（晩期前半～中頃）			5		●	ⅤB	胴部	佐賀03	Fig40-158	45
151	41	07	佐賀	唐津市	じゅうれん十運Ⅱ	黒川（晩期前半～中頃）	6～8		4～5		●	ⅢA	胴部	佐賀04	Fig23-90	46
152	41	07	佐賀	唐津市	十運Ⅱ	黒川（晩期前半～中頃）	6～8		5		●	ⅢB	胴部	佐賀04	Fig23-91	46
153	41	07	佐賀	唐津市	じゅうれん十運Ⅱ	黒川（晩期前半～中頃）	6～8		5		●	ⅢB	胴部 8mm間隔の経糸あるのみ 糸の傾斜右上がり	佐賀04	Fig23-92	46
154	41	07	佐賀	唐津市	十運Ⅱ	黒川（晩期前半～中頃）	8		6		●	⑤B	胴部 10mm間隔の経糸あるのみ	佐賀04	Fig23-93	46
155	41	07	佐賀	唐津市	じゅうれん十運Ⅱ	黒川（晩期前半～中頃）	10		6		●	⑤B	胴部 10mm間隔に経糸3本	佐賀04	Fig23-95	46
156	41	08	佐賀	小城市	おりしまひがしぶんぶん織島東分上	晩期	15～20		6～8	片撚り（S・Z）	●	③ⅤB	胴下部	佐賀02	Fig7-11	47
157	41	08	佐賀	小城市	おりしまひがしぶんぶん織島東分上	晩期			5	片撚り（S）	●	⑥B	胴下部	佐賀02	Fig7-10	47
158	42	01	長崎	佐世保市	ふるた古田	黒川（晩期前半）	4		8		●	ⅡB	胴部	長崎10	第9図-35	48
159	42	02	長崎	佐世保市	みやのくび宮ノ首	晩期	3～4 8		7	Z	●	①ⅢB	胴部	長崎11	第9図-29	49
160	42	03	長崎	長崎市	わきみさき脇崎	山の寺（晩期後葉）	9～10		8	片撚り（Z）	●	ⅢB		教示09		50

No.	資料番号 県郡番号	資料番号 市町村道番号	資料番号 番号 遺跡	資料番号 資料数	県名	市町村名	遺跡名	時期	編布の密度 経糸間隔(mm)	編布の密度 経糸(本/cm)	編布の密度 緯糸(本/cm)	緯糸の撚り方向	経糸の絡み方向	編布分類	密度分類	圧痕部位	備考	文献等	文献中の挿図番号	分布図の遺跡番号
161	42	04	01		長崎	大村市	くろまる 黒丸	晩期前半	7〜9		6	片撚り(Z)	Z	●	ⅢB	胴部		長崎06	Fig24-56	
162	42	04	02		長崎	大村市	くろまる 黒丸	晩期前半	7〜10		6			●	ⅢB	胴〜底部	破れあり	長崎06	Fig24-57	51
163	42	04	03		長崎	大村市	くろまる 黒丸	晩期前半	7〜10		6〜7			●	ⅢB	口縁〜胴部		長崎07	図33-9	
164	42	04	04		長崎	大村市	くろまる 黒丸	晩期前半	10		5		Z	●	ⅣB	口縁〜胴部	摩耗 緯糸の傾斜右上がり	長崎05	図27-6	
165	42	05	01		長崎	大村市	ふうかんだけしせきぼぐん 風観岳支石墓群	晩期	4〜7		7		Z	●	ⅢB	口縁〜胴	破れあり	長崎07	図28-4	52
166	42	06	01		長崎	大村市	のだ 野田A	晩期	4〜6					●	⑦Ⅲ	胴部		長崎03	Fig32-10	53
167	42	07	01		長崎	雲仙市	ひゃっかだい 百花台	晩期	8〜10		6			●	ⅢB			文献15	第6表	
168	42	07	02		長崎	雲仙市	ひゃっかだい 百花台	晩期	7		8			●	ⅢB			文献15	第6表	54
169	42	07	03		長崎	雲仙市	ひゃっかだい 百花台	晩期	7					●	⑦Ⅲ			文献15	第6表	
170	42	08	01		長崎	雲仙市	あさひやま 朝日山	黒川・山の寺(晩期後半)	5〜7		7		Z	●	ⅢB	口縁〜胴部	編みミスあり	長崎09	第18図-108	
171	42	08	02		長崎	雲仙市	あさひやま 朝日山	黒川・山の寺(晩期後半)	6〜8		8			●	ⅢB		破れあり	長崎09	第18図-110	
172	42	08	03		長崎	雲仙市	あさひやま 朝日山	黒川・山の寺(晩期後半)	3 25		6〜7			●	①ⅦB	肩〜胴部	縞	長崎09	第18図-111	
173	42	08	04		長崎	雲仙市	あさひやま 朝日山	黒川・山の寺(晩期後半)	4〜6		7〜8	片撚り(S)	Z	●	ⅢB	胴部		長崎09	第18図-112	
174	42	08	05		長崎	雲仙市	あさひやま 朝日山	黒川・山の寺(晩期後半)	5〜6		6	諸撚り(Z)	Z	●	ⅢB	口縁部		長崎09	第18図-113	
175	42	08	06		長崎	雲仙市	あさひやま 朝日山	黒川・山の寺(晩期後半)	5		7		Z	●	⑤B	胴部	5mm間隔の経糸あるのみ 崩れ、破れあり	長崎09	第18図-114	55
176	42	08	07		長崎	雲仙市	あさひやま 朝日山	黒川・山の寺(晩期後半)	10〜12		6	片撚り(S)	Z	●	ⅣB	胴部	緯糸の傾斜右上がり	長崎09	第18図-115	
177	42	08	08		長崎	雲仙市	あさひやま 朝日山	黒川・山の寺(晩期後半)	12		6〜7	諸撚り(Z)	Z	●	ⅣB	胴部	崩れ著しい	長崎09	第18図-116	
178	42	08	09		長崎	雲仙市	あさひやま 朝日山	黒川・山の寺(晩期後半)	9〜10		5〜6		Z	●	ⅢB	胴部		長崎09	第18図-117	
179	42	08	10		長崎	雲仙市	あさひやま 朝日山	黒川・山の寺(晩期後半)	10〜12		5		Z	●	ⅣB	胴部		長崎09	第18図-118	
180	42	08	11		長崎	雲仙市	あさひやま 朝日山	黒川・山の寺(晩期後半)	4〜7		6〜7		Z	●	ⅢB	胴部		長崎09	第18図-119	
181	42	08	12		長崎	雲仙市	あさひやま 朝日山	黒川・山の寺(晩期後半)	5		7		Z	●	ⅢB	胴部	編みミスあり	長崎09	第18図-120	
182	42	08	13		長崎	雲仙市	あさひやま 朝日山	黒川・山の寺(晩期後半)	5〜6		8		Z	●	ⅢB	胴部	土器に無数の穴あり	長崎09	第19図-122	
183	42	08	14		長崎	雲仙市	あさひやま 朝日山	黒川・山の寺(晩期後半)	5〜6		9		Z	●	ⅢB	胴部	著しく摩耗	長崎09	第19図-123	
184	42	08	15		長崎	雲仙市	あさひやま 朝日山	黒川・山の寺(晩期後半)	3〜3.5		10〜12	諸撚り(Z)	Z	●	ⅡC	胴部	経糸崩れあり	長崎09	第18図-124	
185	42	08	16		長崎	雲仙市	あさひやま 朝日山	黒川・山の寺(晩期後半)	5〜6		9〜10		Z	●	ⅢB	胴部	経糸崩れあり	長崎09	第19図-125	
186	42	08	17		長崎	雲仙市	あさひやま 朝日山	黒川・山の寺(晩期後半)	6〜7		8		Z	●	ⅢB	胴部	摩耗	長崎09	第19図-126	

付表1　縄文時代の出土編布及び圧痕編布の構成等一覧

187	42	08	18	長崎	雲仙市	あさひやま朝日山	黒川・山の寺（晩期後半）	5～9	6		Z	●	ⅢB	胴部	途中から経糸屈折	長崎09	第19図-127
188	42	08	19	長崎	雲仙市	あさひやま朝日山	黒川・山の寺（晩期後半）	7	8		Z	●	ⅢB	胴部		長崎09	第19図-128
189	42	08	20	長崎	雲仙市	あさひやま朝日山	黒川・山の寺（晩期後半）	13	5			●	ⅣB	胴部		長崎09	第25図-4
190	42	08	21	長崎	雲仙市	あさひやま朝日山	黒川・山の寺（晩期後半）	10	4			●	ⅣA	胴部		長崎09	第25図-5
191	42	08	22	長崎	雲仙市	あさひやま朝日山	黒川・山の寺（晩期後半）		6			●	⑥B	胴部		長崎09	第25図-6
192	42	08	23	長崎	雲仙市	あさひやま朝日山	黒川・山の寺（晩期後半）	6～7	7			●	ⅢB	胴部		長崎09	第25図-7
193	42	08	24	長崎	雲仙市	あさひやま朝日山	黒川・山の寺（晩期後半）	8	5			●	ⅢB	胴部		長崎09	第25図-9
194	42	09	01	長崎	雲仙市	おばま小浜	黒川・山の寺（晩期）	15	6			●	ⅤB	胴～底部		文献15	p.438
195	42	09	02	長崎	雲仙市	おばま小浜	黒川・山の寺（晩期）	25	6			●	ⅦB			文献15	p.437
196	42	09	03	長崎	雲仙市	おばま小浜	黒川・山の寺（晩期）	15	8			●	ⅤB			文献15	p.439
197	42	09	04	長崎	雲仙市	おばま小浜	黒川・山の寺（晩期）	5	9			●	ⅢB	胴部		文献15	p.439
198	42	10	01	長崎	雲仙市	きょうのつぼ京ノ坪	黒川・山の寺（晩期中葉～後葉）	7～10	6			●	ⅢB	胴部		長崎12	第25図-178
199	42	10	02	長崎	雲仙市	きょうのつぼ京ノ坪	黒川・山の寺（晩期中葉～後葉）	3/10	5～6			●	①ⅣB	胴部	遺物は小さいが編らしい	長崎12	第25図-175
200	42	11	01	長崎	南島原市	やまのてらかじき山の寺梶木	黒川・山の寺（晩期）	2.6～3	14		Z	●	ⅡC		網目と報告されている	文献15	第7図-2
201	42	11	02	長崎	南島原市	やまのてらかじき山の寺梶木	黒川・山の寺（晩期）	3.3	4			●	ⅡA	胴部		文献17	第22図-P14
202	42	11	03	長崎	南島原市	やまのてらかじき山の寺梶木	黒川・山の寺（晩期）	8～10	5			●	ⅢB	底部		文献17	第22図-G20
203	42	11	04	長崎	南島原市	やまのてらかじき山の寺梶木	黒川・山の寺（晩期）	6～8	7			●	ⅢB			文献17	第22図-P42
204	42	11	05	長崎	南島原市	やまのてらかじき山の寺梶木	黒川・山の寺（晩期）		4			●	⑥A	胴部		文献17	第22図-P43
205	42	11	06	長崎	南島原市	やまのてらかじき山の寺梶木	黒川・山の寺（晩期）	5～6				●	⑦Ⅲ	胴部		文献17	第22図-P44
206	42	11	07	長崎	南島原市	やまのてらかじき山の寺梶木	黒川・山の寺（晩期）	10～14	4			●	ⅣA	胴部		文献17	第22図-P48
207	42	11	08	長崎	南島原市	やまのてらかじき山の寺梶木	黒川・山の寺（晩期）	5～6	7			●	ⅢB	底部		文献17	第22図-P50
208	42	11	09	長崎	南島原市	やまのてらかじき山の寺梶木	黒川・山の寺（晩期）	10	5			●	ⅣB	胴部		文献17	第22図-P54
209	42	11	10	長崎	南島原市	やまのてらかじき山の寺梶木	黒川・山の寺（晩期）	3	6			●	ⅡB	胴部		文献17	第22図-55
210	42	11	11	長崎	南島原市	やまのてらかじき山の寺梶木	黒川・山の寺（晩期）	6～8	6			●	ⅢB	胴部		文献17	第22図-P56
211	42	11	12	長崎	南島原市	やまのてらかじき山の寺梶木	黒川・山の寺（晩期）	15	6			●	ⅤB	胴部		文献17	第22図-P59
212	42	11	13	長崎	南島原市	やまのてらかじき山の寺梶木	黒川・山の寺（晩期）	8	5			●	ⅢB	胴部		文献17	第22図-P64
213	42	11	14	長崎	南島原市	やまのてらかじき山の寺梶木	黒川・山の寺（晩期）	10	5			●	ⅣB			文献17	第22図-P71
214	42	11	15	長崎	南島原市	やまのてらかじき山の寺梶木	黒川・山の寺（晩期）	5～6				●	⑦Ⅲ			文献17	第22図-P157

No.	資料番号 県都番号	資料番号 都道府県番号	資料番号 遺跡番号	資料数	県名	市町村名	遺跡名	時期	編布の密度 経糸間隔(mm)	編布の密度 経糸(本/cm)	編布の密度 緯糸(本/cm)	緯糸の撚り方向	経糸の撚み方向	編布分類	密度分類	圧痕部位	備考	文献等	文献中の挿図番号	分布図番号 遺跡番号
215	42	11	16		長崎	南島原市	やまのてらむじき 山の寺梶木	黒川・山の寺(晩期)	5～6		7			●	ⅢB			文献17	第22図-E395	58
216	42	11	17		長崎	南島原市	やまのてらむじき 山の寺梶木	黒川・山の寺(晩期)	7～8		6			●	ⅢB			文献17	第22図-E397	
217	42	12	01		長崎	南島原市	どうさき 堂崎	黒川・突帯文(晩期)	12～14		6			●	ⅣB	胴部		長崎01	第10図-34	59
218	42	12	02		長崎	南島原市	どうさき 堂崎	黒川・突帯文(晩期)	12～14		6			●	ⅣB	口縁～胴部		長崎01	第12図-1	
219	42	13	01		長崎	南島原市	はらやま 原山	晩期終末	8		7			●	ⅢB			文献15	p.437	60
220	42	13	02		長崎	南島原市	はらやま 原山	晩期終末			6			●	⑥B			文献06	p.437	
221	42	14	01		長崎	南島原市	ひがしたかの 東鷹野	晩期中葉	7		6			●	ⅢB	口縁部		長崎13	第32図-48	61
222	42	15	01		長崎	島原市	なかこば 中木場	黒川・山の寺(晩期中葉～後葉)	3～5		6～7		Z	●	ⅡB	胴部		長崎04	第7図-70	62
223	42	16	01		長崎	島原市	ながたろう 肥賀太郎	黒川(晩期前半)	20		4～5			●	⑤A	胴部	摩耗 20mm間隔の経糸あるのみ	長崎02	第12図-32	63
224	42	17	01		長崎	島原市	なかしま 中島	山の寺(晩期後葉)	13		5			●	⑤B	胴部	13mm間隔の経糸あるのみ	長崎08	第22図-85	64
225	43	01	01		熊本	玉島市	まきアブ 牧水	晩期	10		5			●	ⅣB			文献15	p.442	65
226	43	02	01		熊本	熊本市	かみたかはし 上高橋	晩期	10		10		Z	●	ⅣC	胴部	摩耗	数示10		66
227	43	02	02		熊本	熊本市	かみたかはし 上高橋	晩期	8～10		5～6			●	ⅢB	胴部	圧痕二重	数示10		
228	43	02	03		熊本	熊本市	かみたかはし 上高橋	晩期	13～16		5			●	ⅣB	胴部	摩耗	数示10		
229	43	02	04		熊本	熊本市	かみたかはし 上高橋	晩期	14～17		4～5	片撚り(S・Z)	Z	●	ⅤA	胴部		数示10		
230	43	02	05		熊本	熊本市	かみたかはし 上高橋	晩期		6～7	4		Z	●	ⅠA	胴部	摩耗 細密編布	数示10		
231	43	02	06		熊本	熊本市	かみたかはし 上高橋	晩期	2		5		Z	●	⑤B	胴部	2mm間隔の経糸あるのみ	数示10		
232	43	02	07		熊本	熊本市	かみたかはし 上高橋	晩期	3～5		9～10		Z	●	ⅡB	胴部	緯糸の傾斜左上がり	数示10		
233	43	02	08		熊本	熊本市	かみたかはし 上高橋	晩期	12～13		5		Z	●	ⅣB	胴部		数示10		
234	43	02	09		熊本	熊本市	かみたかはし 上高橋	晩期	8～12		5		Z	●	ⅣB	胴部	摩耗	数示10		
235	43	02	10		熊本	熊本市	かみたかはし 上高橋	晩期	7～8		6～7	諸撚り(Z)	Z	●	ⅢB	胴部		数示10		
236	43	02	11		熊本	熊本市	かみたかはし 上高橋	晩期	5～7		7		Z	●	ⅣB	胴部	破れあり	数示10		
237	43	02	12		熊本	熊本市	かみたかはし 上高橋	晩期	10～12		6		Z	●	ⅣB	胴部	著しく崩れる	数示10		
238	43	02	13		熊本	熊本市	かみたかはし 上高橋	晩期	14		4～4.5		Z	●	⑤A	胴部	14mm間隔の経糸あるのみ	数示10		
239	43	02	14		熊本	熊本市	かみたかはし 上高橋	晩期	15		5		Z	●	⑤B	胴部	15mm間隔の経糸あるのみ	数示10		
240	43	02	15		熊本	熊本市	かみたかはし 上高橋	晩期			4.5		Z	●	⑥A	胴部	中央に経糸1本あるのみ	数示10		

付表1　縄文時代の出土編布及び圧痕編布の構成等一覧　297

																	67		68
241	43	03	01	熊本	熊本市	おうぎだ扇田	晩期	8～12		5			●	ⅣB	底部	モデリング陽像のみ	熊本13	第69図-188	
242	43	03	02	熊本	熊本市	おうぎだ扇田	晩期	10～12		6～7		Z	●	ⅣB	胴～底部	モデリング陽像のみ	熊本13	第69図-189	
243	43	03	03	熊本	熊本市	おうぎだ扇田	晩期	25		5		Z	●	②ⅦB	底部	経糸2本密着	熊本13	第121図-176	
244	43	03	04	熊本	熊本市	おうぎだ扇田	晩期	3～9		7		Z	●	④B	胴・底面?	経糸間隔不規則	熊本13	第121図-177	
245	43	03	05	熊本	熊本市	おうぎだ扇田	晩期	3～10		7		Z	●	④B	胴部	経糸間隔不規則	熊本13	第121図-180	
246	43	03	06	熊本	熊本市	おうぎだ扇田	晩期	15～16		5～6		Z	●	ⅤB	胴～底部	経糸少々弧状　圧痕二重	熊本13	第121図-181	
247	43	03	07	熊本	熊本市	おうぎだ扇田	晩期	6～8		6～7	片撚り(S)	Z	●	ⅢB	胴部		熊本13	第121図-183	
248	43	03	08	熊本	熊本市	おうぎだ扇田	晩期	7～10		6～7			●	ⅢB	胴～底部	圧痕二重	熊本13	第29図-58	
249	43	03	09	熊本	熊本市	おうぎだ扇田	晩期	8～10		5～5.5			●	ⅢB	胴～底部	圧痕二重	熊本13	第29図-59	
250	43	03	10	熊本	熊本市	おうぎだ扇田	晩期	7～8		6			●	ⅢB	胴～底部		熊本13	第29図-61	
251	43	03	11	熊本	熊本市	おうぎだ扇田	晩期	12		5～5.5			●	ⅣB	胴部	経糸解れあり	熊本13	第29図-62	
252	43	03	12	熊本	熊本市	おうぎだ扇田	晩期	7～10		5			●	ⅢB	口縁部		熊本13	第69図-178	
253	43	03	13	熊本	熊本市	おうぎだ扇田	晩期	6		6			●	ⅢB	口縁部	経糸解れあり　緯糸の傾斜右上がり	熊本13	第69図-180	
254	43	03	14	熊本	熊本市	おうぎだ扇田	晩期	11～12		5			●	ⅣB	胴～底部	摩耗	熊本13	第69図-181	
255	43	03	15	熊本	熊本市	おうぎだ扇田	晩期	5～16		5～6			●	④B	胴部	経糸間隔不規則	熊本13	第69図-183	
256	43	03	16	熊本	熊本市	おうぎだ扇田	晩期	5～14		6			●	④B	胴部	経糸間隔不規則	熊本13	第69図-184	
257	43	03	17	熊本	熊本市	おうぎだ扇田	晩期	10～12		5～6			●	ⅣB	胴～底部	緯糸の傾斜右上がり	熊本13	第69図-185	
258	43	03	18	熊本	熊本市	おうぎだ扇田	晩期	10		5			●	ⅣB	胴～底部		熊本13	第69図-186	
259	43	03	19	熊本	熊本市	おうぎだ扇田	晩期	8		6			●	ⅢB	胴～底部		熊本13	第69図-187	
260	43	03	20	熊本	熊本市	おうぎだ扇田	晩期	5～8		7			●	ⅢB	胴部		熊本13	第69図-190	
261	43	03	21	熊本	熊本市	おうぎだ扇田	晩期	8～10		5			●	ⅢB	底部		熊本13	第69図-191	
262	43	03	22	熊本	熊本市	おうぎだ扇田	晩期	26		6			●	⑤B	胴～底部	26㎝間隔の経糸あるのみ	熊本13	第106図-372	
263	43	03	23	熊本	熊本市	おうぎだ扇田	晩期	10～15		5.5～6			●	ⅣB	胴～底部		熊本13	第121図-178	
264	43	03	24	熊本	熊本市	おうぎだ扇田	晩期	8～10		5			●	ⅢB	胴～底部		熊本13	第121図-179	
265	43	03	25	熊本	熊本市	おうぎだ扇田	晩期	8～10		5			●	ⅢB	胴～底部	圧痕二重	熊本13	第121図-182	
266	43	03	26	熊本	熊本市	おうぎだ扇田	晩期	6～8		6			●	⑦Ⅲ	胴～底部		熊本13	第156図-330	
267	43	03	27	熊本	熊本市	おうぎだ扇田	晩期	12					●	ⅣB	胴部	圧痕二重	熊本13	第156図-331	
268	43	04	01	熊本	熊本市	あんのまえ庵ノ前	晩期	12～14		5	片撚り(S)	Z	●	ⅣB	胴部		熊本06		第19図-224

No.	資料番号 県番号	資料番号 都道府県番号	資料番号 遺跡番号	資料数	県名	市町村名	遺跡名	時期	編布の密度 経糸間隔(mm)	編布の密度 経糸(本/cm)	編布の密度 緯糸(本/cm)	緯糸の撚り方向	経糸の綟み方向	編布分類	密度分類	圧痕部位	備考	文献等	文献中の挿図番号	分布図の遺跡番号
269	43	04	01		熊本	熊本市	庵ノ前	晩期	5		9			●	ⅢB	胴部		文献15	p.441	68
270	43	05	01		熊本	熊本市	緑ヶ丘	黒川(晩期後半)	5		9			●	ⅢB	胴部		文献15	p.442	69
271	43	06	01		熊本	熊本市	上南部A地区	山の寺(晩期後半)	5		7	S・Z		●	③ⅢB	胴部	摩耗 5mm間に経糸4本	熊本09	第7図7-13	70
272	43	06	02		熊本	熊本市	上南部A地区	山の寺(晩期後半)	6～7		7		Z	●	③ⅢB	胴部	摩耗 5mm間に経糸4本	熊本09	第7図7-13	70
273	43	06	03		熊本	熊本市	上南部A地区	山の寺(晩期後半)	2.5～5		6	諸撚り(Z)	Z	●	④B	胴部	経糸間隔不規則 編みミスあり	熊本09	第7図7-13	70
274	43	07	01		熊本	熊本市	上南部C地区	黒川(晩期前半)	5～6		6	諸撚り(S)	Z	●	ⅢB	胴部	摩耗	熊本11		71
275	43	07	02		熊本	熊本市	上南部C地区	黒川(晩期前半)	5～7		6～7		Z	●	ⅢB	口縁～胴部	摩耗	教示11		71
276	43	07	03		熊本	熊本市	上南部C地区	黒川(晩期前半)	5～6		6～7	片撚り(S)	Z	●	ⅢB		経糸の傾斜左上がり	教示11		71
277	43	07	04		熊本	熊本市	上南部C地区	黒川(晩期前半)	7		8		Z	●	ⅢB		緯糸の傾斜左上がり	教示11		71
278	43	08	01		熊本	熊本市	長嶺	黒川(晩期中葉)	12～13		6		Z	●	ⅣB	胴部	圧痕二重	熊本10	第46図46-50	72
279	43	08	02		熊本	熊本市	長嶺	黒川(晩期中葉)	8～12		6		Z	●	ⅣB	胴部	圧痕二重	熊本10	第46図46-51	72
280	43	08	03		熊本	熊本市	長嶺	黒川(晩期中葉)	8～10		7～8		Z	●	ⅣB	底部	緯糸の傾斜右上がり 圧痕二重	熊本10	第46図46-52	72
281	43	08	04		熊本	熊本市	長嶺	黒川(晩期中葉)	13～15		7		Z	●	ⅣB	底部	緯糸の傾斜右上がり 圧痕二重	熊本10	第46図46-53	72
282	43	09	01		熊本	熊本市	小畴原	黒川(晩期)	6～7		7		Z	●	ⅢB	胴部		文献15	p.442	73
283	43	10	01		熊本	熊本市	神水	黒川・山の寺(晩期)	18		5	片撚り(S)	Z	●	⑤B	胴部	18mmの経糸間隔あるのみ 緯糸の傾斜左上がり	熊本11	第173図173-11	74
284	43	11	01		熊本	熊本市	健軍神社周辺遺跡群	黒川(晩期)	6～8		8		Z	●	ⅢB	胴部		熊本12	第42図42-38	75
285	43	11	02		熊本	熊本市	健軍神社周辺遺跡群	黒川(晩期)	9～11		5		Z	●	ⅣB	胴部		熊本12	第42図42-39	75
286	43	11	03		熊本	熊本市	健軍神社周辺遺跡群	黒川(晩期)	10～13		6	片撚り(S)	Z	●	ⅣB	胴部		熊本12	第42図42-40	75
287	43	11	04		熊本	熊本市	健軍神社周辺遺跡群	黒川(晩期)	9～10		5	片撚り(S)	Z	●	ⅢB	胴部		熊本12	第42図42-41	75
288	43	11	05		熊本	熊本市	健軍神社周辺遺跡群	黒川(晩期)	9～10		5	片撚り(S)	Z	●	ⅢB	胴部		熊本12	第42図42-42	75
289	43	11	06		熊本	熊本市	健軍神社周辺遺跡群	黒川(晩期)	14～17		4～5		Z	●	ⅤA	胴部		熊本12	第42図42-43	75
290	43	11	07		熊本	熊本市	健軍神社周辺遺跡群	黒川(晩期)	11～12		5～6	片撚り(S)	Z	●	ⅣB	胴部	破れあり	熊本12	第42図42-44	75
291	43	11	08		熊本	熊本市	健軍神社周辺遺跡群	黒川(晩期)	9～10		5	片撚り(S)	Z	●	ⅣB	胴部	緯糸の傾斜左上がり	熊本12	第42図42-45	75
292	43	12	01		熊本	熊本市	健軍とうえのはら	晩期前葉	4		9		Z	●	ⅡB	口縁～胴部		熊本08	第5図5-②	76
293	43	13	01		熊本	菊池市	三万田東原	晩期	7		7			●	ⅢB	胴部		文献15	p.441	77
294	43	14	01		熊本	合志市	合志原	晩期	10		6			●	ⅣB	胴部		文献15	p.441	78

付表1　縄文時代の出土編布及び圧痕編布の構成等一覧　299

295	43	15	01	熊本	大津町	ワクド石	黒川（晩期）		15	8～10		N	●	ⅤB	口縁～胴部	破れあり	熊本04	第93図-1	79
296	43	15	02	熊本	大津町	ワクド石	黒川（晩期）			6		N	●	⑥B	胴部	剥れ著しく経糸不明	熊本04	第93図-2
297	43	15	03	熊本	大津町	ワクド石	黒川（晩期）		2～5 14	6～8	諸撚り（Z）	N	●	①ⅣB	胴部	崩れ著しいが織らしい	熊本04	第93図-3
298	43	15	04	熊本	大津町	ワクド石	黒川（晩期）		11～13	6～7		N	●	ⅣB	胴部		熊本04	第93図-4
299	43	15	05	熊本	大津町	ワクド石	黒川（晩期）		4 14	8～9		N	●	①ⅣB	胴部	編	熊本04	第93図-5
300	43	15	06	熊本	大津町	ワクド石	黒川（晩期）		8～9	5～6	片撚り（S）	N	●	③ⅢB	胴部	摩耗　経糸が4mm間に3本密着らしいが確認不能	熊本04	第93図-6
301	43	15	07	熊本	大津町	ワクド石	黒川（晩期）		10～11	8	片撚り（S）	N	●	ⅣB	胴部	破れあり	熊本04	第93図-10
302	43	15	08	熊本	大津町	ワクド石	黒川（晩期）		10	5		N	●	ⅣB	胴部		熊本04	第93図-8
303	43	15	09	熊本	大津町	ワクド石	黒川（晩期）		12	6～7		N	●	ⅣB	胴部	緯糸の傾斜右上り	熊本04	第93図-11
304	43	16	01	熊本	嘉島町	二子塚	晩期		7.5	8			●	ⅢB	胴部		教示12		80
305	43	16	02	熊本	嘉島町	二子塚	晩期		11	8			●	ⅣB	胴部		教示12	
306	43	17	01	熊本	御船町	中岩堂堂	晩期		6	8			●	ⅢB			文献15	p.444	81
307	43	18	01	熊本	甲佐町	麻生原	晩期		4～6	10			●	ⅢC	胴部		文献15	p.445	82
308	43	19	01	熊本	城南町	上の原	黒川（晩期前半）		8～9	7			●	ⅢB	胴部		熊本01	第20図-5	83
309	43	19	02	熊本	城南町	上の原	黒川（晩期前半）		12～15	5			●	ⅣB	胴部		熊本01	第20図-6
310	43	19	03	熊本	城南町	上の原	黒川（晩期前半）		6	6			●	ⅢB	胴部		教示12	
311	43	20	01	熊本	宇城市	曲野	晩期		6～7	7		N	●	ⅢB	胴部		熊本02	第10図-39	84
312	43	20	02	熊本	宇城市	曲野	晩期		4～5 17～20	5		N	●	①ⅤB	胴部		熊本02	第10図-40
313	43	20	03	熊本	宇城市	曲野	晩期		3.5	9			●	ⅡB	胴～底部		教示12	
314	43	20	04	熊本	宇城市	曲野	晩期		8.5	7			●	ⅢB	胴～底部		教示12	
315	43	21	01	熊本	宇城市	砥頭塚坂か	晩期			5～6			●	⑥B	胴部		文献15	p.445	85
316	43	22	01	熊本	宇城市	小田良古墳	晩期前半			5			●	⑥B	胴部		熊本14	第19図-16	86
317	43	22	02	熊本	宇城市	小田良古墳	晩期前半		6～8	6			●	ⅢB	胴部		熊本14	第19図-17
318	43	23	01	熊本	あさぎり町	東小原	晩期		18～20	5～6			●	ⅤB	胴部		文献18	p.238	87
319	43	23	02	熊本	あさぎり町	東小原	晩期		5～6	6～7			●	ⅢB	胴部		文献18	p.238
320	43	24	01	熊本	あさぎり町	沖松	山の寺（晩期）		10～15	6～7	片撚り（S）	N	●	ⅢB	胴～底部		熊本05	第55図-270	88
321	43	24	02	熊本	あさぎり町	沖松	山の寺（晩期）		10～12	5～6	片撚り（S）	N	●	ⅣB	胴～底部	破れ崩れあり	熊本05	第55図-271
322	43	25	01	熊本	あさぎり町	灰塚	黒川（晩期）		11～13	6～7		N	●	ⅣB	胴～底部	経糸多少孤状	熊本07	第102図-588	89

300　付表・付図

No.	県都道府県番号	都道府県遺跡番号	資料数	県名	市町村名	遺跡名	時期	経糸間隔(mm)	経糸(本/cm)	緯糸(本/cm)	緯糸の撚り方向	経糸の撚み方向	編布分類	密度分類	圧痕部位	備考	文献等	文献中の挿図番号	分布図の遺跡番号
323	43	26	01	熊本	五木村	頭地下平	後期前・中葉	3.5		4		S	●	ⅡA	底面		文献11	第4表-27	90
324	43	27	01	熊本	錦町	大原天字	山の寺(晩期後半)	4.5〜5		3		Z	●	ⅡA	底〜胴部下半		熊本03	第23図-63	91
325	43	28	01	熊本	人吉市	村山	晩期	4〜5		9			●	ⅡB	胴部		文献15	p.446	92
326	43	29	01	熊本	人吉市	アンモン山	晩期(晩期)	10		6			●	⑤B	胴部	10mm間隔の経糸あるのみ	熊本15	第11図-74	93
327	45	01	01	宮崎	都城市	黒土	刻目(晩期後半〜終末)	10〜12 25		6	諸撚り(Z)	Z	●	①ⅦB	底部	縦 破れ著しい 途中から緯糸の傾斜右上がり	宮崎04	図19-124a	94
328	45	01	02	宮崎	都城市	黒土	刻目(晩期後半〜終末)	10		6	片撚り(Zらしい)		●	ⅣB	底部	緯糸の傾斜右上がり	宮崎04	図19-124b	94
329	45	01	03	宮崎	都城市	黒土	刻目(晩期後半〜終末)	3〜5 9〜10		8		Z	●	①ⅢB	底部	縦 2枚縫合の跡	宮崎04	図19-125	94
330	45	01	04	宮崎	都城市	黒土	刻目(晩期後半〜終末)	4		7	諸撚り(Z)	Z	●	ⅡB	胴部	編布の上に網目痕	宮崎04	図19-137	94
331	45	01	05	宮崎	都城市	黒土	刻目(晩期後半〜終末)			5			●	⑥B	底部	摩耗	宮崎04	図18-111	94
332	45	01	06	宮崎	都城市	黒土	刻目(晩期後半〜終末)			5〜6			●	⑥B	底部	摩耗	宮崎04	図19-112	94
333	45	01	07	宮崎	都城市	黒土	刻目(晩期後半〜終末)	15		5			●	ⅤB	底部		宮崎04	図19-123b	94
334	45	01	08	宮崎	都城市	黒土	刻目(晩期後半〜終末)	13〜15		5			●	ⅣB	底部		宮崎04	図19-123c	94
335	45	01	09	宮崎	都城市	黒土	刻目(晩期後半〜終末)	10		6			●	⑥B	底部		宮崎04	図19-123d	94
336	45	01	10	宮崎	都城市	黒土	刻目(晩期後半〜終末)	13		5〜6			●	ⅣB	底部		宮崎04	図19-126	94
337	45	01	11	宮崎	都城市	黒土	刻目(晩期後半〜終末)	4〜5 13		5			●	⑤B	底部	13mm間隔の経糸あるのみ	宮崎04	図19-127	94
338	45	01	12	宮崎	都城市	黒土	刻目(晩期後半〜終末)	4		7〜8			●	⑥B	底部	摩耗	宮崎04	図19-128	94
339	45	01	13	宮崎	都城市	黒土	刻目(晩期後半〜終末)	4 16		9			●	①ⅣB	底部		宮崎04	図19-130	94
340	45	01	14	宮崎	都城市	黒土	刻目(晩期後半〜終末)	12		7			●	ⅡB	底部		宮崎04	図19-131	94
341	45	01	15	宮崎	都城市	黒土	刻目(晩期後半〜終末)	9〜10		5.5			●	①ⅤB	底部	遺物は小さいが編らしい	宮崎04	図19-132	94
342	45	01	16	宮崎	都城市	黒土	刻目(晩期後半〜終末)	3		6			●	ⅣB	底部		宮崎04	図19-133	94
343	45	01	17	宮崎	都城市	黒土	刻目(晩期後半〜終末)	6〜8		5			●	ⅢB	底部		宮崎04	図19-134a	94
344	45	01	18	宮崎	都城市	黒土	刻目(晩期後半〜終末)						●	⑦Ⅱ	底部		宮崎04	図19-135	94
345	45	02	01	宮崎	都城市	屏風谷	刻目(晩期後半〜終末)			5		Z	●	②ⅢB		経糸2本 密着	教示13		95
346	45	02	02	宮崎	都城市	屏風谷	刻目(晩期後半〜終末)	8		10		Z	●	ⅢC		破れあり	教示13		95
347	45	02	03	宮崎	都城市	屏風谷	刻目(晩期後半〜終末)	3〜4		9〜10		Z	●	ⅡB		破れあり	教示13		95
348	45	03	01	宮崎	都城市	中尾山・馬渡	松添(晩期)	16〜18		6	片撚り(S)	Z	●	ⅤB	口縁部		宮崎01	図216-7	96

付表1　縄文時代の出土編布及び圧痕編布の構成等一覧　301

													諸撚り(S)	Z				
349	45	03	02	宮崎	都城市	なかおやま・まわたり 中尾山・馬渡	松添（晩期）		4									
350	45	03	03	宮崎	都城市	なかおやま・まわたり 中尾山・馬渡	松添（晩期）	9～10	30	8～9		Z	●	①ⅧB			教示13	96
351	45	03	03	宮崎	都城市	なかおやま・まわたり 中尾山・馬渡	松添（晩期）	20～22		8		Z	●	ⅢB		圧痕二重	教示13	
352	45	03	03	宮崎	都城市	なかおやま・まわたり 中尾山・馬渡	松添（晩期）	2～2.5 4～5		7		S・Z	●	ⅥB		経糸と経糸の間に途中からもう1本の経糸が入る	教示13	
353	45	03	03	宮崎	都城市	なかおやま・まわたり 中尾山・馬渡	松添（晩期）	18～22		7～8		Z	●	①ⅡB		緯糸の傾斜右上がり	教示13	
354	45	03	03	宮崎	都城市	なかおやま・まわたり 中尾山・馬渡	松添（晩期）	20～22		6～7		Z	●	ⅥB			教示13	
355	45	04	01	宮崎	都城市	おうじばる 王子原	晩期	7～10		6～7		Z	●	ⅢB	底部	経糸の崩れ著しい	宮崎03	第18図-39	97
356	45	04	02	宮崎	都城市	おうじばる 王子原	晩期	2～5 8～13		6～8	諸撚り(Z)	Z	●	①ⅣB	底部	アンバランスな緯	宮崎03	第35図-168
357	45	04	03	宮崎	都城市	おうじばる 王子原	晩期	20～23		8～9		Z	●	ⅥB	底部		宮崎03	第35図-169
358	45	04	04	宮崎	都城市	おうじばる 王子原	晩期	7～8		7～8		Z	●	ⅢB	底部		宮崎03	第18図-43
359	45	04	05	宮崎	都城市	おうじばる 王子原	晩期	10					●	⑦ⅣB	口縁部	経糸崩れあり	宮崎03	第31図-148
360	45	04	06	宮崎	都城市	おうじばる 王子原	晩期	18～20		5～6			●	ⅤB	口縁部		宮崎03	第31図-149
361	45	04	07	宮崎	都城市	おうじばる 王子原	晩期	12～15		6～7			●	①ⅣB	口縁部		宮崎03	第31図-150
362	45	04	08	宮崎	都城市	おうじばる 王子原	晩期	5～6		7～8			●	ⅥB	口縁部		宮崎03	第31図-151
363	45	04	09	宮崎	都城市	おうじばる 王子原	晩期	7		8			●	ⅢB	口縁部		宮崎03	第32図-154
364	45	04	10	宮崎	都城市	おうじばる 王子原	晩期	15～18		7			●	ⅤB	口縁～胴部		宮崎03	第32図-155
365	45	04	11	宮崎	都城市	おうじばる 王子原	晩期	5～8		6～7			●	⑥B	口縁部		宮崎03	第32図-158
366	45	04	12	宮崎	都城市	おうじばる 王子原	晩期	16～18		6～7			●	ⅤB	胴～底部		宮崎03	第33図-162
367	45	04	13	宮崎	都城市	おうじばる 王子原	晩期			4～6			●	⑥B	口縁部		宮崎03	第34図-163
368	45	04	14	宮崎	都城市	おうじばる 王子原	晩期			5～6			●	⑥B	口縁～底部		宮崎03	第34図-164
369	45	04	15	宮崎	都城市	おうじばる 王子原	晩期	7～8		4～6			●	⑥B	口縁～底部		宮崎03	第34図-166
370	45	04	16	宮崎	都城市	おうじばる 王子原	晩期	20		9			●	ⅢB	底部		宮崎03	第35図-170
371	45	05	01	宮崎	宮崎市	おひらの 尾平野	晩期						●	⑦ⅥB			文献15	p.451	98
372	45	06	01	宮崎	宮崎市	みやざくずさこ 右葛ヶ迫	黒川（晩期）	2～4 24～28		8～9		Z	●	①ⅦB	底部	編　編みこみあり	宮崎02	第58図-430	99
373	45	06	02	宮崎	宮崎市	みやざくずさこ 右葛ヶ迫	黒川（晩期）	7～9		8			●	ⅢB	底部		宮崎02	第58図-429
374	45	06	03	宮崎	宮崎市	みやざくずさこ 右葛ヶ迫	黒川（晩期）	7～8 14～16		13～14			●	⑦ⅤB	底部	摩耗　緑らしい	宮崎02	第56図-413
375	46	01	01	鹿児島	鹿児島市	こやま 小山	黒川（晩期）	6～8		9			●	ⅢC	胴部	緯糸2種類の撚り　破れあり	鹿児島02	第64図-384	100
376	46	01	02	鹿児島	鹿児島市	こやま 小山	黒川（晩期）	6～8		8		Z	●	ⅢB	口縁部	経糸弧状	鹿児島02	第64図-383

付表・付図

No.	資料番号 県番号	資料番号 都道府県番号	資料番号 遺跡番号	資料数	県名	市町村名	遺跡名	時期	編布の密度 経糸間隔(mm)	編布の密度 経糸(本/cm)	編布の密度 緯糸(本/cm)	緯糸の撚り方向	経糸の絡み方向	編布分類	密度分類	圧痕部位	備考	文献等	文献中の捕図番号	遺跡分布図番号
377	46	01	03		鹿児島	鹿児島市	こやま小山	黒川(晩期)	7~8		9~10			●	ⅢB	胴部	緯糸の傾斜右上り	鹿児島02	第64図-385	100
378	46	02	01		鹿児島	鹿児島市	しおおはら下大原	黒川(晩期)	5		8			●	ⅢB	底部		鹿児島28	第33図-127	101
379	46	03	01		鹿児島	鹿児島市	ながの永野	黒川・刻目(晩期~弥生早期)	5		9	諸撚り(Z)	Z	●	ⅢB	底部		鹿児島28	第123図-N-70	102
380	46	03	02		鹿児島	鹿児島市	ながの永野	刻目(晩期~弥生早期)	7		8~9	諸撚り(Z)	Z	●	ⅢB	底部	破れあり	鹿児島28	第123図-N-71	
381	46	03	03		鹿児島	鹿児島市	ながの永野	刻目(晩期~弥生早期)	8		8	諸撚り(Z)	Z	●	ⅢB	胴~底部		鹿児島28	第123図-N-72	
382	46	03	04		鹿児島	鹿児島市	ながの永野	刻目(晩期~弥生早期)	6~7		8~9	諸撚り(S)	Z	●	③ⅢB	底部	4mm間に経糸3本	鹿児島28	第123図-N-73	
383	46	04	01		鹿児島	鹿児島市	ちょうら帖池	黒川(晩期)	15~17		8		Z	●	ⅤB	胴部	圧痕二重	鹿児島29	第69図-701	103
384	46	04	02		鹿児島	鹿児島市	ちょうら帖池	黒川(晩期)	8~10		8	諸撚り(Z)	Z	●	ⅢB	口縁~胴部	経糸が細い、破れ、傾みあり	鹿児島29	第69図-702	
385	46	04	03		鹿児島	鹿児島市	ちょうら帖池	黒川(晩期)	12		7~9		Z	●	ⅣB	胴部	綜みぎこちない	鹿児島29	第69図-703	
386	46	04	04		鹿児島	鹿児島市	ちょうら帖池	黒川(晩期)	12~15		6	諸撚り(S)	Z	●	ⅣB	胴部	緯糸の傾斜右上り	鹿児島29	第69図-704	
387	46	04	05		鹿児島	鹿児島市	ちょうら帖池	黒川(晩期)	10~12		8~9		Z	●	ⅣB	胴部	圧痕一重	鹿児島29	第69図-706	
388	46	05	01		鹿児島	鹿児島市	あぜほり畔堀	黒川(晩期)	11~14		7~8		Z	●	ⅣB	胴部	緯糸の傾斜右上り	鹿児島12	第78図-465	104
389	46	05	02		鹿児島	鹿児島市	あぜほり畔堀	黒川(晩期)	10		9		Z	●	ⅣB	口縁部	緯糸の傾斜左上り	鹿児島12	第78図-466	
390	46	05	03		鹿児島	鹿児島市	あぜほり畔堀	黒川(晩期)	9~10		8		Z	●	ⅢB	口縁部	緯糸の傾斜右上り	鹿児島12	第78図-467	
391	46	05	04		鹿児島	鹿児島市	あぜほり畔堀	黒川(晩期)	15		7~8	諸撚り(Z)	Z	●	③ⅤB	胴部	4mm間隔に経糸4本 緯糸の傾斜右上り	鹿児島12	第78図-468	
392	46	05	05		鹿児島	鹿児島市	あぜほり畔堀	黒川(晩期)	20~22		10		Z	●	ⅥC	胴部	緯糸の傾斜右上り、破れ、綜れあり	鹿児島12	第78図-469	
393	46	05	06		鹿児島	鹿児島市	あぜほり畔堀	黒川(晩期)			8			●	⑥B	胴部	破れあり	鹿児島12	第78図-470	
394	46	05	07		鹿児島	鹿児島市	あぜほり畔堀	黒川(晩期)	9		9		Z	●	ⅢB	胴部	緯糸の傾斜右上り	鹿児島12	第78図-471	
395	46	05	08		鹿児島	鹿児島市	あぜほり畔堀	黒川(晩期)	9		9		Z	●	ⅢB	胴部	緯糸の傾斜右上り	鹿児島12	第78図-472	
396	46	06	01		鹿児島	指宿市	しんばんしょうしろ新番所後Ⅱ	黒川(晩期)	9~11		9~10			●	⑥B	底部	中央左より経糸1本	鹿児島08	第17図-94	105
397	46	06	02		鹿児島	指宿市	しんばんしょうしろ新番所後Ⅱ	黒川(晩期)			6			●	ⅣB	底部	崩れあり	鹿児島08	第17図-95	
398	46	06	03		鹿児島	指宿市	しんばんしょうしろ新番所後Ⅱ	黒川(晩期)	8~10		8~10			●	③ⅢB	底部	4mm間に経糸3本	鹿児島08	第17図-96	
399	46	06	04		鹿児島	指宿市	しんばんしょうしろ新番所後Ⅱ	黒川(晩期)			6~7			●	⑥B	底部	中央右より2本並列の経糸あるのみ	鹿児島08	第17図-98	
400	46	06	05		鹿児島	指宿市	しんばんしょうしろ新番所後Ⅱ	黒川(晩期)	13		10~11		Z	●	ⅣC	底部	圧痕二重 緯糸の傾斜右上り	鹿児島08	第17図-99	
401	46	06	06		鹿児島	指宿市	しんばんしょうしろ新番所後Ⅱ	黒川(晩期)	10~13		8~9		Z	●	ⅣB	底部		鹿児島08	第17図-100	
402	46	06	07		鹿児島	指宿市	しんばんしょうしろ新番所後Ⅱ	黒川(晩期)	30		7~8		Z	●	②ⅧB	底部	経糸2本密着	鹿児島08	第17図-102	

付表1　縄文時代の出土編布及び圧痕編布の構成等一覧　303

403	46	06	08	鹿児島	指宿市	しんばんじょしろ 新番所後II	黒川（晩期）	7〜9	8〜9			●	IIIB	底部		鹿児島 08	第17図-97	105
404	46	06	09	鹿児島	指宿市	しんばんじょしろ 新番所後II	黒川（晩期）	7〜9	6			●	IIIB	底部	緯糸の傾斜右上がり	鹿児島 08	第17図-101	
405	46	06	10	鹿児島	指宿市	しんばんじょしろ 新番所後II	黒川（晩期）	5 16〜18	5〜6			●	⑥B	底部		鹿児島 08	第17図-103	
406	46	06	11	鹿児島	指宿市	しんばんじょしろ 新番所後II	黒川（晩期）		6			●	①VB	底部		鹿児島 08	第17図-104	
407	46	06	12	鹿児島	指宿市	しんばんじょしろ 新番所後II	黒川（晩期）	20〜22	5〜6			●	VIB	底部		鹿児島 08	第17図-106	
408	46	07	01	鹿児島	指宿市	おおみわたり 大渡	黒川・刻目（晩期〜弥生早期）	10	10〜11			●	IVC			文献 15	p.447	106
409	46	07	02	鹿児島	指宿市	おおみわたり 大渡	黒川・刻目（晩期〜弥生早期）	5〜7	5〜6			●	IIIB	底部		文献 15	p.447	
410	46	07	03	鹿児島	指宿市	おおみわたり 大渡	黒川・刻目（晩期〜弥生早期）	6〜7	6〜7			●	IIIB			文献 15	p.447	
411	46	08	01	鹿児島	指宿市	にしはらざこ 西原迫	刻目（弥生早期）	3.3〜4	5〜6			●	⑥B	底部	経糸2本密着あるのみ	鹿児島 18	第19図-112	107
412	46	08	02	鹿児島	指宿市	にしはらざこ 西原迫	刻目（弥生早期）	15	9			●	IIB	底部		鹿児島 18	第19図-113	
413	46	08	03	鹿児島	指宿市	にしはらざこ 西原迫	刻目（弥生早期）		8	諸撚り (Z)	N	●	⑤B	底部	15mm間隔の経糸あるのみ	鹿児島 18	第27図-210	
414	46	08	04	鹿児島	指宿市	にしはらざこ 西原迫	刻目（弥生早期）	19	8〜9	諸撚り (Z)	N	●	⑤B	胴部	19mm間隔の経糸あるのみ	鹿児島 18	第27図-211	
415	46	08	05	鹿児島	指宿市	にしはらざこ 西原迫	刻目（弥生早期）	8	7〜8	片撚り (Z)	N	●	IIIB	胴〜底部		鹿児島 18	第27図-212	
416	46	08	06	鹿児島	指宿市	にしはらざこ 西原迫	刻目（弥生早期）	10〜12	6〜7	諸撚り (Z)	N	●	②IVB	底部	経糸2本密着　経糸途中より屈折	鹿児島 18	第27図-213	
417	46	08	07	鹿児島	指宿市	にしはらざこ 西原迫	刻目（弥生早期）	3	8		N	●	IIB	底部	460806の左下	鹿児島 18	第27図-213	
418	46	08	08	鹿児島	指宿市	にしはらざこ 西原迫	刻目（弥生早期）	8〜10	7〜8	片撚り (Z)	N	●	②IIIB	底部	経糸2本密着	鹿児島 18	第27図-214	
419	46	08	09	鹿児島	指宿市	にしはらざこ 西原迫	刻目（弥生早期）	7〜8	7〜8	諸撚り (Z)	N	●	IIIB	底部	経糸繕んだ跡あり	鹿児島 18	第27図-215	
420	46	08	10	鹿児島	指宿市	にしはらざこ 西原迫	刻目（弥生早期）	6〜8	8〜9	片撚り (Z)	N	●	IIIB	底部	緯糸の傾斜右上がり	鹿児島 18	第27図-216	
421	46	08	11	鹿児島	指宿市	にしはらざこ 西原迫	刻目（弥生早期）	9	7			●	IIIB	底部		鹿児島 18	第27図-217	
422	46	08	12	鹿児島	指宿市	にしはらざこ 西原迫	刻目（弥生早期）	5〜6	8			●	IIIB	底部		鹿児島 18	第27図-218	
423	46	08	13	鹿児島	指宿市	にしはらざこ 西原迫	刻目（弥生早期）	2.5〜3	9			●	IIB	底部		鹿児島 18	第27図-219	
424	46	08	14	鹿児島	指宿市	にしはらざこ 西原迫	刻目（弥生早期）	3〜4	8〜9			●	IIB	底部	摩耗	鹿児島 18	第27図-220	
425	46	09	01	鹿児島	南さつま市	ひごばる 平河原	黒川（晩期）	7〜9	7〜8		N	●	IIIB	胴部		鹿児島 19	図25-320	108
426	46	09	02	鹿児島	南さつま市	ひごばる 平河原	黒川（晩期）		6〜7			●	⑥B	底面	圧痕二重　破れあり	鹿児島 19	図16-116	
427	46	09	03	鹿児島	南さつま市	ひごばる 平河原	黒川（晩期）	7〜8	8〜9			●	IIIB	胴部		鹿児島 19	図20-204	
428	46	09	04	鹿児島	南さつま市	ひごばる 平河原	黒川（晩期）	6〜7	8			●	IIIB	胴部		鹿児島 19	図25-321	
429	46	09	05	鹿児島	南さつま市	ひごばる 平河原	黒川（晩期）	6〜7	8			●	IIIB	胴部	著しく摩耗	鹿児島 19	図25-322	
430	46	10	01	鹿児島	南さつま市	かみのやきた 上処田	黒川・刻目（晩期〜弥生早期）	2〜4 8〜10	6			●	①IIIB	口縁〜胴部	経糸崩れはあるが細らしい	鹿児島 01	第17図-5	109

No.	県都道府県番号	資料番号遺跡番号	資料数	県名	市町村名	遺跡名	時期	編布の密度 経糸間隔(mm)	経糸(本/cm)	緯糸(本/cm)	緯糸の撚り方向	経糸絡み方向	編布分類	密度分類	圧痕部位	備考	文献等	文献中の挿図番号	分布図の遺跡番号
431	46	10	02	鹿児島	南さつま市	かみやきた上焼田	黒川・刻目（晩期～弥生早期）	2・4		6			●	⑤B	胴部	経糸の崩れ著しい 2mmと4mm間隔の経糸あるのみ	鹿児島01	第17図-6	109
432	46	10	03	鹿児島	南さつま市	上焼田	黒川・刻目（晩期～弥生早期）	8〜10		8			●	ⅢB	口縁〜胴部	経糸弧状	鹿児島01	第17図-7	
433	46	10	04	鹿児島	南さつま市	上焼田	黒川・刻目（晩期～弥生早期）	11		6〜7			●	ⅣB	胴部		鹿児島01	第17図-8	
434	46	11	01	鹿児島	南さつま市	かみずる上水流	黒川（晩期）	35		9〜10		Z	●	②ⅧB	胴部下半	経糸2本密着	鹿児島16	第161図-451	110
435	46	11	02	鹿児島	南さつま市	上水流	黒川（晩期）			10〜14		Z	●	⑥C	胴部下半		鹿児島16	第161図-453	
436	46	11	03	鹿児島	南さつま市	上水流	黒川（晩期）	23〜25		10〜12	片撚り(Sらしい)	Z	●	②ⅥC	胴部下半	経糸2本密着	鹿児島16	第161図-455	
437	46	11	04	鹿児島	南さつま市	上水流	黒川（晩期）	1.5〜2 6〜15		12〜14	片撚り(S)	Z	●	①ⅣC	胴部下半		鹿児島16	第161図-456	
438	46	11	05	鹿児島	南さつま市	上水流	黒川（晩期）			8〜9		Z	●	⑥B	胴部下半	縞	鹿児島16	第161図-459	
439	46	11	06	鹿児島	南さつま市	上水流	黒川（晩期）	2〜3 6〜15		10		Z	●	①ⅣC	胴部下半	縞	鹿児島16	第161図-460	
440	46	11	07	鹿児島	南さつま市	上水流	黒川（晩期）			12〜14	片撚り(S)	Z	●	⑥C	胴部下半		鹿児島16	第161図-461	
441	46	11	08	鹿児島	南さつま市	上水流	黒川（晩期）	18		10〜12	片撚り(Sらしい)	Z	●	⑤C	胴部下半	18mm間隔の経糸あるのみ	鹿児島16	第161図-462	
442	46	11	09	鹿児島	南さつま市	上水流	黒川（晩期）			10		Z	●	⑥C	胴部下半		鹿児島16	第161図-463	
443	46	11	10	鹿児島	南さつま市	上水流	黒川（晩期）	20〜24		12〜14		Z	●	②ⅥC	胴部下半	経糸2本密着	鹿児島16	第161図-464	
444	46	11	11	鹿児島	南さつま市	上水流	黒川（晩期）	17〜20?		10		Z	●	ⅤC	胴部下半	二重 三重らしい経糸あり	鹿児島16	第161図-466	
445	46	12	01	鹿児島	日置市	くろかわどうくつ黒川洞窟	黒川（晩期）	14		9	諸撚り(Z)		●	ⅣB			文献15	p.446	111
446	46	13	01	鹿児島	薩摩川内市	なりおか成岡	黒川・刻目（晩期～弥生早期）	8〜9		4.5〜5		Z	●	ⅢA	胴部	経糸間隔不規則 緯糸の傾斜左上り	鹿児島04	第10図-61	112
447	46	13	02	鹿児島	薩摩川内市	成岡	黒川・刻目（晩期～弥生早期）	4〜8		5〜6		Z	●	④B	底部		鹿児島04	第10図-62	
448	46	13	03	鹿児島	薩摩川内市	成岡	黒川・刻目（晩期～弥生早期）	5〜6		5〜6			●	ⅢB	胴部		鹿児島04	第10図-60	
449	46	13	04	鹿児島	薩摩川内市	成岡	黒川・刻目（晩期～弥生早期）	4〜7		6			●	ⅢB	底部		鹿児島04	第10図-63	
450	46	14	01	鹿児島	薩摩川内市	けしかり計志加里	黒川・刻目（晩期～弥生早期）			5〜6		Z	●	⑥B	底部	経糸間隔不明	鹿児島13	第33図-367	113
451	46	14	02	鹿児島	薩摩川内市	計志加里	黒川・刻目（晩期～弥生早期）	20〜24		5〜6	片撚り(S)	Z	●	ⅥB	底部	圧痕 二重	鹿児島13	第33図-368	
452	46	14	03	鹿児島	薩摩川内市	計志加里	黒川・刻目（晩期～弥生早期）	22		6	片撚り(Z)	Z	●	③ⅥB	底部	5〜6mm間に経糸3本	鹿児島13	第33図-369	
453	46	14	04	鹿児島	薩摩川内市	計志加里	黒川・刻目（晩期～弥生早期）			6	片撚り(S)	Z	●	⑥B	口縁部	中央よりに経糸1本	鹿児島13	第33図-370	
454	46	14	05	鹿児島	薩摩川内市	計志加里	黒川・刻目（晩期～弥生早期）			7〜8		Z	●	⑤B	底部	上部では8mm間に経糸4本並列しているが下部では密集破れ崩れ著しい	鹿児島13	第33図-371	
455	46	14	06	鹿児島	薩摩川内市	計志加里	黒川・刻目（晩期～弥生早期）	9〜10		9〜10		Z	●	ⅢB	底部	圧痕 二重	鹿児島13	第33図-372	

付表1　縄文時代の出土編布及び圧痕編布の構成等一覧　305

456	46	14	07	鹿児島	薩摩川内市	けしかり計志加里	黒川・刻目（晩期～弥生早期）	7〜9			N	●	ⅢB	底部		第33図-373	鹿児島13
457	46	14	08	鹿児島	薩摩川内市	けしかり計志加里	黒川・刻目（晩期～弥生早期）		9		N	●	⑥B	底部		第34図-374	鹿児島13
458	46	14	09	鹿児島	薩摩川内市	けしかり計志加里	黒川・刻目（晩期～弥生早期）	5〜8	9		N	●	③ⅢB	底部	2〜2.5mm間に経糸2本	第34図-375	鹿児島13
459	46	14	10	鹿児島	薩摩川内市	けしかり計志加里	黒川・刻目（晩期～弥生早期）	8〜9	6		N	●	⑤B	底部	8〜9mm間隔の経糸あるのみ	第34図-376	鹿児島13
460	46	14	11	鹿児島	薩摩川内市	けしかり計志加里	黒川・刻目（晩期～弥生早期）	10	9〜10	諸撚り（S）	N	●	ⅣB	底部		第34図-377	鹿児島13
461	46	14	12	鹿児島	薩摩川内市	けしかり計志加里	黒川・刻目（晩期～弥生早期）	10〜12	9		N	●	ⅣB	底部	圧痕二重	第34図-378	鹿児島13
462	46	14	13	鹿児島	薩摩川内市	けしかり計志加里	黒川・刻目（晩期～弥生早期）	3〜5	7		N	●	ⅡB	口縁部	緯糸の傾斜左上り　磨耗	第34図-379	鹿児島13
463	46	15	01	鹿児島	出水市	しちふきさこ下桶迫	黒川・刻目（晩期～弥生早期）	8〜9	8		N	●	ⅢB		編布の上にステッチあり		教示14
464	46	15	02	鹿児島	出水市	しちふきさこ下桶迫	黒川・刻目（晩期～弥生早期）	5〜7	7	諸撚り（Z）	N	●	ⅢB	胴部		第96図-838	鹿児島31
465	46	15	03	鹿児島	出水市	しちふきさこ下桶迫	黒川・刻目（晩期～弥生早期）	4〜5	7〜8	諸撚り（Z）	N	●	ⅡB	口縁部		第96図-839	鹿児島31
466	46	15	04	鹿児島	出水市	しちふきさこ下桶迫	黒川・刻目（晩期～弥生早期）	7	6〜7	片撚り（S）	N	●	ⅢB	胴部		第96図-840	鹿児島31
467	46	15	05	鹿児島	出水市	しちふきさこ下桶迫	黒川・刻目（晩期～弥生早期）	3〜20	6		N	●	④B	胴部	経糸間隔不規則	第96図-842	鹿児島31
468	46	15	06	鹿児島	出水市	しちふきさこ下桶迫	黒川・刻目（晩期～弥生早期）	6	7	片撚り（S）	N	●	ⅢB	胴部		第96図-843	鹿児島31
469	46	15	07	鹿児島	出水市	しちふきさこ下桶迫	黒川・刻目（晩期～弥生早期）	6〜7	7		N	●	ⅢB	胴部		第96図-844	鹿児島31
470	46	15	08	鹿児島	出水市	しちふきさこ下桶迫	黒川・刻目（晩期～弥生早期）	5〜6	8〜9		N	●	ⅢB	胴部		第96図-846	鹿児島31
471	46	15	09	鹿児島	出水市	しちふきさこ下桶迫	黒川・刻目（晩期～弥生早期）	30	5〜6	片撚り（S）	N	●	⑤B	胴部	30mm間隔の経糸あるのみ	第96図-849	鹿児島31
472	46	15	10	鹿児島	出水市	しちふきさこ下桶迫	黒川・刻目（晩期～弥生早期）	6	7		N	●	ⅢB	胴部		第96図-850	鹿児島31
473	46	15	11	鹿児島	出水市	しちふきさこ下桶迫	黒川・刻目（晩期～弥生早期）	10	6	片撚り（S）	N	●	⑤B	胴部	10mm間隔の経糸あるのみ	第96図-851	鹿児島31
474	46	15	12	鹿児島	出水市	しちふきさこ下桶迫	黒川・刻目（晩期～弥生早期）	6〜7	6	片撚り（S）	N	●	⑥B	胴部	中央右上りに経糸1本	第96図-853	鹿児島31
475	46	15	13	鹿児島	出水市	しちふきさこ下桶迫	黒川・刻目（晩期～弥生早期）	6〜10	6		N	●	④B	胴部	経糸間隔不規則	第96図-854	鹿児島31
476	46	15	14	鹿児島	出水市	しちふきさこ下桶迫	黒川・刻目（晩期～弥生早期）	5	6		N	●	ⅢB	底部		第96図-855	鹿児島31
477	46	15	15	鹿児島	出水市	しちふきさこ下桶迫	黒川・刻目（晩期～弥生早期）	40〜42	7	片撚り（Sらしい）	N	●	②ⅦB	胴部		第96図-856	鹿児島31
478	46	15	16	鹿児島	出水市	しちふきさこ下桶迫	黒川・刻目（晩期～弥生早期）	10〜14	7		N	●	ⅣB			第96図-857	鹿児島31
479	46	15	17	鹿児島	出水市	しちふきさこ下桶迫	黒川・刻目（晩期～弥生早期）	6〜7	6〜7		N	●	ⅢB	胴部		第96図-860	鹿児島31
480	46	15	18	鹿児島	出水市	しちふきさこ下桶迫	黒川・刻目（晩期～弥生早期）	5〜7	10		N	●	ⅢC	胴部		第96図-861	鹿児島31
481	46	15	19	鹿児島	出水市	しちふきさこ下桶迫	黒川・刻目（晩期～弥生早期）	3〜6	6		N	●	ⅡB	口縁部	経糸2本密着	第96図-862	鹿児島31
482	46	15	20	鹿児島	出水市	しちふきさこ下桶迫	黒川・刻目（晩期～弥生早期）	7	6		N	●	ⅢB	胴部		第96図-864	鹿児島31
483	46	15	21	鹿児島	出水市	しちふきさこ下桶迫	黒川・刻目（晩期～弥生早期）	4〜5			N	●	⑦Ⅱ	胴部		第96図-865	鹿児島31

付表・付図

No.	県番号	都道府県番号	遺跡番号	資料数	県名	市町村名	遺跡名	時期	経糸間隔(mm)	経糸(本/cm)	緯糸(本/cm)	緯糸の撚り方向	経糸の撚り方向	編布分類	密度分類	圧痕部位	備考	文献等	文献中の挿図番号	分布図の遺跡番号
484	46	15		22	鹿児島	出水市	しもふきさこ下楪迫	黒川・刻目(晩期〜弥生早期)	6〜7		6	片撚り(Sらしい)	Z	●	②ⅢB	胴部	経糸2本密着 緯糸の傾斜右上がり	鹿児島31	第96図-866	114
485	46	15		23	鹿児島	出水市	しもふきさこ下楪迫	黒川・刻目(晩期〜弥生早期)			5		Z	●	⑥B	胴部	中央左右に経糸1本あるのみ	鹿児島31	第96図-867	
486	46	15		24	鹿児島	出水市	しもふきさこ下楪迫	黒川・刻目(晩期〜弥生早期)	4〜9					●	⑦Ⅲ	胴部		鹿児島31	第96図-869	
487	46	15		25	鹿児島	出水市	しもふきさこ下楪迫	黒川・刻目(晩期〜弥生早期)	16		6		Sらしい	●	⑤B	胴部	16mm間隔の経糸あるのみ	鹿児島31	第97図-871	
488	46	15		26	鹿児島	出水市	しもふきさこ下楪迫	黒川・刻目(晩期〜弥生早期)	10〜12		7		Z	●	ⅣB	胴部		鹿児島31	第97図-872	
489	46	15		27	鹿児島	出水市	しもふきさこ下楪迫	黒川・刻目(晩期〜弥生早期)	12〜14		6		Z	●	ⅣB	胴部	緯糸の傾斜右上がり	鹿児島31	第97図-873	
490	46	15		28	鹿児島	出水市	しもふきさこ下楪迫	黒川・刻目(晩期〜弥生早期)	6		10	片撚り(S)	Z	●	ⅢC	胴部		鹿児島31	第97図-874	
491	46	15		29	鹿児島	出水市	しもふきさこ下楪迫	黒川・刻目(晩期〜弥生早期)	6		7〜8			●	⑦Ⅲ	胴部		鹿児島31	第97図-875	
492	46	15		30	鹿児島	出水市	しもふきさこ下楪迫	黒川・刻目(晩期〜弥生早期)	4		5	諸撚り(Sらしい)	Z	●	ⅡVⅠB	胴部	縞	鹿児島31	第97図-876	
493	46	15		31	鹿児島	出水市	しもふきさこ下楪迫	黒川・刻目(晩期〜弥生早期)	2〜4 20		6〜7	片撚り(S)	Z	●	①ⅥB	胴部	2〜3mm間に経糸2本	鹿児島31	第97図-877	
494	46	15		32	鹿児島	出水市	しもふきさこ下楪迫	黒川・刻目(晩期〜弥生早期)	6		6	片撚り(S)	Z	●	③ⅢB	胴部		鹿児島31	第97図-878	
495	46	15		33	鹿児島	出水市	しもふきさこ下楪迫	黒川・刻目(晩期〜弥生早期)	7〜8		7	片撚り(S)	Z	●	ⅢB	胴部	中央左右に経糸1本あるのみ	鹿児島31	第97図-879	
496	46	15		34	鹿児島	出水市	しもふきさこ下楪迫	黒川・刻目(晩期〜弥生早期)	5〜7		7〜8	片撚り(Sらしい)	Z	●	⑥B	胴部		鹿児島31	第97図-880	
497	46	15		35	鹿児島	出水市	しもふきさこ下楪迫	黒川・刻目(晩期〜弥生早期)	7〜8		9	片撚り(S)	Z	●	ⅢB	口縁〜胴部		鹿児島31	第97図-883	
498	46	15		36	鹿児島	出水市	しもふきさこ下楪迫	黒川・刻目(晩期〜弥生早期)	12		8	片撚り(S)	Z	●	ⅢB	胴部	6mm間に経糸4本 4mm間に経糸3本 稀縞らしい	鹿児島31	第97図-885	
499	46	15		37	鹿児島	出水市	しもふきさこ下楪迫	黒川・刻目(晩期〜弥生早期)	6〜7		7	片撚り(S)	Z	●	③ⅣB	胴部	左端に2本密着の経糸あるのみ	鹿児島31	第97図-888	
500	46	15		38	鹿児島	出水市	しもふきさこ下楪迫	黒川・刻目(晩期〜弥生早期)			6	諸撚り(Z)	Z	●	ⅢB	胴部		鹿児島31	第97図-889	
501	46	15		39	鹿児島	出水市	しもふきさこ下楪迫	黒川・刻目(晩期〜弥生早期)	3〜4		6		Z	●	⑥B	胴部		鹿児島31	第97図-890	
502	46	15		40	鹿児島	出水市	しもふきさこ下楪迫	黒川・刻目(晩期〜弥生早期)	4〜5		10		Z	●	ⅡB	胴部		鹿児島31	第97図-892	
503	46	15		41	鹿児島	出水市	しもふきさこ下楪迫	黒川・刻目(晩期〜弥生早期)	9		5		S	●	ⅡC	胴部		鹿児島31	第97図-894	
504	46	15		42	鹿児島	出水市	しもふきさこ下楪迫	黒川・刻目(晩期〜弥生早期)	9		5		Z	●	ⅢB	胴部		鹿児島32	第17図-54	
505	46	15		43	鹿児島	出水市	しもふきさこ下楪迫	黒川・刻目(晩期〜弥生早期)	10		5〜6			●	ⅣB	胴部		鹿児島32	第17図-55	
506	46	16		01	鹿児島	菱刈町	なかやばる諏訪原	晩期	2〜8		9	諸撚り(Z)	Z	●	④B	底部	経糸間隔不規則	文献19	57	115
507	46	17		01	鹿児島	霧島市	なかふくら中福良	黒川・刻目(晩期〜弥生早期)	20		8	諸撚り(Z)	Z	●	ⅥB	胴〜底部		鹿児島30	第12図-43	116
508	46	17		02	鹿児島	霧島市	なかふくら中福良	黒川・刻目(晩期〜弥生早期)	5〜6		8		Z	●	ⅢB	底部		鹿児島30	第12図-44	
509	46	18		01	鹿児島	霧島市	つまやもと妻山元	黒川・刻目(晩期〜弥生早期)						●				鹿児島20	第13図-133	117

付表1　縄文時代の出土編布及び圧痕編布の構成等一覧

510	46	19	01	鹿児島	霧島市	うえのはら／上野原	黒川(晩期)	17	9～10					ⅤB	底部		鹿児島 14	
511	46	19	02	鹿児島	霧島市	うえのはら／上野原	黒川(晩期)	15～18	9～10			Z	●	③ⅤB	底部	8mm間に経糸3本	鹿児島 14	第81図-800
512	46	19	03	鹿児島	霧島市	うえのはら／上野原	黒川(晩期)	15～20	9～10			Z	●	③ⅤB	胴〜底部	8mm間に経糸3本	鹿児島 14	第81図-801
513	46	19	04	鹿児島	霧島市	うえのはら／上野原	黒川(晩期)	7～9	7～8	片撚り(S)		Z	●	ⅢB	口縁部		鹿児島 14	第81図-802
514	46	19	05	鹿児島	霧島市	うえのはら／上野原	黒川(晩期)	5～7	7	諸撚り(Z)		Z	●	ⅢB	口縁〜胴部		鹿児島 14	第82図-806
515	46	19	06	鹿児島	霧島市	うえのはら／上野原	黒川(晩期)	6～9	6			Z	●	ⅢB	口縁〜胴部		鹿児島 14	第82図-809
516	46	19	07	鹿児島	霧島市	うえのはら／上野原	黒川(晩期)	10～12	5～6	諸撚り(Z)		Z	●	ⅣB	口縁部		鹿児島 14	第82図-810
517	46	19	08	鹿児島	霧島市	うえのはら／上野原	黒川(晩期)	8～9	6～7	片撚り(S)		Z	●	ⅢB	底部		鹿児島 14	第82図-813
518	46	19	09	鹿児島	霧島市	うえのはら／上野原	黒川(晩期)	9～12	5～5.5	諸撚り(Z)		Z	●	ⅣB	口縁部		鹿児島 14	第82図-814
519	46	19	10	鹿児島	霧島市	うえのはら／上野原	黒川(晩期)	4～6	12			Z	●	ⅢC	口縁〜胴部		鹿児島 14	第82図-815
520	46	19	11	鹿児島	霧島市	うえのはら／上野原	黒川(晩期)	4～6	10	諸撚り(Z)		Z	●	ⅢC	胴部		鹿児島 14	第84図-829
521	46	19	12	鹿児島	霧島市	うえのはら／上野原	黒川(晩期)	5／16	8～9				●	①ⅤB	胴部	織	鹿児島 14	第84図-833
522	46	19	13	鹿児島	霧島市	うえのはら／上野原	黒川(晩期)		8～9				●	⑥B	口縁部	経糸1本あるのみ	鹿児島 14	第81図-797
523	46	19	14	鹿児島	霧島市	うえのはら／上野原	黒川(晩期)	13～14	8				●	ⅣB	口縁部		鹿児島 14	第81図-799
524	46	19	15	鹿児島	霧島市	うえのはら／上野原	黒川(晩期)	8～10	5				●	ⅢB	口縁部	圧痕二重	鹿児島 14	第82図-804
525	46	19	16	鹿児島	霧島市	うえのはら／上野原	黒川(晩期)	8	8～9				●	ⅢB	口縁〜胴部		鹿児島 14	第82図-805
526	46	19	17	鹿児島	霧島市	うえのはら／上野原	黒川(晩期)	9～10					●	⑦Ⅲ	口縁部		鹿児島 14	第82図-807
527	46	19	18	鹿児島	霧島市	うえのはら／上野原	黒川(晩期)		6				●	⑥B	口縁部	経糸中央に1本あるのみ	鹿児島 14	第82図-808
528	46	19	19	鹿児島	霧島市	うえのはら／上野原	黒川(晩期)	12	10				●	ⅣC	胴〜底部		鹿児島 14	第82図-811
529	46	19	20	鹿児島	霧島市	うえのはら／上野原	黒川(晩期)	4～5	10～11				●	ⅡC	口縁部		鹿児島 14	第82図-812
530	46	19	21	鹿児島	霧島市	うえのはら／上野原	黒川(晩期)	5	7				●	ⅢB	口縁部		鹿児島 14	第84図-830
531	46	19	22	鹿児島	霧島市	うえのはら／上野原	黒川(晩期)	5～6	7				●	ⅢB	口縁〜胴部		鹿児島 14	第84図-831
532	46	19	23	鹿児島	霧島市	うえのはら／上野原	黒川(晩期)	5	8～9				●	ⅢB	口縁〜胴部		鹿児島 14	第84図-832
533	46	19	24	鹿児島	霧島市	うえのはら／上野原	黒川(晩期)	3～4					●	⑦Ⅱ	口縁部		鹿児島 14	第84図-834
534	46	19	25	鹿児島	霧島市	うえのはら／上野原	黒川(晩期)	6～7	7				●	ⅢB	口縁部		鹿児島 14	第84図-835
535	46	19	26	鹿児島	霧島市	うえのはら／上野原	黒川(晩期)	5～6	6				●	ⅢB	底部		鹿児島 14	第84図-836
536	46	19	27	鹿児島	霧島市	うえのはら／上野原	黒川(晩期)	4～6	7				●	ⅢB	底部		鹿児島 14	第84図-837
537	46	19	28	鹿児島	霧島市	うえのはら／上野原	黒川(晩期)	13～15	8～9			Z	●	ⅣB			教示 15	第84図-838

No.	資料番号 県都道府県番号	資料番号 遺跡番号	資料番号 資料数	県名	市町村名	遺跡名	時期	編布の密度 経糸間隔(mm)	編布の密度 経糸(本/cm)	編布の密度 緯糸(本/cm)	緯糸の撚り方向	経糸の絡み方向	編布分類	密度分類	圧痕部位	備考	文献等	文献中の挿図番号	分布図の遺跡番号
538	46	19	29	鹿児島	霧島市	うえのはら 上野原	黒川(晩期)	2~5		8	諸撚り(Z)	Z	●	ⅡB			教示 15		
539	46	19	30	鹿児島	霧島市	うえのはら 上野原	黒川(晩期)	6~8		7	片撚り(S)	Z	●	ⅢB		経糸細い	教示 15		
540	46	19	31	鹿児島	霧島市	うえのはら 上野原	黒川(晩期)	16~18		7	片撚り(S)	Z	●	ⅤB		圧痕二重 経糸やや弧状	教示 15		118
541	46	19	32	鹿児島	霧島市	うえのはら 上野原	黒川(晩期)	4~6		9~10	諸撚り(Z)	Z	●	ⅢB			教示 15		119
542	46	19	33	鹿児島	霧島市	うえのはら 上野原	黒川(晩期)	2~5		8~9	諸撚り(Z)	Z	●	ⅡB			教示 15		
543	46	20	01	鹿児島	曽於市	宮原	黒川(晩期)	4~14		5~6			●	④B	胴~底部	経糸間隔不規則	鹿児島 33	第11図-42	
544	46	21	01	鹿児島	曽於市	かみなかだん 上中段	黒川(晩期)~弥生早期	2~7		7	諸撚り(Z)	Z	●	①B	口縁~胴部	経糸間隔不規則 中央左下に綴じた糸らしい	鹿児島 34	第16図-155	
545	46	21	02	鹿児島	曽於市	かみなかだん 上中段	黒川(晩期)~弥生早期	4~5 12~15		9~10	諸撚り(Z)	Z	●	①ⅣB	底部	摩耗	鹿児島 34	第16図-157	
546	46	21	03	鹿児島	曽於市	かみなかだん 上中段	黒川(晩期)~弥生早期	3~6 13~17		10	諸撚り(Z)	Z	●	①ⅤC	底部	破れあり	鹿児島 34	第16図-158	
547	46	21	04	鹿児島	曽於市	かみなかだん 上中段	黒川(晩期)~弥生早期	4 9~15		8	諸撚り(Z)	Z	●	①ⅣB	底部	縞 破れあり	鹿児島 34	第17図-162	
548	46	21	05	鹿児島	曽於市	かみなかだん 上中段	黒川(晩期)~弥生早期	4 16~17		10~12	諸撚り(Z)	Z	●	①ⅤC	底部	縞	鹿児島 34	第29図-208	
549	46	21	06	鹿児島	曽於市	かみなかだん 上中段	黒川(晩期)~弥生早期	3~4 17~19		8~10	諸撚り(Z)	Z	●	①ⅤB	底部	縞 アンバランス	鹿児島 34	第38図-304	120
550	46	21	07	鹿児島	曽於市	かみなかだん 上中段	黒川(晩期)~弥生早期	4~5 12~14		7~8	諸撚り(Z)	Z	●	①ⅣB	底部	縞 補正部分あり	鹿児島 34	第38図-305	
551	46	21	08	鹿児島	曽於市	かみなかだん 上中段	黒川(晩期)~弥生早期	2~5		8	諸撚り(Z)	Z	●	④B	底部	縞	鹿児島 34	第39図-310	
552	46	21	09	鹿児島	曽於市	かみなかだん 上中段	黒川(晩期)~弥生早期	3~5		8~9	諸撚り(Z)	Z	●	ⅡB	底部	経糸間隔不規則 破れあり	鹿児島 34	第39図-318	
553	46	21	10	鹿児島	曽於市	かみなかだん 上中段	黒川(晩期)~弥生早期			7~8			●	⑥B	底部	摩耗 縞らしいが経糸間隔不明	鹿児島 34	第16図-159	
554	46	21	11	鹿児島	曽於市	かみなかだん 上中段	黒川(晩期)~弥生早期	10~12		8			●	ⅣB	底部		鹿児島 34	第17図-163	
555	46	21	12	鹿児島	曽於市	かみなかだん 上中段	黒川(晩期)~弥生早期	8~10		8~10			●	ⅢB	底部		鹿児島 34	第18図-178	
556	46	21	13	鹿児島	曽於市	かみなかだん 上中段	黒川(晩期)~弥生早期	14~15		7~8			●	②ⅣB	底部	経糸2本密着らしい	鹿児島 34	第29図-200	
557	46	21	14	鹿児島	曽於市	かみなかだん 上中段	黒川(晩期)~弥生早期	10		8~9			●	ⅣB	底部		鹿児島 34	第29図-203	
558	46	21	15	鹿児島	曽於市	かみなかだん 上中段	黒川(晩期)~弥生早期	5 18		7~8			●	①ⅤB	底部	縞らしい	鹿児島 34	第29図-210	
559	46	21	16	鹿児島	曽於市	かみなかだん 上中段	黒川(晩期)~弥生早期	5 14		8~9			●	⑥B	底部	縞らしい	鹿児島 34	第29図-211	
560	46	21	17	鹿児島	曽於市	かみなかだん 上中段	黒川(晩期)~弥生早期	2.5~10		8			●	①ⅣB	底部	摩耗 経糸間隔不規則	鹿児島 34	第29図-213	
561	46	21	18	鹿児島	曽於市	かみなかだん 上中段	黒川(晩期)~弥生早期	4 20		8			●	④B	底部	摩耗	鹿児島 34	第36図-285	
562	46	21	19	鹿児島	曽於市	かみなかだん 上中段	黒川(晩期)~弥生早期	4~5		9			●	①ⅥB	底部	摩耗しているが縞らしい	鹿児島 34	第38図-303	
563	46	21	20	鹿児島	曽於市	かみなかだん 上中段	黒川(晩期)~弥生早期	15		8			●	①ⅤB	底部	摩耗しているが縞らしい	鹿児島 34	第38図-306	

付表1 縄文時代の出土編布及び圧痕編布の構成等一覧

				遺跡名	所在地	時期	年代	経糸密度	緯糸密度	撚り方向	●	構成	部位	備考	出典	文献No.	番号
564	46	21	21	かみなかだん 上中段	鹿児島 曽於市	黒川・刻目 早期(晩期〜弥生)	8〜12	8		●	ⅣB	底部	摩耗	第38図-308	鹿児島 34	120
565	46	21	21	かみなかだん 上中段	鹿児島 曽於市	黒川 早期(晩期〜弥生)	8〜9	8		●	ⅢB	底部		第39図-309	鹿児島 34	
566	46	21	22	かみなかだん 上中段	鹿児島 曽於市	黒川・刻目 早期(晩期〜弥生)	4〜5	6		●	ⅡB	底部	縄糸の傾斜右上がり	第39図-313	鹿児島 34	
567	46	21	23	かみなかだん 上中段	鹿児島 曽於市	黒川・刻目 早期(晩期〜弥生)	8〜10	6〜7		●	ⅢB	底部		第39図-314	鹿児島 34	
568	46	21	24	かみなかだん 上中段	鹿児島 曽於市	黒川・刻目 早期(晩期〜弥生)	3〜5 16〜18	7〜8		●	①ⅤB	底部	縞	第39図-315	鹿児島 34	
569	46	21	25	かみなかだん 上中段	鹿児島 曽於市	黒川・刻目 早期(晩期〜弥生)	17〜20	7		●	ⅤB	底部		第39図-316	鹿児島 34	
570	46	21	26	かみなかだん 上中段	鹿児島 曽於市	黒川・刻目 早期(晩期〜弥生)	18〜20	5		●	ⅤB	底部		第39図-317	鹿児島 34	
571	46	21	27	かみなかだん 上中段	鹿児島 曽於市	黒川・刻目 早期(晩期〜弥生)	7〜8	6〜7		●	ⅢB	底部		第39図-319	鹿児島 34	
572	46	21	28	かみなかだん 上中段	鹿児島 曽於市	黒川・刻目 早期(晩期〜弥生)	15〜16	4	諸撚り(Z)	●	ⅤA	胴部	経糸の絡み぀ぎもらない	教示 01		
573	46	22	01	やないだに 柳井谷	鹿児島 曽於市	黒川・刻目 早期(晩期〜弥生)	4 17	8		●	①ⅤB	胴部		第4図-A-1例	文献 20	121
574	46	22	02	やないだに 柳井谷	鹿児島 曽於市	黒川・刻目 早期(晩期〜弥生)	6 15	7		●	①ⅤB	胴部		第4図-A-2例	文献 20	
575	46	22	03	やないだに 柳井谷	鹿児島 曽於市	黒川・刻目 早期(晩期〜弥生)	13	8		●	ⅣB	胴部	20mm間隔の経糸あるのみ	第4図-B-1例	文献 20	
576	46	22	04	やないだに 柳井谷	鹿児島 曽於市	黒川・刻目 早期(晩期〜弥生)	20	4		●	⑤A	胴部		第4図-B-2例	文献 20	
577	46	22	05	やないだに 柳井谷	鹿児島 曽於市	黒川・刻目 早期(晩期〜弥生)	11	8		●	⑤B	胴部	11mm間隔の経糸あるのみ	第4図-B-3例	文献 20	
578	46	22	06	やないだに 柳井谷	鹿児島 曽於市	黒川・刻目 早期(晩期〜弥生)	6	7		●	ⅢB	胴部		第4図-B-4例	文献 20	
579	46	22	07	やないだに 柳井谷	鹿児島 曽於市	黒川・刻目 早期(晩期〜弥生)	3	8		●	ⅡB	底部		第4図-C-1例	文献 20	
580	46	22	08	やないだに 柳井谷	鹿児島 曽於市	黒川・刻目 早期(晩期〜弥生)	3.5	7〜8		●	ⅣB	底部		第4図-C-2例	文献 20	
581	46	23	01	いてのうえ 井手ノ上	鹿児島 曽於市	黒川(晩期)	10	5		●	⑤B	底部	15mm間隔の経糸あるのみ	第6図-1	鹿児島 35	122
582	46	23	02	いてのうえ 井手ノ上	鹿児島 曽於市	黒川(晩期)	15	7	片撚り(S)	●	⑤B	底部	15mm間隔の経糸あるのみ	第21図-368	鹿児島 35	
583	46	23	03	いてのうえ 井手ノ上	鹿児島 曽於市	黒川(晩期)	15	7	諸撚り(Z)	●	⑤B	底部		第21図-371	鹿児島 35	
584	46	24	01	こうじんめん 荒神免	鹿児島 曽於市	晩期	5			●	⑦Ⅲ			p.450	文献 15	123
585	46	25	01	みなみのごう 南ノ郷	鹿児島 曽於市	晩期	10	7〜8		●	ⅣB	胴部		p.451	文献 15	124
586	46	26	01	おぐらまえ 小倉前	鹿児島 曽於市	黒川(晩期)	3〜4 10	8〜9		●	①ⅣB	胴部	縞 摩耗	教示	鹿児島 15	125
587	46	26	02	おぐらまえ 小倉前	鹿児島 曽於市	黒川(晩期)	23〜26	9〜10		●	ⅥB	胴部		教示	鹿児島 15	
588	46	26	03	おぐらまえ 小倉前	鹿児島 曽於市	黒川(晩期)	7〜9	6		●	ⅢB	胴部	2枚重ねられている 上	教示	鹿児島 15	
589	46	26	04	おぐらまえ 小倉前	鹿児島 曽於市	黒川(晩期)	8〜12	4〜5		●	ⅣA	胴部	2枚重ねられている 下	教示	鹿児島 15	
590	46	26	05	おぐらまえ 小倉前	鹿児島 曽於市	黒川(晩期)	2〜3 17〜19	6		●	①ⅤB	胴部	縞	教示	鹿児島 15	
591	46	26	06	おぐらまえ 小倉前	鹿児島 曽於市	黒川(晩期)	6〜8	9〜10		●	ⅢB	胴部		教示	鹿児島 15	

No.	資料番号 県番号	資料番号 都道府県番号	資料番号 遺跡番号	資料数	県名	市町村名	遺跡名	時期	経糸間隔(mm)	編布の密度 経糸(本/cm)	編布の密度 緯糸(本/cm)	縒糸の撚り方向	経糸の絡み方向	編布分類	密度分類	圧痕部位	備考	文献等	文献中の挿図番号	分布図の遺跡番号
592	46	26	07		鹿児島	曽於市	おごくまえ 小倉前	黒川(晩期)	6～7		8	片撚り(Z)	Z	●	③ⅢB	胴部	4mm間に経糸3本らしい部分あり 破れあり	教示15		
593	46	26	08		鹿児島	曽於市	おごくまえ 小倉前	黒川(晩期)	3～4		10	諸撚り(Z)	Z	●	ⅡC	胴部		教示15		
594	46	26	09		鹿児島	曽於市	おごくまえ 小倉前	黒川(晩期)	21		10		Z	●	⑤C	胴部	21mm間隔の経糸のみ 破れあり	教示15		125
595	46	26	10		鹿児島	曽於市	おごくまえ 小倉前	黒川(晩期)	6～7		10～12	片撚り(Z)	Z	●	ⅢC	胴部	経糸の絡みきぢもない	教示15		
596	46	26	11		鹿児島	曽於市	おごくまえ 小倉前	黒川(晩期)	2～30		9～10		Z	●	④B	胴部	経糸間隔不規則	教示15		
597	46	26	12		鹿児島	曽於市	おごくまえ 小倉前	黒川(晩期)	3・15		10		Z	●	⑤C	胴部	破れあり、3mmと15mm間隔の経糸あるのみ	教示15		
598	46	26	13		鹿児島	曽於市	おごくまえ 小倉前	黒川(晩期)	10～12		10	片撚り(Z)	Z	●	ⅣC	胴部		教示15		
599	46	26	14		鹿児島	曽於市	おごくまえ 小倉前	黒川(晩期)	10～12		8～9		Z	●	ⅣB	胴部		教示15		
600	46	26	15		鹿児島	曽於市	おごくまえ 小倉前	黒川(晩期)	1.5～4		8～9	諸撚り(Z)	Z	●	④B	胴部	経糸間隔不規則 破れあり	教示15		
601	46	26	16		鹿児島	曽於市	おごくまえ 小倉前	黒川(晩期)	9～12		5～6	片撚り(Z)	Z	●	ⅣB	胴部	同じ密度の編布が2枚重ねられている 上	教示15		
602	46	26	17		鹿児島	曽於市	おごくまえ 小倉前	黒川(晩期)	9～12		5～6		Z	●	ⅣB	胴部	同じ密度の編布が2枚重ねられている 下	教示15		
603	46	26	01		鹿児島	曽於市	みやのうち 宮之迫	中期～後期前葉	4.7		3～4		S	●	ⅡA	底面		文献11	第4表-28	
604	46	28	01		鹿児島	曽於市	きりきみみとり 稲木耳取	黒川(晩期)	6		7		Z	●	ⅢB	胴～底部		鹿児島15	第314図-174	
605	46	28	02		鹿児島	曽於市	きりきみみとり 稲木耳取	黒川(晩期)	5～6		7	諸撚り(Z)	Z	●	ⅢB	胴～底部		鹿児島15	第314図-175	
606	46	28	03		鹿児島	曽於市	きりきみみとり 稲木耳取	黒川(晩期)	5～6		7	諸撚り(Z)	Z	●	ⅢB	底部		鹿児島15	第314図-176	
607	46	28	04		鹿児島	曽於市	きりきみみとり 稲木耳取	黒川(晩期)	5		7	諸撚り(Z)	Z	●	ⅢB	底部		鹿児島15	第314図-177	
608	46	28	05		鹿児島	曽於市	きりきみみとり 稲木耳取	黒川(晩期)	5～6		7			●	ⅢB	底部		鹿児島15	第314図-178	
609	46	28	06		鹿児島	曽於市	きりきみみとり 稲木耳取	黒川(晩期)	5～6		7			●	ⅢB	底～胴部		鹿児島15	第314図-179	127
610	46	28	07		鹿児島	曽於市	きりきみみとり 稲木耳取	黒川(晩期)	12		6～7			●	ⅣB	底～胴部		鹿児島15	第314図-180	
611	46	28	08		鹿児島	曽於市	きりきみみとり 稲木耳取	黒川(晩期)	8		8			●	ⅢB	底部		鹿児島15	第314図-181	
612	46	28	09		鹿児島	曽於市	きりきみみとり 稲木耳取	黒川(晩期)	13		8			●	ⅣB	底部		鹿児島15	第314図-182	
613	46	28	10		鹿児島	曽於市	きりきみみとり 稲木耳取	黒川(晩期)	8.5		8			●	ⅢB	底部		鹿児島15	第314図-183	
614	46	28	11		鹿児島	曽於市	きりきみみとり 稲木耳取	黒川(晩期)	12		8			●	ⅣB	口縁部		鹿児島15	第314図-184	
615	46	28	12		鹿児島	曽於市	きりきみみとり 稲木耳取	黒川(晩期)	5～6		7			●	ⅢB	底～胴部		鹿児島15	第314図-185	
616	46	28	13		鹿児島	曽於市	きりきみみとり 稲木耳取	黒川(晩期)	11		8			●	ⅣB	底部		鹿児島15	第314図-186	
617	46	28	14		鹿児島	曽於市	きりきみみとり 稲木耳取	黒川(晩期)	6.5		7			●	ⅢB	口縁部		鹿児島15	第314図-187	

付表1　縄文時代の出土編布及び圧痕編布の構成等一覧　311

618	46	29	01	鹿児島	曽於市	うえのやま上山	晩期	8	6～7			●	ⅢB	胴部		鹿児島05	第12図-277	128
619	46	30	01	鹿児島	曽於市	むかいがさこ向井ヶ迫	晩期	10	6			●	ⅣB	胴部		鹿児島05	第13図-298	129
620	46	30	02	鹿児島	曽於市	むかいがさこ向井ヶ迫	晩期	5	6			●	⑤B	胴部	5mm間隔の経糸のみ	鹿児島05	第13図-299	
621	46	31	01	鹿児島	曽於市	なるかみ鳴神	晩期	4	14			●	ⅡC			文献21	表3	130
622	46	31	02	鹿児島	曽於市	なるかみ鳴神	晩期	10	5			●	ⅣB			文献21	表3	
623	46	32	01	鹿児島	曽於市	とりいがわ鳥居川	黒川	10	7	Z		●	ⅣB	口縁～胴部		鹿児島17	第12図-8	131
624	46	32	02	鹿児島	曽於市	とりいがわ鳥居川	黒川	9～10	5～6			●	ⅢB	口縁～胴部		鹿児島17	第12図-9	
625	46	32	03	鹿児島	曽於市	とりいがわ鳥居川	黒川	7～10	6～7	Z		●	ⅢB	胴～底部		鹿児島17	第12図-10	
626	46	32	04	鹿児島	曽於市	とりいがわ鳥居川	黒川	10	4			●	ⅣA	胴～底部		鹿児島17	第12図-11	
627	46	32	05	鹿児島	曽於市	とりいがわ鳥居川	黒川	8～9	6～7	N		●	ⅢB	胴～底部	縫糸の傾斜多少左上がり	鹿児島17	第12図-12	
628	46	33	01	鹿児島	曽於市	チシャノ木	黒川	10～12	8～10			●	⑥C	口縁部		鹿児島17	第34図-98	132
629	46	33	02	鹿児島	曽於市	チシャノ木	黒川	11～12	10			●	ⅣB	胴部		鹿児島17	第36図-99	
630	46	33	03	鹿児島	曽於市	チシャノ木	黒川	10～12	9			●	ⅣC	胴部		鹿児島17	第36図-101	
631	46	33	04	鹿児島	曽於市	チシャノ木	黒川	15	10	Z		●	⑤B	胴部	15mm間隔の経糸あるのみ	鹿児島17	第36図-102	
632	46	33	05	鹿児島	曽於市	チシャノ木	黒川	16	8			●	ⅣC	胴部		鹿児島17	第36図-103	
633	46	33	06	鹿児島	曽於市	チシャノ木	黒川	18	8～9			●	ⅤB	胴部	15mm間隔の経糸あるのみ	鹿児島17	第36図-104	
634	46	33	07	鹿児島	曽於市	チシャノ木	黒川		7			●	⑤B	口縁～胴部		鹿児島17	第36図-105	
635	46	33	08	鹿児島	曽於市	チシャノ木	黒川	20	8～9			●	⑥B	口縁～胴部	20mm間隔の経糸あるのみ	鹿児島17	第36図-106	
636	46	33	09	鹿児島	曽於市	チシャノ木	黒川	15～18	8	N		●	⑤B	胴部		鹿児島17	第36図-107	
637	46	33	10	鹿児島	曽於市	チシャノ木	黒川	12～15	7	N		●	ⅤB	胴～底部		鹿児島17	第36図-108	
638	46	33	11	鹿児島	曽於市	チシャノ木	黒川	9～11	6～7			●	ⅣB	胴部	10mm間に経糸3本	鹿児島17	第37図-109	
639	46	33	12	鹿児島	曽於市	チシャノ木	黒川	8～12	9	N		●	③ⅣB	胴部		鹿児島17	第37図-110	
640	46	33	13	鹿児島	曽於市	チシャノ木	黒川	8～14	8			●	③ⅣB	胴部	8mm間に経糸3本	鹿児島17	第37図-111	
641	46	33	14	鹿児島	曽於市	チシャノ木	黒川	8～11	8～9	N		●	③ⅣB	胴部	8mm間に経糸3本	鹿児島17	第37図-112	
642	46	33	15	鹿児島	曽於市	チシャノ木	黒川	11～13	10			●	ⅢC	胴部		鹿児島17	第37図-113	
643	46	33	16	鹿児島	曽於市	チシャノ木	黒川	9～11	9	N		●	③ⅣB	胴部	6mm間に経糸3本 縫糸の傾斜斜右上がり	鹿児島17	第38図-114	
644	46	33	17	鹿児島	曽於市	チシャノ木	黒川	8～10	8～10			●	ⅣB	胴部	圧痕二重	鹿児島17	第38図-115	
645	46	33	18	鹿児島	曽於市	チシャノ木	黒川	14	7			●	ⅣB	胴～底部	縫糸の傾斜左上がり	鹿児島17	第38図-116	

No.	県番号	都道府県番号	遺跡番号	資料数	県名	市町村名	遺跡名	時期	経糸間隔(mm)	編布の密度 経糸(本/cm)	編布の密度 緯糸(本/cm)	緯糸の撚り方向	経糸の絡み方向	編布分類	密度分類	圧痕部位	備考	文献等	文献中の挿図番号	分布図の遺跡番号
646	46	33	19		鹿児島	曽於市	チシャノ木	黒川(晩期)			6			●	⑥B	胴部		鹿児島17	第38図-118	132
647	46	33	20		鹿児島	曽於市	チシャノ木	黒川(晩期)	18〜19		9			●	ⅤB	胴部		鹿児島17	第38図-119	
648	46	33	21		鹿児島	曽於市	チシャノ木	黒川(晩期)	20		7〜8			●	⑤B	胴部	20mm間隔の経糸あるのみ	鹿児島17	第38図-120	
649	46	33	22		鹿児島	曽於市	チシャノ木	黒川(晩期)		6	5		S	●	ⅠB	胴部	⑤Bと同一資料	鹿児島17	第38図-120	
650	46	33	23		鹿児島	曽於市	チシャノ木	黒川(晩期)		5	4		S	●	ⅠA	胴部		鹿児島17	第38図-121	
651	46	33	24		鹿児島	曽於市	チシャノ木	黒川(晩期)	3〜10		10〜12		Z	●	④C	胴部	経糸間隔不規則	鹿児島17	第38図-122	
652	46	33	25		鹿児島	曽於市	チシャノ木	黒川(晩期)	4〜5		7			●	ⅡB	胴部		鹿児島17	第38図-123	
653	46	33	26		鹿児島	曽於市	チシャノ木	黒川(晩期)	5〜7		6〜7			●	ⅢB	胴部		鹿児島17	第38図-124	
654	46	33	27		鹿児島	曽於市	チシャノ木	黒川(晩期)	5〜6		6			●	ⅢB	胴部		鹿児島17	第38図-125	
655	46	33	28		鹿児島	曽於市	チシャノ木	黒川(晩期)	20		7		Z	●	ⅥB	胴〜底部		鹿児島17	第39図-126	
656	46	33	29		鹿児島	曽於市	チシャノ木	黒川(晩期)	12		8			●	ⅣB	胴部		鹿児島17	第39図-127	
657	46	33	30		鹿児島	曽於市	チシャノ木	黒川(晩期)	10〜12		8			●	ⅣB	胴〜底部		鹿児島17	第39図-128	
658	46	33	31		鹿児島	曽於市	チシャノ木	黒川(晩期)	12〜15		9			●	ⅣB	胴〜底部		鹿児島17	第39図-129	
659	46	33	32		鹿児島	曽於市	チシャノ木	黒川(晩期)	11		8〜9			●	ⅣB	胴部		鹿児島17	第39図-130	
660	46	33	33		鹿児島	曽於市	チシャノ木	黒川(晩期)	10〜12		8			●	ⅣB	胴部	圧痕二重	鹿児島17	第39図-131	
661	46	33	34		鹿児島	曽於市	チシャノ木	黒川(晩期)	10		9			●	ⅣB	胴〜底部		鹿児島17	第39図-132	
662	46	33	35		鹿児島	曽於市	チシャノ木	黒川(晩期)	6〜8		8〜9			●	ⅢB	胴部	緯糸の傾斜右上がり	鹿児島17	第39図-133	
663	46	33	36		鹿児島	曽於市	チシャノ木	黒川(晩期)	8		7〜8	諸撚り(S)	Z	●	ⅢB	胴部	緯糸の傾斜右上がり	鹿児島17	第39図-134	
664	46	33	37		鹿児島	曽於市	チシャノ木	黒川(晩期)	12		7			●	ⅣB	胴部		鹿児島17	第39図-135	
665	46	33	38		鹿児島	曽於市	チシャノ木	黒川(晩期)	11		6〜7			●	ⅣB	胴〜底部		鹿児島17	第39図-136	
666	46	33	39		鹿児島	曽於市	チシャノ木	黒川(晩期)			7			●	⑥B	胴部		鹿児島17	第39図-137	
667	46	33	40		鹿児島	曽於市	チシャノ木	黒川(晩期)	7〜9		7			●	ⅢB	胴部		鹿児島17	第39図-138	
668	46	33	41		鹿児島	曽於市	チシャノ木	黒川(晩期)	8〜10		9		Z	●	ⅢB	胴部		鹿児島17	第39図-139	
669	46	33	42		鹿児島	曽於市	チシャノ木	黒川(晩期)	8		7	諸撚り(S)	Z	●	ⅢB	胴部		鹿児島17	第39図-140	
670	46	33	43		鹿児島	曽於市	チシャノ木	黒川(晩期)	18		8			●	ⅤB	胴部		鹿児島17	第39図-145	
671	46	33	44		鹿児島	曽於市	チシャノ木	黒川(晩期)	15〜17		7			●	ⅤB	胴部		鹿児島17	第39図-146	

付表1　縄文時代の出土編布及び圧痕編布の構成等一覧

No.				都道府県	市町村	遺跡名	時期	経糸間隔	緯糸本数	撚り	圧痕	分類	部位	備考	文献	図版	群
672	46	33	45	鹿児島	曽於市	チシャノ木	黒川(晩期)		7		●	⑥B	胴部		鹿児島17	第39図-147	132
673	46	33	46	鹿児島	曽於市	チシャノ木	黒川(晩期)	12～15	7	Z	●	⑦Ⅳ	底部		鹿児島17	第41図-149	
674	46	33	47	鹿児島	曽於市	チシャノ木	黒川(晩期)		8		●	⑥B	胴部		鹿児島17	第43図-162	
675	46	33	48	鹿児島	曽於市	チシャノ木	黒川(晩期)		8	Z	●	⑥B	胴部		鹿児島17	第43図-163	
676	46	33	49	鹿児島	曽於市	チシャノ木	黒川(晩期)	10	7		●	⑤B	胴部	10mm間隔の経糸あるのみ	鹿児島17	第44図-166	
677	46	33	50	鹿児島	曽於市	チシャノ木	黒川(晩期)		7		●	⑥B	胴部		鹿児島17	第44図-167	
678	46	33	51	鹿児島	曽於市	チシャノ木	黒川(晩期)	4	7		●	ⅡB	胴部		鹿児島17	第64図-溝-5	
679	46	33	52	鹿児島	曽於市	チシャノ木	黒川(晩期)	12～14	10		●	ⅣC	胴部		鹿児島17	第64図-溝-6	
680	46	33	53	鹿児島	曽於市	チシャノ木	黒川(晩期)	4	8		●	ⅡB	胴部～底部		鹿児島17	第64図-溝-7	
681	46	34	01	鹿児島	志布志市	くらぎの蔵園	黒川(晩期)	5～6	10		●	ⅢC	胴部～底部		鹿児島36	第19-4	133
682	46	35	01	鹿児島	志布志市	いまべっぷ今別府	黒川(晩期)	7	9		●	ⅢB			文献20	第5図	134
683	46	36	01	鹿児島	志布志市	かやのくぼ片野洞窟	黒川・刻目(晩期～弥生早期)	7～8	5～6	Z	●	ⅢB			文献15	p.450	135
684	46	37	01	鹿児島	志布志市	べっぷ別府(いしおどり石踊)	入佐・黒川(晩期)	14～15	6～7		●	ⅣB	胴部		鹿児島37	第6図-007	136
685	46	37	02	鹿児島	志布志市	別府(石踊)	入佐・黒川(晩期)		3		●	⑥A	胴部	経糸間隔不規則	鹿児島37	第6図-005	
686	46	37	03	鹿児島	志布志市	別府(石踊)	入佐・黒川(晩期)	5～10	4～5		●	④A	胴部	緯糸の傾斜右上がり	鹿児島37	第6図-008	
687	46	37	04	鹿児島	志布志市	別府(石踊)	入佐・黒川(晩期)	10	8		●	ⅣB	胴部	崩れ著しい	鹿児島37	第6図-009	
688	46	37	05	鹿児島	志布志市	別府(石踊)	入佐・黒川(晩期)	8～13	5～6		●	④B	胴部	崩れ著しい	鹿児島37	第6図-010	
689	46	37	06	鹿児島	志布志市	別府(石踊)	入佐・黒川(晩期)	5～25	5		●	④B	胴部	経糸間隔不規則	鹿児島37	第6図-011	
690	46	37	07	鹿児島	志布志市	別府(石踊)	入佐・黒川(晩期)	2～10	7		●	④B	胴部	経糸やや弧状	鹿児島37	第6図-012	
691	46	37	08	鹿児島	志布志市	別府(石踊)	入佐・黒川(晩期)	3～10	5		●	④B	口縁部	磨耗　経糸間隔不規則	鹿児島37	第6図-014	
692	46	37	09	鹿児島	志布志市	別府(石踊)	入佐・黒川(晩期)	5～18	8		●	④B	口縁部	経糸間隔不規則	鹿児島37	第6図-015	
693	46	38	01	鹿児島	志布志市	なかお中尾	晩期	8	8		●	ⅢB	胴部		文献15	p.449	137
694	46	39	01	鹿児島	志布志市	かまいし鎌石	黒川(晩期)	3	7		●	⑤B	胴部	3mm間隔の経糸あるのみ	鹿児島38	第38図-103	138
695	46	39	02	鹿児島	志布志市	鎌石	黒川(晩期)	23	7		●	⑤B	胴部	23mm間隔の経糸あるのみ	鹿児島38	第38図-104	
696	46	39	03	鹿児島	志布志市	鎌石	黒川(晩期)	23	7		●	⑤B	胴部	23mm間隔の経糸あるのみ	鹿児島38	第38図-105	
697	46	39	04	鹿児島	志布志市	鎌石	黒川(晩期)	20	7～8		●	⑤B	胴部～底部	20mm間隔の経糸あるのみ	鹿児島38	第38図-107	
698	46	39	05	鹿児島	志布志市	鎌石	黒川(晩期)		5		●	⑥B	胴部	経糸間隔不明	鹿児島38	第38図-108	
699	46	39	06	鹿児島	志布志市	鎌石	黒川(晩期)	18	10～11		●	⑤C	底部	18mm間隔の経糸あるのみ	鹿児島38	第38図-109	

No.	県都道府県番号	番遺号跡	資料数	県名	市町村名	遺跡名	時期	経糸間隔(mm)	経糸(本/cm)	緯糸(本/cm)	緯糸の撚り方向	経糸の絡み方向	編布分類	密度分類	圧痕部位	備考	文献等	文献中の挿図番号	遺跡分布図番号
700	46	40	01	鹿児島	志布志市	でぐち出口B	御領人佐(後期末～晩期)	8		6			●	ⅢB	底部		鹿児島39	第15図-31	139
701	46	41	01	鹿児島	志布志市	ひらばら平原A	黒川(晩期)	9～10		9～10			●	ⅢB	胴～底部		鹿児島39	第85図-31	140
702	46	42	01	鹿児島	志布志市	こさご小迫	黒川(晩期)	3 12～20		6～7	諸撚り(Z)	Z	●	①ⅤB	胴部	縞	教示15		
703	46	42	02	鹿児島	志布志市	こさご小迫	黒川(晩期)	10		8～9	諸撚り(Z)	Z	●	ⅣB	胴部		教示15		141
704	46	42	03	鹿児島	志布志市	こさご小迫	黒川(晩期)	10		5～6	片撚り(S・Z)	Z	●	ⅣB	胴部	緯糸の傾斜右上がり 上にステッチあり	教示15		
705	46	42	04	鹿児島	志布志市	こさご小迫	黒川(晩期)	8～9		7～8	諸撚り(Z)	Z	●	ⅢB	胴部	編布の	教示15		
706	46	42	05	鹿児島	志布志市	こさご小迫	黒川(晩期)	4～6		8～9	諸撚り(Z)	Z	●	ⅢB	胴部		教示15		
707	46	42	06	鹿児島	志布志市	こさご小迫	黒川(晩期)	22～27		7～8		Z	●	②ⅥB	胴部	経糸2本密着	教示15		
708	46	43	01	鹿児島	志布志市	そとのまき外ノ牧	晩期	3		8			●	ⅡB	胴部		文献13	第5図	142
709	46	44	01	鹿児島	志布志市	みやしげ道重	晩期	9～10		7		Z	●	ⅢB	口縁～胴部		鹿児島40	第43図-287	143
710	46	44	02	鹿児島	志布志市	みやしげ道重	晩期	4～5		8	諸撚り(Z)	Z	●	ⅡB	底部		鹿児島40	第52図-337	
711	46	44	03	鹿児島	志布志市	みやしげ道重	晩期	7～8		6～7			●	ⅡB			文献15	p.449	144
712	46	45	01	鹿児島	志布志市	やまくぼ山久保	晩期	17～18		4～5			●	ⅤA			文献15	p.449	
713	46	46	01	鹿児島	志布志市	かりや仮屋B	晩期	10～12		5			●	⑤B	胴部	摩耗著しい 10～12mm間隔の経糸あるのみ	鹿児島05	第19図-431	145
714	46	47	01	鹿児島	志布志市	たかまき高牧B	晩期	13～15		8			●	ⅣB	胴部		鹿児島05	第19図-400	146
715	46	48	01	鹿児島	大崎町	にしのわき西ノ脇	晩期	7～8		7～8			●	ⅡB	胴部	摩耗著しい	鹿児島05	第21図-454	147
716	46	49	01	鹿児島	肝付町	ひがしだ東田	晩期	4～5		8			●	ⅡB	底部		文献10	第8図-19	148
717	46	50	01	鹿児島	肝付町	はしのき橋ノ木	晩期	7		9			●	ⅢB			文献20	第5図	
718	46	50	02	鹿児島	肝付町	はしのき橋ノ木	晩期	8～10		8			●	ⅢB			文献19	9-3-7	149
719	46	50	03	鹿児島	肝付町	はしのき橋ノ木	晩期			7			●	⑥B			文献19	9-3-8	
720	46	51	01	鹿児島	錦江町	しろもと城元	晩期	4～5		12			●	ⅡC	底部		鹿児島03	第20図-94	150
721	46	51	02	鹿児島	錦江町	しろもと城元	晩期	3.5		12～13			●	ⅡC	胴部		鹿児島03	第20図-95	
722	46	52	01	鹿児島	錦江町	わしがたに鷲ヶ谷	黒川(晩期)	6～8		6			●	ⅢB	胴部		鹿児島41	第42図-267	151
723	46	53	01	鹿児島	南大隅町	なみさご並迫	黒川(晩期)	16～20		10～11			●	ⅤC	胴部		鹿児島42	第8図-29	152
724	46	54	01	鹿児島	南大隅町	うえばる上原	黒川(晩期)	8		6～7			●	ⅢB	底部		鹿児島43	第6図-30	
725	46	54	02	鹿児島	南大隅町	うえばる上原	黒川(晩期)	8～11		7			●	ⅢB	底部		鹿児島43	第6図-31	153

付表1　縄文時代の出土編布及び圧痕編布の構成等一覧　315

726	46	54	03	鹿児島	南大隅町	うえんばる土原	黒川（晩期）	3	7〜8			●	ⅢB	緯糸の傾斜右上がり	鹿児島43	第15図-74	153
727	46	54	04	鹿児島	南大隅町	うえんばる土原	黒川（晩期）	10〜12?	8			●	①ⅣB	編らしいが糸の乱れ著しい	鹿児島43	第15図-78	
728	46	55	01	鹿児島	垂水市	みやした宮下	黒川・刻目（晩期〜弥生早期）	15〜17	6	片撚り(S)	Z	●	ⅤB	経糸の絡みさきらない	鹿児島21	第32図-124	154
729	46	55	02	鹿児島	垂水市	みやした宮下	黒川・刻目（晩期〜弥生早期）	17〜18	7		Z	●	ⅤB	経糸の絡みさきらない　破れあり	鹿児島21	第32図-125	
730	46	55	03	鹿児島	垂水市	みやした宮下	黒川・刻目（晩期〜弥生早期）	16	8	片撚り(S)	Z	●	②ⅤB	経糸2本密着　経糸崩れあり	鹿児島21	第32図-127	
731	46	55	04	鹿児島	垂水市	みやした宮下	黒川・刻目（晩期〜弥生早期）	8〜11	7〜8	片撚り(S)	Z	●	ⅢB	緯糸の傾斜左上がり　破れあり	鹿児島21	第32図-131	
732	46	55	05	鹿児島	垂水市	みやした宮下	黒川・刻目（晩期〜弥生早期）	18〜20	6			●	ⅤB		鹿児島21	第32図-126	
733	46	55	06	鹿児島	垂水市	みやした宮下	黒川・刻目（晩期〜弥生早期）	18	6			●	ⅤB		鹿児島21	第32図-128	
734	46	55	07	鹿児島	垂水市	みやした宮下	黒川・刻目（晩期〜弥生早期）	12〜14	8			●	ⅣB		鹿児島21	第32図-130	
735	46	55	08	鹿児島	垂水市	みやした宮下	黒川・刻目（晩期〜弥生早期）	9	5			●	ⅢB		鹿児島21	第32図-132	
736	46	55	09	鹿児島	垂水市	みやした宮下	黒川・刻目（晩期〜弥生早期）	6〜7	8			●	ⅢB		鹿児島21	第32図-133	
737	46	55	10	鹿児島	垂水市	みやした宮下	黒川・刻目（晩期〜弥生早期）	6〜8	5〜6			●	ⅢB		鹿児島21	第32図-134	
738	46	55	11	鹿児島	垂水市	みやした宮下	黒川・刻目（晩期〜弥生早期）	13	6			●	⑤B	13mm間隔の経糸あるのみ	鹿児島21	第6図-44	
739	46	56	01	鹿児島	鹿屋市	かのやほぼ柿薑	黒川・刻目（晩期〜弥生早期）	4〜5	10〜11	諸撚り(Z)	Z	●	ⅡC		鹿児島22	第27図-80	155
740	46	56	02	鹿児島	鹿屋市	かのやほぼ柿薑	黒川・刻目（晩期〜弥生早期）	7〜9	7			●	ⅢB		鹿児島21	第17図-42	
741	46	57	01	鹿児島	鹿屋市	たてがみ立神	黒川・刻目（晩期〜弥生早期）	9	8	片撚り(S)	Z	●	ⅣB		鹿児島23	第19図-88	156
742	46	57	02	鹿児島	鹿屋市	たてがみ立神	黒川・刻目（晩期〜弥生早期）	10〜12	5			●	ⅣB	摩耗しているが緯糸は5本らしい	鹿児島23	第11図-2	
743	46	57	03	鹿児島	鹿屋市	たてがみ立神	黒川・刻目（晩期〜弥生早期）	10〜12	7			●	ⅣB		鹿児島23	第19図-86	
744	46	57	04	鹿児島	鹿屋市	たてがみ立神	黒川・刻目（晩期〜弥生早期）	2〜3	7			●	①ⅢB	摩耗しているが編らしい	鹿児島23	第19図-87	
745	46	58	01	鹿児島	鹿屋市	かのやわたいだい囲屋体大	晩期	10〜28	6〜7			●	④B	経糸間隔不規則	鹿児島03	第19図-A	157
746	46	59	01	鹿児島	鹿屋市	えのきばる榎木原	入佐・黒川〜弥生早期	5〜8	10〜14		N	●	ⅢC	緯糸密度高い　破れ崩れあり	鹿児島06	第118図-1278	158
747	46	59	02	鹿児島	鹿屋市	えのきばる榎木原	入佐・黒川〜弥生早期	9〜11	10		N	●	ⅣC	圧痕二重　摩耗	鹿児島06	第119図-1293	
748	46	59	03	鹿児島	鹿屋市	えのきばる榎木原	入佐・黒川〜弥生早期	7 30	8	片撚り(S)	N	●	ⅣB	編　経糸崩れ	鹿児島06	第119図-1295	
749	46	59	04	鹿児島	鹿屋市	えのきばる榎木原	入佐・黒川〜弥生早期	10〜13	9〜10	諸撚り(Z)	N	●	ⅣB	破れあり	鹿児島06	第119図-1296	
750	46	59	05	鹿児島	鹿屋市	えのきばる榎木原	入佐・黒川〜弥生早期	8〜9	6〜7	片撚り(Z)	N	●	ⅡB	圧痕二重　経糸やや弧状	鹿児島06	第119図-1302	
751	46	59	06	鹿児島	鹿屋市	えのきばる榎木原	入佐・黒川〜弥生早期	3.5〜4	12	諸撚り(Z)	N	●	ⅡC	圧痕二重　破れあり	鹿児島06	第119図-1303	
752	46	59	07	鹿児島	鹿屋市	えのきばる榎木原	入佐・黒川〜弥生早期	3〜4	10		N	●	ⅡC	破れあり	鹿児島06	第119図-1304	
753	46	59	08	鹿児島	鹿屋市	えのきばる榎木原	入佐・黒川〜弥生早期	7〜10	6	諸撚り(Z)	N	●	ⅢB	経糸の崩れあり　土器に割れ目あり	鹿児島07	第23図-102	

No.	県都道府県番号	都道府県番号	遺跡番号	資料数	県名	市町村名	遺跡名	時期	経糸間隔(mm)	編布の密度 経糸(本/cm)	編布の密度 緯糸(本/cm)	緯糸の撚り方向	経糸の撚み方向	編布分類	密度分類	圧痕部位	備考	文献等	文献中の挿図番号	遺跡分布図番号
754	46	59	09		鹿児島	鹿屋市	えのきばる 榎木原	入佐・黒川～弥生早期(刻目晩期)	3～5		8	片撚り(Z)	Z	●	ⅡB	胴～底部	破れあり	鹿児島07	第33図-231	158
755	46	59	10		鹿児島	鹿屋市	榎木原	入佐・黒川～弥生早期(刻目晩期)	5～6		7～8	諸撚り(Z)	Z	●	ⅢB	底部	経糸の崩れ・破れあり	鹿児島07	第33図-232	
756	46	59	11		鹿児島	鹿屋市	榎木原	入佐・黒川～弥生早期(刻目晩期)	9～10		7	諸撚り(Z)	Z	●	ⅢB	底部	破れあり	鹿児島07	第33図-237	
757	46	59	12		鹿児島	鹿屋市	榎木原	入佐・黒川～弥生早期(刻目晩期)	18		5			●	ⅤB	口縁部		鹿児島06	第118図-1280	
758	46	59	13		鹿児島	鹿屋市	榎木原	入佐・黒川～弥生早期(刻目晩期)	8～9		8			●	ⅢB	底部		鹿児島06	第118図-1283	
759	46	59	14		鹿児島	鹿屋市	榎木原	入佐・黒川～弥生早期(刻目晩期)	4～6 35		8			●	①ⅧB	胴～底部	綟	鹿児島06	第118図-1286	
760	46	59	15		鹿児島	鹿屋市	榎木原	入佐・黒川～弥生早期(刻目晩期)			5～6			●	⑥B	口縁部		鹿児島06	第118図-1287	
761	46	59	16		鹿児島	鹿屋市	榎木原	入佐・黒川～弥生早期(刻目晩期)	10～12		7～8			●	ⅣB	底部		鹿児島06	第118図-1288	
762	46	59	17		鹿児島	鹿屋市	榎木原	入佐・黒川～弥生早期(刻目晩期)	10～12		6			●	ⅣB	口縁部		鹿児島06	第118図-1289	
763	46	59	18		鹿児島	鹿屋市	榎木原	入佐・黒川～弥生早期(刻目晩期)	8		8			●	⑤B	胴～底部	8mm間隔の経糸あり	鹿児島06	第118図-1291	
764	46	59	19		鹿児島	鹿屋市	榎木原	入佐・黒川～弥生早期(刻目晩期)	10		7			●	ⅣB	胴～底部		鹿児島06	第118図-1292	
765	46	59	20		鹿児島	鹿屋市	榎木原	入佐・黒川～弥生早期(刻目晩期)	7 13		7～8			●	①ⅣB	底部	重複のため経糸確認し難いが綟らしい	鹿児島06	第119図-1294	
766	46	59	21		鹿児島	鹿屋市	榎木原	入佐・黒川～弥生早期(刻目晩期)	10～13		7～8			●	ⅣB	底部		鹿児島06	第119図-1297	
767	46	59	22		鹿児島	鹿屋市	榎木原	入佐・黒川～弥生早期(刻目晩期)	4～6		7			●	ⅢB	底部		鹿児島06	第119図-1299	
768	46	59	23		鹿児島	鹿屋市	榎木原	入佐・黒川～弥生早期(刻目晩期)	6～8		7			●	ⅢB	底部		鹿児島06	第119図-1230	
769	46	59	24		鹿児島	鹿屋市	榎木原	入佐・黒川～弥生早期(刻目晩期)	18		8～10			●	⑤B	底部	18mm間隔の経糸あり	鹿児島07	第16図-51	
770	46	59	25		鹿児島	鹿屋市	榎木原	入佐・黒川～弥生早期(刻目晩期)	10		9～10			●	ⅣB	底部		鹿児島07	第16図-52	
771	46	59	26		鹿児島	鹿屋市	榎木原	入佐・黒川～弥生早期(刻目晩期)	3～3.3		8			●	ⅡB	底部		鹿児島07	第20図-90	
772	46	59	27		鹿児島	鹿屋市	榎木原	入佐・黒川～弥生早期(刻目晩期)	4～5		8			●	ⅡB	口縁部		鹿児島07	第33図-230	
773	46	59	28		鹿児島	鹿屋市	榎木原	入佐・黒川～弥生早期(刻目晩期)	4～5		8			●	ⅢB	底部		鹿児島07	第33図-233	
774	46	59	29		鹿児島	鹿屋市	榎木原	入佐・黒川～弥生早期(刻目晩期)	5～7		7			●	ⅢB	底部		鹿児島07	第33図-234	
775	46	59	30		鹿児島	鹿屋市	榎木原	入佐・黒川～弥生早期(刻目晩期)	8～12		6～7			●	ⅣB	底部		鹿児島07	第33図-235	
776	46	59	31		鹿児島	鹿屋市	榎木原	入佐・黒川～弥生早期(刻目晩期)	10～11		7			●	ⅣB	口縁部		鹿児島07	第33図-236	
777	46	59	32		鹿児島	鹿屋市	榎木原	入佐・黒川～弥生早期(刻目晩期)			5～6			●	⑥B	底部		鹿児島07	第33図-238	
778	46	59	33		鹿児島	鹿屋市	榎木原	入佐・黒川～弥生早期(刻目晩期)	8～10		6～7			●	ⅢB	底部	経糸1本あるのみ	鹿児島07	第33図-239	
779	46	59	34		鹿児島	鹿屋市	榎木原	入佐・黒川～弥生早期(刻目晩期)	10～12		8～10			●	ⅣB	底部		鹿児島07	第33図-240	

付表1 縄文時代の出土編布及び圧痕編布の構成等一覧

						遺跡	時期			撚り		●	型式	部位	編	備考	県	図番号	頁
780	46	59	35	鹿児島	鹿屋市	えのきばる 榎木原	入佐・黒川・刻目（晩期）～弥生早期）	5 20	6			●	①ⅥB	底部	編		鹿児島 07	第34図-251	158
781	46	59	36	鹿児島	鹿屋市	えのきばる 榎木原	入佐・黒川・刻目（晩期）	3～4 23	8～10			●	①ⅥB	底部	編		鹿児島 07	第34図-252	
782	46	59	37	鹿児島	鹿屋市	えのきばる 榎木原	入佐・黒川・刻目（晩期）～弥生早期）	10～13	6			●	ⅣB	胴～底部			鹿児島 07	第35図-253	
783	46	59	38	鹿児島	鹿屋市	えのきばる 榎木原	入佐・黒川・刻目（晩期）		9			●	⑥B	胴～底部			鹿児島 07	第35図-254	
784	46	59	39	鹿児島	鹿屋市	えのきばる 榎木原	入佐・黒川・刻目（晩期）		10			●	⑥C	胴～底部			鹿児島 07	第35図-255	
785	46	59	40	鹿児島	鹿屋市	えのきばる 榎木原	入佐・黒川・刻目（晩期）		6～7			●	⑥B	胴～底部			鹿児島 07	第35図-256	
786	46	59	41	鹿児島	鹿屋市	えのきばる 榎木原	入佐・黒川・刻目（晩期）～弥生早期）	12	7			●	ⅣB	胴～底部			鹿児島 07	第35図-257	
787	46	59	42	鹿児島	鹿屋市	えのきばる 榎木原	入佐・黒川・刻目（晩期）		6			●	⑥B	口縁部		経糸1本あるのみ	鹿児島 07	第35図-258	
788	46	59	43	鹿児島	鹿屋市	えのきばる 榎木原	入佐・黒川・刻目（晩期）～弥生早期）	4 16	10			●	①ⅤC	底部	編		鹿児島 07	第35図-260	
789	46	60	01	鹿児島	鹿屋市	みずのたに 水の谷	黒川（晩期）	16	6～8	諸撚り（Z）		●	ⅤB			破れあり	鹿児島 24	第37図-195	159
790	46	60	02	鹿児島	鹿屋市	みずのたに 水の谷	黒川（晩期）	9～10	7	片撚り（S）	Z	●	ⅢB	胴部下半		緯糸の傾斜左上がり	鹿児島 25	第36図-148	
791	46	60	03	鹿児島	鹿屋市	みずのたに 水の谷	黒川（晩期）	3～4	10～11	諸撚り（Z）	N	●	ⅡC	胴部下半～底部			鹿児島 25	第36図-160	
792	46	60	04	鹿児島	鹿屋市	みずのたに 水の谷	黒川（晩期）	3～3.5	9	諸撚り（Z）	N	●	ⅡB	胴部下半～底部		破れあり	鹿児島 25	第36図-166	
793	46	60	05	鹿児島	鹿屋市	みずのたに 水の谷	黒川（晩期）	3～4	10～11			●	ⅡC	胴部下半～底部			鹿児島 25	第36図-144	
794	46	60	06	鹿児島	鹿屋市	みずのたに 水の谷	黒川（晩期）	8～10	6			●	ⅢB	胴部下半～底部			鹿児島 25	第36図-145	
795	46	60	07	鹿児島	鹿屋市	みずのたに 水の谷	黒川（晩期）	3～4	9～10			●	ⅢB	胴部下半～底部			鹿児島 25	第36図-146	
796	46	60	08	鹿児島	鹿屋市	みずのたに 水の谷	黒川（晩期）	5～7	6～6.5			●	ⅢB	胴部下半～底部			鹿児島 25	第36図-147	
797	46	60	09	鹿児島	鹿屋市	みずのたに 水の谷	黒川（晩期）	3～4	9			●	ⅡB	胴部下半～底部			鹿児島 25	第36図-150	
798	46	60	10	鹿児島	鹿屋市	みずのたに 水の谷	黒川（晩期）	9～10	7			●	⑤B	胴部下半～底部		9～10mm間隔の経糸あるのみ	鹿児島 25	第36図-151	
799	46	60	11	鹿児島	鹿屋市	みずのたに 水の谷	黒川（晩期）	13	7～8			●	⑤B	胴部下半～底部		13mm間隔の経糸あるのみ	鹿児島 25	第36図-152	
800	46	60	12	鹿児島	鹿屋市	みずのたに 水の谷	黒川（晩期）		6～7			●	⑥B	胴部下半～底部			鹿児島 25	第36図-153	
801	46	60	13	鹿児島	鹿屋市	みずのたに 水の谷	黒川（晩期）	10	7			●	⑤B	胴部下半～底部		10mm間隔の経糸あるのみ	鹿児島 25	第36図-154	
802	46	60	14	鹿児島	鹿屋市	みずのたに 水の谷	黒川（晩期）	3～4	9～10			●	⑥B	胴部下半～底部			鹿児島 25	第36図-155	
803	46	60	15	鹿児島	鹿屋市	みずのたに 水の谷	黒川（晩期）	8～9	6			●	ⅡB	胴部下半～底部			鹿児島 25	第36図-157	
804	46	60	16	鹿児島	鹿屋市	みずのたに 水の谷	黒川（晩期）		8			●	ⅢB	胴部下半～底部			鹿児島 25	第36図-158	
805	46	60	17	鹿児島	鹿屋市	みずのたに 水の谷	黒川（晩期）	3～4	9～10			●	ⅡB	胴部下半～底部			鹿児島 25	第36図-159	
806	46	60	18	鹿児島	鹿屋市	みずのたに 水の谷	黒川（晩期）	4～5	7			●	ⅡB	胴部下半～底部			鹿児島 25	第36図-161	
807	46	60	19	鹿児島	鹿屋市	みずのたに 水の谷	黒川（晩期）	12～15	5～6			●	ⅣB	胴部下半～底部			鹿児島 25	第36図-162	

318　付表・付図

No.	県番号	都道府県番号	資料番号遺跡	資料数	県名	市町村名	遺跡名	時期	経糸間隔(mm)	経糸(本/cm)	緯糸(本/cm)	緯糸の撚り方向	経糸の撚り方向	編布分類	密度分類	圧痕部位	備考	文献等	文献中の挿図番号	分布図の遺跡番号
808	46	60	20		鹿児島	鹿屋市	みずのたに水の谷	黒川(晩期)	3～4		9			●	ⅡB	胴部下半～底部		鹿児島25	第36図-163	159
809	46	60	21		鹿児島	鹿屋市	みずのたに水の谷	黒川(晩期)			6			●	⑥B	胴部下半～底部	経糸1本あるのみ	鹿児島25	第36図-164	
810	46	60	22		鹿児島	鹿屋市	みずのたに水の谷	黒川(晩期)	10		7			●	⑤B	胴部下半～底部	10mm間隔の経糸あるのみ	鹿児島25	第36図-165	
811	46	61	01		鹿児島	鹿屋市	えなさきB榎崎B	黒川(晩期)			8			●	⑥B	胴部	摩耗	鹿児島09	第143図-731	160
812	46	61	02		鹿児島	鹿屋市	えなさきB榎崎B	黒川(晩期)	11～12		8				ⅣB	胴部		鹿児島09	第143図-727	
813	46	62	01		鹿児島	鹿屋市	おかいずみ岡泉	黒川・刻目(晩期～弥生早期)	5～6		8	片撚り(Z)			ⅢB	胴部	緯糸の傾斜右上がり	鹿児島26	第5図-1	161
814	46	62	02		鹿児島	鹿屋市	おかいずみ岡泉	黒川・刻目(晩期～弥生早期)	7～8		8				ⅢB	胴部	緯糸の傾斜右上がり	鹿児島26	第5図-2	
815	46	62	03		鹿児島	鹿屋市	おかいずみ岡泉	黒川・刻目(晩期～弥生早期)	6～7		8				ⅢB	胴部		鹿児島27	第27図-16	
816	46	63	01		鹿児島	鹿屋市	ちんじゅがさこ鎮守ヶ迫	中期～後期	3.3		3		S	●	ⅡA	底面	緯糸 増し目あり	文献22	8図-17	162
817	46	64	01		鹿児島	鹿屋市	よしたかとう西方高追	刻目(弥生早期)	3～8		7				④B	胴部	経糸間隔不規則	鹿児島44	第4図	163
818	46	65	01		鹿児島	鹿屋市	つつがさこ筒ヶ迫	黒川(晩期)	6		9～10	諸撚り(Z)	Z		ⅢB	口縁～胴部		鹿児島45	第32図-41	164
819	46	65	02		鹿児島	鹿屋市	つつがさこ筒ヶ迫	黒川(晩期)	6		8～10	諸撚り(Z)	Z		ⅢB	胴～底部		鹿児島45	第32図-44	
820	46	65	03		鹿児島	鹿屋市	つつがさこ筒ヶ迫	黒川(晩期)	5～7		5～6		Z		⑤B	胴部	5～7mm間隔の経糸あるのみ	鹿児島45	第11図-10	
821	46	65	04		鹿児島	鹿屋市	つつがさこ筒ヶ迫	黒川(晩期)	5～7		9	諸撚り(Z)	Z		ⅢB	胴～底部		鹿児島45	第32図-45	
822	46	66	01		鹿児島	中種子町	おおぞのの大園	黒川(晩期)	5～6		8		Z	●	ⅢB	底部	緯糸の傾斜右上り	鹿児島11	第22図-95	165
823	46	66	02		鹿児島	中種子町	おおぞのの大園	黒川(晩期)	7		9～10		Z	●	ⅢB	底部		鹿児島11	第22図-97	
824	46	66	03		鹿児島	中種子町	おおぞのの大園	黒川(晩期)	27		10～11		Z	●	ⅢB	底部	破れあり　27mm間隔の経糸あるのみ	鹿児島11	第22図-98	
825	46	66	04		鹿児島	中種子町	おおぞのの大園	黒川(晩期)	4～8 32～34		8～9		Z	●	ⅠⅧB	底部	編み 破れあり	鹿児島11	第22図-102	
826	46	66	05		鹿児島	中種子町	おおぞのの大園	黒川(晩期)	7～9		6～7		Z	●	ⅢB	底部	経糸破れあり	鹿児島11	第22図-104	
827	46	66	06		鹿児島	中種子町	おおぞのの大園	黒川(晩期)	4～5		8～9			●	ⅡB	底部	摩耗して経糸確認困難　緯糸の傾斜左上がり	鹿児島11	第22図-96	
828	46	66	07		鹿児島	中種子町	おおぞのの大園	黒川(晩期)	4～5		7			●	ⅡB	底部		鹿児島11	第22図-99	
829	46	66	08		鹿児島	中種子町	おおぞのの大園	黒川(晩期)			8			●	⑥B	底部	緯糸の傾斜右上がり　中央に経糸1本あるのみ	鹿児島11	第22図-100	
830	46	66	09		鹿児島	中種子町	おおぞのの大園	黒川(晩期)	14		6			●	ⅣB	底部		鹿児島11	第22図-101	
831	46	66	10		鹿児島	中種子町	おおぞのの大園	黒川(晩期)	8～9		7～8			●	ⅢB	底部		鹿児島11	第22図-103	
832	46	66	11		鹿児島	中種子町	おおぞのの大園	黒川(晩期)	10		8～9			●	ⅣB	底部	摩耗して経糸確認困難	鹿児島11	第22図-105	

付表1　縄文時代の出土編布及び圧痕編布の構成等一覧［増補資料／2017年3月現在］

No.			都道府県	市町村	遺跡名	時期	経糸本数	緯糸本数	撚り	撚方向	圧痕	分類	部位	備考	文献図版	資料番号	資料No.
833	13	001	東京	東村山市	しもたくべ下宅部	晩期	7〜9	3		Z	○	I A	胴部	水銀朱で固めている	図2-82 I-213	東京01	166
834	40	001	福岡	朝倉市	はるのつがしはるのつがし原の東	早期	10〜14	5	諸撚り(左)	Z	●	IV B	胴部	破れ崩れあり	第178図494	福岡01	167
835	40	001	福岡	朝倉市	はるのつがし原の東	早期	12〜14	5	諸撚り(左)	Z	●	IV B	胴部		第178図495	福岡01	
836	40	001	福岡	朝倉市	はるのつがし原の東	早期	8〜10	6	片撚り(右)	Z	●	III B	胴部		第178図496	福岡01	
837	40	001	福岡	朝倉市	はるのつがし原の東	早期	14〜15	4	諸撚り(左)	Z	●	IV A	胴部		第178図497	福岡01	
838	40	002	福岡	朝倉市	ながしま長島	晩期中頃〜後半	18	4〜5		Z	●	V A	胴部		第9図5	福岡02	168
839	40	002	福岡	朝倉市	ながしま長島	晩期中頃〜後半	10	5〜6	諸撚り(右)	Z	●	IV B	胴部		第9図10	福岡02	
840	40	002	福岡	朝倉市	ながし長島	晩期中頃〜後半	10〜12	5		Z	●	IV B	胴部	崩れあり	第13図45	福岡02	
841	40	003	福岡	築上町	やまさき山崎	三万田(後期後半)		4		S	●	I A	底部		第72図436	福岡03	169
842	40	003	福岡	築上町	やまさき山崎	三万田(後期後半)		4		S	●	I A	底部		第72図438	福岡03	
843	40	003	福岡	築上町	やまさき山崎	三万田(後期後半)		5		S	●	I A	底部		第119図706	福岡03	
844	40	003	福岡	築上町	やまさき山崎	三万田(後期後半)		4		S	●	I A	底部		第119図710	福岡03	
845	41	009	佐賀	唐津市	うめじろ梅白	晩期〜弥生土器	6〜8	8		Z	●	III B	胴部〜底部	緯糸台より	第27図191	佐賀05	170
846	41	010	佐賀	唐津市	とうのかやかみね唐川高峰	晩期中葉〜終末	6	6		Z	●	III B	胴部		Fig.34-208	佐賀06	171
847	41	010	佐賀	唐津市	とうのかやかみね唐川高峰	晩期中葉〜終末	10	6	諸撚り(左)	Z	●	IV B	胴部	破れあり	Fig.34-210	佐賀06	
848	41	010	佐賀	唐津市	とうのかやかみね唐川高峰	晩期中葉〜終末	7	7	諸撚り(左)	Z	●	III B	胴部	割れ目あり	Fig.34-213	佐賀06	
849	41	010	佐賀	唐津市	とうのかやかみね唐川高峰	晩期中葉〜終末	14	5	諸撚り(左)	Z	●	IV B	胴部	緯糸左上り、所々摩耗	Fig.34-215	佐賀06	
850	41	011	佐賀	鹿島市	ふきの吹野	晩期	7	7	諸撚り(左)	Z	●	III B	口縁部	乱れあり	Fig.9-26	佐賀07	172
851	41	011	佐賀	鹿島市	ふきの吹野	晩期	7〜8	7	諸撚り(左)	Z	●	III B	底部	継目らしい跡あり	Fig.9-28	佐賀07	
852	41	011	佐賀	鹿島市	ふきの吹野	晩期	7〜10	6	諸撚り(左)	Z	●	III B	底部	重複、経糸弧状	Fig.9-29	佐賀07	
853	41	011	佐賀	鹿島市	ふきの吹野	晩期	7	7		Z	●	III B	胴部		Fig.9-30	佐賀07	
854	41	011	佐賀	鹿島市	ふきの吹野	晩期	7	7	諸撚り(左)	Z	●	III B	胴部		Fig.9-32	佐賀07	
855	42	018	長崎	長崎市	とぎやまち南原町	晩期	7〜8	5		Z	●	⑥B	口縁部〜胴部		第13図17	長崎16	173
856	42	018	長崎	長崎市	とぎやまち南原町	晩期		5		Z	●	⑥B	口縁部〜胴部	経糸不明	第13図18	長崎16	
857	42	018	長崎	長崎市	とぎやまち南尾町	晩期		5		Z	●	⑥B	口縁部〜胴部		第13図19	長崎16	
858	42	019	長崎	雲仙市	いっしょう石原	晩期	7〜8	6〜7		Z	●	III B	胴〜底部		第35図18	長崎17	174
859	42	020	長崎	島原市	ひえたばる稗田原	晩期前半	7〜8	4	諸撚り(左)	Z	●	III A	口縁部	緯糸右上り	第12図43	長崎14	175
860	42	020	長崎	島原市	ひえたばる稗田原	晩期前半	7〜8	6〜7	諸撚り(左)	Z	●	III B	底部	所々崩れあり	第12図45	長崎14	

No.	県登録番号	都道府番号	資料番号 遺跡	資料数	県名	市町村名	遺跡名	時期	経糸間隔(mm)	経糸(本/cm)	緯糸(本/cm)	緯糸の撚り方向	経糸の撚り方向	編布分類	密度分類	圧痕部位	備考	文献等	文献中の挿図番号	遺跡の分布図番号
861	42	020	03		長崎	島原市	ひょうたん 礫田原	晩期前半	3・20		5〜6	片撚り(右)	Z	●	⑤B	胴部	経糸間隔3と20cmあるのみ	長崎14	第12図51	175
862	42	016	02		長崎	島原市	ひがぞう 肥賀太郎	黒川（晩期前半）	4〜6 20		5			●	ⅠⅥB	口縁部〜底部		長崎15	第20図62	63
863	42	022	01		長崎	南島原市	ごんげんわき 権現脇	突帯文期（晩期）	6		7	諸撚り(左)	Z	●	ⅢB	胴部〜底部		長崎18	第33図189	
864	42	022	02		長崎	南島原市	ごんげんわき 権現脇	突帯文期（晩期）	7〜8		6〜7	諸撚り(左)	Z	●	ⅢB	胴部〜底部	破れあり	長崎18	第33図190	
865	42	022	03		長崎	南島原市	ごんげんわき 権現脇	突帯文期（晩期）	10		6	片撚り(右)	Z	●	ⅢB	胴部〜底部		長崎18	第33図191	
866	42	022	04		長崎	南島原市	ごんげんわき 権現脇	突帯文期（晩期）	7		8	片撚り(右)	Z	●	ⅢB	胴部〜底部		長崎18	第33図192	
867	42	022	05		長崎	南島原市	ごんげんわき 権現脇	突帯文期（晩期）	10		6			●	ⅣB	胴部〜底部		長崎18	第33図194	176
868	42	022	06		長崎	南島原市	ごんげんわき 権現脇	突帯文期（晩期）	5		8		Z	●	ⅢB	胴部〜底部		長崎18	第33図195	
869	42	022	07		長崎	南島原市	ごんげんわき 権現脇	突帯文期（晩期）	6		8		Z	●	ⅢB	胴部〜底部		長崎18	第33図196	
870	42	022	08		長崎	南島原市	ごんげんわき 権現脇	突帯文期（晩期）	5〜6		7		Z	●	ⅢB	胴部〜底部		長崎18	第33図197	
871	42	022	09		長崎	南島原市	ごんげんわき 権現脇	突帯文期（晩期）	6〜7		7		Z	●	ⅢB	胴部〜底部	破れ崩れあり	長崎18	第33図198	
872	42	022	10		長崎	南島原市	ごんげんわき 権現脇	突帯文期（晩期）	10		7		Z	●	ⅣB	口縁部	重複崩れ破れ不規則	長崎19	第77図431	
873	42	022	11		長崎	南島原市	ごんげんわき 権現脇	突帯文期（晩期）	4〜10		8	片撚り(右)	Z	●	ⅢB	底部	経糸間隔不規則	長崎19	第77図433	
874	42	022	12		長崎	南島原市	ごんげんわき 権現脇	突帯文期（晩期）	15		5〜6	片撚り(右)	Z	●	ⅤB	底部	破れあり	長崎19	第77図435	
875	42	022	13		長崎	南島原市	ごんげんわき 権現脇	突帯文期（晩期）	5〜7		6〜7	諸撚り(左)	Z	●	ⅢB	底部	崩れあり	長崎19	第77図436	
876	42	022	14		長崎	南島原市	ごんげんわき 権現脇	突帯文期（晩期）	8		6	片撚り(右)	Z	●	ⅢB	底部	編みミスらしい	長崎19	第77図437	
877	42	022	15		長崎	南島原市	ごんげんわき 権現脇	突帯文期（晩期）	8		6	諸撚り(左)	Z	●	ⅢB	底部		長崎19	第77図438	
878	42	022	16		長崎	南島原市	ごんげんわき 権現脇	突帯文期（晩期）	7		6	片撚り(右)	Z	●	ⅢB	底部	補正の跡らしい	長崎19	第77図440	
879	42	022	17		長崎	南島原市	ごんげんわき 権現脇	突帯文期（晩期）	8〜9		7	片撚り(左)	Z	●	ⅢB	底部	少々摩耗	長崎19	第77図441	
880	42	022	18		長崎	南島原市	ごんげんわき 権現脇	突帯文期（晩期）	5〜7		6		Z	●	ⅢB	口縁部		長崎19	第121図1254	
881	42	022	19		長崎	南島原市	ごんげんわき 権現脇	突帯文期（晩期）	5		6	諸撚り(左)	S	●	ⅢB	底部		長崎19	第121図1255	
882	42	022	20		長崎	南島原市	ごんげんわき 権現脇	突帯文期（晩期）			5		Z	●	⑥B	底部	経糸不明	長崎19	第121図1256	
883	42	023	01		長崎	南島原市	かみあいづ 上椎津	晩期〜弥生期	6		8	諸撚り(左)	Z	●	ⅢB	底部		長崎20	第50図32	177
884	43	030	01		熊本	熊本市	いわくらやまちゅうふく 岩倉山中腹	後期〜晩期			4〜5	諸撚り(左)	Z	●	⑤A	胴部	経糸中央辺りで2本密着あるのみ	熊本17	第15図54	
885	43	030	02		熊本	熊本市	いわくらやまちゅうふく 岩倉山中腹	後期〜晩期			5	諸撚り(左)	Z	●	⑤B	底部	一方の端に経糸2本密着あるのみ	熊本17	第15図55	178
886	43	030	03		熊本	熊本市	いわくらやまちゅうふく 岩倉山中腹	後期〜晩期			5	諸撚り(左)	Z	●	⑤B	胴部	一方の端に経糸3本密着あるのみ	熊本17	第15図56	

付表1　縄文時代の出土編布及び編布圧痕の構成等一覧［増補資料］　321

No.	県コード	県	市町村	遺跡名	時期	数1	数2	撚り	●	分類	部位	備考	所収	図番号	グループ
887	43 031 01	熊本	熊本市	ささお笹尾	黒川無文帯（晩期）	10	7		●	ⅣB	胴部		熊本19	第90図1494	179
888	43 031 02	熊本	熊本市	笹尾	黒川無文帯（晩期）		5～6		●	⑥B	胴部	崩れあり経糸不明	熊本19	第90図1495	
889	43 031 03	熊本	熊本市	笹尾	黒川無文帯（晩期）	10	7		●	⑤B	胴部	経糸間隔10あるのみ	熊本19	第90図1496	
890	43 031 04	熊本	熊本市	笹尾	黒川無文帯（晩期）	10	7		●	ⅣB	胴部		熊本19	第90図1497	
891	43 031 05	熊本	熊本市	笹尾	黒川無文帯（晩期）	10	7		●	ⅣB	胴部		熊本19	第90図1498	
892	43 031 06	熊本	熊本市	笹尾	黒川無文帯（晩期）		7		●	⑥B	胴部	経糸不明	熊本19	第90図1499	
893	43 031 07	熊本	熊本市	笹尾	黒川無文帯（晩期）		7		●	⑥B	胴部	経糸不明	熊本19	第90図1500	
894	43 031 08	熊本	熊本市	笹尾	黒川無文帯（晩期）	10	7		●	ⅣB	胴部		熊本19	第90図1501	
895	43 031 09	熊本	熊本市	笹尾	黒川無文帯（晩期）	12	7		●	ⅣB	胴部		熊本19	第90図1502	
896	43 031 10	熊本	熊本市	笹尾	黒川無文帯（晩期）	10	7		●	②ⅣB	胴部	経糸2本密着らしい	熊本19	第90図1503	
897	43 031 11	熊本	熊本市	笹尾	黒川無文帯（晩期）		7		●	⑥B	胴部	亀裂あり経糸間隔不明	熊本19	第90図1504	
898	43 031 12	熊本	熊本市	笹尾	黒川無文帯（晩期）		7		●	⑤B	胴部	経糸中央に1本あるのみ	熊本19	第90図1507	
899	43 031 13	熊本	熊本市	笹尾	黒川無文帯（晩期）		7		●	⑥B	胴部	経糸間隔不明	熊本19	第90図1508	
900	43 031 14	熊本	熊本市	笹尾	黒川無文帯（晩期）	6～8	7らしい		●	ⅢB	胴部	破れあり	熊本19	第90図1509	
901	43 031 15	熊本	熊本市	笹尾	黒川無文帯（晩期）	10	7		●	⑥B	胴部	経糸間隔不明	熊本19	第90図1510	
902	43 031 16	熊本	熊本市	笹尾	黒川無文帯（晩期）	10～12	7		●	ⅣB	胴部		熊本19	第90図1514	
903	43 031 17	熊本	熊本市	笹尾	黒川無文帯（晩期）	10	5らしい		●	②ⅣB	胴部	経糸2本密着らしい	熊本19	第90図1515	
904	43 032 01	熊本	熊本市	ラスギ	後期～晩期	10～12	4～5		●	⑤A	胴部	経糸間隔10あるのみ	熊本20	第66図206	180
905	43 033 01	熊本	玉名市	やなぎまち柳町	突帯文期（晩期）	10～12	5～6		●	ⅣB	胴部下部	緯糸左上り	熊本16	第22図0082	181
906	43 033 02	熊本	玉名市	柳町	突帯文期（晩期）	20～30	6	諸撚りらしい	●	ⅣB	胴部下部	磨耗	熊本16	第22図0083	
907	43 034 01	熊本	益城町	とうのひら塔平遺跡	晩期	7～9	6	諸撚り　左	●	ⅦB	口縁部～胴部	経糸撚れあり	熊本18	第6図1	182
908	43 034 02	熊本	益城町	塔平遺跡	晩期	7～11	8	諸撚り　左	●	ⅢB	胴～底部		熊本18	第110図505	
909	43 034 03	熊本	益城町	塔平遺跡	晩期	15	5	Z	●	ⅢB	底部付近		熊本18	第110図506	
910	43 035 01	熊本	大津町	せなばら瀬田裏	後期～晩期？	9	6	Z	●	⑤B	底部	経糸間隔15あるのみ	熊本21	第43図100	183
911	43 035 02	熊本	大津町	瀬田裏	後期～晩期？	10～14	5	Z	●	ⅢB	底部		熊本21	第43図101	
912	43 035 03	熊本	大津町	瀬田裏	後期～晩期？	8	5		●	ⅣB	底部	重複　緯糸右上り	熊本21	第43図102	
913	43 035 04	熊本	大津町	瀬田裏	後期～晩期？	10	5		●	ⅢB	底部		熊本21	第43図104	
914	45 007 01	宮崎	宮崎市	かみのはる上ノ原	中期以降		7		●	ⅣB	底部		宮崎07	第50図296	184

No.	県番号	都道府県番号	資料番号 遺跡番号	資料数	県名	市町村名	遺跡名	時期	経糸間隔(mm)	編布の密度 経糸(本/cm)	編布の密度 緯糸(本/cm)	緯糸の撚り方向	経糸の絡み方向	編み分類	密度分類	圧痕部位	備考	文献等	文献中の挿図番号	分布図の遺跡番号
915	45		008	01	宮崎	都城市	まきのはる牧の原第2	後期～晩期	30		7			●	②ⅧB	胴部	経糸2本密着らしい	宮崎06	第18図77	185
916	45		008	02	宮崎	都城市	まきのはる牧の原第2	後期～晩期	6		7			●	ⅢB	胴部		宮崎06	第18図78	
917	45		009	01	宮崎	都城市	よこいちなかはら横市中原	刻目突帯(後・晩期)	6		10			●	ⅢC	底部		宮崎09	第9図3	186
918	45		009	02	宮崎	都城市	よこいちなかはら横市中原	刻目突帯(後・晩期)	20		4～5			●	ⅥA	口縁部		宮崎09	第22図52	
919	45		009	03	宮崎	都城市	よこいちなかはら横市中原	刻目突帯(後・晩期)	6～8		9～10			●	ⅢB	口縁部		宮崎09	第22図53	
920	45		009	04	宮崎	都城市	よこいちなかはら横市中原	刻目突帯(後・晩期)	10～12		7			●	ⅣB	口縁部		宮崎09	第23図54	
921	45		009	05	宮崎	都城市	よこいちなかはら横市中原	刻目突帯(後・晩期)	20		5			●	②ⅥB	口縁部	経糸2本密着	宮崎09	第23図55	
922	45		009	06	宮崎	都城市	よこいちなかはら横市中原	刻目突帯(後・晩期)	6～7		7			●	ⅢB	口縁部		宮崎09	第23図56	
923	45		009	07	宮崎	都城市	よこいちなかはら横市中原	刻目突帯(後・晩期)	8～10		5～6			●	ⅢB	口縁～胴部	破れあり	宮崎09	第23図59	
924	45		009	08	宮崎	都城市	よこいちなかはら横市中原	刻目突帯(後・晩期)	14					●	⑦Ⅳ	口縁～胴部	緯糸不明	宮崎09	第23図60	
925	45		009	09	宮崎	都城市	よこいちなかはら横市中原	刻目突帯(後・晩期)	14		4			●	ⅣA	胴部	絡み1に緯糸2本	宮崎09	第23図62	
926	45		009	10	宮崎	都城市	よこいちなかはら横市中原	刻目突帯(後・晩期)	20		4			●	ⅥA	胴部～底部	破れ・崩れあり	宮崎09	第23図63	
927	45		009	11	宮崎	都城市	よこいちなかはら横市中原	刻目突帯(後・晩期)	12～14		6			●	ⅣB	口縁部		宮崎09	第24図64	
928	45		009	12	宮崎	都城市	よこいちなかはら横市中原	刻目突帯(後・晩期)	13		7～8			●	ⅣB	胴部～底部		宮崎09	第24図65	
929	45		009	13	宮崎	都城市	よこいちなかはら横市中原	刻目突帯(後・晩期)	16		7			●	ⅤB	口縁部		宮崎09	第24図66	
930	45		009	14	宮崎	都城市	よこいちなかはら横市中原	刻目突帯(後・晩期)	6		8			●	ⅢB	口縁部～胴部		宮崎09	第24図67	
931	45		009	15	宮崎	都城市	よこいちなかはら横市中原	刻目突帯(後・晩期)	5～6		8～9			●	ⅢB	底部	亀裂あり	宮崎09	第24図69	
932	45		009	16	宮崎	都城市	よこいちなかはら横市中原	刻目突帯(後・晩期)	4～6		7			●	ⅢB	底部		宮崎09	第24図70	
933	45		010	01	宮崎	都城市	のぞえ野添	晩期	3～5					●	ⅡB	胴部		宮崎08	第19図68	187
934	45		010	02	宮崎	都城市	のぞえ野添	晩期	5					●	⑦Ⅲ	胴部下半部	緯糸不明	宮崎08	第21図88	
935	45		010	03	宮崎	都城市	のぞえ野添	晩期	10～14		9			●	ⅣB	胴部		宮崎08	第23図103	
936	45		010	04	宮崎	都城市	のぞえ野添	晩期	4～5					●	⑦Ⅱ	胴部		宮崎08	第23図104	
937	45		011	01	宮崎	都城市	ささがさき笹ヶ崎	晩期	10		6			●	⑤B	胴部下部	経糸間隔10mmあるのみ	宮崎11	第20図31	188
938	45		012	01	宮崎	都城市	えないびに江内谷	晩期	10		5			●	ⅣB	口縁部	摩耗	宮崎12	第20図128	189
939	45		012	02	宮崎	都城市	えないびに江内谷	晩期	10～12					●	⑦Ⅳ	底部	摩耗緯糸不明	宮崎12	第21図135	
940	45		012	03	宮崎	都城市	えないびに江内谷	晩期	7 10		6～7			●	①ⅣB	底部	摩耗	宮崎12	第21図136	

付表1　縄文時代の出土編布及び編布圧痕の構成等一覧［増補資料］

No.		ID	sub	県	市	遺跡名	時期				部位	分類		備考	出典	図	頁
941	45	012	04	宮崎	都城市	えないざに江内谷	晩期		12		底部	ⅣB	●	摩耗	宮崎12	第21図137	189
942	45	012	05	宮崎	都城市	えないざに江内谷	晩期		4～6	8	底部	ⅢB	●		宮崎12	第21図139	189
943	45	013	01	宮崎	都城市	さかもと坂元A	晩期		7～8	7～8	底部	ⅢB	●		宮崎13	第33図22	190
944	45	013	02	宮崎	都城市	さかもと坂元A	晩期		9	8	底部	ⅢB	●		宮崎13	第33図23	190
945	45	013	03	宮崎	都城市	さかもと坂元A	晩期		6～8	8	底部	ⅢB	●	土器の繋ぎ目あり	宮崎13	第33図24a	190
946	45	013	04	宮崎	都城市	さかもと坂元A	晩期		5～8	7	胴部～底部	ⅢB	●		宮崎13	第33図24b	190
947	45	013	05	宮崎	都城市	さかもと坂元A	晩期		5	7～8	胴～底部	ⅢB	●		宮崎13	第33図25	190
948	45	014	01	宮崎	都城市	さかもと坂元B	晩期～弥生初頭		7～9	7	底部	ⅢB	●		宮崎13	第76図58	191
949	45	014	02	宮崎	都城市	さかもと坂元B	晩期～弥生初頭		10	5	底部	ⅣB	●		宮崎13	第76図59	191
950	45	014	03	宮崎	都城市	さかもと坂元B	晩期～弥生初頭		12	5	底部	ⅣB	●		宮崎13	第76図60	191
951	45	015	01	宮崎	都城市	ほしばら星原	後・晩期		6～7		胴部～底部	⑦Ⅲ	●	緯糸不明	宮崎14	第42図190	192
952	45	015	02	宮崎	都城市	ほしばら星原	後・晩期		12～14	6	口縁部	ⅣB	●		宮崎14	第42図191	192
953	45	015	03	宮崎	都城市	ほしばら星原	後・晩期		6	9	胴部	ⅢB	●		宮崎14	第42図192	192
954	45	015	04	宮崎	都城市	ほしばら星原	後・晩期		4～5	7	胴部	ⅡB	●		宮崎14	第42図193	192
955	45	015	05	宮崎	都城市	ほしばら星原	後・晩期		17	7	胴部	ⅤB	●		宮崎14	第42図195	192
956	45	015	06	宮崎	都城市	ほしばら星原	後・晩期		6	7	底部	ⅢB	●		宮崎14	第42図196	192
957	45	015	07	宮崎	都城市	ほしばら星原	後・晩期		8	9	底部	ⅢB	●		宮崎14	第42図197	192
958	45	015	08	宮崎	都城市	ほしばら星原	後・晩期		5	6	底部	ⅢB	●		宮崎14	第42図198	192
959	45	015	09	宮崎	都城市	ほしばら星原	後・晩期		6	6	底部	⑦Ⅲ	●		宮崎14	第42図199	192
960	45	015	10	宮崎	都城市	ほしばら星原	後・晩期		6～18	5～6	底部	④B	●	経糸間隔不規則 緯糸右上り	宮崎14	第42図200	192
961	45	015	11	宮崎	都城市	ほしばら星原	後・晩期		8	6	底部	ⅢB	●		宮崎14	第42図201	192
962	45	015	12	宮崎	都城市	ほしばら星原	後・晩期		15	7	底部	ⅤB	●		宮崎14	第42図202	192
963	45	015	13	宮崎	都城市	ほしばら星原	後・晩期		13～15	7	底部	ⅣB	●		宮崎14	第42図203	192
964	45	015	14	宮崎	都城市	ほしばら星原	後・晩期		7 14～18	8	底部	①ⅤB	●		宮崎14	第42図204	192
965	45	016	01	宮崎	都城市	うめきたさどばる梅北佐土原	晩期		4 14	9	底部	①ⅣB	●		宮崎15	第13図60	193
966	45	017	01	宮崎	都城市	かじや加治屋B	後・晩期		5 14	6	底部	①ⅣB	●		宮崎16	第24図106	194
967	45	017	02	宮崎	都城市	かじや加治屋B	後・晩期		5～6	7	胴部	ⅢB	●		宮崎16	第24図108	194
968	45	017	03	宮崎	都城市	かじや加治屋B	後・晩期		8	8	胴下部	ⅢB	●		宮崎16	第24図109	194

付表・付図

No.	県都道府番号	資料番号遺跡番号	資料番号	県名	市町村名	遺跡名	時期	経糸間隔(mm)	編布の密度 経糸(本/cm)	編布の密度 緯糸(本/cm)	緯糸の撚り方向	経糸の絡み方向	編布分類	密度分類	圧痕部位	備考	文献等	文献中の挿図番号	分布図の遺跡番号
969	45	018	01	宮崎	都城市	平田遺跡B地点	晩期	4/6		5			●	①ⅢB	胴部		宮崎17	第85図540	195
970	45	018	02	宮崎	都城市	平田遺跡B地点	晩期	21		8			●	ⅥB	底部		宮崎17	第85図541	
971	45	018	03	宮崎	都城市	平田遺跡B地点	晩期	20		6			●	⑤B	底部	経糸間隔20あるのみ	宮崎17	第85図542	
972	45	018	04	宮崎	都城市	平田遺跡B地点	晩期	4/12		6			●	①ⅣB	底部		宮崎17	第85図543	
973	45	018	05	宮崎	都城市	平田遺跡B地点	晩期			6			●	⑥B	底部		宮崎17	第85図544	
974	45	019	01	宮崎	高千穂町	中ノ原	後～晩期	10		6			●	ⅣB	胴部		宮崎05	第10図50	196
975	45	019	02	宮崎	高千穂町	中ノ原	後～晩期	4		6			●	ⅡB	胴部		宮崎05	第10図51	
976	45	019	03	宮崎	高千穂町	中ノ原	後～晩期	5		7			●	ⅢB	底部		宮崎05	第10図52	
977	45	019	04	宮崎	高千穂町	中ノ原	後～晩期	4		8			●	ⅡB	底部		宮崎05	第10図53	
978	45	020	01	宮崎	延岡市	山田	晩期	5		7	片撚り右		●	ⅢB	胴より底部	緯糸右上り	宮崎10	第146図751	197
979	46	005	09	鹿児島		砂原	黒川(晩期)	3/15		8			●	①ⅤB	胴～底部		鹿児島56	第123図108	104
980	46	005	10	鹿児島		砂原	黒川(晩期)	3/20		8			●	①ⅥB	胴～底部	縞	鹿児島56	第123図109	
981	46	067	01	鹿児島	鹿児島市	前原	黒川(晩期)	5/26		6	片撚り右	Z	●	①ⅦB	底部		鹿児島58	第351図2254	198
982	46	067	02	鹿児島	鹿児島市	前原	黒川(晩期)	5～8		4			●	ⅢA	底部	割れ目あり	鹿児島58	第351図2255	
983	46	067	03	鹿児島	鹿児島市	前原	黒川式	3～10		7			●	④B	底部	経糸間隔不規則	鹿児島58	第351図2256	
984	46	067	04	鹿児島	鹿児島市	前原	黒川	3～7		7			●	④B	底部	経糸間隔不規則	鹿児島58	第351図2257	
985	46	068	01	鹿児島	鹿児島市	魚見ヶ原	突帯文期(晩期)	10		8			●	ⅣB	底部		鹿児島60	第47図300	199
986	46	068	02	鹿児島	鹿児島市	魚見ヶ原	突帯文期(晩期)	3/10		9			●	①ⅣB	底部	磨耗	鹿児島60	第47図301	
987	46	068	03	鹿児島	鹿児島市	魚見ヶ原	突帯文期(晩期)	7		8	諸	Z	●	ⅢB	底部	経・緯糸乱れる	鹿児島60	第47図302	
988	46	068	04	鹿児島	鹿児島市	魚見ヶ原	突帯文期(晩期)	3/7～10		10	左	Z	●	ⅢC	底部		鹿児島60	第47図303	
989	46	068	05	鹿児島	鹿児島市	魚見ヶ原	突帯文期(晩期)	6～7		9	左	Z	●	ⅢB	底部		鹿児島60	第47図304	
990	46	068	06	鹿児島	鹿児島市	魚見ヶ原	突帯文期(晩期)	7		9	左	Z	●	ⅢB	底部		鹿児島60	第47図305	
991	46	068	07	鹿児島	鹿児島市	魚見ヶ原	突帯文期(晩期)	3/10		9	諸	Z	●	①ⅣB	底部		鹿児島60	第47図306	
992	46	069	01	鹿児島	鹿児島市	仁田尾	黒川～突帯文期	10～12					●	⑦Ⅳ	底部	緯糸不明	鹿児島62	第727図174	200
993	46	069	02	鹿児島	鹿児島市	仁田尾	黒川～突帯文期	7～10					●	⑦Ⅲ	底部	緯糸不明	鹿児島62	第727図175	
994	46	069	03	鹿児島	鹿児島市	仁田尾	黒川～突帯文期	10		7	諸	Z	●	ⅣB	底部	緯糸左上り経糸乱れあり	鹿児島62	第727図176	

付表1　縄文時代の出土編布及び編布圧痕の構成等一覧［増補資料］

995	46	069	04	鹿児島	鹿児島市	仁田尾		黒川～突帯文期（晩期）	30	5			●	ⅧB	底部	経糸1目に緯糸2本らしい	鹿児島 62	第727図177	200
996	46	069	05	鹿児島	鹿児島市	仁田尾		黒川～突帯文期（晩期）	20	6			●	ⅥB	底部		鹿児島 62	第727図179	200
997	46	069	06	鹿児島	鹿児島市	仁田尾		黒川～突帯文期（晩期）	10	5			●	ⅣB	胴～底部	経糸やや弧状	鹿児島 62	第727図180	200
998	46	069	07	鹿児島	鹿児島市	仁田尾		黒川～突帯文期（晩期）	7～10	5			●	ⅢB	胴～底部		鹿児島 62	第728図180	200
999	46	069	08	鹿児島	鹿児島市	仁田尾		黒川～突帯文期（晩期）	3～25	6			●	①ⅦB	底部		鹿児島 62	第728図184	200
1000	46	069	09	鹿児島	鹿児島市	仁田尾		黒川～突帯文期（晩期）	3～25	8			●	①ⅦB	底部		鹿児島 62	第728図185	200
1001	46	070	01	鹿児島	鹿児島市	不動寺		晩期	7	7			●	ⅢB	胴部		鹿児島 74	第42図137	201
1002	46	071	01	鹿児島	鹿児島市	大龍B地点		晩期？	10	6			●	ⅣB	胴部		鹿児島 75	第17図66	202
1003	46	071	02	鹿児島	鹿児島市	大龍B地点		晩期？	9	10			●	③ⅢC	胴部	9mm間隔おき5mm間に経糸3本	鹿児島 75	第17図67	202
1004	46	072	01	鹿児島	鹿児島市	原田久保		黒川～突帯文期（晩期）	6～20	5			●	①ⅣB	胴部		鹿児島 76	第84図704	203
1005	46	073	01	鹿児島	鹿児島市	かごしま大学構内		黒川～突帯文期（晩期）	10	7			●	ⅣB	胴部		鹿児島 77	Fig48 270	204
1006	46	074	01	鹿児島	南九州市	南田代		黒川～突帯文期（晩期）	16	7	諸撚り（左）	Z	●	ⅤB	底部	破れあり	鹿児島 53	第99図482	205
1007	46	074	02	鹿児島	南九州市	南田代		黒川～突帯文期（晩期）	5～7	7～8	諸撚り（左）	Z	●	ⅢB	底部	摩耗	鹿児島 53	第99図484	205
1008	46	075	01	鹿児島	南さつま市	尾ケ原		黒川～突帯文期（晩期）	24	7			●	⑥ⅢB	口縁部	経糸不明	鹿児島 54	第42図471	206
1009	46	076	01	鹿児島	南さつま市	木落とし		黒川～突帯文期（晩期）	5～10	8			●	④ⅢB	胴～底部	経糸間隔不規則	鹿児島 78	第6図9	207
1010	46	076	02	鹿児島	南さつま市	木落とし		黒川～突帯文期（晩期）	2～20	7			●	①ⅥB	胴～底部		鹿児島 78	第6図10	207
1011	46	077	01	鹿児島	南さつま市	下堀		黒川～突帯文期（晩期）	24	6			●	②ⅥB	口縁～胴部	経糸2本密着	鹿児島 79	第64図155	208
1012	46	078	01	鹿児島	日置市	山ノ脇		黒川（晩期）	12	7			●	ⅣB	胴部～底部		鹿児島 48	第85図181	209
1013	46	078	02	鹿児島	日置市	山ノ脇		黒川（晩期）	4	6	諸		●	ⅡB	胴部～底部		鹿児島 48	第85図183	209
1014	46	078	03	鹿児島	日置市	山ノ脇		黒川（晩期）	5	7			●	ⅢB	胴部～底部		鹿児島 48	第85図184	209
1015	46	078	04	鹿児島	日置市	山ノ脇		黒川（晩期）	10	7			●	ⅣB	胴部～底部		鹿児島 48	第85図186	209
1016	46	078	05	鹿児島	日置市	山ノ脇		黒川（晩期）	4	7			●	ⅡB	胴部～底部		鹿児島 48	第85図187	209
1017	46	078	06	鹿児島	日置市	山ノ脇		黒川（晩期）	3	7			●	ⅡB	胴部～底部		鹿児島 48	第85図189	209
1018	46	079	01	鹿児島	日置市	市ノ原		黒川～突帯文期（晩期）	10～12	6	諸		●	②ⅣB	胴部～底部		鹿児島 57	第92図740	210
1019	46	079	02	鹿児島	日置市	市ノ原		黒川～突帯文期（晩期）	3～4	9～10	左	N	●	ⅡB	底部	経糸2本密着　破れあり	鹿児島 57	第92図741	210
1020	46	079	03	鹿児島	日置市	市ノ原		黒川～突帯文期（晩期）	4～5	10	諸	N	●	ⅡC	底部		鹿児島 57	第92図742	210
1021	46	079	04	鹿児島	日置市	市ノ原		黒川～突帯文期（晩期）	4～5	10	諸 左	N	●	ⅡC	底部		鹿児島 57	第92図759	210
1022	46	079	05	鹿児島	日置市	市ノ原		黒川～突帯文期（晩期）	3～6	8	諸 左	N	●	④B	底部	経糸間隔不規則	鹿児島 57	第31図103	210

326　付表・付図

No.	県都道府番号	資料番号 審遺跡番号	資料数	県名	市町村名	遺跡名	時期	経糸間隔(mm)	経糸(本/cm)	緯糸(本/cm)	緯糸の撚り方向	経糸の絡み方向	編布分類	密度分類	圧痕部位	備考	文献等	文献中の挿図番号	分布図の遺跡番号
1023	46	079	06	鹿児島	日置市	いちのはら市ノ原	黒川～突帯文期(晩期)	9		8	諸 左	Z	●	ⅢB	底部		鹿児島57	第31図104	210
1024	46	079	07	鹿児島	日置市	いちのはら市ノ原	黒川～突帯文期(晩期)		5	4		S	●	ⅠA	底部	細密編布らしい	鹿児島57	第31図111	
1025	46	080	01	鹿児島	日置市	かみにがつでん上二月田	黒川～突帯文期(晩期)	20		7			●	ⅥB	底部		鹿児島80	第28図76	211
1026	46	081	01	鹿児島	薩摩川内市	さかのした坂ノ下	黒川～突帯文期(晩期)	4~10		6			●	①ⅣB	胴部		鹿児島81	第4図24	212
1027	46	081	02	鹿児島	薩摩川内市	さかのした坂ノ下	黒川～突帯文期(晩期)	8~10		5			●	ⅢB	胴部		鹿児島81	第27図197	
1028	46	082	01	鹿児島	さつま町	ふたわたふなわたしのうえ二渡船渡ノ上	黒川～突帯文期(晩期)	3~10~12		6			●	①ⅣB	底部	摩耗	鹿児島67	第29図119	213
1029	46	082	02	鹿児島	さつま町	ふたわたふなわたしのうえ二渡船渡ノ上	黒川～突帯文期(晩期)	3~4					●	⑦Ⅱ	口縁部らしい	緯糸不明	鹿児島67	第29図120	
1030	46	082	03	鹿児島	さつま町	ふたわたふなわたしのうえ二渡船渡ノ上	黒川～突帯文期(晩期)	5~25		7			●	①ⅦB	胴部	縞	鹿児島67	第29図123	
1031	46	082	04	鹿児島	さつま町	ふたわたふなわたしのうえ二渡船渡ノ上	黒川～突帯文期(晩期)	10~12		5？			●	ⅣB	胴部	摩耗	鹿児島67	第29図125	
1032	46	082	05	鹿児島	さつま町	ふたわたふなわたしのうえ二渡船渡ノ上	黒川～突帯文期(晩期)	4~6		7			●	ⅢB	口縁部	摩耗	鹿児島67	第29図126	
1033	46	083	01	鹿児島	さつま町	ひとつき一ツ木	黒川(晩期)	10		5			●	ⅣB			鹿児島82	第23図95	214
1034	46	083	02	鹿児島	さつま町	ひとつき一ツ木	黒川(晩期)	10		6			●	ⅣB			鹿児島82	第23図96	
1035	46	083	03	鹿児島	さつま町	ひとつき一ツ木	黒川(晩期)	10		6			●	ⅣB			鹿児島82	第25図116	
1036	46	084	01	鹿児島	出水市	いちく市来	黒川(晩期)	20		6			●	ⅥB	胴部		鹿児島83	第7図78	215
1037	46	085	01	鹿児島	出水市	おおつぼ大坪	黒川～突帯文期(晩期)	12~15		6			●	ⅣB	底部		鹿児島51	第174図359	216
1038	46	085	02	鹿児島	出水市	おおつぼ大坪	黒川～突帯文期(晩期)	7		5			●	ⅢB	底部		鹿児島51	第174図360	
1039	46	085	03	鹿児島	出水市	おおつぼ大坪	黒川～突帯文期(晩期)	13		5			●	ⅣB	底部		鹿児島51	第174図361	
1040	46	086	01	鹿児島	霧島市	じょうがお城ヶ尾	黒川(晩期)	10		6			●	②ⅣB	胴部	経糸2本密着らしい	鹿児島49	第387図827	217
1041	46	086	02	鹿児島	霧島市	じょうがお城ヶ尾	黒川(晩期)	10		5			●	ⅣB	胴部	摩耗	鹿児島49	第387図828	
1042	46	086	03	鹿児島	霧島市	じょうがお城ヶ尾	黒川(晩期)	6		7			●	ⅢB	胴部	摩耗	鹿児島49	第387図829	
1043	46	086	04	鹿児島	霧島市	じょうがお城ヶ尾	黒川(晩期)	5		8			●	ⅢB	胴部	摩耗	鹿児島49	第387図832	
1044	46	087	01	鹿児島	霧島市	まえはらわだ前原和田	黒川(晩期)	5		5~6			●	ⅢB	底部	緯糸左より 摩耗	鹿児島71	第41図248	218
1045	46	087	02	鹿児島	霧島市	まえはらわだ前原和田	黒川(晩期)	13~18		4~5	諸撚り(左)	Z	●	④A	口縁部	摩耗	鹿児島71	第51図371	
1046	46	087	03	鹿児島	霧島市	まえはらわだ前原和田	黒川(晩期)	8		8		Z	●	ⅢB	底部	経糸間隔不規則	鹿児島71	第51図372	
1047	46	088	01	鹿児島	曽於市	くぼさき久保崎Ⅲ	黒川(晩期)	6~7		7			●	ⅢB	口縁部		鹿児島87	第66図4	219

付表1 縄文時代の出土編布及び編布圧痕の構成等一覧［増補資料］

1048	46	089	01	鹿児島	曽於市	ひらまつじょうあと 平松城跡	晩期(黒川式〜突帯文期)	10		9		●	IV B	底部		鹿児島 47	第18図56	220
1049	46	089	02	鹿児島	曽於市	ひらまつじょうあと 平松城跡	晩期(黒川式〜突帯文期)	5〜7		9		●	III B	底部		鹿児島 47	第18図57	
1050	46	090	01	鹿児島	曽於市	おどりば 踊場	黒川(晩期)	10		9		●	IV B	底部		鹿児島 50	第28図184	221
1051	46	091	01	鹿児島	曽於市	はらむら 原村II	晩期	10		7		●	IV B	胴部		鹿児島 61	第84図67	222
1052	46	091	02	鹿児島	曽於市	はらむら 原村II	晩明	8		7		●	III B	胴部		鹿児島 61	第84図68	
1053	46	092	01	鹿児島	曽於市	にしはらだん 西原段II	黒川〜突帯文期		6〜7	6		●	I B	胴部		鹿児島 85	第64図46	223
1054	46	092	02	鹿児島	曽於市	にしはらだん 西原段II	黒川〜突帯文期(晩期)	3		10		●	II C	胴部		鹿児島 85	第64図47	
1055	46	092	03	鹿児島	曽於市	にしはらだん 西原段II	黒川〜突帯文期(晩期)		7	7		●	I B	胴部		鹿児島 85	第64図49	
1056	46	092	04	鹿児島	曽於市	にしはらだん 西原段II	黒川〜突帯文期(晩期)	4〜5		9		●	II B	胴部		鹿児島 85	第64図50	
1057	46	092	05	鹿児島	曽於市	にしはらだん 西原段II	黒川〜突帯文期(晩期)	4〜5		7		●	II B	胴部		鹿児島 85	第64図51	
1058	46	092	06	鹿児島	曽於市	にしはらだん 西原段II	黒川〜突帯文期(晩期)	8〜10		11		●	II C	胴部		鹿児島 85	第64図52	
1059	46	092	07	鹿児島	曽於市	にしはらだん 西原段II	黒川〜突帯文期(晩期)	10		10		●	III C	胴部		鹿児島 85	第64図53	
1060	46	092	08	鹿児島	曽於市	にしはらだん 西原段II	黒川〜突帯文期(晩期)	3		9〜10		●	II B	胴部		鹿児島 85	第64図54	
1061	46	092	09	鹿児島	曽於市	にしはらだん 西原段II	黒川〜突帯文期(晩期)	8		8		●	III B	胴部		鹿児島 85	第64図55	
1062	46	092	10	鹿児島	曽於市	にしはらだん 西原段II	黒川〜突帯文期(晩期)	5	5	10		●	III C	胴部		鹿児島 85	第64図58	
1063	46	092	11	鹿児島	曽於市	にしはらだん 西原段II	黒川〜突帯文期(晩期)	10		6		●	III B	胴部		鹿児島 85	第64図59	
1064	46	092	12	鹿児島	曽於市	にしはらだん 西原段II	黒川〜突帯文期(晩期)	8	6〜7	8		●	IV B	胴部		鹿児島 85	第64図60	
1065	46	092	13	鹿児島	曽於市	にしはらだん 西原段II	黒川〜突帯文期(晩期)	6		9		●	III B	胴部		鹿児島 85	第64図61	
1066	46	092	14	鹿児島	曽於市	にしはらだん 西原段II	黒川〜突帯文期(晩期)		4	6		●	I B	胴部		鹿児島 85	第64図63	
1067	46	092	15	鹿児島	曽於市	にしはらだん 西原段II	黒川〜突帯文期(晩期)	10		9		●	III B	胴部		鹿児島 85	第64図64	
1068	46	092	16	鹿児島	曽於市	にしはらだん 西原段II	黒川〜突帯文期(晩期)	3		11		●	IV B	胴部		鹿児島 85	第64図65	
1069	46	092	17	鹿児島	曽於市	にしはらだん 西原段II	黒川〜突帯文期(晩期)	6		9〜10		●	II C	胴部	重複	鹿児島 85	第64図66	
1070	46	092	18	鹿児島	曽於市	にしはらだん 西原段II	黒川〜突帯文期(晩期)	8〜12		9		●	III B	胴部	緯糸左上り	鹿児島 85	第64図69	
1071	46	092	19	鹿児島	曽於市	にしはらだん 西原段II	黒川〜突帯文期(晩期)	5		10		●	I B	胴部		鹿児島 85	第64図70	
1072	46	092	20	鹿児島	曽於市	にしはらだん 西原段II	黒川〜突帯文期(晩期)		4	10		●	IV C	胴部	重複らしい	鹿児島 85	第64図72	
1073	46	092	21	鹿児島	曽於市	にしはらだん 西原段II	黒川〜突帯文期(晩期)			5		●	III C			鹿児島 85	第64図74	
1074	46	092	22	鹿児島	曽於市	にしはらだん 西原段II	黒川〜突帯文期(晩期)			9	Z	●	I B	胴部		鹿児島 85	第64図76	
1075	46	092	23	鹿児島	曽於市	にしはらだん 西原段II	黒川〜突帯文期(晩期)	6〜8		9		●	III B	胴部		鹿児島 85	第64図77	

328　付表・付図

No.	県番号	都道府県番号	遺跡番号	資料数	県名	市町村名	遺跡名	時期	経糸間隔(mm)	経糸(本/cm)	緯糸(本/cm)	緯糸の撚り方向	経糸の絡み方向	編布分類	密度分類	圧痕部位	備考	文献等	文献中の挿図番号	分布図の遺跡番号
1076	46	092		24	鹿児島	曽於市	にしはらだん西原段II	黒川～突帯文期(晩期)	7～12		9			●	④B	胴部	経糸間隔不規則	鹿児島85	第64図78	223
1077	46	092		25	鹿児島	曽於市	にしはらだん西原段II	黒川～突帯文期(晩期)	3～10		7			●	④B	胴部	経糸間隔不規則	鹿児島85	第64図79	223
1078	46	092		26	鹿児島	曽於市	にしはらだん西原段II	黒川～突帯文期(晩期)	7		10			●	ⅢC	胴部		鹿児島85	第64図80	223
1079	46	092		27	鹿児島	曽於市	にしはらだん西原段II	黒川～突帯文期(晩期)	28		10			●	ⅢC	胴部	経糸間隔28あるのみ	鹿児島85	第64図82	223
1080	46	092		28	鹿児島	曽於市	にしはらだん西原段II	黒川～突帯文期(晩期)	6		9～10			●	②ⅢB	胴部	1箇所の経糸2本密着	鹿児島85	第64図83	223
1081	46	092		29	鹿児島	曽於市	にしはらだん西原段II	黒川～突帯文期(晩期)	7～9		7			●	ⅢB	胴部	経糸崩れあり	鹿児島85	第64図84	223
1082	46	092		30	鹿児島	曽於市	にしはらだん西原段II	黒川～突帯文期(晩期)	7～8		10			●	ⅢC	胴部	経糸崩れあり	鹿児島85	第64図85	223
1083	46	092		31	鹿児島	曽於市	にしはらだん西原段II	黒川～突帯文期(晩期)	7		10			●	ⅢC	胴部		鹿児島85	第64図86	223
1084	46	092		32	鹿児島	曽於市	にしはらだん西原段II	黒川～突帯文期(晩期)		6	5			●	ⅠB	胴部		鹿児島85	第64図87	223
1085	46	092		33	鹿児島	曽於市	にしはらだん西原段II	黒川～突帯文期(晩期)	10		9			●	ⅣB	胴部	経糸乱れあり	鹿児島85	第64図88	223
1086	46	092		34	鹿児島	曽於市	にしはらだん西原段II	黒川～突帯文期(晩期)		5	4～5			●	ⅠA	胴部		鹿児島85	第64図89	223
1087	46	092		35	鹿児島	曽於市	にしはらだん西原段II	黒川～突帯文期(晩期)		6～7	6			●	ⅠB	胴部		鹿児島85	第64図90	223
1088	46	092		36	鹿児島	曽於市	にしはらだん西原段II	黒川～突帯文期(晩期)	5		7			●	ⅢB	胴部		鹿児島85	第64図91	223
1089	46	092		37	鹿児島	曽於市	にしはらだん西原段II	黒川～突帯文期(晩期)	5・10		7			●	⑤B		経糸間隔5・10あるのみ	鹿児島85	第64図96	223
1090	46	092		38	鹿児島	曽於市	にしはらだん西原段II	黒川～突帯文期(晩期)	15		8			●	ⅤB	胴部		鹿児島85	第64図97	223
1091	46	092		39	鹿児島	曽於市	にしはらだん西原段II	黒川～突帯文期(晩期)	3～5		8			●	ⅡB	胴部		鹿児島85	第64図98	223
1092	46	092		40	鹿児島	曽於市	にしはらだん西原段II	黒川～突帯文期(晩期)	10～15		7			●	④B	口縁部	崩れあり	鹿児島85	第64図99	223
1093	46	092		41	鹿児島	曽於市	にしはらだん西原段II	黒川～突帯文期(晩期)	5～6		6			●	ⅢB	口縁部	経糸間隔	鹿児島85	第64図102	223
1094	46	092		42	鹿児島	曽於市	にしはらだん西原段II	黒川～突帯文期(晩期)	7～8		5			●	ⅢB	口縁部		鹿児島85	第64図103	223
1095	46	092		43	鹿児島	曽於市	にしはらだん西原段II	黒川～突帯文期(晩期)	12		7			●	ⅣB	胴部		鹿児島85	第64図104	223
1096	46	093		01	鹿児島	曽於市	にしはらだん西原段I	黒川(晩期)	4～6		7		Z	●	ⅢB	底部		鹿児島64	第25図86	224
1097	46	093		02	鹿児島	曽於市	にしはらだん西原段I	黒川(晩期)	3～4		9		Z	●	ⅡB	底部		鹿児島64	第25図88	224
1098	46	093		03	鹿児島	曽於市	にしはらだん西原段I	黒川(晩期)	2～3		10	諸撚り(左)	Z	●	ⅡC	底部	緯糸やや左上り	鹿児島64	第25図91	224
1099	46	093		04	鹿児島	曽於市	にしはらだん西原段I	黒川(晩期)	5		7	らしい	Z	●	ⅢB	底部	崩れあり	鹿児島64	第25図93	224
1100	46	093		05	鹿児島	曽於市	にしはらだん西原段I	黒川(晩期)	2～5		9	諸撚り(左)	Z	●	ⅡB	口縁部	崩れあり	鹿児島64	第25図94	224
1101	46	093		06	鹿児島	曽於市	にしはらだん西原段I	黒川(晩期)	2～10		7	らしい	Z	●	④B	底部	経糸間隔不規則 編ミえらし	鹿児島64	第26図96	224

付表1　縄文時代の出土編布及び編布圧痕の構成等一覧［増補資料］

																		224	225
1102	46	093	07	鹿児島	曽於市	にしはらだん西原段I	黒川(晩期)	11	6~7		Z	●	IV B	底部	繋ぎ目らしい跡あり	鹿児島64	第26図97		
1103	46	093	08	鹿児島	曽於市	にしはらだん西原段I	黒川(晩期)	6	8		Z	●	III B	底部	摩耗 崩れあり	鹿児島64	第26図98		
1104	46	093	09	鹿児島	曽於市	にしはらだん西原段I	黒川(晩期)	20	6		Z	●	VI B	底部		鹿児島64	第26図100		
1105	46	093	10	鹿児島	曽於市	にしはらだん西原段I	黒川(晩期)	8,18~20	7		Z	●	①V B	底部	縞 経糸2本密着部分あり	鹿児島64	第26図101		
1106	46	093	11	鹿児島	曽於市	にしはらだん西原段I	黒川(晩期)	5	9		Z	●	III B	底部		鹿児島64	第26図102		
1107	46	093	12	鹿児島	曽於市	にしはらだん西原段I	黒川(晩期)	4~5	8~9		Z	●	II B	底部	摩耗著しい	鹿児島64	第26図103		
1108	46	093	13	鹿児島	曽於市	にしはらだん西原段I	黒川(晩期)	6,20	8	諸撚り(左)	Z	●	①VI B	底部	縞 重複	鹿児島64	第26図105		
1109	46	093	14	鹿児島	曽於市	にしはらだん西原段I	黒川(晩期)	3	9~10		Z	●	III B	底部		鹿児島64	第26図106		
1110	46	093	15	鹿児島	曽於市	にしはらだん西原段I	黒川(晩期)	12	6~7		Z	●	IV B	底部		鹿児島64	第26図107		
1111	46	093	16	鹿児島	曽於市	にしはらだん西原段I	黒川(晩期)	5	9		Z	●	III B	底部	摩耗	鹿児島64	第26図108		
1112	46	093	17	鹿児島	曽於市	にしはらだん西原段I	黒川(晩期)	4~6,20	7		Z	●	①VI B	底部	縞らしい	鹿児島64	第26図109		
1113	46	093	18	鹿児島	曽於市	にしはらだん西原段I	黒川(晩期)	5	6		Z	●	III B	底部	緯糸やや左上り	鹿児島64	第26図110		
1114	46	093	19	鹿児島	曽於市	にしはらだん西原段I	黒川(晩期)	15	8		Z	●	V B	底部		鹿児島64	第27図111		
1115	46	093	20	鹿児島	曽於市	にしはらだん西原段I	黒川(晩期)	12	9		Z	●	IV B	底部	緯糸右上り	鹿児島64	第27図114		
1116	46	093	21	鹿児島	曽於市	にしはらだん西原段I	黒川(晩期)	8	9	諸撚り(左)	Z	●	II B	底部		鹿児島64	第27図115		
1117	46	093	22	鹿児島	曽於市	にしはらだん西原段I	黒川(晩期)	3	11		Z	●	II C	底部		鹿児島64	第27図116		
1118	46	093	23	鹿児島	曽於市	にしはらだん西原段I	黒川(晩期)	3	10	諸撚りらしい	Z	●	II C	底部		鹿児島64	第27図117		
1119	46	093	24	鹿児島	曽於市	にしはらだん西原段I	黒川(晩期)	8	6		Z	●	⑤B	底部	8mm間隔の経糸あるのみ	鹿児島64	第27図118		
1120	46	093	25	鹿児島	曽於市	にしはらだん西原段I	黒川(晩期)	7	10		Z	●	III C	底部	破れ	鹿児島64	第27図122		
1121	46	093	26	鹿児島	曽於市	にしはらだん西原段I	黒川(晩期)	6~7	7~8		Z	●	III B	底部	破れ	鹿児島64	第27図123		
1122	46	093	27	鹿児島	曽於市	にしはらだん西原段I	黒川(晩期)	10	10		Z	●	IV C	底部	破れ	鹿児島64	第27図124		
1123	46	094	01	鹿児島	曽於市	かごまた狩俣	黒川～突帯文期(晩期)	6	7~8	諸撚り(左)	Z	●	III B	口縁部	重複	鹿児島66	第143図451		
1124	46	094	02	鹿児島	曽於市	かごまた狩俣	黒川～突帯文期(晩期)	15	7~8		Z	●	V B	底部	編布の重複と編 経糸2本密着	鹿児島66	第143図452		
1125	46	094	03	鹿児島	曽於市	かごまた狩俣	黒川～突帯文期(晩期)	35	7	諸撚り(左)	Z	●	②VIII B	底部	緯糸左上り	鹿児島66	第143図455		
1126	46	094	04	鹿児島	曽於市	かごまた狩俣	黒川～突帯文期(晩期)	6~8	6		Z	●	III B	底部	経糸20あるのみ	鹿児島66	第143図456		
1127	46	094	05	鹿児島	曽於市	かごまた狩俣	黒川～突帯文期(晩期)	20	6~7		Z	●	⑤B	底部	経糸2本密着	鹿児島66	第143図457		
1128	46	094	06	鹿児島	曽於市	かごまた狩俣	黒川～突帯文期(晩期)		7	諸撚り(左)	Z	●	⑤B	底部	中央左寄りに経糸2本密着のみ	鹿児島66	第143図458		
1129	46	094	07	鹿児島	曽於市	かごまた狩俣	黒川～突帯文期(晩期)	6	7				III B	底部	破れ 摩耗	鹿児島66	第143図459		

No.	県都道府県番号	資料番号 遺跡	資料数	県名	市町村名	遺跡名	時期	経糸間隔(mm)	編布の密度 経糸(本/cm)	編布の密度 緯糸(本/cm)	緯糸の撚り方向	経糸の絡み方向	編布分類	密度分類	圧痕部位	備考	文献等	文献中の挿図番号	分布図の遺跡番号
1130	46	094	08	鹿児島	曽於市	かりまた狩俣	黒川～突帯文期(晩期)	6～7		7		Z	●	ⅢB	胴～底部	破れ	鹿児島66	第143図460	225
1131	46	094	09	鹿児島	曽於市	かりまた狩俣	黒川～突帯文期(晩期)	6～7		7	諸撚り(左)	Z	●	ⅢB	底部	摩耗	鹿児島66	第143図461	
1132	46	094	10	鹿児島	曽於市	かりまた狩俣	黒川～突帯文期(晩期)	5～7		8			●	ⅢB	底部		鹿児島66	第143図462	
1133	46	094	11	鹿児島	曽於市	かりまた狩俣	黒川～突帯文期(晩期)	9		10		Z	●	ⅢC	底部		鹿児島66	第143図464	
1134	46	094	12	鹿児島	曽於市	かりまた狩俣	黒川～突帯文期(晩期)	4		7	諸撚り(左)		●	ⅡB	底部		鹿児島66	第143図466	119
1135	46	020	02	鹿児島	曽於市	みやはら宮原	黒川(晩期)	6～7		6			●	ⅢB	胴部	緯糸左上り	鹿児島88	第10図41	
1136	46	030	03	鹿児島	曽於市	むかいがこう向井ケ迫	黒川(晩期)	20		6			●	ⅥB	胴部		鹿児島86	第89図72	129
1137	46	030	04	鹿児島	曽於市	むかいがこう向井ケ迫	黒川(晩期)	5		7			●	ⅢB	胴部		鹿児島86	第89図73	
1138	46	030	05	鹿児島	曽於市	むかいがこう向井ケ迫	黒川(晩期)	10		7			●	ⅣB	胴部		鹿児島86	第89図74	
1139	46	030	06	鹿児島	曽於市	むかいがこう向井ケ迫	黒川(晩期)	5		6			●	ⅢB	胴部		鹿児島86	第91図231	
1140	46	030	07	鹿児島	曽於市	むかいがこう向井ケ迫	黒川(晩期)	6		7			●	ⅢB	胴部		鹿児島86	第91図233	
1141	46	030	08	鹿児島	曽於市	むかいがこう向井ケ迫	黒川(晩期)	12～15		6			●	ⅣB	胴部		鹿児島86	第91図234	
1142	46	030	09	鹿児島	曽於市	むかいがこう向井ケ迫	黒川(晩期)	10～12		7			●	ⅣB	胴部～底部		鹿児島86	第91図235	
1143	46	030	10	鹿児島	曽於市	むかいがこう向井ケ迫	黒川(晩期)	6～7		7			●	ⅢB	胴部		鹿児島86	第91図237	
1144	46	030	11	鹿児島	曽於市	むかいがこう向井ケ迫	黒川(晩期)	5		5			●	ⅢB	胴部		鹿児島86	第91図238	
1145	46	030	12	鹿児島	曽於市	むかいがこう向井ケ迫	黒川(晩期)	10		6			●	ⅣB	胴部		鹿児島86	第95図184	
1146	46	030	13	鹿児島	曽於市	むかいがこう向井ケ迫	黒川(晩期)	7		7			●	ⅢB	胴部		鹿児島86	第95図185	
1147	46	030	14	鹿児島	曽於市	むかいがこう向井ケ迫	黒川(晩期)	6		7			●	ⅢB	胴部		鹿児島86	第95図186	
1148	46	095	01	鹿児島	曽於市	にしくりす西栗須	黒川(晩期)	5		5			●	⑥B	口縁部	全面擦れ 経糸不明	鹿児島89	第9図44	226
1149	46	096	01	鹿児島	志布志市	まつがお松ヶ尾	黒川(晩期)	10～12		4～5			●	ⅣA	底部	緯糸左上り	鹿児島59	第151図139	227
1150	46	096	02	鹿児島	志布志市	まつがお松ヶ尾	黒川(晩期)	10～12		5			●	ⅣB	底部	緯糸左上り 経糸2本密着部分あり	鹿児島59	第151図140	
1151	46	097	01	鹿児島	志布志市	わらびの蕨野B	晩期	10		6			●	②ⅣB	底部		鹿児島59	第122図598	228
1152	46	044	04	鹿児島	志布志市	みちしげ道重	黒川(晩期)	5		9			●	ⅢB	口縁部	緯糸右上り	鹿児島40	第11図47	
1153	46	044	05	鹿児島	志布志市	みちしげ道重	黒川(晩期)	10		7			●	ⅣB	底部	摩耗	鹿児島40	第11図48	
1154	46	044	06	鹿児島	志布志市	みちしげ道重	黒川(晩期)	5～6		8			●	ⅢB	口縁部		鹿児島40	第12図49	143
1155	46	044	07	鹿児島	志布志市	みちしげ道重	黒川(晩期)	3・8		9			●	⑤B	底部	経糸間隔3・8あるのみ	鹿児島40	第12図52	
1156	46	044	08	鹿児島	志布志市	みちしげ道重	黒川(晩期)	6		6			●		底部		鹿児島40	第12図53	

付表1　縄文時代の出土編布及び編布圧痕の構成等一覧［増補資料］

1157	46	098	01	鹿児島	志布志市	くらぞのC 倉園C	黒川（晩期）	10〜12	6			●	ⅣB	胴部		鹿児島90	第10図2	229
1158	46	099	01	鹿児島	志布志市	まきはら 牧原A	黒川（晩期）	3 10〜12	9			●	①ⅣB	胴部	経糸2本密着部分あり	鹿児島91	第57図365	230
1159	46	099	02	鹿児島	志布志市	まきはら 牧原A	黒川（晩期）	10	6			●	ⅣB	胴〜底部		鹿児島93	第57図366	230
1160	46	099	03	鹿児島	志布志市	まきはら 牧原A	黒川（晩期）	8	7			●	ⅢB	胴部		鹿児島93	第57図367	230
1161	46	099	04	鹿児島	志布志市	まきはら 牧原A	黒川（晩期）	6〜8	9			●	ⅢB	底部	摩耗	鹿児島93	第57図372	230
1162	46	100	01	鹿児島	志布志市	いなりどう 稲荷道	黒川〜突帯文期（晩期）	12	6			●	ⅣB	底部		鹿児島69	第101図376	231
1163	46	100	02	鹿児島	志布志市	いなりどう 稲荷道	黒川〜突帯文期（晩期）	3〜5	5		Z	●	ⅡB	底部		鹿児島69	第101図377	231
1164	46	100	03	鹿児島	志布志市	いなりどう 稲荷道	黒川〜突帯文期（晩期）	3〜4	6	諸撚り（左）	Z	●	④B	底部	経糸間隔不規則	鹿児島69	第101図378	231
1165	46	100	04	鹿児島	志布志市	いなりどう 稲荷道	黒川〜突帯文期（晩期）	6	8			●	ⅢB	底部	摩耗著しい　緯糸右上り	鹿児島69	第101図379	231
1166	46	100	05	鹿児島	志布志市	いなりどう 稲荷道	黒川〜突帯文期（晩期）	10〜12	7			●	ⅣB	底部		鹿児島69	第101図380	231
1167	46	100	06	鹿児島	志布志市	いなりどう 稲荷道	黒川〜突帯文期（晩期）	12	11〜12	片撚り（右）		●	ⅣC	底部		鹿児島69	第101図381	231
1168	46	100	07	鹿児島	志布志市	いなりどう 稲荷道	黒川〜突帯文期（晩期）	7	7〜8	諸撚り（左）	Z	●	ⅢB	底部	緯糸左上り	鹿児島69	第101図382	231
1169	46	100	08	鹿児島	志布志市	いなりどう 稲荷道	黒川〜突帯文期（晩期）	7〜8	7	諸撚り（右）	Z	●	ⅢB	底部		鹿児島69	第101図383	231
1170	46	100	09	鹿児島	志布志市	いなりどう 稲荷道	黒川〜突帯文期（晩期）	3	7	諸撚り（左）	Z	●	ⅡB	底部		鹿児島69	第101図384	231
1171	46	100	10	鹿児島	志布志市	いなりどう 稲荷道	黒川〜突帯文期（晩期）	6	8		Z	●	ⅢB	底部	緯糸左上り	鹿児島69	第101図385	231
1172	46	101	01	鹿児島	大崎町	たちやま 立山B	黒川〜突帯文期（晩期）	10	3	諸撚り（左）		●	ⅣA	底部		鹿児島90	第13図34	232
1173	46	101	02	鹿児島	大崎町	たちやま 立山B	黒川〜突帯文期（晩期）	6	7			●	ⅢB	底部	摩耗	鹿児島90	第13図35	232
1174	46	102	01	鹿児島	大崎町	ながよしてんじんだん 永吉天神段	黒川〜突帯文期（晩期）	8	5〜6			●	ⅢB	口縁〜底部	土器1点に2種の編布痕	鹿児島72	第35図117	233
1175	46	102	02	鹿児島	大崎町	ながよしてんじんだん 永吉天神段	黒川〜突帯文期（晩期）	5 14	5			●	①ⅣB	口縁〜底部	編布須　割目多い	鹿児島72	第35図117	233
1176	46	102	03	鹿児島	大崎町	ながよしてんじんだん 永吉天神段	黒川〜突帯文期（晩期）	5 7〜10	6〜7			●	①ⅢB	口縁〜底部		鹿児島72	第37図118	233
1177	46	102	04	鹿児島	大崎町	ながよしてんじんだん 永吉天神段	黒川〜突帯文期（晩期）	5 15	7			●	①ⅣB	胴部		鹿児島72	第39図126	233
1178	46	102	05	鹿児島	大崎町	ながよしてんじんだん 永吉天神段	黒川〜突帯文期（晩期）	4・13	5			●	⑤B	胴部	摩耗み　経糸間隔4・13あるの	鹿児島72	第39図128	233
1179	46	102	06	鹿児島	大崎町	ながよしてんじんだん 永吉天神段	黒川〜突帯文期（晩期）	15	7		Z	●	ⅤB	胴部	緯糸乱れあり	鹿児島72	第39図129	233
1180	46	102	07	鹿児島	大崎町	ながよしてんじんだん 永吉天神段	黒川〜突帯文期（晩期）	8	8	諸撚り（左）	Z	●	ⅢB	胴部	割れ目あり	鹿児島72	第39図139	233
1181	46	102	08	鹿児島	大崎町	ながよしてんじんだん 永吉天神段	黒川〜突帯文期（晩期）	7	7〜8			●	ⅢB	胴部		鹿児島72	第39図140	233
1182	46	102	09	鹿児島	大崎町	ながよしてんじんだん 永吉天神段	黒川〜突帯文期（晩期）	20	7〜8			●	⑤B	胴部	経糸20あるのみ	鹿児島72	第39図141	233
1183	46	102	10	鹿児島	大崎町	ながよしてんじんだん 永吉天神段	黒川〜突帯文期（晩期）	6	9			●	ⅢB	胴部		鹿児島72	第39図142	233

No.	県番号	都道府県番号	遺跡番号	資料数	県名	市町村名	遺跡名	時期	経糸間隔(mm)	経糸(本/cm)	緯糸(本/cm)	緯糸の撚り方向	経糸の撚み方向	編布分類	密度分類	圧痕部位	備考	文献等	文献中の挿図番号	分布図の遺跡番号
1184	46	102	11	鹿児島	大崎町	ながよしてんじんだん永吉天神段	黒川~突帯文期(晩期)	6		7	諸撚り(左)	Z	●	ⅢB	胴部		鹿児島72	第39図143	233
1185	46	102	12	鹿児島	大崎町	永吉天神段	黒川~突帯文期(晩期)		4	3		Z	●	ⅠA	口縁部		鹿児島72	第39図144	233
1186	46	102	13	鹿児島	大崎町	永吉天神段	黒川~突帯文期(晩期)	5		9	諸撚り(左)		●	ⅢB	底部	割れ目 破れ有り	鹿児島72	第39図145	233
1187	46	102	14	鹿児島	大崎町	永吉天神段	黒川~突帯文期(晩期)	5		7		Z	●	ⅢB	底部	編みえらに減らし目あり	鹿児島72	第39図146	233
1188	46	102	15	鹿児島	大崎町	永吉天神段	黒川~突帯文期(晩期)	6~7		7	諸撚り(左)	Z	●	ⅢB	底部	経糸に減らし目あり 経糸蛇行	鹿児島72	第39図147	233
1189	46	102	16	鹿児島	大崎町	永吉天神段	黒川~突帯文期(晩期)	7		7~8	諸撚り(左)	Z	●	ⅢB	底部	繋ぎ目	鹿児島72	第39図148	233
1190	46	049	02	鹿児島	肝付町	ひがしだ東田	突帯文期(晩期)	10		5			●	ⅣB	胴~底部	経糸弧状	鹿児島46	第8図27	148
1191	46	049	03	鹿児島	肝付町	東田	突帯文期(晩期)	18~20		4~5			●	ⅤA	胴~底部		鹿児島46	第8図28	148
1192	46	049	04	鹿児島	肝付町	東田	突帯文期(晩期)	10~12		5			●	ⅣB	胴~底部	経糸間隔不規則	鹿児島46	第8図29	148
1193	46	049	05	鹿児島	肝付町	東田	突帯文期(晩期)	5~10		5			●	④B	胴~底部		鹿児島46	第8図30	148
1194	46	103	01	鹿児島	南大隅町	でぐち出口	突帯文期(晩期)	3 6		8			●	①ⅢB	底部	縞	鹿児島92	第51図277	234
1195	46	103	02	鹿児島	南大隅町	出口	突帯文期(晩期)	7~8		8			●	ⅢB	底部		鹿児島92	第51図278	234
1196	46	104	01	鹿児島	垂水市	よこみぞ横道	黒川(晩期)	10		7			●	ⅣB	胴~底部		鹿児島93	第25図233	235
1197	46	104	02	鹿児島	垂水市	横道	黒川(晩期)	10		6~7			●	ⅣB	底部		鹿児島93	第25図234	235
1198	46	105	01	鹿児島	垂水市	みやのまえ宮ノ前	黒川(晩期)	5		10			●	ⅢC	口縁部		鹿児島94	第16図33	236
1199	46	106	01	鹿児島	鹿屋市	なかお中尾	黒川~突帯文期(晩期)	12~15		9			●	ⅣB	口縁部~胴部	緯糸左上り	鹿児島52	第36図143	237
1200	46	106	02	鹿児島	鹿屋市	中尾	黒川~突帯文期(晩期)	14~15		7			●	ⅣB	胴部	磨耗部分あり	鹿児島52	第41図168	237
1201	46	106	03	鹿児島	鹿屋市	中尾	黒川~突帯文期(晩期)	6~7		8			●	ⅢB	口縁部	磨耗部分あり	鹿児島52	第41図171	237
1202	46	106	04	鹿児島	鹿屋市	中尾	黒川~突帯文期(晩期)	5~6		8			●	ⅢB	口縁部	崩れあり	鹿児島52	第41図172	237
1203	46	106	05	鹿児島	鹿屋市	中尾	黒川~突帯文期(晩期)	8~9		8			●	ⅢB	口縁部		鹿児島52	第41図173	237
1204	46	106	06	鹿児島	鹿屋市	中尾	黒川~突帯文期(晩期)	5		9			●	ⅢB	口縁部	崩れあり	鹿児島52	第41図174	237
1205	46	106	07	鹿児島	鹿屋市	中尾	黒川~突帯文期(晩期)	10~12		6			●	④B	底部	経糸間隔不規則	鹿児島52	第41図177	237
1206	46	106	08	鹿児島	鹿屋市	中尾	黒川~突帯文期(晩期)	7~10		10			●	ⅢC	底部		鹿児島52	第42図178	237
1207	46	106	09	鹿児島	鹿屋市	中尾	黒川~突帯文期(晩期)	7~9		6~7			●	ⅢB	底部		鹿児島52	第42図179	237
1208	46	106	10	鹿児島	鹿屋市	中尾	黒川~突帯文期(晩期)	10		11			●	ⅣC	底部		鹿児島52	第42図180	237
1209	46	106	11	鹿児島	鹿屋市	中尾	黒川~突帯文期(晩期)	6~7		7~8			●	ⅢB	底部		鹿児島52	第42図181	237

1210	46	106	12	鹿児島	鹿屋市	なかお中尾	黒川～突帯文期(晩期)	14				●	⑦Ⅳ	底部		鹿児島52	第42図182	237
1211	46	106	13	鹿児島	鹿屋市	なかお中尾	黒川～突帯文期(晩期)	6～7	8～9			●	ⅢB	底部		鹿児島52	第42図183	
1212	46	106	14	鹿児島	鹿屋市	なかお中尾	黒川～突帯文期(晩期)	4～6	9～10			●	④B	底部	経糸間隔不規則	鹿児島52	第42図184	
1213	46	106	15	鹿児島	鹿屋市	なかお中尾	黒川～突帯文期(晩期)	7～10	9～10			●	ⅢB	底部		鹿児島52	第42図185	
1214	46	106	16	鹿児島	鹿屋市	なかお中尾	黒川～突帯文期(晩期)	10～12	4～5			●	ⅣA	底部		鹿児島52	第42図186	
1215	46	106	17	鹿児島	鹿屋市	なかお中尾	黒川～突帯文期(晩期)	6～7	8			●	ⅢB	底部		鹿児島52	第42図187	
1216	46	106	18	鹿児島	鹿屋市	なかお中尾	黒川～突帯文期(晩期)	12	6			●	ⅣB	底部		鹿児島52	第42図188	
1217	46	106	19	鹿児島	鹿屋市	なかお中尾	黒川～突帯文期(晩期)	12～14	9			●	ⅣB	底部		鹿児島52	第42図189	
1218	46	106	20	鹿児島	鹿屋市	なかお中尾	黒川～突帯文期(晩期)	5～10	4～5			●	④A	底部		鹿児島52	第42図190	
1219	46	106	21	鹿児島	鹿屋市	なかお中尾	黒川～突帯文期(晩期)	3 6～10	9			●	①ⅢB	底部	経糸間隔不規則	鹿児島52	第42図191	
1220	46	106	22	鹿児島	鹿屋市	なかお中尾	黒川～突帯文期(晩期)	3～4 8～10	9～10			●	①ⅢB	底部	経糸2本密着部分あり	鹿児島52	第42図192	
1221	46	106	23	鹿児島	鹿屋市	なかお中尾	黒川～突帯文期(晩期)	5～10	10			●	④C	底部	経糸3本密着部分あり	鹿児島52	第42図193	
1222	46	106	24	鹿児島	鹿屋市	なかお中尾	黒川～突帯文期(晩期)		9	4		●	ⅠB	底部	経糸間隔不規則	鹿児島52	第42図194	
1223	46	106	25	鹿児島	鹿屋市	なかお中尾	黒川～突帯文期(晩期)	3～5	8			●	ⅡB	底部		鹿児島52	第42図195	
1224	46	106	26	鹿児島	鹿屋市	なかお中尾	黒川～突帯文期(晩期)	4	8～9			●	ⅡB	底部		鹿児島52	第42図196	
1225	46	106	27	鹿児島	鹿屋市	なかお中尾	黒川～突帯文期(晩期)	3	8～9			●	ⅢB	底部		鹿児島52	第42図197	
1226	46	106	28	鹿児島	鹿屋市	なかお中尾	黒川～突帯文期(晩期)	6～10	5			●	④B	底部	崩れあり 経糸間隔不規則	鹿児島52	第43図206	
1227	46	106	29	鹿児島	鹿屋市	なかお中尾	黒川～突帯文期(晩期)	10～12	6			●	ⅣB	底部	摩耗	鹿児島52	第43図207	
1228	46	106	30	鹿児島	鹿屋市	なかお中尾	黒川～突帯文期(晩期)	8～12	6～7			●	ⅢB	底部		鹿児島52	第43図208	
1229	46	106	31	鹿児島	鹿屋市	なかお中尾	黒川～突帯文期(晩期)	4 26	5			●	①ⅦB	底部	縞 経糸2本を仕様	鹿児島52	第43図209	
1230	46	106	32	鹿児島	鹿屋市	なかお中尾	黒川～突帯文期(晩期)	4 26	5			●	①ⅦB	底部	縞 摩耗	鹿児島52	第43図211	
1231	46	106	33	鹿児島	鹿屋市	なかお中尾	黒川(晩期)	6	6			●	ⅢB	胴部		鹿児島52	第42図131	
1232	46	106	34	鹿児島	鹿屋市	なかお中尾	黒川(晩期)	6	7			●	ⅢB	胴部		鹿児島52	第42図132	
1233	46	106	35	鹿児島	鹿屋市	なかお中尾	黒川(晩期)	6	10			●	ⅢC	胴部		鹿児島52	第42図133	
1234	46	106	36	鹿児島	鹿屋市	なかお中尾	黒川(晩期)	6	7			●	ⅢB	胴部		鹿児島52	第42図134	
1235	46	107	01	鹿児島	鹿屋市	やまうちばる山内原	晩期	8	8			●	⑥B	胴部	経糸不明	鹿児島95	第9図27	238
1236	46	107	02	鹿児島	鹿屋市	やまうちばる山内原	晩期	15	7			●	ⅤB	胴部		鹿児島95	第19図118	
1237	46	107	03	鹿児島	鹿屋市	やまうちばる山内原	晩期	10	7～8			●	ⅣB	胴部		鹿児島95	第19図120	

334　付表・付図

No.	県都道府県番号	遺跡番号	資料数	県名	市町村名	遺跡名	時期	編布の密度 経糸間隔(mm)	編布の密度 経糸(本/cm)	編布の密度 緯糸(本/cm)	緯糸の撚り方向	経糸の絡み方向	編布分類	密度分類	圧痕部位	備考	文献等	文献中の挿図番号	分布図の遺跡番号
1238	46	108	01	鹿児島	鹿屋市	おおむれ大牟礼	晩期(黒川式)	4〜6		9			●	ⅢB	胴〜底部		鹿児島95	第70図502	239
1239	46	108	02	鹿児島	鹿屋市	おおむれ大牟礼	晩期(黒川式)	3		9			●	ⅡB	胴〜底部	繋ぎ目らしく2枚の一方	鹿児島95	第70図503	239
1240	46	108	03	鹿児島	鹿屋市	おおむれ大牟礼	晩期(黒川式)	5		9			●	ⅢB	胴〜底部	繋ぎ目らしく2枚の一方	鹿児島95	第70図503	239
1241	46	108	04	鹿児島	鹿屋市	おおむれ大牟礼	晩期(黒川式)	5		8			●	ⅢB	胴〜底部		鹿児島95	第70図504	239
1242	46	108	05	鹿児島	鹿屋市	おおむれ大牟礼	晩期(黒川式)	5		8			●	ⅢB	胴〜底部		鹿児島95	第70図505	239
1243	46	108	06	鹿児島	鹿屋市	おおむれ大牟礼	晩期(黒川式)	5		8			●	ⅢB	胴〜底部		鹿児島95	第70図506	239
1244	46	108	07	鹿児島	鹿屋市	おおむれ大牟礼	晩期(黒川式)	6		8			●	ⅢB	胴〜底部		鹿児島95	第70図507	239
1245	46	108	08	鹿児島	鹿屋市	おおむれ大牟礼	晩期(黒川式)	2.5		8			●	ⅡB	胴〜底部	繋ぎ目らしき跡あり その1	鹿児島95	第70図508	239
1246	46	108	09	鹿児島	鹿屋市	おおむれ大牟礼	晩期(黒川式)	5		9			●	ⅢB	胴〜底部	繋ぎ目らしき跡あり その2	鹿児島95	第70図508	239
1247	46	108	10	鹿児島	鹿屋市	おおむれ大牟礼	晩期(黒川式)	5		8			●	ⅢB	胴〜底部		鹿児島95	第70図509	239
1248	46	108	11	鹿児島	鹿屋市	おおむれ大牟礼	晩期(黒川式)	5		8			●	ⅢB	胴〜底部		鹿児島95	第70図510	239
1249	46	109	01	鹿児島	鹿屋市	みっけばなし嶺家西	黒川〜突帯文期(晩期)	4・7		10			●	⑤B	底部	4と7であるのみ	鹿児島65	第29図85	240
1250	46	110	01	鹿児島	鹿屋市	じゅうさんづか十三塚	晩期	5		7			●	ⅢB	底部		鹿児島68	第37図41	241
1251	46	111	01	鹿児島	鹿屋市	いなりやま稲荷山	黒川〜突帯文期(晩期)		4	9			●	ⅠB	底部		鹿児島70	第20図62	242
1252	46	111	02	鹿児島	鹿屋市	いなりやま稲荷山	黒川〜突帯文期(晩期)		4	8			●	ⅠB	底部		鹿児島70	第20図63	242
1253	46	111	03	鹿児島	鹿屋市	いなりやま稲荷山	黒川〜突帯文期(晩期)	10		7			●	ⅣB	底部		鹿児島70	第20図64	242
1254	46	111	04	鹿児島	鹿屋市	いなりやま稲荷山	黒川〜突帯文期(晩期)	4〜6 10〜12		9			●	①ⅣB	底部		鹿児島70	第20図65	242
1255	46	111	05	鹿児島	鹿屋市	いなりやま稲荷山	黒川〜突帯文期(晩期)	10〜12		8〜9			●	ⅣB	底部		鹿児島70	第20図68	242
1256	46	111	06	鹿児島	鹿屋市	いなりやま稲荷山	黒川〜突帯文期(晩期)	6		7			●	ⅢB	底部		鹿児島70	第20図69	242
1257	46	111	07	鹿児島	鹿屋市	いなりやま稲荷山	黒川〜突帯文期(晩期)	10		8〜9			●	ⅣB	底部		鹿児島70	第20図70	242
1258	46	111	08	鹿児島	鹿屋市	いなりやま稲荷山	黒川〜突帯文期(晩期)	4 20		9			●	①ⅥB	底部		鹿児島70	第20図71	242
1259	46	111	09	鹿児島	鹿屋市	いなりやま稲荷山	黒川〜突帯文期(晩期)	3 18〜20		9			●	①ⅤB	底部		鹿児島70	第20図72	242
1260	46	111	10	鹿児島	鹿屋市	いなりやま稲荷山	黒川〜突帯文期(晩期)	10		9			●	ⅣB	底部		鹿児島70	第20図73	242
1261	46	112	01	鹿児島	鹿屋市	しろみず白水B	黒川(晩期)	8〜10		5		Z	●	ⅢB	胴部	緯糸占ヒり	鹿児島73	第30図135	243

付表1　①県別文献

青　森01　青森県教育委員会 1975『泉山遺跡発掘調査報告書』青森県埋蔵文化財発掘調査報告書第31集
　　　02　青森県教育委員会 1997『三内丸山遺跡Ⅸ―第6鉄塔地区調査報告書2―』青森県埋蔵文化財発掘調査報告書第249集
　　　03　青森県立郷土館 1984『亀ヶ岡石器時代遺跡』青森県立郷土館・考古―第6集
　　　04　八戸遺跡調査会 2002『是川中居遺跡・長田沢地区』八戸遺跡調査会埋蔵文化財発掘調査報告書第2集
　　　05　五所川原市教育委員会 1983『福泉遺跡』五所川原市埋蔵文化財発掘調査報告書第6集
栃　木01　栃木県文化振興事業団埋蔵文化財センター 1999『藤岡神社遺跡　遺物編』栃木県埋蔵文化財調査報告第197集
　　　02　とちぎ生涯学習文化財団埋蔵文化財センター 2001『八剣遺跡』栃木県埋蔵文化財調査報告第254集
新　潟01　新潟県埋蔵文化財調査事業団 1999『野地遺跡』新潟県埋蔵文化財調査報告書第196集
　　　02　十日町市博物館 1994『縄文からのメッセージ―図説越後アンギン』
石　川01　石川県立埋蔵文化財センター 1987『金沢市笠舞A遺跡（Ⅲ）』
　　　02　押水町教育委員会 1983『上田うまばち遺跡』
山　梨01　境川村教育委員会 2004『京原遺跡（4次）』境川村埋蔵文化財調査報告書第19輯
長　野01　信濃町教育委員会 2001『市道遺跡・発掘調査報告書』
岐　阜01　岐阜県文化財保護センター 2000『岩垣内遺跡』岐阜県文化財保護センター調査報告書第63集
　　　02　河合村教育委員会 1987『下田遺跡』河合村文化財調査報告書第2号
佐　賀01　佐賀県教育委員会 1981『上場の文化財（1）』佐賀県文化財調査報告書第62集
　　　02　佐賀県教育委員会 1983『老松山遺跡・織島東分上遺跡他』佐賀県文化財調査報告書第92集
　　　03　唐津市教育委員会 1994『高峰遺跡（2）』唐津市埋蔵文化財調査報告第58集
　　　04　唐津市教育委員会 1993『十蓮Ⅱ遺跡』唐津市文化財調査報告書第54集
長　崎01　長崎県教育委員会 1982『堂崎遺跡』長崎文化財調査報告書第58集
　　　02　長崎県教育委員会 1990『長崎県埋蔵文化財調査集報Ⅷ』長崎県文化財調査報告第97集
　　　03　長崎県教育委員会 1990「野田A遺跡」『九州横断自動車道建設に伴う埋蔵文化財緊急発掘調査報告書Ⅶ』長崎文化財調査報告書第98集
　　　04　長崎県教育委員会 1994『中木場遺跡』長崎文化財調査報告書第115集
　　　05　長崎県教育委員会 1997『黒丸遺跡Ⅱ』長崎文化財調査報告書第132集
　　　06　大村市黒丸遺跡調査会 1980『黒丸遺跡』
　　　07　大村市教育委員会 2000『黒丸遺跡ほか発掘調査概報Vol.2』大村市文化財調査報告書第24集
　　　08　福江市教育委員会 1987『中島遺跡』福江市文化財調査報告書第3集
　　　09　小浜町教育委員会 1981『朝日山遺跡』小浜町文化財調査報告書第1集
　　　10　小佐々町教育委員会 1985『古田遺跡』小佐々町文化財調査報告書第1集
　　　11　宇久町教育委員会 1991『宮ノ首遺跡』宇久町文化財調査報告書第2集
　　　12　瑞穂町文化財保護協会 1994『京ノ坪遺跡』瑞穂町文化財保護協会調査報告書第2集
　　　13　有明町教育委員会 2001『東鷹野遺跡』有明町文化財調査報告書第13集
熊　本01　熊本県教育委員会 1983『上の原遺跡1』熊本県文化財調査報告第58集
　　　02　熊本県教育委員会 1985『曲野遺跡Ⅲ』熊本県文化財調査報告第75集
　　　03　熊本県教育委員会 1993『大原天子遺跡』熊本県文化財調査報告第138集
　　　04　熊本県教育委員会 1994『ワクド石遺跡』熊本県文化財調査報告第144集
　　　05　熊本県教育委員会 1996『沖松遺跡』熊本県文化財調査報告第154集
　　　06　熊本県教育委員会 1997『庵ノ前遺跡Ⅲ』熊本県文化財調査報告第160集
　　　07　熊本県教育委員会 2000『灰塚遺跡（1）』熊本県文化財調査報告第187集
　　　08　上ノ原遺跡調査委員会 1971『熊本市健軍町上ノ原遺跡調査報告書』熊本市教育委員会
　　　09　熊本市教育委員会 1979『熊本市内埋蔵文化財発掘調査報告書・上南部遺跡A地点発掘報告他』
　　　10　熊本市教育委員会 1981『長嶺遺跡発掘調査報告書』
　　　11　熊本市教育委員会 1986『神水遺跡発掘調査報告書』
　　　12　熊本市教育委員会 2004『熊本市埋蔵文化財発掘調査報告集　平成15年度（健軍神社周辺遺跡群他）

	13	熊本市教育委員会 2004『扇田遺跡』
	14	三角町教育委員会 1979『小田良古墳』
	15	人吉市教育委員会 1985『アンモン山遺跡』
宮　崎	01	宮崎県 1989『宮崎県史・資料編・考古Ⅰ』
	02	宮崎県埋蔵文化財センター 2000『右葛ヶ迫遺跡』宮崎県埋蔵文化財センター発掘調査報告第21集
	03	宮崎県埋蔵文化財センター 2001『王子原遺跡』宮崎県埋蔵文化財センター発掘調査報告書第45集
	04	都城市教育委員会 1994『黒土遺跡』都城市文化財調査報告書第28集
鹿児島	01	鹿児島県教育委員会 1977『上焼田遺跡他』鹿児島県埋蔵文化財発掘調査報告書（5）
	02	鹿児島県教育委員会 1982『小山遺跡他』鹿児島県埋蔵文化財発掘調査報告書（20）
	03	鹿児島県教育委員会 1982『大隈地区埋蔵文化財分布調査概報』鹿児島県埋蔵文化財発掘調査報告書（23）
	04	鹿児島県教育委員会 1983『成岡遺跡他』鹿児島県埋蔵文化財発掘調査報告書（28）
	05	鹿児島県教育委員会 1984『大隅地区埋蔵文化財分布調査概報』鹿児島県埋蔵文化財発掘調査報告書（29）
	06	鹿児島県教育委員会 1987『榎木原遺跡』鹿児島県埋蔵文化財発掘調査報告書（44）
	07	鹿児島県教育委員会 1990『榎木原遺跡Ⅲ』鹿児島県埋蔵文化財発掘調査報告書（53）
	08	鹿児島県教育委員会 1992『新番所後Ⅱ』鹿児島県埋蔵文化財発掘調査報告書（62）
	09	鹿児島県立埋蔵文化財センター 1993『榎崎Ｂ遺跡』鹿児島県立埋蔵文化財センター発掘調査報告書（4）
	10	鹿児島県立埋蔵文化財センター 1996『東田遺跡』鹿児島県立埋蔵文化財センター発掘調査報告（16）
	11	鹿児島県立埋蔵文化財センター 1999『大園遺跡他』鹿児島県立埋蔵文化財センター発掘調査報告書（24）
	12	鹿児島県立埋蔵文化財センター 2001『枦堀遺跡他』鹿児島県立埋蔵文化財センター発掘調査報告書（30）
	13	鹿児島県立埋蔵文化財センター 2002『計志加里遺跡』鹿児島県立埋蔵文化財センター発掘調査報告書（38）
	14	鹿児島県立埋蔵文化財センター 2003『上野原遺跡』鹿児島県立埋蔵文化財センター発掘調査報告書（52）
	15	鹿児島県立埋蔵文化財センター 2005『桐木耳取遺跡Ⅲ』鹿児島県立埋蔵文化財センター発掘調査報告書（91）
	16	鹿児島県立埋蔵文化財センター 2007『上水流遺跡』鹿児島県立埋蔵文化財センター発掘調査報告書（113）
	17	鹿児島県立埋蔵文化財センター 2008『関山遺跡・鳥居川遺跡・チシャノ木遺跡』鹿児島県埋蔵文化財発掘調査報告書（125）
	18	指宿市教育委員会 1980『鳥山調査区・西原迫遺跡他』指宿市埋蔵文化財発掘調査報告書（4）
	19	加世田市教育委員会 1995『干河原遺跡』加世田市埋蔵文化財発掘調査報告書（12）
	20	国分市教育委員会 1985『妻山元遺跡』国分市埋蔵文化財調査報告書（1）
	21	垂水市教育委員会 2001『宮下遺跡他』垂水市埋蔵文化財発掘調査報告書（5）
	22	鹿屋市教育委員会 1987『柿窪遺跡他』鹿屋市埋蔵文化財発掘調査報告書（7）
	23	鹿屋市教育委員会 1988『立神遺跡』鹿屋市埋蔵文化財発掘調査報告書（9）
	24	鹿屋市教育委員会 1984『上祓川遺跡群（水の谷他）』鹿屋市埋蔵文化財発掘調査報告書（1）
	25	鹿屋市教育委員会 1986『水の谷遺跡』鹿屋市埋蔵文化財発掘調査報告書（5）
	26	鹿屋市教育委員会 1989『岡泉（Ⅱ）遺跡』鹿屋市埋蔵文化財発掘調査報告書（13）
	27	鹿屋市教育委員会 1993『岡泉遺跡Ⅵ』鹿屋市埋蔵文化財発掘調査報告書（27）
	28	喜入町教育委員会 1988『梅木渡瀬調査地区下大原遺跡・松木田遺跡・永野遺跡』喜入町埋蔵文化財発掘調査報告書（4）
	29	喜入町教育委員会 1999『帖地遺跡』喜入町埋蔵文化財発掘調査報告書（5）
	30	牧園町教育委員会 1992『中福良遺跡』牧園町埋蔵文化財発掘調査報告書（3）
	31	高尾野町教育委員会 2005『下柊迫遺跡』高尾野町埋蔵文化財発掘調査報告書（4）
	32	高尾野町教育委員会 2005『下柊迫Ⅱ遺跡他』高尾野町埋蔵文化財発掘調査報告書（5）
	33	財部町教育委員会 1994『宮原遺跡他』財部町埋蔵文化財発掘調査報告書（4）
	34	末吉町教育委員会 1986『上中段遺跡他』末吉町埋蔵文化財発掘調査報告書（4）
	35	末吉町教育委員会 1989『井手ノ上遺跡』末吉町埋蔵文化財発掘調査報告書（8）
	36	志布志町教育委員会 1986『蔵園遺跡他』志布志町埋蔵文化財発掘調査報告書（11）
	37	志布志町教育委員会 1979『別府（石踊）遺跡』
	38	志布志町教育委員会 1990『鎌石遺跡他』志布志町埋蔵文化財発掘調査報告書（16）

39　志布志町教育委員会 1987『出口B遺跡・平原A遺跡他』志布志町埋蔵文化財発掘調査報告書（12）
40　志布志町教育委員会 1990『道重遺跡』志布志町埋蔵文化財発掘調査報告書（17）
41　大根占町教育委員会 1992『鳥ノ巣遺跡他6遺跡』大根占町埋蔵文化財発掘調査報告書（5）
42　根占町教育委員会 1989『並迫遺跡他』根占町埋蔵文化財発掘調査報告書（2）
43　根占町教育委員会 1990『上原遺跡』根占町埋蔵文化財発掘調査報告書（3）
44　吾平町教育委員会 1988『前木場原遺跡』吾平町埋蔵文化財発掘調査報告書（3）
45　吾平町教育委員会 1992『筒ヶ迫遺跡他』吾平町埋蔵文化財発掘調査報告書（10）

付表1　増補資料　県別文献

東　京01　下宅部遺跡調査団 2006『下宅部遺跡Ⅰ(2)』
福　岡01　福岡県教育委員会 1999『原の東遺跡Ⅱ』九州横断自動車道関係埋蔵文化財調査報告（53）
　　　02　福岡県教育委員会 1999『朝倉郡朝倉町所在長島遺跡の調査』九州横断自動車道関係埋蔵文化財調査報告（55）
　　　03　福岡県教育委員会 1992『山崎遺跡（Ⅰ）』椎田バイパス関係埋蔵文化財調査報告（7）　上巻
佐　賀05　佐賀県教育委員会 2003『梅白遺跡』佐賀県文化財調査報告書　第154集
　　　06　唐津市教育委員会 1996『唐ノ川高峰遺跡（3）』唐津市文化財調査報告書　第72集
　　　07　佐賀県鹿島市教育委員会 1989『吹野遺跡』鹿島市文化財調査報告　第4集
長　崎14　長崎県教育委員会 1998『稗田原遺跡Ⅱ』長崎県文化財調査報告書　第145集
　　　15　長崎県教育委員会 2006『肥賀太郎遺跡』長崎県文化財調査報告書　第189集
　　　16　長崎市教育委員会 2002『磨屋町遺跡』長崎市立諏訪小学校建設に伴う埋蔵文化財発掘調査報告書
　　　17　長崎市国見町教育委員会 2003『石原遺跡・矢房遺跡』国見町文化財調査報告書（概報）　第3集
　　　18　長崎県南島原市教育委員会 2007『権現脇遺跡』南島原市文化財調査報告書　第1集
　　　19　長崎県深江町教育委員会 2006『権現脇遺跡』深江町文化財調査報告書　第2集
　　　20　長崎県深江町教育委員会 2005『下末宝遺跡・上畦津遺跡』深江町文化財調査報告書　第1集
熊　本16　熊本県教育委員会 2001『柳町遺跡Ⅰ』熊本県文化財調査報告　第200集
　　　17　熊本県教育委員会 2003『岩倉山中腹遺跡』熊本県文化財調査報告　第215集
　　　18　熊本県教育委員会 2013『塔平遺跡1』熊本県文化財調査報告　第285集
　　　19　植木町教育委員会 2002『笹尾遺跡Ⅱ』植木町文化財調査報告書　第13集
　　　20　植木町教育委員会 2004『ヲスギ遺跡ほか』植木町文化財調査報告書　第18集
　　　21　大津町教育委員会瀬田裏遺跡調査団・株式会社　阿蘇大津ゴルフ場『瀬田裏遺跡調査報告書Ⅰ』大津町文化財調査報告
宮　崎05　宮崎県埋蔵文化財センター 1999『中ノ原遺跡ほか』宮崎県埋蔵文化財センター発掘調査報告書　第17集
　　　06　宮崎県埋蔵文化財センター 1999『牧の原第2遺跡』宮崎県埋蔵文化財センター発掘調査報告書　第19集
　　　07　宮崎県埋蔵文化財センター 2002『上ノ原遺跡』宮崎県埋蔵文化財センター発掘調査報告書　第58集
　　　08　宮崎県埋蔵文化財センター 2004『豊満大谷遺跡　野添遺跡』宮崎県埋蔵文化財センター発掘調査報告書　第83集
　　　09　宮崎県埋蔵文化財センター 2004『宇都第3遺跡　横市中原遺跡』宮崎県埋蔵文化財センター発掘調査報告書　第85集
　　　10　宮崎県埋蔵文化財センター 2007『山田遺跡』宮崎県埋蔵文化財センター発掘調査報告書　第146集
　　　11　宮崎県都城市教育委員会 1987『都城市遺跡詳細分布調査報告書』都城市文化財調査報告書　第6集
　　　12　宮崎県都城市教育委員会 2003『江内谷遺跡』都城市文化財調査報告書　第59号
　　　13　宮崎県都城市教育委員会 2006『坂元A遺跡　坂元B遺跡』都城市文化財調査報告書　第71集
　　　14　宮崎県都城市教育委員会 2006『星原遺跡』都城市文化財調査報告書　第72集
　　　15　宮崎県都城市教育委員会 2007『梅北佐土原遺跡』都城市文化財調査報告書　第76集
　　　16　宮崎県都城市教育委員会 2007『加治屋B遺跡』都城市文化財調査報告書　第81集
　　　17　宮崎県都城市教育委員会 2008『平田遺跡A地点・B地点・C地点』都城市文化財調査報告書　第87集
鹿児島46　鹿児島県立埋蔵文化財センター 1993『東田遺跡』鹿児島県立埋蔵文化財センター発掘調査報告書（6）
　　　47　鹿児島県立埋蔵文化財センター 1995『平松城跡』鹿児島県立埋蔵文化財センター発掘調査報告書（13）
　　　48　鹿児島県立埋蔵文化財センター 2003『山ノ脇遺跡ほか』鹿児島県立埋蔵文化財センター発掘調査報告書（58）

49　鹿児島県立埋蔵文化財センター 2003『城ヶ尾遺跡』鹿児島県立埋蔵文化財センター発掘調査報告書（60）
50　鹿児島県立埋蔵文化財センター 2004『踊場遺跡ほか』鹿児島県立埋蔵文化財センター発掘調査報告書（71）
51　鹿児島県立埋蔵文化財センター 2005『大坪遺跡』鹿児島県立埋蔵文化財センター発掘調査報告書（79）
52　鹿児島県立埋蔵文化財センター 2005『中尾遺跡』鹿児島県立埋蔵文化財センター発掘調査報告書（87）
53　鹿児島県立埋蔵文化財センター 2005『南田代遺跡』鹿児島県立埋蔵文化財センター発掘調査報告書（88）
54　鹿児島県立埋蔵文化財センター 2006『尾ヶ原遺跡』鹿児島県立埋蔵文化財センター発掘調査報告書（98）
55　鹿児島県立埋蔵文化財センター 2006『中尾遺跡　四方高迫遺跡』鹿児島県立埋蔵文化財センター発掘調査報告書（99）
56　鹿児島県立埋蔵文化財センター 2006『枦堀遺跡ほか』鹿児島県立埋蔵文化財センター発掘調査報告書（101）
57　鹿児島県立埋蔵文化財センター 2006『市ノ原遺跡』鹿児島県立埋蔵文化財センター発掘調査報告書（105）
58　鹿児島県立埋蔵文化財センター 2007『前原遺跡』鹿児島県立埋蔵文化財センター発掘調査報告書（107）
59　鹿児島県立埋蔵文化財センター 2007『蕨野B遺跡　松ヶ尾遺跡ほか』鹿児島県立埋蔵文化財センター発掘調査報告書（109）
60　鹿児島県立埋蔵文化財センター 2007『魚見ヶ原遺跡』鹿児島県立埋蔵文化財センター発掘調査報告書（111）
61　鹿児島県立埋蔵文化財センター 2008『原村Ⅱ遺跡ほか』鹿児島県立埋蔵文化財センター発掘調査報告書（124）
62　鹿児島県立埋蔵文化財センター 2008『仁田尾遺跡』鹿児島県立埋蔵文化財センター発掘調査報告書（128）
63　鹿児島県立埋蔵文化財センター 2008『市ノ原遺跡』鹿児島県立埋蔵文化財センター発掘調査報告書（130）
64　鹿児島県立埋蔵文化財センター 2009『西原段Ⅰ遺跡ほか』鹿児島県立埋蔵文化財センター発掘調査報告書（139）
65　鹿児島県立埋蔵文化財センター 2009『領家西遺跡　天神平溝下遺跡』鹿児島県立埋蔵文化財センター発掘調査報告書（141）
66　鹿児島県立埋蔵文化財センター 2010『狩俣遺跡ほか』鹿児島県立埋蔵文化財センター発掘調査報告書（152）
67　鹿児島県立埋蔵文化財センター 2011『二渡船渡ノ上遺跡・山崎野町跡A』鹿児島県立埋蔵文化財センター発掘調査報告書（161）
68　鹿児島県立埋蔵文化財センター 2011『石縊遺跡・十三塚遺跡』鹿児島県立埋蔵文化財センター発掘調査報告書（164）
69　鹿児島県立埋蔵文化財センター 2012『稲荷迫遺跡』鹿児島県立埋蔵文化財センター発掘調査報告書（169）
70　鹿児島県立埋蔵文化財センター 2013『稲荷山遺跡ほか』鹿児島県立埋蔵文化財センター発掘調査報告書（177）
71　鹿児島県立埋蔵文化財センター 2014『前原和田遺跡』鹿児島県立埋蔵文化財センター発掘調査報告書（181）
72　鹿児島県教育委員会・公益財団法人鹿児島県文化振興財団埋蔵文化財調査センター 2016『永吉天神段遺跡』公益財団法人鹿児島県文化振興財団埋蔵文化財調査センター発掘調査報告書（8）
73　鹿児島県教育委員会・公益財団法人鹿児島県文化振興財団埋蔵文化財調査センター 2016『白水B遺跡』公益財団法人鹿児島県文化振興財団埋蔵文化財調査センター発掘調査報告書（9）
74　鹿児島市教育委員会 1999『不動寺遺跡』鹿児島市埋蔵文化財発掘調査報告書（25）
75　鹿児島市教育委員会 2001『大龍遺跡B地点』鹿児島市埋蔵文化財発掘調査報告書（34）
76　鹿児島市教育委員会 2002『原田久保遺跡』鹿児島市埋蔵文化財発掘調査報告書（35）
77　鹿児島大学埋蔵文化財調査室 1998『鹿児島大学埋蔵文化財調査室年報12』
78　鹿児島県日置郡金峰町教育委員会 1991『木落遺跡・高源寺遺跡』金峰町埋蔵文化財発掘調査報告書（2）
79　鹿児島県日置郡金峰町教育委員会 2005『下堀遺跡』金峰町埋蔵文化財発掘調査報告書（20）
80　鹿児島県日置郡東市来町教育委員会 1998『上二月田遺跡』東市来町埋蔵文化財発掘調査報告書（1）
81　鹿児島県薩摩郡東郷町教育委員会 2002『坂ノ下遺跡』鹿児島県薩摩郡東郷町埋蔵文化財発掘調査報告書（6）
82　鹿児島県宮之城町教育委員会 2001『一ツ木　A遺跡　B遺跡』鹿児島県宮之城町埋蔵文化財発掘調査報告書（9）
83　鹿児島県出水市教育委員会 1995『市来遺跡・老神遺跡』出水市埋蔵文化財調査報告書（4）
84　福山町教育委員会 2005『前原和田遺跡』福山町埋蔵文化財発掘調査報告書（6）
85　鹿児島県曽於郡大隅町教育委員会 1997『西原段Ⅱ遺跡』大隅町埋蔵文化財発掘調査報告書（12）
86　鹿児島県曽於郡大隅町教育委員会 1999『向井ヶ迫遺跡』大隅町埋蔵文化財発掘調査報告書（18）
87　鹿児島県曽於郡大隅町教育委員会 2005『久保崎Ⅲ遺跡Ⅱほか』大隅町埋蔵文化財発掘調査報告書（39）
88　曽於郡財部町教育委員会 1998『西栗須遺跡』財部町埋蔵文化財発掘調査報告書（5）

89	鹿児島県大崎町教育委員会 2001『立山B遺跡』大崎町埋蔵文化財発掘調査報告書（3）
90	鹿児島県曽於郡志布志町教育委員会 1996『倉園C遺跡』志布志町埋蔵文化財発掘調査報告書（26）
91	鹿児島県曽於郡有明町教育委員会 2003『牧原A遺跡ほか』有明町埋蔵文化財発掘調査報告書（3）
92	鹿児島県肝属郡根占町教育委員会 2000『谷添遺跡・出口遺跡』根占町埋蔵文化財発掘調査報告書（10）
93	鹿児島県垂水市教育委員会 1997『横道遺跡』垂水市埋蔵文化財発掘調査報告書（2）
94	鹿児島県垂水市教育委員会 2002『宮ノ前遺跡　重田遺跡』垂水市埋蔵文化財発掘調査報告書（6）
95	鹿児島県肝属郡吾平町教育委員会 1985『大牟礼遺跡ほか3遺跡』吾平町埋蔵文化財発掘調査報告書（1）

付表1　②個別文献

文　献01　小笠原好彦 1970「縄文・弥生式時代の布」『考古学研究』17-3　考古学研究会
　　　02　中田節子 1989「繊維製品の分類とその内容」『忍路土場・忍路5遺跡』北海道埋蔵文化財センター調査報告書第53集
　　　03　渡辺　誠 2003「カリンバ3遺跡出土の編布について」『カリンバ3遺跡（2）』
　　　04　伊東信雄 1966「縄文時代の布」『文化』30-1
　　　05　布目順郎 1989「金沢市米泉遺跡出土のアンギン様編布No.1について」『金沢市米泉遺跡』
　　　06　渡辺　誠 1990「編布（アンギン）の研究」『荒屋敷遺跡Ⅱ』三島町文化財報告10集　埋蔵文化財調査報告書Ⅴ
　　　07　大賀一郎・寺山光晴 1979「新潟県小千谷市上片貝遺跡より出土した縄文土器の土器断面に見られた布目文について」『理学博士大賀一郎科学論文選集』採集と飼育の会
　　　08　上原甲子郎 1964「足形土製品」『日本原始美術』（2）
　　　09　布目順郎 1992「境A遺跡出土土器底面の編・織目痕」『北陸自動車道遺跡調査報告書』
　　　10　川端敦子 1983「底部圧痕に関する基礎的報告」『北陸の考古学石川考古学研究会会誌第26号』石川考古学研究会
　　　11　渡辺　誠 1985「編布の研究」『日本史の黎明』六興出版
　　　12　山本直人 1986「底部圧痕・編物・縄」『真脇遺跡』
　　　13　渡辺　誠 1983「編布およびカゴ底圧痕について」『野々市町御経塚遺跡』
　　　14　藤田儲三 1986「天嶬鼻遺跡」『城辺町の文化財』城辺町教育委員会
　　　15　鏡山　猛 1972「原始期の織布―九州の組織痕土器を中心に―」『九州考古学論攷』吉川弘文館
　　　16　渡辺　誠 1985「唐津市菜畑遺跡等出土の組織痕土器について」『古代』80
　　　17　古田正隆 1973『山の寺梶木遺跡』百人委員会埋蔵文化財報告第1集
　　　18　坂本経堯 1983『肥後上代文化資料集成』
　　　19　鹿児島県考古学会 1988『鹿児島県下の縄文時代晩期遺跡』
　　　20　松下文春 1974「末吉町柳井谷遺跡の蓆目圧痕土器について」『鹿児島考古』第10号　鹿児島県考古学会
　　　21　尾関清子 1996『縄文の衣』学生社
　　　22　岡本満子 1986「底部に圧痕を有する縄文式土器について」『鹿大考古』第5号

付表1　③教示者

教　示01	河口貞徳氏	鹿児島
02	髙野安夫氏	千葉
03	青森県立郷土館	青森
04	山形県埋蔵文化財センター	山形
05	三島町教育委員会	福島
06	川口市教育委員会	埼玉
07	野々市町教育委員会	石川
08	岐阜県文化財保護センター飛騨出張所	岐阜
09	長崎県教育委員会	長崎
10	熊本市教育委員会	熊本
11	熊本市熊本博物館	熊本

12	熊本県教育委員会	熊本
13	都城市教育委員会	宮崎
14	髙尾野町(現出水市)教育委員会	鹿児島
15	鹿児島県立埋蔵文化財センター	鹿児島

付表2-1 密度の分類 1群Ⅰ類（経糸間隔2.5mm未満）

○：基礎編布 / ●：基礎編布圧痕 / ▲：応用編布圧痕 / △：編布・織物併設（圧痕）

分類	No.	資料番号	県名	遺跡名	時期	編布の密度 経糸間隔(mm)	経糸(本/cm)	緯糸(本/cm)	編布分類
ⅠA	1	160102	富山	境A	中期〜晩期		5	4	●
	2	171002	石川	御経塚	後期後葉〜晩期		5〜6	3.5〜4	●
	3	171003	石川	御経塚	後期後葉〜晩期		5	4	●
	4	171005	石川	御経塚	後期後葉〜晩期		4〜6	4〜5	●
	5	171006	石川	御経塚	後期後葉〜晩期		6	4	●
	6	171009	石川	御経塚	後期後葉〜晩期		5	4	●
	7	210201	岐阜	岩垣内	中期後半		7〜8	3〜3.5	△
	8	210302	岐阜	下田	中期		6	4	●
	9	430205	熊本	上高橋	晩期		6〜7	4	●
	10	463323	鹿児島	チシャノ木	黒川（晩期）		5	4	●
ⅠB	1	010301	北海道	カリンバ3	後期末		5〜6	9	●
	2	060101	山形	押出	前期		8	8	○
	3	070104	福島	荒屋敷	晩期最終末〜弥生初頭		7	8	△
	4	170301	石川	中屋	八日市新保式（晩期）		5〜6	5〜6	●
	5	170702	石川	曾福	前期〜後期		5	5	●
	6	170703	石川	曾福	前期〜後期		5	5	●
	7	171001	石川	御経塚	後期後葉〜晩期		5〜6	5	●
	8	171004	石川	御経塚	後期後葉〜晩期		5〜6	5〜6	●
	9	410401	佐賀	笹ノ尾	黒川・山の寺（晩期前半〜中頃）		10〜12	6〜7	●
	10	410501	佐賀	菜畑	山の寺（晩期後半）		10	9	●
	11	463322	鹿児島	チシャノ木	黒川（晩期）		6	5	●
ⅠC	1	020301	青森	是川中居	晩期中葉		5	10	○
	2	050101	秋田	中山	大洞BC（晩期前半）		7〜8	10	○
	3	150301	新潟	上片貝	中期		15	15	●
	4	380101	愛媛	天嶬鼻	後期		16	12	●

付表2-1 密度の分類 1群Ⅰ類［増補資料/2017年3月現在］

分類	No.	資料番号	県名	遺跡名	時期	経糸間隔(mm)	経糸(本/cm)	緯糸(本/cm)	編布分類
ⅠA	11	1300101	東京	下宅部	晩期		7〜9	3	○
	12	4000301	福岡	山崎	三万田（後期後半）		4	4	●
	13	4000302	福岡	山崎	三万田（後期後半）		4	3	●
	14	4000303	福岡	山崎	三万田（後期後半）		5	3	●
	15	4000304	福岡	山崎	三万田（後期後半）		4	3	●
	16	4607907	鹿児島	市ノ原	黒川〜突帯文期（晩期）		5	4	●
	17	4609234	鹿児島	西原段Ⅱ	黒川〜突帯文期（晩期）		5	4〜5	●
	18	4610212	鹿児島	永吉天神段	黒川〜突帯文期（晩期）		4	3	●
ⅠB	12	4609201	鹿児島	西原段Ⅱ	黒川〜突帯文期（晩期）		6〜7	6	●
	13	4609203	鹿児島	西原段Ⅱ	黒川〜突帯文期（晩期）		7	7	●
	14	4609211	鹿児島	西原段Ⅱ	黒川〜突帯文期（晩期）		5	6	●
	15	4609214	鹿児島	西原段Ⅱ	黒川〜突帯文期（晩期）		6〜7	6	●
	16	4609219	鹿児島	西原段Ⅱ	黒川〜突帯文期（晩期）		4	9	●
	17	4609222	鹿児島	西原段Ⅱ	黒川〜突帯文期（晩期）		4	5	●
	18	4609232	鹿児島	西原段Ⅱ	黒川〜突帯文期（晩期）		6	5	●
	19	4609235	鹿児島	西原段Ⅱ	黒川〜突帯文期（晩期）		6〜7	6	●
	20	4610624	鹿児島	中尾	黒川〜突帯文期（晩期）		4	9	●
	21	4611101	鹿児島	稲荷山	黒川〜突帯文期（晩期）		4	9	●
	22	4611102	鹿児島	稲荷山	黒川〜突帯文期（晩期）		4	8	●

付表2-2 密度の分類 1群Ⅱ類（経糸間隔2.5〜5㎜未満）

○：基礎編布 / ●：基礎編布圧痕 / ▲：応用編布圧痕 / △：編布・織物併設（圧痕）

分類	No.	資料番号	県名	遺跡名	時期	経糸間隔(mm)	経糸(本/cm)	緯糸(本/cm)	編布分類
ⅡA	1	060102	山形	押出	前期	4.5〜5	(3)	2.5	○
	2	160101	富山	境A	中期〜晩期	2.5〜3.5		3〜4	●
	3	160103	富山	境A	中期〜晩期	3〜4		4	●
	4	160104	富山	境A	中期〜晩期	3.5		4	●
	5	160105	富山	境A	中期〜晩期	3		4	△
	6	170201	石川	笠舞A	中期中葉〜後期初頭	3		3〜3.5	●
	7	170202	石川	笠舞A	中期中葉〜後期初頭	3〜4		3〜3.5	●
	8	170203	石川	笠舞A	中期中葉〜後期初頭	3〜4		3	●
	9	170204	石川	笠舞A	中期中葉〜後期初頭	3〜3.5		3	●
	10	170205	石川	笠舞A	中期中葉〜後期初頭	3.4		3〜4	●
	11	170401	石川	宇出津崎山	中期後葉〜後期前葉	3.3		3〜4	●
	12	170402	石川	宇出津崎山	中期後葉〜後期前葉	3〜4		3	●
	13	170403	石川	宇出津崎山	中期後葉〜後期前葉	3		4	●
	14	170404	石川	宇出津崎山	中期後葉〜後期前葉	3〜3.5		3〜4	●
	15	170501	石川	波並西の上	中期後葉〜晩期前半	3		3〜4	●
	16	170502	石川	波並西の上	中期後葉〜晩期前半	4.5		3	●
	17	170503	石川	波並西の上	中期後葉〜晩期前半	4.4		4	●
	18	170505	石川	波並西の上	中期後葉〜晩期前半	3.8		3〜4	●
	19	170508	石川	波並西の上	中期後葉〜晩期前半	4.3		3	●
	20	170509	石川	波並西の上	中期後葉〜晩期前半	3〜4		3.5	●
	21	170510	石川	波並西の上	中期後葉〜晩期前半	3〜4		4	●
	22	170601	石川	真脇	前期末葉〜中期初頭	3〜3.5		4	●
	23	170603	石川	真脇	前期末葉〜中期初頭	3		4	●
	24	170701	石川	曾福	前期〜後期	3.3		4	●
	25	170705	石川	曾福	前期〜後期	2.5		4〜5	●
	26	170901	石川	小浦出	中期後葉〜後期前葉	3〜3.5		3	●
	27	171008	石川	御経塚	後期後葉〜晩期	2.7		4	●
	28	171101	石川	上田うまばち	後期初頭〜晩期前半	3.3		4	●
	29	210101	岐阜	広殿	中期〜後期	3.9		3	●
	30	210301	岐阜	下田	中期	3		4	●
	31	410502	佐賀	菜畑	山の寺（晩期後半）	3.3〜4		2.5〜5	●
	32	421102	長崎	山の寺梶木	黒川・山の寺（晩期）	3.3		4	●
	33	432601	熊本	頭地下手	後期前・中葉	3.5		4	●
	34	432701	熊本	大原天子	山の寺（晩期後半）	4.5〜5		3	●
	35	462701	鹿児島	宮之迫	中期〜後期前葉	4.7		3〜4	●
	36	466301	鹿児島	鎮守ヶ迫	中期〜後期	3.3		3	●
ⅡB	1	010201	北海道	忍路土場	後期中葉	3〜5		7〜8	○
	2	020501	青森	泉山	晩期	1.5〜3.5		8〜9	●
	3	110101	埼玉	石神	晩期	1.5〜3.8		7	○
	4	120101	千葉	姥神	晩期	3.3〜4		6〜7	△
	5	170101	石川	米泉	後期	2.5〜3.6		6.8〜8.4	○
	6	170504	石川	波並西の上	中期後葉〜晩期前半	3		7	●
	7	170704	石川	曾福	前期〜後期	2.6		5〜6	●
	8	170706	石川	曾福	前期〜後期	2.5		5〜6	●
	9	171010	石川	御経塚	後期後葉〜晩期	4		5〜6	▲
	10	190101	山梨	京原	諸磯b式（前期後半）	4〜5		6	●
	11	420101	長崎	古田	黒川（晩期前半）	4		8	●
	12	421110	長崎	山の寺梶木	黒川・山の寺（晩期）	3		6	●
	13	421501	長崎	中木場	黒川・山の寺（晩期中葉〜後葉）	3〜5		6〜7	●
	14	430207	熊本	上高橋	晩期	3〜5		9〜10	●
	15	431201	熊本	健軍上ノ原	晩期前葉	4		9	●
	16	432003	熊本	曲野	晩期	3.5		9	●

付表2 密度の分類 1群

分類	No.	資料番号	県名	遺跡名	時期	経糸間隔 (mm)	経糸 (本/cm)	緯糸 (本/cm)	編布分類
ⅡB	17	432801	熊本	村山	晩期	4～5		9	●
	18	450104	宮崎	黒土	刻目（晩期後半～終末）	4		7	●
	19	450114	宮崎	黒土	刻目（晩期後半～終末）	4		9	●
	20	450203	宮崎	屏風谷	刻目（晩期後半～終末）	3～4		9～10	●
	21	460802	鹿児島	西原迫	刻目（弥生早期）	3.3～4		9	●
	22	460807	鹿児島	西原迫	刻目（弥生早期）	3		8	●
	23	460813	鹿児島	西原迫	刻目（弥生早期）	2.5～3		9	●
	24	460814	鹿児島	西原迫	刻目（弥生早期）	3～4		8～9	●
	25	461413	鹿児島	計志加里	黒川・刻目（晩期～弥生早期）	3～5		7	●
	26	461503	鹿児島	下柊迫	黒川・刻目（晩期～弥生早期）	4～5		7～8	●
	27	461519	鹿児島	下柊迫	黒川・刻目（晩期～弥生早期）	3～6		6	●
	28	461530	鹿児島	下柊迫	黒川・刻目（晩期～弥生早期）	4		7～8	●
	29	461540	鹿児島	下柊迫	黒川・刻目（晩期～弥生早期）	3～4		6	●
	30	461929	鹿児島	上野原	黒川（晩期）	2～5		8	●
	31	461933	鹿児島	上野原	黒川（晩期）	2～5		8～9	●
	32	462109	鹿児島	上中段	黒川・刻目（晩期～弥生早期）	3～5		8～9	●
	33	462123	鹿児島	上中段	黒川・刻目（晩期～弥生早期）	4～5		6	●
	34	462208	鹿児島	柳井谷	黒川・刻目（晩期～弥生早期）	3		8	●
	35	462209	鹿児島	柳井谷	黒川・刻目（晩期～弥生早期）	3.5		7～8	●
	36	463325	鹿児島	チシャノ木	黒川（晩期）	4～5		7	●
	37	463351	鹿児島	チシャノ木	黒川（晩期）	4		7	●
	38	463353	鹿児島	チシャノ木	黒川（晩期）	4		8	●
	39	464301	鹿児島	外ノ牧	晩期	3		8	●
	40	464402	鹿児島	道重	晩期	4～5		8	●
	41	464901	鹿児島	東田	晩期	4～5		8	●
	42	465909	鹿児島	榎木原	入佐・黒川・刻目（晩期～弥生早期）	3～5		8	●
	43	465926	鹿児島	榎木原	入佐・黒川・刻目（晩期～弥生早期）	3～3.3		8	●
	44	465927	鹿児島	榎木原	入佐・黒川・刻目（晩期～弥生早期）	4～5		8	●
	45	465928	鹿児島	榎木原	入佐・黒川・刻目（晩期～弥生早期）	4～5		8	●
	46	466004	鹿児島	水の谷	黒川（晩期）	3～3.5		9	●
	47	466007	鹿児島	水の谷	黒川（晩期）	3～4		9～10	●
	48	466009	鹿児島	水の谷	黒川（晩期）	3～4		9	●
	49	466014	鹿児島	水の谷	黒川（晩期）	3～4		9～10	●
	50	466017	鹿児島	水の谷	黒川（晩期）	3～4		9～10	●
	51	466018	鹿児島	水の谷	黒川（晩期）	4～5		7	●
	52	466020	鹿児島	水の谷	黒川（晩期）	3～4		9	●
	53	466606	鹿児島	大園	黒川（晩期）	4～5		8～9	●
	54	466607	鹿児島	大園	黒川（晩期）	4～5		7	●
ⅡC	1	020401	青森	福泉	晩期前半	2～4		10～12	●
	2	170102	石川	米泉	晩期中葉	2.5～3.3		10～12	○
	3	420815	長崎	朝日山	黒川・山の寺（晩期後半）	3～3.5		10～12	●
	4	421101	長崎	山の寺梶木	黒川・山の寺（晩期）	2.6～3		14	●
	5	461541	鹿児島	下柊迫	黒川・刻目（晩期～弥生早期）	4～5		10	●
	6	461920	鹿児島	上野原	黒川（晩期）	4～5		10～11	●
	7	462608	鹿児島	小倉前	黒川（晩期）	3～4		10	●
	8	463101	鹿児島	鳴神	晩期	4		14	●
	9	465101	鹿児島	城元	晩期	4～5		12	●
	10	465102	鹿児島	城元	晩期	3.5		12～13	●
	11	465601	鹿児島	柿窪	黒川・刻目（晩期～弥生早期）	4～5		10～11	●
	12	465906	鹿児島	榎木原	入佐・黒川・刻目（晩期～弥生早期）	3.5～4		12	●
	13	465907	鹿児島	榎木原	入佐・黒川・刻目（晩期～弥生早期）	3～4		10	●
	14	466003	鹿児島	水の谷	黒川（晩期）	3～4		10～11	●
	15	466005	鹿児島	水の谷	黒川（晩期）	3～4		10～11	●

付表 2 － 2　密度の分類　1 群 II 類 ［増補資料／ 2017 年 3 月現在］

分類	No.	資料番号	県名	遺跡名	時期	編布の密度			編布分類
						経糸間隔 (mm)	経糸 (本/cm)	緯糸 (本/cm)	
II B	55	4501001	宮崎	野添	晩期	3〜5		7	●
	56	4501504	宮崎	星原	後・晩期	4〜5		7	●
	57	4501902	宮崎	中ノ原	無刻目〜刻目突帯文（晩期）	4		6	●
	58	4501904	宮崎	中ノ原	無刻目〜刻目突帯文（晩期）	4		8	●
	59	4607802	鹿児島	山ノ脇	黒川式（晩期）	4		6	●
	60	4607805	鹿児島	山ノ脇	黒川式（晩期）	4		7	●
	61	4607806	鹿児島	山ノ脇	黒川式（晩期）	3		7	●
	62	4607902	鹿児島	市ノ原	晩期（黒川式〜突帯文期）	3〜4		9〜10	●
	63	4609204	鹿児島	西原段 II	黒川式〜突帯文期（晩期）	4〜5		9	●
	64	4609205	鹿児島	西原段 II	黒川式〜突帯文期（晩期）	4〜5		7	●
	65	4609208	鹿児島	西原段 II	黒川式〜突帯文期（晩期）	3		9〜10	●
	66	4609239	鹿児島	西原段 II	黒川式〜突帯文期（晩期）	3〜5		8	●
	67	4609302	鹿児島	西原段 I	黒川式（晩期）	3〜4		9	●
	68	4609305	鹿児島	西原段 I	黒川式（晩期）	2〜5		9	●
	69	4609312	鹿児島	西原段 I	黒川式（晩期）	4〜5		8〜9	●
	70	4609314	鹿児島	西原段 I	黒川式（晩期）	3		9〜10	●
	71	4609412	鹿児島	狩俣	黒川式〜突帯文期（晩期）	4		7	●
	72	4610002	鹿児島	稲荷迫	黒川式〜突帯文期（晩期）	3〜5		5	●
	73	4610009	鹿児島	稲荷迫	黒川式〜突帯文期（晩期）	3		7	●
	74	4610625	鹿児島	中尾	黒川式〜突帯文期（晩期）	3〜5		8	●
	75	4610626	鹿児島	中尾	黒川式〜突帯文期（晩期）	4		8〜9	●
	76	4610627	鹿児島	中尾	黒川式〜突帯文期（晩期）	3		8〜9	●
	77	4610802	鹿児島	大牟礼	黒川式（晩期）	3		9	●
	78	4610808	鹿児島	大牟礼	黒川式（晩期）	2.5		8	●
II C	16	4607903	鹿児島	市ノ原	黒川式〜突帯文期（晩期）	4〜5		10	●
	17	4607904	鹿児島	市ノ原	黒川式〜突帯文期（晩期）	4〜5		10	●
	18	4609202	鹿児島	西原段 II	黒川式〜突帯文期（晩期）	3		10	●
	19	4609217	鹿児島	西原段 II	黒川式〜突帯文期（晩期）	3		11	●
	20	4609303	鹿児島	西原段 I	黒川式（晩期）	2〜3		10	●
	21	4609322	鹿児島	西原段 I	黒川式（晩期）	3		11	●
	22	4609323	鹿児島	西原段 I	黒川式（晩期）	3		10	●

付表2-3 密度の分類 1群Ⅲ類（経糸間隔5〜10mm未満）

○：基礎編布 / ●：基礎編布圧痕 / ▲：応用編布圧痕 / △：編布・織物併設（圧痕）

分類	No.	資料番号	県名	遺跡名	時期	編布の密度 経糸間隔 (mm)	経糸 (本/cm)	緯糸 (本/cm)	編布分類
ⅢA	1	090202	栃木	八剣	晩期	6〜10		4.5〜5	●
	2	410701	佐賀	十蓮Ⅱ	黒川（晩期前半〜中頃）	6〜8		4〜5	●
	3	461301	鹿児島	成岡	黒川・刻目（晩期〜弥生早期）	8〜9		4.5〜5	●
ⅢB	1	040103	宮城	山王囲	大洞C2（晩期中葉）	7〜10		8	○
	2	070102	福島	荒屋敷	晩期	5.5		6〜7	○
	3	070103	福島	荒屋敷	晩期	5〜6		7	○
	4	150101	新潟	野地	晩期前葉	8〜11		6〜7	○
	5	200101	長野	市道	諸磯b（前期）	5.5〜7		5〜5.5	●
	6	410303	佐賀	女山	黒川（晩期前半〜中頃）	9		6	●
	7	410304	佐賀	女山	黒川（晩期前半〜中頃）	7〜10		6	●
	8	410305	佐賀	女山	黒川（晩期前半〜中頃）	8		8	●
	9	410308	佐賀	女山	黒川（晩期前半〜中頃）	5		5	●
	10	410310	佐賀	女山	黒川（晩期前半〜中頃）	5		9	●
	11	410402	佐賀	笹ノ尾	黒川・山の寺（晩期前半〜中頃）	7		8	●
	12	410403	佐賀	笹ノ尾	黒川・山の寺（晩期前半〜中頃）	7		6	●
	13	410404	佐賀	笹ノ尾	黒川・山の寺（晩期前半〜中頃）	6		7	●
	14	410413	佐賀	笹ノ尾	黒川・山の寺（晩期前半〜中頃）	9		6	●
	15	410414	佐賀	笹ノ尾	黒川・山の寺（晩期前半〜中頃）	7		5	●
	16	410415	佐賀	笹ノ尾	黒川・山の寺（晩期前半〜中頃）	7		5	●
	17	410416	佐賀	笹ノ尾	黒川・山の寺（晩期前半〜中頃）	5		6	●
	18	410417	佐賀	笹ノ尾	黒川・山の寺（晩期前半〜中頃）	9		8	●
	19	410419	佐賀	笹ノ尾	黒川・山の寺（晩期前半〜中頃）	9		6	●
	20	410504	佐賀	菜畑	山の寺（晩期後半）	6.5		8	●
	21	410505	佐賀	菜畑	山の寺（晩期後半）	5		8	●
	22	410601	佐賀	高峰（2）	黒川・山の寺（晩期中頃〜後半）	5〜6		5〜6	●
	23	410604	佐賀	高峰（2）	黒川・山の寺（晩期中頃〜後半）	6〜8		6	●
	24	410605	佐賀	高峰（2）	黒川・山の寺（晩期中頃〜後半）	5〜6		6	●
	25	410607	佐賀	高峰（2）	黒川・山の寺（晩期中頃〜後半）	6〜8		6〜6.5	●
	26	410702	佐賀	十蓮Ⅱ	黒川（晩期前半〜中頃）	6〜8		5	●
	27	410703	佐賀	十蓮Ⅱ	黒川（晩期前半〜中頃）	6〜8		5	●
	28	420301	長崎	脇岬	山の寺（晩期後半）	9〜10		8	●
	29	420401	長崎	黒丸	晩期前半	7〜9		6	●
	30	420402	長崎	黒丸	晩期前半	7〜10		6	●
	31	420403	長崎	黒丸	晩期前半	7〜10		6〜7	●
	32	420501	長崎	風観岳支石墓群	晩期	4〜7		7	●
	33	420701	長崎	百花台	晩期	8〜10		6	●
	34	420702	長崎	百花台	晩期	7		8	●
	35	420801	長崎	朝日山	黒川・山の寺（晩期後半）	5〜7		7	●
	36	420802	長崎	朝日山	黒川・山の寺（晩期後半）	6〜8		8	●
	37	420804	長崎	朝日山	黒川・山の寺（晩期後半）	4〜6		7〜8	●
	38	420805	長崎	朝日山	黒川・山の寺（晩期後半）	5〜6		6	●
	39	420809	長崎	朝日山	黒川・山の寺（晩期後半）	9〜10		5〜6	●
	40	420811	長崎	朝日山	黒川・山の寺（晩期後半）	4〜7		6〜7	●
	41	420812	長崎	朝日山	黒川・山の寺（晩期後半）	5		7	●
	42	420813	長崎	朝日山	黒川・山の寺（晩期後半）	5〜6		8	●
	43	420814	長崎	朝日山	黒川・山の寺（晩期後半）	5〜6		9	●
	44	420816	長崎	朝日山	黒川・山の寺（晩期後半）	5〜6		9〜10	●
	45	420817	長崎	朝日山	黒川・山の寺（晩期後半）	6〜7		8	●
	46	420818	長崎	朝日山	黒川・山の寺（晩期後半）	5〜9		6	●
	47	420819	長崎	朝日山	黒川・山の寺（晩期後半）	7		8	●

分類	No.	資料番号	県名	遺跡名	時期	編布の密度 経糸間隔(mm)	経糸(本/cm)	緯糸(本/cm)	編布分類
	48	420823	長崎	朝日山	黒川・山の寺（晩期後半）	6〜7		7	●
	49	420824	長崎	朝日山	黒川・山の寺（晩期後半）	8		5	●
	50	420904	長崎	小浜	黒川・山の寺（晩期）	5		9	●
	51	421001	長崎	京ノ坪	黒川・山の寺（晩期中葉〜後葉）	7〜10		6	●
	52	421103	長崎	山の寺梶木	黒川・山の寺（晩期）	8〜10		5	●
	53	421104	長崎	山の寺梶木	黒川・山の寺（晩期）	6〜8		7	●
	54	421108	長崎	山の寺梶木	黒川・山の寺（晩期）	5〜6		7	●
	55	421111	長崎	山の寺梶木	黒川・山の寺（晩期）	6〜8		6	●
	56	421113	長崎	山の寺梶木	黒川・山の寺（晩期）	8		5	●
	57	421116	長崎	山の寺梶木	黒川・山の寺（晩期）	5〜6		7	●
	58	421117	長崎	山の寺梶木	黒川・山の寺（晩期）	7〜8		6	●
	59	421301	長崎	原山	晩期終末	8		7	●
	60	421401	長崎	東鷹野	晩期中葉	7		6	●
	61	430202	熊本	上高橋	晩期	8〜10		5〜6	●
	62	430210	熊本	上高橋	晩期	7〜8		6〜7	●
	63	430211	熊本	上高橋	晩期	5〜7		7	●
	64	430307	熊本	扇田	晩期	6〜8		6〜7	●
	65	430308	熊本	扇田	晩期	7〜10		6〜7	●
	66	430309	熊本	扇田	晩期	8〜10		5〜5.5	●
	67	430310	熊本	扇田	晩期	7〜8		6	●
	68	430312	熊本	扇田	晩期	7〜10		5	●
	69	430313	熊本	扇田	晩期	6		6	●
	70	430319	熊本	扇田	晩期	8		5	●
	71	430320	熊本	扇田	晩期	5〜8		7	●
	72	430321	熊本	扇田	晩期	8〜10		5	●
	73	430324	熊本	扇田	晩期	8〜10		5	●
ⅢB	74	430325	熊本	扇田	晩期	8〜10		5	●
	75	430402	熊本	庵ノ前	晩期	5		9	●
	76	430501	熊本	緑ヶ丘	黒川（晩期）	5		9	●
	77	430701	熊本	上南部C地区	黒川（晩期前半）	5〜6		6	●
	78	430702	熊本	上南部C地区	黒川（晩期前半）	5〜7		6〜7	●
	79	430703	熊本	上南部C地区	黒川（晩期前半）	5〜6		6〜7	●
	80	430704	熊本	上南部C地区	黒川（晩期前半）	7		8	●
	81	430803	熊本	長嶺	黒川（晩期中葉）	8〜10		7〜8	●
	82	430901	熊本	小磧原	黒川（晩期）	6〜7		7	●
	83	431101	熊本	健軍神社周辺	黒川（晩期）	6〜8		8	●
	84	431104	熊本	健軍神社周辺	黒川（晩期）	9〜10		5	●
	85	431105	熊本	健軍神社周辺	黒川（晩期）	9〜10		5	●
	86	431108	熊本	健軍神社周辺	黒川（晩期）	9〜10		5	●
	87	431301	熊本	三万田東原	晩期	7		7	●
	88	431601	熊本	二子塚	晩期	7.5		8	●
	89	431701	熊本	中岩屋堂	晩期	6		8	●
	90	431901	熊本	上の原	黒川（晩期前半）	8〜9		7	●
	91	431903	熊本	上の原	黒川（晩期前半）	6		6	●
	92	432001	熊本	曲野	晩期	6〜7		7	●
	93	432004	熊本	曲野	晩期	8.5		7	●
	94	432202	熊本	小田良古墳	晩期前半	6〜8		6	●
	95	432302	熊本	東小原	晩期	5〜6		6〜7	●
	96	450117	宮崎	黒土	刻目（晩期後半〜終末）	9〜10		6	●
	97	450303	宮崎	中尾山・馬渡	松添（晩期）	9〜10		8〜9	●
	98	450401	宮崎	王子原	晩期	7〜10		6〜7	●
	99	450404	宮崎	王子原	晩期	7〜8		7〜8	●
	100	450408	宮崎	王子原	晩期	5〜6		7〜8	●

付表 2　密度の分類　1 群　347

分類	No.	資料番号	県名	遺跡名	時　　期	編布の密度 経糸間隔 (mm)	経糸 (本/cm)	緯糸 (本/cm)	編布分類
	101	450409	宮崎	王子原	晩期	7		8	●
	102	450411	宮崎	王子原	晩期	5〜8		6〜7	●
	103	450416	宮崎	王子原	晩期	7〜8		9	●
	104	450602	宮崎	右葛ヶ迫	黒川（晩期）	7〜9		8	●
	105	460102	鹿児島	小山	黒川（晩期）	6〜8		8	●
	106	460103	鹿児島	小山	黒川（晩期）	7〜8		9〜10	●
	107	460201	鹿児島	下大原	黒川（晩期）	5		8	●
	108	460301	鹿児島	永野	黒川・刻目（晩期〜弥生早期）	5		9	●
	109	460302	鹿児島	永野	黒川・刻目（晩期〜弥生早期）	7		8〜9	●
	110	460303	鹿児島	永野	黒川・刻目（晩期〜弥生早期）	8		8	●
	111	460402	鹿児島	帖地	黒川（晩期）	8〜10		8	●
	112	460503	鹿児島	枦堀	黒川（晩期）	9〜10		8	●
	113	460507	鹿児島	枦堀	黒川（晩期）	9		9	●
	114	460508	鹿児島	枦堀	黒川（晩期）	9		9	●
	115	460608	鹿児島	新番所後II	黒川（晩期）	7〜9		8〜9	●
	116	460609	鹿児島	新番所後II	黒川（晩期）	7〜9		6	●
	117	460702	鹿児島	大渡	黒川・刻目（晩期〜弥生早期）	5〜7		5〜6	●
	118	460703	鹿児島	大渡	黒川・刻目（晩期〜弥生早期）	6〜7		6〜7	●
	119	460805	鹿児島	西原迫	刻目（弥生早期）	8		7〜8	●
	120	460809	鹿児島	西原迫	刻目（弥生早期）	7〜8		7〜8	●
	121	460810	鹿児島	西原迫	刻目（弥生早期）	6〜8		8〜9	●
	122	460811	鹿児島	西原迫	刻目（弥生早期）	9		7	●
	123	460812	鹿児島	西原迫	刻目（弥生早期）	5〜6		8	●
	124	460901	鹿児島	干河原	黒川（晩期）	7〜9		7〜8	●
	125	460903	鹿児島	干河原	黒川（晩期）	7〜8		8〜9	●
	126	460904	鹿児島	干河原	黒川（晩期）	6〜7		8	●
IIIB	127	460905	鹿児島	干河原	黒川（晩期）	6〜7		8	●
	128	461003	鹿児島	上焼田	黒川・刻目（晩期〜弥生早期）	8〜10		8	●
	129	461303	鹿児島	成岡	黒川・刻目（晩期〜弥生早期）	5〜6		5〜6	●
	130	461304	鹿児島	成岡	黒川・刻目（晩期〜弥生早期）	4〜7		6	●
	131	461406	鹿児島	計志加里	黒川・刻目（晩期〜弥生早期）	9〜10		9〜10	●
	132	461407	鹿児島	計志加里	黒川・刻目（晩期〜弥生早期）	7〜9		9	●
	133	461501	鹿児島	下柊迫	黒川・刻目（晩期〜弥生早期）	8〜9		8	●
	134	461502	鹿児島	下柊迫	黒川・刻目（晩期〜弥生早期）	5〜7		7	●
	135	461504	鹿児島	下柊迫	黒川・刻目（晩期〜弥生早期）	7		6〜7	●
	136	461506	鹿児島	下柊迫	黒川・刻目（晩期〜弥生早期）	6		7	●
	137	461507	鹿児島	下柊迫	黒川・刻目（晩期〜弥生早期）	6〜7		7	●
	138	461508	鹿児島	下柊迫	黒川・刻目（晩期〜弥生早期）	5〜6		8〜9	●
	139	461510	鹿児島	下柊迫	黒川・刻目（晩期〜弥生早期）	6		7	●
	140	461514	鹿児島	下柊迫	黒川・刻目（晩期〜弥生早期）	5		6	●
	141	461517	鹿児島	下柊迫	黒川・刻目（晩期〜弥生早期）	6〜7		6〜7	●
	142	461520	鹿児島	下柊迫	黒川・刻目（晩期〜弥生早期）	7		6	●
	143	461533	鹿児島	下柊迫	黒川・刻目（晩期〜弥生早期）	7〜8		6	●
	144	461535	鹿児島	下柊迫	黒川・刻目（晩期〜弥生早期）	5〜7		7〜8	●
	145	461536	鹿児島	下柊迫	黒川・刻目（晩期〜弥生早期）	7〜8		9	●
	146	461538	鹿児島	下柊迫	黒川・刻目（晩期〜弥生早期）	6〜7		7	●
	147	461542	鹿児島	下柊迫	黒川・刻目（晩期〜弥生早期）	9		5	●
	148	461543	鹿児島	下柊迫	黒川・刻目（晩期〜弥生早期）	9		5	●
	149	461801	鹿児島	妻山元	黒川・刻目（晩期〜弥生早期）	5〜6		8	●
	150	461904	鹿児島	上野原	黒川（晩期）	7〜9		7〜8	●
	151	461905	鹿児島	上野原	黒川（晩期）	5〜7		7	●
	152	461906	鹿児島	上野原	黒川（晩期）	6〜9		6	●
	153	461908	鹿児島	上野原	黒川（晩期）	8〜9		6〜7	●

分類	No.	資料番号	県名	遺跡名	時期	経糸間隔 (mm)	経糸 (本/cm)	緯糸 (本/cm)	編布分類
	154	461915	鹿児島	上野原	黒川（晩期）	8～10		5	●
	155	461916	鹿児島	上野原	黒川（晩期）	8		8～9	●
	156	461921	鹿児島	上野原	黒川（晩期）	5		7	●
	157	461922	鹿児島	上野原	黒川（晩期）	5～6		7	●
	158	461923	鹿児島	上野原	黒川（晩期）	5		8～9	●
	159	461925	鹿児島	上野原	黒川（晩期）	6～7		7	●
	160	461926	鹿児島	上野原	黒川（晩期）	5～6		6	●
	161	461927	鹿児島	上野原	黒川（晩期）	4～6		7	●
	162	461930	鹿児島	上野原	黒川（晩期）	6～8		7	●
	163	461932	鹿児島	上野原	黒川（晩期）	4～6		9～10	●
	164	462112	鹿児島	上中段	黒川・刻目（晩期～弥生早期）	8～10		8～10	●
	165	462122	鹿児島	上中段	黒川・刻目（晩期～弥生早期）	8～9		8	●
	166	462124	鹿児島	上中段	黒川・刻目（晩期～弥生早期）	8～10		6～7	●
	167	462128	鹿児島	上中段	黒川・刻目（晩期～弥生早期）	7～8		6～7	●
	168	462207	鹿児島	柳井谷	黒川・刻目（晩期～弥生早期）	6		7	●
	169	462603	鹿児島	小倉前	黒川（晩期）	7～9		6	●
	170	462606	鹿児島	小倉前	黒川（晩期）	6～8		9～10	●
	171	462801	鹿児島	桐木耳取	黒川（晩期）	6		7	●
	172	462802	鹿児島	桐木耳取	黒川（晩期）	5～6		7	●
	173	462803	鹿児島	桐木耳取	黒川（晩期）	5～6		7	●
	174	462804	鹿児島	桐木耳取	黒川（晩期）	5		7	●
	175	462805	鹿児島	桐木耳取	黒川（晩期）	5～6		7	●
	176	462806	鹿児島	桐木耳取	黒川（晩期）	5～6		7	●
	177	462808	鹿児島	桐木耳取	黒川（晩期）	8		8	●
	178	462810	鹿児島	桐木耳取	黒川（晩期）	8.5		8	●
	179	462812	鹿児島	桐木耳取	黒川（晩期）	5～6		7	●
ⅢB	180	462814	鹿児島	桐木耳取	黒川（晩期）	6.5		7	●
	181	462901	鹿児島	上山	晩期	8		6～7	●
	182	463202	鹿児島	鳥居川	黒川（晩期）	9～10		5～6	●
	183	463203	鹿児島	鳥居川	黒川（晩期）	7～10		6～7	●
	184	463205	鹿児島	鳥居川	黒川（晩期）	8～9		6～7	●
	185	463326	鹿児島	チシャノ木	黒川（晩期）	5～7		6～7	●
	186	463327	鹿児島	チシャノ木	黒川（晩期）	5～6		6	●
	187	463335	鹿児島	チシャノ木	黒川（晩期）	6～8		8～9	●
	188	463336	鹿児島	チシャノ木	黒川（晩期）	8		7～8	●
	189	463340	鹿児島	チシャノ木	黒川（晩期）	7～9		7	●
	190	463341	鹿児島	チシャノ木	黒川（晩期）	8～10		9	●
	191	463342	鹿児島	チシャノ木	黒川（晩期）	8		7	●
	192	463501	鹿児島	今別府	黒川（晩期）	7		9	●
	193	463601	鹿児島	片野洞窟	黒川・刻目（晩期～弥生早期）	7～8		5～6	●
	194	463801	鹿児島	中尾	晩期	8		8	●
	195	464001	鹿児島	出口B	御領入佐（後期末～晩期）	8		6	●
	196	464101	鹿児島	平原A	黒川（晩期）	9～10		9～10	●
	197	464204	鹿児島	小迫	黒川（晩期）	8～9		7～8	●
	198	464205	鹿児島	小迫	黒川（晩期）	4～6		8～9	●
	199	464401	鹿児島	道重	晩期	9～10		7	●
	200	464403	鹿児島	道重	晩期	7～8		6～7	●
	201	464801	鹿児島	西ノ脇	晩期	7～8		7～8	●
	202	465001	鹿児島	栌ノ木	晩期	7		9	●
	203	465002	鹿児島	栌ノ木	晩期	8～10		8	●
	204	465201	鹿児島	鷲ヶ迫	黒川（晩期）	6～8		6	●
	205	465401	鹿児島	上原	黒川（晩期）	8		6～7	●
	206	465402	鹿児島	上原	黒川（晩期）	8～11		7	●

分類	No.	資料番号	県名	遺跡名	時期	編布の密度 経糸間隔(mm)	経糸(本/cm)	緯糸(本/cm)	編布分類
ⅢB	207	465403	鹿児島	上原	黒川（晩期）	8～9		7～8	●
	208	465504	鹿児島	宮下	黒川・刻目（晩期～弥生早期）	8～11		7～8	●
	209	465508	鹿児島	宮下	黒川・刻目（晩期～弥生早期）	9		5	●
	210	465509	鹿児島	宮下	黒川・刻目（晩期～弥生早期）	6～7		8	●
	211	465510	鹿児島	宮下	黒川・刻目（晩期～弥生早期）	6～8		5～6	●
	212	465602	鹿児島	柿窪	黒川・刻目（晩期～弥生早期）	7～9		7	●
	213	465701	鹿児島	立神	黒川・刻目（晩期～弥生早期）	9		8	●
	214	465905	鹿児島	榎木原	入佐・黒川・刻目（晩期～弥生早期）	8～9		6～7	●
	215	465908	鹿児島	榎木原	入佐・黒川・刻目（晩期～弥生早期）	7～10		6	●
	216	465910	鹿児島	榎木原	入佐・黒川・刻目（晩期～弥生早期）	5～6		7～8	●
	217	465911	鹿児島	榎木原	入佐・黒川・刻目（晩期～弥生早期）	9～10		7	●
	218	465913	鹿児島	榎木原	入佐・黒川・刻目（晩期～弥生早期）	8～9		8	●
	219	465922	鹿児島	榎木原	入佐・黒川・刻目（晩期～弥生早期）	4～6		7	●
	220	465923	鹿児島	榎木原	入佐・黒川・刻目（晩期～弥生早期）	6～8		7	●
	221	465929	鹿児島	榎木原	入佐・黒川・刻目（晩期～弥生早期）	5～7		7	●
	222	465933	鹿児島	榎木原	入佐・黒川・刻目（晩期～弥生早期）	8～10		6～7	●
	223	466002	鹿児島	水の谷	黒川（晩期）	9～10		7	●
	224	466006	鹿児島	水の谷	黒川（晩期）	8～10		6	●
	225	466008	鹿児島	水の谷	黒川（晩期）	5～7		6～6.5	●
	226	466015	鹿児島	水の谷	黒川（晩期）	8～9		6	●
	227	466201	鹿児島	岡泉	黒川・刻目（晩期～弥生早期）	5～6		8	●
	228	466202	鹿児島	岡泉	黒川・刻目（晩期～弥生早期）	7～8		8	●
	229	466203	鹿児島	岡泉	黒川・刻目（晩期～弥生早期）	6～7		8	●
	230	466501	鹿児島	筒ヶ迫	黒川（晩期）	6		9～10	●
	231	466502	鹿児島	筒ヶ迫	黒川（晩期）	6		8～10	●
	232	466504	鹿児島	筒ヶ迫	黒川（晩期）	5～7		9	●
	233	466601	鹿児島	大園	黒川（晩期）	5～6		8	●
	234	466602	鹿児島	大園	黒川（晩期）	7		9～10	●
	235	466605	鹿児島	大園	黒川（晩期）	7～9		6～7	●
	236	466610	鹿児島	大園	黒川（晩期）	8～9		7～8	●
ⅢC	1	010101	北海道	斜里朱円周堤墓	後期末	4～6		12	○
	2	431801	熊本	麻生原	晩期	4～6		10	●
	3	450202	宮崎	屏風谷	刻目（晩期後半～終末）	8		10	●
	4	460101	鹿児島	小山	黒川（晩期）	6～8		13～14	●
	5	461518	鹿児島	下柊迫	黒川・刻目（晩期～弥生早期）	5～7		10	●
	6	461528	鹿児島	下柊迫	黒川・刻目（晩期～弥生早期）	6		10	●
	7	461910	鹿児島	上野原	黒川（晩期）	4～6		12	●
	8	461911	鹿児島	上野原	黒川（晩期）	4～6		10	●
	9	462610	鹿児島	小倉前	黒川（晩期）	6～7		10～12	●
	10	463315	鹿児島	チシャノ木	黒川（晩期）	8～11		10	●
	11	463401	鹿児島	蔵園	黒川（晩期）	5～6		10	●
	12	465901	鹿児島	榎木原	入佐・黒川・刻目（晩期～弥生早期）	5～8		10～14	●

付表2−3 密度の分類 1群Ⅲ類 ［増補資料／2017年3月現在］

分類	No.	資料番号	県名	遺跡名	時期	編布の密度 経糸間隔 (mm)	経糸 (本/cm)	緯糸 (本/cm)	編布分類
ⅢA	4	4202001	長崎	稗田原	晩期前半	7〜8		4	●
	5	4606702	鹿児島	前原	黒川（晩期）	5〜8		4	●
ⅢB	237	4000103	福岡	原の東	早期	8〜10		6	●
	238	4100901	佐賀	梅白	晩期〜弥生土器	6〜8		8	●
	239	4101001	佐賀	唐ノ川高峰	晩期中葉〜終末	6		6	●
	240	4101003	佐賀	唐ノ川高峰	晩期中葉〜終末	7		7	●
	241	4101101	佐賀	吹野	晩期	7		7	●
	242	4101102	佐賀	吹野	晩期	7〜8		7	●
	243	4101103	佐賀	吹野	晩期	7〜10		6	●
	244	4101104	佐賀	吹野	晩期	7		7	●
	245	4101105	佐賀	吹野	晩期	7		7	●
	246	4201801	長崎	磨屋町	晩期	7〜8		5	●
	247	4201901	長崎	石原	晩期	7〜8		6〜7	●
	248	4202002	長崎	稗田原	晩期前半	7〜8		6〜7	●
	249	4202201	長崎	権現脇	後期〜弥生前期	6		7	●
	250	4202202	長崎	権現脇	後期〜弥生前期	7〜8		6〜7	●
	251	4202204	長崎	権現脇	後期〜弥生前期	7		8	●
	252	4202206	長崎	権現脇	後期〜弥生前期	5		8	●
	253	4202207	長崎	権現脇	後期〜弥生前期	6		8	●
	254	4202208	長崎	権現脇	後期〜弥生前期	5〜6		7	●
	255	4202209	長崎	権現脇	後期〜弥生前期	6〜7		7	●
	256	4202213	長崎	権現脇	後期〜弥生前期	5〜7		6〜7	●
	257	4202214	長崎	権現脇	後期〜弥生前期	8		6	●
	258	4202215	長崎	権現脇	後期〜弥生前期	8		6	●
	259	4202216	長崎	権現脇	後期〜弥生前期	7		6	●
	260	4202217	長崎	権現脇	後期〜弥生前期	8〜9		7	●
	261	4202218	長崎	権現脇	後期〜弥生前期	5〜7		6	●
	262	4202219	長崎	権現脇	後期〜弥生前期	5		6	●
	263	4202301	長崎	上畦津	晩期〜突帯文期	6		8	●
	264	4303114	熊本	笹尾	黒川無突帯（晩期）	6〜8		7	●
	265	4303402	熊本	塔平遺跡	晩期	7〜9		6	●
	266	4303403	熊本	塔平遺跡	晩期	7〜11		8	●
	267	4303502	熊本	瀬田裏	後期〜晩期？	9		6	●
	268	4303504	熊本	瀬田裏	後期〜晩期？	8		5	●
	269	4500802	宮崎	牧の原第2	後期〜晩期	6		7	●
	270	4500903	宮崎	横市中原	刻目突帯（後・晩期）	6〜8		9〜10	●
	271	4500906	宮崎	横市中原	刻目突帯（後・晩期）	6〜7		7	●
	272	4500907	宮崎	横市中原	刻目突帯（後・晩期）	8〜10		5〜6	●
	273	4500914	宮崎	横市中原	刻目突帯（後・晩期）	6		8	●
	274	4500915	宮崎	横市中原	刻目突帯（後・晩期）	5〜6		8〜9	●
	275	4500916	宮崎	横市中原	刻目突帯（後・晩期）	4〜6		7	●
	276	4501205	宮崎	江内谷	晩期	4〜6		8	●
	277	4501301	宮崎	坂本A	晩期	7〜8		7〜8	●
	278	4501302	宮崎	坂本A	晩期	9		8	●
	279	4501303	宮崎	坂本A	晩期	6〜8		8	●
	280	4501304	宮崎	坂本A	晩期	5〜8		7	●
	281	4501305	宮崎	坂本A	晩期	5		7〜8	●
	282	4501401	宮崎	坂本B	晩期〜弥生初頭	7〜9		7	●
	283	4501503	宮崎	星原	後・晩期	6		9	●
	284	4501506	宮崎	星原	後・晩期	6		7	●
	285	4501507	宮崎	星原	後・晩期	8		9	●
	286	4501508	宮崎	星原	後・晩期	5		6	●
	287	4501511	宮崎	星原	後・晩期	8		6	●
	288	4501702	宮崎	加治屋B	後・晩期	5〜6		7	●
	289	4501703	宮崎	加治屋B	後・晩期	8		8	●

付表2 密度の分類 1群 351

分類	No.	資料番号	県名	遺跡名	時期	経糸間隔 (mm)	経糸 (本/cm)	緯糸 (本/cm)	編布分類
	290	4501903	宮崎	中ノ原	無刻目～刻目突帯文（晩期）	5		7	●
	291	4502001	宮崎	山田	晩期	5		7	●
	292	4606803	鹿児島	魚見ケ原	突帯文期（晩期）	7		8	●
	293	4606805	鹿児島	魚見ケ原	突帯文期（晩期）	6～7		9	●
	294	4606806	鹿児島	魚見ケ原	突帯文期（晩期）	7		9	●
	295	4606907	鹿児島	仁田尾	黒川～突帯文期（晩期）	7～10		5	●
	296	4607001	鹿児島	不動寺	晩期	7		7	●
	297	4607402	鹿児島	南田代	黒川～突帯文期（晩期）	5～7		7～8	●
	298	4607803	鹿児島	山ノ脇	黒川（晩期）	5		7	●
	299	4607906	鹿児島	市ノ原	黒川～突帯文期（晩期）	9		8	●
	300	4608102	鹿児島	坂ノ下	黒川～突帯文期（晩期）	8～10		5	●
	301	4608205	鹿児島	二渡船渡ノ上	黒川～突帯文期（晩期）	4～6		7	●
	302	4608502	鹿児島	大坪	黒川～突帯文期（晩期）	7		5	●
	303	4608603	鹿児島	城ケ尾	黒川（晩期）	6		7	●
	304	4608604	鹿児島	城ケ尾	黒川（晩期）	5		8	●
	305	4608701	鹿児島	前原和田	黒川（晩期）	5		5～6	●
	306	4608703	鹿児島	前原和田	黒川（晩期）	8		8	●
	307	4608801	鹿児島	久保崎Ⅲ	黒川（晩期）	6～7		7	●
	308	4608902	鹿児島	平松城跡	黒川～突帯文期（晩期）	5～7		9	●
	309	4609102	鹿児島	原村Ⅱ	晩期	8		7	●
	310	4609209	鹿児島	西原段Ⅱ	黒川～突帯文期（晩期）	8		8	●
	311	4609213	鹿児島	西原段Ⅱ	黒川～突帯文期（晩期）	8		9	●
	312	4609215	鹿児島	西原段Ⅱ	黒川～突帯文期（晩期）	6		9	●
	313	4609218	鹿児島	西原段Ⅱ	黒川～突帯文期（晩期）	6		9～10	●
	314	4609223	鹿児島	西原段Ⅱ	黒川～突帯文期（晩期）	6～8		7	●
	315	4609229	鹿児島	西原段Ⅱ	黒川～突帯文期（晩期）	7～9		7	●
	316	4609236	鹿児島	西原段Ⅱ	黒川～突帯文期（晩期）	5		7	●
ⅢB	317	4609241	鹿児島	西原段Ⅱ	黒川～突帯文期（晩期）	5～6		6	●
	318	4609242	鹿児島	西原段Ⅱ	黒川～突帯文期（晩期）	7～8		5	●
	319	4609301	鹿児島	西原段Ⅰ	黒川（晩期）	4～6		7	●
	320	4609304	鹿児島	西原段Ⅰ	黒川（晩期）	5		7	●
	321	4609308	鹿児島	西原段Ⅰ	黒川（晩期）	6		8	●
	322	4609311	鹿児島	西原段Ⅰ	黒川（晩期）	5		9	●
	323	4609316	鹿児島	西原段Ⅰ	黒川（晩期）	5		9	●
	324	4609318	鹿児島	西原段Ⅰ	黒川（晩期）	5		6	●
	325	4609321	鹿児島	西原段Ⅰ	黒川（晩期）	8		9	●
	326	4609326	鹿児島	西原段Ⅰ	黒川（晩期）	6～7		7～8	●
	327	4609401	鹿児島	狩俣	黒川～突帯文期（晩期）	6		7～8	●
	328	4609404	鹿児島	狩俣	黒川～突帯文期（晩期）	6～8		6	●
	329	4609407	鹿児島	狩俣	黒川～突帯文期（晩期）	6		7	●
	330	4609408	鹿児島	狩俣	黒川～突帯文期（晩期）	6～7		7	●
	331	4609409	鹿児島	狩俣	黒川～突帯文期（晩期）	6～7		7	●
	332	4609410	鹿児島	狩俣	黒川～突帯文期（晩期）	5～7		8	●
	333	4602002	鹿児島	宮原	黒川（晩期）	6～7		6	●
	334	4603004	鹿児島	向井ケ迫	黒川（晩期）	5		7	●
	335	4603006	鹿児島	向井ケ迫	黒川（晩期）	5		6	●
	336	4603007	鹿児島	向井ケ迫	黒川（晩期）	6		7	●
	337	4603010	鹿児島	向井ケ迫	黒川（晩期）	6～7		7	●
	338	4603011	鹿児島	向井ケ迫	黒川（晩期）	5		7	●
	339	4603013	鹿児島	向井ケ迫	黒川（晩期）	7		6	●
	340	4603014	鹿児島	向井ケ迫	黒川（晩期）	6		7	●
	341	4604404	鹿児島	道重	黒川（晩期）	5		9	●
	342	4604406	鹿児島	道重	黒川（晩期）	5～6		8	●
	343	4609903	鹿児島	牧原A	黒川（晩期）	8		7	●
	344	4609904	鹿児島	牧原A	黒川（晩期）	6～8		9	●

分類	No.	資料番号	県名	遺跡名	時期	編布の密度 経糸間隔 (mm)	編布の密度 経糸 (本/cm)	編布の密度 緯糸 (本/cm)	編布分類
ⅢB	345	4610004	鹿児島	稲荷迫	黒川～突帯文期（晩期）	6		8	●
	346	4610007	鹿児島	稲荷迫	黒川～突帯文期（晩期）	7		7～8	●
	347	4610008	鹿児島	稲荷迫	黒川～突帯文期（晩期）	7～8		7	●
	348	4610010	鹿児島	稲荷迫	黒川～突帯文期（晩期）	6		8	●
	349	4610102	鹿児島	立山B	黒川～突帯文期（晩期）	6		7	●
	350	4610201	鹿児島	永吉天神段	黒川～突帯文期（晩期）	8		5～6	●
	351	4610207	鹿児島	永吉天神段	黒川～突帯文期（晩期）	8		8	●
	352	4610208	鹿児島	永吉天神段	黒川～突帯文期（晩期）	7		7～8	●
	353	4610210	鹿児島	永吉天神段	黒川～突帯文期（晩期）	6		9	●
	354	4610211	鹿児島	永吉天神段	黒川～突帯文期（晩期）	6		7	●
	355	4610213	鹿児島	永吉天神段	黒川～突帯文期（晩期）	5		9	●
	356	4610214	鹿児島	永吉天神段	黒川～突帯文期（晩期）	5		7	●
	357	4610215	鹿児島	永吉天神段	黒川～突帯文期（晩期）	6～7		7	●
	358	4610216	鹿児島	永吉天神段	黒川～突帯文期（晩期）	7		7～8	●
	359	4610302	鹿児島	出口	突帯文期（晩期）	7～8		8	●
	360	4610603	鹿児島	中尾	黒川～突帯文期（晩期）	6～7		8	●
	361	4610604	鹿児島	中尾	黒川～突帯文期（晩期）	5～6		8	●
	362	4610605	鹿児島	中尾	黒川～突帯文期（晩期）	8～9		8	●
	363	4610606	鹿児島	中尾	黒川～突帯文期（晩期）	5		9	●
	364	4610609	鹿児島	中尾	黒川～突帯文期（晩期）	7～9		6～7	●
	365	4610611	鹿児島	中尾	黒川～突帯文期（晩期）	6～7		7～8	●
	366	4610613	鹿児島	中尾	黒川～突帯文期（晩期）	6～7		8～9	●
	367	4610615	鹿児島	中尾	黒川～突帯文期（晩期）	7～10		9～10	●
	368	4610617	鹿児島	中尾	黒川～突帯文期（晩期）	6～7		8	●
	369	4610630	鹿児島	中尾	黒川～突帯文期（晩期）	8～12		6～7	●
	370	4610633	鹿児島	中尾	黒川～突帯文期（晩期）	6		6	●
	371	4610634	鹿児島	中尾	黒川～突帯文期（晩期）	6		7	●
	372	4610636	鹿児島	中尾	黒川～突帯文期（晩期）	6		7	●
	373	4610801	鹿児島	大牟礼	黒川（晩期）	4～6		9	●
	374	4610803	鹿児島	大牟礼	黒川（晩期）	5		9	●
	375	4610804	鹿児島	大牟礼	黒川（晩期）	5		8	●
	376	4610805	鹿児島	大牟礼	黒川（晩期）	5		8	●
	377	4610806	鹿児島	大牟礼	黒川（晩期）	5		8	●
	378	4610807	鹿児島	大牟礼	黒川（晩期）	6		8	●
	379	4610809	鹿児島	大牟礼	黒川（晩期）	5		9	●
	380	4610810	鹿児島	大牟礼	黒川（晩期）	5		8	●
	381	4610811	鹿児島	大牟礼	黒川（晩期）	5		8	●
	382	4611001	鹿児島	十三塚	晩期	5		7	●
	383	4611106	鹿児島	稲荷山	黒川～突帯文期（晩期）	6		7	●
	384	4611201	鹿児島	白水B	黒川（晩期）	8～10		5	●
ⅢC	13	4500901	宮崎	横市中原	刻目突帯（後・晩期）	6		10	●
	14	4609206	鹿児島	西原段Ⅱ	黒川～突帯文期（晩期）	8～10		11	●
	15	4609210	鹿児島	西原段Ⅱ	黒川～突帯文期（晩期）	5		10	●
	16	4609221	鹿児島	西原段Ⅱ	黒川～突帯文期（晩期）	5		10	●
	17	4609226	鹿児島	西原段Ⅱ	黒川～突帯文期（晩期）	7		10	●
	18	4609230	鹿児島	西原段Ⅱ	黒川～突帯文期（晩期）	7～8		10	●
	19	4609231	鹿児島	西原段Ⅱ	黒川～突帯文期（晩期）	7		10	●
	20	4609325	鹿児島	西原段Ⅰ	黒川（晩期）	7		10	●
	21	4609411	鹿児島	狩俣	黒川～突帯文期（晩期）	9		10	●
	22	4610501	鹿児島	宮ノ前	黒川（晩期）	5		10	●
	23	4610608	鹿児島	中尾	黒川～突帯文期（晩期）	7～10		10	●
	24	4610635	鹿児島	中尾	黒川（晩期）	6		10	●

付表2-4 密度の分類 1群Ⅳ類（経糸間隔10〜15mm未満）

○：基礎編布 / ●：基礎編布圧痕 / ▲：応用編布圧痕 / △：編布・織物併設（圧痕）

分類	No.	資料番号	県名	遺跡名	時期	経糸間隔(mm)	経糸(本/cm)	緯糸(本/cm)	編布分類
ⅣA	1	420821	長崎	朝日山	黒川・山の寺（晩期後半）	10		4	●
	2	421107	長崎	山の寺梶木	黒川・山の寺（晩期）	10〜14		4	●
	3	462604	鹿児島	小倉前	黒川（晩期）	8〜12		4〜5	●
	4	463204	鹿児島	鳥居川	黒川（晩期）	10		4	●
ⅣB	1	020201	青森	亀ヶ岡	晩期	10		6	○
	2	020202	青森	亀ヶ岡	晩期	10		6	○
	3	040101	宮城	山王囲	大洞C2（晩期中葉）	10		6〜7	○
	4	040102	宮城	山王囲	大洞C2（晩期中葉）	10		6〜7	○
	5	090101	栃木	藤岡神社	後期末〜晩期初頭	11〜12		6	●
	6	150401	新潟	上山	後期末	11		8〜9	●
	7	410102	佐賀	かんねお	黒川（晩期前半〜中頃）	13〜15		6	●
	8	410201	佐賀	コッポ	黒川（晩期前半〜中頃）	10〜11		5	●
	9	410202	佐賀	コッポ	黒川（晩期前半〜中頃）	12		6	●
	10	410203	佐賀	コッポ	黒川（晩期前半〜中頃）	10〜11		5〜6	●
	11	410306	佐賀	女山	黒川（晩期前半〜中頃）	10		5	●
	12	410309	佐賀	女山	黒川（晩期前半〜中頃）	10		5	●
	13	410312	佐賀	女山	黒川（晩期前半〜中頃）	12		7	●
	14	410313	佐賀	女山	黒川（晩期前半〜中頃）	10		5	●
	15	410405	佐賀	笹ノ尾	黒川・山の寺（晩期前半〜中頃）	12		7	●
	16	410406	佐賀	笹ノ尾	黒川・山の寺（晩期前半〜中頃）	10		6	●
	17	410409	佐賀	笹ノ尾	黒川・山の寺（晩期前半〜中頃）	10		8	●
	18	410410	佐賀	笹ノ尾	黒川・山の寺（晩期前半〜中頃）	14		5	●
	19	410411	佐賀	笹ノ尾	黒川・山の寺（晩期前半〜中頃）	10		7	●
	20	410420	佐賀	笹ノ尾	黒川・山の寺（晩期前半〜中頃）	10		6	●
	21	410602	佐賀	高峰(2)	黒川・山の寺（晩期中頃〜後半）	12		6	●
	22	420404	長崎	黒丸	晩期前半	10		5	●
	23	420807	長崎	朝日山	黒川・山の寺（晩期後半）	10〜12		6	●
	24	420808	長崎	朝日山	黒川・山の寺（晩期後半）	12		6〜7	●
	25	420810	長崎	朝日山	黒川・山の寺（晩期後半）	10〜12		5	●
	26	420820	長崎	朝日山	黒川・山の寺（晩期後半）	13		5	●
	27	421109	長崎	山の寺梶木	黒川・山の寺（晩期）	10		5	●
	28	421114	長崎	山の寺梶木	黒川・山の寺（晩期）	10		5	●
	29	421201	長崎	堂崎	黒川・突帯文（晩期）	12〜14		6	●
	30	421202	長崎	堂崎	黒川・突帯文（晩期）	12〜14		6	●
	31	430101	熊本	牧水	晩期	10		5	●
	32	430203	熊本	上高橋	晩期	13〜16		5	●
	33	430208	熊本	上高橋	晩期	12〜13		5	●
	34	430209	熊本	上高橋	晩期	8〜12		5	●
	35	430212	熊本	上高橋	晩期	10〜12		6	●
	36	430301	熊本	扇田	晩期	8〜12		5	●
	37	430302	熊本	扇田	晩期	10〜12		6〜7	●
	38	430311	熊本	扇田	晩期	12		5〜5.5	●
	39	430314	熊本	扇田	晩期	11〜12		5	●
	40	430317	熊本	扇田	晩期	10〜12		5〜6	●
	41	430318	熊本	扇田	晩期	10		5	●
	42	430323	熊本	扇田	晩期	10〜15		5.5〜6	●
	43	430327	熊本	扇田	晩期	12		6	●
	44	430401	熊本	庵ノ前	晩期	12〜14		5	●
	45	430801	熊本	長嶺	黒川（晩期中葉）	12〜13		6	●
	46	430802	熊本	長嶺	黒川（晩期中葉）	8〜12		6	●

分類	No.	資料番号	県名	遺跡名	時期	経糸間隔 (mm)	経糸 (本/cm)	緯糸 (本/cm)	編布分類
	47	430804	熊本	長嶺	黒川（晩期中葉）	13～15		7	●
	48	431102	熊本	健軍神社周辺	黒川（晩期）	9～11		5	●
	49	431103	熊本	健軍神社周辺	黒川（晩期）	10～13		6	●
	50	431107	熊本	健軍神社周辺	黒川（晩期）	11～12		5～6	●
	51	431401	熊本	合志原	晩期	10		6	●
	52	431504	熊本	ワクド石	黒川（晩期）	11～13		6～7	●
	53	431507	熊本	ワクド石	黒川（晩期）	10～11		8	●
	54	431508	熊本	ワクド石	黒川（晩期）	10		5	●
	55	431509	熊本	ワクド石	黒川（晩期）	12		6～7	●
	56	431602	熊本	二子塚	晩期	11		8	●
	57	431902	熊本	上の原	黒川（晩期前半）	12～15		5	●
	58	432401	熊本	沖松	山の寺（晩期）	10～15		6～7	●
	59	432402	熊本	沖松	山の寺（晩期）	10～12		5～6	●
	60	432501	熊本	灰塚	黒川（晩期）	11～13		6～7	●
	61	450102	宮崎	黒土	刻目（晩期後半～終末）	10		6	●
	62	450108	宮崎	黒土	刻目（晩期後半～終末）	13～15		5	●
	63	450110	宮崎	黒土	刻目（晩期後半～終末）	10		6	●
	64	450116	宮崎	黒土	刻目（晩期後半～終末）	12		5.5	●
	65	450407	宮崎	王子原	晩期	12～15		6～7	●
	66	460403	鹿児島	帖地	黒川（晩期）	12		7～9	●
	67	460404	鹿児島	帖地	黒川（晩期）	12～15		6	●
	68	460405	鹿児島	帖地	黒川（晩期）	10～12		8～9	●
	69	460501	鹿児島	栫堀	黒川（晩期）	11～14		7～8	●
	70	460502	鹿児島	栫堀	黒川（晩期）	10		9	●
	71	460602	鹿児島	新番所後Ⅱ	黒川（晩期）	9～11		6	●
	72	460606	鹿児島	新番所後Ⅱ	黒川（晩期）	10～13		8～9	●
ⅣB	73	461004	鹿児島	上焼田	黒川・刻目（晩期～弥生早期）	11		6～7	●
	74	461201	鹿児島	黒川洞窟	黒川（晩期）	14		9	●
	75	461411	鹿児島	計志加里	黒川・刻目（晩期～弥生早期）	10		9	●
	76	461412	鹿児島	計志加里	黒川・刻目（晩期～弥生早期）	10～12		9	●
	77	461516	鹿児島	下柊迫	黒川・刻目（晩期～弥生早期）	10～14		7	●
	78	461526	鹿児島	下柊迫	黒川・刻目（晩期～弥生早期）	10～12		7	●
	79	461527	鹿児島	下柊迫	黒川・刻目（晩期～弥生早期）	12～14		6	●
	80	461601	鹿児島	諏訪原	晩期	10		5～6	●
	81	461907	鹿児島	上野原	黒川（晩期）	10～12		5～6	●
	82	461909	鹿児島	上野原	黒川（晩期）	9～12		5～5.5	●
	83	461914	鹿児島	上野原	黒川（晩期）	13～14		8	●
	84	461928	鹿児島	上野原	黒川（晩期）	13～15		8～9	●
	85	462111	鹿児島	上中段	黒川・刻目（晩期～弥生早期）	10～12		8	●
	86	462114	鹿児島	上中段	黒川・刻目（晩期～弥生早期）	10		8～9	●
	87	462121	鹿児島	上中段	黒川・刻目（晩期～弥生早期）	8～12		8	●
	88	462204	鹿児島	柳井谷	黒川・刻目（晩期～弥生早期）	13		8	●
	89	462301	鹿児島	井出ノ上	黒川（晩期）	10		5	●
	90	462501	鹿児島	南ノ郷	晩期	10		7～8	●
	91	462614	鹿児島	小倉前	黒川（晩期）	10～12		8～9	●
	92	462616	鹿児島	小倉前	黒川（晩期）	9～12		5～6	●
	93	462617	鹿児島	小倉前	黒川（晩期）	9～12		5～6	●
	94	462807	鹿児島	桐木耳取	黒川（晩期）	12		6～7	●
	95	462809	鹿児島	桐木耳取	黒川（晩期）	13		8	●
	96	462811	鹿児島	桐木耳取	黒川（晩期）	12		8	●
	97	462813	鹿児島	桐木耳取	黒川（晩期）	11		8	●
	98	463001	鹿児島	向井ヶ迫	晩期	10		6	●
	99	463102	鹿児島	鳴神	晩期	10		5	●

付表2　密度の分類　1群

分類	No.	資料番号	県名	遺跡名	時期	編布の密度 経糸間隔(mm)	経糸(本/cm)	緯糸(本/cm)	編布分類
	100	463201	鹿児島	鳥居川	黒川（晩期）	10		7	●
	101	463301	鹿児島	チシャノ木	黒川（晩期）	10〜12		8〜10	●
	102	463303	鹿児島	チシャノ木	黒川（晩期）	11〜12		9	●
	103	463311	鹿児島	チシャノ木	黒川（晩期）	12〜15		6〜7	●
	104	463317	鹿児島	チシャノ木	黒川（晩期）	9〜11		8〜10	●
	105	463318	鹿児島	チシャノ木	黒川（晩期）	14		7	●
	106	463329	鹿児島	チシャノ木	黒川（晩期）	12		8	●
	107	463330	鹿児島	チシャノ木	黒川（晩期）	10〜12		8	●
	108	463331	鹿児島	チシャノ木	黒川（晩期）	12〜15		9	●
	109	463332	鹿児島	チシャノ木	黒川（晩期）	11		8〜9	●
	110	463333	鹿児島	チシャノ木	黒川（晩期）	10〜12		8	●
	111	463334	鹿児島	チシャノ木	黒川（晩期）	10		9	●
	112	463337	鹿児島	チシャノ木	黒川（晩期）	12		7	●
	113	463338	鹿児島	チシャノ木	黒川（晩期）	11		6〜7	●
	114	463701	鹿児島	別府（石踊）	入佐・黒川（晩期）	14〜15		6〜7	●
	115	463704	鹿児島	別府（石踊）	入佐・黒川（晩期）	10		8	●
	116	464202	鹿児島	小迫	黒川（晩期）	10		8〜9	●
	117	464203	鹿児島	小迫	黒川（晩期）	10		5〜6	●
ⅣB	118	464701	鹿児島	高牧B	晩期	13〜15		8	●
	119	465507	鹿児島	宮下	黒川・刻目（晩期〜弥生早期）	12〜14		8	●
	120	465702	鹿児島	立神	黒川・刻目（晩期〜弥生早期）	10〜12		5	●
	121	465703	鹿児島	立神	黒川・刻目（晩期〜弥生早期）	10〜12		7	●
	122	465904	鹿児島	榎木原	入佐・黒川・刻目（晩期〜弥生早期）	10〜13		9〜10	●
	123	465916	鹿児島	榎木原	入佐・黒川・刻目（晩期〜弥生早期）	10〜12		7〜8	●
	124	465917	鹿児島	榎木原	入佐・黒川・刻目（晩期〜弥生早期）	10〜12		6	●
	125	465919	鹿児島	榎木原	入佐・黒川・刻目（晩期〜弥生早期）	10		7	●
	126	465921	鹿児島	榎木原	入佐・黒川・刻目（晩期〜弥生早期）	10〜13		7〜8	●
	127	465925	鹿児島	榎木原	入佐・黒川・刻目（晩期〜弥生早期）	10		9〜10	●
	128	465930	鹿児島	榎木原	入佐・黒川・刻目（晩期〜弥生早期）	8〜12		6〜7	●
	129	465931	鹿児島	榎木原	入佐・黒川・刻目（晩期〜弥生早期）	10〜11		7	●
	130	465934	鹿児島	榎木原	入佐・黒川・刻目（晩期〜弥生早期）	10〜12		8〜10	●
	131	465937	鹿児島	榎木原	入佐・黒川・刻目（晩期〜弥生早期）	10〜13		6	●
	132	465941	鹿児島	榎木原	入佐・黒川・刻目（晩期〜弥生早期）	12		7	●
	133	466019	鹿児島	水の谷	黒川（晩期）	12〜15		5〜6	●
	134	466102	鹿児島	榎崎B	黒川（晩期）	11〜12		8	●
	135	466609	鹿児島	大園	黒川（晩期）	14		6	●
	136	466611	鹿児島	大園	黒川（晩期）	10		8〜9	●
	1	430201	熊本	上高橋	晩期	10		10	●
	2	460605	鹿児島	新番所後Ⅱ	黒川（晩期）	13		10〜11	●
	3	460701	鹿児島	大渡	黒川・刻目（晩期〜弥生早期）	10		10〜11	●
ⅣC	4	461919	鹿児島	上野原	黒川（晩期）	12		10	●
	5	462613	鹿児島	小倉前	黒川（晩期）	10〜12		10	●
	6	463304	鹿児島	チシャノ木	黒川（晩期）	10〜12		10	●
	7	463352	鹿児島	チシャノ木	黒川（晩期）	12〜14		10	●
	8	465902	鹿児島	榎木原	入佐・黒川・刻目（晩期〜弥生早期）	9〜11		10	●

付表2-4 密度の分類 1群Ⅳ類 ［増補資料／2017年3月現在］

分類	No.	資料番号	県名	遺跡名	時期	編布の密度 経糸間隔(mm)	編布の密度 経糸(本/cm)	編布の密度 緯糸(本/cm)	編布分類
ⅣA	5	4000104	福岡	原の東	早期	14～15		4	●
	6	4500909	宮崎	横市中原	刻目突帯（後・晩期）	14		4	●
	7	4610101	鹿児島	立山B	晩期（黒川式～突帯文期）	10		3	●
	8	4610616	鹿児島	中尾	晩期（黒川式～突帯文期）	10～12		4～5	●
	9	4609601	鹿児島	松ヶ尾	晩期（黒川式）	10～12		4～5	●
ⅣB	137	4000101	福岡	原の東	早期	10～14		5	●
	138	4000102	福岡	原の東	早期	12～14		5	●
	139	4000202	福岡	長島	晩期中頃～後	10		5～6	●
	140	4000203	福岡	長島	晩期中頃～後	10～12		5	●
	141	4101002	佐賀	唐ノ川高峰	晩期中葉～終末	10		6	●
	142	4101004	佐賀	唐ノ川高峰	晩期中葉～終末	14		5	●
	143	4202203	長崎	権現脇	突帯文期（晩期）	10		6	●
	144	4202205	長崎	権現脇	突帯文期（晩期）	10		6	●
	145	4202210	長崎	権現脇	突帯文期（晩期）	10		7	●
	146	4303101	熊本	笹尾	黒川無突帯（晩期）	10		7	●
	147	4303104	熊本	笹尾	黒川無突帯（晩期）	10		7	●
	148	4303105	熊本	笹尾	黒川無突帯（晩期）	10		7	●
	149	4303108	熊本	笹尾	黒川無突帯（晩期）	10		7	●
	150	4303109	熊本	笹尾	黒川無突帯（晩期）	12		7	●
	151	4303116	熊本	笹尾	黒川無突帯（晩期）	10		7	●
	152	4303301	熊本	柳町	突帯文期（晩期）	10～12		5～6	●
	153	4303302	熊本	柳町	突帯文期（晩期）	10～12		6	●
	154	4303503	熊本	瀬田裏	後期～晩期？	10～14		5	●
	155	4500701	宮崎	上ノ原	中期以降	10		7	●
	156	4500904	宮崎	横市中原	刻目突帯（後・晩期）	10～12		7	●
	157	4500911	宮崎	横市中原	刻目突帯（後・晩期）	12～14		6	●
	158	4500912	宮崎	横市中原	刻目突帯（後・晩期）	13		7～8	●
	159	4501003	宮崎	野添	晩期	10～14		9	●
	160	4501201	宮崎	江内谷	晩期	10		5	●
	161	4501204	宮崎	江内谷	晩期	12		7	●
	162	4501402	宮崎	坂本B	晩期～弥生初頭	10		5	●
	163	4501403	宮崎	坂本B	晩期～弥生初頭	12		5	●
	164	4501502	宮崎	星原	後・晩期	12～14		6	●
	165	4501513	宮崎	星原	後・晩期	13～15		7	●
	166	4501901	宮崎	中ノ原	無刻目～刻目突帯文（晩期）	10		6	●
	167	4606801	鹿児島	魚見ヶ原	突帯文期（晩期）	10		8	●
	168	4606903	鹿児島	仁田尾	黒川～突帯文期（晩期）	10		7	●
	169	4606906	鹿児島	仁田尾	黒川～突帯文期（晩期）	10		5	●
	170	4607101	鹿児島	大龍B地点	晩期？	10		6	●
	171	4607301	鹿児島	鹿児島大学構内	黒川～突帯文期（晩期）	10		7	●
	172	4907801	鹿児島	山ノ脇	黒川（晩期）	12		7	●
	173	4907804	鹿児島	山ノ脇	黒川（晩期）	10		7	●
	174	4608301	鹿児島	一ツ木	黒川（晩期）	10		5	●
	175	4608302	鹿児島	一ツ木	黒川（晩期）	10		6	●
	176	4608303	鹿児島	一ツ木	黒川（晩期）	10		6	●
	177	4608501	鹿児島	大坪	黒川～突帯文期（晩期）	12～15		6	●
	178	4608503	鹿児島	大坪	黒川～突帯文期（晩期）	13		5	●
	179	4608602	鹿児島	城ヶ尾	黒川（晩期）	10		5	●
	180	4608901	鹿児島	平松城跡	黒川～突帯文期（晩期）	10		9	●
	181	4609001	鹿児島	踊場	黒川（晩期）	10		9	●
	182	4609101	鹿児島	原村Ⅱ	晩期	10		7	●
	183	4609212	鹿児島	西原段Ⅱ	黒川～突帯文期（晩期）	10		8	●
	184	4609216	鹿児島	西原段Ⅱ	黒川～突帯文期（晩期）	10		9	●
	185	4609233	鹿児島	西原段Ⅱ	黒川～突帯文期（晩期）	10		9	●

付表2 密度の分類 1群 357

分類	No.	資料番号	県名	遺跡名	時期	編布の密度 経糸間隔 (mm)	編布の密度 経糸 (本/cm)	編布の密度 緯糸 (本/cm)	編布分類
ⅣB	186	4609243	鹿児島	西原段Ⅱ	黒川～突帯文期（晩期）	12		7	●
	187	4609307	鹿児島	西原段Ⅰ	黒川（晩期）	11		6～7	●
	188	4609315	鹿児島	西原段Ⅰ	黒川（晩期）	12		6～7	●
	189	4609320	鹿児島	西原段Ⅰ	黒川（晩期）	12		9	●
	190	4603005	鹿児島	向井ケ迫	黒川（晩期）	10		7	●
	191	4603008	鹿児島	向井ケ迫	黒川（晩期）	12～15		6	●
	192	4603009	鹿児島	向井ケ迫	黒川（晩期）	10～12		7	●
	193	4603012	鹿児島	向井ケ迫	黒川（晩期）	10		5	●
	194	4609602	鹿児島	松ケ尾	黒川（晩期）	10～12		5	●
	195	4604405	鹿児島	道重	黒川（晩期）	10		7	●
	196	4609801	鹿児島	倉園C	黒川（晩期）	10～12		6	●
	197	4609902	鹿児島	牧原A	黒川（晩期）	10		6	●
	198	4610001	鹿児島	稲荷迫	黒川～突帯文期（晩期）	12		6	●
	199	4610005	鹿児島	稲荷迫	黒川～突帯文期（晩期）	10～12		7	●
	200	4610401	鹿児島	横道	黒川（晩期）	10		7	●
	201	4610402	鹿児島	横道	黒川（晩期）	10		6～7	●
	202	4604902	鹿児島	東田	突帯文期（晩期）	10		5	●
	203	4604904	鹿児島	東田	突帯文期（晩期）	10～12		5	●
	204	4610601	鹿児島	中尾	黒川～突帯文期（晩期）	12～15		9	●
	205	4610602	鹿児島	中尾	黒川～突帯文期（晩期）	14～15		7	●
	206	4610618	鹿児島	中尾	黒川～突帯文期（晩期）	12		6	●
	207	4610619	鹿児島	中尾	黒川～突帯文期（晩期）	12～14		9	●
	208	4610629	鹿児島	中尾	黒川～突帯文期（晩期）	10～12		6	●
	209	4610703	鹿児島	山内原	晩期	10		7～8	●
	210	4611103	鹿児島	稲荷山	黒川～突帯文期（晩期）	10		7	●
	211	4611105	鹿児島	稲荷山	黒川～突帯文期（晩期）	10～12		8～9	●
	212	4611107	鹿児島	稲荷山	黒川～突帯文期（晩期）	10		8～9	●
	213	4611110	鹿児島	稲荷山	黒川～突帯文期（晩期）	10		9	●
ⅣC	9	4609207	鹿児島	西原段Ⅱ	黒川～突帯文期（晩期）	10		10	●
	10	4609220	鹿児島	西原段Ⅱ	黒川～突帯文期（晩期）	8～12		10	●
	11	4609327	鹿児島	西原段Ⅰ	黒川（晩期）	10		10	●
	12	4610006	鹿児島	稲荷迫	黒川～突帯文期（晩期）	12		11～12	●
	13	4610610	鹿児島	中尾	黒川～突帯文期（晩期）	10		11	●

付表 2−5　密度の分類　1群 V類（経糸間隔15〜20mm未満）

○：基礎編布 / ●：基礎編布圧痕 / ▲：応用編布圧痕 / △：編布・織物併設（圧痕）

分類	No.	資料番号	県名	遺跡名	時期	経糸間隔(mm)	経糸(本/cm)	緯糸(本/cm)	編布分類
VA	1	020302	青森	是川中居	晩期中葉	12〜18		4	○
	2	410307	佐賀	女山	黒川（晩期前半〜中頃）	15		4	●
	3	430204	熊本	上高橋	晩期	14〜17		4〜5	●
	4	431106	熊本	健軍神社周辺	黒川（晩期）	14〜17		4〜5	●
	5	462201	鹿児島	柳井谷	黒川・刻目（晩期〜弥生早期）	15〜16		4	●
	6	464501	鹿児島	山久保	晩期	17〜18		4〜5	●
VB	1	090201	栃木	八剣	後期初頭〜前葉	15〜16		5〜5.5	●
	2	410408	佐賀	笹ノ尾	黒川・山の寺（晩期前半〜中頃）	17		6	●
	3	410418	佐賀	笹ノ尾	黒川・山の寺（晩期前半〜中頃）	19		6	●
	4	410609	佐賀	高峰（2）	黒川・山の寺（晩期中頃〜後半）	15〜17		5	●
	5	420901	長崎	小浜	黒川・山の寺（晩期）	15		6	●
	6	420903	長崎	小浜	黒川・山の寺（晩期）	15		8	●
	7	421112	長崎	山の寺梶木	黒川・山の寺（晩期）	15		6	●
	8	430306	熊本	扇田	晩期	15〜16		5〜6	●
	9	431501	熊本	ワクド石	黒川（晩期）	15		8〜10	●
	10	432301	熊本	東小原	晩期	18〜20		5〜6	●
	11	450107	宮崎	黒土	刻目（晩期後半〜終末）	15		5	●
	12	450301	宮崎	中尾山・馬渡	松添（晩期）	16〜18		6	●
	13	450406	宮崎	王子原	晩期	18〜20		5〜6	●
	14	450410	宮崎	王子原	晩期	15〜18		7	●
	15	450412	宮崎	王子原	晩期	16〜18		6〜7	●
	16	460401	鹿児島	帖地	黒川（晩期）	15〜17		8	●
	17	461901	鹿児島	上野原	黒川（晩期）	17		9〜10	●
	18	461931	鹿児島	上野原	黒川（晩期）	16〜18		7	●
	19	462126	鹿児島	上中段	黒川・刻目（晩期〜弥生早期）	17〜20		7	●
	20	462127	鹿児島	上中段	黒川・刻目（晩期〜弥生早期）	18〜20		5	●
	21	463306	鹿児島	チシャノ木	黒川（晩期）	16		8〜9	●
	22	463310	鹿児島	チシャノ木	黒川（晩期）	15〜18		7	●
	23	463320	鹿児島	チシャノ木	黒川（晩期）	18〜19		9	●
	24	463343	鹿児島	チシャノ木	黒川（晩期）	18		8	●
	25	463344	鹿児島	チシャノ木	黒川（晩期）	15〜17		7	●
	26	465501	鹿児島	宮下	黒川・刻目（晩期〜弥生早期）	15〜17		6	●
	27	465502	鹿児島	宮下	黒川・刻目（晩期〜弥生早期）	17〜18		7	●
	28	465505	鹿児島	宮下	黒川・刻目（晩期〜弥生早期）	18〜20		6	●
	29	465506	鹿児島	宮下	黒川・刻目（晩期〜弥生早期）	18		6	●
	30	465912	鹿児島	榎木原	入佐・黒川・刻目（晩期〜弥生早期）	18		5	●
	31	466001	鹿児島	水の谷	黒川（晩期）	16		6〜8	●
VC	1	461111	鹿児島	上水流	黒川（晩期）	17〜20？		10	●
	2	465301	鹿児島	並迫	黒川（晩期）	16〜20		10〜11	●

付表 2−5　密度の分類　1群 V類［増補資料／2017年3月現在］

分類	No.	資料番号	県名	遺跡名	時期	経糸間隔(mm)	経糸(本/cm)	緯糸(本/cm)	編布分類
VA	7	4000201	福岡	長島	晩期中頃〜後	18		4〜5	●
VB	32	4202212	長崎	権現脇	後期〜弥生前期	15		5〜6	●
	33	4500913	宮崎	横市中原	刻目突帯（後・晩期）	16		7	●
	34	4501505	宮崎	星原	後・晩期	17		7	●
	35	4501512	宮崎	星原	後・晩期	15		7	●
	36	4607401	鹿児島	南田代	黒川式〜突帯文期（晩期）	16		7	●
	37	4609238	鹿児島	西原段Ⅱ	黒川式〜突帯文期（晩期）	15		8	●
	38	4609319	鹿児島	西原段Ⅰ	黒川式（晩期）	15		8	●
	39	4609402	鹿児島	狩俣	黒川式〜突帯文期（晩期）	15		7〜8	●
	40	4610206	鹿児島	永吉天神段	黒川式〜突帯文期（晩期）	15		7	●
	41	4610702	鹿児島	山内原	晩期	15		7	●

付表2-6　密度の分類　1群Ⅵ類（経糸間隔20〜25mm未満）

○：基礎編布　/　●：基礎編布圧痕　/　▲：応用編布圧痕　/　△：編布・織物併設（圧痕）

分類	No.	資料番号	県名	遺跡名	時　期	編布の密度 経糸間隔(mm)	経糸(本/cm)	緯糸(本/cm)	編布分類
ⅥB	1	450304	宮崎	中尾山・馬渡	松添（晩期）	20〜22		8	●
	2	450306	宮崎	中尾山・馬渡	松添（晩期）	18〜22		7〜8	●
	3	450307	宮崎	中尾山・馬渡	松添（晩期）	20〜22		6〜7	●
	4	450403	宮崎	王子原	黒川（晩期）	20〜23		8〜9	●
	5	460612	鹿児島	新番所後Ⅱ	黒川（晩期）	20〜22		5〜6	●
	6	461402	鹿児島	計志加里	黒川・刻目（晩期〜弥生早期）	20〜24		5〜6	●
	7	461702	鹿児島	中福良	黒川・刻目（晩期〜弥生早期）	20		8	●
	8	462602	鹿児島	小倉前	黒川（晩期）	23〜26		9〜10	●
	9	463328	鹿児島	チシャノ木	黒川（晩期）	20		7	●
ⅥC	1	460505	鹿児島	栫堀	黒川（晩期）	20〜22		10	●

付表2-6　密度の分類　1群Ⅵ類［増補資料／2017年3月現在］

分類	No.	資料番号	県名	遺跡名	時　期	経糸間隔(mm)	経糸(本/cm)	緯糸(本/cm)	編布分類
ⅥA	1	4500902	宮崎	横市中原	刻目突帯（後・晩期）	20		4〜5	●
	2	4500910	宮崎	横市中原	刻目突帯（後・晩期）	20		4	●
ⅥB	10	4501802	宮崎	平田遺跡B地点	晩期	21		8	●
	11	4606905	鹿児島	仁田尾	黒川式〜突帯文期（晩期）	20		6	●
	12	4608001	鹿児島	上二月田	黒川式〜突帯文期（晩期）	20		7	●
	13	4608401	鹿児島	市来	黒川式（晩期）	20		6	●
	14	4609309	鹿児島	西原段Ⅰ	黒川式（晩期）	20		6	●
	15	4603001	鹿児島	向井ケ迫	黒川式（晩期）	20		6	●

付表2-7　密度の分類　1群Ⅶ類（経糸間隔25〜30mm未満）

○：基礎編布　/　●：基礎編布圧痕　/　▲：応用編布圧痕　/　△：編布・織物併設（圧痕）

分類	No.	資料番号	県名	遺跡名	時　期	経糸間隔(mm)	経糸(本/cm)	緯糸(本/cm)	編布分類
ⅦA	1	410407	佐賀	笹ノ尾	黒川・山の寺（晩期前半〜中頃）	25		4	●
	2	410412	佐賀	笹ノ尾	黒川・山の寺（晩期前半〜中頃）	25		4	●
ⅦB	1	420902	長崎	小浜	黒川・山の寺（晩期）	25		6	●

付表2-7　密度の分類　1群Ⅶ類［増補資料／2017年3月現在］

分類	No.	資料番号	県名	遺跡名	時　期	経糸間隔(mm)	経糸(本/cm)	緯糸(本/cm)	編布分類
ⅦB	2	4303401	熊本	塔平遺跡	晩期	20〜30		6	●

付表2-8　密度の分類　1群Ⅷ類（経糸間隔30mm以上）

○：基礎編布　/　●：基礎編布圧痕　/　▲：応用編布圧痕　/　△：編布・織物併設（圧痕）

分類	No.	資料番号	県名	遺跡名	時　期	経糸間隔(mm)	経糸(本/cm)	緯糸(本/cm)	編布分類
ⅧB	1	410302	佐賀	女山	黒川（晩期前半〜中頃）	40		7	●
	2	410311	佐賀	女山	黒川（晩期前半〜中頃）	38		5〜6	●
	3	410314	佐賀	女山	黒川（晩期前半〜中頃）	36		8	●

付表2-8　密度の分類　1群Ⅷ類［増補資料／2017年3月現在］

分類	No.	資料番号	県名	遺跡名	時　期	経糸間隔(mm)	経糸(本/cm)	緯糸(本/cm)	編布分類
ⅧB	4	4606904	鹿児島	仁田尾	晩期（黒川式〜突帯文期）	30		5	●

付表3-1　密度の分類　2群① (ポピュラーな稿)

○：基礎編布 / ●：基礎編布圧痕 / ▲：応用編布圧痕 / △：編布・織物併設（圧痕）

分類	No.	資料番号	県名	遺跡名	時期	編布の密度 経糸間隔(mm) 狭い部分	編布の密度 経糸間隔(mm) 広い部分	緯糸(本/cm)	編布分類
ⅡB	1	450305	宮崎	中尾山・馬渡	松添（晩期）	2〜2.5	4〜5	7	●
ⅢB	1	420201	長崎	宮ノ首	晩期	3〜4	8	7	●
ⅢB	2	450103	宮崎	黒土	刻目（晩期後半〜終末）	3〜5	9〜10	8	●
ⅢB	3	461001	鹿児島	上焼田	黒川・刻目（晩期〜弥生早期）	2〜4	8〜10	6	●
ⅢB	4	465704	鹿児島	立神	黒川・刻目（晩期〜弥生早期）	2〜3	8	7	●
ⅣB	1	410101	佐賀	かんねお	黒川（晩期前半〜中頃）	3〜4	10	5	●
ⅣB	2	410606	佐賀	高峰（2）	黒川・山の寺（晩期中頃〜後半）	5	13	6〜7	●
ⅣB	3	421002	長崎	京ノ坪	黒川・山の寺（晩期中葉〜後葉）	3	10	5〜6	●
ⅣB	4	431503	熊本	ワクド石	黒川（晩期）	2〜5	14	6〜8	●
ⅣB	5	431505	熊本	ワクド石	黒川（晩期）	4	14	8〜9	●
ⅣB	6	450113	宮崎	黒土	刻目（晩期後半〜終末）	4〜5	13	7〜8	●
ⅣB	7	450402	宮崎	王子原	晩期	2〜5	8〜13	6〜8	●
ⅣB	8	462102	鹿児島	上中段	黒川・刻目（晩期〜弥生早期）	4〜5	12〜15	9〜10	●
ⅣB	9	462104	鹿児島	上中段	黒川・刻目（晩期〜弥生早期）	4	9〜15	8	●
ⅣB	10	462107	鹿児島	上中段	黒川・刻目（晩期〜弥生早期）	4〜5	12〜14	7〜8	●
ⅣB	11	462117	鹿児島	上中段	黒川・刻目（晩期〜弥生早期）	5	14	8	●
ⅣB	12	462601	鹿児島	小倉前	黒川（晩期）	3〜4	10	8〜9	●
ⅣB	13	465404	鹿児島	上原	黒川（晩期）	3	10〜12?	8	●
ⅣB	14	465920	鹿児島	榎木原	入佐・黒川・刻目（晩期〜弥生早期）	7	13	7	●
ⅣC	1	461104	鹿児島	上水流	黒川（晩期）	1.5〜2	6〜15	12〜14	●
ⅣC	2	461106	鹿児島	上水流	黒川（晩期）	2〜3	6〜15	10	●
ⅤB	1	432002	熊本	曲野	晩期	4〜5	17〜20	5	●
ⅤB	2	450115	宮崎	黒土	刻目（晩期後半〜終末）	4	16	7	●
ⅤB	3	460611	鹿児島	新番所後Ⅱ	黒川（晩期）	5	16〜18	6	●
ⅤB	4	461912	鹿児島	上野原	黒川（晩期）	5	16	8〜9	●
ⅤB	5	462106	鹿児島	上中段	黒川・刻目（晩期〜弥生早期）	3〜4	17〜19	8〜10	●
ⅤB	6	462115	鹿児島	上中段	黒川・刻目（晩期〜弥生早期）	5	18	7〜8	●
ⅤB	7	462120	鹿児島	上中段	黒川・刻目（晩期〜弥生早期）	4〜5	15	8	●
ⅤB	8	462125	鹿児島	上中段	黒川・刻目（晩期〜弥生早期）	3〜5	16〜18	7〜8	●
ⅤB	9	462202	鹿児島	柳井谷	黒川・刻目（晩期〜弥生早期）	4	17	8	●
ⅤB	10	462203	鹿児島	柳井谷	黒川・刻目（晩期〜弥生早期）	6	15	7	●
ⅤB	11	462605	鹿児島	小倉前	黒川（晩期）	2〜3	17〜19	6	●
ⅤB	12	464201	鹿児島	小迫	黒川（晩期）	3	12〜20	6〜7	●
ⅤC	1	462103	鹿児島	上中段	黒川・刻目（晩期〜弥生早期）	3〜6	13〜17	10	●
ⅤC	2	462105	鹿児島	上中段	黒川・刻目（晩期〜弥生早期）	4	16〜17	10〜12	●
ⅤC	3	465943	鹿児島	榎木原	入佐・黒川・刻目（晩期〜弥生早期）	4	16	10	●
ⅥB	1	461531	鹿児島	下柊迫	黒川・刻目（晩期〜弥生早期）	2〜4	20	5	●
ⅥB	2	462119	鹿児島	上中段	黒川・刻目（晩期〜弥生早期）	4	20	9	●
ⅥB	3	465935	鹿児島	榎木原	入佐・黒川・刻目（晩期〜弥生早期）	5	20	6	●
ⅥB	4	465936	鹿児島	榎木原	入佐・黒川・刻目（晩期〜弥生早期）	3〜4	23	8〜10	●
ⅦB	1	420803	長崎	朝日山	黒川・山の寺（晩期後半）	3	25	6〜7	●
ⅦB	2	450101	宮崎	黒土	刻目（晩期後半〜終末）	10〜12	25	6	●
ⅦB	3	450601	宮崎	右葛ヶ迫	黒川（晩期）	2〜4	24〜28	8〜9	●
ⅧB	1	410503	佐賀	菜畑	山の寺（晩期後半）	5	35〜45	8〜9	●
ⅧB	2	450302	宮崎	中尾山・馬渡	松添（晩期）	4	30	8〜9	●
ⅧB	3	465903	鹿児島	榎木原	入佐・黒川・刻目（晩期〜弥生早期）	7	30	8	●
ⅧB	4	465914	鹿児島	榎木原	入佐・黒川・刻目（晩期〜弥生早期）	4〜6	35	8	●
ⅧB	5	466604	鹿児島	大園	黒川（晩期）	4〜8	32〜34	8〜9	●

付表3－1　密度の分類　2群①　[増補資料／2017年3月現在]

分類	No.	資料番号	県名	遺跡名	時期	編布の密度		緯糸	編布分類
						経糸間隔　(mm)		(本／cm)	
						狭い部分	広い部分		
ⅢB	5	4501801	宮崎	平田遺跡B地点	晩期	4	6	5	●
	6	4610203	鹿児島	永吉天神段	黒川〜突帯文期（晩期）	5	7〜10	6〜7	●
	7	4610301	鹿児島	出口	突帯文期（晩期）	3	6	8	●
	8	4610621	鹿児島	中尾	黒川〜突帯文期（晩期）	3	6〜10	9	●
	9	4610622	鹿児島	中尾	黒川〜突帯文期（晩期）	3〜4	8〜10	9〜10	●
ⅢC	1	4606804	鹿児島	魚見ケ原	突帯文期（晩期）	3	7〜10	10	●
ⅣB	15	4501203	宮崎	江内谷	晩期	7	10	6〜7	●
	16	4501601	宮崎	梅北土佐原	晩期	4	14	9	●
	17	4501701	宮崎	加治屋B	晩期	5	14	6	●
	18	4501804	宮崎	平田遺跡B地点	晩期	4	12	6	●
	19	4606802	鹿児島	魚見ケ原	突帯文期（晩期）	3	10	9	●
	20	4606807	鹿児島	魚見ケ原	突帯文期（晩期）	3	10	9	●
	21	4608101	鹿児島	坂ノ下	黒川〜突帯文期（晩期）	4	10	6	●
	22	4608201	鹿児島	二渡船渡ノ上	黒川〜突帯文期（晩期）	3	10〜12	6	●
	23	4609901	鹿児島	牧原A	黒川（晩期）	3	10〜12	9	●
	24	4610202	鹿児島	永吉天神段	黒川〜突帯文期（晩期）	5	14	5	●
	25	4611104	鹿児島	稲荷山	黒川〜突帯文期（晩期）	4〜6	10〜12	9	●
ⅤA	1	4604903	鹿児島	東田	突帯文期（晩期）	8	18〜20	4〜5	●
ⅤB	2	4501514	宮崎	星原	後・晩期	7	14〜18	8	●
	3	4600501	鹿児島	柊堀	黒川（晩期）	3	15	8	●
	4	4609310	鹿児島	西原段Ⅰ	黒川（晩期）	8	18〜20	7	●
	5	4610204	鹿児島	永吉天神段	黒川〜突帯文期（晩期）	5	15	7	●
	6	4611109	鹿児島	稲荷山	黒川〜突帯文期（晩期）	3	18〜20	9	●
ⅥB	5	4201601	長崎	肥賀太郎	晩期	4〜6	20	5	●
	6	4600502	鹿児島	柊堀	黒川（晩期）	3	20	8	●
	7	4607201	鹿児島	原田久保	黒川〜突帯文期（晩期）	6	20	5	●
	8	4607602	鹿児島	木落	黒川〜突帯文期（晩期）	2	20	7	●
	9	4609313	鹿児島	西原段Ⅰ	黒川（晩期）	6	20	8	●
	10	4609317	鹿児島	西原段Ⅰ	黒川（晩期）	4〜6	20	7	●
	11	4611108	鹿児島	稲荷山	黒川〜突帯文期（晩期）	4	20	9	●
ⅦB	4	4606701	鹿児島	前原	黒川（晩期）	5	26	6	●
	5	4606908	鹿児島	仁田尾	黒川〜突帯文期（晩期）	3	25	6	●
	6	4606909	鹿児島	仁田尾	黒川〜突帯文期（晩期）	3	25	8	●
	7	4608203	鹿児島	二渡船渡ノ上	黒川〜突帯文期（晩期）	5	25	7	●
	8	4610631	鹿児島	中尾	黒川〜突帯文期（晩期）	4	26	5	●
	9	4610632	鹿児島	中尾	黒川〜突帯文期（晩期）	4	26	5	●

付表 3−2 密度の分類 2 群② （経糸2本密着の稿）

○：基礎編布 / ●：基礎編布圧痕 / ▲：応用編布圧痕 / △：編布・織物併設（圧痕）

分類	No.	資料番号	県名	遺跡名	時期	編布の密度 経糸間隔 (mm)	経糸 (本/cm)	緯糸 (本/cm)	編布分類
ⅢB	1	450201	宮崎	屏風谷	刻目（晩期後半〜終末）	6〜8		5	●
ⅢB	2	460808	鹿児島	西原迫	刻目（弥生早期）	8〜10		7〜8	●
ⅢB	3	461522	鹿児島	下柊迫	黒川・刻目（晩期〜弥生早期）	6〜7		6	●
ⅣB	1	460806	鹿児島	西原迫	刻目（弥生早期）	10〜12		6〜7	●
ⅣB	2	462113	鹿児島	上中段	黒川・刻目（晩期〜弥生早期）	14〜15		7〜8	●
ⅤB	1	465503	鹿児島	宮下	黒川・刻目（晩期〜弥生早期）	16		8	●
ⅥB	1	464206	鹿児島	小迫	黒川（晩期）	22〜27		7〜8	●
ⅥC	1	461103	鹿児島	上水流	黒川（晩期）	23〜25		10〜12	●
ⅥC	2	461110	鹿児島	上水流	黒川（晩期）	20〜24		12〜14	●
ⅦB	1	430303	熊本	扇田	晩期	25		5	●
ⅧB	1	460607	鹿児島	新番所後Ⅱ	黒川（晩期）	30		7〜8	●
ⅧB	2	461101	鹿児島	上水流	黒川（晩期）	35		9〜10	●
ⅧB	3	461515	鹿児島	下柊迫	黒川・刻目（晩期〜弥生早期）	40〜42		7	●

付表 3−2 密度の分類 2 群② ［増補資料 / 2017 年 3 月現在］

分類	No.	資料番号	県名	遺跡名	時期	経糸間隔 (mm)	経糸 (本/cm)	緯糸 (本/cm)	編布分類
ⅢB	4	4609228	鹿児島	西原段Ⅱ	黒川〜突帯文期（晩期）	6		9〜10	●
ⅣB	3	4303110	熊本	笹尾	黒川無突帯（晩期）	10		7	●
ⅣB	4	4303117	熊本	笹尾	黒川無突帯（晩期）	10〜12		5らしい	●
ⅣB	5	4607901	鹿児島	市ノ原	黒川〜突帯文期（晩期）	10〜12		6	●
ⅣB	6	4608601	鹿児島	城ケ尾	黒川（晩期）	10		6	●
ⅣB	7	4609701	鹿児島	蕨野B	晩期	10		6	●
ⅥB	2	4500905	宮崎	横市中原	刻目突帯（後・晩期）	20		5	●
ⅥB	3	4607701	鹿児島	下堀	黒川〜突帯文期（晩期）	24		6	●
ⅧB	4	4500801	宮崎	牧の原第2	後期〜晩期	30		7	●
ⅧB	5	4609403	鹿児島	狩俣	黒川〜突帯文期（晩期）	35		7	●

付表 3-3　密度の分類　2 群③（経糸が部分的に狭い稿）

○：基礎編布 / ●：基礎編布圧痕 / ▲：応用編布圧痕 / △：編布・織物併設（圧痕）

分類	No.	資料番号	県名	遺跡名	時期	編布の密度 経糸間隔(mm)	緯糸(本/cm)	備考	編布分類
ⅡA	1	170506	石川	波並西の上	中期後葉〜晩期前半	4	4	7mm間に経糸4本	●
	2	170507	石川	波並西の上	中期後葉〜晩期前半	4	4〜4.5	8mm間に経糸4本	●
	3	170602	石川	真脇	前期末葉〜中期初頭	4〜5	4	8mm間に経糸4本	●
	4	170801	石川	まつのき	中期後葉〜後期前葉	3〜5	3〜4	6mm間に経糸3本	●
ⅡB	1	150102	新潟	野地	晩期前葉	2〜7	8〜10	2mm間に経糸2本	○
	2	171007	石川	御経塚	後期後葉〜晩期	3〜3.3	5	3mm間に経糸2本	●
ⅢA	1	150201	新潟	幅上	中期	5〜8	3〜3.5	4〜5mm間に経糸2本	●
ⅢB	1	070101	福島	荒屋敷	晩期	5〜6	6〜7	3mm間に経糸2本	○
	2	430601	熊本	上南部A地区	山の寺（晩期後半）	5	7	5mm間に経糸4本*	●
	3	430602	熊本	上南部A地区	山の寺（晩期後半）	6〜7	7	5mm間に経糸4本*	●
	4	431506	熊本	ワクド石	黒川（晩期）	8〜9	5〜6	4mm間に経糸3本	●
	5	460304	鹿児島	永野	黒川・刻目（晩期〜弥生早期）	6〜7	8〜9	4mm間に経糸3本	●
	6	460603	鹿児島	新番所後Ⅱ	黒川（晩期）	8〜10	8〜10	4mm間に経糸3本	●
	7	461409	鹿児島	計志加里	黒川・刻目（晩期〜弥生早期）	5〜8	6	2〜2.5mm間に経糸2本	●
	8	461532	鹿児島	下柊迫	黒川・刻目（晩期〜弥生早期）	6	6〜7	2〜3mm間に経糸2本	●
	9	462607	鹿児島	小倉前	黒川（晩期）	6〜7	8	4mm間に経糸3本	●
ⅣB	1	180101	福井	鳥浜	前期	10〜15	5〜6	4mm間に経糸2本	○
	2	461537	鹿児島	下柊迫	黒川・刻目（晩期〜弥生早期）	12	8	6mm間に経糸4本 4mm間に経糸3本	●
	3	463312	鹿児島	チシャノ木	黒川（晩期）	9〜11	9	10mm間に経糸3本	●
	4	463313	鹿児島	チシャノ木	黒川（晩期）	8〜12	8	8mm間に経糸3本	●
	5	463314	鹿児島	チシャノ木	黒川（晩期）	8〜14	8〜9	8mm間に経糸3本	●
	6	463316	鹿児島	チシャノ木	黒川（晩期）	11〜13	9	6mm間に経糸3本	●
ⅤB	1	410801	佐賀	織島東分上	晩期	15〜20	6〜8	10mm間に経糸3本	●
	2	460504	鹿児島	柄堀	黒川（晩期）	15	7〜8	4mm間に経糸4本	●
	3	461902	鹿児島	上野原	黒川（晩期）	15〜18	9〜10	8mm間に経糸3本	●
	4	461903	鹿児島	上野原	黒川（晩期）	15〜20	9〜10	8mm間に経糸3本	●
ⅥB	1	461403	鹿児島	計志加里	黒川・刻目（晩期〜弥生早期）	22	6	5〜6mm間に経糸3本	●

＊ 上南部A地区の資料は棒稿状である。

付表 3-3　密度の分類　2 群③［増補資料／2017年3月現在］

分類	No.	資料番号	県名	遺跡名	時期	経糸間隔(mm)	緯糸(本/cm)	備考	編布分類
ⅢC	1	4607102	鹿児島	大龍B地点	晩期？	9	10	5mm間に経糸3本	●

付表4-1 密度の分類 3群④（経糸間隔の不規則なもの）

○：基礎編布 / ●：基礎編布圧痕 / ▲：応用編布圧痕 / △：編布・織物併設（圧痕）

分類	No.	資料番号	県名	遺跡名	時期	経糸間隔(mm)	緯糸(本/cm)	備考	編布分類
A	1	463703	鹿児島	別府（石踊）	入佐・黒川（晩期）	5～10	4～5		●
B	1	430304	熊本	扇田	晩期	3～9	7		●
	2	430305	熊本	扇田	晩期	3～10	7		●
	3	430315	熊本	扇田	晩期	5～16	5～6		●
	4	430316	熊本	扇田	晩期	5～14	6		●
	5	430603	熊本	上南部A地区	山の寺（晩期後半）	2.5～5	6		●
	6	461302	鹿児島	成岡	黒川・刻目（晩期～弥生早期）	4～8	5～6		●
	7	461505	鹿児島	下柊迫	黒川・刻目（晩期～弥生早期）	3～20	6		●
	8	461513	鹿児島	下柊迫	黒川・刻目（晩期～弥生早期）	6～10	6		●
	9	461701	鹿児島	中福良	黒川・刻目（晩期～弥生早期）	2～8	9		●
	10	462001	鹿児島	宮原	黒川（晩期）	4～14	5～6		●
	11	462101	鹿児島	上中段	黒川・刻目（晩期～弥生早期）	2～7	7		●
	12	462108	鹿児島	上中段	黒川・刻目（晩期～弥生早期）	2～5	8		●
	13	462118	鹿児島	上中段	黒川・刻目（晩期～弥生早期）	2.5～10	8		●
	14	462611	鹿児島	小倉前	黒川（晩期）	2～30	9～10		●
	15	462615	鹿児島	小倉前	黒川（晩期）	1.5～4	8～9		●
	16	463705	鹿児島	別府（石踊）	入佐・黒川（晩期）	8～13	5～6		●
	17	463706	鹿児島	別府（石踊）	入佐・黒川（晩期）	5～25	5		●
	18	463707	鹿児島	別府（石踊）	入佐・黒川（晩期）	2～10	7		●
	19	463708	鹿児島	別府（石踊）	入佐・黒川（晩期）	3～10	5		●
	20	463709	鹿児島	別府（石踊）	入佐・黒川（晩期）	5～18	8		●
	21	465801	鹿児島	鹿屋体大	晩期	10～28	6～7		●
	22	466401	鹿児島	四方高迫	刻目（弥生早期）	3～8	7		●
C	1	410301	佐賀	女山	黒川（晩期前半～中頃）	10～20	10		●
	2	463324	鹿児島	チシャノ木	黒川（晩期）	3～10	10～12		●

付表4-1 密度の分類 3群④［増補資料 / 2017年3月現在］

分類	No.	資料番号	県名	遺跡名	時期	経糸間隔(mm)	緯糸(本/cm)	備考	編布分類
A	2	4608702	鹿児島	前原和田	黒川（晩期）	13～18	4～5		●
	3	4610620	鹿児島	中尾	黒川～突帯文期（晩期）	5～10	4～5		●
B	23	4202211	長崎	権現脇	後期～弥生前期	4～10	8		●
	24	4501510	宮崎	星原	後・晩期	6～18	5～6		●
	25	4606703	鹿児島	前原	黒川（晩期）	3～10	7		●
	26	4606704	鹿児島	前原	黒川（晩期）	3～7	7		●
	27	4607601	鹿児島	木落	黒川～突帯文期（晩期）	5～10	8		●
	28	4607905	鹿児島	市ノ原	黒川～突帯文期（晩期）	3～6	8		●
	29	4609224	鹿児島	西原段Ⅱ	黒川～突帯文期（晩期）	7～12	9		●
	30	4609225	鹿児島	西原段Ⅱ	黒川～突帯文期（晩期）	3～10	7		●
	31	4609240	鹿児島	西原段Ⅱ	黒川～突帯文期（晩期）	10～15	7		●
	32	4609306	鹿児島	西原段Ⅰ	黒川（晩期）	2～10	7		●
	33	4610003	鹿児島	稲荷迫	黒川～突帯文期（晩期）	3～4	6		●
	34	4604905	鹿児島	東田	突帯文期（晩期）	5～10	5		●
	35	4610607	鹿児島	中尾	黒川～突帯文期（晩期）	10～12	6		●
	36	4610614	鹿児島	中尾	黒川～突帯文期（晩期）	4～6	9～10		●
	37	4610628	鹿児島	中尾	黒川～突帯文期（晩期）	6～10	5		●
C	3	4610623	鹿児島	中尾	黒川～突帯文期（晩期）	5～10	10		●

付表 4−2 密度の分類 3群⑤（経糸間隔のわかりにくいもの）

○：基礎編布 / ●：基礎編布圧痕 / ▲：応用編布圧痕 / △：編布・織物併設（圧痕）

分類	No.	資料番号	県名	遺跡名	時期	編布の密度 経糸間隔 (mm)	緯糸 (本/cm)	編布分類
A	1	421601	長崎	肥賀太郎	黒川（晩期前半）	20あるのみ	4〜5	●
A	2	430213	熊本	上高橋	晩期	14あるのみ	4〜4.5	●
A	3	462205	鹿児島	柳井谷	黒川・刻目（晩期〜弥生早期）	20あるのみ	4	●
B	1	410204	佐賀	コッポ	黒川（晩期前半〜中頃）	8あるのみ	6	●
B	2	410603	佐賀	高峰（2）	黒川・山の寺（晩期中頃〜後半）	8あるのみ	6	●
B	3	410704	佐賀	十蓮Ⅱ	黒川（晩期前半〜中頃）	8あるのみ	6	●
B	4	410705	佐賀	十蓮Ⅱ	黒川（晩期前半〜中頃）	10あるのみ	6	●
B	5	420806	長崎	朝日山	黒川・山の寺（晩期後半）	5あるのみ	7	●
B	6	421701	長崎	中島	山の寺（晩期後葉）	13あるのみ	5	●
B	7	430206	熊本	上高橋	晩期	2あるのみ	5	●
B	8	430214	熊本	上高橋	晩期	15あるのみ	5	●
B	9	430322	熊本	扇田	晩期	26あるのみ	6	●
B	10	431001	熊本	神水	黒川・山の寺（晩期）	18あるのみ	5	●
B	11	432901	熊本	アンモン山	黒川（晩期）	10あるのみ	6	●
B	12	450111	宮崎	黒土	刻目（晩期後半〜終末）	13あるのみ	5〜6	●
B	13	460803	鹿児島	西原迫	刻目（弥生早期）	15あるのみ	8	●
B	14	460804	鹿児島	西原迫	刻目（弥生早期）	19あるのみ	8〜9	●
B	15	461002	鹿児島	上焼田	黒川・刻目（晩期〜弥生早期）	2と4あるのみ	6	●
B	16	461405	鹿児島	計志加里	黒川・刻目（晩期〜弥生早期）	8mm間に4本あるのみ	7〜8	●
B	17	461410	鹿児島	計志加里	黒川・刻目（晩期〜弥生早期）	8〜9あるのみ	9〜10	●
B	18	461509	鹿児島	下柊迫	黒川・刻目（晩期〜弥生早期）	30あるのみ	5〜6	●
B	19	461511	鹿児島	下柊迫	黒川・刻目（晩期〜弥生早期）	10あるのみ	6	●
B	20	461525	鹿児島	下柊迫	黒川・刻目（晩期〜弥生早期）	16あるのみ	6	●
B	21	462206	鹿児島	柳井谷	黒川・刻目（晩期〜弥生早期）	11あるのみ	8	●
B	22	462302	鹿児島	井手ノ上	黒川（晩期）	15あるのみ	7	●
B	23	462303	鹿児島	井手ノ上	黒川（晩期）	15あるのみ	7	●
B	24	463002	鹿児島	向井ヶ迫	晩期	5あるのみ	6	●
B	25	463305	鹿児島	チシャノ木	黒川（晩期）	15あるのみ	8	●
B	26	463307	鹿児島	チシャノ木	黒川（晩期）	18あるのみ	7	●
B	27	463309	鹿児島	チシャノ木	黒川（晩期）	20あるのみ	8	●
B	28	463321	鹿児島	チシャノ木	黒川（晩期）	20あるのみ	7〜8	●
B	29	463349	鹿児島	チシャノ木	黒川（晩期）	10あるのみ	7	●
B	30	463901	鹿児島	鎌石	黒川（晩期）	3あるのみ	7	●
B	31	463902	鹿児島	鎌石	黒川（晩期）	23あるのみ	7	●
B	32	463903	鹿児島	鎌石	黒川（晩期）	23あるのみ	7	●
B	33	463904	鹿児島	鎌石	黒川（晩期）	20あるのみ	7〜8	●
B	34	464601	鹿児島	仮屋B	晩期	10〜12あるのみ	5	●
B	35	465511	鹿児島	宮下	黒川・刻目（晩期〜弥生早期）	13あるのみ	6	●
B	36	465918	鹿児島	榎木原	入佐・黒川・刻目（晩期〜弥生早期）	8あるのみ	8	●
B	37	465924	鹿児島	榎木原	入佐・黒川・刻目（晩期〜弥生早期）	18あるのみ	8〜10	●
B	38	466010	鹿児島	水の谷	黒川（晩期）	9〜10あるのみ	7	●
B	39	466011	鹿児島	水の谷	黒川（晩期）	13あるのみ	7〜8	●
B	40	466013	鹿児島	水の谷	黒川（晩期）	10あるのみ	7	●
B	41	466022	鹿児島	水の谷	黒川（晩期）	10あるのみ	7	●
B	42	466503	鹿児島	筒ヶ迫	黒川（晩期）	5〜7あるのみ	5〜6	●
C	1	461108	鹿児島	上水流	黒川（晩期）	18あるのみ	10〜12	●
C	2	462609	鹿児島	小倉前	黒川（晩期）	21あるのみ	10	●
C	3	462612	鹿児島	小倉前	黒川（晩期）	3と15あるのみ	10	●
C	4	463906	鹿児島	鎌石	黒川（晩期）	18あるのみ	10〜11	●
C	5	466603	鹿児島	大園	黒川（晩期）	27あるのみ	10〜11	●

付表4－2　密度の分類　3群⑤　[増補資料／2017年3月現在]

分類	No.	資料番号	県名	遺跡名	時期	編布の密度 経糸間隔(mm)	緯糸(本/cm)	編布分類
A	4	4303001	熊本	岩倉山中腹	後期～晩期	経糸中央辺りで2本密着	4～5	●
A	5	4303201	熊本	オスギ	後期～晩期	10あるのみ	4～5	●
B	43	4202003	長崎	稗田原	晩期	3と20あるのみ	5～6	●
B	44	4303002	熊本	岩倉山中腹	後期～晩期	経糸中央辺りで2本密着	5	●
B	45	4303003	熊本	岩倉山中腹	後期～晩期	経糸一方の端に3本密着あるのみ	5	●
B	46	4303103	熊本	笹尾	黒川無突帯（晩期）	10あるのみ	7	●
B	47	4303112	熊本	笹尾	黒川無突帯（晩期）	中央に1本あるのみ	7	●
B	48	4303501	熊本	瀬田裏	晩期？	15あるのみ	5	●
B	49	4501101	宮崎	笹ヶ崎	晩期	10あるのみ	6	●
B	50	4501803	宮崎	平田遺跡B地点	晩期	20あるのみ	6	●
B	51	4609237	鹿児島	西原段Ⅱ	黒川～突帯文期（晩期）	5と10あるのみ	7	●
B	52	4609324	鹿児島	西原段Ⅰ	晩期（黒川式）	8あるのみ	6	●
B	53	4609405	鹿児島	狩俣	黒川～突帯文期（晩期）	20あるのみ	6～7	●
B	54	4609406	鹿児島	狩俣	黒川～突帯文期（晩期）	土器端に経糸2本密着あるのみ	7	●
B	55	4604407	鹿児島	道重	黒川～突帯文期（晩期）	3と8あるのみ	9	●
B	56	4610205	鹿児島	永吉天神段	黒川～突帯文期（晩期）	4と13あるのみ	5	●
B	57	4610209	鹿児島	永吉天神段	黒川～突帯文期（晩期）	20あるのみ	7～8	●
B	58	4610901	鹿児島	領家西	黒川～突帯文期（晩期）	4と7あるのみ	10	●
C	6	4609227	鹿児島	西原段Ⅱ	黒川～突帯文期（晩期）	28あるのみ	10	●

付表 5-1　密度の分類　4 群⑥（経糸が不明なもの）

○：基礎編布 / ●：基礎編布圧痕 / ▲：応用編布圧痕 / △：編布・織物併設（圧痕）

分類	No.	資料番号	県名	遺跡名	時期	編布の密度			編布分類
						経糸間隔 (mm)	経糸 (本/cm)	緯糸 (本/cm)	
A	1	410423	佐賀	笹ノ尾	黒川・山の寺（晩期前半〜中頃）			4	●
	2	410425	佐賀	笹ノ尾	黒川・山の寺（晩期前半〜中頃）			4	●
	3	421105	長崎	山の寺梶木	黒川・山の寺（晩期）			4	●
	4	430215	熊本	上高橋	晩期			4.5	●
	5	463702	鹿児島	別府（石踊）	入佐・黒川（晩期）			3	●
B	1	020101	青森	三内丸山	前期			5	○
	2	040104	宮城	山王囲	大洞C2（晩期中葉）			8	○
	3	410103	佐賀	かんねお	黒川（晩期前半〜中頃）			5	●
	4	410421	佐賀	笹ノ尾	黒川・山の寺（晩期前半〜中頃）			8	●
	5	410422	佐賀	笹ノ尾	黒川・山の寺（晩期前半〜中頃）			7	●
	6	410424	佐賀	笹ノ尾	黒川・山の寺（晩期前半〜中頃）			9	●
	7	410426	佐賀	笹ノ尾	黒川・山の寺（晩期前半〜中頃）			6	●
	8	410427	佐賀	笹ノ尾	黒川・山の寺（晩期前半〜中頃）			5	●
	9	410608	佐賀	高峰（2）	黒川・山の寺（晩期中頃〜後半）			5	●
	10	410802	佐賀	織島東分上	晩期			5	●
	11	420822	長崎	朝日山	黒川・山の寺（晩期後半）			6	●
	12	421302	長崎	原山	晩期終末			6	●
	13	431502	熊本	ワクド石	黒川（晩期）			6	●
	14	432101	熊本	御領嫁坂	晩期			5〜6	●
	15	432201	熊本	小田良古墳	晩期前半			5	●
	16	450105	宮崎	黒土	刻目（晩期後半〜終末）			5	●
	17	450106	宮崎	黒土	刻目（晩期後半〜終末）			5〜6	●
	18	450109	宮崎	黒土	刻目（晩期後半〜終末）			5	●
	19	450112	宮崎	黒土	刻目（晩期後半〜終末）			5	●
	20	450413	宮崎	王子原	晩期			4〜6	●
	21	450414	宮崎	王子原	晩期			5〜6	●
	22	450415	宮崎	王子原	晩期			4〜6	●
	23	460506	鹿児島	柃堀	黒川（晩期）			8	●
	24	460601	鹿児島	新番所後Ⅱ	黒川（晩期）			9〜10	●
	25	460604	鹿児島	新番所後Ⅱ	黒川（晩期）			6〜7	●
	26	460610	鹿児島	新番所後Ⅱ	黒川（晩期）			5〜6	●
	27	460801	鹿児島	西原迫	刻目（弥生早期）			5〜6	●
	28	460902	鹿児島	干河原	黒川（晩期）			6〜7	●
	29	461105	鹿児島	上水流	黒川（晩期）			8〜9	●
	30	461401	鹿児島	計志加里	黒川・刻目（晩期〜弥生早期）			5〜6	●
	31	461404	鹿児島	計志加里	黒川・刻目（晩期〜弥生早期）			6	●
	32	461408	鹿児島	計志加里	黒川・刻目（晩期〜弥生早期）			9	●
	33	461512	鹿児島	下柊迫	黒川・刻目（晩期〜弥生早期）			6	●
	34	461523	鹿児島	下柊迫	黒川・刻目（晩期〜弥生早期）			5	●
	35	461534	鹿児島	下柊迫	黒川・刻目（晩期〜弥生早期）			7	●
	36	461539	鹿児島	下柊迫	黒川・刻目（晩期〜弥生早期）			6	●
	37	461913	鹿児島	上野原	黒川（晩期）			8〜9	●
	38	461918	鹿児島	上野原	黒川（晩期）			6	●
	39	462110	鹿児島	上中段	黒川・刻目（晩期〜弥生早期）			7〜8	●
	40	462116	鹿児島	上中段	黒川・刻目（晩期〜弥生早期）			8〜9	●
	41	463308	鹿児島	チシャノ木	黒川（晩期）			8〜9	●
	42	463319	鹿児島	チシャノ木	黒川（晩期）			6	●
	43	463339	鹿児島	チシャノ木	黒川（晩期）			7	●
	44	463345	鹿児島	チシャノ木	黒川（晩期）			7	●
	45	463347	鹿児島	チシャノ木	黒川（晩期）			8	●

分類	No.	資料番号	県名	遺跡名	時期	編布の密度 経糸間隔(mm)	経糸(本/cm)	緯糸(本/cm)	編布分類
B	46	463348	鹿児島	チシャノ木	黒川（晩期）			8	●
	47	463350	鹿児島	チシャノ木	黒川（晩期）			7	●
	48	463905	鹿児島	鎌石	黒川（晩期）			5	●
	49	465003	鹿児島	枦ノ木	晩期			7	●
	50	465915	鹿児島	榎木原	入佐・黒川・刻目（晩期～弥生早期）			5～6	●
	51	465932	鹿児島	榎木原	入佐・黒川・刻目（晩期～弥生早期）			5～6	●
	52	465938	鹿児島	榎木原	入佐・黒川・刻目（晩期～弥生早期）			9	●
	53	465940	鹿児島	榎木原	入佐・黒川・刻目（晩期～弥生早期）			6～7	●
	54	465942	鹿児島	榎木原	入佐・黒川・刻目（晩期～弥生早期）			6	●
	55	466012	鹿児島	水の谷	黒川（晩期）			6～7	●
	56	466016	鹿児島	水の谷	黒川（晩期）			8	●
	57	466021	鹿児島	水の谷	黒川（晩期）			6	●
	58	466101	鹿児島	榎崎B	黒川（晩期）			8	●
	59	466608	鹿児島	大園	黒川（晩期）			8	●
C	1	461102	鹿児島	上水流	黒川（晩期）			10～14	●
	2	461107	鹿児島	上水流	黒川（晩期）			12～14	●
	3	461109	鹿児島	上水流	黒川（晩期）			10	●
	4	463302	鹿児島	チシャノ木	黒川（晩期）			10	●
	5	465939	鹿児島	榎木原	入佐・黒川・刻目（晩期～弥生早期）			10	●

付表5-1　密度の分類　4群⑥［増補資料／2017年3月現在］

分類	No.	資料番号	県名	遺跡名	時期	経糸間隔(mm)	経糸(本/cm)	緯糸(本/cm)	編布分類
B	60	4201802	長崎	磨屋町	晩期			5	●
	61	4201803	長崎	磨屋町	晩期			5	●
	62	4202220	長崎	権現脇	突帯文期（晩期）			5	●
	63	4303102	熊本	笹尾	黒川無突帯（晩期）			5～6	●
	64	4303106	熊本	笹尾	黒川無突帯（晩期）			7	●
	65	4303107	熊本	笹尾	黒川無突帯（晩期）			7	●
	66	4303111	熊本	笹尾	黒川無突帯（晩期）			7	●
	67	4303113	熊本	笹尾	黒川無突帯（晩期）			7	●
	68	4303115	熊本	笹尾	黒川無突帯（晩期）			7	●
	69	4501805	宮崎	平田遺跡B地点	晩期			6	●
	70	4607501	鹿児島	尾ヶ原	黒川～突帯文期（晩期）			7	●
	71	4609501	鹿児島	西栗須	晩期（黒川式）			5	●
	72	4610701	鹿児島	山内原	晩期			8	●

付表 5-2 密度の分類 4群⑦ (緯糸が不明なもの)

○:基礎編布 / ●:基礎編布圧痕 / ▲:応用編布圧痕 / △:編布・織物併設 (圧痕)

分類	No.	資料番号	県名	遺跡名	時期	編布の密度 経糸間隔 (mm)	経糸 (本/cm)	緯糸 (本/cm)	編布分類
Ⅱ	1	450118	宮崎	黒土	刻目 (晩期後半〜終末)	3			●
Ⅱ	2	461521	鹿児島	下柊迫	黒川・刻目 (晩期〜弥生早期)	4〜5			●
Ⅱ	3	461924	鹿児島	上野原	黒川 (晩期)	3〜4			●
Ⅲ	1	420601	長崎	野田A	晩期	4〜6			●
Ⅲ	2	420703	長崎	百花台	晩期	7			●
Ⅲ	3	421106	長崎	山の寺梶木	黒川・山の寺 (晩期)	5〜6			●
Ⅲ	4	421115	長崎	山の寺梶木	黒川・山の寺 (晩期)	5〜6			●
Ⅲ	5	430326	熊本	扇田	晩期	6〜8			●
Ⅲ	6	461524	鹿児島	下柊迫	黒川・刻目 (晩期〜弥生早期)	4〜9			●
Ⅲ	7	461529	鹿児島	下柊迫	黒川・刻目 (晩期〜弥生早期)	6			●
Ⅲ	8	461917	鹿児島	上野原	黒川 (晩期)	9〜10			●
Ⅲ	9	462401	鹿児島	荒神免	晩期	5			●
Ⅳ	1	450405	宮崎	王子原	晩期	10			●
Ⅳ	2	463346	鹿児島	チシャノ木	黒川 (晩期)	12〜15			●
Ⅴ	1	450603	宮崎	右葛ヶ迫	黒川 (晩期)	7〜8 14〜16			●
Ⅵ	1	450501	宮崎	尾平野	晩期	20			●

付表 5-2 密度の分類 4群⑦ [増補資料 / 2017年3月現在]

分類	No.	資料番号	県名	遺跡名	時期	経糸間隔 (mm)	経糸 (本/cm)	緯糸 (本/cm)	編布分類
Ⅱ	4	4501004	宮崎	野添	晩期	4〜5			●
Ⅱ	5	4608202	鹿児島	二渡船渡ノ上	黒川〜突帯文期 (晩期)	3〜4			●
Ⅲ	10	4501002	宮崎	野添	晩期	5			●
Ⅲ	11	4501701	宮崎	星原	後・晩期	6〜7			●
Ⅲ	12	4501709	宮崎	星原	後・晩期	4〜6			●
Ⅲ	13	4606902	鹿児島	仁田尾	黒川〜突帯文期 (晩期)	7〜10			●
Ⅳ	3	4501108	宮崎	横市中原	刻目突帯 (後・晩期)	14			●
Ⅳ	4	4501202	宮崎	江内谷	晩期	10〜12			●
Ⅳ	5	4606901	鹿児島	仁田尾	黒川〜突帯文期 (晩期)	10〜12			●
Ⅳ	6	4610612	鹿児島	中尾	黒川〜突帯文期 (晩期)	14			●

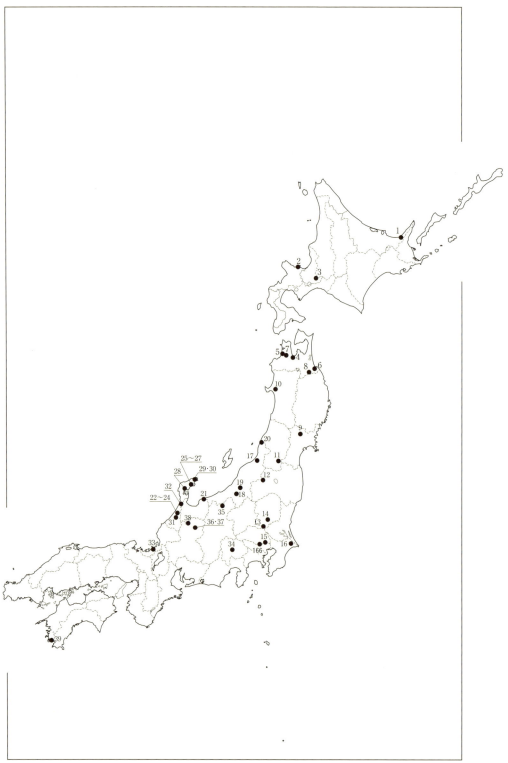

付図　縄文時代の編布資料出土遺跡分布図　北海道・本州・四国
（図中番号は付表1の「分布図中の遺跡番号」に対応する）
※ゴチック数字は増補資料出土遺跡

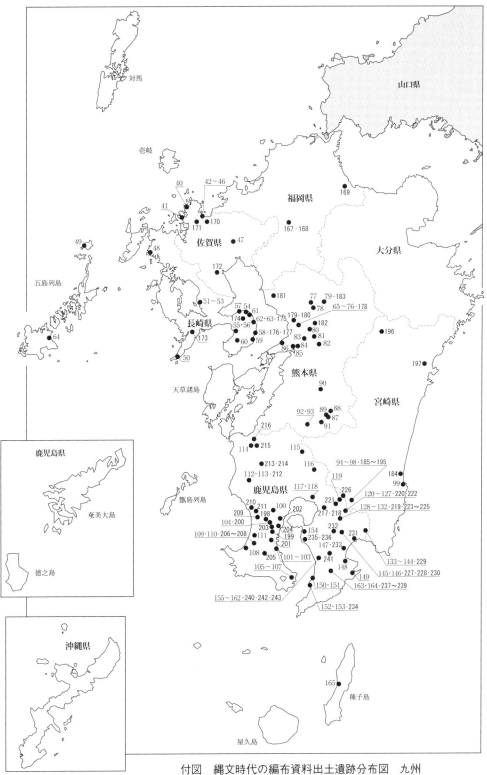

付図 縄文時代の編布資料出土遺跡分布図 九州
(図中番号は付表1の「分布図中の遺跡番号」に対応する)
※ゴチック数字は増補資料出土遺跡

資料等所蔵者・写真提供者（撮影者）一覧

写真2　相撲博物館所蔵（財団法人日本相撲協会広報部写真提供）
写真3　鹿屋市教育委員会所蔵
写真4・6左・8・10・34・35・48・58・93・111・112・113a・114・115・120・152・236　　鹿児島県立埋蔵文化財セ
　　　　ンター所蔵（10・48：芹沢長介氏写真撮影、113a：同センター写真提供）
写真5・77　指宿市教育委員会所蔵
写真6右　鹿児島市教育委員会所蔵
写真7・240　曽於市教育委員会所蔵
写真9・13・42　野々市市教育委員会所蔵
写真11・58・83・179・180・189・190・192・193・195・201・202・204・206・208〜211　十日町市博物館所蔵（10・83・
　　　　201：同館写真提供）
写真12　野外民族博物館リトルワールド所蔵・写真提供
写真16・59・241・267　三島町教育委員会所蔵・写真提供
写真17　大鹿村ろくべん館所蔵
写真19a　北相木村考古博物館所蔵・写真提供
　　　b　八戸市博物館所蔵
写真32・75・91・92・135・148・235　唐津市教育委員会所蔵（92・148：芹沢長介氏写真撮影）
写真33・103・121　熊本県教育委員会所蔵
写真36・37・137・139・149　熊本市教育委員会所蔵
写真43・266　五城目町教育委員会所蔵
写真44　東京国立博物館所蔵　Image：TNM Image Archives
写真45・69　五所川原市教育委員会所蔵
写真46・64・243　高野安夫氏所蔵
写真47・99・100・156・242　都城市教育委員会所蔵（47：芹沢長介氏写真撮影）
写真49　栃木県栃木市所蔵
写真50　河口貞徳氏所蔵
写真55・72　山形県立うきたむ風土記の丘考古資料館所蔵
写真56・270・287　石川県埋蔵文化財センター所蔵（287：同センター写真提供）
写真66・130・131　富山県埋蔵文化財センター所蔵
写真68・132　岐阜県文化財保護センター所蔵（68：同センター拓本提供）
写真76・81　雲仙市教育委員会所蔵
写真79・239　熊本市立熊本博物館所蔵
写真82・108・238　宮崎県埋蔵文化財センター所蔵
写真85　愛南町教育委員会所蔵
写真87・89　能登町教育委員会所蔵
写真95・122〜124・237　出水市教育委員会所蔵
写真97　野尻湖ナウマンゾウ博物館所蔵
写真102・167〜170・172・174・176　市立函館博物館所蔵
写真105・107・116・118・119　串間市教育委員会所蔵
写真109・110・247　宮崎市教育委員会所蔵
写真127　川島織物セルコン　織物文化館所蔵
写真129　長岡市立科学博物館所蔵
写真138　流山市教育委員会保管
写真141　仙台市教育委員会所蔵
写真142　いわき市教育委員会所蔵

写真143　青森県埋蔵文化財調査センター所蔵
写真145・146　福井県教育庁埋蔵文化財調査センター所蔵・写真提供
写真151　城川歴史民俗資料館所蔵
写真153　金子浩昌氏所蔵
写真154　平川市教育委員会所蔵（村越潔氏写真提供）
写真155　垂水市教育委員会所蔵
写真175　芹沢長介氏写真提供
写真196・207　松之山郷民俗資料館所蔵
写真197　津南町教育委員会所蔵
写真203・205・212　芹沢長介氏所蔵
写真213・214・228d　清浄光寺（遊行寺）所蔵（213：214：遊行寺宝物館写真提供）
写真215・216・221・222・230b　歓喜光寺所蔵
写真217・228ｂ・230ｃ　蓮華寺所蔵
写真218　仏向寺所蔵（天童市文化財保護審議会 1998より転載）
写真219・231　興長寺所蔵
写真224　真光寺所蔵
写真227・230ａ　称名寺所蔵
写真228ａ・228ｃ・233・234　西郷寺所蔵
写真250・262　美郷町郷土資料館所蔵（仙台市歴史民俗資料館写真撮影）
写真251・252　殷春茂氏写真提供
写真253・254・256・257　吉田真一郎氏所蔵
写真258～260　川崎啓氏所蔵
写真261　個人所蔵
写真263　東京国立博物館所蔵　Image：TNM Image Archives
写真264　八戸市埋蔵文化財センター是川縄文館所蔵・写真提供
写真265　青森県立郷土館所蔵
写真268　川口市遺跡調査会所蔵
写真269　新潟県教育委員会所蔵・写真提供
写真272　東北歴史博物館所蔵・写真提供
写真273　岩手県文化振興事業団埋蔵文化財センター所蔵
写真274　東京大学埋蔵文化財調査室所蔵

図63　福岡市埋蔵文化財センター所蔵・図版提供

あとがきにかえて

　縄文時代の編布は素朴なもの―というのが、筆者元来の認識であった。ところが、前著『縄文の衣』(1996)執筆の折に、幾多の資料を渉猟していく中でステッチのあるものや、縞模様のものなど珍しい編布の存在を知った。その時点では筆者の編布研究の日も浅く、また調査した遺跡数も少ない。それで、次なる目標として1点でも多くの編布を克明に見つめ、その製作技法等を解明したいと考えた。

　1999年春、再び編布資料所蔵の関係各機関に依頼して、編布および編布圧痕の写真撮影をさせていただいたほか、報告書に記載されている土器片資料も含め、165遺跡（縄文時代前期～晩期）832点の編布資料を調査した。その中で、ある遺跡からは幾種類もの縞模様の編布が出土していたり、また他の遺跡では編みミスの跡が見られるもの、あるいは経糸・緯糸に変化のあるもの等、多様な資料も確認している。それら編布の密度や形状を分析することによって、製作技法並びに製作用具の解明を進めた。結果は横編法が優位と判断した。

　そのほか編布と報告された縄文時代草創期・早期の出土品は試作実験の結果、"絡み巻き"という特殊な編物であり、筆者はそれを編布のルーツではなかろうかと考えた。

　また外国には例があっても、わが国には珍しい"巻き編み"も晩期（1遺跡2点）に出土している。このように今回の調査では、編布以外の編物2種類を発見することもできた。

　さらに、民俗例としての編布である時宗の阿弥衣（鎌倉～江戸時代）や、越後アンギン（江戸～明治時代）はすべて縦編法で製作されているが、1点ごとに編目を注視した結果、製作技法に幾許かの変化があることを発見することができた。

　本文で述べたように、阿弥衣は時宗の法衣として鎌倉時代から発達し、しかもその寺院は全国的に存在している。それ故に、筆者はその阿弥衣が縦編法で製作されていることを重視した。すなわち、縄文時代には多数の編布が横編法であったが、鎌倉時代以降は縦編法が一般化したと考えたのである。しかし、資料は少ないものの平安時代および室町時代の編布は横編法の可能性が高い。特に福井県一乗谷朝倉氏遺跡（室町時代）出土の編布は、編端が歴然とした横編法の形状である。筆者にとっては想定外の発見であった。

　また日本列島外の例を見ると、まず、北千島占守島及川遺跡（オホーツク文化期）の出土品にアイヌ民族の編物（編布と同類）がある。縦編・横編両技法が見られるようであるが、縦編法で製作されたと思われる応用編布（越後アンギン）の中には、越後アンギンとは異なった製作法による資料がある。中国磁山遺跡（縄文時代早期末並行）出土の編布資料は、応用編布主体であるが、試作実験によりおおむね横編法と判断されるものが見受けられる。

　なお及川・磁山両遺跡出土の編布資料の中には、日本列島の縄文時代には見られないデザイ

ン的に変化のある例が認められた。

　以上、これまで多くの編布資料を調査してきた。製作技法から見れば基本的には縦編・横編の2種類に大別されるものの、より詳細に観察すれば、それぞれの技法の中にさらに製作技法の違いのあることも多くの資料から知られた。この発見も筆者にとって大きな収穫であった。

　1999年当初筆者は、縄文時代の編布についてその製作技法の解明を本命としたが、その後、故芹沢長介先生から「縄文時代にこだわることなく、越後アンギンほか多くの編布についても縄文時代同様入念に調査するように」とのご教示をいただいた。それ以来研究の対象として、縄文時代以降の資料、出土品以外の資料、そして日本列島以外の資料へと視野を広げてきた。本書はその研究の現時点での到達点をまとめたものである。

　家政学の視点から考古資料を見るという方法論的問題、あるいは筆者の未熟さの故、思い違いや偏見、独善と思われる点が多々あろうことは覚悟しているが、あえて世に問うて大方のご批判ご叱声をいただくことでさらなる研究の励みとさせていただきたいと考えている。

　本書が、"編み・織りの文化"が底流として生活領域の中に広く普及していた縄文文化の特質を再認識する一助となれば望外の幸せである。

　本書に掲げた考古資料・民俗資料の調査・研究の過程で各地の教育委員会・埋蔵文化財関係機関、博物館・資料館、繊維・織物関係機関、諸寺院ほかより多大な便宜・協力をいただき、多くの研究者から有益な教示をいただきました。本来であればお名前を記して御礼申し上げるべきところですが、あまりの多きにのぼるため紙幅の関係で割愛せざるをえないことをお許し下さい。これらあまたのご援助なくして拙著の上梓はありえないことを心に銘記し、出版をお引き受けいただいた雄山閣も含めて深く感謝申し上げます。

　　2012年5月

尾関 清子

事項索引

【ア行】

アイヌ　36, 60, 61, 64～66, 176, 177, 179, 181～185, 222, 248

アカソ　161, 162, 164, 165, 169, 194, 213, 252, 253, 269, 270

足形付土製品　3, 6, 25, 51, 52, 241

網代［痕・圧痕］　22, 78, 95～97, 120, 121, 142, 143, 248

阿弥衣　16, 19, 26, 36, 43, 80, 125, 129, 131, 181, 182, 184, 187, 196, 199, 216～225, 227～233, 246, 248, 255, 258, 262～265, 279, 281

編端　5, 34, 42, 43, 129, 131, 178, 181～185, 197～207, 221～224, 227, 232, 233, 255～258, 260

編みミス（緯糸）　5, 29, 39～42, 222, 224, 243

網目［痕・圧痕・状］　1, 2, 22, 275

綾織　72, 76, 77, 120, 133, 134, 141～143, 155, 275

荒屋敷編具　26, 29～31, 133, 146, 147, 184

編布資料の分類　18

編布と織物［平織］の併設［並列］　16, 45, 71～78, 120, 121, 123, 150, 173, 278, 279

イテセニ　176, 177, 179, 181～183, 185

漆濾し［編布・布・和紙］　51, 52, 54, 265, 266, 269～274

S撚り　8, 9, 13, 14

越後アンギンの道具　4, 5, 26, 27, 29, 42, 176, 242, 280

押圧文土器　1, 2, 22

オヒョウ　161, 162, 169

折り返しX　202, 204, 205, 208, 227, 260

【カ行】

かがり縫い　88, 89, 91

籠目　1, 2, 22, 23

重ね縫い　89, 91

型取法　22, 23, 25, 51

片撚糸　8, 55, 56, 59～65, 67～70, 74, 75, 124, 275

絡み巻き　95～97, 99, 101, 102, 104, 108～114, 139, 140, 169, 175, 235～237

絡み巻き1号　96, 109

絡み巻き2号　96, 109

絡み巻き3号　96, 109

絡み巻き4号　96, 109

カラムシ　34, 47, 65, 144, 145, 161～164, 169, 176, 193, 213, 229, 250, 251, 253, 266, 269, 270

木枠式［編具・横編法］　26, 31, 32, 34, 36, 39, 42, 43, 46, 71, 73, 73, 81～83, 106, 109, 114, 129, 134, 149, 171, 174, 179, 242, 277

木枠式［法］による平織　147, 149, 150, 158

櫛目文土器撚糸圧痕文　4, 120

形状による分類　18

原始機　143, 147, 150, 151, 154～156, 158～160, 276, 277

原始機による平織　154, 155, 158

【サ行】

細密［な］編布　26, 30, 31, 35, 91, 92, 120, 122, 123, 157, 177, 179, 180, 266, 268, 271

砂鉄塊　25, 51, 52, 54, 78, 79

作業ミス　45, 76, 78, 83, 84, 93

刺し織　146, 148, 157, 158

斜経平織　155～158

刺繍　87, 91, 93, 100, 116, 157, 158, 233

地機　144, 145, 277, 278

縞　15, 16, 18～21, 39, 40, 43, 46, 47, 50, 71, 83, 91, 92, 104, 108～110, 114, 119, 155, 175, 235～237, 239, 240, 242, 253, 258, 260～262

すだれ編み　178, 246, 248

すだれ状［圧痕・編物］　3, 67, 95, 96, 120, 184, 242～244, 246～248, 281

スマカ　116～118

スーマク　117～119

Z撚り　8, 9, 13, 14

ソウマク　118, 119

組織痕［土器］　2, 5, 6, 22～25, 51, 53, 96, 123

袖なし　2, 3, 37, 181, 187, 189～191, 194, 197～200, 202, 204, 209～213, 215, 219, 231～233, 261

【タ行】

大麻　139, 156, 159, 161, 162, 165, 169, 176, 213, 217, 229, 237, 252, 253

縦編法による平織　146, 158

縦編法の道具　31, 36, 175, 177, 182, 248

経糸間隔による分類　18

経糸が左右の絡み　80, 81, 92

経糸の絡み［方向・部分］　2, 15, 42, 55, 66～69, 82, 100, 108, 112, 114, 124, 127, 173, 179, 199,

202, 229, 230, 242, 272
経糸の屈折　39〜41, 45, 82, 83, 92
経糸の弧状　39〜41, 45, 125
接ぎ合わせ　91〜93
筒状または袋状［横編法］　26, 32, 35, 36, 78〜80
手撚り［糸］　59, 61, 64, 65
手撚りによる撚糸の作り方　59〜61
【ナ行】
ニットの表編み　80〜82, 208, 209, 242
布目［痕］　1, 2, 22, 139
【ハ行】
梯子かがり　190, 212, 213, 227, 233
機結び　60, 65, 66, 163
針（骨針）　31, 32, 34, 140, 157, 172, 237
左利き［絞り］　265, 266, 269, 271, 273, 274
藤績み　65
平鋪式編織具［法］　171, 173, 175, 176, 277, 278
減らし目　73, 74, 78, 205, 277
減らし目（阿弥衣）　224〜227
紡錘車　59
紡錘車による撚糸の作り方　61〜64
【マ行】
巻き編み　114, 116, 117, 120, 235〜237
馬衣　188, 231, 233, 248, 255〜265
増し目　78, 85, 126, 128, 129, 131, 205〜209, 224, 275, 277
右利き［絞り］　265, 266, 269, 271〜274

席目［圧痕］　1, 2, 3, 6, 22, 23
目盛り板　279〜281
もじり編み　5, 87〜89, 95, 110, 112, 113, 243, 244, 246〜248
諸撚糸　8, 55, 56, 60, 61, 63〜65, 68〜70, 74, 139, 237, 277
【ヤ行】
矢羽根状［編端］　42, 43, 182, 190, 197〜199, 202〜204, 217, 224, 233, 255, 257
弓式［横編法・編具］　18, 26, 33, 34, 36, 38, 39, 42, 43, 71, 81〜84, 92, 127, 129, 179, 242, 243, 278
緯糸［横材］右上がり［傾斜］　39, 40, 42, 100
緯糸［横材］右下がり［傾斜］　106
緯糸密度による分類　18
撚糸文［土器］　120, 122
撚糸文の原体　120, 122
【ラ行】
螺旋状［式］　128, 129
ランブラーローズ・ステッチ　90, 91
リンク・パウダーリング・ステッチ　89〜91
【ワ行】
輪っぱ式［横編法］　18, 26, 34〜36, 38, 42, 43, 46, 71, 78, 81, 83, 92, 93, 127, 129, 156, 179, 224, 243
輪積法　22〜25, 51

遺跡名索引

＊本文中に記載のある遺跡を掲げ、表中のみに記載のある遺跡は省略した。

【ア行】
青田（新潟）　243
青谷上寺地（鳥取）　122
朝日山（長崎）　82〜84, 92, 93, 120
飛鳥台地Ⅰ（岩手）　268
穴神洞（愛媛）　139, 147〜151, 155〜157, 169
荒屋敷（福島）　29〜31, 45, 71, 75, 78, 92, 123, 133, 158, 239, 252〜267
庵ノ前（熊本）　97〜99, 102〜104, 106〜108, 110〜112
アンモン山（熊本）　147
石神（埼玉）　266, 267
石上神社（青森）　128, 129
石郷（青森）　141, 155, 159
泉山（青森）　79, 92
一乗谷朝倉氏（福井）　43, 129, 130
市道（長野）　90, 91
市ノ原（鹿児島）　96, 97, 102, 103, 112
岩垣内（岐阜）　77, 78, 128, 150, 158
岩本（鹿児島）　97, 103, 104
上山（新潟）　3, 51, 52, 241
牛垣内（岐阜）　120, 122
宇出津崎山（石川）　89
歌内（秋田）　128
打越（埼玉）　142, 143
姥神（千葉）　45, 51, 52, 75, 76, 78, 92, 158, 240
江上A（富山）　281
榎木原（鹿児島）　23, 51, 52, 96, 103, 147
王子原（宮崎）　237
大園（鹿児島）　39, 40
荻市（石川）　279, 280
御経塚（石川）　28, 51, 52, 89, 95, 128, 174
小倉前（鹿児島）　89
忍路土場（北海道）　8, 55, 161
小田原城（神奈川）　273
小浜（長崎）　2
大原天子（熊本）　24, 25
尾平野洞窟（宮崎）　1
押出（山形）　47, 49, 66〜69, 80〜82, 91, 92, 161, 169, 242, 266
女山（佐賀）　2, 3, 23

【カ行】
上片貝（新潟）　44, 45, 49, 85, 86, 93, 122, 123
上高橋（熊本）　40, 42
上中段（鹿児）　135, 238, 239
上南部（熊本）　18, 40, 42, 67, 83, 84, 93, 238, 239
亀ヶ岡（青森）　55, 266, 237
唐古（奈良）　151, 152
桐木耳取（鹿児島）　96, 104〜106, 140
切田前谷地（青森）　129
京原（山梨）　50
黒土（宮崎）　43, 91〜93, 147, 148, 159
健軍神社周辺（熊本）　124
五庵Ⅱ（岩手）　268
小迫（鹿児島）　98, 90
小瀬が沢（新潟）　4, 120
是川中居（青森）　115, 117, 265〜267, 273

【サ行】
境A（富山）　76〜78, 89, 120, 150, 158
桜町（富山）　113, 243
雀居（福岡）　151, 153, 154, 158
笹ノ尾（佐賀）　2, 120, 122
三角山（鹿児島）　96, 108, 110, 139, 169, 236, 240
三内丸山（青森）　47, 68
山王囲（宮城）　3〜5, 125, 161, 266, 271
椎屋形第2（宮崎）　97, 101〜103
下宅部（東京）　113
下柊迫（鹿児島）　90, 91, 111, 112, 114, 115, 236, 237
斜里朱円周堤墓（北海道）　3, 266, 271
十蓮Ⅱ（佐賀）　129
新番所後Ⅱ（鹿児島）　17
新屋敷（熊本）　133, 136
砂沢平（青森）　128, 129

【タ行】
大聖寺藩邸（東京）　273
多賀城（宮城）　273
高田B（宮城）　125
田上（宮崎）　34, 97, 100, 101, 104, 106, 140, 169
武（鹿児島）　243
田中堀（鹿児島）　243
鎮守ヶ迫（鹿児島）　51, 67
天嶬鼻（愛媛）　31, 32, 45, 49, 51, 85, 86, 93
東京大学本郷構内（東京）　268

頭地下手（熊本） 51, 67
栃原岩陰（長野） 140, 237
独狐（青森） 129
轟（熊本） 243
留ヶ宇戸（宮崎） 96, 97, 99～101, 103～107, 140
鳥浜（福井） 8, 32, 47, 68, 70, 139, 161
登呂（静岡） 151, 152
【ナ行】
中尾山・馬渡（宮崎） 51, 52, 67, 239
中野B（北海道） 142, 143
中山（秋田） 5, 30, 31, 51, 52, 85, 161, 266～268, 271
菜畑（佐賀） 40, 59, 67, 80, 82, 88, 89, 92, 120, 122, 133, 136, 159, 235, 236
成岡（鹿児島） 129
西原迫（鹿児島） 39, 40, 82, 83, 92
【ハ行】
灰塚（熊本） 39, 40
幅上（新潟） 84, 85, 93
平城（愛媛） 140～142, 155, 159
屏風谷（宮崎） 159
福泉（青森） 51, 52, 78～80, 92
藤岡神社（栃木） 55, 56
二子塚（熊本） 111, 112
古舘（青森） 128
平城京（奈良） 268, 273
【マ行】
丸野第2（宮崎） 247
真脇（石川） 87, 88, 93
右葛ヶ迫（宮崎） 83, 84, 93
水の谷（鹿児島） 23

三万田東原（熊本） 59
宮下（鹿児島） 89, 146～151, 157
宮之迫（鹿児島） 51, 67
三輪野山（千葉） 123
【ヤ行】
野地（新潟） 55, 66, 67, 266, 267
八剣（栃木） 130
柳井谷（鹿児島） 55, 56
柳之御所跡（岩手） 268, 273
山久保（鹿児島） 3
山の寺梶木（長崎） 2, 23, 59, 114
吉野ヶ里（佐賀） 159, 160, 237
米泉（石川） 67, 69, 161, 266, 267, 271
【ラ行】
龍門寺（福島） 5, 127

【外国】
イルゲンハウゼン（スイス） 119
及川（旧千島） 43, 92, 93, 129, 177, 183～185
賈湖（中国） 171, 172, 278
河姆渡（中国） 172, 277
姜寨（中国） 171, 172
扎洪魯克墓地（中国） 275, 276
磁山（中国） 5, 78, 110, 171, 172, 278
デール・エル＝バハリ（エジプト） 175
チャタル・ヒュユク（トルコ） 175
ナハル・ヘマル（イスラエル） 171, 175
半坡（中国） 174, 278
ローベンハウゼン（スイス） 171
ワカ・プリエッタ（ペルー） 1, 5, 78, 110, 171, 175

人名索引

【ア行】
赤沼秀男　80
有馬七蔵　1
飯田美苗　32, 37
五十嵐すい子　164
石附喜三男　3, 4, 6
伊東信雄　3〜6, 26
上原甲子郎　3, 6
大脇直泰　1, 2, 5, 6, 22
岡井高憲　165
小笠原小枝　119
小笠原好彦　4〜6

【カ行】
鏡山　猛　2〜6, 22
金子浩昌　140
神野善治　63
川崎　啓　258
川島隆男　117
川出幸吉　167
木原　均　10〜13
倉田恵津子　246
クロウフット，グレイス・M　119
河野広道　3
高野昌司　116
小林　存　187, 189
小林久雄　1

【サ行】
柴田善孝　133, 149, 150, 275
清水周作　24
下山　覚　23
杉村　棟　117
関　智子　154
芹沢長介　59, 63, 91, 156, 182

【タ行】
平　隆　164

高木宏子　154
滝沢秀一　37, 164, 187, 197, 199, 241, 246
田中芳人　25
津田命子　185
角山幸洋　1, 4, 5, 6, 26, 31
戸村正己　249, 250

【ナ行】
中市日女子　62
長野眞一　23, 24
名久井文明　114, 116, 260
布目順郎　141, 151, 159, 160, 237, 251, 252

【ハ行】
馬場　脩　176, 177, 179, 180
濱田直嗣　262, 263
東　和幸　24
堀井　宏　154
本田秋子　156

【マ行】
前迫（満子・亮一）　95, 97
前田　亮　155, 160
松沢伝二郎　187, 189
松下文春　23
丸山セツ子　166
村越　潔　141
村田六郎太　246
本山幸一　2, 3, 187
森　勇一　140

【ヤ行】
山田昌久　279
山内清男　9〜13
吉岡幸雄　157
吉田真一郎　255, 258
四元　誠　25

【ワ】
渡辺　誠　5, 6, 24, 232

■著者紹介

尾関 清子（おぜき きよこ）

愛知県江南市生まれ。
愛知県立尾北高等学校卒業、名古屋工業大学工業化学科内地留学。東海学園女子短期大学名誉教授。専攻は生活文化史。日本生活学会研究奨励賞（1988年）、第5回相沢忠洋賞（1996年）受賞。博士（文学）。

〈主要著書・論文〉

『縄文の衣』学生社、1996年
「縄文時代草創期・早期の土器底部圧痕について―編布のルーツをさぐる―」『考古学ジャーナル』2007年11月号、ニュー・サイエンス社
「編布の縦編法と横編法―試作実験の記録から―」『宮城考古学』6、2004年
「トチの実のアク抜き」『全集日本の食文化』11、雄山閣出版、1999年
「縄文時代の編布・織物を実験復元する」『図説日本の古代』2、中央公論社、1989年
「縄文時代の布―編布・織布とその製作技法」『生活学1989』日本生活学会、1988年
ほか

2018年12月25日　増補版初刷発行　　　　　　　　　《検印省略》

縄文の布―日本列島布文化の起源と特質―【増補版】

著　者　尾関清子
発行者　宮田哲男
発行所　株式会社 雄山閣
　　　　東京都千代田区富士見 2-6-9
　　　　ＴＥＬ　03-3262-3231 ／ ＦＡＸ　03-3262-6938
　　　　ＵＲＬ　http://www.yuzankaku.co.jp
　　　　e-mail　info@yuzankaku.co.jp
　　　　振　替：00130-5-1685
印刷・製本　株式会社 ティーケー出版印刷

©Kiyoko Ozeki 2018　　　　　　　　　　ISBN978-4-639-02618-1 C3021
Printed in Japan　　　　　　　　　　　　N.D.C.210　388p　27cm